Forschung für den Markt
Geschichte der Fraunhofer-Gesellschaft

Forschung für den Markt
Geschichte der Fraunhofer-Gesellschaft

Von
Helmuth Trischler
und Rüdiger vom Bruch

Verlag C. H. Beck München

Mit 20 Schaubildern und 49 Abbildungen,
davon 20 in Farbe

Die Deutsche Bibliothek - CIP-Einheitsaufnahme

Trischler, Helmuth:
Forschung für den Markt : Geschichte der Fraunhofer-Gesellschaft / von Helmuth Trischler und Rüdiger vom Bruch. - München : Beck, 1999
ISBN 3 406 44531 4

ISBN 3 406 44531 4

Gesamtherstellung: Kösel, Kempten
Gedruckt auf säurefreiem, alterungsbeständigem Papier
(hergestellt aus chlorfrei gebleichtem Zellstoff)
Printed in Germany

Inhalt

Zweiter Teil: Querschnitte

Anhang

Vorwort

Das Jahr 1999 ist das Jahr des Jubiläums. Die Bundesrepublik Deutschland wird ein halbes Jahrhundert alt und mit ihr eine Vielzahl von Organisationen und Institutionen, die sie als Staatsgebilde erst ausmachen.

Dieses Buch zur Geschichte der 1949 gegründeten Fraunhofer-Gesellschaft ist jedoch keine Festschrift im üblichen Sinne, sondern es arbeitet anläßlich des Jubiläums die historische Entwicklung einer Forschungseinrichtung wissenschaftlich auf, die heute als eine der tragenden Säulen des bundesdeutschen Wissenschafts- und Innovationssystems gilt. Im Selbstverständnis der an diesem Band Beteiligten ist er das Ergebnis einer Evaluierung der Fraunhofer-Gesellschaft aus historischer Perspektive. Als der Vorstand Mitte des Jahres 1994 an uns mit der Bitte herantrat, die im Vergleich zu vielen anderen deutschen Forschungseinrichtungen geradezu historische *terra incognita* darstellende Entwicklung der Fraunhofer-Gesellschaft wissenschaftlich zu untersuchen, war er sich des damit verbundenen Wagnisses durchaus bewußt. Historische Prozesse haben ihre Eigendynamik, und die daraus resultierenden Ergebnisse sind im Kurzzeitgedächtnis gegenwarts- und zukunftsorientierter Unternehmungen kaum gespeichert und werden insgesamt kaum für speicherungswürdig gehalten. Die Geschichte von Institutionen und Unternehmen geht nicht in der Aneinanderreihung von Erfolgen auf, noch zeigt sie sich als ein Fortschreiten vom Guten zum ständig Besseren. Sie ist weder allein das Resultat des strategischen Denkens exponierter Entscheidungsträger noch ausschließlich das Ergebnis rationaler Planung.

Geschichtliches Wissen ist selten bequem. Die historische Analyse tendiert dazu, Probleme und Schwachstellen zu identifizieren. Unter dem Mantel imposanter Leistungsbilanzen verbergen sich für gewöhnlich Konflikte, deren Austragung Energien und Ressourcen absorbiert. Komplex strukturierte Institutionen wie die Fraunhofer-Gesellschaft mit ihrer Fülle von Einzeleinrichtungen und Entscheidungsebenen erweisen sich in historischer Auslotung als interessengesteuerte Sozialgebilde, in denen nicht nur um optimale Problemlösungen, sondern immer auch um Macht und Einfluß gerungen wird. Dieser Komplexität entspricht unsere Vorgehensweise, in einer Verknüpfung von wissenschafts- und zeithistorischen Forschungsansätzen die Fraunhofer-Gesellschaft als integralen Bestandteil des nationalen Innovationssystems der Bundesrepublik Deutschland zu analysieren. Die Vielfalt der auf den Untersuchungsgegenstand einwirkenden Einflußfaktoren aus Politik, Wirtschaft, Wissenschaft und Gesellschaft bedingt einen multiperspektivischen Zugriff. Geschichte wird als ein Gemenge von Wirkungsfaktoren verstanden, deren Summe den Prozeß des historischen Wandels ausmacht, und diesem Wandel läßt sich methodisch am ehesten durch die Verzahnung von politik-, wirtschafts-, kultur-, sozial- sowie wissenschafts- und technikhistorischen Perspektiven nachspüren.

Den Anteil der einzelnen Einflußfaktoren an diesem komplexen Wirkungsgefüge zu bestimmen, das ist die anspruchsvollste, die wichtigste Aufgabe historischer Forschung. Ihr geht vor allem der erste, erzählende Teil des Buches nach. In einem Parforceritt wird die wechselvolle Geschichte der Fraunhofer-Gesellschaft durchmessen. Wie eng diese Geschichte mit der Politik-, Wirtschafts- und Gesellschaftsentwicklung der Bundesrepublik verknüpft ist, zeigt sich darin, daß die in allgemeinhistorischer Sicht erprobte Grobperiodisierung auch für die Fraunhofer-Gesellschaft trägt. In den langen 50er Jahren (1949–1964/65) ist die noch ungefestigte Fraunhofer-Gesellschaft auf der Suche nach ihrem Platz in der Forschungslandschaft, den sie bezeichnenderweise erst in der gesamtgesellschaftlichen Umbruchphase der langen 70er Jahre (1966–1982) findet. Das Fraunhofer-Modell der variablen, erfolgsabhängigen Grundfinanzierung erweist sich als tragfähig, um einen bis heute anhaltenden Wachstumsprozeß in Gang zu setzen. Dieses Wachstum hat seinen Höhepunkt in der wirtschaftlichen Prosperitätsphase der kurzen 80er Jahre (1983–1989). Am Ende dieser Periode tauchen erste Wolken am bis dahin so strahlenden Fraunhofer-Himmel auf, die durch den frischen Wind der deutschen Wiedervereinigung nochmals vertrieben werden. Der Umbau der Forschungslandschaft Ost beschert der Fraunhofer-Gesellschaft eine Sonderkonjunktur, die in einen historisch beispiellosen Wachstumsschub mündet.

Die Analyse des eindrucksvollen quantitativen Wachstums greift jedoch zu kurz. Die Geschichte der am Markt orientierten Vertragsforschung der Fraunhofer-Gesellschaft ist immer auch das Streben, sich durch eine intensiv betriebene Planung an externe Bedürfnislagen anzupassen und die inneren Strukturen und Prozesse bestmöglich zu gestalten. Nicht zuletzt die 90er Jahre lassen sich daher *cum grano salis* als eine Phase der Suche nach neuen forschungspolitischen Instrumenten und Konzepten interpretieren, die der Anpassung der Forschungseinrichtung an eine turbulente Umwelt dienen.

Im ersten Teil dominieren die zentralen Handlungsebenen. Die Fraunhofer-Gesellschaft wird im Spannungsfeld der Individual- und Kollektivakteure in Politik, Wissenschaft und Wirtschaft ausgeleuchtet. Das Geschehen spielt zumeist auf der Bühne der großen Politik in München, Stuttgart oder Düsseldorf, in Bonn vor allem und zunehmend auch in Brüssel. In dieser makropolitischen Perspektive ist die Fraunhofer-Gesellschaft Objekt und Subjekt des historischen Wandels gleichermaßen. Ihre Entwicklung wird als Resultat der aus dem politisch-gesellschaftlichen Raum auf sie einwirkenden Kräfte gedeutet. Methodisch geht es nicht um institutionengeschichtliche Erklärungen, sondern um das Geflecht von *challenge* und *response* an der Nahtstelle von Forschungspolitik und Wirtschaftsentwicklung.

Daneben brechen wir die Entität der Fraunhofer-Gesellschaft auf und betrachten sie als einen in sich vielfach geschichteten Komplex von Macht und institutionalisiertem Einfluß. Auf dieser mikropolitischen Untersuchungsebene begegnen wir vermehrt den inneren Kollektivakteuren: dem Vorstand, den Institutsleitern, dem Wissenschaftlich-Technischen Rat, dem Gesamtbetriebsrat und als Brücke zwischen innerer und äußerer Welt: dem Senat. Hier öffnen wir die *black box*, und zum Vorschein kommen die Binnenstrukturen der Gesellschaft, die inneren Entscheidungsprozesse und die sozioklimatischen Wetterlagen. Eine äußerst dichte und fast überreiche Quellenlage ermöglicht den historiographischen Zugriff auf das Innenleben einer der führenden Einrichtungen des bundesdeutschen Innovationssystems.

Der zweite Teil operiert mit Querschnitten, mit denen die Wirkungsdimensionen der Fraunhofer-Gesellschaft erfaßt werden. In thematisch gebundenen Kapiteln werden nationale und internationale Vergleichsparameter angelegt, die Wirkungsfelder Fraunhofers im regionalen und internationalen Raum ausgelotet, und schließlich werden am Beispiel von vier ausgewählten wissenschaftlich-technischen Schwerpunktfeldern die Funktionen der Gesellschaft im Innovationsprozeß untersucht. Methodisch dominieren wissenschafts- und technikhistorische Analyseansätze, mit denen die Ergebnisse der Forschungsarbeiten der Institute bzw. Institutskomplexe in den Kontext der Entwicklung der jeweiligen Forschungs- und Technologiefelder eingebunden werden. Vorab jedoch wird noch – als Brücke zwischen Längs- und Querschnitt – der Sonderfall der verteidigungsbezogenen Forschungsarbeiten analysiert.

Auch der systematisch orientierte Teil hat die Aufgabe, die *black box* zu öffnen, wenn auch mit einem anderen Schlüssel. Während sich der Blick im diachronen Teil vornehmlich auf die Münchner Zentrale richtet, öffnet dieser Schlüssel nun die Tür zu den Instituten. Es würde jeden Rahmen sprengen, das wissenschaftlich-technische Wirken aller 47 Einzeleinrichtungen in gleichbleibender Intensität und Breite thematisieren zu wollen. Hier ist ein hoher Grad an Verdichtung gefragt, gepaart mit dem Mut zur Lücke. Die exemplarisch untersuchten Bereiche Mikroelektronik, Umweltforschung, Produktionstechnologien und Lasertechnik ergänzen sich zu einem Bild, in dem sich das breitgefächerte Gesamtspektrum der Gesellschaft – wie wir meinen – weitgehend verzerrungsfrei widerspiegelt.

Einige zentrale Begriffe, die den Charakter der Vertragsforschung als marktorientierter Forschung bestimmen, seien hier kurz erläutert. Die Fraunhofer-Gesellschaft erhält vom Bund und den Ländern eine *Grundfinanzierung*, die sie erstens für Investitionen in Gebäude und für ihre Grundausstattung und zweitens für die Finanzierung der Eigenforschung verwendet. Die Höhe der Grundfinanzierung ist vom Erfolg der Fraunhofer-Gesellschaft in der Vertragsforschung abhängig. Diese *Erfolgsabhängigkeit der Grundfinanzierung* unterscheidet die Fraunhofer-Gesellschaft von den übrigen Einrichtungen der staatlichen Forschung (Deutsche Forschungsgemeinschaft, Max-Planck-Gesellschaft, Hermann von Helmholtz-Gemeinschaft etc.). *Eigenforschung* bzw. *Vorlauf-*

forschung umfaßt alle wissenschaftlichen Aktivitäten im Vorfeld von Projekten sowie Aufträgen und die diese begleitenden Arbeiten grundlegender Art. Die Ergebnisse der Eigenforschung der Fraunhofer-Institute bilden die Basis, um am Markt der Vertragsforschung Aufträge akquirieren zu können. Das wissenschaftliche Know-how und die Ergebnisse der Eigenforschung der Institute fließen in enger Kooperation mit Unternehmen in die wirtschaftlich-technische Praxis ein. Die Zusammenarbeit mit der Wirtschaft gestaltet sich als Verbundforschung oder als Auftragsforschung. In der *Verbundforschung* arbeiten Fraunhofer-Institute mit Forschungseinrichtungen und Unternehmen in Projekten zusammen, die noch im Vorfeld der Nutzung von neuen Produkten oder Verfahren liegen. In der *Auftragsforschung* leistet die Fraunhofer-Gesellschaft Forschungs-, Entwicklungs- und Prüfungstätigkeiten für einzelne Unternehmen.

Erst seit 1978 werden die Institute der Fraunhofer-Gesellschaft offiziell und einheitlich als „Fraunhofer-Institut für ...“ geführt. Die Verwendung der Bezeichnung „Fraunhofer-Institut“ im Zeitraum vor 1978 dient dazu, Verwechslungen mit Instituten anderer Trägerorganisationen zu vermeiden.

Diese Arbeit hat entscheidend von dem privilegierten Quellenzugang profitiert, der uns ermöglicht worden ist. Dank der ungewöhnlich großzügigen Unterstützung durch die Bundesministerien für Bildung, Wissenschaft, Forschung und Technologie (BMBF) und Verteidigung (BMVg), durch das Bundesarchiv in Koblenz und Freiburg, die zuständigen Landesministerien in Baden-Württemberg, Bayern, Nordrhein-Westfalen und Niedersachsen sowie die Senatsverwaltung von Berlin ist es möglich gewesen, sämtliche relevanten Materialien bis unmittelbar in die Gegenwart hinein auszuwerten. Nicht einmal das laufende Schriftgut der Registraturen der einschlägigen Bundes- und Landesministerien ist uns verschlossen geblieben. Die Fraunhofer-Gesellschaft hat uns von Beginn an ihre Archive vorbehaltlos geöffnet. So stand uns eine beispiellos dichte Überlieferung zur Verfügung. Den zuständigen Archivaren und Sachbearbeitern sind wir für ihre ebenso großzügige wie unbürokratische Unterstützung zu großem Dank verpflichtet – nicht zuletzt seien hier die Mitarbeiter des Instituts für Zeitgeschichte erwähnt.

Wissenschaftliches Arbeiten in der Fraunhofer-Gesellschaft ist kooperatives Arbeiten. Im geisteswissenschaftlichen Bereich ist das Forschen im Team dagegen immer noch die Ausnahme. Dieses Buch ist eine solche Ausnahme. Über gut drei Jahre hinweg hat uns ein Team von Mitarbeitern und Mitarbeiterinnen bei der Durchführung des „Fraunhofer-Projektes“ in bestmöglicher Weise unterstützt. Am Lehrstuhl für Wissenschaftsgeschichte der Humboldt-Universität Berlin hat Stefan Krieckhaus neben Recherchen zur frühen Geschichte der Fraunhofer-Gesellschaft wesentliche Zuarbeit für die Kapitel Auftragsforschung und Veränderung des Arbeitslebens geleistet, schließlich auch für das brisante Kapitel zur Verteidigungsforschung, gemeinsam mit Florian Meesmann, dem wiederum Dank für seine maßgeblichen Beiträge zu den Kapiteln Laserforschung und Personalpolitik gebührt. Am Forschungsinstitut für Technik- und

Wissenschaftsgeschichte des Deutschen Museums waren Alexander Gall für die Kapitel Mikroelektronik und Regionale Strukturpolitik, Jörg Hermann für das Kapitel Patente, Gerhard Mener für die Umweltforschung und Jürgen Lieske für die internationalen Aspekte eine unverzichtbare Hilfe. Jürgen Lieske hat zudem die redaktionelle Vereinheitlichung des Text- und Anmerkungsapparates, Jörg Hermann für das Gesamtprojekt wertvolle Recherchen durchgeführt. Birgit Luschei in Berlin, Andrea Lucas und Gertrud Ellerkamp in München haben das Projekt kompetent betreut und reibungslos abgewickelt. Im Umfeld dieser gelungenen Kooperation sind ein gutes halbes Dutzend separat veröffentlichter Artikel erschienen und mehrere Magisterarbeiten und Dissertationen abgeschlossen worden.

Unser Dank gilt vor allem auch den vielen Mitarbeiterinnen und Mitarbeitern der Fraunhofer-Gesellschaft, die uns teils als Gesprächs- und Interviewpartner zur Verfügung gestanden sind, teils uns mit internen Materialien versorgt haben. Sie alle aufzulisten würde den Rahmen sprengen; die Partner formeller Interviews sind im Anhang genannt. Namentlich danken wollen wir Präsident Hans-Jürgen Warnecke, der den Werdegang der Arbeit von Beginn an mit großem Interesse verfolgt hat, sowie Birgit von zur Mühlen und Alexander Imbusch, die uns in vielen gemeinsamen Gesprächen und Sitzungen wertvolle Anregungen vermittelt und – nicht weniger wichtig – die Türen im Innen- und Außenraum geöffnet sowie jeden Versuch einer inhaltlichen Einflußnahme mit großer Gelassenheit abgewehrt haben. Ohne ihre Unterstützung wäre das Buch nicht das geworden, als was es sich heute präsentiert: eine kritische Betrachtung der Fraunhofer-Gesellschaft aus historischer Sicht. Für die Bereitschaft, dieses Vorhaben vorbehaltlos zu unterstützen, und den Mut, sich einer externen Bewertung zu unterziehen, gebührt der Fraunhofer-Gesellschaft Dank und Anerkennung.

Unser Dank gebührt *last but not least* dem Verlag C.H. Beck, in dessen Reihe zur Unternehmensgeschichte das Buch einen würdigen Platz gefunden hat.

Bei aller Hilfe und Unterstützung, die dieses Projekt in überaus generösem Maße erfahren hat, liegt die Verantwortung für den Inhalt des Buches, für Fehler und Schwächen, bei den Autoren. Die Hauptverantwortung für die Kapitel III-V, VII-IX, X3, XI1 und XI2 trägt Helmuth Trischler, für die Kapitel I, II, VI, X1, X2, XI3 und XI4 Rüdiger vom Bruch.

München und Berlin, im April 1998

Erster Teil
Längsschnitte

I. Vorgeschichte

Wer Forschung fördert, wird nach dem Charakter der Forschungsvorhaben fragen, wird wissen wollen, wo diese anzusiedeln sind. Die Antwort orientiert sich an den jeweiligen Interessen der Geldgeber, sie wird aber auch in ein vertrautes Vorverständnis eingebettet und damit vorgeprägt. Dieses Vorverständnis war in der Vergangenheit weitgehend in einen vorwiegend staatlich verfaßten, nationalkulturellen Erfahrungsraum eingebunden. Um den Ort der Fraunhofer-Gesellschaft in der deutschen Tradition von Forschungsförderung besser bestimmen zu können, fragen wir zunächst nach Gewichtungen zwischen „reiner" und anwendungsnaher Forschung, zwischen staatlicher Steuerung und privater Förderung seit dem ausgehenden 18. Jahrhundert.

1. Zwischen Nützlichkeit und absichtsfreier Erkenntnis: Entwicklungslinien bis zum späten Kaiserreich

Im Zeitalter der europäischen Aufklärung bedeutete Forschung die Erzeugung neuen Wissens, insbesondere an Wissenschaftsakademien, in gelehrten Gesellschaften und durch neugierige Privatpersonen. Die Grenzen des Bekannten sollten erweitert, Irrtümer widerlegt werden; gleichzeitig waren die dem Nützlichen und Verständigen verpflichteten Aufklärer an einer praktischen Umsetzung des neuen Wissens interessiert. Forschung zwang zur Spezialisierung, wenn man konkrete Probleme lösen wollte. Demgegenüber hatten die höheren Institutionen gelehrter Ausbildung wie die Universitäten die Aufgabe, das bekannte Wissen nicht zu erweitern, sondern enzyklopädisch zu systematisieren und weiterzugeben. Während das 18. Jahrhundert eine Trennung zwischen anwendungsorientierter und Grundlagenforschung nicht gekannt hatte, bestimmten die nun zur Forschung aufgerufenen deutschen Wissenschaftler des 19. Jahrhunderts, verankert im erkenntniskritischen philosophischen Idealismus und in einem an klassischer Bildung orientierten Neuhumanismus, Forschung als absichtsfrei und damit „rein", werteten sie durch ein Ethos von Arbeit um ihrer selbst willen auf und koppelten sie zugleich an das staatlich alimentierte Universitätssystem.

In Deutschland und insbesondere in Preußen galten Unterricht und Erziehung als Veranstaltungen des Staates, wie es im „Allgemeinen Landrecht für die Preußischen Staaten" von 1794 hieß, und diese Veranstaltungen sollten praktischen Nutzen stiften. Um 1800 schien die Zukunft dem in Deutschland schon weit verbreiteten, aber insbesondere von Frankreich aus mächtig ausstrahlenden Spezialschulmodell zu gehören, das die Universitäten auf praxisnahe Berufsorientierung hin organisierte. Doch mit der von Wilhelm von Humboldt 1810 begründeten Berliner Reformuniversität setzte sich die Idee der Einheit von Forschung und Lehre und mit ihr der sogenannte Forschungsimperativ der deutschen Universität durch. Forschung wurde prinzipiell um ihrer selbst willen getrieben, zur Gewinnung neuen Wissens, und ihr Ort waren, neben der Studierstube der Gelehrten, im wesentlichen die neu entstehenden Seminare, Institute und später auch die Kliniken der Universitäten. Eine Differenzierung zwischen (staatlich finanzierter) universitärer, staatlich veranlaßter und organisierter Forschung und einer privat organisierten Industrieforschung bildete sich trotz einzelner Vorläufer erst im 1871 errichteten Deutschen Kaiserreich heraus.[1]

Das Reich war ein Zusammenschluß vormals souveräner Staaten. Entsprechend verblieb die Förderung von Wissenschaft und Kunst, damit auch die Hochschulforschung, bei den Bundesstaaten. Doch über die in der Verfassung vorgesehenen Reichskompetenzen zur Vereinheitlichung und Normierung des Maß-, Münz- und Gewichtssystems und des Patentrechts gewann das Reich auch in Einzelbereichen der Forschung Zuständigkeit. 1887 wurde die nach dem Zweiten Weltkrieg als Bundesanstalt fortgeführte Physikalisch-Technische Reichsanstalt (PTR) gegründet, in der Interessen des Reiches mit Initiativen des Elektrotechnikers und Unternehmers Werner von Siemens und des großen Physikers und Mediziners Hermann von Helmholtz zusammentrafen, den die Zeitgenossen als „Reichskanzler der deutschen Wissenschaft“ titulierten.

Die Trennungslinie zwischen Hochschulen und PTR verlief nicht zwischen „reiner“ und angewandter Forschung. Der erste PTR-Präsident Helmholtz etwa erfand den ungemein nützlichen Augenspiegel, verdankte seinen Ruhm aber bahnbrechenden Leistungen in der Grundlagenforschung; der so praxisnahe Erfinder Siemens wurde als strenger Wissenschaftler, als Gelehrter in die Preußische Akademie der Wissenschaften gewählt. Die Scheidelinie verlief zwischen Hochschulforschung und lehrunabhängiger (staatlicher) Forschung, wie Siemens in einer Denkschrift an den Reichstag 1884 betonte, weil „hochbegabte Männer, die ihrem Vaterlande und der Menschheit überhaupt unschätzbare Dienste durch ihre Forschungsarbeit leisten könnten, im Unterrichtsdienste, den Minderbegabte vielleicht erfolgreicher verrichten können, verbraucht werden“.[2]

Neben der Hochschul- und Staatsforschung entstand mit der Verwissenschaftlichung von Produktionsprozessen, insbesondere in modernen Industrien wie Chemie und Elektrotechnik, eine eigenständige Industrieforschung in zentralen Werkslaboratorien.[3] Manche Zeitgenossen nahmen nun eine „Industrialisierung der Forschung“ wahr, nicht nur in der Industrie- und Staatsforschung, auch in der Hochschulforschung und in den durchweg geisteswissenschaftlichen Großprojekten der Wissenschaftsakademien. Es waren Geisteswissenschaftler wie der Althistoriker Theodor Mommsen und der evangelische Theologe Adolf Harnack, die 1890 bzw. 1905 erstmals von großbetrieblicher Wissenschaft bzw. vom Großbetrieb der Wissenschaft sprachen, welche nicht von einem geleistet, aber nur von einem geleitet werden könne. So betonte Harnack: „Wir dürfen die

Wissenschaft weder ausschließlich der Studierstube oder dem Laboratorium des einzelnen Gelehrten überlassen, noch weniger dürfen wir daran denken, sie in ein allgemeines Arbeitsbureau zu verweisen, sondern wir müssen in konzentrischen Kreisen, die sich immer weiter erstrecken, die Aufgaben anordnen, müssen in derselben Weise die Arbeitenden in Fühlung mit einander bringen und den Versuch wagen, auf dem Boden der Freiheit des einzelnen ein System der Forschungen herzustellen."[4]

Eine systematisch ordnende und steuernde staatliche Wissenschaftspolitik unter Einbeziehung privaten Förderungswillens entstand erstmals unter der Ägide des 1882–1907 amtierenden preußischen Kultusbeamten Friedrich Althoff. Das mittlerweile vielzitierte „System Althoff" führte zu einer Flurbereinigung zwischen einer von Berlin aus gelenkten Hochschulforschung mit lokal differenzierten Profilen und einer inzwischen weitverzweigten außeruniversitären und nicht nur staatlich betriebenen Forschung. 1911 fand es einen vorläufigen Abschluß mit der Gründung der Kaiser-Wilhelm-Gesellschaft zur Förderung der Wissenschaften e.V. (KWG; seit 1946/48 Max-Planck-Gesellschaft). Als privatrechtlicher Verein stellte sie einen neuen Typus privat finanzierter, aber staatlich kontrollierter Grundlagenforschung dar, die sich gleichzeitig unter dem Einfluß der chemischen Industrie für angewandte Forschung öffnete.[5] Die deutsche Spitzenforschung sollte im imperialistischen Wettbewerb um „Weltgeltung" gestärkt werden. Gemäß dem „Harnack-Prinzip" wurden die Institute um einen bedeutenden Forscher herum aufgebaut. Das Modell des mächtigen und in den Forschungsschwerpunkten unabhängigen Institutsdirektors hat die deutsche Forschungslandschaft im 20. Jahrhundert nachhaltig geprägt. Auch mit Blick auf die spätere Fraunhofer-Gesellschaft ist die Frage sinnvoll, inwieweit nicht nur bei ihren frühen Instituten seit 1955 ein „Harnack-Prinzip" zum Tragen kam.

Leidenschaftlich geführte Kontroversen über hochschulgebundene und hochschulunabhängige Forschungsinstitute begleiteten die Frühphase der Kaiser-Wilhelm-Gesellschaft.[6] Doch die Zukunft schien der hochschulfreien naturwissenschaftlichen Grundlagenforschung zu gehören, deren Anwendungsfähigkeit im Ersten Weltkrieg insbesondere in Fritz Habers personell geradezu explodierendem Institut für physikalische Chemie und Elektrochemie mit den Entwicklungsarbeiten zur Giftgasproduktion in beklemmender Weise demonstriert wurde. Mit der als nationale Aufgabe propagierten Kaiser-Wilhelm-Gesellschaft gelang es, eine weitestgehend privat finanzierte, dichte Landschaft an Forschungsinstituten unter staatlicher Lenkung zu schaffen, welche zunächst fast ausnahmslos auf königlichem Domänengelände in Dahlem bei Berlin (eingemeindet 1920) angesiedelt wurden und damit das Gewicht der Reichshauptstadt als Wissenschaftsstandort wesentlich stärkten. Gleichzeitig entstanden noch im Kaiserreich weitere auf wissenschaftlichem Gebiet tätige Stiftungen wie die Robert-Bosch-Stiftung, finanzierten private und insbesondere jüdische Stifter kommunale Universitäten und Hochschulen. Neben einer vorherrschenden Durchstaatlichung prägte daher eine bemerkenswert umfangreiche und privat initiierte Regionalisierung und Kommunalisierung den deutschen Wissenschaftsbetrieb zu Beginn des 20. Jahrhunderts.[7]

Dieser Entwicklungstrend brach im Ersten Weltkrieg nicht gänzlich ab. Er wurde aber überlagert durch die zentralistische Organisation der Rohstoffversorgung unter Walther Rathenau, durch die Ausrichtung wissenschaftlicher Forschung auf kriegswichtige Schwerpunkte und durch frühe Ansätze einer staatlich gelenkten Großforschung mit einem quantitativ neuartigen Personal- und Mitteleinsatz. Dies galt insbesondere für diejenigen Kaiser-Wilhelm-Institute, die sich nun vorrangig an den Bedürfnissen von Industriebranchen orientierten oder mit der Übernahme staatlicher Aufträge weitgehend staatlich finanziert wurden.[8]

2. Zwischen Industriepolitik und Staatsauftrag: Weimarer Republik und Drittes Reich

Mit dem Übergang von der Kriegs- zur Friedenswirtschaft und der Entstehung der Weimarer Republik 1919 ließ der staatszentralistische Druck zur Anspannung aller Kräfte im Dienste nationaler Kriegsführung nach. Doch privates Mäzenatentum war infolge von Vermögensverlusten und Vermögensumschichtungen kaum noch ein wissenschaftspolitisch stimulierender Faktor. Mit der grassierenden Inflation und der Vernichtung von Staatsanleihen fielen bestehende Stiftungsvermögen wie etwa das der Kaiser-Wilhelm-Gesellschaft in sich zusammen. Hochschulen, wissenschaftliche Bibliotheken und Akademien litten unter finanzieller Ausblutung und damit unter der Abschnürung von zukunftsweisenden Projekten und internationaler Kommunikation; mit der internationalen Ächtung deutscher Gelehrter drohte eine provinzielle Beschneidung. In dieser Situation wurde Rettung vom Staat, von der Industrie und vom Ausland erhofft und erwartet.

Entscheidende Weichenstellungen erfolgten 1920 mit der Gewährung eines Reichszuschusses an die Kaiser-Wilhelm-Gesellschaft, vor allem aber mit der Gründung neuer wissenschaftlicher Fördergesellschaften. Unter ihnen trat insbesondere die Notgemeinschaft der deutschen Wissenschaft (später: Deutsche Forschungsgemeinschaft) hervor, die Althoffs Nachfolger Friedrich Schmidt-Ott, der wissenschaftspolitisch überragende Chemiker Fritz Haber und der Präsident der Kaiser-Wilhelm-Gesellschaft, Adolf von Harnack, im Oktober 1920 als Selbstverwaltungsorgan zur Förderung länderübergreifender Spitzenforschung in Hochschulen und in der außeruniversitären Forschung gegründet hatten. Zunächst ging es darum, ärgste Not zu lindern und Löcher zu stopfen. Ab 1925 leitete die Notgemeinschaft fächer- und institutionenübergreifende Gemeinschaftsarbeiten „im Bereich der nationalen Wirtschaft, der Volksgesundheit und des Volkswohlstandes" mit starkem Anwendungsbezug als Voraussetzung für den nationalen Wiederaufstieg ein, für den eine technologisch innovative Wirtschaftskraft als maßgeblicher Schlüssel galt. Neben der Verlagerung von Länderkompetenzen auf das Reich wies das Prinzip der Selbstverwaltung von Fördermitteln durch die *scientific community* selbst neue Wege, um die Verteilungskompetenz von den staatlichen wie auch privaten Finanziers abzukoppeln.[9]

Der Notschrei der deutschen Wissenschaft fand weltweites Echo. Umfangreiche Spenden trafen vor allem aus den USA, aus Japan und aus Südamerika ein. Doch nur die Rockefeller Foundation erwies sich als längerfristig verläßliche Stütze, während weitere private Finanzquellen nach wenigen Jahren versiegten; und dies galt auch für die deutsche Wirtschaft selbst. Seit 1924 finanzierte das Reich die Notgemeinschaft fast allein. Weitere Impulse des Jahres 1920 stießen weitgehend ins Leere, doch sind diese insofern bemerkenswert, als sie markante und nach 1945 neu auflebende Konfliktlinien aufzeigen. Kurz nach der Gründung der Notgemeinschaft trat im Dezember 1920 der Stifterverband der Notgemeinschaft der Deutschen Wissenschaft ins Leben, um in der Industrie eingeworbene Mittel der Notgemeinschaft für eine autonome Verteilung zur Verfügung zu stellen.[10] Ein Motor war der Industrielle Carl Duisberg, der bereits im Juni mit der Emil-Fischer-Gesellschaft zur Förderung der chemischen Forschung Finanzquellen für einschlägige Kaiser-Wilhelm-Institute erschlossen hatte, der aber auch wenig später maßgeblich an der Errichtung einer Helmholtz-Gesellschaft zur Förderung der physikalisch-technischen Forschung beteiligt war.

Die Helmholtz-Gesellschaft verhieß Konkurrenz, nicht Ergänzung. Sie warb bei der gleichen Klientel wie der auf die Notgemeinschaft ausgerichtete Stifterverband und drohte diesen durch die Bevorzugung industrieller Sonderinteressen zu schwächen und insbesondere das Prinzip einer Mittelverteilung durch die Wissenschaft selbst zu gefährden, wie Schmidt-Ott, Harnack und Haber mit einigem Grund argwöhnten. Wenn Ende 1920 Harnack als Wächter „reiner Wissenschaft" bereits den Stifterverband kritisierte, der die Wissenschaft der „Plutokratie" ausliefere und „in amerikanische Zustände der Rockefeller usw." führe, und Haber, zunehmend verärgert über Duisbergs Aktionen, eine „Industrieautokratie im Wissenschaftsbetrieb" befürchtete,[11] so galt dies erst recht für die mit der Notgemeinschaft nicht verklammerte Helmholtz-Gesellschaft. Zwar erwiesen sich solche Befürchtungen in der Folgezeit als wenig begründet, da zum einen das industrielle Spendenaufkommen für die Notgemeinschaft weit hinter deren Erwartungen zurückblieb und zum anderen 1922 eine arbeitsteilige Einbindung der Helmholtz-Gesellschaft in den Stifterverband erfolgte, doch die Verstimmungen des Jahres 1920 zeigen, wie empfindlich selbstverwaltete Wissenschaft in Deutschland auf eine (nicht nur von Harnack als „Amerikanisierung" stigmatisierte) Industrieabhängigkeit reagierte und wie wichtig es dem Stifterverband war, ein „Wildern" von industriell-technologischen Spezialinteressen unter seine Kontrolle zu bringen. Dabei stand außer Frage, daß angesichts der Ressourcenverknappung im besiegten Reich nur eine im europäischen Vergleich einzigartig technisierte Gesellschaft die Rohstoffverluste durch eine kostenintensive Ersatzwirtschaft zu kompensieren vermochte. Tatsächlich waren

1930 20000 Wissenschaftler und Ingenieure bei Staat und Industrie angestellt, war der Anteil am Nettoinlandsprodukt für Wissenschaft, Forschung und (die besonders kosten- und personalintensive) Entwicklung mit etwa 1% ungewöhnlich hoch (in Großbritannien lag er zum gleichen Zeitpunkt unter 0,4%).[12]

Die Frühgeschichte der Fraunhofer-Gesellschaft stand, soweit es um ihr Verhältnis zum Stifterverband und zur Deutschen Forschungsgemeinschaft (DFG) ging, in der historischen Kontinuität jener Ausgangskonflikte. Wenig hingegen besagt der Rückblick über Spannungen zwischen angewandter und Grundlagenforschungsförderung auf nationaler Ebene. Auch kritische Hinweise auf Amerika zielten nicht auf die dort in den 20er Jahren entstehenden industrienahen Forschungsinstitute wie etwa das Battelle Memorial Institute. Sie meinten industrielle Einflußwege auf Forschung überhaupt, und das war, zumindest im Verständnis führender deutscher Gelehrter, jenseits der Industrieforschung eine (gegebenenfalls anwendungsfähige) Grundlagenforschung. Die in Deutschland geschichtlich erwachsene Verknüpfung von Durchstaatlichung und „reiner" Forschung wurde auch in der Weimarer Republik nicht nur in der Theorie gewahrt, sondern auch in der Praxis umgesetzt, wie die Entwicklung von Notgemeinschaft/DFG, Kaiser-Wilhelm-Gesellschaft und Stifterverband zeigte. Erst als der Staat selbst diese Verbindung aufkündigte, also in der nationalsozialistischen Zeit, geriet unabhängige Grundlagenforschung unter Druck, sah sich schließlich die Industrie zur Gegensteuerung veranlaßt.

Auch im „Dritten Reich" betrieben große Kaiser-Wilhelm-Institute Grundlagenforschung gemäß wissenschaftlichen, nicht politisch opportunen Fragestellungen, vermochten einige das „polykratische" Herrschaftssystem geschickt für eine weitgehend ungehinderte Arbeit zu nutzen,[13] doch überwog nach einer vom Präsidenten Max Planck zunächst elastisch verfolgten Politik der „Selbstgleichschaltung" seit 1937 die Ausrichtung auf Bedürfnisse der NS-Autarkie-, Rassen- und Kriegspolitik.[14] Die DFG mutierte seit 1934 mit der Ernennung des Hitler-Adlatus Johannes Stark zum kommissarischen Präsidenten von einem Organ wissenschaftlicher Selbstverwaltung zu einem Spielball rivalisierender Kräfte im Partei- und Staatsapparat.[15] Der mit der DFG affiliierte Stifterverband war um 1930 noch ein potenter, dann freilich in den Förderungssummen abfallender Wissenschafts-Finanzier, blieb aber nach wie vor quantitativ der Helmholtz-Gesellschaft mit ihren bis 1939 stetig anwachsenden Finanzmitteln überlegen. Auch er wurde politisch instrumentalisiert und schied als eigenständiger Faktor aus. In dieser Situation gründete die Reichsgruppe Industrie 1942 eine „Fördergemeinschaft der deutschen Industrie", welche sich als Ergänzung des Stifterverbandes verstand, den späteren Fraunhofer-Präsidenten Hermann von Siemens zu ihrem Vorsitzenden kürte, Kriegsgewinnkapital in Wissenschaftsförderung investierte, um (auch mit Blick auf die Nachkriegszeit) Anschlußfähigkeit in der Grundlagenforschung zu sichern. Die finanziell bemerkenswert leistungsfähige Förderergemeinschaft distanzierte sich vorsichtig von einer allzu einseitigen Kriegsorientierung der außeruniversitären und der Hochschulforschung und legte einen besonderen Akzent auf die Förderung des wissenschaftlichen Nachwuchses.[16]

Erst im Februar 1954 teilte Hermann von Siemens den Mitgliedern der Fördergemeinschaft deren Auflösung bei gleichzeitiger Übertragung des restlichen Vermögens auf den Stifterverband mit, doch blieb ihr Wirken auf die letzten Kriegsjahre beschränkt und war in die Rahmenbedingungen eines nunmehr „totalen Krieges“ eingebunden. Beachtenswert ist ferner eine als Ergänzung stilisierte Abgrenzung vom Stifterverband und damit von der Notgemeinschaft, welche im späten Dritten Reich von einem Selbstverwaltungsorgan der Wissenschaft im Bereich der Grundlagenforschung zu einem Befehlsempfänger taktischer ministerialer Interessen mutierte.

3. Neue Weichenstellungen nach 1945

Mit der deutschen Kapitulation im Mai 1945 und der Aufteilung des Restreiches in vier Besatzungszonen war eine ganz neue Situation gegeben. Es galt nun, öffentliche Forschungsförderung zunächst in den Zonen und Ländern im Vorfeld einer (kontrovers diskutierten) staatlichen Reorganisation und im Rahmen alliierter Restriktionen allmählich wieder aufzubauen. Im Prinzip knüpfte man an die Weimarer Republik an, an Formen wissenschaftlicher Selbstverwaltung und an eine, nun noch zugespitzte, Betonung der Grundlagenforschung. Doch gegenüber einer damaligen Erweiterung von Kompetenzen des Reiches setzte sich jetzt mit der Betonung einzelstaatlicher bzw. dann bundesstaatlicher Verfassungsordnungen eine Föderalisierung in wichtigen Gremien durch.[17]

Schnell reagierte die von Auflösung bedrohte und wegen der kriegsbedingten Auslagerung zahlreicher Institute über die Besatzungszonen verstreute Kaiser-Wilhelm-Gesellschaft, die im September 1946 zunächst in der britischen Zone unter dem Namen Max-Planck-Gesellschaft zur Förderung der Wissenschaften (MPG) als „Auffanggesellschaft für den Notfall“ neu erstand, offiziell aber erst im Februar 1948 gegründet wurde und die Institute der britischen und amerikanischen, seit November 1949 auch der französischen Zone umfaßte. Werner Heisenberg, der in diesen Jahren zu einem überragenden Gestalter in der deutschen Forschung aufstieg, nutzte die MPG, um die gesamtstaatliche Verankerung der Priorität der Atomforschung zu betreiben.

Ein anderer Weg wurde in der sowjetischen Zone beschritten, wo weder die Besatzungsmacht noch die SED an der vormaligen deutschen Struktur von Forschungsorganisation und Forschungspolitik festhielten, zumal mit der kriegsbedingten Westwanderung von Kaiser-Wilhelm-Instituten aus Berlin und dem weiteren Exodus von Forschern nach 1945 außeruniversitäre Forschungskapazitäten nur begrenzt zur Verfügung standen. Als wissenschaftspolitisches Steuerungselement außeruniversitärer Forschung diente hier die vormalige Preußische (und in der Folgezeit dreimal umbenannte) Akademie der Wissenschaften. Als eine zunächst bewußt weitergeführte gesamtdeutsche Einrichtung sollte sie trotz der damit verbundenen Risiken für eine SBZ/DDR-spezifische Forschungspolitik eine innerdeutsche Anschlußfähigkeit gewährleisten. Gleichzeitig wurde das traditionelle (und die westdeutschen Wissenschaftsakademien auch künftig prägende) Übergewicht geisteswissenschaftlicher Forschungsprojekte zugunsten personell großzügig ausgestatteter naturwissenschaftlich-technologischer Arbeitsschwerpunkte verändert. Mit der dreifachen Weichenstellung des Jahres 1968 in der Spätphase der Ära Ulbricht, angelehnt an das sowjetische Muster, aber zugleich mit besonderen Problemlagen der DDR selbst verbunden, nämlich der Hochschul-, der Akademie- und der Kombinatsreform, wurden die künftigen Strukturen von produktionsorientierter Grundlagen- und „Vertrags"-Forschung gemäß den SED-Planungsvorgaben festgelegt und auf ein freilich schon nach wenigen Jahren gescheitertes Konzept „überholen, ohne einzuholen" fixiert.[18]

Kehren wir zur Ausgangssituation zurück. Nach ersten Initiativen Anfang 1947, wiederum in der britischen Zone, wurde im Januar 1949, ein halbes Jahr vor der Errichtung der Bundesrepublik, die DFG gemäß ihrem ursprünglichen Namen als Notgemeinschaft der Deutschen Wissenschaft e.V. wiederbegründet, getragen von den Hochschulen und den Kultusministerien der Länder. Nicht allein die noch ausstehende Gesamtstaatlichkeit führte zu einem entscheidenden Einfluß der Länder. Die Notgemeinschaft betonte nachdrücklich die Kulturhoheit der Länder. In ihr argwöhnte Heisenberg indessen ein „stark restauratives Element", was ihn bereits im März 1949 zur Gründung eines Deutschen Forschungsrats als Konkurrenzorganisation veranlaßte. Ihm ging es um eine schwerpunktorientierte Forschungsplanung auf der sich abzeichnenden Bundesebene, natürlich vor allem nuklearpolitisch, während im Gegenzug die Notgemeinschaft „jede Planung im Sinne einer Steuerung der Forschung durch wissenschaftsfremde Kräfte oder politische Strömungen"[19] kategorisch zurückwies und mit dieser Maxime dann auch auf die neue Fraunhofer-Gesellschaft reagierte. Nach schwierigen und oftmals leidenschaftlich geführten Verhandlungen fusionierten beide Organisationen im August 1951 zur Deutschen Forschungsgemeinschaft e.V. Die lange und von Kontroversen durchzogene (Neu-)Gründungsgeschichte des Stifterverbandes, der sich Ende 1949 konstituierte, spiegelt diese kaum zu vereinbarenden Optionen und zudem ein Mißtrauen seiner Akteure gegen wissenschaftsfremde Einflüsse auch in der Notgemeinschaft, mit der er zwar eng kooperierte, von der er sich institutionell-organisatorisch aber deutlich abgrenzte. „Neben der Betonung der Unabhängigkeit der Spender, ihrer Sorge vor einer politisch fremdbestimmten Notgemeinschaft war vor allem der Wille entscheidend, sich als zentrale Schaltstelle industrieller Spendengelder zwischen Wirtschaft und Wissenschaft zu etablieren."[20] Damit waren auch hier die künftigen Konfliktlinien mit der Fraunhofer-Gesellschaft vorgezeichnet, welche im Frühjahr 1949 in einer bereits weitgehend gefestigten Wissenschaftslandschaft ins Leben trat.

Der Wiederaufbau der deutschen Forschung fand in Besatzungszonen statt, in denen die alliierten Machthaber mit sehr unterschiedlichen Interessen, politischen Strategien und Erfolgschancen in einzelnen Bereichen sich an dem Potsdamer Abkommen vom 2. August 1945 orientierten, das auf der Grundlage eines amerikanischen Entwurfs die berühmten fünf „D“ in den Mittelpunkt stellte: Demokratisierung, Denazifizierung, Demilitarisierung, Dekartellierung, Dezentralisierung.[21] Das erste Ziel löste konkurrierende Strategien zur Implementierung demokratischer Gesinnung in der deutschen Bevölkerung aus, von einem anfangs psychologisch geschickten Werben in der sowjetischen Zone, das die konsequent verfolgten, zentralistisch-„volksdemokratischen“ Zielvorgaben eher verschleierte, über eine auf die Kraft von Institutionen setzende Politik in der britischen Zone, eine von distanziertem Mißtrauen getragene Politik der *reeducation* in der amerikanischen Zone bis zur energischen, aber doch auch differenzierten Übertragung französischer Kulturtraditionen in Südwestdeutschland.

Die weiteren vier „D“ zielten ab auf Bestrafung, auf Verbote und auf Zerschlagung von noch bestehenden gesellschaftlichen und wirtschaftlichen Strukturen. Nach zwölf Jahren NS-Diktatur und einem unter schwersten materiellen und personellen Opfern errungenen Sieg über das Europa weitgehend kontrollierende Großdeutsche Reich ließen sich diese Prämissen nachvollziehbar begründen. Ihre Umsetzung spiegelte zugleich sehr konkrete Interessen der jeweiligen Alliierten. Unter dem Gesichtspunkt Demilitarisierung legte das Kontrollratsgesetz Nr. 25 vom 29. April 1946 fest, welche tendenziell kriegswichtigen Forschungs- und Entwicklungsarbeiten in Universitäten, Instituten und Industriebetrieben spezieller Kontrolle unterliegen sollten. So wurde etwa im Vollzug des Kontrollratsgesetzes beim Bayerischen Wirtschaftsministerium ein selbständiges Referat „Überwachung der wissenschaftlichen Forschung“ eingerichtet, das jedes auf Forschung ausgerichtete Institut zu einem vorangehenden Genehmigungsantrag verpflichtete. Solche Restriktionen bewirkten in den ersten Nachkriegsjahren eine empfindliche Beeinträchtigung anwendungsnaher Forschungsaktivitäten, die als potentiell kriegswichtig klassifiziert wurden.

Neben den Beschränkungen wurde vielfach eine Ausplünderung der deutschen Forschung durch die Alliierten nach Kriegsende kritisiert. So findet sich unter den frühesten Akten des Archivs der Fraunhofer-Gesellschaft eine Abschrift eines Artikels „Das Stiefkind Forschung“ aus der von der Verwaltung für die Wirtschaft des Vereinigten Wirtschaftsgebiets herausgegebenen Zeitschrift „Wirtschaftsverwaltung“ vom November 1948, der für eine Zusammenfassung wissenschaftlich-technischer Aktivitäten wirbt und in dem es einleitend heißt: „Durch eine Polemik zwischen der sowjetischen und der angloamerikanischen Presse ist bekannt geworden, daß der Wert der an die Alliierten übergegangenen Patente, Industrieverfahren und Forschungsergebnisse auf mindestens 10 Milliarden Dollar veranschlagt wird, wenn er nicht sogar die gesamten amerikanischen Kriegskosten aufwiegt. Die nach USA gebrachten deutschen Spezialisten – meist nicht einmal erste Kräfte – sollen dort die technische Entwicklung um 10 Jahre beschleunigt haben."[22]

Nach heutiger Erkenntnis verzerrten derartige, wohl auch interessengeleitete Einschätzungen die Realität; sie bezeichnen aber handlungsleitende Motive im Vorfeld der Gründung der Fraunhofer-Gesellschaft und lenken zugleich den Blick auf aktuelle Forschungskontroversen. Daß die Sowjets unmittelbar nach Kriegsende deutsche Forscher – und nicht nur Atomspezialisten – mit direktem Druck für viele Jahre in die Sowjetunion verfrachteten, ist bekannt.[23] Doch auch die Vereinigten Staaten nahmen nicht nur eine bei Kriegsende die Fronten wechselnde Gruppe von Raketenforschern um Wernher von Braun auf. Sie betrieben auch eine systematische Ausplünderung vor allem kriegswichtiger deutscher Forschungskapazitäten, von Patenten bis zu Forschergruppen. Dies hat aufgrund intensiver Recherchen in US-Archiven der renommierte amerikanische Zeithistoriker John Gimbel, der nach 1945 als junger Besatzungsoffizier in Deutschland arbeitete, kürzlich belegt und in weitreichender Interpretation als systematische Strategie „intellektueller Reparationen" charakterisiert.[24]

Gimbels Thesen lösten eine heftige Diskussion aus. Mit Blick auf die (kriegswichtige) aerodynamische Forschung wurde seine These bestätigt; doch im kriegsunabhängigen forschungspolitischen Normalfall, wie in der chemischen, elektrotechnischen und der Automobilindustrie, scheint eine nachhaltige Beschädigung der deutschen Wirtschaft nicht stattgefunden zu haben. Offenbar standen hier sogar grundlegende Forschungsansätze etwa im Bereich der Halbleiterforschung bereit, deren Bedeutung von den Amerikanern nicht zutreffend eingeschätzt wurde, die aber auch auf deutscher Seite (Siemens) nicht marktfähig vorangetrieben wurden. Hat Gimbel unrecht, weil weder „intellektuelle Reparationen" noch forschungspolitische Restriktionen der Alliierten eine erstaunlich zügige und effektive Wieder-Anschlußfähigkeit moderner Technologien in führenden Wirtschaftszweigen nennenswert beeinträchtigten, oder hat er unrecht, weil nach einem gegenläufigen Argumentationsstrang der amerikanische technologische Vorsprung gegenüber Deutschland schon vor 1945 so groß war, daß es „intellektueller Reparationen" für einen weiteren Ausbau dieses Vorsprungs gar nicht bedurfte?[25]

Weiterhin ist zu fragen, ob ein wie auch immer zustande kommender Technologietransfer nicht spezifische Reibungsverluste aufweist bzw. Anpassungsleistungen erfordert, da er, wie schon früh betont wurde, von den jeweiligen soziokulturellen Rahmenbedingungen im Abgabe- bzw. Aufnahmeland nicht abgekoppelt werden kann.[26] Das weist über die besondere Nachkriegssituation und die umstrittene Frage einer „Ausplünderung" der deutschen wirtschaftsnahen Forschung durch die Amerikaner hinaus schon auf künftige Problemlagen in der Fraunhofer-Gesellschaft hin, die sich in ihrer frühen Entwicklung durch einen deutschen Brückenkopf des amerikanischen Battelle Memorial Institute herausgefordert sah und die in jüngster Zeit selbst den Sprung nach Übersee wagte. Nicht zuletzt belegen die zeitgeschichtlichen Kontroversen um die Gimbel-These, daß – sehr genau nach Branchen differenziert – zwischen überkommenen und zukunftsträchtigen Technologien unterschieden werden muß. In der Gründungsphase der Fraunhofer-Gesellschaft wurde diese Frage energisch aufgeworfen, wenn einzelne Vordenker eine Abstoßung veralteter Technologien, eine systematische Musterung gesamtnational vorhandener Kapazitäten und auf dieser Basis eine Konzentration auf zukunftsfähige Technologien forderten, damit aber Konflikte mit einzelstaatlichen Interessen an regionaler Wirtschaftsförderung heraufbeschworen.[27]

In der Vorgeschichte der Fraunhofer-Gesellschaft sind neben dem Aufbau zunehmend eigenständig operierender Länderstrukturen innerhalb der Besatzungszonen, dem (Wieder-)Aufbau überzonal angesiedelter Forschungsorganisationen und einer von der Öffentlichkeit wegen der bis 1948 geringen Kaufkraft kaum bemerkten, aber frühzeitigen Wiederaufnahme einer rasch expandierenden Wirtschaftsproduktion mit begleitender technologischer Forschung trotz alliierter Restriktionen zwei Entwicklungslinien zu vermerken. Mit dem Kontrollratsgesetz Nr. 25 wurde Industrieforschung zwar nicht in dem Maße beeinträchtigt, wie vielfach angenommen, wohl aber begünstigte das Gesetz eine in der deutschen Tradition ohnehin angelegte, nun aber aufgrund der aktuellen Rahmenbedingungen zusätzlich motivierte Konzentration auf Grundlagenforschung, die nicht dem Verdacht kriegsfähiger Anwendung unterlag. Nicht zuletzt aus dieser Zwangslage heraus nutzte Heisenberg Chancen für eine nicht einem Anwendungsverdacht ausgesetzte Atomforschung, welche spätestens seit den internationalen Vereinbarungen 1955 einen fortgeschrittenen deutschen Forschungsvorlauf in den nun entstehenden und fast ausnahmslos um die Kernforschung angesiedelten Großforschungseinrichtungen unterstrich,[28] gleichzeitig aber anwendungsorientierte öffentliche Forschungsförderung jenseits der Kernenergie in den Hintergrund drängte. Zudem bewirkte die in den drei Westzonen am 20. Juni 1948 durchgeführte, von den Amerikanern vorangetriebene Währungsreform einen neue Initiativen auslösenden Motivationsschub in der deutschen Wirtschaft und der wirtschaftsnahen Forschung, erzeugte aber wegen des nun knappen Geldes neue Probleme in öffentlich geförderten Forschungsinstituten.

II. Die schwierige Frühgeschichte 1949–1965

1. Gründung und Krisen 1948–1955

Reorganisation der Forschung in Bayern und Gründungsvorlauf der Fraunhofer-Gesellschaft

Die Gründung der Fraunhofer-Gesellschaft zur Förderung der angewandten Forschung am 26. März 1949 war das Ergebnis einer Reihe von Ansätzen zur Reorganisation der Forschung in Bayern. So ging es bei einer frühen Aktion im Juli 1947 um die Erhaltung eines optischen Forschungsinstituts, das während des Krieges von Berlin nach Bayern verlagert worden war. Eine dazu einberufene Sitzung im Bayerischen Wirtschaftsministerium erwies ein nur geringes Interesse der verarbeitenden Glasindustrie an einem solchen Institut, während die optische Industrie schwach vertreten war, so daß sich eine bevorstehende Rückverlagerung nach Berlin eventuell nur „unter Verzicht auf die Neutralität des Forschungsinstituts durch Anschluß an eine größere Firma vermeiden" ließe.[1] Über das geringe Engagement der bayerischen optischen Industrie verärgert, berichtete der für wissenschaftliche Forschung zuständige Referatsleiter Helmut Knoblauch seinem Staatssekretär im Bayerischen Wirtschaftsministerium, die Vertreter der Firmen ließen, angesichts „der Unsicherheit der zukünftigen wirtschaftlichen Verhältnisse, jeglichen Weitblick und Großzügigkeit vermissen, sondern erschöpften sich in kleinlichen [...] Einwänden, welche sich aller Voraussicht nach in Kürze durch die politischen Verhältnisse von selbst erledigen".[2]

Der Vorgang spiegelte einen schwierigen Wiederaufbau in einzelnen Industriebereichen[3] und ein massives Interesse von Ländern an forschungspolitischem Einfluß, durchaus im Einklang mit der alliierten Dezentralisierungspolitik und den Vorschriften der Kontrollratsgesetze.[4] Das Scheitern der bayerischen Bemühungen 1947 scheint das Interesse des Landes an staatlicher Forschungssteuerung stimuliert zu haben. Knapp ein Jahr später versammelten sich am 15. Juli 1948 führende Kräfte der bayerischen Forschung im Landeswirtschaftsministerium und erörterten unter dem Vorsitz des Staatssekretärs Hugo Geiger die „Notwendigkeit der Bildung einer Arbeitsgemeinschaft in Form einer Notgemeinschaft bzw. Wirtschaftstechnischen Kommission zum Zwecke der geologischen Landesaufnahme Bayerns und der Auswertung der Bodenschätze".[5] Denn neben der fehlgeschlagenen Bindung des optischen Forschungsinstituts an Bayern waren auch einige geologische Forschungsinstitute unter anderem durch die Währungsreform in Bedrängnis geraten und hofften nun auf Unterstützung durch das Wirtschaftsministerium, das, wie auch in anderen Ländern, die hochschulfreie Forschung organisierte.

Neben dem Erhalt bestehender Einrichtungen ging es vor allem, mit amerikanischer Unterstützung, um eine Neustrukturierung von teilweise zersplitterten und zerstreuten geodätischen Abteilungen zu einem umfassenden Institut für Erdmessung. Der Hintergrund war eine Bamberger Forschergruppe des unter amerikanischer Verwaltung arbeitenden Land Survey Office, die auf ausdrücklichen Wunsch der Besatzungsbehörden „in deutscher Verwaltung auch für die Zukunft [gesichert] und auf möglichst breiter Grundlage" in eine wiedererstehende Forschung in Deutschland eingegliedert werden sollte.[6] Des weiteren verwies ein Mitbegründer der künftigen Fraunhofer-Gesellschaft, Friedrich Karl Drescher-Kaden vom Bayerischen Geologischen Landesamt, auf eine Anfrage des Office of Military Government for Bavaria[7] zur Erschließung bayerischer Bodenschätze, insbesondere möglicher Uranvorkommen. Es ging also vornehmlich um geologische und mineralogische Forschungsinteressen, und entsprechend setzte sich der Teilnehmerkreis zusammen. Gleichwohl zeichneten sich hier schon weitergesteckte Ziele ab, wenn es hieß, die Arbeitsgemeinschaft könnte „eine erschöpfende Bearbeitung aller wissenschaftlichen Probleme gewährleisten und [...] durch eine enge Zusammenarbeit mit der Industrie die Verwertung der Forschungsergebnisse bezwecken".[8]

Bereits wenige Tage später entwickelte Drescher-Kaden die Idee einer allgemeinen Forschungsgesellschaft, „für die aus historischen Gründen der Name ‚Fraunhofer Gesellschaft' passend wäre". Der Hinweis auf den bayerischen Forscher, Erfinder und Unternehmer Joseph von Fraunhofer (1787–1826) knüpfte geschickt an regional-bayerische Traditionen erfolgreich vermarkteter, anwendungsnaher Forschung an, wobei Drescher-Kaden ausdrücklich auf die schon im Frühjahr 1946 in Hannover dank der Initiative Adolf Grimmes errichtete Leibniz-Stiftung für Kunst und Wissenschaft hinwies, welche den Namen des mit Hannover eng verbundenen Universalgelehrten führte.[9] Denn „eine Gesellschaft, welche die süddeutschen, vor allem die bayerischen Belange mit Erfolg vertreten könnte, besteht einstweilen noch nicht". Zudem böte sie den Vorzug, „daß der Verkehr mit den interessierten Kreisen der Forschung in Staat, Industrie und Technik [...] in sehr viel einfacherer und zwangloserer Weise möglich sein wird als auf jede andere Art einer behördlichen Lenkung". Die massive staatliche Einmischung in die Forschung während der NS-Zeit war noch in frischer Erinnerung.[10]

In den folgenden Monaten wurde nach einer geeigneten Organisations- und Kooperationsform für die Wirtschaftstechnische Kommission und für die Fraunhofer-Gesellschaft Ausschau gehalten. Während erste Überlegungen ein zweigleisiges Modell nach dem Vorbild von Notgemeinschaft und Stifterverband verfolgten, schlug Staatssekretär Geiger auf einer Sitzung am 29. Oktober 1948 „die Gründung einer Fraunhofer Gesellschaft als eingetragener Verein vor. Diese solle eine Interessengemeinschaft verschiedenartiger Forschungsstellen darstellen und

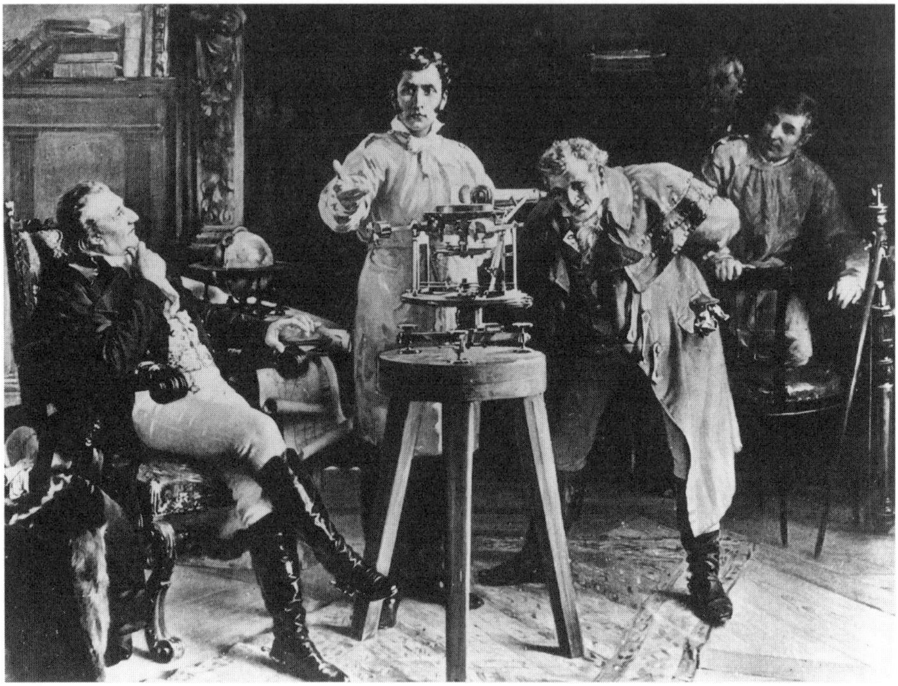

Joseph von Fraunhofer (Mitte) mit seinem Spektroskop, nach einem Gemälde von Rudolf Wimmer.

Georg von Reichenbach (rechts) gründete 1802 zusammen mit Joseph Liebherr eine Werkstätte, die 1804 durch den Eintritt des vermögenden Joseph von Utzschneider zum „Mathematisch-mechanischen Institut" für die Herstellung feinmechanischer Geräte von bis dahin nicht gekannter Genauigkeit wurde. 1806 trat der 1787 in Straubing geborene Fraunhofer in die Dienste des Instituts, das im Jahr darauf nach Benediktbeuern umzog. Im Zuge seiner Arbeiten zum Brechungsvermögen des Glases und zum Problem der Beugung des Lichts entdeckte der wissenschaftliche Autodidakt Fraunhofer die später nach ihm benannten Spektrallinien des Lichts. 1817 übernahm Fraunhofer die Geschäftsleitung des Instituts, das er bis zu seinem frühen Tod im Jahr 1826 zu einem erfolgreichen Unternehmen weiterentwickelte.
In der Biographie des Münchner Gelehrten gehen herausragende Forschungsleistungen, kreatives Erfindertum und unternehmerischer Erfolg eine Synthese ein, in deren Tradition sich die Fraunhofer-Gesellschaft bei ihrer Gründung 1949 verortete.

daher ihr auch die Wirtschaftstechnische Kommission eingegliedert werden."[11] Der noch in der Juli-Sitzung angedeutete Bezug zur Grundlagenforschung trat nun zugunsten der angewandten Forschung zurück, denn mittlerweile hatten Drescher-Kadens Kontakte zur Industrie dort Interesse und Unterstützungsbereitschaft ergeben. Als Termin für die Gründung der Fraunhofer-Gesellschaft war ursprünglich der 3. oder 4. Dezember 1948 vorgesehen, doch die Ausarbeitung der Satzung verzögerte die Gründung, so daß der Beginn des Jahres 1949 ins Auge gefaßt wurde.

Zunächst bestand noch Klärungsbedarf hinsichtlich des Charakters der künftigen Fraunhofer-Gesellschaft, zumal die wiederholt betonte enge Verbindung zwischen Forschung und Industrie auf eine Lücke in der Forschungsorganisation im Nachkriegsdeutschland verwies. So hieß es, daß „durch die enge Bindung an die Industrie [...] eine gewisse Ergänzung zur Max-Planck-Gesellschaft bestehe", zugleich herrschte Einvernehmen in dem Ziel, „die Gesellschaft über den Rahmen Bayerns hin[aus] zu erweitern".[12] Ferner sollten die Mitglieder der Gesellschaft „sowohl den Kreisen der Industrie, als auch der wissenschaftlichen Institute angehören". Zwar war man bereit, auch Mitglieder aus „Behörden" aufzunehmen, „eine unmittelbare Zusammenarbeit der Gesellschaft mit Staatsbehörden wurde insofern [aber] abgelehnt, als die Gesellschaft nicht im Staatsetat erscheinen dürfe, um selbständig arbeiten zu können". Auch hier schien das im Nachkriegsdeutschland so hochgehaltene Prinzip wissenschaftlicher Selbstverwaltung wieder auf, doch zeigen die Diskussionen um die Zusammensetzung insbesondere des künftigen Fraunhofer-Senats taktische Motive innerhalb einer bayerischen staatlich-industriellen Interessenkoalition.[13]

Die Denkschriften des Alfons Kreichgauer

Die Ziele und Aufgaben der Fraunhofer-Gesellschaft blieben aber auch in der internen Diskussion der Gründungsvorbereitung nicht unstrittig. Nachdem bereits im Dezember ein erster Vorschlag für die Satzung ausgearbeitet worden war, wurde dann eine Überarbeitung für Anfang 1949 angestrebt, weil die „Besprechung der Erstfassung der Satzung zu verschiedenen Abänderungsvorschlägen" geführt hatte, die es zu bedenken galt. Denn mittlerweile lag die erste von zwei Denkschriften des Berliner TH-Professors Alfons Kreichgauer vor, die ins Große strebte und für Wirbel sorgte.[14]

Die erste Denkschrift vom November 1948 zielte auf ein vollständiges Arbeitsprogramm für die Reorganisation von Wissenschaft im Nachkriegsdeutschland insgesamt sowie dann für die angewandte Forschung. Sie forderte Aufklärung über „Aufgabe u.[nd] prakt.[ische] Bedeutung der Forschung im allgemeinen", „Auskunft über alle der Zusammenarbeit von Forschung [und ...] Industrie dienenden Fragen", Sammlung von Anschriften und Ideen, die der Forschung nützlich sein könnten, Förderung der wissenschaftlichen und technischen Ausbildung in Verbindung mit den Universitäten sowie die Förderung der For-

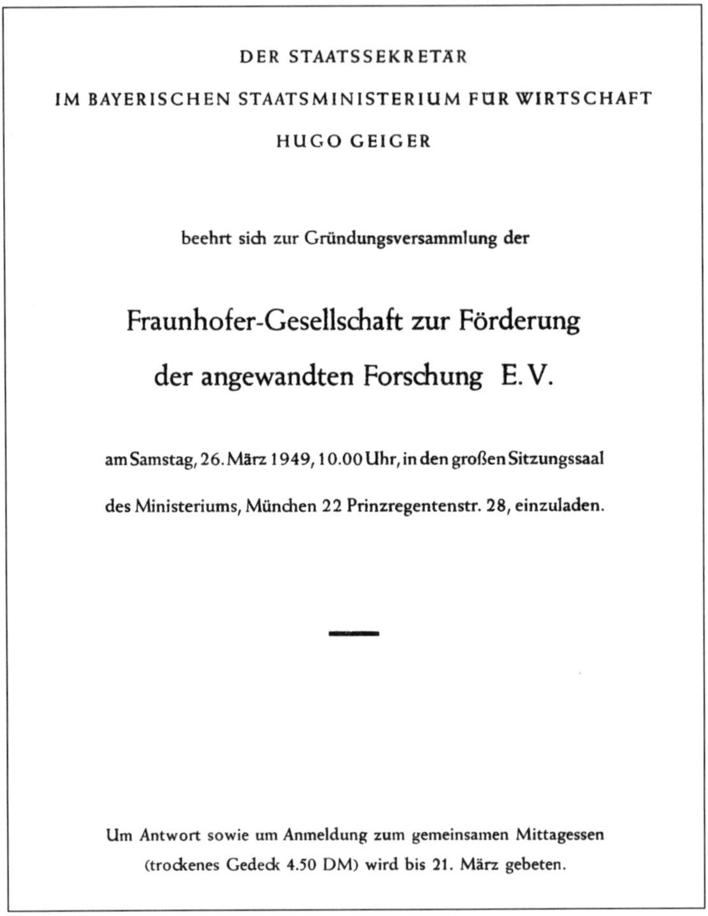
DER STAATSSEKRETÄR

IM BAYERISCHEN STAATSMINISTERIUM FÜR WIRTSCHAFT

HUGO GEIGER

beehrt sich zur Gründungsversammlung der

Fraunhofer-Gesellschaft zur Förderung

der angewandten Forschung E.V.

am Samstag, 26. März 1949, 10.00 Uhr, in den großen Sitzungssaal

des Ministeriums, München 22 Prinzregentenstr. 28, einzuladen.

Um Antwort sowie um Anmeldung zum gemeinsamen Mittagessen

(trockenes Gedeck 4.50 DM) wird bis 21. März gebeten.

Programm der Gründungsversammlung der Fraunhofer-Gesellschaft am 26. März 1949 im Bayerischen Wirtschaftsministerium.

schung in der technischen Produktion und schließlich Öffentlichkeitsarbeit durch die Pflege von Veranstaltungen. Zwar räumte Kreichgauer abschließend ein, daß es sich dabei um „einen Aufgabenplan phantastischen Umfangs" handelte und man durchaus „die Ansicht vertreten [könnte], daß diese oder jene Aufgabe, ja vielleicht ganze Gruppen von Aufgaben, grundsätzlich nicht in den Bereich einer solchen Gesellschaft" gehörten. Doch „in Hinblick auf die aussergewöhnliche Entschlüsse verlangende katastrophale Lage in Forschung und Wirtschaft [könnten] die grundsätzliche Notwendigkeit der Einzelaufgaben" nicht verneint und „die Dinge auf die lange Bank [geschoben] oder [...] einem nebelhaften organischen Wachstum überlassen" werden.[15]

Das mit Verve vorgelegte Aufgabenspektrum galt in den Fraunhofer-Gründungsdiskussionen sogleich als Orientierungsmarke. Kreichgauer, der erstmals an der Besprechung vom 8. Dezember teilgenommen hatte, wurde prompt in den

TAGESORDNUNG

10.00 Uhr Staatssekretär Hugo Geiger:
Begrüßungsansprache

Se. Magnifizenz Prof. Dr. Walther Gerlach:
Fraunhofer und die angewandte Forschung

Dr. Everhard Bungartz:
Die Bedeutung der Forschung für die Wirtschaft

Gründung der Gesellschaft

Genehmigung des Satzungsentwurfes

Wahlen

KURZREFERATE:

Prof. Dr. Paul Francke:
Gemeinschaftsarbeit der Wissenschaft und Wirtschaft in der Rohstoffgewinnung

Prof. Dr. Günter Scheibe:
Produktion und Forschung, eine Symbiose

Dr. Wilhelm Eppler:
Synthetische Hartstoffe

13.00 Uhr Gemeinsames Mittagessen in der Gaststätte Spatenhaus, Residenzstr. 12, 1. Stock.

Ausschuß zur Neufassung der ersten Satzungsversion berufen. Ferner wurde allen Mitgliedern der erweiterten Gründungsbesprechung für den Februar 1949 eine Kopie dieser Denkschrift übermittelt. Kreichgauer war um die Jahreswende 1948/49 schwer erkrankt, so daß er zur Diskussion über die endgültige Fassung der Satzung nur im nachhinein mit seiner zweiten Denkschrift Stellung nehmen konnte, als der Satzungsentwurf schon weitgehend festgezurrt war. Gegenüber der ersten Denkschrift kommentierte Kreichgauer nun kritischer und resignativer die zu gründende Forschungsgesellschaft, vielleicht aus Enttäuschung, daß mittlerweile der Zug ohne seine Mitwirkung und entgegen seinen Intentionen weitergefahren war.[16]

Vergegenwärtigt man sich den Schlingerkurs der jungen Gesellschaft in den folgenden Jahren, so traf Kreichgauer mit seiner zweiten Denkschrift den Nagel auf den Kopf. In drei Punkten kritisierte er die zweite Fassung der Satzung. Zum

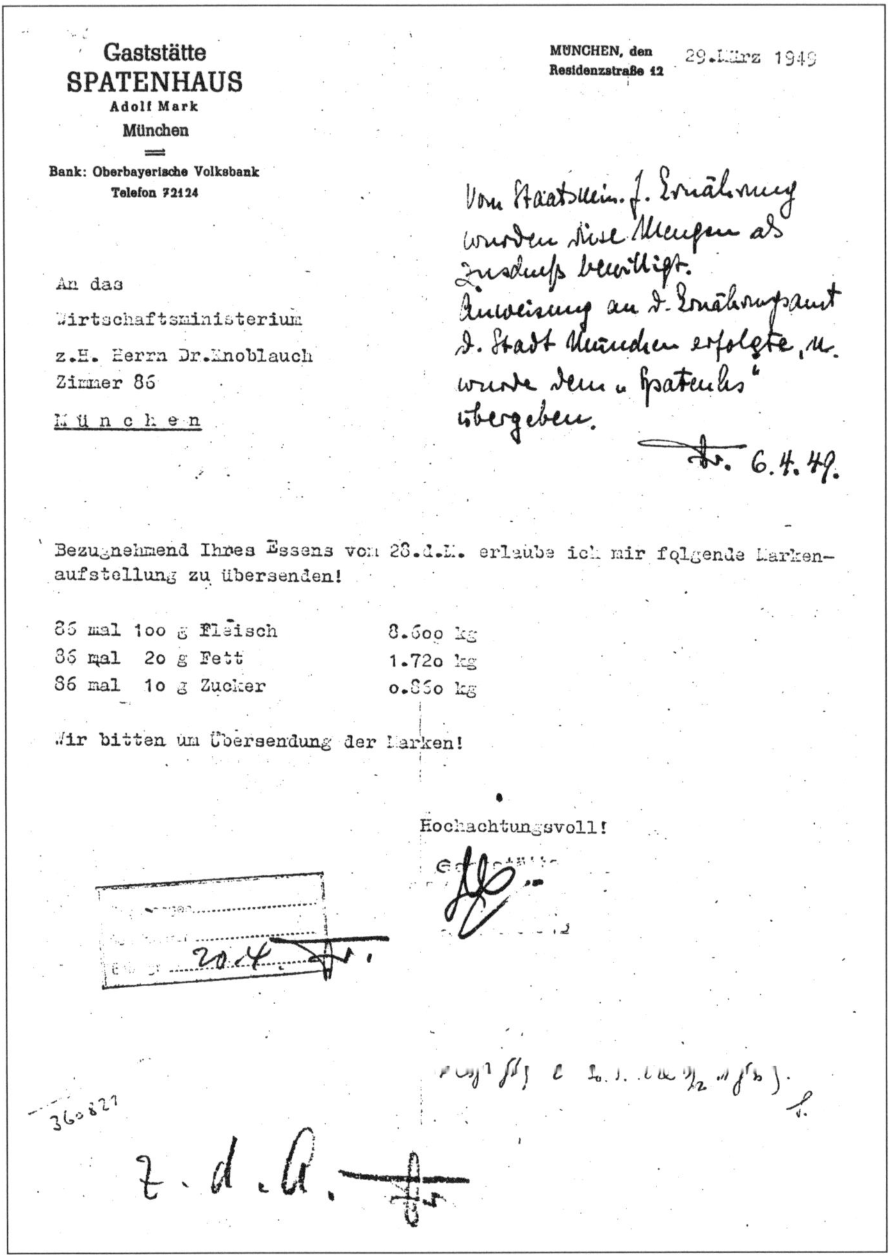

Gaststätte
SPATENHAUS
Adolf Mark
München

Bank: Oberbayerische Volksbank
Telefon 72124

MÜNCHEN, den 29. März 1949
Residenzstraße 12

An das
Wirtschaftsministerium
z.H. Herrn Dr. Knoblauch
Zimmer 86
München

Vom Staatsmin. f. Ernährung wurden diese Mengen als Zuschuß bewilligt. Anweisung an d. Ernährungsamt d. Stadt München erfolgte, u. wurde dem „Spatenhaus" übergeben.
6.4.49.

Bezugnehmend Ihres Essens vom 28.d.M. erlaube ich mir folgende Markenaufstellung zu übersenden!

86 mal	100 g Fleisch	8.600 kg
86 mal	20 g Fett	1.720 kg
86 mal	10 g Zucker	0.860 kg

Wir bitten um Übersendung der Marken!

Hochachtungsvoll!

20.4.

z. d. A.

Die Münchner Gaststätte „Spatenhaus" bittet das Bayerische Wirtschaftsministerium um Übersendung der Lebensmittelmarken für das Festessen im Rahmen der Gründungsfeierlichkeiten.

Die alles andere als opulente Speisekarte verweist in Verbindung mit der staatlich gelenkten Rationierung der Lebensmittel auf die auch nach der Währungsreform von 1948 noch bestehende Mangelwirtschaft der Nachkriegsjahre.

ersten bemängelte er eine unzureichende Abgrenzung von der wiedererstandenen Notgemeinschaft. Mit der Ermittlung von Forschungsproblemen, der Durchführung von Untersuchungen und der Beschaffung und Verwaltung von Forschungsmitteln überschnitten sich die Aufgaben der Fraunhofer-Gesellschaft mit denen der Notgemeinschaft, denn diese werde sich vermutlich „dieselbe Aufgabe – nur eben ohne die Einschränkung auf die angewandte Forschung" stellen. Fraunhofer sei also „ein Zwilling, die Konkurrenz der NG [Notgemeinschaft], die bayerische Konkurrenz, – die Extrawurst, wie man ausserhalb Bayerns sagen wird". Aufgrund der verdienstvollen Vergangenheit der Notgemeinschaft und ihrer voraussichtlich größeren Mittel sei für die Fraunhofer-Gesellschaft ein „Schattendasein" zu befürchten, sie müsse daher „etwas wesentlich Anderes werden als die NG!" Zweitens kritisierte Kreichgauer eine einseitige Branchenorientierung, denn der „Eindruck einer sachlich und personell einseitigen Orientierung der Gesellschaft, etwa im Sinne des Bergbaus, [hätte] ganz besonders sorgfältig vermieden werden" müssen. Das lief seiner Konzeption zuwider, die auf akute Probleme der gesamten Wirtschaft über die Grenzen Bayerns hinaus abzielte. Denn „wenn es wirklich so sein sollte, daß der das Gremium [zur Gründung von Fraunhofer] beherrschende Kreis unter sich bleiben will [...] dann soll er eine eigene Gesellschaft gründen, sich ehrlich etwa ‚Bayerische Forschungsgemeinschaft für Bergbau' nennen, aber nicht [...] die Gründung einer umfassenden Organisation praktisch verhindern!" Drittens könnte die neue Gesellschaft die notleidende Industrie bei „Wiederaufbau und Export" im Sinne einer Organisation zwischen Entwicklungsgesellschaft und Unternehmensberatung unterstützen.

„Mit der Offenheit, die allein hier nützen kann", argumentierte Kreichgauer gegenüber Staatssekretär Geiger, doch es war zu spät, denn die nur noch formaljuristische Überprüfung der Satzung sowie die Vereinseintragung standen kurz bevor. Die Gründung der Gesellschaft wurde zunächst für Fraunhofers Geburtstag am 6. März 1949 vorbereitet, dann aber um drei Wochen verschoben.[17] Hätte eine aktive Mitwirkung Kreichgauers um die Jahreswende eine andere Fraunhofer-Gesellschaft entstehen lassen, wäre er nicht ohnedies von den massiv vertretenen bayerischen Industrie- und Staatsinteressen marginalisiert worden? Das bleibt spekulativ. Doch ist festzuhalten, daß seine Analysen strukturelle Defizite der neuen Forschungsgesellschaft bemerkenswert scharfsichtig offenlegten und nur allzubald bestätigt wurden.

Die Gründungsversammlung

Auf Einladung von Geiger fand die Versammlung am Samstag, dem 26. März 1949, um 10 Uhr vormittags im großen Sitzungssaal des Bayerischen Wirtschaftsministeriums statt.[18] 437 Gäste waren geladen, 210 nahmen teil, Repräsentanten aus Wissenschaft und Wirtschaft, Vertreter der Staatsregierung, aber auch der Landesregierungen Hessens und Württembergs, damit aller Länder innerhalb der amerikanischen Besatzungszone. 103 Anwesende erklärten ihren Beitritt. Auf das historische Vorbild und den Namenspatron Joseph von Fraunhofer wiesen der dann zum Präsidenten gewählte Münchner Universitätsrektor Walther Gerlach und der zum Senatsvorsitzenden gewählte Staatssekretär Hugo Geiger hin. Anschließend wurden die acht Vorstandsmitglieder und 29 Senatoren gewählt und die Satzung bestätigt. Eine Kranzniederlegung mit weiß-blauer Schleife am Fraunhofer-Denkmal in der Maximilianstraße und ein gemeinsames Mittagessen rundeten den Festakt ab. Offenbar nahmen an dem Essen 86 Personen teil, denn für sie hatte die Münchner Gaststätte Spatenbräu das Staatsministerium um die Übersendung von Lebensmittelmarken gebeten, je 100 g Fleisch, 20 g Fett und 10 g Zucker, ein durchaus typisches Mahl zur Zeit der auch nach der Währungsreform noch rationierten Lebensmittelversorgung.

Die Gründungsversammlung erfolgte in einem bemerkenswerten historischen Kontext. Acht Tage zuvor war die Gründung des Nordatlantik-Verteidigungspaktes NATO bekanntgegeben worden. Sechs Jahre später – auf den Tag genau zehn Jahre nach der deutschen Kapitulation – sollte die Bundesrepublik aufgenommen werden. Dies war die entscheidende Voraussetzung für den Aufbau der Bundeswehr, deren Forschungsbedürfnisse nach 1955 wesentlich den Ausbau von Fraunhofer-Instituten mit Vorlaufforschung beeinflussen sollten. Als Voraussetzung für das Ende der Besatzungszeit und die Verkündung des Grundgesetzes am 23. Mai als Gründungsdatum der Bundesrepublik Deutschland wurde zwei Wochen nach der Fraunhofer-Gründung in Washington das Besatzungsstatut verabschiedet. Zwar bemühte sich die neue Gesellschaft zur Förderung der angewandten Forschung schon kurz nach ihrer Gründung um einen bundespolitischen Aktionsradius, doch vermochte sie den regionalen Charakter der Ausgangskonstellation vorerst nicht aufzuheben.

Erste Erfolge: die Fraunhofer-Gesellschaft 1949–1951

Tatsächlich war die Fraunhofer-Gesellschaft in den ersten 12–15 Monaten ihres Bestehens kaum mehr als eine „Bayerische Forschungsgemeinschaft für Bergbau". Vorstand und Senat der jungen Gesellschaft setzten sich ausschließlich aus Vertretern der bayerischen Forschung und Industrie zusammen und standen überwiegend dem Bergbau nahe. Die Aktivitäten beschränkten sich zunächst auf Bayern, nicht zuletzt aufgrund der informellen Kontakte, über die die Senatsmitglieder verfügten. Jetzt wie auch später war die Geschichte der Gesellschaft in die sich neu bildenden Strukturen und Institutionen der Bundesrepublik eingebunden, zugleich spiegelte sie auch immer eine Geschichte von Einfluß und Kontakten einzelner Personen in Wissenschaft und Wirtschaft. Zu Beginn bedeutete dies einen Vorrang der geologischen Forschung aufgrund der persönlichen Kontakte und Interessen der anfangs im Vordergrund stehenden Fachwissenschaftler und Industriellen.

Jedoch eröffnete sich schon früh die Chance, über die geologische Forschung und über Bayern hinaus den Aktionsradius zu erweitern, nämlich durch eine Mitwirkung an der Vergabe von Mitteln des European Recovery Program (ERP) über das Bundeswirtschaftsministerium im Rahmen des Marshall-Plans. Im November 1950 teilte der Fraunhofer-Geschäftsführer und Geologe Paul Francke mit, daß sich die Geschäftsführung tatkräftig dafür eingesetzt habe, „die Fraunhofer Gesellschaft in das ERP Forschungsprogramm einzuschalten. Nach 15 Monaten ist nun eine Gesamtzuteilung von 337000 DM als Ergebnis zu verbuchen.“ Diesem beachtlichen Erfolg in der Verwaltung und Verteilung größerer Forschungsförderungsmittel lag ein über einjähriges Bemühen um Kontakte zu den ERP-Vergabestellen zugrunde. Ab Sommer 1949 strebte Fraunhofer eine breitere Basis in der Förderung angewandter Forschung an, nicht zuletzt, um sich gegenüber den übrigen Forschungsgesellschaften ein eigenständiges Aufgabengebiet zu sichern. Denn in Bonn war auf dieser Grundlage „die Anerkennung der Fraunhofer-Gesellschaft als Vertreterin der angewandten Forschung und als Betreuerin der freien Forschung, sowohl selbständiger Institute, als auch Einzelpersonen, erreicht“ worden.[19]

Mit einigem Stolz wurde schließlich bei der Vergabe von ERP-Forschungsmitteln der Dritten Tranche der Bundesminister für Wirtschaft und „Vater des Wirtschaftswunders“ Ludwig Erhard zitiert: „Ich habe die Fraunhofer Gesellschaft zur Förderung der angewandten Forschung e.V., München, als gemeinnützige Forschungseinrichtung gebeten, gegebenenfalls als Zuschußempfängerin die Mitverantwortung bei der Durchführung von Forschungsvorhaben von privaten Forschern oder industriellen Betrieben zu übernehmen.“ Damit, so faßte Francke zusammen, erkannte die Bundesregierung „unsere Aufgabe, die industrielle Forschung im Gesamtgebiet der Bundesrepublik zu fördern, besonders“ an.[20]

Fraunhofer verstand sich nunmehr als „dritte Säule“ der bundesdeutschen Forschungslandschaft neben der Max-Planck-Gesellschaft und der Deutschen Forschungsgemeinschaft. Die inhaltliche Aufgabenabgrenzung wurde durchaus pragmatisch verstanden, denn bereits bei der ersten Senatssitzung der Fraunhofer-Gesellschaft stellte ihr erster Präsident Walther Gerlach fest: „Die ‚Notgemeinschaft‘ umfaßt *alle* Wissensgebiete der ihr angeschlossenen Hochschulen und Akademien; sie behandelt ‚Probleme‘, die ‚Fraunhofer Gesellschaft‘ löst ‚Aufgaben‘, die in Gemeinschaftsarbeit zwischen Wissenschaft und Wirtschaft aufgestellt und durchgeführt werden.“[21] Analog zu einer solchen Trennung zwischen Grundlagen- und angewandter Forschung formulierte auch der stellvertretende Senatsvorsitzende und Vorstandsmitglied des MAN-Konzerns, Emil Sörensen, als „‚Ideallösung‘, wenn die Aufteilung zwischen den Arbeitsgebieten der Max-Planck-Gesellschaft und der Fraunhofer-Gesellschaft nach [diesen] Grundsätzen erfolgen würde“, wobei er allerdings zugab, „dass die begriffliche Trennung nicht schematisch erfolgen kann“.[22]

Er wies damit auf einen zentralen Problempunkt in der Abgrenzung zur MPG und zur DFG (einschließlich Stifterverband) hin, die die Entwicklung der durch die Beteiligung an der Ausschüttung von ERP-Geldern so auffällig bundespolitisch bevorzugten, aber eben doch stark auf Bayern ausgerichteten Gesellschaft mit größtem Mißtrauen verfolgten. Der Selbstwahrnehmung von Fraunhofer als „dritter Säule" im Forschungssystem der Bundesrepublik entsprach keineswegs eine entsprechende Fremdwahrnehmung. Die großen Forschungsorganisationen witterten unliebsame Konkurrenz, wohl auch Zersplitterung und eine Aufweichung der Kriterien strenger, also grundlagenorientierter und damit öffentlich zu fördernder Forschung. Aber neben institutionellen und konzeptionellen Rivalitäten sind auch individuelle Persönlichkeitsprofile von Bedeutung, ohne die sich die in der Frühzeit so markanten Konflikte und Gemengelagen nicht hinreichend erklären lassen.

Problemlagen unter der Präsidentschaft Gerlach 1949–1951

Der als Atomwissenschaftler unmittelbar nach Ende des Zweiten Weltkriegs zusammen mit weiteren namhaften deutschen Kernphysikern wie Otto Hahn, Max von Laue und Werner Heisenberg im britischen Farm Hall[23] internierte Gerlach hatte sich direkt nach seiner Entlassung dem Wiederaufbau der Wissenschaft im Nachkriegsdeutschland verschrieben. 1947 gründete er in Absprache mit den britischen Besatzungsbehörden einen regionalen Vorläufer der künftigen Notgemeinschaft in Nordrhein-Westfalen. Von Göttingen aus, wo die meisten der zuvor internierten Atomforscher und weitere vormalige KWG-Wissenschaftler sich versammelten, wirkte er an der Leibniz-Gesellschaft (-Stiftung) mit, aus der über den befreundeten Heisenberg der Deutsche Forschungsrat hervorgehen sollte. Auch die Wiederbelebung der Notgemeinschaft wurde von Göttingen aus betrieben. Doch die hier organisierten Interessen entwickelten eine Eigendynamik, die verhinderte, daß Gerlach die von ihm angestrebte Präsidentschaft der überzonalen Notgemeinschaft erlangte. Aus Enttäuschung über diese sich abzeichnende Entwicklung nahm Gerlach an der Gründungsversammlung der neuen Notgemeinschaft nicht teil und war um so mehr überrascht, als er in Abwesenheit am 11. Januar 1949 zu deren Vizepräsident gewählt wurde.[24]

An der Gründung der Fraunhofer-Gesellschaft war Gerlach als Professor und späterer Rektor der TH München hingegen seit dem Sommer 1948 aktiv beteiligt. Immerhin verwundert, daß er in seiner intensiven Korrespondenz mit Heisenberg in dieser Zeit seine Wahl zum Präsidenten der Fraunhofer-Gesellschaft gänzlich übergeht. Dies kann als Indiz für den Stellenwert gelten, den der mit seinem Freund Heisenberg in der Betonung der Grundlagenforschung und insbesondere der Atompolitik einige Gerlach seiner Wahl zumaß. Doch sind allenfalls Spekulationen möglich, warum er sich gleichwohl für die Präsidentschaft zur Verfügung stellte, ob er, mit anderer Stoßrichtung als Kreichgauer, die Neugründung als Ausgangspunkt für eine künftig bundesweite und inhaltlich noch umgestaltungsfähige Forschungsorganisation einschätzte und inwieweit er als renommiertes Aushängeschild jenseits der in der Fraunhofer-Gesellschaft vertretenen, allerdings keineswegs einheitlichen Interessen gewählt wurde.

Welche Bedeutung Gerlach der Fraunhofer-Gesellschaft beimaß, läßt sich anhand seiner konkreten Tätigkeit allenfalls unter Hinweis auf das beantworten, was er *nicht* unternahm. Doch seine (für seine Wahl sicher wichtigen) engen Kontakte zu Stifterverband und Notgemeinschaft sprachen nicht von vornherein gegen eine konstruktive Arbeit auch im Sinne der satzungsgemäßen Ziele der Fraunhofer-Gesellschaft.[25] Welche Bedeutung nahm die angewandte Forschung in der Vorstellung Gerlachs überhaupt ein? Hier lohnt sich ein Blick in den Briefwechsel mit Heisenberg über die Divergenzen zwischen Notgemeinschaft und Deutschem Forschungsrat im Jahre 1949.

Angewandte Forschung war für Gerlach nicht wirklich „Wissenschaft“, wie er am Beispiel einiger anwendungsnaher Max-Planck-Institute ausführte, denn diese hätten „mit Wissenschaft überhaupt nichts zu tun“. Auf den Einwand Heisenbergs, daß angewandte Forschung doch auch Forschung sei, räumte Gerlach ein, daß es ihm um Grundlagenforschung gehe. Immerhin gebe es in einigen Max-Planck-Instituten Personen, die „sehr gut als Praktiker“ arbeiteten, „aber doch ohne wohl selbst darauf Anspruch zu machen, daß man [sie] als ‚Forscher‘ bezeichnen“ könnte.[26] Gleichwohl akzeptierte Gerlach die Berechtigung angewandter Forschung im Gesamtsystem, auch mit Blick auf Kontroversen zwischen Forschungsrat und Notgemeinschaft. Denn neben dieser Konkurrenz zeichnete sich auch auf Bundesebene eine Konkurrenzsituation zwischen dem Bundesinnenministerium als Finanzier der Notgemeinschaft und dem an praxisnaher Forschung interessierten Bundeswirtschaftsministerium in der Forschungsförderung ab, die man zum damaligen Zeitpunkt unbedingt verhindern wollte. Fraunhofer spielte im übrigen für Gerlach und Heisenberg keinerlei Rolle bei ihren Überlegungen, wie man Forschungsrat und Notgemeinschaft enger verzahnen könnte.[27]

Offensichtlich wertete Gerlach die Fraunhofer-Gesellschaft als Ressource für einen naturgemäß untergeordneten Fachausschuß der Notgemeinschaft. Hierfür spricht auch eine Äußerung gegenüber seinem Freund Fritz Gummert, dem Generalsekretär des eben wiedergegründeten Stifterverbandes, vom Oktober 1949: „Mein Plan ist der, daß in der Fraunhofer-Gesellschaft eine Reihe von Instituten zusammengefaßt werden, welche ausgesprochen wissenschaftlich technische Aufgaben forschungsmäßig behandeln in analoger Form wie die Max-Planck-Gesellschaft die Grundlagenforschung treibt. [...] Die zur Zeit laufenden Überlegungen über gewisse Änderungen in der Max-Planck-Gesellschaft zeigten mehrfach schon, daß die Fraunhofer-Gesellschaft eine ganz wichtige Aufgabe übernommen hat. Ich war hiervon von vorneherein überzeugt, habe aber bisher mich sehr zurückgehalten, um nicht den Eindruck der Geschaftlhuberei entstehen zu lassen.“ Die MPG bildete das Muster, aber was hieß in diesem Zusammenhang analog?

Gerlachs selbstgewählte Aufgabe für die Fraunhofer-Gesellschaft erwies sich

Walther Gerlach, vielgefragter Festredner der jungen Bundesrepublik, bei der Eröffnung des Instituts für angewandte Mikroskopie, Photographie und Kinematographie (IMPK) am 1. Juni 1954.

Der renommierte Physiker der TH München, später Rektor der Hochschule, war an den Gründungsvorbereitungen der Fraunhofer-Gesellschaft von Beginn an beteiligt. Er stellte sich konsequenterweise auch für das Amt des ersten Präsidenten zur Verfügung. In seiner Person spiegeln sich die Akzeptanzprobleme, mit denen sich die junge Gesellschaft in den Anfangsjahren konfrontiert sah. Gerlach geriet rasch in einen Loyalitätskonflikt zwischen seinen Aufgaben als Fraunhofer-Präsident einerseits und als Vizepräsident der Deutschen Forschungsgemeinschaft andererseits. In diesem Zwiespalt entschied sich der passionierte Grundlagenforscher gegen die Fraunhofer-Gesellschaft und betrieb deren Auflösung. Als Gerlach im Mai 1951 auf Druck des Fraunhofer-Senats zurücktrat, wurde mit Wilhelm Roelen gezieltermaßen ein nicht aus dem süddeutschen Raum stammender Ruhrindustrieller zum Präsidenten der Gesellschaft gewählt.

bald als nicht durchführbar. Zum einen kollidierte sie intern mit den weitergehenden Vorstellungen des Senats und Senatsausschusses. Zum anderen mußte Gerlach selbst spätestens seit der Beteiligung von Fraunhofer an der ERP-Mittelvergabe feststellen, daß eine dritte eigenständige Forschungsgesellschaft sich entwickelte. Insofern wird sich seine distanzierte Haltung zu Fraunhofer erst im Laufe des Jahres 1950 entwickelt haben. Denn wenn er auch bereits Ende des Jahres 1949 durch seine Kontakte mit dem Stifterverband eine eigene Geldwerbungsaktion der Fraunhofer-Gesellschaft verhindert hatte, weil er „es für unzweckmäßig halte, daß verschiedene Stellen in derselben Richtung etwas tun",[28] so widersprach das noch nicht der Idee eines eigenständigen Profils der Fraunhofer-Gesellschaft. Doch auch hier stieß Gerlach schon an interne Grenzen, denn Fraunhofer-Vizepräsident Everhard Bungartz wies Gummert mit einigem Grund darauf hin, daß „eine große Anzahl von Firmen und Einzelpersönlichkeiten wohl gewillt ist, aufgrund persönlicher Interessen und persönlicher Beziehungen der Fraunhofer Gesellschaft Gelder für ihre Aufgaben zur Verfügung zu stellen. Es wäre wohl dem Stifterverband kaum möglich, diese Kreise ebensogut anzusprechen wie dies die Fraunhofer Gesellschaft tut, da dem Stifterverband einfach die Möglichkeiten fehlen, an diese Kreise auch nur irgendwie heranzukommen."[29]

Da Gerlach erkannte, daß die Fraunhofer-Gesellschaft durch die Unterstützung des Wirtschaftsministeriums – die von Heisenberg und Gerlach befürchtete Aufsplitterung der Bundesforschungsförderung zwischen Innen- und Wirtschaftsministerium hatte sich tatsächlich in dieser Weise vollzogen – eine kaum zu beeinflussende Eigendynamik gewann, er aber als Hochschul*forscher* und DFG-Vizepräsident der „anderen" Seite zuneigte, versuchte er nunmehr, die Fraunhofer-Gesellschaft aufzulösen. So verzögerte er die satzungsgemäß jährlich stattfindende Mitgliederversammlung, „weil die Beziehungen zum Stifterverband noch bereinigt werden müßten", und er sprach, wie der Fraunhofer-Sekretär Francke im Frühjahr 1951 klagte, „bei den verschiedensten Anlässen über die Auflösung der Gesellschaft [...], ohne die Meinung von Vorstand und Senat vorher einzuholen".[30]

Die Situation eskalierte in den folgenden Wochen bis hin zu einem Vermerk, der den gesamten Vorstand zu sofortigem Rücktritt aufforderte: „Da der Vorstand trotz wiederholter Anregungen von seiten des Senats-Ausschusses nicht in der Lage war, sich für die großen Aufgaben der Fraunhofer-Gesellschaft in dem erforderlichen Maße einzusetzen, ist beabsichtigt, auf der nächsten Mitgliederversammlung nicht nur die Neuwahl der satzungsgemäß ausscheidenden Vorstandsmitglieder, sondern die Neuwahl des gesamten Vorstandes vorzuschlagen. Der Senats-Ausschuß bittet Sie [Gerlach], dazu den Weg zu ebnen, indem Sie Ihren Rücktritt vom Präsidium erklären."[31] Handschriftlich vermerkte Francke, daß der Brief nicht abgesandt wurde, dafür aber eine „zwanglose Besprechung" im Hause Gerlach am 1. Mai 1951 „Erfolg" gehabt hätte. Bereits zwei Wochen später präsentierte der Senat als Nachfolger Gerlachs den mit Francke eng

Der Fraunhofer-Senatsvorsitzende Hans Luther (1879-1962).

Luther hatte in der Weimarer Republik als Reichsfinanzminister (1923-1925) die Währung stabilisiert und die Staatsfinanzen saniert. Von Januar 1925 bis Mai 1926 hatte er als Reichskanzler zwei bürgerliche Regierungen geführt. Von März 1930 bis zu seinem von Hitler erzwungenen Rücktritt im März 1933 hatte er das Amt des Reichsbankpräsidenten bekleidet, um danach bis 1937 als Botschafter in Washington zu wirken. Nach 1945 engagierte er sich für den wirtschaftlichen Wiederaufbau und lehrte als Honorarprofessor an der Hochschule für politische Wissenschaften in München. In der Fraunhofer-Gesellschaft löste er 1951 Staatssekretär Hugo Geiger als Senatsvorsitzenden ab, bis er 1955 seinerseits von Emil Sörensen abgelöst wurde. Mit seiner Reputation als „Reichskanzler a.D." trug er wesentlich dazu bei, der Fraunhofer-Gesellschaft in der Öffentlichkeit eine größere Anerkennung zu verschaffen.

befreundeten Generaldirektor der Thyssenschen Gas- und Wasserwerke AG, Wilhelm Roelen.[32]

Die Mitgliederversammlung, die die Neuwahl von Vorstand und Senat offiziell vornehmen mußte, sollte nunmehr im August des Jahres 1951 stattfinden, mußte aber wiederum verschoben werden. Offensichtlich arbeiteten immer noch einzelne Kräfte innerhalb der Gesellschaft auf deren Auflösung hin. Im September zeichnete sich aber eine Wende ab, und Roelen sollte zusammen mit dem designierten Senatsvorsitzenden, Reichskanzler a.D. Hans Luther, die Geschäfte übernehmen. Mittlerweile waren sowohl der Vorstand als auch der Senatsausschuß zurückgetreten.[33] Luther betonte, daß es ihm „persönlich eine aufrichtige Freude und Genugtuung sein würde, neben Ihnen [Roelen] an der großen Aufgabe arbeiten zu können".[34] Auf einer nach der Zusage Roelens abgehaltenen Vorstands- und Senatsausschußsitzung, an der als Gäste Ministerialrat Walter Hinsch aus dem Bundeswirtschaftsministerium und Fritz Gummert seitens des Stifterverbandes teilnahmen, teilte Gerlach seinerseits mit, „daß die Fraunhofer-Gesellschaft nunmehr neben der Max-Planck-Gesellschaft in die ‚Deutsche Forschungsgemeinschaft' aufgenommen sei". Die bisherigen institutionellen Rivalitäten schienen entschärft, doch war dies gemäß Gerlachs Strategie ein Danaergeschenk. Im weiteren Verlauf der „sehr anregenden und durchaus positiven Aussprache" übernahm Roelen die ihm von Gerlach angetragene Präsidentschaft,[35] während diejenige Gerlachs ohne satzungsgemäßen Mitgliederbeschluß beendet wurde. Dieser fand erst Ende 1951 statt und legitimierte den neuen Präsidenten im nachhinein, denn Roelen nahm seine Amtsgeschäfte spätestens seit Oktober 1951 bereits wahr. Von einer „bayerischen Extrawurst" konnte keine Rede mehr sein. Mit der Ablösung des Atomphysikers und Grundlagenforschers durch einen nordrhein-westfälischen Manager der Schwerindustrie an der Fraunhofer-Spitze war die personelle Flurbereinigung vollzogen und dadurch auch die industrienahe Anwendungsorientierung betont worden.

Zunächst schien der Fortbestand der Fraunhofer-Gesellschaft gesichert, doch setzten nun erst die eigentlichen Auseinandersetzungen mit dem Stifterverband und der DFG ein. Es ging um das Profil einer von konkurrierenden und heterogenen Organisationen umkämpften Forschungslandschaft. Gerlach hatte sich dafür entschieden, eine klare Position zu beziehen; er blieb Vizepräsident auch der neuen DFG und lehnte auf der im Dezember 1951 stattfindenden Mitgliederversammlung der Fraunhofer-Gesellschaft einen Sitz im Senat ab: „Ich bitte meinen Namen von der Vorschlagsliste zu streichen. In dieser Versammlung ist mehrfach darauf hingewiesen worden, daß es für die Fraunhofer-Gesellschaft jetzt die vordringlichste Aufgabe ist, mit der Deutschen Forschungsgemeinschaft zu verhandeln. Über das Verhältnis zu dieser bestehen gegensätzliche Auffassungen. Da ich in dieser Auseinandersetzung auf der anderen Seite festgelegt bin, kann ich nicht gut dem Senat der Fraunhofer Gesellschaft angehören." Ein im Protokoll vermerkter Zwischenrufer warf ein: „Jetzt ist es ja klar."[36]

Die Fraunhofer-Gesellschaft als Spielball konkurrierender Interessen 1951–1955

Nicht nur personelle, auch institutionelle Interessen und Konflikte prägten die ersten Jahre. Tatsächlich beruhten viele Auseinandersetzungen der späteren Jahre genau auf der bereits von Kreichgauer gerügten mangelnden Eigenprofilierung und Abgrenzung gegenüber der Notgemeinschaft und dem Stifterverband. Eine „dritte Säule" in der deutschen Forschungslandschaft blieb die Fraunhofer-Gesellschaft vor allem in ihrer Eigenwahrnehmung. Ihr öffentliches Bild schwankte zwischen einem „weiß-blauen Forschungsverein", einer wenig eigenständigen „Informations- und Vermittlungsstelle für angewandte Forschung" und einer Einrichtung zur Verteilung von ERP-Geldern im Auftrag des Bundeswirtschaftsministeriums. In den ersten Monaten und Jahren verlief die Fraunhofer-Entwicklung noch relativ „ungestört", weil sich ein deutlicheres Bild der bundesdeutschen Forschungslandschaft erst mit der Fusion der Notgemeinschaft und des Deutschen Forschungsrats zur Deutschen Forschungsgemeinschaft abzeichnete. Aber Institutionen werden von Menschen gestaltet, Sachargumente und die schwierige oder glückliche „Chemie" zwischen den Handelnden bewirken nicht selten eine spezifische Gemengelage, wie sich im Beziehungsgeflecht von Fraunhofer zu DFG und Stifterverband bald zeigte.[37]

Zwischen Stifterverband, Deutscher Forschungsgemeinschaft und Wirtschaftsministerium. Nach der Präsidentschaftsübergabe an Roelen im September 1951 bahnten sich intensive Verhandlungen mit dem Stifterverband an, da man dort nun überzeugt war, Fraunhofer werde nachdrücklich die angewandte Forschung fördern. Bereits am 24. Oktober 1951 fand eine erste Besprechung zwischen Vertretern des Stifterverbandes, der Fraunhofer-Gesellschaft und des Bundeswirtschaftsministeriums auf Schloß Styrum, dem Wohnsitz Roelens, statt, die Gummert mit der vorsichtigen Formulierung einleitete, daß „man" auf der Tagung der Max-Planck-Gesellschaft im September den Eindruck gewonnen hätte, „der Fraunhofer Gesellschaft komme jetzt eine besondere Stellung innerhalb der großen Forschungsorganisationen zu und daß es daher notwendig sei, das Verhältnis zwischen Fraunhofer Gesellschaft und Stifterverband in eine feste Form zu bringen".

Der Stifterverband wollte Einfluß auf die Fraunhofer-Gesellschaft gewinnen, wobei über Wege und Mittel keine klare Konzeption vorlag. Einvernehmen bestand zwischen ihm und der DFG, die Förderung der Forschung in *einer* Organisation zusammenzufassen, damit die Fraunhofer-Gesellschaft möglichst in den weiteren Rahmen der DFG einzugliedern und ihren organisatorischen Spielraum gering zu halten. Auch in der DFG wurde trotz ihrer Präferenzen für die Grundlagenforschung die defizitäre Lage der angewandten Forschung anerkannt. Die Gründung eines Gesprächskreises für angewandte Forschung Ende des Jahres 1951, aus dem sich später der Ausschuß für angewandte Forschung bei der DFG entwickeln sollte, kann daher als unmittelbare Reaktion auf den Präsidentenwechsel in der Fraunhofer-Gesellschaft gesehen werden. Ihr selbst lag jetzt auch viel daran, die Kontakte zu den großen Forschungsorganisationen zu stabilisieren, und sie bemühte sich daher um die Aufnahme Roelens in diesen Gesprächskreis. So kamen alle Beteiligten überein, die „Fraunhofer-Gesellschaft in geeigneter Weise in die Deutsche Forschungsgemeinschaft“ einzubeziehen.[38]

Doch über das Ergebnis dieser Besprechung bestand Dissens, wie ein von Ferdinand Nord, dem Vertreter des Stifterverbandes, angefertigtes und von dem Fraunhofer-Geschäftsführer Francke kommentiertes Gedächtnisprotokoll zeigt. Nach Nord hatte sich die Fraunhofer-Gesellschaft zu einer „grundsätzlichen Tätigkeitsumstellung“ bereit erklärt, nämlich eine zentrale Auskunfts- und Vermittlungsstelle in enger Anlehnung an die DFG zu betreiben. Das bedeutete, den Sitz der Fraunhofer-Geschäftsstelle nach Bonn, also zur DFG zu verlegen, den Generalsekretär der DFG als Geschäftsführer der Fraunhofer-Gesellschaft einzusetzen und den Senat, „künftig besser Verwaltungsrat, um Verwechselungen mit dem Senat der DFG zu vermeiden“, in enger personeller Verzahnung mit dem der DFG, des Stifterverbandes und der MPG umzugestalten. Entsprechend müsse die Fraunhofer-Satzung geändert werden.[39] Francke hielt pointiert fest: „Der im Protokoll Nord zum Ausdruck gebrachte Plan hat offenbar das Ziel, der FG die selbständige Förderung der angewandten Forschung zu nehmen und die Gesellschaft in veränderter Form in den in Godesberg geplanten zentralistischen Büroapparat einzubauen. [...] Konsequenterweise müßte die FG, wenn sie die Förderung der angewandten Forschung aufgibt [...] aufgelöst werden.“[40]

Der Stifterverband betrieb den Vereinigungsplan auch, weil er konkurrierende Geldsammelaktionen der Fraunhofer-Gesellschaft befürchtete. Nicht zuletzt deshalb war bereits mit Gerlach eine jährliche Zahlung von 50000 DM vereinbart worden, auszuzahlen gegen die Verpflichtung von Fraunhofer, keine eigenen Werbeaktivitäten zu entfalten. Diese Taktik löste in der Fraunhofer-Gesellschaft Alarmbereitschaft aus. Es galt, in der Mitgliederversammlung einen Status quo zu sichern und von den Verhandlungen mit dem Stifterverband und der Forschungsgemeinschaft unabhängig zu werden. Daher sollte ein überregionaler Charakter von Fraunhofer, der bereits bei der Auswahl Roelens als „Nicht-Bayer“ eine Rolle gespielt hatte, auch in der Zusammensetzung des Senats zum Ausdruck kommen. Ferner waren Wirtschaftsunternehmen *und* die übrigen Forschungsorganisationen in die Fraunhofer-Gremien einzubinden. Es gelang Francke, Luther und Roelen, „die Mitglieder-Versammlung allen Schwierigkeiten zum Trotz noch im alten Jahr durchzusetzen und mit der Neuwahl auch noch zum beabsichtigten Erfolg zu führen. Es kann daher, um mit Gummert zu reden ‚kaum noch etwas geändert‘ werden.“[41]

Ganz so einfach war es nicht. Denn mit einem deutlichen Hinweis auf eine drohende Zersplitterung der Forschungslandschaft veranlaßte der Stifterverband zahlreiche Kandidaten, eine Wahl in den Senat der Fraunhofer-Gesellschaft nicht anzunehmen.[42] Gummert selbst als Vertreter des Stifterverbandes und Hinsch vom Bundeswirtschaftsministerium akzeptierten die Wahl, ersterer vielleicht aus eher taktischen Gründen; auch der Präsident der Deutschen Forschungsgemeinschaft wohnte den Senatssitzungen als „qualifizierter Gast" bei. Wie auch immer, die hochrangige Vertretung von Stifterverband und DFG im Fraunhofer-Senat ließ erkennen, daß man die Münchner Gesellschaft sehr ernst nahm und zugleich auf Kooperation setzte, wenngleich im Sinne einer von der DFG zu steuernden Koordination. Die Max-Planck-Gesellschaft war an dieser Auseinandersetzung nicht beteiligt, da ihr Part nicht die *Förderung*, sondern die *Durchführung* von Forschung war.

Die Wahlen zum neuen Senat waren kaum abgeschlossen, als DFG und Stifterverband bereits erste Sondierungsgespräche über die zukünftige Rolle der Fraunhofer-Gesellschaft einleiteten. Bereits am 20. Januar 1952 wurde bei einer Besprechung zwischen Stifterverband und Fraunhofer unter Beteiligung des Bundeswirtschaftsministeriums die Fraunhofer-Gesellschaft als dritte Säule der deutschen Forschung neben Hochschulen und MPG verortet, ihre Berechtigung auf Bundesebene formal anerkannt. Als Aufgabenbereich benannte man gemäß der vom Stifterverband favorisierten Lösung eine Auskunfts- und Vermittlungsstelle. Allerdings solle sie auch treuhänderisch Mittel verwalten sowie eigene Forschungsarbeiten und Institute betreuen. Das entsprach weitestgehend, wenn auch mit unterschiedlicher Schwerpunktsetzung, den Vorstellungen von Fraunhofer selbst. So bedeutsam diese Festlegung auch war, das Besprechungsergebnis besaß trotz hochrangiger Vertretung der drei Institutionen natürlich keinen Beschlußcharakter, und bei weiteren Treffen versuchten die Verhandlungspartner wiederholt, dieses Aufgabenspektrum einzuschränken. Als vordringlich betrachteten Stifterverband und Fraunhofer ferner ein klärendes Gespräch mit der DFG, das am 12. Februar 1952 in Frankfurt am Main stattfand; neben je vier Vertretern von Fraunhofer und DFG nahmen daran Hinsch, Gummert und der Vorsitzende des Bundesverbands der deutschen Industrie (BDI), Hermann Reusch, teil.[43]

Hier nun wurde die formale Aufnahme der Fraunhofer-Gesellschaft in die Deutsche Forschungsgemeinschaft beschlossen, der Aufgabenkreis der Fraunhofer-Gesellschaft gemäß der Augsburger Besprechung bestätigt und eine Verzahnung von DFG und Fraunhofer angestrebt,[44] doch das Sitzungsprotokoll spiegelt gegenüber dem Beschlußpapier einen zögerlichen und damit eher labilen Konsens. Denn einzelne DFG-Vertreter sahen die Fraunhofer-Gesellschaft nach wie vor als einen bayerischen, von der Sache her wenig überzeugenden Zwilling der Forschungsgemeinschaft. Der stellvertretende Fraunhofer-Senatsvorsitzende Emil Sörensen hatte guten Grund zu dem Hinweis, daß es „sich bei unseren Besprechungen vor allem um die richtige Vertrauensgrundlage" handele, denn während Teilnehmer wie Hinsch, die dem spezifischen Aufgabenfeld der Fraunhofer-Gesellschaft näher standen, ihre Bedeutung unterstrichen oder ihr doch eine gute Chance einräumten wie Gummert („sie hätte aber nicht mit 27 Senatoren anfangen sollen"), meinten Reusch und Vertreter der DFG, als ehemals bayerische Institution habe die Fraunhofer-Gesellschaft nach der Arbeitsaufnahme der Forschungsgemeinschaft ihre Aufgabe verloren und befasse sich „mit nebelhaften Aufgaben".[45] Solche Vorbehalte blieben auch weiterhin virulent, doch noch hielt der Konsens, daß die in die DFG aufgenommene Fraunhofer-Gesellschaft eine in der Forschungsförderung „bestehende Lücke" zu schließen habe.[46]

Vor allem Hinsch erhoffte sich „eine starke Organisation im Rücken", denn in „den Etatverhandlungen mit dem Bundestag habe es sich gezeigt, daß der Forschungsreferent des Innenministeriums viel erfolgreicher abgeschnitten habe als Hinsch, weil jener sich immer auf die wohlausgebaute und mächtige Deutsche Forschungsgemeinschaft stützen konnte".[47] Die Rivalitäten der Forschungsorganisationen selbst setzten sich im Kompetenzgerangel auf Bundesebene fort.[48] Um die Mitte des Jahres 1952 zeichnete sich dann ein ernster Konflikt mit dem Stifterverband ab. Dahinter stand zum einen eine Gesetzesvorlage, die die Alleinvertretung der Forschungsförderung bei der Forschungsgemeinschaft vorsah und diejenigen im Stifterverband bestärkte, welche auf eine Reduzierung des Fraunhofer-Profils hinarbeiteten; zum anderen wurde jetzt eine Zweigstelle des amerikanischen Vertragsforschungsinstituts Battelle in Deutschland aufgebaut, was äußerst kontroverse Debatten auslöste. Denn es ging hierbei um das Wo und Wie der angewandten Forschung in der jungen Bundesrepublik. Zugleich war klar zu sehen, wie mühsam die Fraunhofer-Gesellschaft um ihren eigenen Standort rang.

Stimulans und Bedrohung: das Battelle Memorial Institute. Als „Battelle Deutschland e.V." 1953 in Frankfurt am Main als Ableger des in Ohio angesiedelten Battelle Memorial Institute, einer der großen amerikanischen Vertragsforschungseinrichtungen, seine Arbeit aufnahm, löste es gewaltige, ja phantastische Erwartungen bei mittleren deutschen Industrieunternehmen an eine in Deutschland wenig bekannte Vertragsforschung aus.[49] In den beiden vorangegangenen Jahren war erbittert darüber gestritten worden, ob „Battelle" einen weiteren Schritt amerikanischer „intellektueller Ausplünderung" markiere, wie wichtige Vertreter aller großen deutschen Forschungsorganisationen argwöhnten, oder ob „Battelle" als Herausforderung und Chance für anpassende Modernisierung der deutschen angewandten Forschung jenseits der Großindustrie und zugleich für internationale Anschlußfähigkeit zu werten sei, wie nachdrücklich im Bundeswirtschaftsministerium betont wurde. Auch fragte man sich, ob Vertragsforschung nach dem Modell „Battelle" die deutsche Tradition einer Verbindung von angewandter und Grundlagenforschung bedrohe, wie insbesondere DFG und Stifterverband befürchteten, und nicht zuletzt ging es bei diesem Streit um die Rolle der Fraunhofer-Gesellschaft: Sollte sie als neutrale Beurteilungsinstanz agieren, wie Stifterverband, DFG und zögernd auch das Bundeswirtschaftsministerium im Frühjahr 1952 vorschlugen, und war von ihr ein nationales Gegengewicht zu Battelle einzufordern, wie im Stifterverband vehement verlautete? Mutierte sie zu einem überforderten Ersatz-Battelle, wenn ein Bundesland wie Baden-Württemberg, das zunächst Stuttgart als Sitz des deutschen Battelle-Instituts angeboten hatte, nach dem Scheitern dieses Plans auf die Fraunhofer-Gesellschaft als landespolitisch genutztes Gegengewicht zurückgriff? Oder hatten die Akteure von Fraunhofer die Anregung einer ausländischen Expertengruppe bei ihrem Besuch in München im Sommer 1951 verschlafen (bzw. im strukturellen Kontext von Fraunhofer in dieser Zeit gar nicht nutzen können), selbst in die Bresche zu springen und damit ein „deutsches Battelle" überflüssig zu machen? Um wirkliche Alternativen handelte es sich kaum, alle diese Optionen, Sonderinteressen, Einschätzungen und Vorurteile erwiesen sich als handlungsleitend: Das amerikanische Modell einer durch Non-Profit-Organisationen betriebenen Vertragsforschung weckte Hoffnungen und Befürchtungen zugleich, die sich gegenseitig überlagerten.

Von Beginn an sah die Fraunhofer-Gesellschaft in der Förderung der angewandten Forschung auch ein Mittel, einen allgemein mit Sorge betrachteten Exodus junger deutscher Forscher ins Ausland, insbesondere in die USA, aufzuhalten oder zumindest zu begrenzen; Geiger hatte nachdrücklich auf diese Gefahr hingewiesen; der neue Präsident Roelen bezeichnete eine solche Abwanderung als ebenso massiv wie kaum vermeidlich, und auch künftig bestimmte die Sorge um eine Ausblutung des wissenschaftlichen Nachwuchses leitmotivisch das Klima. Was hier als Problem eines freien Arbeitsmarktes aufschien und nach wirksamen Gegenstrategien fragen ließ, um die jungen deutschen Wissenschaftler im Lande zu halten, wurde in Teilen der im Stifterverband vertretenen Industrie als systematisch-intrigantes Aufsaugen deutscher Forschungskapazität durch die USA wahrgenommen, als Fortsetzung der „intellektuellen Reparationen" während der Besatzungszeit mit anderen Mitteln. Diese Einschätzung traf sich mit jenem Artikel „Stiefkind Forschung" in der Zeitschrift „Wirtschaftsverwaltung" vom Herbst 1948 wie auch mit der ersten Denkschrift Kreichgauers im Vorfeld der Fraunhofer-Gründung. Gerade Unternehmer der älteren Generation in traditionellen Industriebranchen, die Ende der 40er Jahre wieder an die Schalthebel gelangten und deren Sozialisation durch nationale Werte, durch autoritären Führungsstil und Mißtrauen gegenüber Methoden und Zielen des US-Industriekapitalismus geprägt waren, wurden durch den Frankfurter Metallindustriellen und Vorsitzenden des Stifterverbandes Richard Merton repräsentiert. Merton, der trotz seiner deutschnationalen, mit dem Nationalsozialismus sympathisierenden Einstellung aus „rassischen" Gründen verfolgt und 1939 zur Flucht nach England gezwungen worden war, der über glänzende internationale Kontakte verfügte und zudem an das sozialreformerische Erbe seines Vaters Wilhelm anknüpfte, arbeitete in den nach dem Zweiten Weltkrieg von ihm neu besetzten Schlüsselfunktionen in Deutschland für einen Wiederaufstieg der Bundesrepublik unter die führenden Industrienationen, bewahrte aber zugleich tiefes Mißtrauen gegenüber amerikanischen Machenschaften.[50]

Ende 1951 wurde bekannt, daß Battelle die Errichtung eines Instituts in Deutschland plante, und bereits auf der Fraunhofer-Mitgliederversammlung am 21. Dezember wurde dies kontrovers diskutiert. Vor allem der scheidende Präsident Gerlach befürchtete aus Sicht der Hochschulforschung einen drohenden „Ausverkauf" der deutschen Forschung, während der neue Präsident Roelen, unterstützt vom stellvertretenden Senatsvorsitzenden Sörensen und von Knoblauch aus dem Bayerischen Wirtschaftsministerium, die geplante Gründung trotz mancher Bedenken gelassen betrachtete – das Institut werde ohnedies kommen, notfalls im benachbarten europäischen Ausland und dann für deutsche Interessen eher hinderlich sein.[51] Damit waren die Akkorde der künftigen Debatten angeschlagen. In München witterte man sehr schnell eine Chance zur dringend erforderlichen Eigenaufwertung: Wer ein deutsches Battelle-Institut unbedingt verhindern wollte, würde die Fraunhofer-Gesellschaft als Gegengewicht fördern; wer hingegen dieses Institut als marktwirtschaftliche Bereicherung der in Deutschland unterentwickelten angewandten Forschung eher begrüßte, wie Signale aus dem Bayerischen und mehr noch dem Bundeswirtschaftsministerium zeigten, würde Fraunhofer und Battelle-Institut als einander ergänzend werten. Zudem schienen markige Sprüche wenig ratsam, waren doch die Münchner von beiden Ministerien in hohem Maße abhängig.

In der Tat ließ die von Gerlach präludierte Abwehr von Battelle durch seine Freunde im Stifterverband, Merton und Gummert, nicht auf sich warten. Merton sah in der geplanten Ansiedlung ein „nationales Unheil" und schrieb Anfang 1952 an Bundeswirtschaftsminister Ludwig Erhard: „Neben der Gefahr der Industrie- und Wissenschaftsbespitzelung fürchte ich, daß in direktem oder indirektem Zusammenhang mit dem Institut den Amerikanern das Ausspannen qualifizierter deutscher Fachkräfte erleichert wird, wenn ein solches Institut in Deutschland besteht."[52] Erhard lehnte es in seiner Antwort ab, den amerikanischen Bestrebungen entgegenzuarbeiten, und wies (wie schon Roelen) auf die dann drohende Abwanderung in das benachbarte Ausland hin.[53]

Merton ließ sich dadurch nicht beirren. Immer wieder betonte er bei den in den kommenden Monaten häufigen Treffen zwischen Stifterverband, DFG und Fraunhofer eine zwingend erforderliche Abwehrfront gegen ein deutsches Battelle, und in einem Brief an den Präsidenten des amerikanischen Battelle Instituts, Clyde Williams, wies er kaum verhüllt auf die Widerstände in DFG und Stifterverband gegen die Ansiedlung hin, vermerkte, die für das Institut bereitgestellten 2 Mio. US-$ seien als Zuwendung an den Stifterverband besser aufgehoben, und gab sich nur abschließend konziliant.[54] So ging es dem Stifterverband in den Verhandlungen des Jahres 1952 mit der Fraunhofer-Gesellschaft auch darum, diese als ein Instrument gegen Battelle aufzubauen. Sekundierend betonte Gummert, daß „zu den Aufgaben der Fraunhofer Gesellschaft auch [...] die Abwehr von weiteren amerikanischen Instituten nach der Art des Battelle Instituts [gehört]. Wir müssen die deutsche Forschung stärken."[55]

Unverkennbar spielte dabei eine Doppelstrategie mit: Als Hebel gegen Battelle sollte die Fraunhofer-Gesellschaft sich auf die Arbeit einer in Bad Godesberg bei der DFG anzusiedelnden Auskunfts- und Vermittlungsstelle beschränken und ließe sich so als Rivale von DFG und Stifterverband ausschalten. In München wurde besorgt registriert, daß man der Fraunhofer-Gesellschaft eine neue Aufgabe zuweisen wolle: „Beratung der Industrie in Forschungsfragen und Vermittlung geeigneter Institute. In dieser Rolle würde ein nationales Verdienst gesehen, weil man dadurch verhindern könnte, daß die Industrie sich an das höchst unerwünschte Battelle-Institut wendet, und also dadurch erreichen kann, daß Battelle nie ins Geschäft kommt."[56] Während bei den drei Spitzengesprächen von DFG, Stifterverband und Fraunhofer-Gesellschaft über die künftige Rollenverteilung im ersten Halbjahr 1952 mit der DFG und ihrem Präsidenten Ludwig Raiser eine sachliche Verständigung zustande kam, spitzten sich die Verhandlungen mit dem Stifterverband zum aggressiven Schlagabtausch zu, bis Merton im Juli zum Anspruch der Fraunhofer-Gesellschaft, „dritte Säule" der Forschungslandschaft zu sein, höhnisch vermerkte: „Diese Säule habe ich wie Simson umgeworfen."[57] Es ging ihm gegen Battelle und gegen die bisherige Fraunhofer-Gesellschaft zugleich, die er in ein Schwert für seinen nationalen Abwehrkampf umzuschmieden gedachte.

Freilich, die im Stifterverband und erst recht in der DFG keineswegs einhellige Front[58] gegen einen durch ein deutsches Battelle-Institut befürchteten „Ausverkauf der deutschen Forschung" schloß auch Mißtrauen gegen eine andere Art von Forschung ein, die von deutschen Traditionen abwich. Wenn Knoblauch bei der Battelle-Diskussion in der Fraunhofer-Mitgliederversammlung am 21. Dezember 1951 berichtete: „Bei uns denkt man bei einer solchen Einrichtung in erster Linie an Forschung, in Amerika dagegen an das Geschäftsinteresse. Die Amerikaner behandeln die Forschung wie eine Ware", dann brachte er genau jene instinktive Abwehrhaltung auf den Punkt, die führende Hochschulforscher und Industrielle gegen eine drohende „Amerikanisierung" des deutschen Forschungsmodells und der deutschen Industriekultur einte.[59] Wenn Knoblauch gleichzeitig eine in den USA gebräuchliche Vertragsforschung mit einem in Deutschland wenig üblichen Arbeitsstil verknüpfte („Das Battelle-Institut wird nach amerikanischer Methode arbeiten. Die Aufgaben wird es weitergehend lösen, als man dies in Deutschland zu tun pflegt"), dann begrüßte er eben das, was in Deutschland vielfach kopfschüttelndes Befremden auslöste. Die Schlüsselwörter lauteten „Gemeinschaftsforschung" und „Teamwork", und sie bedurften in den deutschen Forschungsorganisationen einer eingehenden Erläuterung.[60] Vertragsforschung wie Teamwork waren weithin unbekannt. Sie entsprachen nicht dem „Harnack-Prinzip" eines um einen autoritativen Gelehrten gruppierten Instituts.[61] Wenn gleichzeitig amerikanische Beobachter höflich den deutschen Forschungsstil als Voraussetzung einer seit langem weltweit einzigartigen Grundlagenforschung rühmten, vermeintlich bescheiden eine spezifisch amerikanische Befähigung zur industriellen Nutzung dieser Grundlagenforschung betonten, dann war in die Bewunderung Unverständnis für deutsche Barrieren gegen praktische und auftragsorientierte Problemlösungen in arbeitsteilig-gleichwertigen Forschergruppen eingekleidet.

Auslöser für diese Konfrontation von deutschem und amerikanischem Forschungsstil war zum einen die 1948 gegründete Organization for European Economic Cooperation (OEEC), deren Ausschuß für Produktivität und angewandte Forschung im Sommer und Herbst 1951 mit 25 westeuropäischen und drei amerikanischen Teilnehmern auch Deutschland bereiste. Zum anderen war es die neugierig-erkundende Aktivität von Joachim Pretsch, Leiter des Referats Forschung im Bundeswirtschaftsministerium und damit auch für OEEC-Aktivitäten zuständig, der sich bei einer Amerikareise in den Non-Profit-Instituten umsah, für die Bedürfnisse wirtschaftsnaher angewandter Forschung sensibilisiert wurde und mit Blick auf Deutschland ein einseitiges Übergewicht der Hochschullehrer kritisierte und der im Gegenzug Direktoren solcher Non-Profit-Institute zu einer Deutschlandreise im Herbst 1951 veranlaßte.[62] Im internationalen Vergleich analysierte Pretsch Stand und Defizite angewandter Forschung in Deutschland,[63] zusammen mit seinem auch für die Fraunhofer-Gesellschaft zuständigen Mitarbeiter und späteren Nachfolger Hinsch forcierte er die deutsche Battelle-Zweigstelle, gewann dafür seinen ohnedies aufgeschlossenen, marktwirtschaftlich orientierten Minister und favorisierte Fraunhofer als anschlußfähige deutsche Ergänzung, bei gleichzeitig taktisch-elastischer Abfederung der Stifterverband-Besorgnisse und offensichtlich in Abstimmung mit dem Bayerischen Wirtschaftsministerium.

Die weitere Entwicklung des deutschen Battelle-Instituts bestätigte die anfangs illusionär überzogenen, aber doch pragmatisch zu einem Gutteil eingelösten Erwartungen kleiner und mittlerer Unternehmer, die sich von der auf Kundenwünsche flexibel reagierenden Elastizität des auch in seiner Architektur ungewöhnlichen Frankfurter Instituts fasziniert zeigten. Vertragsforschung in Deutschland trug in den 50er Jahren einen Namen – Battelle. Mitarbeiterzahl und Raumvolumen explodierten bis Anfang der 60er Jahre. Erst 1961, als die letzten ERP-Gelder ausliefen, als infolgedessen das Bundeswirtschaftsministerium die Förderung von Instituten und Einzelforschern wieder gänzlich – entsprechend dem verfassungsgemäßen Gebot – an die Bundesländer zurückverwies und als gleichzeitig weitere amerikanische Non-Profit-Organisationen wie das Stanford Research Institute auf den deutschen Markt drängten, sah man im Bundeswirtschaftsministerium erneut Handlungsbedarf. Pretsch formulierte für seinen Nachfolger Hinsch die Notwendigkeit, nun „für die FhG aktiv werden zu müssen", und bot der Fraunhofer-Gesellschaft an, neben einer Verankerung in der institutionellen Forschungsförderung über die Gelder der Volkswagenstiftung an den Fördertöpfen des Bundes beteiligt zu werden, um festen Boden bei der „Vertrags- und Auftragsforschung für die Industrie und die öffentliche Hand" zu gewinnen.[64]

1952/53 konnte davon noch keine Rede sein. Fraunhofer widerstand mit gutem Grund der Umarmung durch den Stifterverband. Die Gesellschaft arrangierte sich halbwegs mit der DFG, auch wenn sie nicht in derem Ausschuß für angewandte Forschung aufgehen wollte, und sie hielt sich an das Bundeswirtschaftsministerium, um über die ERP-Mittelverteilung auch in die neuartigen OEEC-Konzepte einbezogen zu werden. Für die Anregung der US-Besucher im Herbst 1951, selbst die von Battelle wahrgenommene Lücke zu füllen, fehlten jedoch alle Voraussetzungen. Zu sehr behinderte noch die bayerische Verankerung, zu einseitig hatte sie sich einer Sammlungs- und Vermittlungstätigkeit verschrieben (und damit in Auseinandersetzungen mit dem Stifterverband verheddert), die den Aufbau eigener Forschungsinstitute ausschloß. Vertragsforschung erforderte nach deutschem Verständnis eine grundlagenorientierte und damit öffentlich geförderte Vorlaufforschung, welche nicht in Sicht war und auch nicht ernsthaft erwogen wurde. So verblieb einerseits nur ein Arrangement mit DFG und Stifterverband in Form einer „Juniorpartnerschaft" und andererseits eine Anlehnung an Bayern und das Bundeswirtschaftsministerium. Die Hoffnungen zielten vorrangig auf den Bund, doch der war ein unsicherer Kantonist. In den Ressortstreitigkeiten zwischen Innen- und Wirtschaftsministerium um verfassungsrechtlich ohnehin nicht dem Bund zustehende Kompetenzen in der Forschungspolitik bewahrte das Erhard-Ministerium einigen Abstand zu der von DFG und Stifterverband attackierten Fraunhofer-Gesellschaft. Zudem verlagerte es seinen Schwerpunkt auf unmittelbare Ressortforschung, um Konflikte mit den Ländern einzudämmen.[65]

Die Fraunhofer-Führungsriege sah sich in einer prekären Lage: Die 1951/52 so enge Anbindung an das Bundeswirtschaftsministerium, die nicht nur finanzielle Stabilisierung, sondern auch bundesweite Ausdehnung verhieß, riß zwar nicht ab, taugte aber nicht mehr als Rettungsleine. Mit der durchaus erwünschten Aufnahme in die DFG drohte die Gefahr, zu einem Fachausschuß herabgestuft zu werden, der angewandte Forschungsförderung nur noch als Spezialaspekt im grundlagenorientierten DFG-Gesamtkonzept betrieb. Allzu durchsichtig war die Strategie des Stifterverbandes, die Fraunhofer-Gesellschaft als Gegengewicht zu Battelle auf eine Vermittlungsstelle zu reduzieren und damit zugleich als eigenständige Potenz auszuschalten. Merton, der zunehmend erbittert Fraunhofer die Fähigkeit und den Willen absprach, sich als effizientes Anti-Battelle-Instrument zu erweisen, konnte Ende 1952 nur mit Mühe davon abgehalten werden, eine eigene Vermittlungsstelle durch den Stifterverband aufzuziehen, und akzeptierte eine entsprechende Fraunhofer-Einrichtung.[66]

Der gordische Knoten ließ sich nicht mit einem Befreiungsschlag durchhauen, auch wenn Hinsch, behutsamer als die amerikanischen Besucher in München Ende 1951, im Juli 1952 angeregt hatte, die Fraunhofer-Gesellschaft könne durchaus auch Battelle-ähnliche Aufgaben übernehmen und „die zahllosen Institute zusammenführen, die jetzt unabhängig voneinander arbeiten".[67] Aber genau hier lag das Problem. Mittel einwerben und verteilen, das war die Anfangslosung gewesen. Koordinierung von verstreuter Institutsarbeit, das hatte bereits Kreichgauer eingefordert, und auch dazu bestanden Ansätze. Doch von flächendeckender Systematisierung konnte keine Rede sein, zu eng war man noch den bayerischen Interessen verbunden, zu sehr auf die Verteilung von ERP-Mitteln festgelegt, ohne eine strategische Erkundung von mittelständisch-industriellen Forschungsbedürfnissen leisten zu können. Vor allem aber meinte Koordinierung Verwaltung, nicht Forschung. Von eigenen, gar systematisch aufgezogenen Forschungsinstituten war Anfang der 50er Jahren nie die Rede. Das Modell Battelle faszinierte und ängstigte, aber es stimulierte nicht. Die Einbindung erster Forschungsinstitute zwei Jahre später war letztlich Zufall und „Wildwuchs", ein eigenes Profil im Bereich Vertragsforschung kam der Fraunhofer-Gründerriege nicht in den Sinn und war auch gar nicht zu erwarten. Sammeln, einwerben und koordinieren, das entsprach vertrauten Vorkriegsmustern, das schloß innerdeutsche, in die Weimarer Republik zurückreichende Konfliktlagen ein, aber die amerikanische Herausforderung konnte nicht wirklich zünden, sie kam aufgrund der divergenten politischen Industriekulturen nicht voll zur Wirkung.

In dieser Situation war ein eigenständiger Sprung nach vorne unrealistisch. Die Fraunhofer-Gesellschaft sah sich wieder stärker auf fürsorgliche Betreuung durch die Länder verwiesen, zumal mit der überwiegenden Verlagerung der ERP-Mittel vom Bund auf die Länder erhöhte Finanzkontingente in der Forschungsförderung zur Verfügung standen. Neben der bayerischen Verankerung wurde seit 1953 über eine von den Ländern getragene Patentstelle für die deutsche Wirtschaft bei Fraunhofer Ausdehnung angestrebt, und es begann gleichzeitig vor allem in Kooperation mit Baden-Württemberg ein zunächst zögerlicher und bescheidener Einstieg in die Vertragsforschung. Ab 1954 gab es auch eine engere Zusammenarbeit mit Hessen.[68] Doch für eine arbeitsfähige Basis reichte das alles nicht hin, in den Jahren 1953/54 bot die Fraunhofer-Gesellschaft ein Bild der Hilflosigkeit und des blinden Aktionismus. Das Schiff hatte nicht nur Schlagseite, es drohte mehrfach zu kentern und zu sinken.

Überlebenskämpfe 1953–1955. Die Beziehungen zur DFG und mehr noch zum Stifterverband waren, wie bereits bei den Auseinandersetzungen um ein deutsches Battelle-Institut ersichtlich, festgefahren. Die Konflikte eskalierten, wobei sachliche Differenzen und persönliche Animositäten sich zu einem explosiven Gemisch verdichteten. In der Münchner Zentrale schwankte man zwischen Verzweiflung und purer Existenzangst und sah sich von Gegnern umstellt und die Zukunft der angewandten Forschung in schwerster Bedrängnis. Selbst der immer wieder auf einen sachlichen Ausgleich bedachte Vizepräsident Albert Maucher mußte schließlich feststellen: „Die Situation auf dem Gebiet der angewandten Forschung ist [...] ein Chaos. [...] Keiner weiß, wer was soll!" Zuvor hatte sich Sörensen schon mit einem Hilfeschrei an die DFG gewandt: „Die Wichtigkeit der angewandten Forschung ist in der Zwischenzeit weiter gestiegen. Wir können deshalb nicht anders als geradezu schreien: ‚Helft der angewandten Forschung'. Die FhG kann nicht arbeiten, wenn alles dagegensteht. Es muß *viel*

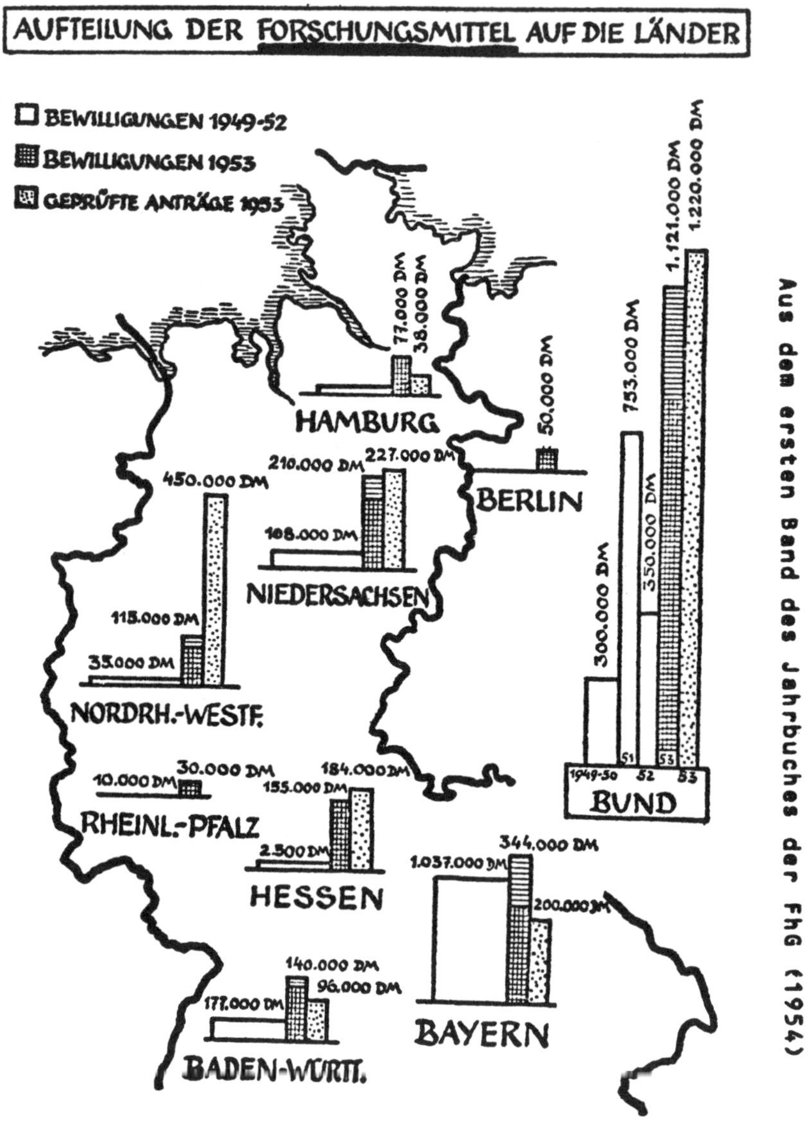

Aufteilung der von der Fraunhofer-Gesellschaft verwalteten ERP-Forschungsmittel auf die Bundesländer in den Jahren 1949–1953.

In den ersten Jahren nach ihrer Gründung 1949 beschränkte sich das forschungspolitische Wirken der Fraunhofer-Gesellschaft vornehmlich auf die Verteilung von Geldern des European Recovery Program (ERP) im Auftrag des Bundeswirtschaftsministeriums. Erst mit der Gründung der Patentstelle für die Deutsche Forschung und der Errichtung erster Institute gewann die Gesellschaft Mitte der 50er Jahre an institutioneller Stabilität.

mehr getan werden, wir können nicht in der gegenwärtigen Weise weiterringen, ohne daß uns die erforderliche Unterstützung zuteil wird."[69]

In der Tat drängten in DFG und Stifterverband die Gegner der Fraunhofer-Gesellschaft mehr oder weniger offen auf deren Auflösung. Insbesondere die Haltung im Stifterverband irritierte in München, da man „hinter die eigentlichen Gründe der Ablehnung nicht kommen und sie nicht nachprüfen" konnte. Maucher konstatierte trocken: „St[ifter]v[erband] und BDI sind nicht sachlich." Sachlicher Angelpunkt des Streits blieb die vom Stifterverband geforderte Auskunfts- und Vermittlungsstelle, zu deren Errichtung Fraunhofer trotz mancher, schon 1950 einsetzender Bemühungen die Kraft fehlte, weshalb Merton selbst die Initiative ergreifen wollte. Als auf der Senatssitzung im Sommer 1954 auch Pretsch Merton sekundierte, räumte Sörensen ein: „Vier Jahre lang wurde über eine solche Stelle offen gesprochen. Jetzt sagt der Stifterverband: Wir haben das der FhG überlassen. Da sich herausgestellt hat, daß sie es nicht tut, müssen wir jetzt selbst arbeiten."[70]

Auch in der DFG hatte man mißtrauisch das Lavieren der Fraunhofer-Gesellschaft gegenüber einer in Bad Godesberg anzusiedelnden Vermittlungsstelle verfolgt, zumal es dort zuvor schon Zweifel an dem Fraunhofer-Kurs gegeben hatte, der zwischen der Bedienung von hochschul- und länderbasierter Forschungsförderung und Ressortinteressen des Bundes schlingerte. Hintergrund war der Wiederaufbau der Luftfahrtforschung durch die Wissenschaftliche Gesellschaft für Luftfahrt (WGL) und die Deutsche Versuchsanstalt für Luftfahrt (DVL), mit denen – sowie mit dem Bundesverkehrsministerium – DFG und Fraunhofer-Gesellschaft in Verbindung getreten waren. Als Fraunhofer dann von sich aus eine Zusammenarbeit mit der WGL einleitete, reagierte DFG-Präsident Raiser gereizt, hatte er doch in einer scharfen Auseinandersetzung mit dem Seebohm-Verkehrsministerium auf dem Primat der Grundlagenforschung gegenüber einer Einbindung in ministerielle Ressortforschung bestanden und witterte Februar 1953 in dem Fraunhofer-Vorstoß einen ministeriell gesteuerten Schachzug.[71] Die DFG rückte nun von ihrer bislang souverän-zurückhaltenden Neutralität als „älterer Bruder" ab, und besonders Generalsekretär Kurt Zierold favorisierte einen „Kampf der Organisationen"; nur wenn es sich nicht mehr vermeiden ließ, sei etwas zugunsten der Fraunhofer-Gesellschaft zu unternehmen.[72]

Die Attacken richteten sich keineswegs gegen eine Förderung angewandter Forschung, der mit dem DFG-Ausschuß für angewandte Forschung (AfaF), mit der Ende September 1954 im Zusammengreifen von DFG und Stifterverband gegründeten Vermittlungsstelle für Vertragsforschung (VfV) und der im gleichen Jahr vom Bundeswirtschaftsministerium energisch geförderten Arbeitsgemeinschaft industrieller Forschungsvereinigungen (AiF) ein breiter, wenn auch nur begrenzt miteinander verzahnter institutioneller Unterbau zur Verfügung stand.[73] Sie richteten sich vielmehr gegen eine Gesellschaft, die satzungsgemäß zwar der angewandten Forschung diente, deren Zweckbestimmung aber durch die Neugründungen bis zur Unkenntlichkeit verengt worden war. Der mittlerweile notorisch schlechte Ruf[74] von Fraunhofer beruhte auf eigenem Ungeschick, auf einem konzeptionslosen und damit widersprüchlichen Klammern an Überlebensstrohhalme. Auf welches eigenständige Profil konnte man in München verweisen, wenn zum einen mit der Vermittlungsstelle für Vertragsforschung ein ureigenes Feld anderswo bestellt wurde, wenn zum anderen mit der AiF-Gründung das Wettrennen um Bundesmittel beim Wirtschaftsministerium verlorenging, dieses vielmehr, Erhards Philosophie der sozialen Marktwirtschaft folgend, „das Kooperationsdenken über das Konkurrenzdenken" stellte und die verschiedenen industriellen Forschungsvereinigungen unter einem Dach zusammenführte?[75] Wohl ging die Fraunhofer-Gesellschaft ein (nicht formalisiertes) Kooperationsbündnis mit der AiF ein, aber das war ein unerläßliches Nachziehen, wollte man nicht auch auf diesem Feld den Anschluß an eine Kräftebündelung verpassen, die einem vollkommen anderen Konzept als dem der Münchner folgte.

Die Fraunhofer-Gesellschaft blieb bis Mitte der 50er Jahre in einem sturmgebeutelten Tiefdruckgebiet. Von einem stabilisierenden Hoch in der Vertragsforschungslandschaft konnte auch im kommenden Jahrzehnt noch keine Rede sein. Erst mit dem Betrieb von eigenen Forschungsinstituten setzte eine allmähliche, aber immer noch von den großen Forschungsorganisationen skeptisch beäugte Profilbildung ein. Mit einigem Hintersinn bemerkte Maucher auf einer Vorstandssitzung im Juli 1954: „Unsere Aufgabe ist notwendig, aber wir sind falsch!"[76]

Wie prekär die Lage der Fraunhofer-Gesellschaft im Herbst 1953 war, dokumentiert ein verzweifelter Alleingang, ein Appell und Offenbarungseid des gesundheitlich schwer angeschlagenen Fraunhofer-Präsidenten Wilhelm Roelen an den Präsidenten der DFG, der angewandten Forschung „mit allen zu Gebote stehenden Mitteln und durch alle in Frage kommenden Stellen" zu helfen, nachdem sich „die FhG außerstande" sehe, „die ihr gewordenen Aufgaben zur Förderung der angewandten Forschung zu erfüllen, wenn ihr nicht in ganz anderer Weise und in weit größerem Umfang als bisher die Unterstützung aller verantwortlichen Kreise zuteil wird".[77] Das Schreiben verblüffte und empörte in der Fraunhofer-Gesellschaft, es signalisierte Führungsunfähigkeit und erforderte Krisenmanagement. Die Amtsgeschäfte gingen mehr und mehr auf den Vizepräsidenten Maucher über, wie auch Sörensen die Senatsgeschäfte anstelle von Luther bereits seit einiger Zeit übernommen hatte. Doch ein Spielraum gegenüber DFG und Stifterverband konnte nicht zurückgewonnen werden. Auf Ausgleich bedachte Vermittler und Gegner von AfaF und VfF wie Geiger und Drescher-Kaden, die eine feindliche Übernahme durch die DFG befürchteten, blockierten sich gegenseitig im Fraunhofer-Senat.

Im Stifterverband wurde nun unverhohlen die Liquidierung von Fraunhofer betrieben, sein Vorstandsmitglied Reusch bot 20000 DM „unter der Voraussetzung, daß die FhG liquidiert" werde. Fraunhofer galt als kranker Mann, aber doch nicht als ungefährlich, wie Reusch sarkastisch zu Sörensen bemerkte:

„Solange Ihr dort unfähige Leute hattet, habt Ihr uns nicht gestört. Mit Ihnen und Herrn Hederer ist die FhG gefährlich geworden, jetzt müssen wir etwas tun.“[78] Gewiß, die Front der Gegner war nicht geschlossen, in der DFG und auch im Stifterverband rieten einzelne zu konstruktiver Kooperation mit Fraunhofer, wie Maucher im Vorstand berichtete. Doch dies bedeute letztlich, daß Fraunhofer nicht leben und nicht sterben könne. Reusch habe Raiser empfohlen, die Fraunhofer-Gesellschaft zu liquidieren. „Ein Begräbnis 1. Klasse mit allen notwendigen Begleiterscheinungen sei in Aussicht genommen. Die DFoG sollte dies tun. Raiser lehnt ab. BDI soll das selbst tun.“[79]

Ob nun erster Klasse, sei dahingestellt. Ein Begräbnis sollte es aber auf jeden Fall geben, wie eine Intervention beim Bundeswirtschaftsministerium zeigt, die das Ziel hatte, die Auszahlung einer Fraunhofer noch zustehenden Verwaltungshilfe von 50000 DM zu verzögern, um offenbar auch auf diesem Wege die Auflösung der Gesellschaft zu erzwingen.[80] Letztlich verhinderte nur eine Erhöhung der bayerischen Zuwendungen die Einstellung ihrer Arbeit. Als „armer Mann“ der deutschen Forschung wurde die Fraunhofer-Gesellschaft in den frühen 50er Jahren etikettiert, auch als „Lumpensammler“, der alles und jedes übernahm, um sich über Wasser zu halten. Dieses Wort sollte aber noch einen weiteren Klang gewinnen. Denn nach dem Desaster 1953/54 begann man in München, mit der Akquisition und dem Betrieb eigener Forschungsinstitute ein Tätigkeitsfeld aufzubauen, das über Jahre hinweg freilich ein eher zufälliges, buntes Gemisch ergab. Ein unverwechselbares Profil folgte erst aus einer neuen bundespolitischen Einbindung, aus der Kooperation mit dem Verteidigungsministerium, die den künftigen Einstieg in die Vertragsforschung abfederte, zugleich aber die Binnenstruktur und die Außenwahrnehmung der Fraunhofer-Gesellschaft nicht unerheblich belastete.

2. Institutsgründungen, Verteidigungsforschung und Vertragsforschung: die Fraunhofer-Gesellschaft 1955–1965

Weichenstellungen 1955

1954 war für Fraunhofer ein *annus horribilis* gewesen. Aber auch 1955 wurden die Karten nicht neu gemischt. Institutionen haftet generell einige Schwerfälligkeit an, auch einer um ihr Überleben und um neue Aufgaben ringenden Forschungsorganisation, da deren Führungspersonal sich in vertrauten, eher betulichen, industriekonservativen und zudem gouvernementalen Denkmustern bewegte. Der bundesdeutschen politischen Kultur dieser Zeit war ohnehin eine geringe Bereitschaft zu rascher Veränderung und entschiedenem Kurswechsel zu eigen. Die erfolgreiche Wahlparole der größten Regierungspartei zwei Jahre später, „Keine Experimente“, sprach nicht nur ein gesellschafts- und außenpolitisches Sekuritätsbedürfnis in der bundesdeutschen Bevölkerung an. Sie setzte sich auch in kontinuitätsgeleiteten Wertvorstellungen und Verhaltensweisen der politischen, industriellen und wissenschaftlichen Eliten fort.

Doch das schloß den Willen zu neuen Optionen und struktureller Modernisierung keineswegs aus. Im Gegenteil, gerade in der zweiten Hälfte der 50er Jahre läßt sich ein beschleunigter Wandel von Lebenslagen und Lebensformen beobachten. Die bundesrepublikanische Gesellschaft veränderte sich in hohem Maße, wenn auch eher subkutan und eingebunden in ein insgesamt konservierendes Lebensgefühl der „Ära Adenauer". Man hat in der jüngeren zeithistorischen Forschung einerseits mit Blick auf die von 1949 bis 1963 reichende Kanzlerschaft Konrad Adenauers von den „langen 1950er Jahren" gesprochen. Man hat andererseits mit Blick auf eine entwickelte Konsumgesellschaft, auf Automobilisierung und Massentourismus, auf eine Angleichung an westliche Wertvorstellungen, Lebensstandards und Kulturformen insbesondere gegen Ende des Jahrzehnts von den „kurzen 50er Jahren" gesprochen,[81] doch unbestreitbar erhebt sich das Jahrzehnt über eine modisch-nostalgische Verklärung hinaus, tritt die ungewöhnliche Dynamik einer vermeintlich „bleiernen Zeit" mehr und mehr in den Vordergrund.[82]

Das Jahr 1955 teilt dieses wie auch immer kurze oder lange Jahrzehnt. Aus einer Binnensicht der Fraunhofer-Gesellschaft heraus sind Weichenstellungen zu vermerken, einschneidender noch mit Blick auf die Bundesrepublik insgesamt. Beides verschränkte sich in den folgenden Jahren. Wenig dramatisch, kontinuitätsgeleitet und doch neue Akzente setzend, verlief die Fraunhofer-Mitgliederversammlung im Februar 1955. Sörensen löste am 11. Februar als neuer Senatsvorsitzender Luther ab, hatte aber zuvor schon als stellvertretender Senatsvorsitzender mehr und mehr die Zügel in die Hand genommen. Maucher wurde zum Vizepräsidenten gewählt, was er de facto schon seit August 1954 war. Nachfolger des seit Herbst 1954 kaum mehr handlungsfähigen Präsidenten Roelen wurde Hermann von Siemens, Enkel von Werner von Siemens, der kurz vor der Vollendung seines 70. Lebensjahres stand. 1928 bis 1936 hatte er als Vorstandsmitglied der „Siemens & Halske AG" und von 1941 bis 1956 als deren Aufsichtsratsvorsitzender amtiert und sich 1942 als Vorsitzender der „Förderergemeinschaft" der deutschen Wirtschaft in der industriellen Forschungsförderung mit deutlicher Spitze gegen eine einseitige kriegswirtschaftliche Orientierung der nationalsozialistischen Forschungspolitik profiliert. Von Siemens sollte bis Ende 1964 an der Spitze der Gesellschaft stehen.[83]

Im Jahrzehnt der Präsidentschaft von Siemens vollzog die Fraunhofer-Gesellschaft den Übergang vom „Lumpensammler" zur planend gesteuerten Vertragsforschung. Der Präsident selber hat die strategischen Entscheidungen in dieser Zeit nicht initiiert, nicht geprägt; er hat sie, gelegentlich mit zögerlicher Skepsis, gedeckt und autorisiert.[84] Angetrieben wurde Fraunhofer durch Vizepräsident Albert Maucher (seit Mai 1961 Herbert Berg) und insbesondere durch den bis 1967 amtierenden Senatsvorsitzenden Emil Sörensen. Ständig wurde, bei aller kameralistischen Wirtschaftsführung, in dieser Zeit das „geniale" Improvisationstalent des Geschäftsführers (seit 1965 Generalsekretärs) August Epp gerühmt, der geschickt mit den haushaltsrechtlichen Vorschriften der Zuwendungsgeber jonglierte, Löcher zuzustopfen und Finanzierungslücken zu überbrücken verstand. Doch ein renommiertes „Aushängeschild" wie von Siemens vermochte den notorisch schlechten Ruf der Fraunhofer-Gesellschaft abzuschleifen und den bedeutenden Präsidenten der anderen Forschungsorganisationen in dieser auf starke und öffentlich bekannte Persönlichkeiten fixierten Zeit einen klingenden Namen entgegenzuhalten. An Personen orientiertes Renommee war das eine, die Wahrnehmung neuer Chancen kam hinzu, wie sich für Fraunhofer 1955 zeigen sollte, und beides war eingebettet in eine günstige, weil aufbruchsfördernde Konsolidierungsphase der jungen Bundesrepublik. Denn auch für diese markierte das Jahr 1955 eine Zäsur.

Vorangegangen waren eindrucksvolle, wenn auch schwierige und hinter vielfältigen Interessen und Erwartungen zurückgebliebene Integrationsleistungen des 1949 gegründeten westdeutschen Staates. Die Jahre 1945 bis 1949 hatten noch im Zeichen einer „Zusammenbruchsgesellschaft" – so der von Christoph Kleßmann geprägte Terminus – gestanden. Seit 1950 bildeten sich jedoch neue Strukturen einer modernen Industriegesellschaft heraus, mit hohen industriellen Wachstumsraten insbesondere in der Montan- und zunehmend in der kunststoffverarbeitenden Industrie, der Automobilindustrie, der Mineralölverarbeitung, der chemischen (nicht zuletzt pharmakologischen) und Elektroindustrie, im Fahrzeug- und Maschinenbau, zweifellos auf Kosten des Agrarsektors. Soziale Aufstiegschancen von qualifizierten Arbeitern und Angestellten (ein zunächst hoher Anteil von Selbständigen ging Anfang der 50er Jahre zurück) erzeugten die einflußreiche soziologische Begriffsbildung einer „nivellierten Mittelstandsgesellschaft" (Helmut Schelsky). Vollbeschäftigung in den 50er Jahren führte gegen Ende des Jahrzehnts zu Arbeitskräftemangel und zur Anwerbung von anfangs vorwiegend italienischen, dann griechischen und spanischen Gastarbeitern, auch wenn das bundesdeutsche „Wirtschaftswunder" keineswegs schon mit der Währungsreform 1948 einsetzte, noch 1950/51 die Arbeitslosenzahlen Rekordmarken erreichten und erst und vor allem der Ausbruch des Koreakrieges 1950 die deutsche Konsumgüterindustrie und den Export von rüstungsunabhängigen investiven Industrieprodukten anheizte.

Von einer sozial gerechten Verteilung des steil anwachsenden Bruttosozialproduktes konnte kaum die Rede sein, da der Anstieg der Arbeitnehmereinkommen weit hinter den Wirtschaftserträgen zurückblieb und dies, obwohl die Nominallöhne aufgrund geringer Inflationsraten nur unwesentlich hinter die Reallöhne zurückfielen. Doch da insgesamt alle profitierten, hielt sich der soziale Zündstoff in Grenzen, zumal das (auf die Montanindustrie beschränkte, aber in Einzelpunkten auf Großbetriebe mit mehr als 1000 Beschäftigten ausgedehnte) Mitbestimmungsgesetz vom Mai 1951 und das (hinter den gewerkschaftlichen Forderungen weit zurückbleibende) Betriebsverfassungsgesetz vom Oktober 1952 den sozialen Frieden in den Arbeitsbeziehungen stabilisierten. Hinzu kam nach dem geringen gewerkschaftlichen Erfolg in der Mitbestimmungsfrage und der im Ergebnis gescheiterten einseitigen Unterstützung der SPD in der Bundestagswahl 1953 eine pragmatische tarifvertragliche Konzentration des Deutschen Gewerkschaftsbundes (DGB) auf Lohnerhöhungen und Arbeitszeitverkürzungen. Auf diese ließen sich auch die maßgeblichen Unternehmerverbände wie die Bundesvereinigung der deutschen Arbeitgeberverbände (BDA) und der Bundesverband der deutschen Industrie mit ihrem mächtigen und dem Bundeskanzler nahestehenden Präsidenten Fritz Berg angesichts der wohlstandsfördernden Wachstumsraten kooperativ ein, wenngleich sie in ihren Schriften immer wieder die Grenzen einer Demokratisierung im betrieblichen Bereich propagierten. Trotz einzelner heftiger Streikaktionen, wie sie etwa die IG Metall 1956/57 zur Verbesserung der Lohnfortzahlung im Krankheitsfall durchführte, zählte die Bundesrepublik in den 50er Jahren zu den streikärmsten westlichen Ländern.

Andere sozialrechtliche Entscheidungen verankerten in der westdeutschen Bevölkerung die Überzeugung eines sozial elastischen und ausgleichenden Übergangs von der „Zusammenbruchsgesellschaft" zu einer Lasten und Chancen austarierenden Mittelstandsgesellschaft der 50er Jahre unter Einschluß von Flüchtlingen und Vertriebenen, auch wenn in der jüngeren Forschung deren tatsächliche Umverteilungswirkung eher zurückhaltend bis skeptisch beurteilt wird. Hier sind zu nennen das mit dem Ersten Wohnungsbaugesetz von 1950 eingeleitete Programm eines sozialen Wohnungsbaus, der neben der Bevorratung sozialverträglicher Mietwohnungen auf eine günstige Darlehensfinanzierung von Eigenheimen zielte, das in seiner Wirkung besonders umstrittene, an gesetzliche Regelungen von 1948/49 anknüpfende Lastenausgleichsgesetz von 1952 zur Solidarhaftung von westlichem Vermögensbesitz für Flüchtlinge, das Bundesversorgungsgesetz von 1950 für Kriegsopfer und dann auch für Heimkehrer sowie als abschließender und kühner Höhepunkt die Einführung der auf einem gänzlich neuartigen Generationenvertrag gründenden dynamischen Rentenversicherung, die sich nicht an den bislang eingezahlten Beitragsbeständen, sondern in einer anhaltenden Prosperitätsphase an der Produktivität der aktiven Erwerbsgesellschaft orientierte und damit die Kriegsbeiträge und Aufbauleistung der älteren Generation berücksichtigte.

Gleichzeitig gewann die junge Bundesrepublik außenpolitischen Handlungsspielraum durch finanzielle, an den wirtschaftlichen Aufschwung gekoppelte, wenngleich in Umfang und Adressatenkreis nicht unumstrittene internationale Verbindlichkeiten. Dies war zum einen das Wiedergutmachungsabkommen mit Israel und dem jüdischen Dachverband Claims Conference vom September 1952, zum anderen die Annahme deutscher Vor- und Nachkriegsschulden im Londoner Schuldenabkommen vom Februar 1953, womit die Bundesrepublik sich in die Rechtsnachfolge des vormaligen Deutschen Reiches begab, internationales Vertrauen zurückgewann und über neue Kapitalmärkte Zugang zu einem internationalen Handelsverkehr fand. Das war für das zunehmend exportorientierte Westdeutschland unerläßlich, dem von 1948 bis 1952 mit insgesamt 1,4 Mrd.

US-$ ein Zehntel der gesamten ERP-Mittel im Rahmen des Marshall-Plans zugeflossen waren. Der Marshall-Plan verdankte seine Entstehung sowohl den politisch-strategischen als auch den Exportinteressen der USA, zog aber zugleich Lehren aus der Zwischenkriegszeit und enthielt in der gleichgewichtigen Verknüpfung von politischen und wirtschaftlichen Interessen ein umfassendes Sicherheitskonzept.[85] Die unter dem Schild des Marshall-Plans gegründete OEEC ermöglichte dann mit dem Instrument der Europäischen Zahlungsunion eine Überwindung des Systems bilateraler Außenhandelsbilanzen in Westeuropa und begünstigte insbesondere die Bundesrepublik, die 1950 52,4% ihrer Importe aus Westeuropa bezog und 72% ihrer Exporte dorthin ausführte. Diese wachsende und angesichts der für die Bundesrepublik weggebrochenen osteuropäischen Märkte zentrale westeuropäische Wirtschaftsverflechtung mündete 1957 in die Römischen Gründungsverträge für die Europäische Wirtschaftsgemeinschaft. Gleichzeitig drängte die Bundesrepublik auf dem Weltmarkt nach vorn. Sie vermochte um 1955 bereits den dritten Rang nach den USA und Großbritannien zu belegen (um bis 1960 auf den zweiten Rang vorzurücken), ohne freilich die Vorkriegspräsenz auf amerikanischen, asiatischen und afrikanischen Märkten zurückzugewinnen. Als hinderlich erwies sich zudem, daß die D-Mark bis Anfang 1959 entgegen dem ständigen Drängen Erhards nicht frei konvertibel war. Doch blieb die Bundesrepublik hierbei in westeuropäische Währungsrestriktionen insgesamt eingebunden und konnte sich schließlich einem erfolgreichen Lockerungsvorstoß Großbritanniens von 1958 anschließen.[86]

Die wirtschafts- und handelspolitische Verflechtung mit Westeuropa, entscheidendes Standbein für die „Rückkehr zum Weltmarkt", wie Erhard 1953 etwas euphemistisch ein Buch betitelte, ging mit der von Bundeskanzler Adenauer konsequent verfolgten und an die amerikanische Sicherheitspolitik angebundenen, zugleich auf einen politischen Schulterschluß mit Frankreich abzielenden Westintegration einher. Bereits im Mai 1952 wurde in Bonn ein Deutschlandvertrag im Umfeld einer von Frankreich initiierten Europäischen Verteidigungsgemeinschaft (EVG) unterzeichnet, gewann die Bundesrepublik partnerschaftlichen Aktionsraum im außen- und sicherheitspolitischen Zusammenspiel der Westmächte, doch lehnte das französische Parlament nach einigen Verzögerungen die EVG Ende August 1954 ab. Aber dieses Scheitern behinderte die Westintegration der Bundesrepublik bereits einen Monat später in Paris nicht. Denn nun wurde ein das Besatzungsstatut ablösender Deutschlandvertrag zwischen der Bundesrepublik und den drei Westalliierten beschlossen, gleichzeitig der westdeutsche Beitritt zur Westeuropäischen Union und die Aufnahme der Bundesrepublik in die NATO. Mit dem 1955 zur Überraschung Frankreichs erfolgten Mehrheitsentscheid der Saarländer gegen das Saarstatut und damit für eine bundesdeutsche Eingliederung wurde zudem ein lange strittiges territoriales Problem zwischen den beiden Nachbarn am Rhein geklärt. Am 5. Mai 1955 traten die Pariser Verträge in Kraft, wurde die Bundesrepublik trotz einzelner Vorbehalte souverän, vier Tage später erfolgte ihr Beitritt zur NATO.

Getragen wurde diese Politik von den „bürgerlichen" Koalitionen der beiden ersten Regierungen Adenauer. Das von den Alliierten lizensierte Nachkriegsparteiensystem hatte sich in den Westzonen mit sehr unterschiedlichen regionalen Ausprägungen in den zunächst elf Ländern herausgebildet und unterschied sich von der traditionell zersplitterten deutschen Parteienlandschaft vor 1933 durch eine hohe Konzentration auf vier Blöcke, CDU/CSU, SPD, KPD sowie die dann in der FDP zusammengefaßten liberalen Parteien. Doch schon bei der ersten Bundestagswahl 1949 fächerte sich das Parteienspektrum wieder auf; angesichts der etwa gleich starken Großparteien CDU/CSU (31%) und SPD (29,2%) gelang es Adenauer, mit der Einbindung einiger Regionalparteien eine auf hauchdünner Mehrheit beruhende Regierung zu bilden. Mit der Aufhebung des Lizenzzwanges im März 1950 weitete sich das Parteienspektrum nochmals aus. Bei den Landtagswahlen 1950–1952 deutete sich ein Trend zugunsten der SPD an, was mit der noch sehr schwierigen wirtschaftlichen Lage und darüber hinaus auch mit der „ursprünglich geringen Popularität der Außen- und Wiederbewaffnungspolitik der von der CDU/CSU geführten Bundesregierung" zusammenhing.[87] Doch schon bei der zweiten Bundestagswahl 1953 bestand eine ganz neue Lage: Der offensichtliche wirtschaftliche Aufschwung wie auch eine nun als erfolgreich gewertete Westbindung verhalfen der zweiten Regierung Adenauer zu einer stabilen Mehrheit, die schließlich in der dritten Bundestagswahl 1957 in eine absolute Mehrheit für die CDU/CSU mündete und die „Ära Adenauer" auf ihren Zenit führte, der freilich schon bald überschritten war.

Mit der Westbindung einher ging die weitgehende Souveränität der Bundesrepublik 1955. Aufschwung und Stabilität im Zeichen der Blöcke des „kalten Krieges" kennzeichneten den jungen Staat, der in seiner Sozialstruktur und seinen Wertemustern noch auf das Vorkriegsdeutschland zurückwies, der auch kultur- und bildungspolitisch dem Slogan „keine Experimente" verpflichtet schien, aber doch auch in der zweiten Hälfte der 50er Jahre einem grundlegenden Transformationsdruck unterlag.[88] Auch die technologische Entwicklung spiegelte Ambivalenzen der Ära Adenauer. Weniger die Entwicklung und Anwendung neuer Technologien standen im Mittelpunkt als eine insgesamt erfolgreiche Verbesserung und Qualitätssicherung bislang bewährter Produkte und Verfahren. Gerade die Exporterfolge der deutschen Wirtschaft blockierten die Bereitschaft, sich auf neue Technologien etwa in der Datenverarbeitung einzulassen; zudem schlugen Versuche fehl, etwa in der Luftfahrt mit dem Senkrechtstarter oder in der Kernenergie mit dem Schwerwasserreaktor Anschluß an internationale Spitzentechnologien zu gewinnen. So galt das technologische Interesse der deutschen Wirtschaft mehr den „Produktinnovationen" als den „Prozeßinnovationen", also der Entwicklung neuer Herstellungsverfahren. Doch gleichzeitig wurde auf der Basis internationaler Vereinbarungen über die zivile Nutzung der Kernenergie 1955 mit dem im gleichen Jahr gegründeten Ministerium für Atomfragen eine neuartige staatliche Technologiepolitik mit Schwerpunkt auf der Kernforschung, der Luftfahrt- und Weltraumtechnologie angestoßen und nach dem

„Sputnik-Schock" von 1957 energisch ausgeweitet, wie nun auch die Aufwendungen der Privatwirtschaft für Forschung und Entwicklung, die 1950–1955 von 200 auf 600 Mio. DM angewachsen waren, bis 1960 auf 1,6 Mrd. DM hochschnellten.[89]

Der Aufbau eigener Institute

Bereits seit der Gründung der Fraunhofer-Gesellschaft war eine Betreuung von Forschungsinstituten vorgesehen, doch gegenläufige Interessen von Stifterverband und DFG, chronische Mittelknappheit und die verschiedenen Kompetenzstreitigkeiten zwischen Bund und Ländern standen dem entgegen. Daß es dann 1954 zur ersten Institutsbetreuung kam, hing wiederum mit Battelle zusammen und verweist auf das Industriekonzept von Baden-Württemberg.[90] Zunächst hatte sich auch Stuttgart als möglicher Standort für den Sitz der deutschen Niederlassung der amerikanischen Vertragsforschungseinrichtung beworben, die Auseinandersetzung dann aber Ende 1952 zugunsten von Frankfurt verloren. Aufgrund erster Hinweise, daß Stuttgart nunmehr die Gründung einer eigenen Landesforschungsstelle erwäge, reiste Rudolf Heitz von der Münchner Fraunhofer-Geschäftsstelle zum Landesgewerbeamt in Stuttgart, ohne freilich Klarheit über die Stuttgarter Pläne zu gewinnen.[91] Man hielt die Kontakte weiterhin aufrecht, um neben Bayern und dem Bundeswirtschaftsministerium ein weiteres Standbein zu gewinnen. Doch erst als 1954 die Fraunhofer-Gesellschaft vor einem Scherbenhaufen stand, erwies sich die Zusammenarbeit mit Baden-Württemberg als rettende Initiative.

Über einen ERP-Forschungsantrag bestand eine Verbindung zu dem Mannheimer Professor Horst Reumuth, dessen optische Forschungen auch industriell verwertbare Ergebnisse erzielt hatten. Nach einigem Hin und Her mit dem Bundeswirtschaftsministerium, das nicht ohne Grund hinter dem Antrag Reumuth ein Institutsprojekt argwöhnte,[92] gelang es schließlich, den Antrag durchzubringen und durch Kontakte zur optischen Industrie einen Forschungs- und Finanzierungsplan zu erarbeiten, den man in München mit der Unterstützung des Landesgewerbeamtes in Stuttgart zusätzlich absichern wollte. Heitz gelang es, dessen Leiter Professor Edgar Hotz für diesen Plan zu gewinnen.[93]

Das Institut für angewandte Mikroskopie, Photographie und Kinematographie (IMPK) nahm im Juli 1954 also als erstes Fraunhofer-Institut in angemieteten Räumen und mit insgesamt sieben Mitarbeitern seine Arbeit auf. Diese Gründung markierte eine Zäsur in der krisengebeutelten Frühgeschichte einer ihres eigenen Profils ungewissen Forschungsorganisation, leitete aber noch keine systematische Überprüfung und Betreuung von Instituten ein und wurde im Vorstand zutreffend nur als ein weiterer Schritt auf der Suche nach einem eigenständigen Arbeitsfeld verstanden. Immerhin habe die Fraunhofer-Gesellschaft „durch den Aufbau des Mannheimer Instituts bewiesen, daß sie eine derartige Aufgabe sehr gut erfüllen kann. Es werden zur Zeit sieben Institute hinsichtlich

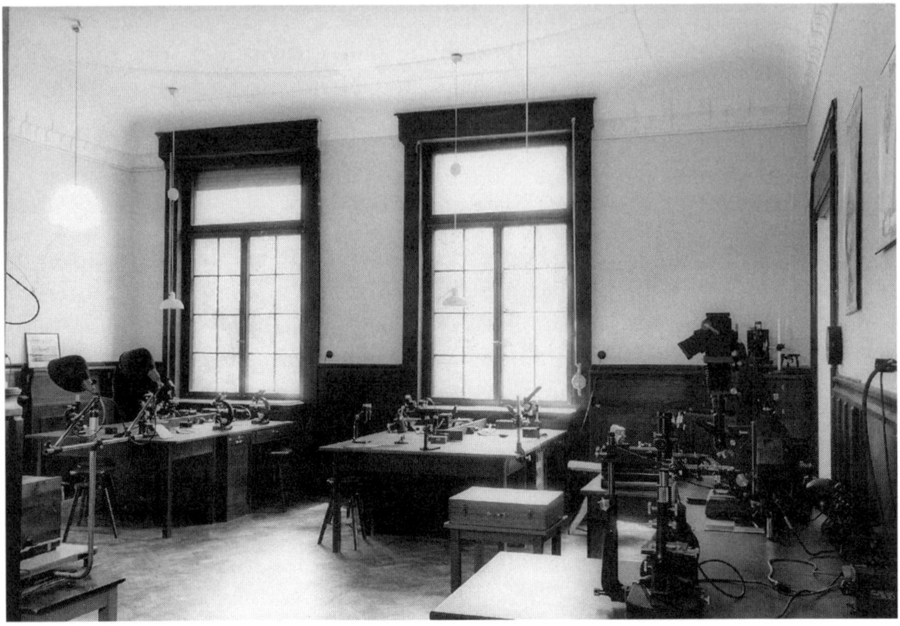

Blick in das Labor des Instituts für angewandte Mikroskopie, Photographie und Kinematographie (IMPK) in der Mannheimer Mollstraße. Wenig deutet darauf hin, daß sich die Fraunhofer-Gesellschaft zu einer High-Tech-Schmiede und zum Innovationsmotor des bundesdeutschen Forschungssystems entwickeln würde.

Mit dem IMPK gründete die Fraunhofer-Gesellschaft 1954 ihr erstes Institut. Eigene Institute zu betreiben war im ursprünglichen Arbeitsplan der auf die Förderung der angewandten Forschung beschränkten Gesellschaft nicht vorgesehen gewesen. Die Gründung des IMPK stieß bei den übrigen Forschungsorganisationen auf erhebliche Widerstände, schien die latent von der Auflösung bedrohte Konkurrentin Fraunhofer-Gesellschaft damit doch ein solides Standbein zu erhalten. In der Tat läßt sich die Institutsgründung als Akt der Vorwärtsverteidigung interpretieren, mit dem die Fraunhofer-Gesellschaft ihre ungefestigte Position in der bundesdeutschen Forschungslandschaft konsolidieren konnte. Im Verlauf der 50er Jahre wurden weitere Institute gegründet, und die Gesellschaft gewann an Profil.

ihrer wirtschaftlichen Grundlage mit dem Ziel einer Übernahme oder eines Aufbaus durch die Gesellschaft überprüft."[94]

Daneben verfolgte die Fraunhofer-Gesellschaft zeitgleich mit dem Aufbau einer „Patentstelle für die deutsche Forschung" ein weiteres Arbeitsziel. Dieses Vorhaben wurde bereits seit 1953 diskutiert, da außer dem Deutschen Patentamt keine Stelle in der Bundesrepublik einzelnen Erfindern beratend zur Seite stand und zudem die erfinderfreundliche Revision des deutschen Patentrechts während der NS-Zeit erneut zugunsten der älteren industriefreundlichen Orientierung an den Nutzungschancen zurückgenommen wurde.[95] Wiederum verzögerte der Streit mit dem Stifterverband die Errichtung der Patentstelle. Da dieser aber die länderübergreifenden und gerade mit der Patentstelle auf ein bundespolitisches Profil abzielenden Vorarbeiten der Fraunhofer-Gesellschaft anerkennen mußte, mit seiner eigenen Vermittlungsstelle nur mäßigen Erfolg erzielte und Fraunhofer nicht zu „erledigen" vermochte und da er von der Konzentration der Fraunhofer-Gesellschaft auf eine solche Patentstelle deren Abdrängung auf Sonderaufgaben erhoffte, stimmte er schließlich der Errichtung der Patentstelle bei der Fraunhofer-Gesellschaft zu.[96]

Doch diese hielt an der neuen Doppelstrategie fest. Neben der Patentstelle betrieb sie weiter offensiv eine Agglomeration von Institutsbetreuungen und vermerkte selbstbewußt im Dezember 1954, ihre Tätigkeit bestehe „insbesondere aus den Aufgaben ‚Förderung von Forschungsarbeiten', ‚Überprüfung und Betreuung von Instituten' und ‚Patentstelle für die deutsche Forschung'".[97] So diskutierte man 1955 über zahlreiche Forscher, die die Gründung eines Instituts anstrebten oder bereits vollzogen hatten und nach einer Träger-Organisation suchten: Das betraf etwa das Institut für hygienisch-bakteriologische Arbeitsverfahren (das spätere IhbA), das Institut für Steinholzforschung (IfS) oder die Technische Entwicklungsstelle (TES) von Felix Wankel in Lindau. Ferner strebten Universitätsinstitute wie das Freiburger physikalische Institut von Hubert Schardin eine außeruniversitäre Erweiterung an.[98] Die Akten spiegeln, es konnte kaum anders sein, für diese Anfänge ein tastend-umständliches Ausloten und Probieren, weit entfernt von systematischer Planung und professionellem Management. Schwierige Finanzierungswege für die Institute waren auszuarbeiten, eigenwillige Vorstellungen einzelner Forscher zu korrigieren. So wollte etwa der Motorenbauer Felix Wankel die als Institut der Fraunhofer-Gesellschaft geplante „Technische Entwicklungsstelle Wankel" in der unmittelbaren Nachbarschaft seines Wohnsitzes auf seinem Grundstück errichten, eine zahlreiche Aktenordner produzierende und erst nach langwierigen Verhandlungen korrigierte Wunschvorstellung. Für das 1956 angegliederte Institut für Steinholzforschung wiederum bestand ein notorischer Finanzierungsmangel, da der einschlägige Wirtschaftsverband „Steinholz" für die Finanzierung von Auftragsforschung nur geringes Verständnis aufbrachte.[99]

Gleichwohl beschritt die Fraunhofer-Gesellschaft mit dem Aufbau und der Angliederung von Instituten der angewandten Forschung einen Weg, der auf eine eigenständige Positionierung innerhalb der deutschen Forschungslandschaft verwies. So wildwüchsig die Institutsangliederung zunächst auch verlief, die forschungspolitische Meßlatte wurde schon 1956 hoch gehängt und mit kühnem Vergleichsblick auf die MPG eine institutionelle Grundförderung ins Auge gefaßt. So meinte Vizepräsident Maucher, „wenn es der Fraunhofer Gesellschaft gelinge, die Zahl ihrer Institute weiter zu erhöhen, bildeten diese ‚Institute für angewandte Forschung' eine Gruppe, für die in ähnlicher Weise wie [für] die Max Planck Institute ein laufender Zuschuß aus öffentlichen Mitteln eingeplant werden müsse".[100] Doch eine weitgehend aus dem Zufallsprinzip generierte Institutsforschung ließ an eine steuernde Planung von grundlagenorientierter Vorlaufs- und anwendungsorientierter Auftragsforschung noch nicht denken. Zudem blieb man an zeit- und kraftraubende Einzelverhandlungen über die Finanzierung der Institute mit den Sitzländern gebunden. In dieser Situation kam dem ersten dauerhaften Forschungskontakt auf Bundesebene zu dem 1955 neugegründeten Bundesministerium für Verteidigung (BMVg) eine Schlüsselrolle zu.

Der Bayerische Ministerpräsident Alfons Goppel beim Besuch des Motorenherstellers Felix Wankel in Lindau im Jahr 1965.

Als die Fraunhofer-Gesellschaft 1962 Wankels Technische Entwicklungsstelle (TES) übernahm, hoffte sie, ein leistungsfähiges Institut hinzuzugewinnen. Die eigenwilligen Ideen und finanziellen Forderungen des strikt auf seiner Unabhängigkeit beharrenden Erfinderunternehmers Felix Wankel konfrontierten die Zentralverwaltung in München jedoch mit immer neuen Problemen. Fraunhofer war daher nur allzu gerne bereit, die Einrichtung 1972 wieder abzugeben.

Die Kooperation mit dem Bundesministerium für Verteidigung

Sicherheitspolitik in der Bundesrepublik 1950–1955. Verteidigungsforschung setzte Aufrüstung, im deutschen Fall eine Wiederbewaffnung voraus. Frühe Diskussionen darüber wurden, in Verbindung mit der internationalen Blockbildung, durch die Korea-Krise ausgelöst.[101] In einem Interview mit der New York Times betonte Bundeskanzler Adenauer bereits im August 1950, daß „wir die Notwendigkeit der Schaffung einer starken deutschen Wehrkraft erkennen" müssen.[102] Bis dahin waren Überlegungen zu einer Wiederbewaffnung Westdeutschlands durch das zweite Alliierte Kontrollratsgesetz über den Einzug sämtlicher Waffen vom Januar 1946 und das „Antimilitarismusgesetz" der Alliierten Hohen Kommission im Dezember 1949 ausgeschlossen gewesen. Nun aber erschien eine Verteidigungsoption Westeuropas unter Einschluß der von den USA kontrollierten Bundesrepublik unumgänglich. So wurde 1951 das Amt Blank als „Dienststelle des Beauftragten des Bundeskanzlers für die mit der Vermehrung der Alliierten Truppen zusammenhängenden Fragen" gegründet.[103]

Ein als Europäische Verteidigungsgemeinschaft im Mai 1952 in Paris beschlossenes westeuropäisches Bündnis scheiterte nach einigem Hin und Her schließlich 1954 am Widerstand Frankreichs, doch bestanden die Vereinigten Staaten auf einem eigenständigen westdeutschen Verteidigungsbeitrag. Mit der Londoner Schlußakte vom 3. Oktober 1954 wurde das Besatzungsstatut in der Bundesrepublik Deutschland aufgehoben, zugleich aber in einem Rüstungskontrollabkommen 20 Tage später die Produktion aller schweren Waffen in Deutschland untersagt. Mit Wirkung vom März 1955, der Unterzeichnung dieser Verträge durch die Bundesrepublik, trat der „Deutschlandvertrag" in Kraft. Westdeutschland hatte zwar ein Truppenkontingent von zunächst 250000 Soldaten aufzustellen, durfte aber keine eigenen Rüstungsgüter herstellen. Vor diesem Hintergrund wurde in der Dienststelle Blank zunächst weder eine Abteilung für Wehrtechnik und -wirtschaft noch für Beschaffung eingerichtet. Ferner ist zu berücksichtigen, daß in der Gesellschaft der Bundesrepublik eine Wiederbewaffnung schwer zu vermitteln war, daß zudem die personelle Besetzung der Dienststelle Blank in hohem Maße Kontinuitäten zu früheren nationalsozialistischen wehrtechnischen und -administrativen Einrichtungen aufwies.[104] Weitgehend waren die zumeist als nur gering oder gar nicht belastet eingestuften Mitarbeiter durch ihre Erfahrungen mit der nationalsozialistischen Wehrbürokratie geprägt und wollten den Aufbau einer neuen Wehrbürokratie größtenteils verhindern. So stellten sich die anfänglichen Überlegungen zu einer deutschen Rüstungswirtschaft nach dem Eindruck von Theodor Blanks Stellvertreter Wolfgang Holtz als „völlig verworren" dar.[105] Erst nach dem Scheitern der EVG gewannen mit dem nun erforderlichen eigenen westdeutschen Verteidigungsbeitrag Pläne für die Abteilungen Rüstungswirtschaft und Wehrtechnik verstärkt Beachtung.

Eine bereits 1953 als Außenstelle in Koblenz eingerichtete Abteilung V für Wehrwirtschaft und -organisation spiegelte charakteristisch die mit dem Aufbau einer deutschen Rüstungswirtschaft und Verteidigungsforschung verbundenen Probleme, da in den Unterabteilungen C für EVU-Beschaffung und D für Rüstungstechnik internationale Perspektiven und nationale Interessen sich rieben. Laut Abteilungsleiter Wilhelm Rentrop sollte Unterabteilung C „in steter Wachsamkeit dafür sorgen, daß alle erreichbaren und erwünschten Aufträge für die Wirtschaft der Bundesrepublik hereingeholt werden", wogegen Unterabteilung D dazu beitragen sollte, daß die deutsche Rüstungsforschung und -technik „den Vorsprung der anderen Länder auf diesem Gebiet nicht nur einholt, sondern diesen möglichst überholt".[106]

Bei der Konzeption des Verteidigungsministeriums Ende 1954 setzte Blank, unterstützt vom Wirtschaftsministerium und dem BDI, mit der Ernennung des vormaligen Chefs der Technischen Abteilung im Reichsluftfahrtministerium, Wolfgang Vorwald, zum Leiter der Unterabteilung C eine Linie durch, welche den Gutachterausschuß von der Notwendigkeit einer starken Wehrforschung überzeugte, gleichzeitig aber gegen eine von dem Konkurrenten und früheren Offizier Erich Schneider vertretene „militarisierte" Organisation der Rüstungswirtschaft und -forschung votierte. Vielmehr setzte Blank auf eine enge Kooperation mit der Wirtschaft, um einen isolierten militärischen Komplex zu vermeiden.[107] Schlechte Erinnerungen an die aufgeblähte und sich verselbständigende Bürokratie der Wehrmachtswaffenämter während des Krieges spielten bei führenden Personen innerhalb der Neugründung für den anfangs sehr „schlanken" Zuschnitt der Rüstungsorganisation im neuen Ministerium nicht minder eine Rolle wie öffentliche Ängste vor einer neuen und schwer kontrollierbaren Macht in der jungen Demokratie, worauf der CSU-Abgeordnete Richard Jaeger und der SPD-Vorsitzende Erich Ollenhauer 1955 im Bundestag unter Verweis auf die frühere Rolle des Militärs als „Staat im Staate" nachdrücklich hinwiesen.[108]

In der Fraunhofer-Gesellschaft erfolgte eine erste Fühlungnahme mit den für die Wiederbewaffnung und damit auch für Rüstungsforschung zuständigen Stellen erst im Juni 1955, unmittelbar nach Gründung des Verteidigungsministeriums. Zwar hatte Vizepräsident Bungartz bereits 1950 bei einer Debatte um die Betreuung eines Instituts für klimatische Forschungen mit Blick „auf die kommende Wiederaufrüstung nicht nur Westdeutschlands, sondern ganz Europas" den zivilen Luftschutz ins Spiel gebracht, und wurde auf der Senatssitzung vom März 1953 auf vertrauliche Mitteilungen zweier Antragsteller über militärische Auswirkungen ihrer Arbeiten hingewiesen und mit Blick auf zu erwartende ähnliche Fälle auf entsprechende Vereinbarungen mit der Dienststelle Blank gedrängt, doch handelte es sich dabei eher um vereinzelte Vorstöße.[109]

Als hingegen Mitte Juni 1955 der ständige Fraunhofer-Sekretär Norbert Hederer, selbst vormals als Referent im Luftfahrtsministerium tätig,[110] bei dem in Abteilung V/C des Verteidigungsministeriums für Forschung zuständigen Referatsleiter Baussus von Lützow, Physiker und General a.D., Chancen für eine künftige Kooperation auslotete, lag ein neues strategisches Konzept der Fraunhofer-Gesellschaft zugrunde. Wichtige Impulse gingen vom Bundeswirtschaftsministerium aus, das alle rüstungswirtschaftlichen Aktivitäten so weit wie möglich in die private Wirtschaft einbinden wollte. Die Fraunhofer-Gesellschaft ihrerseits war wegen der drastisch verminderten Aufträge aus dem Erhard-Ministerium an zusätzlichen Bundeskontakten interessiert und offerierte das eben gegründete Mannheimer Fraunhofer-Institut für angewandte Mikroskopie, Photographie und Kinematographie (IMPK) als Organisationsmodell auch für die Verteidigungsforschung. Gleichzeitig sah man mit Blick auf die in Entstehung begriffenen verteidigungsrelevanten Institute in Freiburg eine weitere Möglichkeit zur Zusammenarbeit mit Baden-Württemberg. Unter Verweis auf ähnliche Überlegungen von Pretsch aus dem Bundeswirtschaftsministerium regte Hederer in einem Brief an Oberbaurat Karl Hipp im Stuttgarter Landesgewerbeamt an, „daß man so schnell wie irgend möglich die im Augenblick noch unklare Situation der Forschung bei der Dienststelle Blank ausnützen sollte, um erstens zu verhindern, daß wieder ein Heeres-Waffenamt mit seinen bekannten unerfreulichen Erscheinungen entsteht, und zweitens durch die bereits gezeigte Initiative des Landes Baden-Württemberg dort den ersten Schwerpunkt zu bilden, die Forschung praktisch zu demonstrieren und damit eine Dezentralisation sicherzustellen“.[111] Gegenüber Geiger verwies Hederer auf ähnliche Überlegungen in Koblenz selbst, zumal „auch Amerika von der zentralen Entwicklung abgekommen ist, und man sich dadurch wesentlich bessere, schnellere und billigere Resultate verspricht, vor allem durch die damit vermiedene Bürokratisierung der Forschung“.[112]

Mit dieser Erwartungshaltung fädelte Hederer ein Treffen mit von Lützow in Mannheim unter Beteiligung Hipps ein und schnürte geschickt ein Gesamtpaket, das baden-württembergische und BMVg-Interessen auf den Bedarf von Fraunhofer an einer Intensivierung der Beziehungen zu Stuttgart und an einer bundespolitischen Ausweitung von Forschungsaufträgen abstimmte. Wenig später vermerkte Hederer, daß von Lützow das Mannheimer Institut als vorbildlichen Modellfall werte und weitere Pläne des BMVg für Freiburg daran orientiere. Gut ein Jahr später konnte Hederer Sörensen über ein Gespräch mit Ministerialdirigent Hinsch vom Bundeswirtschaftsministerium informieren, der sich über die sehr positive Resonanz der Fraunhofer-Arbeiten im BMVg befriedigt zeigte, „insbesondere deswegen, weil das Bundeswirtschaftsministerium dem Bundesverteidigungsministerium die Fraunhofer-Gesellschaft als Partner empfohlen habe“.[113]

Formal setzte die Zusammenarbeit mit dem Verteidigungsministerium erst 1957 mit einem Zuschuß für die durch die Kooperation entstandenen Unkosten ein. Doch reicht die Arbeitsbeziehung mindestens bis Mitte 1956 zurück, wohl in Verbindung mit der Gründung einer eigenen Abteilung XII (die spätere Abteilung T) für Forschung und Entwicklung im BMVg. Entsprechende Mittel des BMVg wurden zunächst aber über die Abteilung „Technische Anlaufprogramme“ des Bundeswirtschaftsministeriums abgewickelt. In der erweiterten

Fraunhofer-Vorstandssitzung vom August 1956 wurden diese Beziehungen und insbesondere die als ausbaufähig erachtete Schlüsselrolle Baden-Württembergs mit seinen unkonventionellen Lösungen zur Umgehung bürokratischer Hürden intensiv erörtert;[114] von Lützow seinerseits wertete rückblickend die Zusammenarbeit mit der Fraunhofer-Gesellschaft als eine exzellente wissenschaftliche Kooperation. „Sie ist zu einem großen Erfolg für die Wissenschaftsverwaltung des Bundesministeriums für Verteidigung geworden, und das in erster Linie dank der Aufgeschlossenheit und Hilfsbereitschaft der maßgebenden Herren der Fraunhofer-Gesellschaft."[115]

Festveranstaltung zum zehnjährigen Bestehen der Fraunhofer-Gesellschaft am 12. Juni 1959 in der Handwerkskammer München.
Bayerns Wirtschafts- und Verkehrsminister Otto Schedl, Fraunhofer-Präsident Hermann von Siemens, Schatzmeister Jürgen von Köller und Senatsvorsitzender Emil Sörensen (erste Reihe von links nach rechts) als eifrige Zuhörer des Festvortrages von Hubert Schardin, Leiter des Ernst-Mach-Instituts, zum Thema „Die Anwendung der Schlierenverfahren in der Kurzzeitphysik".

Diskussionen über die Verteidigungsforschung in der Fraunhofer-Gesellschaft. Innerhalb der Fraunhofer-Gesellschaft selbst wurde das neue Tätigkeitsfeld in der Verteidigungsforschung in den ersten Jahren der Kooperation als willkommene Erweiterung des Auftrags- und Finanzvolumens pragmatisch gewertet und als Ausgleich dafür gesehen, daß sich das Bundeswirtschaftsministerium zunehmend auf die industrielle Gemeinschaftsforschung konzentrierte und sich zudem dessen Auftragsvolumen aufgrund verstärkter Länderinteressen an der Forschungsförderung verengte. Das Innenministerium (BMI) erschien als Zuwendungsgeber durch Stifterverband und DFG „blockiert". So sah man im BMVg einen finanziell zudem gut ausgestatteten Partner, zumal hier zunächst eine flexible Handhabung von Forschungsaufträgen überwog und durch eine anfangs dezentrale und eher behutsam kontrollierte Organisation der Verteidigungsforschung flankiert wurde. So vermerkte der Fraunhofer-Vorstand Ende 1958 lakonisch ein Anwachsen der Aufgaben für das BMVg sowie neben der Verwaltungsbeihilfe die Hinzuziehung zur wissenschaftlichen Begutachtung,[116] und notierte der nunmehrige Sekretär August Epp wenig später: „Im Jahre 1956 wurde unsere Gesellschaft seitens des Bundesministeriums für Verteidigung gebeten, Verwaltungshilfe für diejenigen Hochschulprofessoren, Institute und Einzelforscher zu übernehmen, welche Forschungsaufträge dieses Ministeriums durchführen. Die Forschungsergebnisse sämtlicher Aufgaben (einschließlich der vertraulich zu behandelnden) werden von volkswirtschaftlicher Bedeutung und wissenschaftlichem Interesse sein." Auch das Problem einer Geheimhaltung von Forschungsergebnissen erschien wenig brisant, da die von Fraunhofer übernommenen Forschungsaufträge aus dem BMVg überwiegend offen behandelt und veröffentlicht werden durften und es der Gesellschaft freistand, Aufträge „als reine Verteidigungsforschung oder gar als Grundlage für Angriffswaffen [...] abzulehnen".[117]

Als weit gefährlicher wurde, wenngleich aus durchsichtigen Gründen, die alternative Gefahr einer „Verstaatlichung" im Sinne einer systematischen Ressortforschung eingeschätzt. Die Marschrichtung gab Sörensen 1959 im Senat vor. „Da sich die Deutsche Bundesrepublik für die Verteidigung und den Aufbau einer deutschen Bundeswehr ausgesprochen habe, muß es auch für die Fraunhofer-Gesellschaft eine Selbstverständlichkeit sein, die Verteidigungsforschung als einen Zweig der angewandten Forschung ebenso zu unterstützen wie die gemeinnützige wirtschaftsnahe Forschung. Die von der Fraunhofer-Gesellschaft betreute Verteidigungsforschung stellt im wesentlichen eine freie grundlegende Forschung dar, die letztlich für die Verteidigung notwendig ist, jedoch in großem Maße der Wirtschaft zugute kommt; sie bezieht waffentechnische Forschung nicht mit ein."[118]

Mit dieser im Einzelfall schwer zu überprüfenden Kompromißformel, die Akzeptanzproblemen in der Fraunhofer-Gesellschaft selbst wie auch in einer Öffentlichkeit entgegenwirken sollte, welche nach den Protesten gegen eine atomare Bewaffnung 1957 für jegliche Rüstungsforschung sensibilisiert blieb, wurde die weitere Forschungskooperation mit dem Verteidigungsministerium legitimiert, welche im wesentlichen über drei Kanäle lief: über die Verwaltungshilfe, über die Betreuung von Instituten, die überwiegend oder hauptsächlich vom BMVg finanzierte Forschungen betrieben, sowie über die zivilen Fraunhofer-Institute, welche in unterschiedlichem Umfang Aufträge für das BMVg übernahmen.[119]

Der Verwaltungshilfe kam vor allem in den ersten Jahren der Zusammenarbeit das größte Gewicht zu. Die Fraunhofer-Gesellschaft vergab im Auftrag des Verteidigungsministeriums umfangreiche Mittel an Einzelforscher, freie Forschungseinrichtungen und Hochschulen und ermöglichte so dem Ministerium, Kontakte zu Wissenschaftlern und Forschungsgruppen zu knüpfen. Die Forschungsinstitute wandten sich speziellen Arbeitsgebieten zu, für die anderswo Ausstattung und fachliche Kapazitäten fehlten. Gemäß ihrem Verständnis von angewandter Forschung legte die Fraunhofer-Gesellschaft Wert auf eine Verflechtung von verteidigungsbezogener und freier Auftragsforschung, was in den späten 50er Jahren auch der Vorstellung der BMVg-Forschungsabteilung entsprach. Bis 1959 hatte Fraunhofer vier Institute aufgebaut, die ihren Etat zunächst ausschließlich aus Mitteln des Verteidigungsministeriums bestritten: das Institut für Elektrowerkstoffe (IEW) in Freiburg, das Institut für die Chemie der Treib- und Explosivstoffe in Karlsruhe (ICT), das Institut für Aerobiologie in Grafschaft (IAe) und das Ernst-Mach-Institut für Kurzzeitdynamik (EMI) ebenfalls in Freiburg. Hinsichtlich der Öffnung dieser Institute für die zivile Forschung begrüßte der Senat im November 1959 die Empfehlung von Lützows, „daß dieses Institut [ICT] in zunehmendem Maße Aufträge aus der Industrie mit dem Ziel wirtschaftlicher Auswertung durchführen soll. Dasselbe wurde auch für ähnlich gelagerte Fälle (wie Freiburg und Grafschaft) betont."[120]

Doch nicht nur überwogen die verteidigungsbezogenen Mittel bei weitem die Mittel für freie Vertragsforschung, auch die Politik der BMVg-Forschungsabteilung verengte mit dem Referentenwechsel von Baussus von Lützow zu Bruno Klinker 1960 entsprechende Spielräume und drängte nun vielmehr auf eine Ausweitung der verteidigungsbezogenen, als geheim eingestuften Forschung im Rahmen der Fraunhofer-Gesellschaft. Als eine weitere, auf einer Kieler Forschungsgruppe für Radiologie und maritime Meteorologie beruhende Institutsgründung anstand, beriet der Vorstand grundsätzliche Zielkonflikte. Präsident von Siemens befürchtete, „daß wir uns an das Verteidigungsministerium verkaufen, wenn wir immer mehr solchen Einrichtungen zustimmen", und Vizepräsident Maucher sekundierte: „Wenn wir überwiegend Institute haben, die überwiegend Aufträge des BMVtg durchführen, dann sind wir praktisch das frühere Heereswaffenamt mit eigenen Instituten. Daß wir auch Industrieaufträge ausführen können, ist sehr schön. Aber welche zivilen Stellen erteilen einem solchen Institut Aufträge?" Zutreffend vermerkte Hans Jebsen-Marwedel, geschäftsführendes Präsidiumsmitglied: „Verteidigungsministerium benutzt FhG gerne, um unter neutraler Flagge zu segeln."[121]

In der Folge konzentrierten sich die Debatten vor allem auf eine vom Ministerium prinzipiell zugesicherte, in der Praxis aber kaum zu realisierende Öffnung der verteidigungsbezogenen Institute für die freie Forschung. Gegen erhebliche Widerstände nicht nur aus Koblenz, sondern auch von Institutsleitern, die einen erhöhten Verwaltungsaufwand befürchteten, zielte man im Münchner Vorstand zunächst beim IAe darauf, die verteidigungsbezogenen Institute um ein „neutrales" Nachbarinstitut für Aufgaben der zivilen Forschung zu erweitern. Während Epp und Knoblauch einen Rückzug des Ministeriums von der Fraunhofer-Gesellschaft befürchteten, stellte Maucher klar: „Wir können nicht – um am Drücker zu bleiben – alles übernehmen. Dann sind wir nicht mehr FhG, sondern Heereswaffenamt. Wenn wir nicht mehr die Entwicklung in Händen haben, keinen Einfluß haben, nichts mehr verhindern können, ... dann müssen wir Nein! sagen." Einiges schien für Mauchers Vorschlag einer Teilung auch auf der Leitungsebene zu sprechen: „Machen wir zwei Institutsdirektoren: einen für uns; einen für ‚Heereswaffenamt'. Verwalten können wir, das ist etwas anderes: dann sind wir nicht verantwortlich."[122]

Derartige Teilungspläne scheiterten indes mehrfach an Widerständen im Ministerium, das den Ausbau der neutralen Abteilungen nur zögerlich vorantrieb oder gar behinderte[123] und zudem zu Beginn der 60er Jahre mit zunehmendem Nachdruck auf exklusiver Verteidigungsforschung in den von ihm kontrollierten Instituten beharrte. So wies etwa der zuständige BMVg-Referent Glupe eine Ministerialanfrage aus Nordrhein-Westfalen nach möglichen Forschungsaufträgen in Grafschaft brüsk zurück.[124] Doch auch Institutsleiter wie der ICT-Chef Karl Meyer, der sich aus Koblenz finanziell hinreichend versorgt sah und an einem neutralen Institutsteil kein Interesse zeigte, spielten die Interessenkonflikte von Fraunhofer und BMVg geschickt aus und widersetzten sich mit Glupe bereits abgestimmten Teilungsplänen. Eine damit befaßte Vorstandssitzung zeugt von entschiedener Ratlosigkeit.[125]

Dieses belastete Dreiecksverhältnis von Zuwendungsgeber, Einzelinstitut und Fraunhofer-Gesellschaft zwang, schon weil immer wieder ein Rückzug des jeweiligen Partners befürchtet wurde, zu verbindlichen Kooperationsabsprachen, die indes nicht recht vorankamen. Während von Siemens einen Rückzug auf die Verwaltungshilfe vorschlug, andere zurückhaltender die Geheimhaltungsfrage als *casus belli* ansahen, betonte Epp insbesondere die exklusive Bindung des Verteidigungsministeriums an Fraunhofer und befürchtete bei deren Blockade eine wie auch immer realistische Einbeziehung von DFG und AiF in die verteidigungsbezogene Forschung. Offenbar hatte von Lützows Nachfolger Klinker ihn massiv unter Druck gesetzt und einseitig die Geschäftsgrundlagen in Richtung auf strikte Geheimhaltung verändert. In dieser Situation gewannen verständlicherweise im Vorstand Überlegungen an Gewicht, sich aus der Umklammerung des Verteidigungsministeriums zu lösen. Als dann auf der Senatssitzung im Mai 1963 in das künftige Arbeitsprogramm ausdrücklich „die verstärkte Förderung der Vertragsforschung" aufgenommen wurde, hatten sich die Rahmenbedingungen wesentlich geändert. Nachdrückliche Impulse zu einem verstärkten Engagement in der Vertragsforschung waren vom Bundeswirtschaftsministerium gekommen, das die BMVg-Abhängigkeit der Fraunhofer-Gesellschaft mindern und diese zugleich in eine neue Vertragsforschungsoffensive einbinden wollte, ferner war mit dem neu gegründeten Forschungsministerium ein möglicher neuer, aber noch schwer einzuschätzender Kooperationspartner auf den Plan getreten, und schließlich hatten sich die Münchner in ihrem Bemühen um institutionelle Grundförderung dem Urteil des noch jungen Wissenschaftsrats zu stellen, dessen Vorsitzender Raiser noch aus seiner Zeit als DFG-Präsident ein alter, aber eben darum nicht gerade wohlwollender Bekannter der Fraunhofer-Gesellschaft war. Jene Senatssitzung vom Mai 1963 fand denn auch nach der Anhörung durch den Wissenschaftsrat statt, in welcher herbe Kritik an der Verteidigungslastigkeit von Fraunhofer zutage getreten war. Nun mußte auch der BMVg-Vertreter Klinker nach Epps Bericht über die Anhörung Stellung beziehen. In zuvor ungewohnter Klarheit merkte er an, sein Haus sei bewußt „den Weg über die Fraunhofer Gesellschaft gegangen [...], um eine enge Zusammenarbeit zwischen Verteidigung und Wissenschaft zum beiderseitigen Nutzen herzustellen“, als Selbstverwaltungsorganisation der Wissenschaft könne die Fraunhofer-Gesellschaft demnach aber nicht betrachtet werden.[126]

Um so dringlicher wurden neue Allianzen und Profile. Schleppend entwickelte sich allerdings der Kontakt zum neuen Forschungsministerium, das sich noch seine eigenen Kompetenzen zu erarbeiten hatte, wie man in München sehr deutlich sah: „Das Ministerium für wissenschaftliche Forschung hat einen Großteil seiner Mittel für die Raumfahrtforschung gebunden und ist noch in den alten Formen des Atomministeriums befangen, so daß sich noch keine endgültige Richtung abzeichnet.“[127] Doch die Richtung war vorgegeben, um mit der Unterstützung mächtiger Partner den schwerfälligen Tanker der angewandten Forschung mit seiner Verteidigungsschlagseite in das offene Meer der Vertragsforschung zu steuern.

Zwischen Verteidigungsforschung und Vertragsforschung

Jeder Kooperation liegt ein Kalkül der beteiligten Partner zugrunde, und es folgt eine abschließende Kosten-Nutzen-Analyse. Was brachte die Zusammenarbeit in der Verteidigungsforschung für das BMVg, was für Fraunhofer? In bisherigen Einschätzungen überwiegt der Nutzen für beide Teile. In seinem bilanzierenden Rückblick betonte Epp, die Fraunhofer-Gesellschaft habe das Verteidigungsministerium vor forschungspolitischer Isolation bewahrt und damit einen wesentlichen Beitrag zu einer dezentralen Organisation der Verteidigungsforschung in der Bundesrepublik geleistet.[128] In der Tat stand dem Ministerium nach der Ablehnung von DFG und MPG keine andere große Forschungsorganisation zur Verfügung. Es hatte bereits seit dem Amt Blank eine Überwindung traditionaler Wehrwirtschaft und Ressortforschung zugunsten privatwirtschaftlicher Vernetzungen und formal selbständiger Institute favorisiert. Die drei Formen der Zusammenarbeit – Verwaltungshilfe, Betreuung BMVg-gebundener Institute durch Fraunhofer sowie Vergabe von Verteidigungsaufträgen an „zivile" Fraunhofer-Institute – entsprachen offensichtlich in geeigneter Weise den spezifischen Forschungsbedürfnissen des BMVg, wobei der Verwaltungshilfe die strategisch überragende Funktion zukam, über die Fraunhofer-Gesellschaft als *clearing house* Kontakte zu einzelnen Forschern und zur forschungsorientierten Privatwirtschaft zu knüpfen. Die von der Fraunhofer-Gesellschaft selbst unmittelbar in Instituten betreute Verteidigungsforschung nahm indes zu keinem Zeitpunkt mehr als 2% des gesamten BMVg-Forschungsetats in Anspruch.[129] Insofern sprach einiges für die von Präsident von Siemens 1961 vertretene Position, sich nicht zu sehr an das BMVg zu binden, doch verlor die Verwaltungshilfe als Kontaktbörse nach den ersten Jahren der Zusammenarbeit an Gewicht, was neben personell-konzeptionellen Kurskorrekturen im Ministerium die strikte Ressortbindung der verteidigungsbezogenen Fraunhofer-Institute seit 1960 mit begünstigt haben dürfte. Doch mahnt die geringe Anteilsquote der von Fraunhofer übernommenen Verteidigungsforschung zur Vorsicht. Ihr Einfluß darf insgesamt nicht überschätzt werden.

Inwieweit profitierte die bis und gerade 1954 schwer gebeutelte Gesellschaft von der 1955 eingeleiteten Kooperation? Hat tatsächlich die üppige finanzielle Ausstattung insbesondere der vier unmittelbar verteidigungsrelevanten Fraunhofer-Institute eine angesichts knapper Mittel ansonsten nicht zu leistende Vorlaufforschung als Bedingung für eine marktfähige Vertragsforschung ermöglicht?[130] Gemäß dieser These stimulierte die Verteidigungsforschung vor allem den Ausbau der zivilen Vertragsforschung in der Fraunhofer-Gesellschaft, denn „gewollt oder ungewollt übernahm das BMVg in den Jahren 1957 bis 1967 mit seinen Projektaufträgen an die Institute der Gesellschaft die Finanzierung der notwendigen Vorlaufphase für die Entwicklung einer sich selbst tragenden industriellen Auftragsforschung". Das Argument erscheint zunächst schlüssig, daß die steigende Zahl der zivilen Einrichtungen der Fraunhofer-Gesellschaft (bis 1963 wurden acht weitere zivile Institute und fünf verteidigungsbezogene Einrichtungen gegründet) die notwendige industrielle Vorlaufforschung über die eher grundlagenorientierten Arbeiten des Verteidigungsministeriums finanzieren konnte. Die Organisation des 1956 gegründeten Instituts für hygienisch-bakteriologische Arbeitsverfahren (IhbA), das als „ziviles" Institut teilweise über 40% seines Etats aus Forschungsaufträgen des Verteidigungsministeriums bestritt, gilt dabei als idealtypisches Fallbeispiel.[131]

Doch dies dürfte zweifelhaft sein. Grundlagenorientierte Verteidigungsforschung mündet aufgrund fundamentaler Differenzen in der Relation von Mitteleinsatz und Zielvorgabe nur marginal in industrielle Auftragsforschung ein. Zudem kann das Institut für hygienisch-bakteriologische Arbeitsverfahren gerade nicht als idealtypisches Beispiel eines zivilen Fraunhofer-Instituts gelten. Zwar bearbeiteten auch weitere zivile Institute Aufträge für das Verteidigungsministerium, wie etwa das Stuttgarter Institut für Technische Physik (ITP) oder das Darmstädter Laboratorium für Betriebsfestigkeit (LBF), doch handelte es sich dabei allenfalls um eine zusätzliche, wenn auch nicht unerhebliche Einnahmequelle von Instituten, die vorrangig industrielle Auftragsforschung betrieben.

Wenn die verteidigungsbezogenen Institute bzw. die mit Verteidigungsaufträgen versehenen zivilen Fraunhofer-Institute als belastbares Argument für einen für mögliche Auftraggeber attraktiven Einstieg in die Vertragsforschung eher geringe Bedeutung besitzen, dann wäre noch eine Finanzierung des Leistungsbereiches Vertragsforschung über die Vergütung für die Verwaltungshilfe zu diskutieren. Doch auch hier ist Vorsicht angebracht. Denn die in den ersten Jahren gewährten Vergütungen deckten genau den Verwaltungsaufwand ab. Entscheidender für den Ausbau der Vertragsforschung parallel zum Ausbau der Verteidigungsforschung war wohl, daß man nun eine zuvor notgedrungene „Politik des knappen Geldes“ durchbrechen und durch die steil ansteigenden Summen der durchlaufenden und eigenen Forschungsmittel mit organisatorischem Geschick Engpässe und Finanzierungslöcher vorübergehend flexibel bewältigen konnte. Das unterstreicht ein Vergleich mit der Situation von 1956, als der damalige Schatzmeister Karl Mürdel eine ausreichende Mittelsicherung allenfalls für das laufende Haushaltsjahr in Aussicht stellte und eine künftige Stabilisierung von völlig ungewissen Staatszuschüssen erhoffte. Neben der Sicherung eines festen Zuschusses ging es vor allem darum, Mittel flexibel einsetzen und situationsgemäß zum Stopfen aktueller Löcher bei ganz unterschiedlichen Posten verwenden zu können, wie Hederer einem Vertreter des Verteidigungsministeriums bei einem Antrag auf Fördergelder aus dem sogenannten Juliusturm erläuterte.[132]

Es ging also vor allem darum, zwar letztlich mit den zuständigen Stellen korrekt abzurechnen, im Einzelfall aber anderweitig zweckgebundene Mittel vorübergehend für die Zwischenfinanzierung eines dringlichen, doch unter Umständen noch nicht bewilligten oder sonstwie ausstehenden Forschungsantrags zu verwenden. Genau diese Flexibilität in der Mittelverwendung zur Überbrückung von Engpässen ermöglichte die „unkomplizierte“ Kooperation mit dem Verteidigungsministerium. „Bei den im Umfang von einigen Millionen pro Jahr über die Fraunhofer Gesellschaft zur Abwicklung kommenden Forschungsmitteln des BMVtg muß im Durchschnitt erfahrungsgemäß mit laufenden Vorlagen bis zu mindestens 100000 DM gerechnet werden.“[133]

Entscheidend waren also flexible Handlungsspielräume von Fraunhofer im Umgang mit großen Summen, während die Zusammenarbeit mit dem Verteidigungsministerium keine Finanzierung des Bereiches Vertragsforschung für sich ermöglichte. Zudem setzte das BMVg in „seinen“ Instituten (auch nach Wahrnehmung von Fraunhofer) eine rigide Forschungspolitik durch, die von straffen Geheimhaltungsanweisungen, erheblicher Einmischung in personalpolitische Entscheidungen und einer teilweise akribischen Überprüfung der Institutsausgaben geprägt war.[134] Auch Institutsleiter wie Karl Meyer vom ICT, die mit einigem Geschick Zielkonflikte zwischen Fraunhofer und BMVg für persönliche

Profilierung zu nutzen vermochten, klagten Anfang der 60er Jahre über detailversessene und handlungslähmende bürokratische Reglements des Ministeriums.[135] Symptomatisch für die zunehmende Einstufung der verteidigungsbezogenen Fraunhofer-Institute als nachgeordnete Dienststelle ist ein Vermerk, „daß das Referat Forschung Chemie (T II 4) im Auftrage des Bundesministeriums für Verteidigung seine Anordnungen trifft. Es ist also sinngemäß zwischen Diskussion, wissenschaftlichen Gesprächen und solchen mündlichen Verhandlungen zu unterscheiden, in denen der Bundesminister für Verteidigung Festlegungen trifft. Zur Arbeitserleichterung wird gebeten, sich an die einmal getroffenen Festlegungen zu halten, da weitere Diskussionen nur zeitraubend sind und infolgedessen nur eine unnötige Verzögerung in der Durchführung der festgelegten Maßnahmen verursachen."[136]

In der Fraunhofer-Gesellschaft erklärte man solche Äußerungen mit Strömungen im Ministerium, die eine bundeseigen organisierte Verteidigungsforschung favorisierten. Offenbar deuteten Zweifel an der Zuverlässigkeit der Fraunhofer-Gesellschaft in der Verteidigungsforschung auf Bestrebungen hin, „ein eigenes ‚Forschungsamt' zu gründen und die Forschung und Entwicklung in bundeseigenen Anstalten durchzuführen".[137] Daher fielen die Anregungen aus dem Bundeswirtschaftsministerium zu einem zielstrebigen Ausbau der Vertragsforschung auf einen fruchtbaren Boden und wurden die schwierigen Verhandlungen mit dem Wissenschaftsrat und dem neuen Forschungsministerium als ein – wenn auch mühsamer – Aufbruch zu neuen Ufern gewertet.

Insgesamt gelang es der Fraunhofer-Gesellschaft, durch die Kooperation mit dem Verteidigungsministerium ihre bundesstaatliche Bedeutung zu erhöhen und ihre chronische Unterfinanzierung zu überwinden. Sie ging aber mit der Zusammenarbeit mit dem Verteidigungsministerium ein Bündnis ein, dessen forschungspolitische Konsequenzen bei weitem größer waren (das Ministerium bestritt über den Zeitraum von 1957 bis zum Ende der 60er Jahre weit über die Hälfte des Forschungsvolumens der Fraunhofer-Gesellschaft – ohne durchlaufende Mittel), als dies anfänglich auch nur ansatzweise vermutet worden war.[138] Die Auseinandersetzungen um die Aufnahme in die institutionelle Förderung des Bundesministeriums für wissenschaftliche Forschung sollten sich vor allem an dieser Frage entzünden.

Auf dem Weg zur dritten Säule 1962–1965

Gewiß spricht einiges dafür, den Ausbau der Fraunhofer-Gesellschaft zu einer von Bund und Ländern institutionell geförderten Trägerorganisation der angewandten Forschung auf die Zeit ab etwa 1964/65 zu datieren, ob man nun mit Epp die Veröffentlichung der entsprechenden Empfehlungen des Wissenschaftsrats von 1965 als Durchbruch wertet oder stärker auf das Verwaltungsabkommen zwischen Bund und Ländern abzielt, das mit der rechtsförmigen Beteiligung des Bundes an der Forschungsförderung die bundesdeutsche Forschungslandschaft neu gliederte.[139] Doch im Unterschied zu den späten 60er Jahren, als die gefestigten und konzeptionell gebündelten Kompetenzen des Forschungsministeriums auch den Ausbau der institutionell zu fördernden Fraunhofer-Gesellschaft entscheidend vorantrieben, stellte sich die Lage in der Frühphase des 1962 gegründeten, aus dem Schatten des vormaligen Atomministeriums noch nicht herausgetretenen und in einem schwierigen Klärungsprozeß erst mögliche Kompetenzfelder abtastenden Forschungsministeriums anders dar. Die Fraunhofer-Gesellschaft profitierte zunächst kaum von den in diesem Ministerium konzentrierten bundespolitischen Gestaltungschancen. Sie wurde eher in ihrem Ringen um eine zukunftsfähige Profilierung durch die neue Behörde verunsichert, welche in der forschungspolitischen Großwetterlage der frühen 60er Jahre als Einfallstor konkurrierender Interessen erst wenige eigene Akzente setzen konnte.

Vor diesem Hintergrund verdienen Initiativen des Bundeswirtschaftsministeriums Interesse, die Fraunhofer-Gesellschaft als Trägerin der angewandten Forschung insbesondere in der Vertragsforschung zu stärken. Nach zeitweiser Abkühlung der Beziehungen Mitte der 50er Jahre zeigte man sich im Erhard-Ministerium von der Fraunhofer-Expansion der späten 50er Jahre beeindruckt und wertete sie als bedeutende Potenz neben der AiF, nicht zuletzt im anhaltenden Domänenkonflikt mit dem Bundesinnenministerium. Das dann neu auf dem Schauplatz etablierte Forschungsministerium hat anfangs nicht nur wenig zur Profilierung von Fraunhofer beigetragen, vielmehr die Initialzündung des Bundeswirtschaftsministeriums verzögert.

Bereits Ende 1959 hatte Walter Hinsch, mittlerweile Ministerialdirigent im BMWi, den Münchnern signalisiert, „daß auf die Dauer die Möglichkeit der Schaffung einer Gesellschaft von Instituten, die sich ausschließlich mit angewandter Forschung befassen [...] nicht ausgeschlossen sei".[140] Dieser noch sehr vagen Andeutung folgten intensive Gespräche mit dem Bundeswirtschaftsministerium und den Länderministerien für Wirtschaft, in denen die Fraunhofer-Gesellschaft versuchte, ihre Parteigänger im Bundeswirtschaftsministerium zu stärken.[141] Bei einer weiteren Besprechung in München im Vorfeld einer Aussprache im Länderausschuß Forschung bedauerte Hinsch, daß Fraunhofer „trotz aller guten und positiven Arbeit im kleinen noch immer keine große Linie gefunden habe, die einmal von den anderen Forschungsgesellschaften entsprechend abgegrenzt sei und zum anderen eine Aufgabe in wirklich bedeutendem Umfang darstelle. Er [...] sei der Meinung, daß sich ein derartiges Aufgabengebiet unter dem Thema ‚Vertragsforschung' für die FhG anbiete."

Als Hintergrund dieses Vorstoßes sind, wie bereits ein Jahrzehnt zuvor, aber in einer veränderten Akteurskonstellation, erneute Überlegungen amerikanischer Vertragsforschungseinrichtungen für deutsche Zweigstellen, ähnlich dem Battelle-Institut in Frankurt am Main, anzusehen, denen „man in Bonn" eine „deutsche Institution gegenüberstellen" wollte.[142] Während das Bundeswirtschaftsministerium die Positionen des Stifterverbandes und des BDI gegenüber einem entsprechenden Ausbau der Fraunhofer-Gesellschaft klären wollte, erörterte Fraunhofer Chancen und Risiken eines solchen Kurses intensiv auf den Vorstands- und Senatssitzungen in der zweiten Hälfte des Jahres 1962.[143]

In dieser Situation trat das 1962 errichtete, mit Erlaß des Bundeskanzlers vom 10. Mai 1963 mit weitreichenden Kompetenzen ausgestattete „Bundesministerium für wissenschaftliche Forschung im Rahmen der Zuständigkeit des Bundes für die Förderung der gesamten wissenschaftlichen Forschung" als neuer, zunächst schwer einzuschätzender und für die Fraunhofer-Aufnahme in die Bundesförderung nun zuständiger Akteur auf den Plan.[144] Bereits mit der Eingliederung der Raumfahrtbelange in das Atomministerium 1962 hatte sich eine von den Forschungsorganisationen und insbesondere vom Bundesinnenministerium mißtrauisch bis abwehrend verfolgte Kompetenzsteigerung dieses Hauses ergeben, das als neues Forschungsministerium im Gefolge der „Spiegelaffäre" für die erneut in die Koalition einzubeziehende FDP maßgeschneidert wurde.[145] Natürlich warb die Fraunhofer-Führung sogleich im neuen Ministerium um Unterstützung für die vom Bundeswirtschaftsministerium vorgegebene Linie einer künftigen Profilierung in der Vertragsforschung, mußte aber feststellen, „daß sich noch keine endgültige Richtung" abzeichne.[146]

Diese Verunsicherung wog um so schwerer, als man mit gutem Grund eine Weichenstellung von einer Stellungnahme des Wissenschaftsrats erwartete und sich der Bedeutung dieser zwar auf Empfehlungen beschränkten, tatsächlich aber richtungsweisenden Institution bewußt war. Denn Bund und Länder waren zwar nicht an jene Empfehlungen gebunden, doch kamen aufgrund der im Vorfeld mit den jeweiligen Ministerien ausgehandelten Vorabsprachen die „Empfehlungen faktisch Weisungen gleich". Rolf Berger, der uns später als Abteilungsleiter im Forschungsministerium wiederbegegnen wird, traf den Nagel auf den Kopf, als er dem Urteil des Wissenschaftsrats geradezu Gesetzescharakter zumaß.[147]

In der Fraunhofer-Gesellschaft sah man der Anhörung durch den Wissenschaftsrat mit gemischten Gefühlen entgegen. Einerseits eröffnete die angestrebte Neuordnung der Forschungslandschaft die Chance, sich im Anschluß an die (durch Hinsch angestoßenen) Überlegungen zur Vertragsforschung als Kernbereich von Fraunhofer neu im Konzert der Wissenschaftseinrichtungen zu plazieren. Andererseits wußte man um die Skepsis der Repräsentanten des Wissenschaftsrats gegenüber der Fraunhofer-Gesellschaft; weder Ludwig Raiser als Präsident noch Friedrich Schneider als Generalsekretär konnten als ihr gewogen gelten. Sorgsam bereitete man sich in München auf die Anhörung durch den Institutsausschuß des Wissenschaftsrats vor, wohl wissend, daß von deren Verlauf das weitere Schicksal der Fraunhofer-Gesellschaft abhängen konnte.

Die nach mehrfacher Verschiebung für den 28. Februar 1963 angesetzte Sitzung stand unter keinem günstigen Stern. Der Senatsvorsitzende Sörensen erkrankte schwer und mußte kurzfristig absagen. Die Rumpfdelegation, bestehend aus Jebsen-Marwedel und Epp, war nicht dazu angetan, auf die anwesenden Größen des Wissenschaftsbetriebs Eindruck zu machen. Epp mußte sich jedenfalls einer Fülle ungewöhnlich offen formulierter Kritikpunkte und unbequemer Fragen erwehren. Die altbekannten Vorwürfe der Konzeptionslosigkeit, Buntscheckigkeit, Verteidigungslastigkeit und mangelnden wissenschaftlichen Qualität wurden in aller Schärfe wiederholt. Vor allem der CERN-Physiker und spätere Nobelpreisträger Wolfgang Paul, der sich im Vorfeld der Sitzung von Altpräsident Gerlach „informieren" hatte lassen, hielt mit seiner negativen Ansicht über Fraunhofer nicht hinter dem Berg. Das drohende Desaster konnte jedoch abgewendet werden, zum einen weil Epp unterstützt von den Ministerialdirigenten Klinker (BMVg) und Hinsch (BMWi) wichtige Informationen über den eingeschränkten Handlungsspielraum und die Wirkungsweise von Fraunhofer nachschieben und damit manches vorschnelle Urteil widerlegen konnte. Zum anderen mußten sich auch die Hardliner im Ausschuß eingestehen, daß die angewandte Forschung und insbesondere die Vertragsforschung in Deutschland im argen lag. Als Raiser die Diskussion zusammenfaßte, wählte er eine Formulierung, die für die nächsten Jahre zur Richtschnur des Handelns von Politik und Wissenschaft wurde: Es sei wünschenswert, die Fraunhofer-Gesellschaft „in ein großes Zentralinstitut für Angewandte Forschung, etwa dem Battelle-Institut in Frankfurt entsprechend", umzuwandeln.[148]

Die strukturbedingten Schwächen der Fraunhofer-Gesellschaft bzw. ihrer Institute spiegelten die systemischen Defizite der bundesdeutschen Forschungslandschaft wider. Von den rund 500 außeruniversitären Instituten, die sich der Wissenschaftsrat zwischen 1961 und 1964 vornehmen mußte, waren zwei Drittel im Gefolge der föderalen Kulturhoheit nach 1945 gegründet worden, darunter viele von unsicherer Existenz und zweifelhafter Leistungsfähigkeit. Während die Grundlagenforschung als gut organisiert gelten konnte, war die Lage der angewandten Forschung unverändert desolat. Raiser, der in den 50er Jahren daran gescheitert war, die angewandte Forschung adäquat in der DFG zu verankern, zeigte sich nun gewillt, Fraunhofer eine Chance zu geben. Er und Sörensen hielten sich gegenseitig über den Verlauf der internen Beratungen ihrer Organisationen auf dem laufenden und stimmten ihr Vorgehen aufeinander ab.[149] Problembereich Nummer eins – und dies sollte für die nächsten Jahre, ja Jahrzehnte, so bleiben – waren die zur Geheimhaltung verpflichteten Institute. Der Wissenschaftsrat forderte deren Herauslösung aus der Gesellschaft, die Gremien von Fraunhofer und das Verteidigungsministerium waren dazu aber nicht bereit. Vorläufig einigte man sich auf die Kompromißformel, die vom BMVg gesteuerten Institute vermehrt für die zivile, wirtschaftsorientierte Forschung zu öffnen.[150]

In der im Oktober 1964 verabschiedeten Fassung der Empfehlungen faßte der Wissenschaftsrat seine doppelte Kritik an der Fraunhofer-Gesellschaft nochmals zusammen: „Die Gesellschaft besteht also aus zwei Teilen, von denen der eine ihrer Einflußnahme entzogen ist und für den sie nur einen formellen Rechtsträger darstellt. [...] Es werden daher aus der Fraunhofer Gesellschaft diejenigen Institute auszugliedern sein, die sich überwiegend mit geheimen Aufgaben befassen oder an deren Tätigkeit ausschließlich das BMVtg ein Interesse hat. Die Gesamtheit der Institute der Fraunhofer Gesellschaft gewährleistet derzeit nicht, daß ein geschlossener Bereich der angewandten Forschung abgedeckt wird. [...] Insgesamt macht der Institutsbestand [...] einen etwas zufälligen Eindruck. Um die in der Satzung vorgesehenen Aufgaben zu erfüllen wäre ein planmäßiger Ausbau der Gesellschaft notwendig."[151] Das war ein Schuß vor den Bug, eine unmißverständliche Aufforderung zur Kurskorrektur, kein Abschuß, und konnte bei geschickter Handhabung in München für bundespolitische Spielräume genutzt werden.

III. Die langen siebziger Jahre: Gestaltung und Erprobung des Fraunhofer-Modells

1. Eine Gesellschaft im Umbruch

Die zweite Hälfte der 60er Jahre läutete in der bundesdeutschen Geschichte eine Periode des beschleunigten historischen Wandels ein: die „langen 70er Jahre". Sie begannen mit den Reformen der Großen Koalition von CDU und SPD (1966–1969) und endeten mit dem Wechsel von der sozialliberalen zur christlich-liberalen Regierung 1982. In dieser sozialdemokratisch geprägten Ära veränderten die bundesdeutsche Gesellschaft im allgemeinen und die Fraunhofer-Gesellschaft im speziellen in bemerkenswerter Parallelität ihre Gesichter. Werfen wir einige Schlaglichter auf diesen umfassenden Modernisierungsprozeß.[1]

Leitbegriffe der neuen Ära sind Planung und Globalsteuerung. Die Rezession von 1966/67 wirkte wie ein Schock. Sie riß die Zeitgenossen aus ihrem Traum vom ungebrochenen Wachstum und bahnte den Weg für eine neue, aktive Rolle des Staates in der Steuerung und Lenkung des Wirtschaftsprozesses. Noch Ende 1965 hatte die Bundesregierung Beschlüsse gefaßt, die im traditionalen neoliberalen Sinne den Haushaltsausgleich durch Kürzungen der Etatanforderungen sichern wollten. Das Wachstums- und Stabilitätsgesetz vom 14. Juni 1967 ging dann zu einer aktiven staatlichen Wirtschaftsförderung über. Die Bundesregierung verpflichtete sich im Stabilitätsgesetz zu einer konjunkturpolitischen Globalsteuerung, nicht zuletzt mit Hilfe von antizyklischen Nachfrageprogrammen. Bund und Länder wurden durch die Grundgesetzänderung darauf verpflichtet, auf ein gesamtwirtschaftliches Gleichgewicht zu achten. Das klassische Zieldreieck von Wirtschaftswachstum, Vollbeschäftigung und Preisstabilität erweiterte sich in den frühen 70er Jahren. Zahlungsbilanzausgleich, Umweltstabilität und eine als gerecht empfundene Einkommens- und Vermögensverteilung ließen aus dem Dreieck ein magisches Sechseck werden.

Der wirtschaftspolitische Keynesianismus trug in Verbindung mit neo-korporativen Formen der sozialen Verständigung der Arbeitsmarktparteien („konzertierte Aktion") zur Überwindung der Wirtschaftskrise bei. Im Gegenzug brachen freilich die innenpolitischen Konflikte auf. Studentenrevolution und außerparlamentarische Opposition (APO) brachten die Kritik weiter Teile der Gesellschaft an der politischen Machtzusammenballung ohne ausreichende Kontrollmöglichkeiten zum Ausdruck. An ihrem äußersten linken Flügel bildeten sich radikalisierte Gruppierungen heraus, die in den politischen Terrorismus der 70er Jahre mündeten. Auf dem Höhepunkt der zweiten Welle im Jahr 1977 bestimmten die Themen Terrorismus und innere Sicherheit die politische Diskussion.

Auch in der Forschungspolitik waren die langen 70er Jahre eine besonders dynamische Phase. Wichtige Eckpunkte des Reformprozesses markieren die Jahre 1969 und 1975. Die Verfassungsreform von 1969 sicherte in den neuen Artikeln 91a und b den kooperativen Föderalismus ab. Art. 91a definierte unter anderem den Ausbau- und Neubau von Hochschulen als Gemeinschaftsaufgabe von Bund und Ländern, Art. 91b regelte deren Zusammenarbeit in der Bildungsplanung und Forschungsförderung. Bereits in den späten 60er Jahren hatte der Bund signalisiert, daß er künftig gezielt Forschung und Technologie zu fördern gedachte. Bundesforschungsminister Gerhard Stoltenberg hatte bereits bei seinem Amtsantritt 1966 die lang- und mittelfristige Planung der Wissenschaftspolitik angekündigt. Die ersten Fachprogramme für Datenverarbeitung, Weltraumforschung und Neue Technologien markierten vollends die Abkehr von der traditionellen Wissenschaftsförderung. Die Ausweitung der Bundesforschungsprogramme auf sozial und ökologisch relevante Themenfelder (Humanisierung des Arbeitslebens, Umweltforschung) erweiterten das politische Steuerungsinstrumentarium des wissenschaftlich-technischen Wandels. Stoltenbergs Nachfolger bauten das Bundesministerium für Forschung und Technologie (BMFT) – nach der Zwischenphase als Bundesministerium für Bildung und Wissenschaft (BMBW; 1969–1972) – zum forschungspolitischen Hauptakteur aus.[2]

Die Ölpreiskrise von 1973 beendete vollends den „Boom" der Nachkriegsjahre. Die Strukturkrisen in zahlreichen Industriezweigen ließen die Schwächen der keynesianischen Globalsteuerung deutlich werden. Unter dem Eindruck der weltweiten Rezession von 1975 begannen Politik und Wirtschaft umzudenken. Den wirtschaftspolitischen Paradigmenwechsel von der globalen zur strukturellen Orientierung signalisierte auch das Konzept der Forschungs- und Technologiepolitik als eines Instrumentes des wirtschaftlichen Strukturwandels. Die Renaissance des Schumpeterschen Innovationsbegriffs, der als Schlüsselfaktor für die technologische Modernisierung der Wirtschaft zu neuen Ehren kam, und die Entdeckung der Forschung als Motor des industriellen Strukturwandels verweisen auf die intensivierte Rückbindung der Wissenschaft an das Kriterium der wirtschaftlichen Relevanz. Mehr denn je stand die Forschungspolitik in den langen 70er Jahren unter dem Primat der Wirtschaftspolitik.[3]

In der 1975 nach konfliktreichen Verhandlungen geschlossenen Rahmenvereinbarung zur Forschungsförderung tarierten Bund und Länder das förderative Gleichgewicht neu aus. Während sich Bund und Länder die Finanzierung von MPG und DFG paritätisch teilten, trug der Zentralstaat bei den Großforschungseinrichtungen und der Fraunhofer-Gesellschaft mit 90% der Grundfinanzierung den Löwenanteil der Aufwendungen. Forschung fand in den langen 70er Jahren ohnehin im Spannungsfeld von Regionalisierung und Internationalisierung statt. Auf der einen Seite lieferten sich die Bundesländer einen Wettlauf um die Ansiedlung von als zukunftsträchtig angesehenen Einrichtungen. Auf der anderen Seite gewann die internationale Kooperation insbesondere in ressourcenintensiven Forschungszweigen (Hochenergiephysik, Raumfahrt etc.) an Gewicht. Am Ende des langen Jahrzehnts betrat die Europäische Gemeinschaft mit Macht die Bühne und begann, eigene Förderprogramme aufzulegen.

Nicht nur die Forschungspolitik, sondern auch das Forschungssystem selbst veränderte sich unter dem Druck des wirtschaftlichen Wandels. In einem Akt nachholender Rationalisierung kontingenter Entwicklungen fand die Wissenschaftslandschaft zu einer veränderten Arbeitsteilung. Die historische Auffächerung von Forschungstypen führte zur Errichtung neuer Säulen staatlicher Forschung, denen die nach dem Zweiten Weltkrieg entstandenen Aufgabenfelder der Großforschung (Arbeitsgemeinschaft der Großforschungseinrichtungen) und der Vertragsforschung (Fraunhofer-Gesellschaft) zugewiesen wurden. Im Gegenzug wurden die traditionellen Selbstverwaltungsorganisationen (DFG und MPG) von den ihnen „wesensfremden“ Aufgaben der angewandten Forschung entlastet.[4]

Die gesamtgesellschaftliche Aufbruchsstimmung der Reformära machte vor der Wissenschaft nicht halt. Frederick Seitz, der Präsident der amerikanischen National Academy of Science, hatte bereits 1964 in einem vielbeachteten Bericht die hierarchischen Institutsverfassungen und die Orientierung an dem überkommenen Ideal der Autonomie der Wissenschaft als Haupthindernisse der deutschen Forschung auf dem Weg an die Weltspitze ausgemacht. Die basisdemokratisch bewegte Kritik am „Muff von 1000 Jahren unter den Talaren“ griff Ende der 60er Jahre von den Hochschulen auf den außeruniversitären Bereich über. Nach dem Erlaß des Betriebsverfassungsgesetzes vom 10. November 1971, einer der weitestgehenden Reformmaßnahmen der sozialliberalen Koalition überhaupt, verknüpften sich wissenschaftliche Mitwirkung und betriebliche Mitbestimmung in den Forschungsinstituten zu einem dichten Knäuel. Der Versuch des Bundeswissenschaftsministeriums, die Debatte über „Leitlinien zu Grundsatz-, Struktur- und Organisationsfragen von rechtlich selbständigen Forschungseinrichtungen“ zu kanalisieren, hatte in diesem machtpolitisch hochsensiblen Bereich wenig Erfolg. Erst Mitte der 70er Jahre gelang es Wissenschaftlern und Institutsleitungen, einen Modus vivendi zu finden, über dessen Interpretation es freilich immer wieder von neuem zu Konflikten kam.[5]

Der Wandel des bundesdeutschen Forschungssystems verdichtete sich mithin in hohem Maße in den langen 70er Jahren. Die sozialdemokratisch geprägte Ära läßt sich in wissenschaftsgeschichtlicher Perspektive als eine kohärente Epoche deuten, wenn auch ein Teil der eingeschlagenen Reformen am Ende wieder zurückgenommen wurde. In den langen 70er Jahren erhielten die deutsche Forschungslandschaft und mit ihr die Fraunhofer-Gesellschaft zum Gutteil ihr heutiges Gepräge.

2. Jahre der Weichenstellung: die Fraunhofer-Gesellschaft in der Ära der Großen Koalition

Konsensfindung: die lange Suche nach der Position der Fraunhofer-Gesellschaft in der angewandten Forschung

Die 1965 veröffentlichten Empfehlungen des Wissenschaftsrats zum Ausbau der außeruniversitären Forschungseinrichtungen läuteten in der Entwicklung von Fraunhofer einen tiefgreifenden Wandel ein. Für die bis dahin noch wenig konsolidierte Gesellschaft eröffnete sich die Möglichkeit, mit der seit langem erwünschten Förderung durch den Bund sich zu der tragenden Säule des bundesdeutschen Innovationssystems im Bereich der angewandten Forschung bzw. der Vertragsforschung weiterzuentwickeln.

In der Fraunhofer-Gesellschaft war nun Handeln angesagt. Steigerung der Wissenschaftlichkeit war das Gebot der Stunde, und Fraunhofer bemühte sich, dieser Forderung durch die Einrichtung eines Forschungsbeirats und die Bestellung eines Wissenschaftssekretärs nachzukommen. Zum Jahresbeginn 1965 übernahm der Wissenschaftler Franz Kollmann, Ordinarius für Holzforschung an der TH München, von Hermann von Siemens das Amt des Präsidenten; im Juni wurde der seit langem geplante Forschungsbeirat gegründet. Das Amt eines Wissenschaftssekretärs jedoch ließ sich aufgrund der nach wie vor angespannten Haushaltslage nicht schaffen. Zwar hatte Forschungsminister Hans Lenz in Aussicht gestellt, daß sich der Bund ab 1965 an der Grundfinanzierung beteiligen werde, und die Fraunhofer-Gesellschaft hatte hoffnungsfroh einen Antrag auf 600 000 DM gestellt.[6] Vorerst aber fehlten Fraunhofer die finanziellen und damit auch personellen Voraussetzungen, um ein geschlossenes Konzept über ihre wissenschaftliche Weiterentwicklung vorlegen zu können.

Epp und seine Mannschaft setzten alles daran, die forschungspolitische Position der Fraunhofer-Gesellschaft zu verbessern, vor allem, indem sie das von Karl Rawer geleitete Institut für Physikalische Weltraumforschung (IPW) zu einem Musterinstitut aufzubauen versuchten. In diesen Jahren des *take-off* der europäischen Raumfahrt waren im Ministerium Raumflug- und Weltraumforschung angesagt, und Fraunhofer bemühte sich einmal mehr, den an sie herangetragenen Wünschen gerecht zu werden. Die zuständige Fachabteilung IV signalisierte größtes Interesse an der Arbeitsrichtung von Rawer, und innerministeriell hatte man denn auch kurzerhand Abteilungsleiter Max Mayer die Zuständigkeit für Fraunhofer übertragen. Um so größer war die Enttäuschung, als im April 1965 nach über einem Jahr des Schwankens zwischen Hoffen und Bangen der Antrag auf Grundfinanzierung abgelehnt wurde. Kollmann nahm nun die Zügel in die Hand und bat Staatssekretär Wolfgang Cartellieri um ein klärendes Gespräch.

Neue Besen kehren gut. Daß es auch Ausnahmen von dieser sprichwörtlichen

Im Anschluß an die Jahrestagung 1965 geben Präsident Franz Kollmann (links) und der Leiter des späteren Fraunhofer-Instituts für Physikalische Weltraumforschung (IPW), Karl Rawer (rechts), dem Bayerischen Fernsehen ein Interview.

Raumfahrt und Weltraumforschung erlebten in den 60er Jahren einen stürmischen, freilich kurzlebigen Boom. Als die Fraunhofer-Gesellschaft 1968 mit Beginn der staatlichen Grundförderung Rawers Arbeitsgruppe übernahm, die sie bereits ab 1961 in Verwaltungshilfe betreut hatte, konnte sie noch darauf hoffen, eine finanziell stabile, auf langfristige Forschungsprogramme ausgerichtete Einrichtung zu gewinnen. Die Krise der europäischen Raumfahrt in den 70er Jahren und die Grundlagenorientierung der 1973 zum Institut erhobenen Einrichtung ließen den Hoffnungsträger zu einem Problemkind der Fraunhofer-Gesellschaft werden.

Regel gibt, erfuhr Kollmann schmerzlich am eigenen Leib. Die Sitzung im Forschungsministerium, in die er gemeinsam mit Berg und Epp große Hoffnungen gesetzt hatte, kam einem Desaster gleich. Die deprimierenden Worte über die geringe Qualität der Institutsarbeit („Refugien für Leute [...], die im Existenzkampf gescheitert sind"; „historisches Sammelsurium von Instituten [...], das ein Großreinemachen verlange") mußten Kollmann als Wissenschaftler besonders hart treffen. Schmerzlicher aber noch war der Vorwurf, daß die Fraunhofer-Gesellschaft de facto noch immer nicht auf die Empfehlung des Wissenschaftsrats reagiert habe. Es fehle nach wie vor an einem gezielten Forschungsprogramm und an einer Klärung der Frage, ob die Forschungsarbeiten wirklich notwendig seien und nicht bereits an anderer Stelle durchgeführt würden. Als

Hausaufgabe wurde den Münchnern aufgegeben, ein substantielles Programm für die Entwicklung der Gesellschaft zu erstellen.[7]

So enttäuschend die Besprechung verlief, so folgenschwer wirkte sie. Im Grunde genommen wurde das Forschungsministerium nun erst richtig aktiv. Die interne Zuständigkeit wurde geklärt und der interministerielle Dialog über die Ausgestaltung der angewandten Forschung bzw. Vertragsforschung aufgenommen. Konsens über die Notwendigkeit des Ausbaus der Fraunhofer-Gesellschaft zu einer tragenden Säule des Forschungssystems war in dieser Phase in Bonn noch nicht zu erzielen, ebensowenig wie Klarheit darüber herrschte, ob ihr Wirken das Gesamtgebiet der angewandten Forschung oder den enger gefaßten Bereich der Vertragsforschung umfassen sollte. Daß nunmehr aber über diese Fragen auf breiter politischer Ebene diskutiert wurde, war für Fraunhofer ein großer Erfolg. Auch wenn in München einstweilen Katzenjammer vorherrschte, war die Fraunhofer-Gesellschaft dort, wo sie hinwollte: im Zentrum der Debatte um die Neugestaltung der Forschungslandschaft der Bundesrepublik.

Aufmerksam beobachtete man in München, wie sich der politische Wind langsam drehte. Er blies der Fraunhofer-Gesellschaft nun nicht mehr ins Gesicht, sondern in den Rücken. Forschungsminister Lenz hatte am Tag vor seinem Rücktritt in der FAZ eine Art „politisches Testament" veröffentlicht, in dem die Rede von der Notwendigkeit einer Selbstverwaltungsorganisation im Anwendungsbereich war, vom Versagen des Marktmechanismus als Stimulus für die Förderung von Forschung und Entwicklung (FuE) und von der Notwendigkeit, Einrichtungen der Vertrags- und Gemeinschaftsforschung zu stärken. Tatsächlich hagelte es vor dem Hintergrund des tiefen Schocks im Gefolge der einsetzenden Wirtschaftskrise Kritik an der Unfähigkeit der Forschungspolitik, technische Innovationen zu fördern. Es war kein Zufall, daß mit Gerhard Stoltenberg ein junger, dynamischer Politiker als Nachfolger berufen wurde, dem man zutraute, ein zukunftsweisendes Programm der Forschungspolitik des Bundes zu erarbeiten und wachstumsstimulierend umzusetzen.[8]

Auch Stoltenberg hatte jedoch kein Konzept dafür, wie die organisatorische Lücke in der angewandten Forschung zu schließen sei. Im Grunde genommen war er nicht einmal politisch legitimiert, ein solches Konzept zu entwickeln. Wissenschaftspolitik funktionierte in dieser Phase immer noch auf korporatistischem Wege. Leitperspektiven wurden vom Bundesforschungsministerium nicht autonom, sondern konsensual in enger Abstimmung mit den Selbstverwaltungsorganisationen entwickelt.[9] Gefragt war mithin eine Stellungnahme der großen Wissenschaftseinrichtungen zum Gesamtkomplex der institutionellen Förderung der angewandten Forschung. Staatssekretär Cartellieri verständigte sich mit dem Generalsekretär des Wissenschaftsrats, Friedrich Schneider, darüber, dem Wissenschaftsrat diese Aufgabe federführend zu übertragen und die Deutsche Forschungsgemeinschaft, die Max-Planck-Gesellschaft, die Arbeitsgemeinschaft industrieller Forschungsvereinigungen und die Fraunhofer-Gesellschaft daran zu beteiligen.[10]

Die nächsten eineinhalb Jahre waren eine Zeit des harten Ringens um ein positives Votum der Wissenschaft zum Ausbau von Fraunhofer. Der Auftakt, ein Spitzengespräch der Präsidenten der beteiligten Gesellschaften, verlief alles andere als glänzend. Die AiF beharrte auf ihrer Selbständigkeit; die DFG befürchtete ein Einbrechen von Fraunhofer in ihre Domäne bei einem eventuellen Mangel an Aufträgen; der Wissenschaftsrat unterstrich die Fähigkeit der Universitäten zur Vertragsforschung. Kurzum, die von Cartellieri gestellte Generalfrage, ob es einen Bereich der angewandten Forschung und damit ein genuines Arbeitsgebiet der Fraunhofer-Gesellschaft gebe, das durch die bestehenden Organisationen nicht adäquat abgedeckt sei, wurde keineswegs mit einem klaren Ja beantwortet. Unabhängig von diesem Kreis begann die DFG, ihrem eigenen Diskurs zur Koordinierung der angewandten Forschung neues Leben einzuhauchen, in anderer Besetzung und mit anderen Resultaten.[11]

Verkompliziert wurde die ohnehin verworrene Konstellation durch die vom Leiter des Münchner Instituts für Lebensmitteltechnologie und Verpackung (ILV), Rudolf Heiss, initiierte „Arbeitsgemeinschaft von Instituten der orientierten Grundlagenforschung“, die ebenfalls eine Grundfinanzierung durch das Bundesforschungsministerium anstrebte. Diese Neugründung vom März 1966 war eine bunte Mixtur von Instituten, die teils zu Fraunhofer tendierten, teils ohne festen Träger waren. Was Wunder, daß man sich in Bonn bedeckt hielt, einstweilen zu keinerlei finanziellen Zusagen bereit war und abwartete, was die selbstverwaltetete Wissenschaft an Empfehlungen zustande brachte.[12]

Diesbezüglich fiel Anfang Oktober 1966 die Vorentscheidung. Gerade noch rechtzeitig zu der für den nächsten Tag anberaumten Besprechung Stoltenbergs mit der sogenannten Heiligen Allianz, der Kaminrunde der Präsidenten der großen Selbstverwaltungsorganisationen der Wissenschaft beim Bundesforschungsminister, übersandte Schneider, der mittlerweile als Generalsekretär zur MPG gewechselt hatte, den im Ministerium sehnlichst erwarteten Entwurf eines Vermerks zur „Förderung der angewandten Forschung und der Vertragsforschung“. Einmal mehr wurde der Bedarf an einer leistungsfähigen, vom Staat grundfinanzierten Organisation im Bereich der angewandten Forschung und der Vertragsforschung bekräftigt, die gleichzeitig als Träger der bislang von der DFG betriebenen „Hilfseinrichtungen der deutschen Wissenschaft“ fungieren solle. Die Fraunhofer-Gesellschaft sei nach ihrer eigenen Aufgabenstellung „zweifellos“ dafür geeignet. Der Pferdefuß sei jedoch die Verteidigungsforschung. Alles komme darauf an, ob es gelinge, die „für das Verteidigungs-Ministerium durchzuführenden Geheimforschungsaufgaben“ aus dem Arbeitsbereich von Fraunhofer herauszulösen. Schneider empfahl den Weg der Gründung einer Bundesanstalt für Verteidigungsforschung. Stoltenberg gewann aus dem Kamingespräch mit seinen Präsidenten den Eindruck, daß letztgenannter Vorschlag im Kreis der Wissenschaft durchaus noch umstritten war, nicht mehr jedoch die Notwendigkeit einer Trägerorganisation für die angewandte Forschung. Die Fraunhofer-Gesellschaft hatte nun gute Karten in der

Hand, wenn sie es verstand, das Problem der Verteidigungsforschung zu lösen.[13]

In München allerdings war man nicht bereit, diese schwer lösbare Aufgabe überhaupt anzugehen, und wurde in dieser Haltung durchaus unterstützt von den zuständigen Fachreferaten des Forschungs- und Verteidigungsministeriums. Die Ausgliederung der verteidigungsbezogenen Institute hätte Fraunhofer vor eine innere Zerreißprobe gestellt, der sie sich nicht ohne Not unterziehen wollte. Statt dessen setzte man auf den Faktor Zeit, wohl wissend, daß Stoltenberg mittlerweile Druck machte und endlich ein Endergebnis sehen wollte. Hinzu kam das Gefühl, besser als diese selbstgefälligen und „ignoranten Herren" an der Spitze der großen Forschungsorganisationen, allen voran der neue Vorsitzende des Wissenschaftsrats, Hans Leussink, zu wissen, was denn Verteidigungsforschung überhaupt sei und welche Auswirkungen sie habe.[14]

Der Druck Stoltenbergs zeigte Wirkung. Nach Informationsreisen zu den holländischen und englischen Parallelorganisationen TNO (Nederlandse Organisatie voor toegepast-natuurwetenschapelijk onderzoek) und NRDC (National Research Development Corporation) und einer Elefantenrunde auf Präsidentenebene erarbeiteten die Generalsekretäre einen Entwurf, der nach dem Ergebnis eines erneuten Treffens der Allianz nochmals revidiert und schließlich vom Wissenschaftsrat offiziell versandt wurde. Inhaltlich gesehen, präzisierte dieser „Vermerk zur angewandten Forschung und Entwicklung" den bereits 1965 vom Wissenschaftsrat empfohlenen Ausbau der Fraunhofer-Gesellschaft zu einer starken, einen großen Bereich der angewandten Forschung abdeckenden Institution, die sowohl Vertragsforschung für die Wirtschaft als auch freie angewandte Forschung bzw. „orientierte Grundlagenforschung" betreiben solle. Zusätzlich zu den bestehenden „zivilen" Fraunhofer-Instituten solle die Gesellschaft weitere, in ihren Aufgabenbereich passende Forschungsinstitute übernehmen, darunter auch AiF-Einrichtungen, sowie Dokumentationsstellen und andere Hilfseinrichtungen der Forschung. Dagegen solle sie sich von den vier für das BMVg arbeitenden Instituten trennen bzw. diese in eine neu zu gründende nationale Trägerorganisation für Verteidigungsforschung nach westeuropäischem Vorbild überführen.[15]

Am Ende dieses seit Beginn der 60er Jahre währenden Diskussionsprozesses um ihre Funktion und Verortung im Innovationssystem eröffneten sich Fraunhofer glänzende Perspektiven. Die etablierten Wissenschaftsorganisationen akzeptierten sie als ihresgleichen, ja sie schoben sie sogar auf einen Wachstumspfad, indem sie ihr einen breiten, im Zeitalter der Innovation und des Technologietransfers rasch expandierenden Verantwortungsbereich zuwiesen. Für die MPG hatte diese organisatorische Flurbereinigung zugleich den Vorteil, Aufgabenfelder loszuwerden, die nicht mehr in ihr Profil als außeruniversitäre Einrichtung der reinen Grundlagenforschung hineinpaßten. Der Bundesforschungsminister trug diese Zielrichtung im Groben mit – nicht im Detail und insbesondere nicht in bezug auf die Verteidigungsforschung, wie wir noch sehen werden – und war gewillt, sich in Kabinett und Parlament für die Bereitstellung der erforderlichen Grundfinanzierung einzusetzen. Die Zukunft der Fraunhofer-Gesellschaft blieb offen und entwicklungsfähig, nicht nur, weil nun die Kärrnerarbeit anstand, diese Richtlinien in praktische Politik umzusetzen, sondern auch, weil noch so manches, richtungsändernd wirkende Hindernis zu überwinden war.

Zuständigkeit bedeutet Verantwortung; Verantwortung bringt Kontrolle mit sich; Kontrolle heißt Intervention; Intervention ist gleichzusetzen mit Autonomieverlust. Mit dieser Wirkungskette ist das Spannungsfeld umrissen, in dem sich die an der Neuausrichtung der Fraunhofer-Gesellschaft mitwirkenden Akteure bewegten. In dem Maße, in dem sich Fraunhofer veränderte, mußte das Gleichgewicht der beteiligten Kräfte neu austariert werden. Dieser Prozeß des Austarierens vollzog sich auf verschiedenen Ebenen: auf der staatlichen Ebene, auf der Ebene der Fraunhofer-internen Gremien und auf der zur Vernetzung dieser beiden Bereiche ins Leben gerufenen Ebene der Fraunhofer-Ausbaukommission. Wir wollen an dieser Stelle kurz den Prozeß der Neubestimmung auf der staatlichen Ebene zu Ende führen.

Zentraler Handlungsträger auf Staatsebene war der Bund in Gestalt des federführenden Bundesforschungsministeriums (BMwF), das 1968 die Fraunhofer-Gesellschaft in die öffentliche Grundfinanzierung aufnahm. Das Ministerium weitete in der Ära Stoltenberg seine Domäne auf Kosten anderer Ressorts erheblich aus, nicht zuletzt, indem es die Zuständigkeit für die Fraunhofer-Gesellschaft übernahm. Der Wirtschaftsminister ließ sich zwar einige Zeit bitten, stimmte dann aber wohl oder übel dem Vorschlag zu, seinem Kollegen die alleinige Verantwortung für Fraunhofer zu übertragen. Er wollte lediglich die im eigenen Einflußbereich angesiedelte Gemeinschaftsforschung und damit die AiF ungeschmälert erhalten wissen. Schwieriger gestaltete sich die Abstimmung mit dem Verteidigungsminister, dem daran gelegen war, den Status quo möglichst unangetastet zu lassen. Staatssekretär Carl Carstens stimmte daher erleichtert dem zweigeteilten Vorschlag seines Kollegen Hans von Heppe zu. Organisatorisch sollte alles beim alten bleiben, d.h. die vier fraglichen Institute (EMI, ICT, IAF, IEW) allesamt in der Fraunhofer-Gesellschaft verbleiben und vom Verteidigungsministerium grundfinanziert werden. Inhaltlich dagegen sollte in den Instituten keine geheime Forschung mehr betrieben werden, sondern allenfalls und nur teilweise klassifizierte Forschung mit niedrigem Vertraulichkeitsgrad. Diese Vereinbarung entsprach zwar nicht dem Votum der Wissenschaftsorganisationen, kam aber ihrem Interesse an einer Öffnung der verteidigungsbezogenen Institute für die zivile Forschung entgegen.

Als das Besprechungsergebnis in schriftlicher Form die Runde machte, klingelten auf der Hardthöhe die Alarmglocken und im Forschungsministerium die Telefone. Tatsächlich hätte der Verteidigungsminister seinen Ressortauftrag gefährdet, wenn er einer Vereinbarung zugestimmt hätte, die Geheimforschung grundsätzlich unterband. Mit dem Verweis auf ein „großes sachliches Mißver-

Auf der Mitgliederversammlung des Jahres 1967, die in den Räumen der Allianz Versicherungs AG in München stattfand, gibt sich die Prominenz die Ehre.

Erste Reihe von links nach rechts: der Bayerische Kultusminister Alois Hundhammer, der Staatssekretär des Bundesministeriums für wissenschaftliche Forschung Hans von Heppe, der Münchner Stadtschulrat Alfons Fingerle, Altpräsident Hermann von Siemens und Vorstandsmitglied Hans Jebsen-Marwedel.

ständnis" mußte dieser Passus daher neu verhandelt werden. Gleichzeitig wurde der Grad der Öffnung für zivile Projekte konkretisiert, der bei ca. 10% der Gesamtkapazitat liegen solle. Die Heilige Allianz nahm diesen Kompromiß kritisch zur Kenntnis, mußte allerdings akzeptieren, daß „bei der gegenwärtigen Situation wahrscheinlich nichts anderes übrig" bleibe.[16]

Der Zuwachs des Bundes an politischem Einfluß ging zu Lasten der Länder. Bayern und Baden-Württemberg hatten Fraunhofer seit der ersten Stunde getragen und mit erheblichem Finanzaufwand über so manche Existenzkrise gerettet. Blockiert durch die staatspolitische Debatte über die Neugewichtung des Bund-Länder-Verhältnisses im gesamten Wissenschaftsbereich, mußte man in Stuttgart und München zähneknirschend zusehen, wie der Bund auch in der Fraunhofer-Gesellschaft die Zügel an sich riß. Wie hoch die Emotionen gingen, sollte sich in der Debatte um die Satzungsrevision zeigen.

Die Fraunhofer-Gesellschaft in der Ära Kollmann: ein Blick nach innen

Als die Fraunhofer-Gesellschaft Kollmann 1965 an die Spitze der Gesellschaft berief, verband sie damit die Überlegung, ihre Wissenschaftlichkeit zu stärken. Als renommierter Leiter eines großen Universitätsinstituts mit vielfältigen internationalen Kontakten und Verantwortlichkeiten in diversen wissenschaftlichen Gremien stand Kollmann der Gesellschaft einerseits gut zu Gesicht. Andererseits war das Engagement, das er als ehrenamtlicher Präsident in die Gesellschaft einbringen konnte, doch sehr begrenzt. Hinzu kam eine aus Arbeitsüberlastung resultierende angegriffene Konstitution, die ihn mehrfach über Wochen, ja Monate hinweg zu Arbeitspausen zwang. In den weichenstellenden Jahren nach 1965 hätte es eines Präsidenten bedurft, der mit voller Arbeitskraft die Neuorientierung von Fraunhofer vorantrieb. Auf Ehrenamtlichkeit basierende Führungsstrukturen mit Vorstandssitzungen im Abstand eines halben Jahres waren alles andere als geeignet, flexibel auf das sich mit hoher Dynamik verändernde forschungspolitische Umfeld reagieren zu können. Was Wunder, daß in Bonn der Eindruck vorherrschte, Kollmann führe die Fraunhofer-Gesellschaft „wie ein Großgrundbesitzer einen Golfplatz“.[17]

Mit um so mehr Arbeitseifer versuchte Generalsekretär Epp, das Defizit an Professionalität auszugleichen. Vor dem Hintergrund der aktuellen Debatte um schlanke Verwaltungs- und dezentrale Entscheidungsstrukturen in der Wissenschaftsverwaltung wirken die „extreme Forschungsökonomie“ und der „zweckrationale Mitteleinsatz“ von Fraunhofer in der Ära Epp besonders beeindruckend.[18] Die aus seiner Feder stammenden Memoranden zur künftigen Arbeitsrichtung waren ebenfalls nicht ohne Qualität. Um die Gesellschaft nach außen hin wissenschaftlich vertreten zu können, fehlten Epp dagegen der Stallgeruch und die formale Qualifikation des Wissenschaftlers.

Dieses Handikap des Generalsekretärs führte auch im internen Verkehr zu Reibungen. Die Mehrzahl der Institutsleiter erkannte die immense Arbeitsleistung, die Epp und seine kleine Mannschaft in der Zentralverwaltung zu ihrer großen eigenen Entlastung erbrachten, durchaus an. In wissenschaftlichen Fragen duldeten sie jedoch keine Eingriffe, wobei das Problem darin lag, eine klare Grenze zwischen administrativem und wissenschaftlichem Bereich zu finden. Symptomatisch für das Konfliktpotential, das sich aus dem system- und personalbedingten Gegensatz zwischen Zentrale und Institut ergab, ist der „Fall Epp/Mecke“.

Reinhard Mecke, Leiter des vom Verteidigungsministerium finanzierten Instituts für Elektrowerkstoffe (IEW), beschwerte sich Ende des Jahres 1965 mit massiven, an Beleidigung grenzenden Worten über den Generalsekretär. Im Detail warf Mecke Epp Eingriffe in seine Entscheidungsbefugnis sowie die Verschleppung der Gründung eines Beirats für sein Institut vor. Mecke drohte damit, das IEW aus dem Fraunhofer-Verband herauszulösen. Eine von Kollmann eilends eingeleitete Untersuchung ergab die Haltlosigkeit der Vorwürfe –

August Epp bei der Präsentation eines Wankel-Motors im Deutschen Museum; rechts Frau Epp, links Frau Soldan, engste Mitarbeiterin und spätere Lebensgefährtin und Ehefrau von Epp.

Epp leitete von 1955 bis 1977, zunächst als Geschäftsführer, später als Generalsekretär, die Verwaltung der Fraunhofer-Gesellschaft. Bis zum Beginn der Ära Keller (1974–1983), der als hauptamtlicher Präsident die Zügel energisch in die Hand nahm, verkörperte der versierte Verwaltungsexperte Epp gleichsam die Gesellschaft. Mit Flexibilität, hohem persönlichem Engagement und einem auf Knappheit und Sparsamkeit ausgerichteten Haushaltskurs manövrierte der findige Pragmatiker Epp die Fraunhofer-Gesellschaft durch die schwierige Phase der 50er und 60er Jahre. Durch die Ernennung zum Ehrensenator würdigte die Fraunhofer-Gesellschaft die außerordentlichen Verdienste ihres langjährigen Generalsekretärs.

Epp wurde attestiert, formal und inhaltlich völlig korrekt gehandelt zu haben. Mecke hatte bewußt von Beirat und nicht von Kuratorium geredet. Er befürchtete, durch die Etablierung eines formellen Kuratoriums an Entscheidungsfreiheit zu verlieren. In dieser Befürchtung wußte er sich eins mit den zuständigen Referenten des Verteidigungsministeriums, die „ihr" Institut möglichst stark unter Kontrolle halten wollten. Die Loyalität Meckes, dies war offensichtlich, galt weit mehr „seinem" Ministerium als „seiner" Gesellschaft.[19]

Der Fall Mecke erlaubt weitergehende Rückschlüsse hinsichtlich der Binnensituation der Gesellschaft in den späten 60er Jahren. Von einer korporativen Identität konnte keine Rede sein. Die Gesellschaft zerfiel einerseits in die Münchner Zentrale, die durch den Generalsekretär und erst in zweiter Linie durch das Präsidium verkörpert wurde, und in die auf ihre Autonomie bedachten Institute andererseits. Zwar gab es seit dem Ende der 50er Jahre jährliche Institutsleitertreffen. Diese erschöpften sich aber allein in Berichten des Vorstandes über die aktuelle Lage. Bezeichnenderweise scheiterten alle Bemühungen, gemeinsame Interessen und Probleme der Institutsleiter zu identifizieren und zu diskutieren. Ebenso kläglich verlief der Versuch, sich einmal ohne den Vorstand auszutauschen.[20] Clara Müller, der einzigen Frau in der Riege der Institutsleiter, stach die Selbstherrlichkeit ihrer männlichen Kollegen ins Auge. Ihr Mut, so heikle Punkte wie den „Einfluß der Zuschußgeber auf die Personalpolitik und die ‚Wahrheit' der Haushaltspläne" zur Sprache zu bringen, blieb freilich unbelohnt.[21] Vor diesem Hintergrund werden die Probleme von Fraunhofer verständlich, sich in der Öffentlichkeit als homogene Gesellschaft darzustellen. Der erfahrene Fraunhofer-Senator Georg Madelung charakterisierte die Situation etwas überspitzt, im Grunde aber treffend, als er konstatierte, bei Fraunhofer herrsche „wissenschaftliche Anarchie".[22]

Dem Mangel an wissenschaftlicher Kohärenz und Profilbildung, der Mitte der 60er Jahre mehr denn je negativ zu Buche schlug, sollte der Forschungsbeirat entgegenwirken. Nach langer Vorbereitung wurde der Beirat im Juni 1964 konstituiert und in beratender Funktion als Satzungsorgan verankert. Als wissenschaftliche Allzweckwaffe sollte er Empfehlungen zur Schwerpunktbildung im Arbeitsprogramm erarbeiten und einen Plan für den systematischen Ausbau der Gesellschaft und ihrer Institute entwickeln. Des weiteren sollte er die Brücke zwischen den Organen der Fraunhofer-Gesellschaft und den Institutsleitern bilden sowie Verbindungen zwischen den Instituten knüpfen. Als Kompromiß zwischen zwei diametral gegensätzlichen Konzepten war der Beirat ein schwächliches Kind mit Geburtsfehlern. Die Institutsleiter sahen in seiner Etablierung einen gegen ihre Kuratorien gerichteten Affront und fürchteten um ihre wissenschaftliche Autonomie. Die Vertreter des Bundes wiederum wünschten sich ein Gremium mit Entscheidungsbefugnis als Ausgleich für die geringe Aktivität des Vorstandes. Um die ihm zugedachte Brückenfunktion erfüllen zu können, hätte der Beirat der Unterstützung durch den hauptamtlichen Wissenschaftssekretär bedurft. Da die Schaffung dieser Position sich nicht verwirklichen ließ, war die Brücke auf schwankendem Grund gebaut.[23]

So sehr sich der Vorsitzende Georg-Maria Schwab auch bemühte, den Beirat zu einem das Profil der Gesellschaft gestaltenden Organ zu machen, so wenig gelang ihm dies. Die vorgesehene Bildung von Ad-hoc-Ausschüssen kam nicht zustande. Das inhomogen zusammengesetzte Gremium traf sich in schwerfälligen Plenumssitzungen. Bezeichnenderweise kannten sich die Mitglieder auch nach fünfjähriger Tätigkeit „entweder gar nicht oder nur sehr flüchtig".[24] Bei der Beurteilung der Institute, deren Übernahme an Fraunhofer herangetragen wurde, erwies sich die 1968 von Bundesforschungsminister Stoltenberg eingesetzte „Ausbaukommission"[25] als bei weitem effizienter; bei der strategischen Planung der Arbeitsrichtung der Gesellschaft lief der Institutsleiterkonvent dem

Beirat den Rang ab. Die von innen und außen kommende Kritik an seiner geringen Durchschlagskraft war wohl berechtigt; nachhaltige Akzente vermochte er nicht zu setzen. Seine Hauptwirkung lag darin, die Fraunhofer-externen Mitglieder über den Prozeß der internen Entscheidungsfindung ins Bild zu setzen sowie Informationen aus anderen Gremien in die Fraunhofer-Gesellschaft hineinzutragen – vielleicht auch darin, durch seine schiere Existenz die Gesellschaft „vor der Gefahr des Parkinsonismus" zu bewahren, in der nach Ansicht von Siemens-Vorstandsmitglied Erwin Hölzer jedes staatlich geförderte Forschungsunternehmen immerwährend schwebe.[26]

In der Ära Kollmann erhielt die Fraunhofer-Familie nur wenig Zuwachs. 1967 kam das Institut für Schwingungsforschung (ISf) dazu, das sich unter der dynamischen Führung von Max Syrbe und Alfred Schief rasch zu einer der Stützen der Gesellschaft in der Vertragsforschung entwickelte. Die neue Leitung richtete das Institut nicht nur räumlich durch den Wechsel von Tübingen nach Karlsruhe, sondern auch inhaltlich neu aus. Die klassischen Felder der mechanischen Meßtechnik und Schwingungsphysik traten zugunsten der Automatisierungs- und Systemtechnik zurück. Die Ausrichtung des Forschungsprogramms an der Daten- und Informationsverarbeitung sowie der angezielte Brückenschlag zwischen Technik und Biologie wirkten ausgesprochen attraktiv und zukunftsorientiert. Syrbe legte großen Wert darauf, die inhaltliche Schwerpunktverlagerung auch programmatisch im Institutsnamen zu verankern. Sehr zu seinem Ärger drang er mit diesem Ansinnen zunächst nicht durch; erst 1979 erfolgte die Umbenennung in Institut für Informationsbearbeitung in Technik und Biologie (IITB).

Ausgesprochen zukunftsorientiert wirkte auch der zweite Zuwachs, die Arbeitsgruppe für Physikalische Weltraumforschung (APW). Die Fraunhofer-Gesellschaft hatte bereits 1961 die Verwaltungshilfe für das Team von Karl Rawer übernommen. Mit dem Beginn der Grundförderung wurde die Arbeitsgruppe auf Initiative des Bundesforschungsministeriums in den Fraunhofer-Verbund eingegliedert. In den Boomjahren der europäischen Raumfahrt mochte die Hoffnung bestehen, eine finanziell stabile, auf langfristige staatliche Forschungsprogramme ausgerichtete Einrichtung zu erwerben. Der Niedergang der Raumfahrt in den 70er Jahren und die Grundlagenorientierung des Instituts machten aus dem Hoffnungsträger ein Problemkind der Gesellschaft.

Eines ihrer Problemkinder wurde die Gesellschaft dagegen los. 1968 konnte das inhaltlich schmalspurige und finanziell dahinvegetierende Institut für Fußbodenforschung und -materialprüfung (IFm) an einen anderen Träger abgegeben werden.

Die institutionelle Stagnation der Ära Kollmann resultierte zum einen aus dem forschungsstrategischen Inaktivismus der Führung, zum anderen aus dem forschungspolitischen Kontext. In der Debatte um den kompletten Umbau der angewandten Forschung war es sinnvoll abzuwarten, welches Profil die Fraunhofer-Gesellschaft am Ende haben würde. Wohl produzierten der Wissenschaftsrat, der Bund und die Länder gerade in dieser Phase lange Listen von Instituten, die man sich unter dem Dach der Gesellschaft vorstellen konnte. Fraunhofer tat aber gut daran, diese Listen mit spitzen Fingern anzufassen. Zum ersten war es politisch nicht opportun, sich nur die Rosinen herauszupicken. Zum zweiten drohten Zugewinne von zweifelhafter Attraktivität, die nur schwer in das Profil der Vertragsforschung passen würden. Abzuwarten, bis die Lage überschaubar wurde – das war in dieser Phase durchaus eine sinnvolle Strategie.

3. Die „Erfindung" des Fraunhofer-Modells 1969–1973

Weichenstellungen in der Ausbaukommission

Am 20. Juni 1969 feierte die Fraunhofer-Gesellschaft im Sitzungssaal der Allianz Versicherungs AG in München mit einem großen Festakt ihr zwanzigjähriges Bestehen. Die Mehrzahl der Anwesenden dürfte aufmerksam der mit Spannung erwarteten Rede des Forschungsministers über die Förderung der angewandten Forschung und den Ausbau der Fraunhofer-Gesellschaft gelauscht haben. Viel Neues hatte Minister Stoltenberg seinen Zuhörern allerdings nicht zu bieten, weder in seinem Versuch einer Definition von angewandter Forschung noch in seinem ihm als Historiker naheliegenden Rekurs auf die Geschichte der Wissenschaft im 20. Jahrhundert. Überraschend wirkte dagegen die Mitteilung, daß die von ihm Ende 1968 eingesetzte „Kommission zur Förderung des Ausbaus der Fraunhofer-Gesellschaft" in Kürze ihre Empfehlungen vorlegen werde.

Tatsächlich dauerte es noch bis zum April 1970, ehe die Ausbaukommission ihre Arbeit abschließen konnte.[27] Die ihr vom Bundesforschungsminister zugedachte Aufgabe bestand darin zu prüfen, welche Fraunhofer-Institute mit welchem förderpolitischen Instrumentarium vom Staat finanziert, welche externen Institute in die Gesellschaft aufgenommen und für welche Fachgebiete neue Institute gegründet werden sollten. Die Kommission ging freilich weit über diese Aufgabenstellung hinaus. Sie entwarf ein wissenschaftliches und ein organisatorisches Gesamtkonzept und schreckte selbst vor klaren Empfehlungen zur Verortung der Verteidigungsforschung in der Gesellschaft nicht zurück.

Selten dürfte ein Gremium von Sachverständigen erfolgreicher gearbeitet haben als die Ausbaukommission. Aus der Retrospektive läßt sich sagen, daß sie ein ganzes Bündel von Empfehlungen erarbeitete, die auf dem Prüfstand der Geschichte ihre Zukunftsträchtigkeit nachweisen konnten. Diese Wertung gilt nicht nur für ihre Beurteilungen der Förderungswürdigkeit bestehender und der Anschlußwürdigkeit externer Institute, sondern auch für

- die integrale Verknüpfung von Vorlaufforschung, Vertragsforschung und Auftragsfolgeforschung,

- die Hervorhebung der besonderen Bedeutung von fach- und disziplinenübergreifenden Instituten,
- die ausgewogene regionale Verteilung der Institute,
- die Bildung von räumlichen und thematischen Schwerpunkten,
- die Institutionalisierung der Mitwirkung der wissenschaftlich-technischen Mitarbeiter,
- die Stärkung des Vorstandes,
- die Einführung einer leistungsorientierten Vergütung,
- die Idee von zentralverwalteten Verstärkungsfonds.

Nicht alle diese Vorschläge waren in den Köpfen der Ausschußmitglieder entstanden. Manche Idee wurde aus den parallel laufenden Debatten in den Organen von Fraunhofer übernommen, die sich ihrerseits wiederum an den veränderten gesellschaftlichen Prioritäten und politischen Vorgaben orientierten. Das Verdienst der Kommission lag darin, diese Impulse zu fokussieren und in ein Gesamtkonzept zu gießen.

Dieser unbestreitbare Erfolg eines konsensorientierten Vorgehens ist um so bemerkenswerter, als die Ausbaukommission keineswegs interessenungebunden war. Unter den 15 Mitgliedern waren mit August Epp, Ernst Gaßner, Rudolf Heiss und Hans Jebsen-Marwedel allein vier Vertreter der Fraunhofer-Gesellschaft; hinzu kam noch Otto Mohr, der zur Mitte der Sitzungsperiode zum neuen Präsidenten der Gesellschaft gewählt wurde. Ebensowenig neutral waren Heinrich Wiegand, Vorsitzender des Wissenschaftlichen Rates und Präsidiumsmitglied der AiF, und Max Scheidemann aus dem Bundeswirtschaftsministerium, die als Interessenvertreter der AiF zu gelten hatten. Auch die übrigen Mitglieder – Richard Clausen (DFG-Referent), Otto Ebert (Wirtschaftsministerium Baden-Württemberg), Kurt Klöppel (Vorsitzender des DFG-Ausschusses für angewandte Forschung), Günter Lehr (Bundesforschungsministerium), Philipp Popp (Wirtschafts- und Verkehrsministerium Bayern), Friedrich Schneider (Generalsekretär der MPG, Vorsitzender der Kommission) und Hermann Schenck (TH Aachen) – waren mit Ausnahme des Letztgenannten nicht nur in ihrer Eigenschaft als Experten, sondern auch als Repräsentanten von wichtigen Organisationen berufen worden. In erster Linie war es der souveränen, immer wieder auf strikte „Neutralität“ bedachten Sitzungsleitung von Schneider zu verdanken, daß jeder Versuch einer offensichtlich interessenorientierten Politik ins Leere stieß.[28] Hinzu traten das motivierende Gefühl, an etwas völlig Neuem mitzuarbeiten, und die daraus erwachsende Bereitschaft, sich mit dem Schicksal der neuen Einrichtung zu identifizieren. Auf diese Weise kam ein weitgespanntes Konzept für eine neue Fraunhofer-Gesellschaft zustande, dessen Realisierung – dies war allen Beteiligten klar – den Beamten des Bundesfinanzministeriums noch manch schlaflose Nacht bereiten würde. Heiss hatte durchaus recht, als er das Hauptproblem im unverändert geltenden Subsidiaritätsprinzip verortete, dem geheiligten Grundsatz finanzpolitischen Handelns.[29]

Oktroi oder Hilfestellung? Die Gemeinsame Kommission

Wie konnten die globalen Empfehlungen der Ausbaukommission in die Tat umgesetzt werden? Im Grunde wäre die inhaltliche und organisatorische Anpassung der Gesellschaft an diese Leitsätze die Aufgabe der Fraunhofer-Gesellschaft selbst gewesen. In Bonn traute man es der Gesellschaft aber noch nicht zu, diese immense Aufgabe in Eigenregie und in der gebotenen Eile zu lösen. Schnelles Handeln war in der Tat gefragt, sah doch die mittelfristige Finanzplanung des Bundes erhebliche und zudem rasch anwachsende Zuschüsse für die Fraunhofer-Gesellschaft vor. Um dem eigenen Steuerungsanspruch gerecht zu werden, andererseits aber direkte, Fraunhofer vor den Kopf stoßende Interventionen zu vermeiden, verfiel man im Bundeswissenschaftsministerium auf die Idee, erneut eine Kommission zu bilden – eine Kommission, die inhaltliche Kompetenz und fachliche Zuständigkeit gleichermaßen in sich vereinte, die also aus Vertretern der Fraunhofer-Gesellschaft und des Ministeriums gemeinsam zu bilden war. Das für die Dauer von zwei Jahren geplante Gremium sollte die Organe der Gesellschaft umstrukturieren und in ihrer Effizienz stärken, kurzum: eine schlagkräftige Gesellschaft aufbauen, die es wert war, in großem Maßstab öffentlich finanziert zu werden.[30]

Wie sage ich es meinem Kinde? Die Antwort, die Minister Leussink wählte, war sicher nicht die glücklichste. Am 11. November 1970 lud er den gesamten Fraunhofer-Vorstand inklusive Senatsvorsitzenden nach Bonn. Die mit Ausnahme des Schatzmeisters Jürgen von Köller komplett angetretene Fraunhofer-Delegation wußte, daß der Grund der Einladung nicht der Beginn des rheinischen Karnevals war; was genau aber Gegenstand der Besprechung sein sollte, darüber war sie nicht informiert. Um so größer war daher die Überraschung, als Ministerialdirektor Lehr am Ende der Vorbesprechung den Text einer Vereinbarung über die Gründung einer gemeinsamen Kommission von Bundeswissenschaftsministerium und Fraunhofer vorlegte. Zeit für ein detailliertes Studium des Textes blieb den Münchnern nicht, aber allemal genug, um zu erkennen, was man ihnen zumutete: die Einsetzung eines kommissarischen Vertreters des Ministeriums (Ministerialdirigent Max Scheidwimmer) als geschäftsführendes Vorstandsmitglied. Als Epp es wagte, Einwände gegen diesen Oktroi vorzubringen, der einer Entmachtung von Präsident und Generalsekretär gleichkäme, redete Leussink Klartext. Keinem falle „eine Zacke aus seiner selbstgebauten Krone", wenn er sich in gegebene Notwendigkeiten einfüge. MPG-Generalsekretär Schneider, in weiser Voraussicht als Vermittler hinzugebeten, versuchte mit mäßigem Erfolg, Fraunhofer das „Hilfsangebot des Ministeriums" als Gewinn für eine heranwachsende Gesellschaft schmackhaft zu machen. Nur widerwillig gestand Leussink, dessen aus seiner Zeit als Vorsitzender des Wissenschaftsrats rührende grundsätzliche Vorbehalte gegenüber der Fraunhofer-Gesellschaft offenkundig wurden, dem Vorstand eine Bedenkzeit zu. In der Nachbesprechung mit Lehr konnte der Vereinbarung wenigstens die Spitze abgebrochen werden: Die Bezeichnung „geschäftsführendes“ wurde in „hauptamtliches“ Vorstandsmitglied umgewandelt. Nachdem der Text solchermaßen abgeändert und als „Gemeinsame Erklärung und Vereinbarung“ tituliert worden war, stimmte die Fraunhofer-Gesellschaft als Ganzes nach einer turbulenten Debatte im Senat kurz vor Weihnachten der Vereinbarung zu.[31]

Damit war der Fahrplan vorgegeben. Die „Gemeinsame Kommission“, bestehend aus Mohr, Epp, Gaßner, Syrbe, Schneider, Kuchtner, Lehr und Scheidwimmer, sollte bis Ende 1972 folgendes Mammutprogramm absolvieren:

1. Entwurf einer Forschungs-, Ausbau-, Finanz- und Organisationsplanung;
2. Entwurf einer neuen Satzung;
3. Entwurf einer Rahmengeschäftsordnung für die Institute;
4. Bericht über die Beteiligung und Mitsprache der Wissenschaftler in den Organen der Gesellschaft und ihrer Institute;
5. Bericht über den Stand des Ausbaus und die Organisation der Zentralverwaltung;
6. Bericht über das Vergütungswesen der Gesellschaft unter Berücksichtigung der Besonderheiten, die sich aus der Konkurrenzlage zur Industrie ergaben;
7. Bericht über den Stand der Ausführung der Empfehlungen der Ausbaukommission;
8. Schlußbericht über die Erfüllung ihrer Aufgaben.

In der kurzfristig anberaumten Senatssitzung vom 18. Dezember 1970 kamen die seit langem schwelenden Konflikte offen zum Ausbruch. Bislang hatten die Länder stillgehalten. Das Vorgehen Leussinks brachte das Faß aber zum Überlaufen. Bayern und Baden-Württemberg fühlten sich aus der Fraunhofer-Gesellschaft „hinauskatapultiert“; so hatten sie sich die neue Form der Zusammenarbeit mit dem Bund – den kooperativen Föderalismus – gerade nicht vorgestellt. Offensichtlich wolle man Fraunhofer durch die Einsetzung eines „Staatskommissars“ unter Kuratel stellen und zum „verlängerten Arm“ des Bundeswissenschaftsministeriums machen. Da sich auch die Vertreter des Bundesverteidigungs- und des Bundeswirtschaftsministeriums durch die Vereinbarung brüskiert fühlten, ergab sich eine geschlossene Front gegen das BMBW. Lehr konnte die Wogen der Erregung nur glätten, indem er dem Repräsentanten Bayerns, Ministerialdirektor Eberhard Kuchtner, stellvertretend für die Länder einen Sitz in der Kommission anbot und zusagte, die Ressortkollegen des Bundes in regelmäßigen Abständen über den Stand der Arbeiten zu informieren bzw. um Stellungnahme zu bitten. Ex-Forschungsminister Siegfried Balke hatte jedoch durchaus recht mit seinem generellen Verdacht, das Ministerium steuere die Wissenschaftspolitik über das Druckmittel der Finanzen. Denn Lehr ließ keinen Zweifel daran, daß sein Minister gewillt war, den Geldhahn zuzudrehen, sofern Fraunhofer sich der Vereinbarung verweigere.[32]

Tatsächlich war zu Beginn der 70er Jahre die in den Leitlinien des Bundeswissenschaftsministeriums (und späteren Bundesforschungsministeriums) formulierte Politik der Globalsteuerung noch keineswegs die alleingültige Maxime des forschungspolitischen Handelns. Während sich die etablierten Selbstverwaltungsorganisationen der Forschung den steuernden Eingriffsversuchen der Ministerialen mit dem ganzen Gewicht ihrer wissenschaftlichen Reputation entgegenstemmen konnten, war die im vollen Umbruch befindliche Fraunhofer-Gesellschaft ein Spielball divergierender Interessen. Weder der überalterte Senat noch der neue hauptamtliche Vorstand waren in der Lage, der Gesellschaft ein stabiles Zentrum zu geben, das fähig war zu zeigen, wohin die Reise gehen sollte.

Dieses machtpolitische Vakuum füllte zuvorderst die Gemeinsame Kommission. Die Beamten des tonangebenden Wissenschaftsministeriums wußten einen Mann ihres Vertrauens in der Schaltzentrale von Fraunhofer. Scheidwimmer erwarb sich durch seine ebenso umsichtige wie dynamische Vorgehensweise rasch aber auch die volle Anerkennung seiner Kommissionskollegen. In effizient arbeitende Ausschüsse gegliedert, gelang es dem Gremium, ein immenses Arbeitspensum erfolgreich zu bewältigen. In dieser Übergangsphase instabiler Verhältnisse erwies sich die anfänglich von vielen als Oktroi und Fremdkörper empfundene „Scheidwimmer-Kommission“ für die Fraunhofer-Gesellschaft je länger je mehr als ausgesprochen glückliche Konstruktion. Selbst die schärfsten Kritiker mußten bald zugeben, daß das Gremium erfolgreiche Arbeit leistete. Scheidwimmer erwarb sich in der Fraunhofer-Gesellschaft rasch ein so hohes Ansehen, daß sein Wechsel in den saarländischen Ministerialdienst als schwer zu kompensierender Verlust empfunden wurde.

Ende 1972 lief die vorgesehene Lebensdauer der Kommission aus. Ein Gutteil des umfangreichen Arbeitsprogramms war erledigt; drängende Probleme, darunter vor allem der Ausbau der Zentralverwaltung, waren dagegen noch ungelöst und neue Aufgabenfelder hinzugekommen. Der überforderte Vorstand war erleichtert, als die Kommission eine Verlängerung ihrer Amtszeit anregte, und selbst die auf die Autonomie der Gesellschaft bedachten Gremien von Fraunhofer nahmen die Hilfestellung aus Bonn dankend an. Kurzum, die Gesellschaft sah sich selbst noch nicht in der Lage, auf eigenen Beinen zu stehen.

Um die Arbeitsfähigkeit der Kommission zu erhöhen, wurde ein klein gehaltener Interimsausschuß (Berger, Gaßner, Scheidwimmer und Schneider) eingesetzt, der sich als effizient erwies. Allerdings nahm die Kritik an der die Gesellschaft in ihrer Autonomie strukturell beeinträchtigenden Kommission mehr und mehr zu. Ende 1973 konnte und mußte man die „etwas anormale Einrichtung“ (Schneider) beseitigen.[33] Die Phase der Konsolidierung hatte begonnen.

Machtverteilung im Spannungsfeld von Leitliniendiskussion und Mitbestimmungsdebatte

Mit besonderer Brisanz stellte sich die Frage nach der Qualität des staatlichen Einflusses auf Fraunhofer in der Debatte um die Neufassung der Satzung. Das Tauziehen um Macht und Einfluß in den Gremien hatte Mitte des Jahres 1968 begonnen, und es zog sich bis weit in das Jahr 1971 hin. Ein Satzungsentwurf reihte sich an den anderen. Verbissen wurde um jeden Sitz und jede Stimme in jedem einzelnen Organ gerungen. Nach endlosen Beratungen auf diversen Ebenen ging die Gemeinsame Kommission im April 1971 davon aus, eine zustimmungsfähige Version erarbeitet zu haben, und legte sie dem Senat vor. In der Tat nahm der Senat nur mehr redaktionelle Änderungen vor; die Satzung wurde am 15. Juli 1971 von der Mitgliederversammlung angenommen. Allen Beteiligten merkte man die Erleichterung an, daß das Zeit und Kraft absorbierende Ringen um Prinzipien und Details sich dem Ende zuneigte.

Werfen wir einen Blick auf die Konstruktion, die selbst von dem nicht gerade als Fraunhofer-freundlich geltenden Minister Leussink in ebenso witziger wie ernstgemeinter Formulierung als „gelungene Software-Entwicklung" und als Vorbild für die deutsche Forschungslandschaft gepriesen wurde:[34] Orientierungsmarken waren die Leitlinien des Bundes zum einen, die Satzung der MPG zum anderen.

Eingetragene Vereine kennen als formal oberstes Organ die Mitgliederversammlung. Recht und Wirklichkeit fallen jedoch meist weit auseinander, so auch bei der Fraunhofer-Gesellschaft. Als Beschlußorgan hatte die einmal jährlich tagende Mitgliederversammlung lediglich akklamatorischen Charakter. Die weichenstellenden Entscheidungen wurden im Senat diskutiert und getroffen.

Die neue Satzung wertete den Senat deutlich auf. Als Beschlußgremium wie auch als Kontrollorgan des die Geschäfte führenden Vorstandes stand er nun im Zentrum der Satzung. Neun Wahlmitgliedern, die einen Querschnitt der Gesellschaft bilden sollten, standen drei Vertreter des Bundes und zwei der Länder, die Vorstände sowie drei Repräsentanten des Wissenschaftlich-Technischen Rats (WTR) gegenüber.

Machtpolitischer Kern der Gesellschaft war der in seinen Funktionen und Kompetenzen erheblich gestärkte Vorstand. Nichts verdeutlicht die Orientierung der Fraunhofer-Gesellschaft an industriellen Unternehmensstrukturen besser als der Wechsel von einem überwiegend nebenamtlich agierenden, vielköpfigen Vorstand zu einem hauptamtlichen Führungstrio mit klar definierten Geschäftsfeldern. Fungiert der Vorstandsvorsitzende eines Unternehmens meist als Primus inter pares, so ist die Führungsrolle des Präsidenten in der Fraunhofer-Gesellschaft noch deutlicher exponiert. Im politischen und öffentlichen Außenraum repräsentiert er die Gesellschaft, und im Innenraum sind die strategischen Entscheidungen von seiner Zustimmung abhängig. So mancher Institutsleiter wünschte sich gar eine noch stärkere Hervorhebung der Leitungsfunktion des Präsidenten, um auf diesem Wege den Primat der Wissenschaft zu festigen und einen soliden Sperriegel gegen den schleichenden Machtgewinn der Bürokratie einzubauen.[35]

Besonders umstritten war der neue Verwaltungsrat. Nachdem man sich zunächst auf die Zielrichtung einer Verringerung der Zahl der Gremien und einer Transparenz der Strukturen geeinigt hatte, trat nun ein neues Organ neben

Schaubild 1: Satzungsentwurf vom Juli 1971

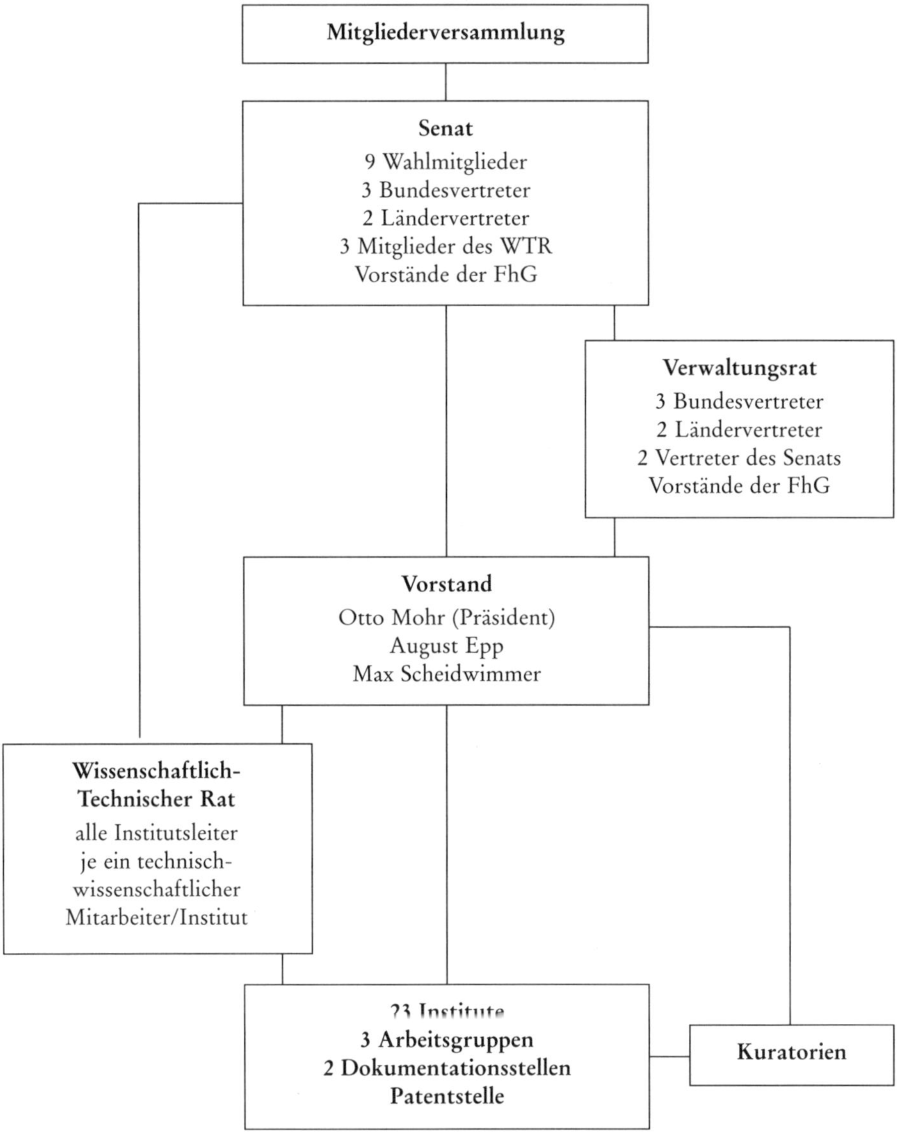

Quelle: eigene Erstellung.

Vorstand, Senat und Mitgliederversammlung. Das Argument, der Verwaltungsrat sei nötig, um erstens die interne und externe Entscheidungsfindung in finanziellen und wirtschaftlichen Fragen aufeinander abzustimmen und zweitens der öffentlichen Hand eine ihrem Zuwendungsvolumen angemessene Repräsentation in den Gremien zu ermöglichen, konnte nicht einmal die Bundesländer überzeugen. Im Gegenteil: Die Sitzverteilung (drei Vertreter des Bundes, zwei der Länder, zwei des Senats und die Vorstandsmitglieder) und das Vetorecht des Bundes in finanzwirksamen Fragen waren für sie ein weiteres Indiz für die drohende Marginalisierung der Länder.[36]

Der Verwaltungsrat war ein zweischneidiges Schwert. In der Interimsphase der Neuorientierung mochte er einerseits hilfreich wirken. Er vermittelte den über ihren eigenen Mut, einen neuen, riskanten Weg öffentlich finanzierter Forschung zu beschreiten, erschrockenen Ministerien das beruhigende Gefühl, die Entwicklung kontrollieren zu können. Andererseits komplizierte er die Entscheidungsfindung und dies in einer Phase, in der Dynamik und kurze Wege gefragt waren. Zudem überschnitten sich Verwaltungsrat und Senat in Aufgabenstellung und personeller Besetzung. In der Praxis wurden die Sitzungen beider Gremien gleichlautend vorbereitet und zeitlich gekoppelt durchgeführt. Ebenso erwies sich die Überlegung als hinfällig, der Verwaltungsrat könne Senat und Vorstand in der komplexen haushaltsrechtlichen Entscheidungsfindung entlasten. Tatsächlich wurden die budgetären Probleme an den Gremien vorbei auf der administrativen Ebene zwischen Zuwendungsgeber und Zuwendungsnehmer behandelt. Insbesondere aber war der Verwaltungsrat ein Stachel im Fleisch der Fraunhofer-Gesellschaft. Als Fraunhofer sich Mitte der 70er Jahre zu konsolidieren begann, wuchs das Verlangen, sich diesen Stachel auszureißen.[37]

Wir wollen an dieser Stelle ein Fazit zu der anfangs der 70er Jahre heftig diskutierten Frage nach dem Verhältnis von wissenschaftlicher Autonomie und staatlicher Steuerung wagen. Der erklärte Rückzug des Staates auf die Globalsteuerung fand in der Fraunhofer-Gesellschaft nicht statt, weder auf der formalen noch auf der inhaltlichen Ebene. Der Bund und die Länder übten ihren Einfluß – ganz im Sinne des von Ex-Staatssekretär Cartellieri in seinem Gutachten zur Großforschung vorgezeichneten Weges[38] – über die in der Satzung verankerten Organe aus, ja sie hatten sich mit dem Verwaltungsrat ein Gremium geschaffen, das tief in die Autonomie der Gesellschaft einschnitt. Ihre Vertreter saßen aber auch in der Gemeinsamen Kommission, die in der „Ära Mohr“ die Schaltzentrale der Macht war. Ebenso wirkungsvoll wie die Einflußnahme via Gremien erwies sich der Steuerungshebel Einzelinstitute. Diese waren überwiegend jeweils einem bestimmten Ministerium zugeordnet, das durch die Bewilligungsbedingungen den direkten Durchgriff auf Forschungsplan, Wirtschaftsplan und Stellenplan sowie auch auf die Anstellungsverträge der leitenden Mitarbeiter hatte. Die Neigung der Referenten, die Institute als „ihre“ Institute anzusehen, war groß, am ausgeprägtesten im Verteidigungsbereich. Es bedurfte – wie wir noch häufiger sehen werden – eines langen Prozesses der Erfahrungsbildung, ehe

Fraunhofer als Gesamtheit ein wirkungsvolles Gegengewicht gegen das manifeste Bemühen um Detailsteuerung aufbauen konnte.

Noch stärker umkämpft als die Machtverteilung im binnenstaatlichen Bereich sowie zwischen Staat und Fraunhofer-Gesellschaft war die interne Kompetenzzuweisung. Die Institutsleiter hatten im Zuge der Debatte um die Ausgestaltung der Fraunhofer-Gesellschaft erkennen müssen, daß sich ihre Politik des Rückzugs auf das Interesse des jeweils eigenen Instituts in der neuen Einrichtung nicht mehr aufrechterhalten lassen würde. Es war erklärtes Ziel der Gesellschaft, den Vorstand und mit ihm die Zentralverwaltung zu stärken. Die Gesellschaft würde künftig nicht mehr nur ein lockerer Bund weitgehend souveräner Staaten sein, sondern ein Bundesstaat mit einer starken zentralen Exekutive.

Während es aus der Sicht der Zentrale galt, „die beherrschende Stellung der Institutsdirektoren" einzuschränken,[39] mußten diese darauf bedacht sein, ihre Interessen wirkungsvoll zur Geltung zu bringen – dies um so mehr, als ihr Vorstoß zugunsten einer satzungsrechtlichen Verankerung des Institutsleiterkonvents durch den geballten Widerstand von Senat, Vorstand und Mitarbeiterschaft gestoppt wurde. Wie in allen großen Forschungseinrichtungen waren auch bei Fraunhofer die Institutsleiter in dieser Phase der vehement geführten Debatte um Mitbestimmung und Demokratisierung ihrerseits dem Druck der sich formierenden wissenschaftlichen Mitarbeiter ausgesetzt. Der Jurist mag die verschiedenen Ebenen der Debatte um Mitwirkung und Mitbestimmung fein säuberlich auseinanderzuhalten versuchen; in der Realität fielen sie zusammen und gaben der Auseinandersetzung um Macht und Einfluß eine spezifische Dynamik.

Institutioneller Anknüpfungspunkt des Mitbestimmungskonflikts war der Wissenschaftlich-Technische Rat. Funktional gesehen, ersetzte der WTR den Institutsleiterkonvent und den Forschungsbeirat, wobei er personell um Vertreter des „Mittelbaus" der Institute erweitert wurde. Nach dem ursprünglich vorgesehenen Modell sollte sich der WTR aus sämtlichen Institutsleitern und einer halb so großen Anzahl von wissenschaftlich-technischen Mitarbeitern zusammensetzen. Diese Gewichtung war mit den Leitlinien des Bundes nicht in Einklang zu bringen und wurde daher – gegen massive Widerstände aus den Reihen der Institutsleiter – zugunsten einer paritätischen Besetzung aufgegeben. Von einer gleichrangigen Machtverteilung konnte freilich trotz dieser Änderung nicht die Rede sein. Denn vorbereitet und getroffen wurden die Entscheidungen des im Plenum viel zu schwerfälligen WTR in dessen neunköpfiger Hauptkommission, in der die Institutsleiter mit sieben Vertretern in der ersten Wahlperiode die klare Majorität besaßen. Die Leitlinien sahen zudem das Recht des WTR zur Mitentscheidung auf der Ebene der Geschäftsführung vor. In der Fraunhofer-Gesellschaft war der WTR dagegen lediglich als beratendes Organ geführt, letztlich mit der eingängigen Begründung, daß die mit der Vertragsforschung verbundenen wirtschaftlichen Risiken eine starke, unternehmensähnliche Führung voraussetzten – allerdings war der WTR nicht nur mit drei Mitgliedern im Senat vertreten, sondern auch über die Hauptkommission an den Berufungsverfahren der Institutsleiter beteiligt.

Es verwundert nicht, daß der dem Ziel der Demokratisierung des Wissenschaftsbetriebs verschriebene „Verband der Wissenschaftler an Forschungsinstituten (VWF)“ über das „Fehlen jeglicher Demokratisierungsmerkmale“ Beschwerde führte und zur Vermeidung einer Konfrontation zwischen der Führung und den Mitarbeitern forderte, die Verabschiedung der Satzung zu verschieben und statt dessen mit „neuen Strukturmodellen“ zu experimentieren.[40] Umgekehrt bedurfte es einiger Zeit, ehe die Gesamtheit der Institutsleiter den WTR als Organ der Vertretung „ihrer“ Interessen akzeptierte.

Die in einer Klausurtagung des VWF an der Evangelischen Akademie in Tutzing Anfang April 1970 erarbeiteten „Tutzinger Thesen“[41] bildeten auch die Basis der Fraunhofer-internen Kritik an der Realisierung der Mitbestimmung. Sogar Institutsleiter wandten sich mit Kritik an der mangelnden Berücksichtigung der Interessen ihrer Mitarbeiter direkt an das Wissenschaftsministerium; nicht zuletzt mobilisierte man Bundestagsabgeordnete als Bündnispartner im politischen Raum. Angeführt von dem späteren Vorsitzenden des Gesamtbetriebsrats, Rudolf Zapp, waren es vor allem die Wissenschaftler des Instituts für die Chemie der Treib- und Explosivstoffe (ICT), die eine Enthierarchisierung der Strukturen und die verantwortliche Einbeziehung der Qualifikation und des Sachverstandes der Mitarbeiter in die Entscheidungsprozesse anmahnten; durchaus mit Recht: Selbst in Bonn mußte man entschuldigend konzedieren, daß man aus Gründen des Zeitdrucks und der „geographischen Zersplitterung der Institute“ bei der Erarbeitung der Satzung die wissenschaftlichen Mitarbeiter nicht hinreichend einbezogen hatte. Die exponierte Rolle des ICT in der Mitbestimmungsdebatte hatte aber auch strukturelle Ursachen. Das Institut war mit weit über 200 Mitarbeitern einerseits das bei weitem größte der Fraunhofer-Gesellschaft; andererseits war es als Herzstück der Verteidigungsforschung davon bedroht, Einsparungen in existenzgefährdendem Umfang vornehmen zu müssen, ja gar aus dem Fraunhofer-Verbund herausgelöst zu werden. Heiss lag nicht falsch mit seiner Schlußfolgerung, daß in Instituten dieser Größenordnung der Diskurs um Macht und Einfluß andere Formen annehmen mußte als in den kleineren Instituten hochschulähnlicher Struktur und Größe. Je nach Optik galt das ICT in der Folge innerhalb von Fraunhofer als Speerspitze der Reform bzw. als Herd der Unruhe.[42]

Das Pendant des WTR auf der Institutsebene ist der Institutsleitungsausschuß (ILA), der aus der Leitung, Funktionsträgern (Abteilungsleiter, Projektleiter) sowie gewählten Vertretern der wissenschaftlich-technischen Mitarbeiter besteht. Während über die prinzipielle Notwendigkeit dieses Gremiums der Mitwirkung vor Ort Konsens herrschte, gingen die Ansichten, inwieweit die Ausschüsse ihrer Funktion der dezentralen Entscheidungsfindung gerecht wurden, erheblich auseinander.[43] Die Wirksamkeit hing in entscheidendem Maße von der Bereitschaft des Institutsleiters ab, das Gremium in seiner Aufgabenstellung ernst zu nehmen.

Die Interessen der Mitarbeiter zu vertreten ist Aufgabe des Betriebsrats. Ausgangspunkt der betrieblichen Mitbestimmung war wiederum das ICT, in dem bereits 1971 ein Betriebsrat gewählt wurde. Zapp arbeitete als Vorsitzender gegen vielfache Widerstände auf einen Gesamtbetriebsrat (GBR) hin. Das Betriebsverfassungsgesetz vom Januar 1972 gab ihm den juristischen Schlüssel in die Hand, heißt es doch in Paragraph 47, Absatz 1, wenn in mindestens zwei Betrieben eines Unternehmens Betriebsräte bestehen, muß ein Gesamtbetriebsrat gebildet werden. Auf der konstituierenden Sitzung des GBR am 10. Februar 1972 waren bereits die Betriebsräte von sechs Instituten vertreten, die Zapp als Vorsitzenden wählten. In rascher Folge wurden weitere Betriebsräte gebildet. Zapps Hoffnung, diese Aufgabe „nebenbei" erledigen zu können, erwies sich als Utopie. Die Interessenvertretung wurde zu mehr als einem *full-time job*, zumal weder auf seiten der Belegschaft noch auf seiten der Führung Erfahrung auf diesem Gebiet vorlag.[44]

Mitwirkung und Mitbestimmung sind juristisch gesehen unterschiedliche Materien. Die Leitlinien sahen eine deutliche Abgrenzung der Kompetenzen von Betriebsrat und Institutsleitungsausschuß bzw. Gesamtbetriebsrat und Wissenschaftlich-Technischem Rat vor. Eine klar definierte Verteilung der Funktionen hieß freilich auch, daß man sich wechselseitig in Kenntnis setzte. Der Informationsfluß wurde in der Fraunhofer-Gesellschaft insbesondere dadurch erzielt, daß man Vertreter des GBR zu den Sitzungen des WTR als Gäste lud und Tagesordnungen austauschte. Ähnlich verfuhr die Leitung von Fraunhofer. Der Gesamtbetriebsratsvorsitzende war als Gast in die Beratung des Senates einbezogen. Die Strategie der Umarmung erwies sich als erfolgreich. Der GBR war bereit, Mitverantwortung für die Politik der Gesellschaft zu übernehmen. In forschungsstrategischen Fragen zogen Fraunhofer-Führung und GBR fast immer an einem Strang. Allenfalls im Zusammenhang mit der Schließung von Instituten oder der Auflösung von Arbeitsgruppen gingen die Ansichten auseinander. Hier sah sich der GBR als Interessenvertreter der Beschäftigten gefordert, und dieser Kernfunktion gerecht zu werden war erklärte Zielsetzung von Zapp und seiner Mannschaft.[45]

Das Austarieren von Funktionen und Kompetenzen der Gremien und Organe im allgemeinen gestaltete sich auch in der Fraunhofer-Gesellschaft als ein spannungsgeladener Lernprozeß mit erheblichen Reibungsverlusten. Mitte der 70er Jahre lag jedoch ein hinreichend großes Erfahrungspotential mit den neuen Spielregeln vor. Während gesamtgesellschaftlich im Streit um das Mitbestimmungsgesetz von 1976 noch heftig um die Machtverteilung in den Unternehmen gerungen wurde, begannen in der Fraunhofer-Gesellschaft die Mechanismen der institutionalisierten Konfliktregulierung zu greifen.

Eine Organisation im Umbruch: Problemlagen und Binnenklima der Fraunhofer-Gesellschaft in den frühen siebziger Jahren

Die Jahre der Suche nach einem neuen Profil waren Jahre der Unsicherheit. Nichts ging mehr seinen gewohnten Gang. Alles war neu und im Fluß. Diese Offenheit der Zukunft schuf ein hohes Maß an Verunsicherung, die sich in Zerrissenheit, Fraktionsbildung und Konflikten niederschlug. Die spannungsgeladene Debatte um Mitwirkung und Mitbestimmung war beileibe nicht der einzige Konflikt, der ausgetragen wurde. Problemlagen, an denen sich die latenten und strukturellen Spannungen entzünden konnten, gab es in dieser Phase zuhauf. Jedoch wirkten die kontrovers geführten Debatten auch kreativ, indem sie eine Fülle von konstruktiven Ideen hervorbrachten. Wir wollen einige weitere Problembereiche aufzeigen und dabei zugleich das Binnenklima der Gesellschaft ausleuchten.

Forschungsplanung als Prozeß: Zuwachs in der Fraunhofer-Familie. Am Anfang des Ausbaus der Fraunhofer-Gesellschaft zu jener leistungsfähigen Trägerorganisation der angewandten Forschung, von der seit Mitte der 60er Jahre die Rede war, standen die Anschlußprojekte. Die Lust an der Neuplanung wurde durch die Last der Entscheidungsfindung über die vielen Vorhaben, die im Verlauf der politischen Debatten um die Reform der Fraunhofer-Gesellschaft von außen an die Gesellschaft herangetragen worden waren, deutlich gemindert. Gleichwohl konnte und wollte sich die Gesellschaft nicht dem Druck entziehen, einen Beitrag zu der vom Wissenschaftsrat in den 60er Jahren eingeleiteten ordnungspolitischen Flurbereinigung der deutschen Forschungslandschaft zu leisten.

Die Fraunhofer-Gesellschaft hatte 1969 19 Institute, Arbeitsgruppen und Hilfseinrichtungen der Forschung. 1974, am Ende der bis zur Wiedervereinigung dynamischsten Expansionsphase, war sie um weitere 10 Einrichtungen gewachsen. Gemessen an der Fülle von Einrichtungen, die der Wissenschaftsrat 1968 zur Eingliederung vorgeschlagen hatte, nimmt sich diese Zahl sehr bescheiden aus. Die offensichtliche Zurückhaltung speiste sich auch aus dem Bestreben, das Image des „Lumpensammlers der deutschen Forschung“ ein für allemal loszuwerden.

Die Ausweitung der Fraunhofer-Familie läßt sich in drei Kategorien gliedern. Betrachten wir zunächst die Vorhaben, die bereits vom Wissenschaftsrat und später von der Gemeinsamen Kommission als unbestritten anschlußwürdig eingestuft worden waren:

- Das Institut für Festkörpermechanik (IFKM) ist auf die Bemühungen zurückzuführen, die Verteidigungsforschung für zivile Anwendungen zu öffnen. 1971 wurde die vormalige Abteilung von Frank Kerkhof aus dem Ernst-Mach-Institut ausgegliedert und zu einem selbständigen, vom Forschungsministerium grundfinanzierten Institut umgewandelt.

- Das Institut für Silicatforschung (ISC) in Würzburg wurde 1971 übernommen, als einziges der drei Max-Planck-Institute, die der Wissenschaftsrat zur Eingliederung in die Fraunhofer-Gesellschaft vorgesehen hatte. Das Institut hatte bereits seit seiner Gründung im Jahr 1926 in Richtung Anwendungsorientierung tendiert. Mit der Emeritierung von Direktor Adolf Dietzel war der Weg für den Wechsel des Trägers frei geworden. Der neue Leiter, Horst Scholze, weitete das Forschungsfeld auf die gesamte Breite der nichtmetallischen anorganischen Werkstoffe aus.[46]
- Die Dokumentationszentrale Wasser in Düsseldorf (DZW) kam 1971 zum Fraunhofer-Verbund. Sie war eine typische Serviceeinrichtung mit reinem Dienstleistungscharakter und lag auf der gemeinsamen Linie von BMFT und Fraunhofer, die Umweltforschung in Deutschland zu etablieren. Mit 1974 gerade einmal 14 Mitarbeitern war sie bis zu ihrer Schließung 1983 eine der kleinsten Fraunhofer-Einrichtungen.
- Das Wilhelm-Klauditz-Institut für Holzforschung in Braunschweig (WKI) war von seiner Gründung 1946 bis zur Übernahme durch Fraunhofer 1972 durch einen Trägerverein finanziert worden. Der Anschluß verstärkte die Verbindung der Fraunhofer-Gesellschaft zum Land Niedersachsen und half, der wachsenden Kritik am Süd-Nord-Gefälle in der Gesellschaft zu begegnen.
- Auch das Institut für Lebensmitteltechnologie und Verpackung in München (ILV) konnte auf eine in die 40er Jahre (1942) reichende Tradition als e.V. zurückblicken. Institutsleiter Rudolf Heiss hatte sich bereits ab den 60er Jahren um eine gesicherte staatliche Grundfinanzierung unter der Trägerschaft der Fraunhofer-Gesellschaft bemüht. Von der losen Eingliederung des Instituts im Jahr 1972 bis zur vollen Integration in die Fraunhofer-Gesellschaft 1978 führte ein mit vielen Hindernissen gepflasterter Weg, der die Belastbarkeit der Beteiligten bis zum äußersten strapazierte.[47]

Die Entscheidung über die Vielzahl der vom Bund und von den Ländern genannten Institute hatte sich über die Debatte um die neue Fraunhofer-Gesellschaft weit länger hingezogen als ursprünglich geplant. Im nachhinein entpuppte sich das nichtintendierte Hinauszögern als sinnvolle Vorgehensweise. Ein Gutteil der Projekte hatte sich von selbst erledigt. Ein erklecklicher Rest von 17 Instituten bzw. Gründungsvorhaben schwebte aber immer noch als „Damoklesschwert" über den Planungsaktivitäten der Gesellschaft. Einige der Vorhaben waren jedoch auch für die neue, auf Vertragsforschung ausgerichtete Fraunhofer-Gesellschaft sinnvoll. Vorstand und Verwaltungsrat identifizierten nach einer Fragebogenerhebung eine gute Handvoll anschlußfähiger Forschungseinrichtungen, die übrigen wurden an die AiF verwiesen. Fraunhofer hoffte, mit diesem Schritt nicht nur ihren eigenen Arbeitsbereich präziser zu bestimmen, sondern auch ihre Beziehungen zur AiF zu verbessern.[48] Nach gemeinsamer Prüfung mit dem Hauptgeldgeber Bund blieben nur wenige Projekte übrig:

- die Arbeitsgruppe für elektronische Bauelemente und Halbleitertechnologie, München, die ab 1974 unter der Leitung von Ingolf Ruge als Institut für Festkörpertechnologie (IFT) zu einem der beiden Standbeine des künftigen Forschungsverbundes Mikroelektronik werden sollte;
- eine neuzugründende Arbeitsgruppe für angewandte Datenverarbeitung als Teil des IITB. Das für einen späteren Zeitpunkt gar als Institut geplante Vorhaben wurde dann jedoch zugunsten anderer Vorhaben ad acta gelegt;
- das Laboratorium für Reaktorregelung und Anlagensicherung der TH München. Fraunhofer hatte 1972 beschlossen, sich mit einem institutsübergreifenden Vorhaben in großem Maßstabe am neuaufgelegten Forschungsprogramm für Reaktorsicherheit des Bundes zu beteiligen. Der Vorstand setzte sich demzufolge mit Nachdruck für die Eingliederung des von Adolf Birkhofer geleiteten Labors ein. Wie abhängig die Fraunhofer-Gesellschaft in dieser Phase von Bonn war, zeigt die Tatsache, daß das Forschungsministerium kurzerhand einen Strich durch ihre Rechnung machte. Die Einrichtung wurde in eine GmbH umgewandelt und übernahm als „Gesellschaft für Reaktorsicherheit“ für den Bund die Projektträgerschaft für die Reaktorsicherheitsforschung.[49]

Deutlicher noch wird der formierende Einfluß der Politik auf die Forschungsplanung von Fraunhofer im Bereich der Verteidigungsforschung. Nicht weniger als acht Arbeitsgruppen sollten 1973/74 „wegen des bewußten Verzichts des BMVg auf die Gründung eigener Forschungsinstitute“ der Fraunhofer-Gesellschaft zugeordnet werden. Im Gegensatz zu der 1971 eingegliederten Arbeitsgruppe (ab 1974 Institut) für Angewandte Materialforschung (IFAM) war die Mehrzahl dieser Forscherteams, worauf das BMFT mit Recht verwies, mit dem neuen Profil von Fraunhofer nicht in Übereinstimmung zu bringen. Auf dem Sektor Verteidigungsforschung drohte die Gesellschaft nachgerade zum Befehlsempfänger der Hardthöhe degradiert zu werden.[50] Tatsächlich angeschlossen wurden:

- das Institut für Naturwissenschaftlich-Technische Trendanalysen in Stohl bei Kiel (INT), für dessen Vorläufer Fraunhofer bereits die Verwaltungshilfe übernommen hatte. Es sollte – ähnlich wie das Institut für Systemtechnik und Innovationsforschung (ISI) dem BMFT – dem Verteidigungsministerium als eine Art *think tank* dienen, neben der Erarbeitung strategischer Studien aber auch die Wirkungsweise von nuklearen und nichtkonventionellen Waffen erforschen;
- die Arbeitsgruppe für ballistische Forschung in Weil, die ursprünglich als Außenstelle des Ernst-Mach-Instituts errichtet, ab 1969 dann zunächst selbständig weitergeführt worden war.

Als Mohr im Oktober 1971 dem Wissenschaftsrat den Stand der Planung des Ausbaus der Fraunhofer-Gesellschaft präsentierte, legte er besonderen Wert auf drei neuzugründende Institute – nicht von ungefähr, denn seine gezielten Neugründungen demonstrierten im Gegensatz zu den beiden Gruppen der

Anschlußvorhaben die Fähigkeit von Fraunhofer, sich neuen, zukunftsorientierten Forschungsfeldern zu öffnen.[51]

Mohrs Lieblingskind war das Institut für Höchstspannungs-Elektronenmikroskopie (IHEM). Das ihm als Elektrotechniker besonders naheliegende Vorhaben war 1969 vom Ausschuß für angewandte Forschung der DFG angeregt worden. Es sollte sicherstellen, daß das für die Wissenschaft und für die Industrie gleichermaßen interessante Gebiet der Elektronenmikroskopie nach dem Vorbild anderer europäischer Staaten und Japans auch in der Bundesrepublik bearbeitet werden würde. Die anfänglich federführende Max-Planck-Gesellschaft hatte signalisiert, das Feld der Fraunhofer-Gesellschaft überlassen zu wollen, und die Ausbaukommission hatte ihrerseits empfohlen, tätig zu werden, sofern der Wissenschaftsrat eine positive Stellungnahme abgeben würde.[52] Als jedoch erkennbar wurde, daß die Industrie einen anderen technischen Weg einschlagen wollte, der ein Investitionsvolumen von 60 Mio. DM innerhalb von 10 Jahren erfordern würde, und zudem in Toulouse und Cambridge parallele Forschungen betrieben wurden, mußte Fraunhofer das bereits gegründete Institut wieder auflösen.[53] Mohr stand vor einem Scherbenhaufen.

Erfolgreich abgeschlossen werden konnten demgegenüber die beiden anderen Vorhaben, die Institute für Zerstörungsfreie Prüfverfahren (IZFP) in Saarbrücken und für Systemtechnik und Innovationsforschung (ISI) in Karlsruhe. Das Saarbrücker Institut ging aus der Anregung des Wissenschaftsrats hervor, die angewandte Werkstofforschung zu stärken. Während diese Neugründung der tradierten Arbeitsrichtung entsprach, betrat die Gesellschaft mit dem Karlsruher Institut inhaltliches und methodisches Neuland. Heute ist das ISI in der Außenseiterrolle des einzigen sozialwissenschaftlichen Instituts der Gesellschaft, das in seinen wirtschaftsrelevanten Erträgen weit unter dem Durchschnitt liegt und damit zu den Problemkindern der Gesellschaft zählt. In der Reorganisationsphase verkörperte es dagegen den Aufbruch der Fraunhofer-Gesellschaft zu neuen Ufern. In einer Phase, in der „System" und „Innovation" als Schlüsselbegriffe für die Zukunftsfähigkeit einer hochindustrialisierten Volkswirtschaft galten und entsprechende Institute wie Pilze aus dem Boden schossen, wirkte das Konzept des ISI sehr überzeugend, die mathematischen und ökonomischen Grundlagen der Systemforschung zu erarbeiten und die Umsetzung des großen Potentials von Forschungsergebnissen in technische Innovationen zu optimieren. Das ISI versprach, dem Staat gleichsam die naturwissenschaftliche Basis für seine forschungspolitischen Entscheidungen zu liefern. Die Verwissenschaftlichung der Politik, eine Vision der späten 60er Jahre, schien konkrete Gestalt anzunehmen. Zudem konnte die Fraunhofer-Gesellschaft mit Helmar Krupp einen designierten Institutsleiter präsentieren, der nicht nur bislang eine tragende Säule des übermächtigen Konkurrenten Battelle gewesen war, sondern auch durch seine naturwissenschaftliche Herkunft eine Garantie gegen die befürchtete Flucht des Instituts in soziologische Wolkenkuckucksheime darstellte. Selbst notorische Kritiker der Systemforschung wie

Helmar Krupp, Gründungsdirektor und langjähriger Leiter des Fraunhofer-Instituts für Systemtechnik und Innovationsforschung (ISI).

Nach 17 Jahren Tätigkeit beim Battelle-Institut, zuletzt als Bereichsleiter für Naturwissenschaften, wechselte Krupp 1971 zur Fraunhofer-Gesellschaft. Mit maßgeblicher Unterstützung durch das Bundeswirtschaftsministerium baute er in Karlsruhe das ISI auf und etablierte es bis zu seiner Pensionierung 1989 als international renommiertes Zentrum des noch jungen Forschungsfeldes der Innovationsforschung. Nicht nur die Initiative für dieses Querschnittsinstitut, sondern auch Idee und Ausgestaltung des Fraunhofer-Modells der Vertragsforschung mit erfolgsabhängiger Grundfinanzierung gehen zum Gutteil auf ihn zurück.

Senatsmitglied Balke ließen sich am Ende von dem Gründungskonzept des ISI überzeugen.[54]

Das ISI war – nachgerade typisch für die Genese von Fraunhofer-Einrichtungen – Resultat eines kontingenten Prozesses. Krupp hatte das Konzept entworfen, war bei Battelle damit aber nicht durchgedrungen. Das von der ISI-Idee begeisterte Wissenschaftsministerium hatte Krupp den Auftrag zur Ausarbeitung einer Studie erteilt und den Kontakt zur Fraunhofer-Gesellschaft vermittelt. Das Verdienst der Fraunhofer-Führung war es, das Projekt an sich gezogen und ihm zur Anerkennung der Gremien verholfen zu haben. Forschungsplanung heißt auch – wie wir noch häufiger sehen werden –, sich bietende Chancen entschlossen beim Schopf zu packen.

Forschungsplanung als Problem. Einer der Leitbegriffe der späten 60er und frühen 70er Jahre hieß Planung. Eine von jenseits des Atlantiks heranrollende Planungswelle überspülte die bundesrepublikanische Gesellschaft. Die grassierende Planungseuphorie erfaßte selbst die traditionell auf die Werte Freiheit und Autonomie gepolte Wissenschaft. Die Planung der Forschung wurde zu einer hochbewerteten Zielsetzung, die sich die Politik auf ihre Fahnen schrieb, die aber auch von der Forschung aufgegriffen wurde. Nach anfänglicher Skepsis ließ sich gar die DFG als Gralshüterin der wissenschaftlichen Selbstverwaltung auf einen Dialog über die Planbarkeit von Wissenschaft und Forschung ein.[55]

Die Idee einer umfassenden Planbarkeit der Gesellschaft und ihrer Zukunft brachte der Fraunhofer-Gesellschaft Chancen und Verpflichtungen gleichermaßen. Die Gründung des ISI verdankte sie nicht zuletzt der Konjunktur von Kybernetik und Futurologie. Zudem sah sie sich gezwungen, ein überzeugendes Konzept für ihre zukünftigen Arbeitsschwerpunkte und Forschungsziele vorzulegen. Die politische Öffentlichkeit und zuvorderst das planungsverliebte Bundeswissenschaftsministerium hegten diesbezüglich hohe Erwartungen. Zu Beginn der 70er Jahre stand der Nachweis, daß Fraunhofer künftig kein buntgemischtes Sammelsurium von Instituten, sondern eine auf zukunftsfähige Forschungsgebiete ausgerichtete Einheit sein würde, auf der Skala der zu lösenden Aufgaben weit oben.

Aus der Sicht der kleinen Riege industrieerfahrener Institutsleiter setzte der Vorstand zu wenig Akzente. Der für die Entwicklung langfristiger Perspektiven zuständige Forschungsbeirat wurde in dieser Phase ohnehin bereits als Auslaufmodell ohne Bedeutung ignoriert, sehr zur Verärgerung der externen Mitglieder. Als Senatsmitglied wußte zuvorderst Max Syrbe, daß der Bund großen Wert auf eine überzeugende Forschungsplanung legte. Syrbe, der von der Idee durchdrungen war, Fraunhofer zu einer wahrhaft marktorientierten Gesellschaft zu machen, führte über die mangelnde Aktivität der hauptamtlichen Vorstandsmitglieder Mohr und Epp heftige Klage.[56] Gleichzeitig aber entwickelte er mit der an dem Vorbild der Max-Planck-Gesellschaft orientierten Idee einer Gliederung der künftigen Arbeitsgebiete nach Sektionen ein Modell, das als Basis des angestrebten Forschungsplanes dienen konnte.

Im Grunde hatte Syrbe im Herbst 1970 bereits ein umfassendes wissenschaftliches Ausbaukonzept in der Schublade. Ihm schwebte eine an Schwerpunktfeldern ausgerichtete Planungsunterlage vor, die zugleich auch die Richtschnur der anstehenden Entscheidungen über die Neugründung, Angliederung oder Erweiterung von Instituten bzw. Arbeitsgruppen bilden sollte. Institute mit ähnlicher Arbeitsrichtung sollten sich zu insgesamt vier wissenschaftlichen Planungssektionen zusammenschließen: Umwelt- und Bautechnik – Werkstoffe, Konstruktion und Fertigung – Verfahrens- und Energietechnik – Informationsverarbeitung und Systemtechnik. Dieses Modell sah durchaus auch die räumliche Verlagerung von Arbeitsgruppen oder auch ganzer Institute vor, um die Voraussetzung für die Zusammenarbeit innerhalb der Sektionen zu schaffen. Das Konzept versprach einen doppelten Gewinn: Synergieeffekte nach innen und Profilbildung nach außen.

Syrbe machte es in seiner ihm eigenen Konsequenz seinen Institutsleiterkollegen wie auch dem Vorstand nicht leicht. Einerseits wertete er die Funktion der Institutsleiter auf, indem er ihnen als den eigentlichen „wissenschaftlich geeignete[n] Experten" die Aufgabe zudachte, diese Sektionen zu schneidern, während der Vorstand das Ergebnis dieser Arbeit mit der Politik abzustimmen hatte. Andererseits konfrontierte er so manchen Kollegen mit der ungeliebten Vorstellung, umziehen oder gar tragende Institutsteile abgeben zu müssen. Gerade die akademischen Wertmustern verpflichteten „Institutsfürsten" empfanden dies als ganz und gar inakzeptable Zumutung.[57]

Im Gegensatz zu der deduktiven Vorgehensweise Syrbes neigten der neuernannte Präsident Otto Mohr und Generalsekretär August Epp dazu, induktiv vorzugehen, nicht zuletzt, weil dieser Weg bei den Mitarbeitern leichter durchzusetzen war. Gleichsam in Fortsetzung seiner Arbeit in der Ausbaukommission sah Mohr seine Hauptaufgabe darin zu prüfen, welche von außen herangetragenen Institute zur Gesellschaft paßten. Die Gliederung der Institute in Sektionen hatte für ihn eher kosmetischen als programmatischen Charakter.

Es entbehrt nicht einer gewissen Tragik, daß das Vorhaben, für das sich Mohr im Verlauf seiner kurzen Amtszeit als erster hauptamtlicher Präsident nachhaltig stark machte, am Ende kläglich scheiterte, nämlich das Projekt des bereits erwähnten Instituts für Höchstspannungs-Elektronenmikroskopie (IHEM). Mohrs Idee war es zwar auch, die Tätigkeit der Fraunhofer-Gesellschaft auf das zu Beginn der 70er Jahre als zukunftsträchtig geltende Gebiet der Verkehrsforschung auszudehnen. Auf dem Verkehrssektor blieb es jedoch bei Absichtserklärungen und damit bei einer – erst im Verlauf der 90er Jahre partiell geschlossenen – Lücke im Tätigkeitsfeld von Fraunhofer.

Syrbe zog aus der Erfahrung mit dem IHEM für den Planungsprozeß die Konsequenz, man müsse künftig für jede neuzugründende Einrichtung einen fachlich qualifizierten Projektausschuß unter dem Vorsitz einer unabhängigen Persönlichkeit einsetzen. Was Wunder, daß sich Mohr gegen die damit verbundene Aushöhlung seiner Entscheidungsbefugnis zur Wehr setzte. Mit einer Fülle von hilflos wirkenden Vorstößen versuchte er, die Kontrolle über den Planungsprozeß zu behalten – letztlich vergeblich. Denn der zielstrebig an der Umsetzung seines Konzeptes arbeitende Syrbe ließ sich von einem gesundheitlich wie machtpolitisch gleichermaßen angeschlagenen Präsidenten nicht kontrollieren.

Es wäre verfehlt, den gesamten Planungsprozeß der frühen 70er Jahre allein an der Person von Syrbe festmachen zu wollen. Senat, Vorstand, Institutsleiter und wissenschaftlich-technische Mitarbeiterschaft stimmten darin überein, daß eine konzise Planung notwendig war. Über Reichweite und Ziele der Planung gingen die Meinungen jedoch weit auseinander. In dieser offenen Situation war es Syrbe, der die Zügel straff in die Hand nahm und gegen vielfache Widerstände seine

Vorstellung einer weitreichenden Planung durchzusetzen versuchte. Jedoch wußte Syrbe gut genug, daß er als Einzelkämpfer nur schwerlich Erfolg haben würde. Ohnehin waren ihm mit den Institutsleitern Werner Stöber für Umwelt und Bautechnik, Hans-Jürgen Warnecke für Werkstoffe, Konstruktion und Fertigung und Hiltmar Schubert für Chemische und Physikalische Technologien – Syrbe selbst war zuständiger Sprecher für Informationsverarbeitung und Systemtechnik – gewählte Sektionssprecher an die Hand gegeben worden. Die Initiative aber lag bei Syrbe, und der erste Rohentwurf einer Forschungs- und Ausbauplanung vom Februar 1971 stammte denn auch überwiegend aus seiner Feder.[58]

Der Rohentwurf war die Grundlage für den Ausschuß für Forschungs- und Ausbauplanung der Gemeinsamen Kommission, der ebenfalls noch im Februar 1971 gebildet wurde. Aus dem informellen war ein formelles Planungsmandat geworden, das de jure durch die Einbindung von Otto Mohr, Max Scheidwimmer, Richard Clausen (DFG), Otto Ebert vom Baden-Württembergischen Wirtschaftsministerium und Johannes Sauer (BMBW) auf mehrere Schultern verteilt, de facto aber nach wie vor fast ausschließlich von Syrbe wahrgenommen wurde.[59] Entsprechend schleppend war der Arbeitsfortschritt. Erst als im Frühjahr 1972 Helmar Krupp und Klaus Schroeter, der als neuberufener Planungsreferent ein Gutteil seiner Arbeitszeit einbringen konnte, zum Ausschuß hinzustießen, gewann die Planungsstudie an Substanz.

Zur Jahresmitte 1972 legten Krupp, Schroeter und Syrbe ihren „Entwurf einer Forschungs-, Organisations-, Ausbau- und Finanzplanung“ vor. Es überrascht nicht, daß dieses fast 100 Seiten starke Papier in der Fraunhofer-Gesellschaft wie eine Bombe einschlug. Das darin entwickelte Konzept, die Fraunhofer-Gesellschaft als „große multidisziplinäre Vertragsforschungsorganisation“ auszubauen, die dem Staat „ein flexibles Forschungspotential“ zur Verfügung stelle und gleichzeitig durch „Vertragsforschung für die Industrie für einen Transfer von technologischem Wissen“ sorge, wich erheblich von dem Grundgedanken der Ausbaukommission ab, die angewandte Forschung zu konsolidieren und mit einem gesicherten Etat zu versehen.[60]

Die Industrie- und Fraunhofer-Erfahrung von Syrbe einerseits und die Battelle-Erfahrung von Krupp andererseits waren in dem Papier eine Symbiose eingegangen. Der Einfluß des in der Forschungsplanung versierten ISI-Leiters Krupp war auf jeder Seite zu spüren. Worin lag nun aber – über die Verwendung einer im BMBW durchaus geläufigen Begrifflichkeit hinaus – das ebenso aufregende wie neue Moment dieses Entwurfs? Neu war erstens die Unterscheidung zwischen Eigenforschung, Vertragsforschung und Rahmenforschung, wobei letztere als mittel- und langfristige Forschungstätigkeit gegen Kostenerstattung in einem definierten Arbeitsgebiet mit vertraglich abgesichertem finanziellen Rahmen verstanden und damit implizit ebenfalls der Vertragsforschung zugerechnet wurde. Vertragsforschung und Rahmenforschung sollten zwei Drittel der Gesamttätigkeit eines Instituts ausmachen. Die Fraunhofer-Gesellschaft

Schaubild 2: Entwurf der Forschungs- und Aufbauplanung von 1971

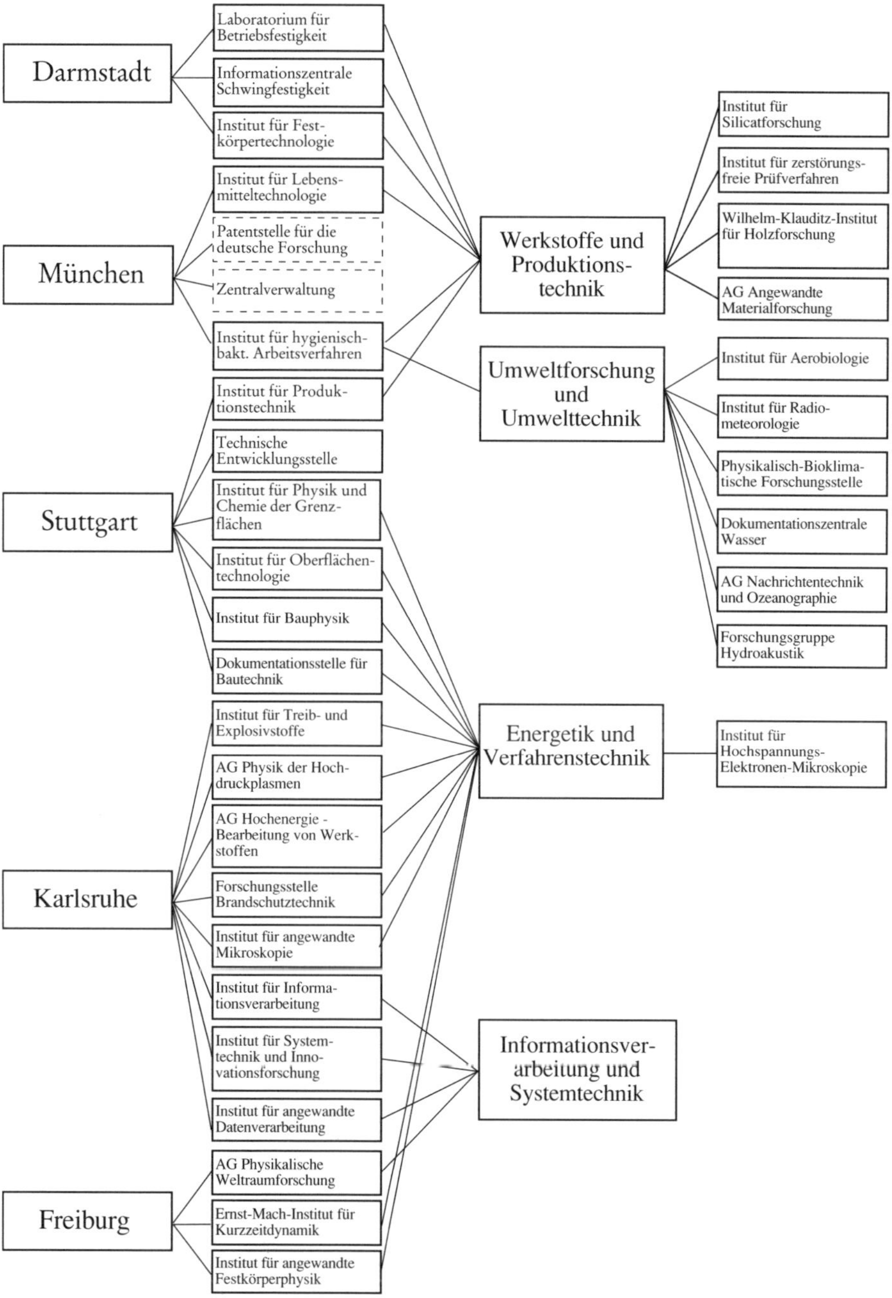

Quelle: Rohentwurf, 11.2.1971 (IfZ, ED 721/202).

würde künftig also gezwungen sein, im Mittel zwei Drittel ihres Etats am Forschungsmarkt selbst zu verdienen. Neu war zweitens die Art der Finanzierung, die nicht weniger als die Abkoppelung von dem üblichen Finanzgebahren der öffentlichen Hand bedeutete. Mit der Formulierung, in „dem Maße wie die FhG und mit ihr das Finanzvolumen an Vertrags- und Rahmenforschung wächst, muß auch die Grundfinanzierung zunehmen",[61] lag im Grunde die später als „Fraunhofer-Modell" bezeichnete erfolgsabhängige, variable Grundfinanzierung als Grobkonzept auf dem Tisch.

Ein Sturm der Entrüstung fegte über Fraunhofer hinweg. Nicht jeder ging so weit wie Institutsleiter Reinhold Reiter, „geradezu apokalyptische" Szenarios als Folge dieser Studie zu entwerfen.[62] Die Verunsicherung über die vorläufig unabsehbaren Folgen einer konsequenten Ausrichtung der Gesellschaft auf die marktorientierte Vertragsforschung war verständlicherweise groß, und sie war um so größer, je marktferner das jeweilige Arbeitsgebiet eines Instituts war. Es hagelte nur so Kritik, die sich vor allem festmachte

- an der „Euphorie der großen Worte" (DFG-Generalsekretär Clausen) bzw. an der „penetrante[n] Hypertrophie der Sprache und Begriffe" (Reiter), die sich in der Häufung modernistischer Termini äußere;
- an der Überbetonung von Vertragsforschung, „Orientierung am Markt" und „Effizienzkontrolle" und umgekehrt an der ungenügenden Berücksichtigung der Bedeutung der „Forscherpersönlichkeit" (Mohr);
- an der Nutzen-/Kostenrechnung als verallgemeinerter Zielvorstellung;
- an der Zentralisierung der Planung und dem damit verbundenen Aufbau eines Genehmigungssystems als einer neuen „Art von Wissenschaftsdiktatur" (Heiss);
- an der Zielvorstellung, Forschungseinrichtungen mit geringeren Zukunftsaussichten für Vertragsforschung seien umzuorientieren, und schließlich
- an der undemokratischen, ja „totalitären" Art des Zustandekommens des Entwurfs, an den zuständigen Gremien der Gesellschaft vorbei.

Die Verärgerung über das Vorpreschen von Syrbe, Krupp und Schroeter war um so größer, als die beiden Letztgenannten nur wenigen in der Gesellschaft auch nur dem Namen nach bekannt waren. Der Unmut speiste sich auch aus der wohl nicht unbegründeten Vermutung, daß diese Studie über den Vorstand und den Wissenschaftlich-Technischen Rat hinweg in direkter Abstimmung mit den Ministerialen des Wissenschaftsministeriums entstanden war – das Substrat der Studie war denn auch bereits vorab im Mitteilungsblatt des BMBW veröffentlicht worden. Ad hoc fand sich eine Gruppe von fünf Institutsleitern und dem Leiter der Patentstelle zusammen, die einen Gegenentwurf verfaßten. Ihr Modell ging sehr viel stärker von der gewachsenen Struktur der Fraunhofer-Gesellschaft aus, lehnte sich eng an die Empfehlungen der Ausbaukommission an und plädierte für eine Beibehaltung der „Farbigkeit" von Fraunhofer mit einer Vielfalt durchaus unterschiedlich ausgerichteter Institute. Wohlgemerkt: Die Notwendigkeit einer Forschungsplanung wurde auch hier nicht bestritten, wohl aber das Ziel einer konsequent marktorientierten Vertragsforschungseinrichtung, einer perhorreszierten „Battelle-Kopie".[63]

Wie angespannt das Binnenklima der Fraunhofer-Gesellschaft in dieser von allen Beteiligten als weichenstellend empfundenen Phase war, zeigt wiederum die verärgerte Reaktion des WTR-Vorsitzenden Ernst Gaßner auf die Initiative der Institutsleiter. Gaßner empfand es als tiefen Vertrauensbruch, nicht vorab eingeschaltet worden zu sein. Trotz aller gutgemeinten Bemühungen um Beseitigung dieser „unglückseligen Mißverständnisse" sah sich Gaßner veranlaßt, sein Amt als WTR-Vorsitzender zur Verfügung zu stellen.[64] Letztlich war auch Syrbes

Ernst Gaßner, der Leiter des seit 1962 zur Fraunhofer-Gesellschaft gehörenden Laboratoriums für Betriebsfestigkeit (LBF), referiert auf der Mitgliederversammlung des Jahres 1964 über die wissenschaftlichen Arbeiten seines Instituts.

In der Umbruchphase der frühen 70er Jahre, als die Fraunhofer-Gesellschaft sich als Vertragsforschungseinrichtung ein neues Profil gab, fungierte der 1971 zum Gründungsvorsitzenden des Wissenschaftlich-Technischen Beirats gewählte Gaßner als Mittler zwischen den Fronten, die innerhalb der Gesellschaft verliefen. Der sowohl von den älteren, in ihrem Selbstverständnis als autonome Ordinarien verunsicherten Institutsleitern als auch von den jüngeren, aktiven Befürwortern des Fraunhofer-Modells anerkannte „Geheimrat" verstand es, die Wogen der Aufregung über die Dynamik des Wandels zu glätten und der „neuen" Fraunhofer-Gesellschaft einen Weg zur inneren Befriedung zu weisen.

nicht gerade versöhnlich stimmende Aufforderung an seine Kollegen, „in Zukunft offener und vertrauensvoller die Zusammenarbeit zu suchen", in den Wind gesprochen.[65] In dieser Phase ging ein Riß durch Fraunhofer, der aus der offengebliebenen Antwort auf die Frage resultierte, welchen Stellenwert die Vertragsforschung künftig in der Fraunhofer-Gesellschaft einnehmen solle.

Im Grunde macht dieser Riß auf ein Grundproblem aufmerksam, das Fraunhofer auch im ausgehenden 20. Jahrhundert unverändert beherrscht: das strukturelle Problem jeder Vertragsforschungseinrichtung, ein ausgewogenes Mischungsverhältnis zwischen Auftragsforschung und Eigenforschung herzustellen. Eine überzeitliche Lösung dieses Problems zu finden, hat sich letztlich als nicht möglich, ja nicht einmal als wünschenswert erwiesen. Statt dessen gilt es stets von neuem, in Anpassung an die sich permanent verändernden gesamtgesellschaftlichen Rahmenbedingungen eine situationsadäquate Mischung zu finden. Wir greifen hier jedoch der historischen Entwicklung weit voraus. In den weichenstellenden 70er Jahren herrschte – dies gilt es hier festzuhalten – ein Überschuß divergierender Ansichten über das angemessene Mischungsverhältnis, und dieser Überschuß hielt Fraunhofer unter Druck.

Innere Professionalisierung im Schatten der Führungskrise: Neuorganisation und Ausbau der Zentralverwaltung. Die Fraunhofer-Gesellschaft hatte zu Beginn der 70er Jahre ein Problem mit ihrer zentralen Führung, das im Grunde ein doppeltes war. Zum einen war der Vorstand zutiefst gespalten. Mohr und Epp überzogen sich wechselseitig mit der Androhung von juristischen Schritten. Mohr wurde intern als gesundheitlich stark angeschlagener Präsident angesehen, dessen Amtszeit ohnehin bald auslief. Die Suche nach einem dreiköpfigen Vorstand, der den steigenden Anforderungen gewachsen sein sollte, hielt die gesamte Gesellschaft für mehrere Jahre in Atem – wir werden noch ausführlich darauf zurückkommen.

Das zweite Problem war die Administration. Die Zentralverwaltung der Fraunhofer-Gesellschaft war gleichbedeutend mit der Person des Geschäftsführers. Mit Flexibilität und höchstem persönlichen Einsatz hatte Epp die Gesellschaft durch schwierige Zeiten manövriert und sich allseits anerkannte Verdienste erworben. Der souverän die Fäden der Verwaltung in seinen Händen haltende Epp symbolisierte gleichsam die Fraunhofer-Gesellschaft der Vergangenheit. Ohne es zu wollen, stand der „geniale Pragmatiker" Epp der neuen Fraunhofer-Gesellschaft dagegen im Weg. Seine konsequent auf Sparsamkeit ausgerichtete Geschäftspolitik war mit dem Konzept einer marktorientierten Vertragsforschungseinrichtung nicht mehr in Einklang zu bringen.[66] Zentralverwaltung, das hieß nun nicht mehr Verwaltungshilfe und Mischkalkulation, sondern effiziente Kostenrechnung, Controlling, zentrale Akquisition und strategische Forschungsplanung. Die Gemeinsame Kommission war nicht zuletzt der Ersatz für eine funktionierende Zentrale der Gesellschaft. Die jahrelangen, seinerzeit vergeblichen Bemühungen um den Neubau eines zentralen Verwaltungsgebäudes erschwerten zudem die interne Kommunikation. Der Vorstand und sein Stab waren im Münchner Stadtteil Nymphenburg auf neun Häuser verstreut. Erst im Juli 1973 konnte die Zentralverwaltung in der Leonrodstraße 54 räumlich zusammengezogen werden.

Auf die Dringlichkeit einer fundamentalen Reorganisation der Zentralverwaltung hatte bereits die Ausbaukommission hingewiesen. Als die Gemeinsame Kommission zum Jahreswechsel 1972/73 – zum Ende ihrer ursprünglich vorgesehenen Amtszeit – Bilanz zog, mußte sie sich eingestehen, daß in der Zentralverwaltung noch wenig geschehen war. Mohr hatte zwar bereits im Frühjahr 1971 für seinen Vorstandsbereich einen organisatorischen Unterbau von vier Referaten (Forschungsplanung, Betreuung der Institute, Gemeinschaftsaufgaben bzw. Bauplanung, Öffentlichkeitsarbeit) vorgesehen, war damit aber ebensowe-

Das Hauptgebäude der insgesamt auf neun Häuser verstreuten Fraunhofer-Zentrale in der Romanstraße im Münchner Stadtteil Nymphenburg.

Nach vergeblichen Versuchen, einen Neubau zu realisieren, zogen Vorstand und Verwaltung 1973 in die Leonrodstraße um. Obwohl die Gesellschaft zeitweise gar mit dem Wegzug aus München drohte, gelang es erst jüngst, die Planung für einen repräsentativen Neubau unter Dach und Fach zu bringen. Ab dem Jahr 2002 werden Zentralverwaltung und Patentstelle das von dem Architekturbüro Henn Architekten Ingenieure entworfene Gebäude im Münchner Süden (Hansastraße 27c) beziehen, in unmittelbarer Nachbarschaft zum Fraunhofer-Institut für Festkörpertechnologie (IFT).

nig weitergekommen wie der „Ausschuß zum Ausbau der Zentralverwaltung" der Gemeinsamen Kommission mit seiner auf insgesamt sieben Referate und vier Stabs- bzw. Außenstellen abgestellten Planung. Im April 1972 waren gerade einmal die beiden unverzichtbaren Personal- und Rechtsreferate neu eingerichtet worden. Die Überlegung, so rasch wie möglich die volle Funktionsfähigkeit aller Organe herzustellen, um in einem zweiten Schritt auf diesem Fundament eine effiziente Administration zimmern zu können, hatte sich als Fehler erwiesen. Die Zentrale war – dies war mittlerweile allen klar geworden – der Hemmschuh der Gesellschaft.[67]

Auch ohne das dritte Vorstandsmitglied an Bord zu haben, ging man konsequent daran, die Zentralverwaltung in ihrer Organisation, Arbeitsweise und Personalkapazität zu stärken. Der Bund war nur allzu bereit, zusätzliche Stellen zu genehmigen, hatte die Politik doch selbst immer wieder auf die Notwendigkeit einer Stärkung der Verwaltung hingewiesen. Allein in der zweiten Jahreshälfte 1972 wurden 20 neue Mitarbeiter eingestellt.

Mit Beginn des Jahres 1973 erließ der Vorstand auf Initiative von Scheidwimmer eine neue Geschäftsordnung, die unter anderem die Zentralverwaltung in zwei Bereichsgruppen teilte. Klaus Schroeter und seine Bereiche waren für die wissenschaftliche Entwicklung, Hans-Jürgen Bubes Gruppe war für Allgemeine Verwaltung und Finanzen zuständig. Die neue Zwischenebene sollte den Vorstand von der Detailarbeit entlasten.[68]

Auf den ersten Blick verwundert es, weshalb diese Regelung des Vorstandes das wohl tiefste innere Zerwürfnis von Fraunhofer im Verlauf der 70er Jahre verursachte. Ausbau und Neuorganisation der Zentralverwaltung waren beschlossene Sache und wurden von allen Gremien mitgetragen. Die vergrößerte Zentrale durch eine sinnvolle Binnengliederung neu zu strukturieren lag in der Konsequenz dieser Zielrichtung. Administrationen haben im Wortsinne dienende und ausführende Aufgaben, aber eben nicht nur: Sie üben durch ihr Handeln stets auch Herrschaft aus. Erst vor dem Hintergrund der Herrschaftsfunktion von Verwaltungshandeln wird der Konflikt, der sich in das Fraunhofer eigene Spannungsfeld von Zentralität und Dezentralität einordnen läßt, als solcher verständlich. Sachliche Divergenzen führten in Verbindung mit mangelnder Transparenz und Kommunikationsdefiziten zu einer tiefen Vertrauenskrise innerhalb der Gesellschaft, die wiederum in der politischen Öffentlichkeit nicht zu Unrecht als Führungskrise wahrgenommen wurde.

Die Organisationsanordnung warf in mehrfacher Weise die Machtfrage auf. Erstens ging es einmal mehr um die Mitbestimmungsfrage, zweitens um die Funktion der Zentraladministration als intermediäre Gewalt zwischen Vorstand und Instituten und drittens darum, eine neue Balance zwischen Zentrale und Peripherie zu finden. Vorstand und Institutsleiter gaben unterschiedliche Antworten auf diese Fragen.

Die erste Frage war von vergleichsweise geringer Brisanz: Inwieweit war der Vorstand berechtigt, Entscheidungen von großer Tragweite für die Arbeit der

Institute zu erlassen, ohne die gewählten Vertreter der Mitarbeiter miteinzubeziehen? Während der Wissenschaftlich-Technische Rat diese Frage formal eindeutig mit Nein beantwortete, unterstützten der Senat und auch das mitbestimmungsfreundliche Forschungsministerium den Vorstand in seinem Vorgehen. Von formalen Bedenken abgesehen, waren die Institutsleiter denn auch mehrheitlich bereit, dem Vorstand die Managementaufgabe zuzugestehen, für eine funktionsfähige Zentralverwaltung zu sorgen.[69]

Die Führungsfunktion des Vorstandes wurde im Prinzip nicht angezweifelt. Das Risiko der Vertragsforschung bedingte eine entscheidungsstarke Spitze. Nicht umsonst war der Vorstand durch die neue Satzung in seinen Kompetenzen gestärkt worden. Führung ist strukturell abhängig von Transparenz und Informationsfluß. Der Vorstand benötigte Informationen über die konkrete Arbeit der Institute, und die Zentralverwaltung war dazu da, diese Informationen zu liefern. Diese neue Qualität von administrativem Handeln warf zum einen die strukturelle Frage nach der Kompetenz der Zentralverwaltung und zum anderen die Frage nach der relativen Autonomie der Institute als den im eigentlichen Sinne wissenschaftlich tätigen Entitäten der Gesellschaft auf. Richten wir den Blick auf die Hauptlinien der Kritik, die das Handeln der Zentralverwaltung in der ersten Jahreshälfte 1973 hervorrief.[70]

1. Eine bislang nicht gekannte Flut von Anfragen, Umfragen und Fragebögen ergoß sich über die Institute. Nicht immer waren diese Aktionen hinreichend gut vorbereitet und, fataler noch, mit den Betroffenen abgestimmt. Die meist unter hohem Zeitdruck gesammelten Informationen waren demzufolge nicht selten wertlos. Bisweilen wurde aber auch wertvolles Datenmaterial aufgrund veränderter politischer Konstellationen nicht in den Entscheidungs- und Planungsprozeß eingespeist. Kurzum, an der Peripherie verdichtete sich der Eindruck, die Leistungsfähigkeit der Zentrale sei erheblich zurückgegangen.

2. Die neuen Referatsgruppenleiter trafen mit ihrem gutgemeint dynamischen, jedoch als autoritär wahrgenommenen Vorgehen auf den Widerstand nicht nur der Institute, sondern auch der gewachsenen Bürokratie. Im Sommer 1973 machte in der Fraunhofer-Gesellschaft eine anonyme Dokumentation über die „Zustände in der Zentralverwaltung" die Runde. Das Pamphlet, in dem die Zentrale mit einer „Bananenrepublik" verglichen wurde, beschleunigte den rapiden Vertrauensschwund der Institute zur Führung.

3. Was als Maßnahme der Entlastung des Vorstandes gedacht war, wurde von den Instituten als funktionale Schwächung der Führung wahrgenommen. Für die Institutsleiter war ihr Immediatzugang zum Präsidenten ein unverzichtbarer Teil ihres Selbstverständnisses als die eigentlichen wissenschaftlichen Führungskräfte der Gesellschaft. Nun etablierten sich die Bereichsgruppenleiter als bürokratische Zwischenebene und schirmten den Zugang zum Vorstand ab. Die Kommunikation innerhalb der Gesellschaft stand in Gefahr, zu einer Einbahnstraße zu verkümmern, um so mehr als der Vorstand den Verkehr mit den Auftraggebern, speziell dem Staat, zu hegemonialisieren drohte. Während die Zentrale den

vollen informationellen Durchgriff auf die Ebene der Institute anstrebte, fühlten sich letztere von den Entscheidungsprozessen abgekoppelt.

4. Die doppelte Mediatisierung der Institutsleiter in der internen und externen Kommunikation wurde als eines von vielen Indizien dafür gewertet, daß das Verhältnis zwischen den tragenden und lastenden Teilen der Gesellschaft aus den Fugen zu geraten drohte. Die Zentralverwaltung war von 57 Mitarbeitern (1968) auf 110 (1973) bzw. 130 (1974) angewachsen. Während man im wissenschaftlichen Bereich verzweifelt um jede Stelle kämpfen zu müssen glaubte, ergoß sich über die stürmisch expandierende Zentralverwaltung „das Füllhorn der hochwertigen Planstellen".[71] Einmal mehr sah man in der Zentrale, deren auf bis zu 5 Mio. DM pro Jahr geschätzte Kosten die Akquisitionstätigkeit strangulieren würden, einen Beleg für das „Parkinsonsche Gesetz" einer stetig expandierenden Verwaltung.

Mohrs inständige Bitte, von diesen Konfliktlagen „wirklich gar nichts nach außen oder gar an das BMFT" gelangen zu lassen, hatte nur teilweise Erfolg. Im Grunde war sie unrealistisch, allein schon deshalb, weil das BMFT via Gemeinsame Kommission ständig über die Vorgänge auf dem laufenden war. Der Wissenschaftlich-Technische Rat zeigte sich zudem wild entschlossen, die verfahrene Situation von Fraunhofer schonungslos offenzulegen. Ursprünglich trug er sich gar mit dem Gedanken, einen unabhängigen Ausschuß einsetzen zu lassen, der dem Senat Maßnahmen vorschlagen sollte, wie „Effizienz und Arbeitsfrieden" wiederhergestellt werden könnten. Der Gesamtbetriebsrats- und der Senatsvorsitzende schalteten sich vermittelnd ein. Berg konnte dem Konflikt die Spitze abbrechen. Zwar blieb die Organisationsordnung in Kraft, sie wurde aber im Sinne der Institutsleiter modifiziert. Zudem zeigten sich die Zentralverwaltung und insbesondere die in die Schußlinie der Kritik geratenen Referatsgruppenleiter in der Folge um Einvernehmlichkeit bemüht. Schließlich zeichnete sich ein neuer Vorstand ab, der bei weitem führungsstärker zu werden versprach als der bisherige.[72]

Anfang 1974 war der Konflikt formal ausgeräumt. De facto war Fraunhofer jedoch noch längst nicht jene „verschworene Gemeinschaft", die Epp vorschwebte, noch würde bald „jeder Hader begraben" werden können, wie Heiss zu hoffen wagte.[73] Die Vertrauenskrise zwischen Zentrale und Instituten wirkte lange nach. Sie blieb im kollektiven Gedächtnis der Gesellschaft verankert und brach in den folgenden Jahren immer wieder auf, ohne sich freilich zu einem offenen Konflikt auszuwachsen. Der strukturelle Herrschaftskonflikt verlagerte sich tendenziell auf die Ebene von Sachfragen. Die Zentrale wurde mehr und mehr an der Leistung gemessen, die sie für die Gesellschaft als Ganze wie auch für die Institute im einzelnen erbrachte. Diesbezüglich traten in den Vordergrund – wir werden darauf zurückkommen – die zentrale Akquisition und die exakte Kostenermittlung durch die Einführung des computergestützten Rechnungswesens.

Schaubild 3: Organigramm der Zentralverwaltung der Fraunhofer-Gesellschaft ab 1974

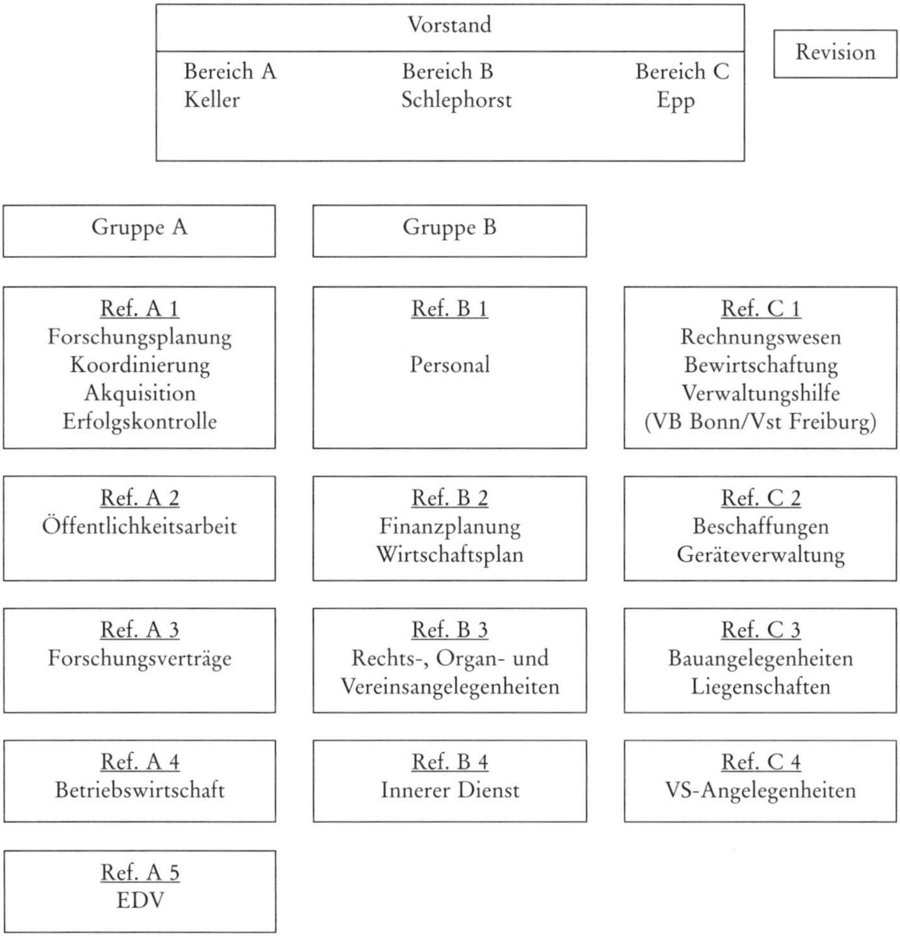

Quelle: eigene Erstellung.

Folgewirkung hatte die Krise auch insofern, als sie das Vertrauen der Politik in die Handlungsfähigkeit der Fraunhofer-Gesellschaft beeinträchtigte. Das Bundesforschungsministerium war wiederum als Instanz der Schlichtung und Unterstützung gefragt. Während die wissenschaftlichen Selbstverwaltungsorganisationen mit Nachdruck ihre Autonomie festigten, war in der jungen Vertragsforschung politische Steuerung offensichtlich nach wie vor angebracht. Die neue Führung sollte Mühe haben, die staatliche Bürokratie vom Gegenteil zu überzeugen.

Im eisernen Griff der Politik: Spielräume marktorientierter Vergütung in der staatlichen Forschung. Als marktorientierte Gesellschaft, die in der doppelten

Frontstellung zu den universitären und außeruniversitären Forschungseinrichtungen einerseits und zur Industrie andererseits konkurrenzfähig sein wollte, war die Fraunhofer-Gesellschaft darauf angewiesen, ihren Mitarbeitern attraktive Arbeitsmöglichkeiten zu bieten. Als junge Einrichtung mit einem dynamischen, erklärtermaßen auf Wachstum angelegten Kurs mochte die Fraunhofer-Gesellschaft eine positive Ausstrahlung besitzen. Die Position eines Unternehmens am Arbeitsmarkt bemißt sich jedoch zunächst und ganz überwiegend an den Verdienstchancen, die es eröffnen kann. Was Fraunhofer diesbezüglich zu bieten hatte, war in einer Phase günstiger Beschäftigungsmöglichkeiten für Akademiker dürftig. Vor allem war es nicht dazu angetan, Spitzenkräfte mit Erfahrung in der Forschung und in der Akquisition sowie im Management von Projekten gleichermaßen zu halten bzw. neu gewinnen zu können. Mit der Einführung des Grundzuschusses im Jahr 1968/69 war die Fraunhofer-Gesellschaft in das Prokrustesbett öffentlicher Vergütung – ab 1972 galt der Bundesangestelltentarif (BAT) in vollem Umfang – eingespannt und damit gegenüber der Industrie hoffnungslos im Hintertreffen. Aber auch die Hochschulen hatten im Instrument der Ordinarienbesoldung strukturelle Vorteile, die von der nicht gerade üppigen „Forschungspauschale“ der Fraunhofer-Gesellschaft in Höhe von 300 bis 1300 DM nicht aufgewogen wurden. Für die Verantwortlichen wie für die Betroffenen war es nur ein schwacher Trost, daß in dieser Phase auch die anderen außeruniversitären Forschungsinstitutionen mit ähnlichen Problemen zu kämpfen hatten. Zudem waren der Max-Planck-Gesellschaft wie auch den Großforschungszentren spezielle Zulageregelungen ermöglicht worden.

Vorstand und Verwaltungsrat standen unter Erwartungs- und Zeitdruck. Die Ausbaukommission hatte die Mängel des BAT als Grundlage der Vergütung der im Grenzbereich von Wissenschaft und Industrie angesiedelten, an Rentabilitätserwägungen und Fristsetzungen gebundenen Fraunhofer-Gesellschaft in aller Deutlichkeit aufgezeigt und daraus die Empfehlung abgeleitet, kurzfristig die für andere Forschungseinrichtungen geschaffenen Verbesserungen auf die Fraunhofer-Gesellschaft zu übertragen und mittelfristig ein leistungsorientiertes Vergütungssystem zu schaffen. Die in erster Linie davon betroffenen Institutsleiter signalisierten, daß sie sich für eine kurze Übergangszeit mit Forderungen zurückhalten würden, im Grunde aber bereits für das Jahr 1972 eine durchgreifende Änderung der für sie „völlig unbefriedigende[n] Gehaltssituation“ erwarteten.[74] Jedoch wußten die Ministerialen im Verwaltungsrat nur zu gut um den eingeschränkten Handlungsspielraum des Bundesfinanzministers. Man einigte sich daher darauf, in einem ersten Schritt die Spannweite der Zulagen zu vergrößern, um Zeit für weiterführende Lösungen zu gewinnen.

Die Vergütungsfrage blieb eine offene Wunde. Die Versuche, sie zu heilen, kosteten Energie und Zeit. Im Grunde genommen saß die Fraunhofer-Gesellschaft als öffentlich geförderte Einrichtung in der Politikverflechtungsfalle, aus der sie im übrigen bis heute nicht hat entrinnen können. Der im September 1972 eingesetzte Ausschuß für Vergütung und Tarife des Wissenschaftlich-Technischen Rats brachte die Frage eines leistungsorientierten Besoldungssystems immer wieder auf die Tagesordnung, und der Vorstand war seinerseits durchaus gewillt, sich im politischen Raum für einen Fraunhofer-spezifischen Tarifvertrag stark zu machen.[75] Dieser Vorstoß scheiterte aber bereits im Vorfeld an den internen Differenzen über die Parameter, nach denen Leistung und damit Vergütung bemessen werden sollten. Die Fraunhofer-Gesellschaft sah sich statt dessen auf den Weg verwiesen, mit der staatlichen Finanzbürokratie den endlosen Kampf um Ausnahmen und Sonderregelungen zu führen. In diesem Kampf hatte sie allerdings den Trumpf der „Industrierelevanz“ ihrer Leistungen in den Händen, den sie durchaus immer wieder zu ihrem Vorteil auszuspielen vermochte. Hier greifen wir jedoch der zeitlichen Entwicklung vor, denn die Fraunhofer-Verantwortlichen begannen das Ausloten der Grenzen des Möglichen erst im Verlauf der späten 70er und der 80er Jahre souverän zu beherrschen. Binnenklimatisch gesehen war die offene Vergütungsfrage jedoch lange Zeit ein Problemfeld ersten Ranges, das über weite Strecken gar den Erfolg des Fraunhofer-Modells in Frage zu stellen schien.

Eine zusammenfassende Betrachtung über das soziale Binnenklima der Fraunhofer-Gesellschaft zu Beginn der 70er Jahre fördert den wenig erstaunlichen Befund zu Tage, daß dieses hochgradig angespannt war. Die Unsicherheit der Zukunft in dieser tiefgreifenden Umbruchphase schlug sich in einem Übermaß von Problemlagen nieder, die sich nicht sequentiell, sondern parallel über sämtliche Teile und Organe der Gesellschaft legten. Klare Konfliktlinien sind in diesem dichtgewobenen Netz sozialer Beziehungen ebensowenig auszumachen wie definierte Koalitionen durch gemeinsame Interessen. Funktionale Strukturkonflikte und Spaltungsprozesse entlang der generationellen Linie überlagerten sich mit Divergenzen, die aus dem je unterschiedlichen wissenschaftlichen Selbstverständnis der leitenden Mitarbeiter resultierten. Von geschlossenen Interessenvertretungen konnte keine Rede sein. Tiefgreifende Meinungsverschiedenheiten durchzogen den Vorstand, die Institutsleiterschaft und den WTR gleichermaßen. Die Klagen über mangelnde Information, geringe Transparenz, über unüberwindbare Barrieren und Mißtrauen allenthalben sind Legion. So lag Epp einerseits richtig, als er Heiss als den „Vertreter der mit der allgemeinen Entwicklung nicht zufriedenen Institutsleiter“ ausmachte,[76] andererseits wiederum nicht, denn so eindeutig waren die Fronten eben nicht, zumal gerade Heiss immer wieder um eine Überwindung vermeintlich festgefahrener Positionen bemüht war.

Konflikte sind Teil der menschlichen Natur. Sie wirken auf soziale Gruppierungen oder Institutionen nicht destruktiv, sofern eingespielte Mechanismen der Konfliktregelung existieren. Diese Mechanismen waren in den 70er Jahren in der Fraunhofer-Gesellschaft bereits vorhanden, sie konnten jedoch in der Phase einer fundamentalen Neubestimmung der Wirkungsfelder und Ziele noch nicht hinreichend zur Geltung gebracht werden. Von einer *corporate identity* war die Fraunhofer-Gesellschaft einstweilen noch weit entfernt. Das Zusammenwachsen der Institute und sonstigen Teile der Gesellschaft zu einem sich nach außen als

Einheit präsentierenden Verbund war ein langwieriger Prozeß, der sich bis weit in die 80er Jahre hineinzog. Im Grunde ist es bis heute ein offener Prozeß, der nie ganz abgeschlossen sein wird.

Werfen wir noch einen kurzen Blick auf die binnenklimatische Lage vergleichbarer Forschungseinrichtungen. In dieser Phase der Abkehr von den etablierten Strukturen und Hierarchien und des Experimentierens mit neuen Formen wissenschaftlicher Arbeit war die Fraunhofer-Gesellschaft beileibe nicht die Ausnahme. In den Universitäten mochte die Aufbruchstimmung der „Studentenrevolution" bereits wieder der Normalität gewichen sein, nicht jedoch in den großen Zentren der außeruniversitären Forschung. Im Vergleich zu der „Professorenrevolution" in der Kernforschungsanlage Jülich etwa verlief die partielle Demokratisierung der Fraunhofer-Gesellschaft nachgerade friedlich, ganz zu schweigen von den Forschungseinrichtungen, die sich mitten in einer Phase der Umsteuerung auf neue Aufgabenfelder befanden. Hier wie dort ebbten die aufgeregten Diskussionen um 1974 ab und wichen der stetigen Suche nach effizienzsteigernden Arbeitsformen.[77]

Barrieren auf dem Weg in den Markt: die politische Umsetzung des Fraunhofer-Modells

Das von Syrbe und Krupp präsentierte Modell einer konsequent marktorientierten Vertragsforschungseinrichtung war einstweilen weder konsensfähig noch durchsetzbar, nicht im Binnenraum und auch nicht im Außenraum. Im Juli 1972 trat der Verwaltungsrat den Rückzug an. Schon um der Wiederherstellung des inneren Friedens willen wurde Syrbe beauftragt, in Abstimmung mit dem Wissenschaftlich-Technischen Rat ein neues, auf *essentials* beschränktes Konzept zu erstellen, das von einem noch zu bildenden Ausschuß redigiert werden sollte. Der weitere Fahrplan sah vor, bis zur nächsten Senatssitzung eine verabschiedungsreife Vorlage zu erarbeiten.[78]

Dieser Fahrplan konnte eingehalten werden. Anfang Oktober 1972 lagen die „Grundzüge der weiteren Entwicklung der Fraunhofer-Gesellschaft" im Entwurf vor, die „durch beiderseitiges Nachgeben" von allen bisher am Planungsprozeß Beteiligten zustande gekommen waren. Dieses im Vergleich zur Planungsstudie von Syrbe und Krupp knapp gehaltene Positionspapier entsprach dem Ziel des Wissenschaftsministeriums, möglichst rasch eine entscheidungsreife Vorlage für das Bundeskabinett zu haben. Der Senat der Fraunhofer-Gesellschaft seinerseits verkannte nicht, daß das Papier auch substantielle Nachteile gegenüber dem Status quo beinhaltete. In der Meinung, daß die Vorteile überwogen und insbesondere auch, um sich nicht die Initiative aus der Hand nehmen zu lassen, empfahl der Senat seine Verwirklichung.[79]

Was wollte der Senat – nicht ohne Vorbehalte – verwirklicht wissen? Die Antwort der „Grundzüge" hieß: eine auf Förderung wissenschaftlicher und technischer Innovationen, problemorientierte Forschung für die öffentliche Hand und die Industrie sowie auf Analyse und Bewertung wissenschaftlich-technischer Entwicklungslinien konzentrierte Fraunhofer-Gesellschaft, die in Abgrenzung zu anderen Forschungseinrichtungen auf definierten Arbeitsgebieten tätig sein sollte. Das war ein wohlfeiles *statement*, und auch der Rest des Textes war nicht frei von Allgemeinplätzen. Im Gegensatz zur Planungsstudie wurde auch das Verhältnis von Vertragsforschung zu Eigenforschung wenig präzise gefaßt. Die Bemerkungen zur Finanzierung und zur Mittelbewirtschaftung waren dagegen konkret. Die Formulierung, daß die öffentlichen Zuwendungen für die Finanzierung der Eigenforschung „in geeigneter Weise und unter Wahrung der langfristigen Sicherheit" mit dem Erfolg in der Vertragsforschung verknüpft werden sollten, zeigte, daß die Leitidee der erfolgsabhängigen Grundfinanzierung Fuß gefaßt hatte. Weitreichend in den Konsequenzen waren die Forderungen an den Staat, im Gesamtbereich der Vertragsforschung die Vollkostenrechnung durchzusetzen und Fraunhofer zumindest die gleichen tariflichen und hausrechtlichen Möglichkeiten einzuräumen wie den Großforschungseinrichtungen (die Übertragbarkeit und wechselseitige Deckungsfähigkeit von Ansätzen im Betriebsmittel- und Investitionsmittelplan; darüber hinaus auch die Bildung von Rücklagen und Personalmittelreserven außerhalb des Stellenplans). Die Konzeption sollte ab 1974 schrittweise während einer Übergangs- und Erprobungszeit von fünf Jahren verwirklicht werden.

Angesichts der inneren Zerrissenheit von Fraunhofer hatte die Strategie des Senats und Verwaltungsrats, den Konsens auf der Ebene des kleinsten gemeinsamen Nenners zu suchen, durchaus Sinn. Auf diese Weise wurde tatsächlich an der Front der Forschungs- und Ausbauplanung der Friede wiederhergestellt.[80] Die ursprünglich im Vordergrund stehende Frage, wie die Forschungskonzeption künftig im Konkreten aussehen sollte, wurde de facto vertagt. Statt dessen rückte die genuin politische Problematik der Finanzierung in den Vordergrund. Nun lag es am Wissenschaftsministerium, diesen Konsens politisch umzusetzen.

Die anstehende Entscheidung überstieg bei weitem das forschungspolitische Tagesgeschäft. Das Ziel, eine völlig neue Form der Finanzierung öffentlich geförderter Forschung zu finden, verlangte einen komplizierten Prozeß der Abstimmung der Interessen vieler Beteiligter. Die verantwortlichen Ministerialbeamten des Bundeswissenschaftsministeriums hatten sich in Senat und Verwaltungsrat der Gesellschaft zu diesem Ziel bekannt; das hieß noch lange nicht, daß das politische System als Ganzes eine positive Entscheidung getroffen hatte. Hinzu kam, daß mit dem 1973 neugegründeten Bundesministerium für Forschung und Technologie ein Stab von Akteuren die ministerielle Verantwortung für Fraunhofer übernahm, deren ordnungspolitischer Gestaltungswille weitaus stärker ausgeprägt war als der ihrer Vorgänger.

Wie kompliziert politische Entscheidungsprozesse dieser Reichweite verlaufen, bekamen die Fraunhofer-Verantwortlichen in den nächsten Monaten zu spüren. Die interministeriellen Beratungen der „Grundzüge" auf Bundesebene wie auch auf der Ebene der Bund-Länder-Kommissionen offenbarten grundlegende Meinungsunterschiede zwischen den Ressorts. Die Kritik des Bundeskanzleramtes, das Wissenschaftsministerium werde auf dem skizzierten Wege „die Eigenforschung der Gesellschaft nicht genügend steuern“ können, verweist einmal mehr auf den zu Beginn der 70er Jahre noch stark ausgeprägten forschungspolitischen Lenkungswillen der Bundesregierung. Gravierender dagegen waren die grundsätzlichen Bedenken des Wirtschafts- und des Finanzministeriums hinsichtlich einer präjudizierenden Wirkung der Zugeständnisse in der Tarifgestaltung und Mittelbewirtschaftung. Geradezu fassungslos waren die Beamten auf der Referatsebene des Finanzministeriums, was ihnen ihre Kollegen aus dem Wissenschaftsressort da eingebrockt hatten. Punkt für Punkt zerpflückten sie die „Grundzüge“. Dem Ziel, einen Zwitter zwischen öffentlich geförderter Einrichtung und marktwirtschaftlich orientiertem Unternehmen ins Leben zu rufen, wollten und konnten sie kein Verständnis entgegenbringen. Es vergingen Monate des erbitterten Ringens zwischen Forschungs- und Finanzministerium um einen Kompromiß, ehe im September 1973 eine für alle Beteiligten zustimmungsfähige Kabinettsvorlage erarbeitet war.[81]

Das politische Ringen um eine akzeptable Lösung wurde in der Fraunhofer-Gesellschaft als Unfähigkeit der Politik zur Entscheidungsfindung wahrgenommen. Die Erbitterung wuchs um so mehr, als man es durch die vielfältigen Umbesetzungen an der Spitze wie in den Fachabteilungen des BMBW/BMFT mit ständig wechselnden Ansprechpartnern zu tun hatte. Politische Konstanz war in dieser Phase in der Tat nicht gegeben. Erst nachdem Mohr und Ernst Gaßner vom neuernannten Forschungsminister Horst Ehmke und seinem Staatssekretär Hans-Hilger Haunschild über den Sachstand aus erster Hand informiert worden waren und mit Ministerialdirigent Rolf Berger ein künftig für die Fraunhofer-Gesellschaft allein verantwortlicher Gesprächspartner benannt worden war, glätteten sich die ob der langen Verzögerung über die Nachfolge von Scheidwimmer ohnehin hochschlagenden Wellen der Erregung.[82]

Am 5. Oktober 1973 erteilte der Kabinettsausschuß für Bildung, Wissenschaft, Forschung und Technologie seine Zustimmung zur „weiteren Entwicklung der Fraunhofer-Gesellschaft“. Der auf den „Grundzügen“ basierende Kabinettsbeschluß gab der Gesellschaft freilich nicht die gewünschte Planungssicherheit. Er hielt in allgemein gefaßten Worten die Verpflichtung zur nachhaltigen Steigerung des Anteils der Vertragsforschung und die dafür erforderliche erfolgsabhängige Finanzierung durch das BMFT fest. Immerhin wurde der politische Wille bekräftigt, die Vollkostenrechnung mittelfristig in der gesamten Vertragsforschung durchzusetzen. Berger sah sich als zuständiger Vertreter des BMFT genötigt, dem Fraunhofer-Vorstand den Beschluß persönlich zu erläutern. Ob die Versicherung, die Fraunhofer-Gesellschaft stehe nun „unter massivem Akquisitionsdruck“, man denke im BMFT aber nicht, „daß sie daran zugrunde gehe“, beruhigend auf den Vorstand wirkte, kann bezweifelt werden. Wenig programmatisch war auch die Formulierung, „verhinderte Ordinarien ebenso wie eine zweite MPG" werde es künftig nicht mehr geben können. Die Lösung der Kardinalfrage, nach welchen Parametern die erfolgsabhängige Grundfinanzierung bemessen werden sollte, wurde einer gemischten Arbeitsgruppe (Bube und Schroeter vertraten die Fraunhofer-Gesellschaft) übertragen. Eine detaillierte Übergangslösung sollte spätestens zur Jahresmitte 1974 vorliegen.[83]

Der Kabinettsbeschluß ist gleichsam das Grundgesetz der neuen Fraunhofer-Gesellschaft. Seine historische Bedeutung liegt darin, daß am Ende eines langwierigen Diskussionsprozesses letztverbindlich der politische Wille festgeschrieben worden war, erstens die Fraunhofer-Gesellschaft zu einer leistungsfähigen Trägerorganisation für Institute der angewandten Forschung auszubauen und zweitens mit der Zielrichtung der Stärkung der Vertragsforschung neue Formen der Forschungsförderung zu erproben. Die Doppelfunktion der Fraunhofer-Gesellschaft, Wirtschaft *und* Staat gleichermaßen als Partner zur Verfügung zu stehen, war – dies gilt es mit Blick auf spätere Umdefinitionsversuche zu betonen – expliziter Bestandteil des Gründungskonsenses.

Die weichenstellende, über den politischen Alltag weit hinausreichende Bedeutung des Beschlusses ließ eine ins Detail gehende Konkretisierung des Modells der erfolgsabhängigen Grundfinanzierung nicht sinnvoll erscheinen. Im Gegenteil, das Modell war auf Flexibilität ausgerichtet. Fraunhofer sollte in die Lage versetzt, ja dazu gezwungen werden, in einem permanenten Anpassungsprozeß auf Veränderungen in den Rahmenbedingungen von Wissenschaft, Wirtschaft und Staat zu reagieren. Diese Dynamisierung von Struktur und Funktion war Teil der neuen Identität der Gesellschaft. Ihre politische Ausformulierung fand sie in dem erklärten Ziel, das Modell etwa alle fünf Jahre einer rigorosen Überprüfung zu unterziehen.

4. Im Spannungsfeld von Konkurrenz und Konvergenz staatlicher Interessen: der politisch-administrative Rahmen der Fraunhofer-Gesellschaft

Das Fraunhofer-Modell in der forschungspolitischen Praxis

Gesetzeswerke benötigen Kommentare, die den Auslegungsspielraum der Handelnden markieren, so auch das „Grundgesetz" der Fraunhofer-Gesellschaft: der Kabinettsausschußbeschluß vom Oktober 1973, der einer Konkretisierung und Umsetzung des Fraunhofer-Modells der erfolgsabhängigen Grundfinanzierung bedurfte.

Fieberhaft wurde in den Wochen nach dem Beschluß an Ausführungsbestimmungen gearbeitet. Die BMFT-Ministerialen mußten den schwierigen Weg der Abstimmung mit ihren Kollegen im Finanzressort gehen, während die Verhandlungspartner der Fraunhofer-Gesellschaft, Bube und Schroeter, ihrerseits um ständige Fühlungnahme mit Vorstand und Institutsleitern bemüht waren. Das

Ergebnis dieser Arbeit ließ das BMFT der Fraunhofer-Gesellschaft am Nikolaustag zukommen.[84]

Weihnachtsstimmung kam ob dieses Nikolaus' – der sich als Knecht Ruprecht entpuppte – in der Fraunhofer-Gesellschaft gewiß nicht auf. Die Erwartung des Ministeriums in Sachen Vertragsforschung war übergroß. In der Rückschau gewinnt man den Eindruck, als habe so manchem im Ministerium die Begeisterung über das neue Modell einer marktorientierten Forschung den Blick für das Machbare getrübt. Es war alles andere als realistisch zu glauben, man selbst werde in der Lage sein, binnen kurzem die Vollkostenrechnung in der Gesamtlandschaft der staatlich finanzierten Forschung durchzusetzen. Ebenso unrealistisch war die Zielvorgabe, Fraunhofer solle – nach dem Vorbild von Battelle – durch die Erlöse aus der Vertragsforschung nicht nur den größten Teil des laufenden Haushalts, sondern auch die Investitionen und Abschreibungen sowie die Kosten der Zentralverwaltung verdienen.

Die ohnehin durch den massiven Akquisitionsdruck – den Berger nicht müde wurde zu betonen – verunsicherten Institutsleiter sahen sich in ihren „schlimmen Erwartungen" bestätigt. Besonders bedrückte sie die Vorstellung, ihre Etats künftig auch noch mit den Kosten für die rasch expandierende Zentralverwaltung zu befrachten. Der Wissenschaftlich-Technische Rat rechnete mit einer Mehrbelastung von einer halben bis 1 Mio. DM pro Institut. Selbst die industrieerfahrenen Institutsleiter, die sich für die Verwirklichung einer marktorientierten Forschung aus dem Fenster gelehnt hatten, hegten die Befürchtung, unter diesen Bedingungen würde die Eigenforschung völlig auf der Strecke bleiben. Die Einschätzung der Lage ging in dieser Phase weit auseinander. Während das Ministerium Fraunhofer in der günstigen Position eines „Unternehmens mit Bundesbeteiligung" sah und die Höhe der künftigen Zuwendungen „tendenziell zumindest relativ" herunterfahren wollte, wähnten sich die Fraunhofer-Verantwortlichen unter den vom BMFT-Entwurf vorgegebenen Rahmenbedingungen auf dem Weg zu einem Himmelfahrtskommando.[85]

Es bedurfte eines zweijährigen Ringens, ehe die Gesellschaft den Partner Staat davon überzeugt hatte, daß dessen Erwartungen hinsichtlich der Eigenfinanzierungschancen von Vertragsforschung überzogen waren. Drei Argumente von Fraunhofer sorgten für Ernüchterung:[86]

1. Die vom Staat zu verantwortende Kostenunterdeckung in der Vertragsforschung – nach vorläufigen Erhebungen wurde sie auf 12 Mio. DM allein für 1975 geschätzt – ließ das Konzept, die Institute könnten sich im Bereich der Vertragsforschung zum Großteil eigenfinanzieren oder gar Abschreibungen erwirtschaften, zur Makulatur werden. Um so mehr machte die Überlegung Sinn, Investitionen und den Haushalt der Zentralverwaltung, wie in den „Grundzügen" vorgesehen worden war, durch unmittelbare Zuwendungen des Staates abzudecken.

2. Die neue Gesellschaft war nicht nur eine Vertragsforschungseinrichtung. Die Verteidigungsforschung und die Dienstleistungsinstitute fielen aus dieser

Definition heraus. Funktionale Heterogenität und Homogenität in der Finanzierung – diese Konzeption wirkte nicht sehr überzeugend.

3. Die staatlichen Zuwendungen sollten je zur Hälfte den Instituten und den Verstärkungsfonds der Zentrale zugeführt werden. Selbst unter der unrealistisch optimistischen Annahme eines 1:1-Verhältnisses von Zuschüssen und eigenen Einnahmen hätten die Institute rund zwei Drittel ihrer Etats selber erwirtschaften müssen; 1974 lag Fraunhofer im Durchschnitt der Institute bei 54%.[87] Um eine so hohe Quote erreichen zu können, hätte die Gesellschaft eine ganze Reihe von Instituten abgeben müssen. Das war forschungspolitisch gerade nicht erwünscht.

Die Ende 1975 verabschiedete Rahmenvereinbarung Forschungsförderung trug den Argumenten der Fraunhofer-Gesellschaft Rechnung. Sie unterschied – und diese sinnfällige Gliederung wurde bis etwa Mitte der 80er Jahre beibehalten – drei Leistungsbereiche:[88]

- Verteidigungsforschung: Sie sollte weiterhin durch institutionelle Zuwendungen des BMVg finanziert werden;
- Dienstleistungen: Für die Institute dieses Bereiches wurden spezielle Vereinbarungen mit den jeweiligen Zuwendungsgebern geschlossen;
- Vertragsforschung: Die vom Bund und den Ländern grundfinanzierte Vertragsforschung untergliederte man wiederum in Eigenforschung als anwendungsorientierte Grundlagenforschung, Auftragsvorlauf- und -folgeforschung, in Projektforschung für den Staat im Rahmen öffentlicher Forschungsprogramme und in Auftragsforschung für die Wirtschaft mit dem Ziel von Produkt- und Verfahrensinnovationen.

Für die Erfolgsabhängigkeit der Grundfinanzierung wurde keine mathematische Bemessungsgrundlage fixiert. Maßstab für die Höhe staatlicher Zuwendungen waren die Erträge aus der Projekt- und der Auftragsforschung. Die Zentralverwaltung und die Bau- und Erstausstattungsinvestitionen wurden im Rahmen der Gesamtzuwendungen finanziert, und damit wurde diese seit 1971 tickende Zeitbombe entschärft. Die Höhe der Zuwendungen war in den jährlichen Wirtschaftsplanverhandlungen festzulegen.

Was also bedeutet das vielzitierte Fraunhofer-Modell der erfolgsabhängigen Grundfinanzierung? In der politischen Diktion heißt es dazu, die Fraunhofer-Gesellschaft solle Vertragsforschung und Eigenforschung betreiben. Zur Erreichung dieses Zieles solle als „Leistungsanreiz die öffentliche Finanzierung (Grundfinanzierung) von dem Umfang der Gesamterlöse der Fraunhofer-Gesellschaft aus Forschung und Entwicklung abhängig gemacht werden". Nun könnte man daraus auf einen Automatismus in dem Sinne schließen, daß die Fraunhofer-Gesellschaft für jede Mark, die sie selbst erwirtschaftet, vom Staat einen Zuschuß in vergleichbarer Höhe erhält. In der Öffentlichkeit wird das Fraunhofer-Modell meist genau so verstanden, und in grober Vereinfachung seiner Wirkungsweise ist das nicht völlig falsch.[89]

Die Mechanismen öffentlicher Haushaltsplanungen lassen eine zwingende Koppelung von Eigeneinnahmen und Zuschüssen nicht zu, ist doch die öffentliche Hand zu einer einerseits vorausschauenden, andererseits flexibel auf Veränderungen in Konjunktur und gesellschaftlicher Zielsetzung reagierenden Etatplanung verpflichtet. Umgekehrt ist der Fraunhofer-Gesellschaft daran gelegen, in ihren langfristig angelegten Planungen von kurzfristigen Schwankungen der Ertragslage unabhängig zu sein. Die konkreten Handlungsspielräume der Gesellschaft werden daher in den jährlichen Wirtschaftsplanverhandlungen festgelegt, in die die Leistung der Fraunhofer-Gesellschaft in der Vertragsforschung, aber auch eine Fülle von weiteren Parametern einfließen. Vor allem jedoch legt der Staat seine Karten offen, indem er den Verhandlungen eine für die Fraunhofer-Gesellschaft vereinbarte globale Wachstumsrate zugrunde legt. Diese Richtschnur wird vorab im politischen parlamentarischen Planungsprozeß ermittelt und ist insofern Ausdruck und Ergebnis der forschungs- und finanzpolitischen Ziel- und Prioritätensetzung des Bundes und der beteiligten Länder. Vertragsforschung in der Fraunhofer-Gesellschaft wird überwiegend, aber nicht ausschließlich durch den Markt reguliert.

Die Fraunhofer-Gesellschaft hat die Koppelung ihres Etats an den Haushalt der öffentlichen Hand in den 70er und 80er Jahren, in der sie mit hohen Wachstumsraten im Bereich Vertragsforschung glänzen konnte, immer wieder als Bremsklotz empfunden. Und in der Tat ging der Anteil der institutionellen Grundförderung sukzessive zurück, bis er sich Mitte der 80er Jahre auf etwa ein Drittel des Leistungsbereichs Vertragsforschung einpendelte (siehe Schaubild 10, S. 320). Die Wachstumsgeschwindigkeit wurde über weite Strecken von dem Partner vorgegeben, der das Gros der Mittel stellte. Das war der Bund, und dessen Spielraum war in den goldenen 70er Jahren verglichen mit heute hoch. Die Wachstumsraten, die Fraunhofer zugestanden wurden, lagen zudem weit höher als die des Bundesforschungshaushaltes. Der Staat honorierte die Leistungsexpansion der Gesellschaft also sehr wohl. In welchem Maße er dies tat, blieb freilich umstritten.

Die volle Bedeutung des Fraunhofer-Modells erschließt sich durch einen Vergleich des Vorher und Nachher. Vor der Einführung der erfolgsabhängigen Grundfinanzierung herrschte die bereits beschriebene „Kultur der Knappheit". Von einer soliden Wirtschaftsführung konnte nicht die Rede sein. Die allfälligen Liquiditätsengpässe der Institute wurden mit Hilfe wechselseitiger Ausfallhilfen mehr schlecht als recht überbrückt. Trotz der von Epp virtuos beherrschten Verwaltung des Mangels schlossen die Jahresabrechnungen regelmäßig mit einem Defizit ab. Haushaltsführung hieß Krise in Permanenz. Die 1968/69 vollzogene Umstellung auf die staatliche Grundfinanzierung verbesserte die Lage der Gesellschaft graduell. Der entscheidende Durchbruch in Richtung einer langfristigen Planbarkeit der Aktivitäten war noch nicht erreicht, zumal die Zuschüsse des Bundesforschungsministeriums zunächst vor allem dazu dienten, die Verwaltungshilfe für das Verteidigungsministerium abzulösen.[90]

Erst die direkte Koppelung von Eigeneinnahmen und Zuschüssen durchbrach den Teufelskreis des Subsidiaritätsprinzips, demzufolge eigengenerierte Mittel lediglich den staatlichen Zuschuß mindern. Erst vor dem Hintergrund, daß Leistung im Sinne der Steigerung von Erträgen honoriert wird, beginnt Vertragsforschung im öffentlichen Rechtsraum zu einem kalkulierbaren Risiko zu werden. Das Modell der erfolgsabhängigen Grundfinanzierung verlieh der Fraunhofer-Gesellschaft Flügel, und in der Tat setzte die Gesellschaft in der Mitte der 70er Jahre zu einem ungeahnten Höhenflug an. Der *Take-off* zum sich selbst tragenden Wachstum war geschafft. Die Aufgabe des Piloten und seiner Crew war es nun, die Geschwindigkeit so zu regeln, daß aus dem Höhenflug ein Langstreckenflug wurde.

Das wohl wichtigste Instrument zur Steuerung des Fluges sind die sogenannten Verstärkungsfonds. Der Vorstand hält mit den Verstärkungsfonds „Betrieb" und „Investitionen" ein flexibles Führungsinstrument in der Hand, mit dem er Akzente setzen kann. Nirgendwo manifestiert sich der richtungsbestimmende Einfluß der Zentrale auf den Gang der Gesellschaft deutlicher als in der Verfügung über die frei disponierbaren und damit besonders „wertvollen" Geldtöpfe. Die Fonds dienten in den Lernjahren der Auftragsforschung insbesondere auch dazu, die Ausfälle erwarteter Erlöse zu kompensieren und Forschungsvorhaben vor- und zwischenzufinanzieren. Wichtiger noch war aber ihre Funktion, den zusammengeschmolzenen Freiraum für Eigenforschung zu erweitern und die Arbeitsgebiete der Institute gezielt in die Richtung zukunftsträchtiger Forschungsfelder zu erweitern. Dieser spezifische, in Qualität und Quantität im System staatlicher Forschung einzigartige Handlungsspielraum der zentralen Führung zeichnet die Fraunhofer-Gesellschaft aus und nähert sie damit auch in den systemischen Steuerungsbedingungen der privatwirtschaftlichen Unternehmung an.

Der doppelte staatliche Dualismus

Die Rahmenvereinbarung Forschungsförderung schrieb den doppelten staatlichen Dualismus in der Finanzierung der Fraunhofer-Gesellschaft fest. Auf der Ebene des Zentralstaates teilten sich künftig das Verteidigungs- und das Forschungsressort die politische Verantwortung. Das anhaltend debattierte Problem, in welche Zuständigkeit die zivilen Forschungsgruppen der verteidigungsbezogenen Institute fielen, zeigt die Brisanz des zentralstaatlichen Dualismus, der sich in der forschungspolitischen Praxis in hochgradig von Ressortegoismen geprägten Verhaltensmustern äußerte. Den Kernbereich zivile Forschung finanzierten Bund und Sitzländer nach dem Großforschungsschlüssel 90:10. Trotz der offensichtlichen Übermacht des Bundes blieb es bei einer dualen Grundstruktur, die in der Theorie von der Gleichheit der Partner ausging.

Die Rahmenvereinbarung gab die globale Struktur vor, Einzelheiten der Finanzierung waren in speziellen Ausführungsvereinbarungen zu regeln. Sie trat mit Beginn des Jahres 1976 in Kraft; davon ausgenommen war die Fraunhofer-Gesellschaft, für die sie erst ab 1977 gelten sollte. Nach endlosen Diskussionen um die Modalitäten der Finanzierung und der Machtverteilung im zu gründenden Ausschuß Fraunhofer-Gesellschaft einigten sich Bund und Länder im Herbst 1977 auf den Text der Ausführungsbestimmung, die rückwirkend zum 1. Januar in Kraft gesetzt wurde.

Am Beginn der neuen Regelung stand eine Krise, die ernsthafte Zweifel an der Funktionsfähigkeit der dualen Finanzierungsstruktur aufkommen ließ. Die angespannte Lage der öffentlichen Haushalte veranlaßte die Länder zu einem rigorosen Sparkurs. Im Herbst 1977 konnten sich Bund und Länder erst nach mehreren vergeblichen Anläufen auf einen gemeinsamen Wirtschaftsplan einigen, dessen „niedrige Steigerungsrate" – wie Berger heftig kritisierte – im krassen Gegensatz zu dem beeindruckenden Wachstum der Fraunhofer-Leistungen stand. Als man sich im Frühjahr 1977 wieder traf, um den Wirtschaftsplan für das Jahr 1978 zu verhandeln, hatte sich die Lage weiter verschärft. Die Fraunhofer-Gesellschaft mußte 1,8 Mio. DM aus dem Haushaltsentwurf streichen, aber immer noch klaffte ein Loch von 580000 DM. Vergeblich stellte Fraunhofer die Rechnung auf, daß eine erneute Kürzung „gleichbedeutend mit der Nichtbeschäftigung von rund 20 Mitarbeitern" war. Die mit dem Bund abgestimmten Wachstumspläne drohten durch den Widerstand der Länder zur Makulatur zu werden. Als Ausweg bot Fraunhofer an, den Fehlbetrag der Länder durch eine Spendenaktion selbst aufzubringen. Bayern ließ jedoch keinen Zweifel daran, daß der Weg, die Finanzschwäche eines der beteiligten Partner durch Sondermaßnahmen zu überbrücken, nicht mehr gangbar war. Die bisherige Praxis fortzusetzen, die institutionelle Förderung durch projektbezogene Zuwendungen aus dem Einzelplan seines Haushalts zugunsten von „bayerischen Instituten" zu ergänzen, war ausgeschlossen. Die Ausführungsvereinbarung hatte die Einstimmigkeit zum obersten Prinzip der Finanzierung erhoben. Beschlüsse mußten vom Bund und allen beteiligten Ländern gemeinsam getragen werden.[91]

Fraunhofer wähnte sich unentrinnbar in der lähmenden Politikverflechtungsfalle gefangen. Die Kassandrarufe, sie werde sich nach dem Geleitzugprinzip künftig dem Tempo des finanzschwächsten der beteiligten Bundesländer anpassen müssen, schienen sich voll zu bewahrheiten. Was Wunder, daß man sich die Rückkehr zu den Zeiten wünschte, in denen man das hohe Interesse des Bundes an der Gesellschaft als Ganzes und die Interessen der Sitzländer an „ihren" Instituten direkt hatte nützen können. Es mag dahingestellt bleiben, ob die schriftliche Anfrage des Abgeordneten Erich Schosser an den Bayerischen Landtag von der Fraunhofer-Führung lanciert worden war; zu vermuten ist es um so mehr, als zuvor bereits der Bundestagsabgeordnete Erich Steger eine gleichlautende parlamentarische Anfrage an den Bundestag gerichtet hatte. Jedenfalls war sie ganz in deren Sinn, forderte sie doch, zum ursprünglichen Finanzierungsmodus zurückzukehren. Der Bayerische Wirtschaftsminister Anton Jaumann und Bundesforschungsminister Volker Hauff mußten in ihren Antworten an die Parlamente einräumen, im ersten Jahr hätten sich „gewisse Anlaufschwierigkeiten" nicht vermeiden lassen. Die Probleme seien jedoch bereits im Jahr darauf überwunden worden. Jaumann konnte nachweisen, daß der Gesellschaft für 1978 eine Zuwachsrate von 12,4% genehmigt und für 1979 gar von 12,7% in Aussicht gestellt worden war. Bayern hatte ebensowenig Veranlassung wie der Bund, aus der gemeinsamen Finanzierung auszusteigen, weder im Interesse der Fraunhofer-Gesellschaft noch im eigenen Interesse. Jaumann rechnete dem Landtag vor, daß ein Ausstieg des Bundes für Bayern eine Mehrbelastung von jährlich 10,4 Mio. DM mit steigender Tendenz bedeuten würde – eine Milchmädchenrechnung, denn die Annahme, der Bund könne aus der Grundfinanzierung der Gesellschaft wieder aussteigen, entbehrte jeder Grundlage.[92]

Tatsächlich war keiner der staatlichen Akteure ernsthaft gewillt, den Modus vivendi zu verändern. Und auch Fraunhofer tat sich nicht schwer zuzugeben, daß ihre Befürchtungen sich in ihr Gegenteil verkehrt hatten.[93] Der Ausbau der Fraunhofer-Gesellschaft ging mit beachtlicher Geschwindigkeit voran, von einer Bremsfunktion der Länder konnte nach Überwindung des Krisenjahres 1977/78 keine Rede mehr sein. Einmal abgesehen vom Problemkind der zivilen Gruppen der verteidigungsbezogenen Institute und dem Sonderfall Berlin hatte sich der neue Finanzierungsmodus bewährt, im Grundsätzlichen wie auch in der politischen Ausgestaltung des Modus auf der Arbeitsebene des Ausschusses Fraunhofer-Gesellschaft, dem wir uns nun zuwenden wollen.

Verwaltungsrat und Ausschuß Fraunhofer-Gesellschaft: Formen der kooperativen Entscheidungsfindung

Präsident Heinz Keller und seiner Mannschaft war der Verwaltungsrat ein Dorn im Auge. Er zwang die Führung zu zeitraubenden Manövern der Abstimmung seiner Strategien mit mehreren Satzungsorganen zugleich, die am Ende nichts einbrachten, weil die wichtigen Entscheidungen ohnehin außerhalb der Gremien im Binnenverhältnis zwischen dem Vorstand und den Ministerien verhandelt wurden. Mitte der 70er Jahre zeichnete sich zudem ab, daß künftig mit dem „Ausschuß Fraunhofer-Gesellschaft" ein externes Gremium die Aufgabe der politisch-bürokratischen Abstimmung übernehmen würde. Schließlich war die bloße Existenz des ausschließlich auf die Interessenlage der Geldgeber abgestellten Verwaltungsrats ein manifester Verstoß gegen das politische Leitkonzept der Globalsteuerung. Fraunhofer lag daran, dieses anachronistische Relikt der Konsolidierungsphase baldmöglichst zu beseitigen.

Taktisch geschickt versicherte sich der Vorstand der Unterstützung des Forschungsministeriums, dem ebenfalls an einem Wegfall dieses den direkten Zugriff auf „seine" Fraunhofer-Gesellschaft beeinträchtigenden Organs gelegen war. Berger machte sich persönlich für dieses Ziel stark, und er war es auch, der die Idee eines Memorandums zur Satzungsänderung hatte. Das Memorandum war rasch geschrieben und brachte mit überzeugenden Argumenten nicht nur den

Senat, sondern auch mehrheitlich den Verwaltungsrat zu der Meinung, das Gremium gehöre abgeschafft bzw. funktional in den künftigen Ausschuß Fraunhofer-Gesellschaft überführt.[94] Es sollte Jahre dauern, bis es soweit war. Die politische Leitidee der Globalsteuerung hatte in der ministeriellen Praxis noch kaum Fuß gefaßt. Wir wollen uns den etwas verquer anmutenden Diskussionsprozeß um den Verwaltungsrat etwas genauer anschauen, da er einen präzisen Eindruck von dem Verhältnis der Fraunhofer-Gesellschaft zu den Akteuren des politischen Systems vermittelt.

Ursprünglich hatten die Bundesländer große Vorbehalte gegenüber dem Verwaltungsrat gehabt, drohte doch ihre Majorisierung durch die Vertreter des Bundes. Sie hatten dann jedoch das Gremium als Chance schätzengelernt, sich politisch zu artikulieren und ihre Interessen zu wahren. Erst als der Ausschuß Fraunhofer-Gesellschaft konkrete Gestalt anzunehmen begann, waren die Länder bereit, ihren hinhaltenden Widerstand gegen die Auflösung des Verwaltungsrats aufzugeben. Tatsächlich waren sie ja, wie die zuständigen Ministerialbeamten Bayerns und Baden-Württembergs mit Recht betonten, qua Haushaltsrecht verpflichtet, ihre Belange als Zuwendungsgeber zur Geltung zu bringen. Einerseits verkannten sie nicht, daß sich diese Interessenlage in einem außerhalb der Gesellschaft angesiedelten Koordinierungsgremium effektiver wahrnehmen ließ. Andererseits verzichteten sie nur ungern auf die Möglichkeit, die föderalen Interessen auch in einem zweiten Organ der Fraunhofer-Gesellschaft stark zu machen, zumal sie im Senat als dem hierfür konzipierten Gremium eine schwache Position hatten. In dieser ambivalenten Haltung schwang die Erinnerung an die schmerzliche Erfahrung mit, vom Bund auch in der Fraunhofer-Gesellschaft aus dem Zentrum an die Peripherie forschungspolitischer Gestaltungsmacht gedrängt worden zu sein.

Bei näherer Betrachtung löst sich „der Bund" in ein Konglomerat von Interessenlagen auf. Besonders deutlich wird die Ressortgebundenheit von Politik an der Position der Hardthöhe. Das Problem des Bundesverteidigungsministeriums war, sich durch die Separatfinanzierung der verteidigungsbezogenen Institute selbst ins politische Abseits manövriert zu haben. Da das Ministerium nicht im Ausschuß Fraunhofer-Gesellschaft als Koordinierungsgremium der öffentlichen Hand vertreten war, sperrte es sich mit aller Macht gegen die Auflösung des Verwaltungsrats. Politischer Einfluß wurde weitgehend in formalen Kategorien gedacht. Ohne Kompensation auf ein Organ zu verzichten, in dem man einen Sitz und damit „Einfluß" hatte, kam nicht in Frage. Das Verteidigungsministerium ventilierte selbst abstruse Konzepte, nur um eine „Schmälerung seiner Möglichkeiten" zu vermeiden. Allen Ernstes wartete man mit dem Vorschlag auf, einen Senatsausschuß einzurichten, in dem allein die vier beteiligten Bundesressorts Sitz und Stimme haben sollten. Diese politisch weltfremde, weil offen gegen die Länder, aber auch gegen das Forschungsministerium gerichtete Initiative konnte von BMFT und Fraunhofer gemeinsam mit dem Hinweis auf die Möglichkeit von Konsortialgesprächen auf Staatsebene, wie sie im Bereich der

Großforschungseinrichtungen gepflegt wurden, vorerst abgebogen werden. Nach kurzer Überlegung ging das BMVg nicht auf diesen Kompromißvorschlag ein, sondern beharrte – freilich vergeblich – auf der Idee eines „verwaltungsratsähnlichen" Gremiums zur Sicherung seines Einflusses auf die Gesellschaft.[95]

Am 20. September 1977 tagte der Verwaltungsrat, ohne zu wissen, daß dies seine letzte Sitzung sein würde. Mit der Satzungsänderung vom September 1978 wurde er dann offiziell aufgelöst. Seine vereinsrechtlichen Funktionen gingen zum einen an den Vorstand, zum anderen an den Senat über. Im selben Aufwasch wurden die Vorstandsmitglieder aus dem Senat zurückgezogen. Was in anderen Wissenschaftsorganisationen längst der Fall war, wurde nun auch in der Fraunhofer-Gesellschaft verwirklicht: die klare Trennung zwischen Handlungs- und Leitungsverantwortlichkeit (Vorstand) und Aufsichtsfunktion (Senat). Den damit einhergehenden Verlust an Einfluß steckte die Hardthöhe nicht so leicht weg. Die Erinnerung an diese „Niederlage" blieb im Gedächtnis des Ministeriums haften und kam immer wieder hoch. Sie sollte Fraunhofer noch mehr als einmal mit Problemen konfrontieren.

Die Hauptaufgabe des Verwaltungsrats, die staatliche Feinsteuerung des Haushaltes der Gesellschaft, übernahm der nach Inkrafttreten der Ausführungsvereinbarung ins Leben gerufene „Ausschuß Fraunhofer-Gesellschaft". In diesem Gremium, in dem die zuständigen Fach- und Finanzressorts des Bundes und der beteiligten Länder Sitz und Stimme haben, wird der Wirtschaftsplan verhandelt und die haushaltsrechtliche Zustimmung zu Personal-Einzelmaßnahmen erteilt. Als Gremium der Koordinierung der politischen Ziele der staatlichen Akteure und der Umsetzung der finanziellen Handlungsspielräume in konkrete Wirtschaftspläne ist der Ausschuß in seiner Doppelfunktion als Entscheidungs- und Lenkungsorgan von zentraler Bedeutung.

Die Sensibilität der Länder in Fragen von Macht und Einfluß ist gerade in den Anfangsjahren des Ausschusses mit den Händen zu greifen. Mit Argusaugen wachten sie über ihre formale Position als gleichberechtigte Partner des Bundes. So wehrten sie sich mit Erfolg gegen das vom Bund insinuierte Verfahren, in „Bagatellfällen" auf ihre Zustimmung zu verzichten.[96] De facto aber gaben und geben die Vertreter des Bundes den Ton an. Die politische Definitionsmacht des Zentralstaates hat sich mehr und mehr durchgesetzt. Nur in wenigen Fällen hat eines der beteiligten Länder von seinem Vetorecht Gebrauch gemacht – in besonderem Maße jedoch in der Debatte um die Sonderfinanzierung von neuen Instituten. Hier schuf, wie wir noch sehen werden, die regionale Strukturpolitik divergierende Interessenlagen.

Die administrative Entscheidungsfindung auf der ministeriellen Referentenebene hat sich aus der Sicht aller Beteiligten in der politischen Praxis sehr bewährt. Im Spannungsfeld der Wahrung ihres Ressortauftrages einerseits und der Interessen der Fraunhofer-Gesellschaft andererseits hat das Gremium im allgemeinen einen Kurs gefahren, der den Interessen der Gesellschaft möglichst weit entgegenkommt. Die Delegation politischer Macht auf die Referentenebene wirkt dahingehend, daß sich die zuständigen Vertreter für „ihre" Fraunhofer-Gesellschaft stark machen und ihren bemerkenswert großen Handlungsspielraum voll ausschöpfen. Zudem ermöglicht der Ausschuß einen kontinuierlich geführten Dialog unter Partnern, der in einer von wechselseitigem Vertrauen geprägten Atmosphäre stattfindet. Der kurze Dienstweg und das dichte personelle Netzwerk sind die Basis für eine qualifizierte Entscheidungsarbeit, deren Effizienz sich vor allem im Vergleich mit anderen Forschungseinrichtungen zeigt, die über dieses Instrumentarium nicht verfügen.[97]

Das hohe Maß an Identifikation der Ministerialvertreter mit dem Schicksal der ihnen anvertrauten Fraunhofer-Gesellschaft erweist sich in der Alltagsarbeit der bürokratischen Kontrolle der Wirtschaftsführung, aber auch in dem Bestreben, das Modell der erfolgsabhängigen Grundfinanzierung in dem von Fraunhofer jeweils gewünschten Sinne weiterzuentwickeln. Bei den im Fünfjahresturnus anstehenden Überprüfungen des Fraunhofer-Modells hat sich der Ausschuß jeweils weitestgehend das Konzept der Gesellschaft zu eigen gemacht – bezeichnenderweise nicht immer mit vollem Einverständnis des tonangebenden Bundesforschungsministers.

Sonderfinanzierungen: das finanzielle Wettrüsten der Länder in der Debatte um das Süd-Nord-Gefälle

Im Jahrzehnt nach dem Ende des Zweiten Weltkriegs hatten sich die Länder – allen voran Bayern, Baden-Württemberg und Nordrhein-Westfalen – ein wahres Wettrennen um die Wieder- und Neuansiedlung von Forschungseinrichtungen geliefert. Im Brennpunkt des staatlichen Interesses hatten die Hoffnungsträger Luftfahrt- und Kernforschung gestanden. Investitionen in die Forschung waren als Vorleistung für die Ansiedlung zukunftsträchtiger Industrien angesehen worden.

Das aus der Tradition klassischer Wissenschaftsförderung abgeleitete Konzept staatlicher Forschungspolitik wurde in den 70er Jahren gleichsam verwissenschaftlicht. Die neue Technologiepolitik zielte auf die Nahtstelle zwischen Forschung und technischer Anwendung. Durch eine Intensivierung und Beschleunigung der Umsetzung von Ergebnissen der Forschung in technische Innovationen sollte arbeitsmarktwirksame Produktion in zukunftsträchtigen Industriebranchen ermöglicht werden.

Als Transmissionsriemen zwischen angewandter Forschung und industrieller Entwicklung fand sich die Fraunhofer-Gesellschaft im Zentrum der politischen Debatte um den industriellen Strukturwandel wieder. Die Bundesländer entdeckten die Fraunhofer-Gesellschaft als Instrument zur Steuerung des regionalen Strukturwandels. Gerade diejenigen Länder, die den Anschluß an den Zug in die Zukunft verpaßt hatten, waren nun besonders eifrig darum bemüht, Fraunhofer-Institute als Katalysatoren des technologischen Wandels zu gewinnen. Die aufgeregte Debatte um das Süd-Nord-Gefälle in der Bundesrepublik lieferte die politische Munition, um den Bund aus seiner Position der regionalpolitischen Neutralität zu vertreiben.

Für die Fraunhofer-Gesellschaft war die öffentliche Diskussion um die forschungspolitische Benachteiligung der nördlichen Bundesländer Chance und Verpflichtung gleichermaßen. Den Makel als „weiß-blauer Verein" war sie längst losgeworden. Gleichwohl war sie wie keine andere große Forschungseinrichtung süddeutsch geprägt. Die 23 zivilen Einrichtungen einschließlich Zentrale lagen mit nur drei Ausnahmen südlich der Mainlinie. Etwas ausgewogener war die regionale Verteilung der Verteidigungsforschung, die immerhin drei von sieben Einrichtungen nördlich der Mainlinie hatte.

Die Debatte um den Ausbau der Fraunhofer-Gesellschaft zu einer Trägerorganisation für die angewandte Forschung hatte das Problem der regionalen Ungleichgewichtigkeit nicht ausgespart. Leo Brandt, der nimmermüde und unkonventionelle Wissenschaftsorganisator Nordrhein-Westfalens, hatte bereits in den Beratungen der Ausbaukommission eine stärkere Berücksichtigung der Interessen seines Bundeslandes gefordert. Ihn schreckte zuvorderst das Szenario, eines der NRW-Institute könne in die Fraunhofer-Gesellschaft integriert und anschließend nach Süddeutschland verlagert werden. Auf seinen Druck hin wurde die Empfehlung, beim Aufbau neuer Forschungseinrichtungen auf eine „ausgewogene regionale Verteilung" zu achten, in den Zielkatalog der neuen Fraunhofer-Gesellschaft aufgenommen.[98]

Die gemeinsame Frontstellung der Länder gegen die drohende forschungspolitische Übermacht des Bundes wich im Verlauf der 70er Jahre einer Konstellation, in der der Bund als Schiedsrichter über den rivalisierenden Ländern fungierte. Während Bayern und Baden-Württemberg ihre exponierte Position zu verteidigen suchten, drängten die übrigen Sitzländer darauf, das definierte Ziel der regionalen Ausgewogenheit einzulösen. Die Fraunhofer-Gesellschaft konnte sich vor Angeboten kaum retten. Das politische Werben um neue Institute verschaffte Fraunhofer reichlichen Handlungsspielraum, belastete sie aber auch mit dem Druck, ihren Standortentscheidungen nicht nur wissenschaftliche Kriterien zugrunde legen zu können. Das Lavieren zwischen wissenschaftlichen und regionalen Interessen war eine Kunst, die Fraunhofer erlernen mußte.[99]

Regionale Interessen äußerten sich auf allen Ebenen des politischen Diskurses, entscheidungswirksam wurden sie im Senat und im Ausschuß Fraunhofer-Gesellschaft. Der Senat traf die grundsätzliche Entscheidung über die Gründung und den Standort neuer Einrichtungen. Der Ausschuß hatte diese Entscheidungen finanztechnisch und planerisch umzusetzen. Die Durchführung von politischen Entscheidungen heißt nicht selten Modifikation, Verwässerung, ja Veränderung bis zur Unkenntlichkeit. In den 70er Jahren sind im Implementationsprozeß neue Mechanismen der Finanzierung kreiert worden, die den Handlungsspielraum der Fraunhofer-Gesellschaft stark ausgeweitet haben. Da sie bis heute wirken, lohnt es sich, den mit dem Reizwort „Sonderfinanzierung" verbundenen Prozeß etwas genauer zu betrachten.

Nordrhein-Westfalen setzte die Politik der expansiven Forschungsfinanzierung über die Ära Leo Brandt hinaus fort, und die Fraunhofer-Gesellschaft rückte in das Zentrum dieser Politik. Die sozialdemokratische Regierung betrachtete die Gesellschaft als „Aufbauinstitut" und signalisierte die Bereitschaft zu außerordentlichen Aufwendungen, wenn die Zentrale in München bereit sei, neue Institute im bevölkerungsstärksten Bundesland aufzubauen. Verglichen mit den Aufwendungen für die Großforschungszentren in Jülich (KFA) und Köln-Porz (DFVLR) wurden die erforderlichen Investitionen für Fraunhofer-Einrichtungen als „gering" erachtet. Heute würde Friedrich-Hermann Meier-Bode, zu dieser Zeit Senatsmitglied der Fraunhofer-Gesellschaft, vielleicht den Begriff „Peanuts" gebrauchen, um die Dimensionen aus der Sicht seines Landes plastisch werden zu lassen.[100]

Es war dann aber der Bund, der die Diskussion in Gang setzte. Der BMFT-Vertreter Volker Knoerich startete im Ausschuß Fraunhofer-Gesellschaft mit seiner Frage, ob die Länder „in Ausnahmefällen" zusätzliche Mittel für die Finanzierung von Einzelinvestitionen bereitstellen könnten, einen Versuchsballon. Knoerich hatte an nicht mehr als die Übernahme des 10%-Anteils durch das künftige Sitzland gedacht; allein diese Vorstellung wurde aber von den Ländern als „äußerst problematisch[e]" Aushöhlung der gemeinsamen Finanzierung eingestuft. Niedersachsen jedoch nahm die Initiative auf, prüfte die juristische Machbarkeit von Sonderfinanzierungen und siehe da: Sonderleistungen waren nach Art. 6 Abs. 1 der Rahmenvereinbarung Forschungsförderung durchaus möglich, wenn auch nur mit Zustimmung aller Beteiligten. In der nächsten Sitzung des Ausschusses wartete Niedersachsen mit dem Angebot auf, Sondermittel bis zur Höhe von 50% der Bauinvestition zu erbringen.[101] Der Hintergrund für diesen überraschenden Vorstoß war der Konflikt mit Nordrhein-Westfalen um eine neue Einrichtung für toxikologische Forschung. Die Fraunhofer-Gesellschaft beabsichtigte, das Institut für Aerobiologie (IAe) aus seiner geographischen Randlage in Grafschaft zu lösen und auf die zivile Vertragsforschung umzuorientieren. Als Standort für das neue Teilinstitut für Toxikologie waren Münster und Hannover in der Debatte. Niedersachsen wollte sich mit seinem Angebot einen Trumpf gegenüber Nordrhein-Westfalen verschaffen, das seinerseits mit „ernste[n] Konsequenzen im Falle einer Abwanderung" drohte.

Anfänglich reihte sich Nordrhein-Westfalen noch in die Phalanx derjenigen ein, die vor dem Präzedenzcharakter der Offerte Niedersachsens warnten. Als wenig später die Gründung eines Instituts für Mikroelektronik diskutiert wurde, schlug man die eigenen Warnungen bedenkenlos in den Wind. Nordrhein-Westfalen kann als das Bundesland gelten, das am kräftigsten an jenem Wettrüsten mitwirkte, das Ende der 70er Jahre in Gang gesetzt wurde: Mit attraktiven finanziellen Angeboten versuchten sich die Länder in der Rivalität um neue Fraunhofer-Institute wechselseitig auszustechen. Der bis heute anhaltende Prozeß hat vieles mit einer Rüstungsspirale gemein, die sich, einmal in Bewegung gesetzt, immer weiter nach oben schraubt.

Bremsende Wirkung ging vorerst noch von Baden-Württemberg und vor allem von Bayern aus. Der Freistaat übernahm im Ausschuß Fraunhofer von Beginn an die Rolle des Repräsentanten der Länder und versuchte gewissenhaft, seiner Funktion gerecht zu werden. Immer wieder warnte Ministerialrat Hans-Dieter Lentrodt im Ausschuß vor der präjudizierenden Wirkung von Sonderfinanzierungen, und er war es auch, der durch seine Weigerung, der paritätischen Finanzierung des Baus und der Erstausstattung des neuen Instituts für Produktionstechnologie (IPT) in Aachen und des Teilinstituts für Toxikologie und Aerosolforschung (ITA) in Hannover zuzustimmen, eine Grundsatzdebatte auf Chefebene der Ressorts auslöste.[102]

Der leitende Ministerialrat Hans-Dieter Lentrodt war bis zu seiner Pensionierung 1997 im Bayerischen Staatsministerium für Wirtschaft und Verkehr für die Fraunhofer-Gesellschaft zuständig.

Lentrodt steht für das hohe Maß an Kontinuität in der Ministerialverwaltung auf Länderebene. Gemeinsam mit seinen Kollegen aus Baden-Württemberg, Dietrich Munz, und Nordrhein-Westfalen, Friedrich-Hermann Meier-Bode, sorgte Lentrodt als Vertreter Bayerns im Ausschuß Fraunhofer-Gesellschaft über gut zwei Jahrzehnte hinweg für eine effiziente Entscheidungsfindung in einem von wechselseitigem Vertrauen geprägten politischen Klima. In der für einmal kontrovers geführten Debatte um das Recht der Sitzländer, für den Aufbau neuer Institute Sonderfinanzierungen bereitzustellen, widersetzte sich Lentrodt diesem Verfahren – freilich vergeblich: Im Wettbewerb der Bundesländer um die Ansiedlung neuer Fraunhofer-Institute entwickelte sich die Sonderfinanzierung rasch zur gängigen Praxis.

Die Debatte nahm in den gegen die Abweichung vom vereinbarten Finanzierungsschlüssel vorgebrachten Argumenten geradezu hellsichtig die künftige Entwicklung vorweg. Die Sonderfinanzierung könne zur Regel werden, und der Wettbewerb um den Sitz neuer Institute zu immer höheren Angeboten führen. Die Standortwahl drohe anstelle von wissenschaftlichen mehr und mehr von finanziellen Überlegungen dominiert zu werden. Auf diese Weise könne es zur Gründung von Instituten kommen, die „forschungspolitisch nicht prioritär" seien. Bayern mochte sich damit trösten, daß seine unter dem geballten Druck der übrigen Länder erteilte Zustimmung nur für die beiden Institute in Hannover und Münster galt. De facto war das Präjudiz da, und tatsächlich wurde künftig keine Einrichtung mehr ins Leben gerufen, bei der das Sitzland nicht mindestens 50% der Bau- und Erstinvestitionen übernahm.

5. Neue Köpfe, neue Konzepte, neue Aufgaben: die Fraunhofer-Gesellschaft 1973–1982

Neue Personen

Die 1972 verabschiedete Satzung der Fraunhofer-Gesellschaft sah einen dreiköpfigen hauptamtlichen Vorstand vor. Der Präsident war für den wissenschaftlichen und forschungspolitischen Bereich zuständig. Die bisherige Funktion des Generalsekretärs ging im Geschäftsbereich des kaufmännischen Vorstandsmitglieds auf. Neu hinzu kam der juristische Vorstandsbereich.

Mohr hatte stets als Interimspräsident gegolten. Seine Amtszeit war vom Senat Ende September 1971 nochmals um drei Jahre verlängert worden. Der Senat wußte nur zu gut, daß es nicht einfach werden würde, den passenden Mann zu finden, und leitete daher bereits Ende 1972 die Suche ein. Zu diesem Zeitpunkt war ebenfalls klar, daß der Wunschkandidat für die Person des juristischen Vorstands, Scheidwimmer, nach Saarbrücken wechseln würde. Der Senatsausschuß, der die Wahl zur Ergänzung des Vorstandes vorbereiten sollte, hatte mithin eine doppelte Suchaufgabe.

Man muß Ernst Gaßner, Günter Lehr bzw. Wolfgang Finke, Hans Scherenberg (Vorstandsmitglied von Daimler-Benz) und Karl-Heinz Imhausen (Vorstandsvorsitzender der Lahr-Chemie) bescheinigen, vorzügliche Arbeit geleistet zu haben. Ihre dem Senat vorgeschlagenen Kandidaten wurden gewählt, und man kann sagen: Sie sollten sich für Fraunhofer als ausgesprochene Glücksfälle erweisen. Bevor es zu dieser Wahl kam, mußten jedoch viele Barrieren aus dem Weg geräumt werden. Wir wollen uns die Zwangslagen und Handlungsspielräume, unter denen Führungskräfte für die Fraunhofer-Gesellschaft gewonnen werden können, an diesen beiden Beispielen etwas genauer anschauen. Nicht zuletzt bildet sich in diesem Prozeß auch die forschungspolitische Position der Fraunhofer-Gesellschaft in den frühen 70er Jahren ab.

Ein Robotergreifer aus der frühen Phase der bundesdeutschen Robotertechnologie.

Der Robotergreifer MTGS (Modulares Greifer/Sensorensystem) wurde 1982 als flexibles Ausrüstungselement am Stuttgarter Fraunhofer-Institut für Produktionstechnik und Automatisierung (IPA) entwickelt. Er kann nach Bedarf auf verschiedene Industrieroboter montiert werden. Die Stärke des MTGS liegt in seiner Fähigkeit, Toleranzen auszugleichen – ein vor allem in der Montage und der Werkstückhandhabung zentrales Erfordernis. Die Entwicklung des MTGS am IPA legte den Grundstein für Forschungen auf dem Gebiet flexibler Automatisierungsprozesse, die in Deutschland für die 80er Jahre dominierend werden sollten.

Zukunftstechnologie Serviceroboter.

Mit dem mobilen Reinigungsroboter Skywash ermöglichte das Fraunhofer-Institut für Produktionstechnik und Automatisierung (IPA) zu Beginn der 90er Jahre erstmals die automatisierte Flugzeugwäsche. Damit konnten sowohl der Arbeitsaufwand als auch die Wartungszeiten zwischen zwei Flugeinsätzen erheblich reduziert werden. Dieses Projekt im Auftrag der Unternehmen Putzmeister, Dornier, Daimler-Benz und der Deutschen Lufthansa bot sich darüber hinaus für konsequente Weiterentwicklungen an, wie etwa die automatisierte Entfernung von Eis und Lacken auf der Flugzeugoberfläche.
Skywash war eines der ersten Entwicklungsprojekte im Bereich der Servicerobotik. Neben der Industrierobotik gewann dieser Forschungsbereich am IPA in den 90er Jahren eine große Bedeutung.

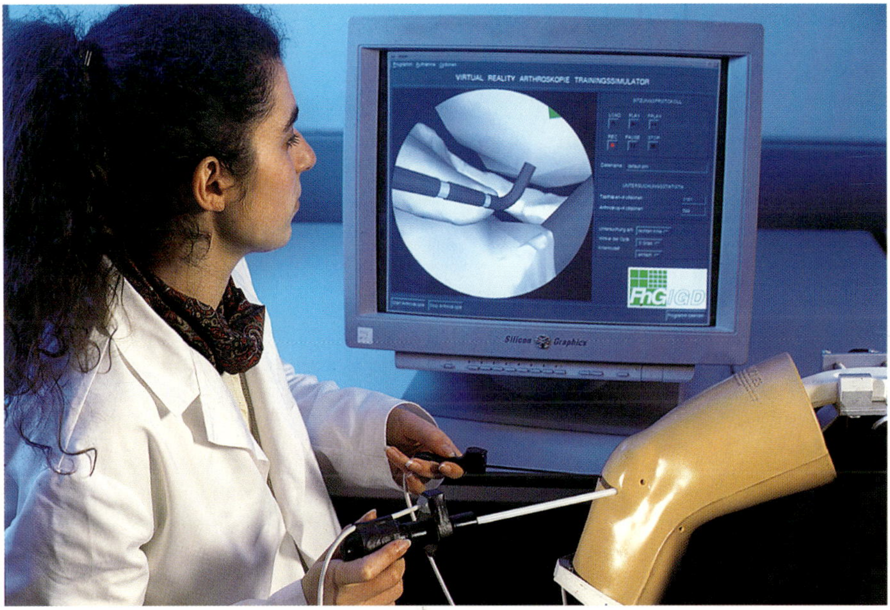

Simulationstechnik für das Ärztetraining.

Neben der Entwicklung der bildlichen Darstellung von Operationsabläufen mit Hilfe des Computers zählt vor allem der Bereich der Simulationstechnik zu einem der Hauptforschungsfelder graphischer Datenverarbeitung nicht nur in der Medizin. Sei es der modellhafte Ablauf von Produktionsprozessen, sei es der nachempfundene Crashtest am Automobil oder die Trainingssituation am Operationstisch – überall geht es um eine präzise Simulation realer Prozesse. Die Berufsgenossenschaftliche Unfallklinik Frankfurt a. M. hat zusammen mit dem Fraunhofer-Institut für Graphische Datenverarbeitung (IGD) ein Trainingsgerät entwickelt, mit dem angehende Ärzte eine simulierte Knieoperation millimetergenau ausführen können. Durch intensives Training können so Operationen bis zur Perfektion geübt und in der Praxis später reibungslos ausgeführt werden.

Schneiden von Rohren mit einem CO_2-Laser.

Dieser Lasertyp, der das Kohlendioxid als Lasermedium nutzt, wurde seit den 70er Jahren zu einem präzisen und effizienten Universal-Werkzeug in der Materialbearbeitung entwickelt. Das Spektrum der Anwendungen ist breitgefächert: zum Beispiel Schneiden, Schweißen oder Bohren von unterschiedlichen Werkstoffen im Maschinenbau, Werkzeugmaschinenbau oder in der Automobilproduktion.

Der strategische Fahrplan sah eine Koppelung der beiden Berufungen vor, wobei die vakante Position des juristischen Vorstandsmitglieds sinnvollerweise zuerst besetzt werden sollte. Ohnehin war der Kreis der Kandidaten für den juristischen Bereich leichter einzugrenzen. Die Industrie kannte nur wenige vergleichbare Tätigkeiten, die zudem gehaltsmäßig bei weitem über dem lagen, was die Fraunhofer-Gesellschaft bieten konnte. Deren Spielraum wurde vom Bundesfinanzministerium diktiert, das nicht bereit sein würde – dies war allen Beteiligten klar –, der Fraunhofer-Gesellschaft mehr einzuräumen als den mit ihr vergleichbaren Forschungseinrichtungen. Als Bereiche, in denen der Nachfolger Scheidwimmers gesucht werden konnte, verblieben daher nur die großen Wissenschaftsorganisationen und die Ministerien.[103]

Die neun ins Gespräch gebrachten Namen reduzierten sich rasch auf ein Quartett. Horst Niemeyer (Vorstandsmitglied der DFVLR, ab 1979 Geschäftsführer des Stifterverbandes)[104] lag mit seinen Gehaltsansprüchen außerhalb der Reichweite der Fraunhofer-Gesellschaft. Der vom Finanz- und Verteidigungsministerium favorisierte Kandidat (Ministerialdirigent Konrad Steinbrink) bot keine Gewähr, die vorgesehene Amtszeit von fünf Jahren voll zur Verfügung zu stehen, und sagte schließlich von sich aus ab. Ende März 1973 waren nur noch die Namen von Ernst-Joachim Meusel und Eberhard Schlephorst im Spiel.

Meusel hatte sich als Spiritus rector und Gründungsvorsitzender der Arbeitsgemeinschaft der Großforschungseinrichtungen (AGF) über seine Tätigkeit als Geschäftsführer der Jülicher Gesellschaft für Kernverfahrenstechnik und ab 1968 des Max-Planck-Instituts für Plasmaphysik (IPP) hinaus einen hervorragenden Ruf als Wissenschaftsmanager erworben.[105] Schlephorst verfügte durch seine langjährige Tätigkeit als Leiter von Querschnittsreferaten des Bundesforschungsressorts über große Erfahrung in der außeruniversitären Wissenschaftsverwaltung. Von ihm war zudem bekannt, daß er sich verändern wollte, da er wegen seiner „falschen" politischen Couleur im BMFT mittelfristig keine weiteren Aufstiegschancen hatte. Beide Kandidaten boten – worauf Fraunhofer großen Wert legte – beste Voraussetzungen „für die Herstellung des notwendigen Vertrauensverhältnisses zwischen FhG und dem BMFT".[106]

Meusel avancierte Fraunhofer-intern binnen kurzem zum Wunschkandidaten. Der Senatsausschuß legte sich auf ihn als Nummer eins (mit Schlephorst als Alternative) fest. Im Mai 1973 wurde Meusel gewählt, und es wurden Berufungsverhandlungen aufgenommen. Allerdings vermochte der Senat die Entwicklung nicht mehr zu steuern. Wiederum schnappte die Politikverflechtungsfalle zu. Minister Ehmke persönlich war überaus verärgert darüber, daß der Senat seine Entscheidung ohne Rücksprache mit ihm getroffen hatte. Seine Mitarbeiter hatten erhebliche Überzeugungsarbeit zu leisten, ehe er bereit war, den Senatswillen zu akzeptieren. Um so größeren Wert legte das BMFT auf eigene Vorgespräche mit Meusel. Ein halbes Jahr später sahen sich die Organe der Gesellschaft mit der überraschenden Tatsache konfrontiert, daß die Verhandlungen mit Meusel über – aus ihrer Sicht minderbedeutende – Fragen der Besitzstandswahrung gescheitert waren. Einmal mehr wurde überdeutlich: Die Fraunhofer-Gesellschaft war in zentralen Entscheidungen alles andere als autonom.

Die Industriellen, vor allem aber die Vertreter der Länder hielten mit ihrer Kritik nicht hinter dem Berg. Allzusehr hatte das Vorgehen des Bundes gezeigt, daß die ehedem tragenden Länder marginalisiert zu werden drohten. Der Senat und die ganze Fraunhofer-Gesellschaft seien in Gefahr, „ein Schattendasein zu führen". Wie groß die Verärgerung war, zeigt der mehrfach geäußerte Verdacht, der Bund habe die Verhandlungen mit Meusel bewußt platzen lassen, um den eigenen Kandidaten durchzuboxen. Selbst die BMFT-Vertreter mußten eingestehen, daß sie in ihrer Einflußnahme zu weit gegangen seien, und sicherten „mehr Abstinenz für die Zukunft" zu. Wie gering auch künftig der Spielraum der Fraunhofer-Gesellschaft sein würde, ergab sich allerdings aus der Zielperspektive, die vergleichenden „Behandlungen von Vorstandsmitgliedern bzw. Geschäftsführern" aller vom BMFT betreuter Forschungseinrichtungen zwängen den Bund zur „informellen Mitwirkung", konkret zum Festhalten am engen Rahmen öffentlicher Vergütung.[107]

Das Scheitern der Verhandlungen mit Meusel hatte zur Folge, daß mit Schlephorst nach Scheidwimmer zum zweiten Mal in Folge ein Mann aus dem BMFT einen Vorstandsposten übernahm. Nicht nur der Senatsvorsitzende Berg hegte bei aller Wertschätzung der Qualifikation von Schlephorst die Befürchtung, hierdurch werde sich das Gewohnheitsrecht des BMFT auf die Besetzung des juristischen Vorstandsmitglieds einbürgern.[108] Schlephorst hatte fürs erste gegen das Vorurteil zu kämpfen, als verlängerter Arm des Ministeriums in der Gesellschaft zu wirken. Um so größer war sein Bemühen, als „Fraunhofer-Mann" akzeptiert zu werden, was ihm insbesondere durch sein offensives Vorgehen in der Frage der Vergütung auch rasch gelang.

Die parallel laufende Suche nach dem neuen Präsidenten gestaltete sich weniger schwierig. Die Institutsleiter bekundeten, sie würden angesichts des Unternehmenscharakters der neuen Fraunhofer-Gesellschaft einen Mann aus der Industrie einem Hochschullehrer vorziehen. Da Signale aus dem BMFT vorlagen, der Bund werde im Falle des Präsidenten bei Bedarf über seinen eigenen Schatten springen, war das Feld für eine breitangelegte Suche geöffnet. Sondierungen ergaben vier geeignete und potentiell interessierte Kandidaten, von denen Eduard Pestel – der spätere Senatsvorsitzende der Fraunhofer-Gesellschaft – wieder absagte, als er als Nachfolger von DFG-Präsident Julius Speer gehandelt wurde. Der Senatsausschuß favorisierte daraufhin Erwin W. Becker, Institutsleiter und WTR-Vorsitzender des seinerzeit größten deutschen Forschungszentrums, der Gesellschaft für Kernforschung in Karlsruhe. Eine in der FAZ geschaltete Anzeige brachte außer einer Vielzahl von zweitrangigen Bewerbungen nur die heftige Kritik von Ministerialdirigent Berger über diese mit seinem Haus nicht abgestimmte Aktion ein. Berger witterte – zu Unrecht – in dieser Aktion einen Alleingang des Wissenschaftlich-Technischen Rats, der in der Tat nicht mit Kritik an dem schleppenden Gang der Verhandlungen um die Neubesetzung der Vorstandsposten sparte.[109] Erfolgreicher war da schon der Kontakt zur Vermittlungsstelle für Führungskräfte in der Wirtschaft. Sie förderte die Bewerbung von Heinz Keller zutage, der vom Senat Ende Oktober 1973 einstimmig auf den Schild gehoben wurde.

Keller war nach Lage der Dinge für alle Beteiligten der bestgeeignete Mann. Er verfügte über Erfahrung sowohl in der Hochschul- und Industrieforschung als auch im Unternehmensmanagement. Als Beauftragter für neue Produkte und Verfahren der Metallgesellschaft war er in der ganzen Welt herumgekommen und hatte die strategische Bedeutung von technischen Innovationen für den Unternehmenserfolg kennengelernt. Als Vorstandsmitglied der Vereinigten Metallwerke lag sein Einkommen freilich weit über dem Niveau der üblichen öffentlichen Vergütung; zudem legte die Metallgesellschaft in Bleibeverhandlungen nochmals nach. Keller reizte jedoch die Aussicht, in einer neuartigen Einrichtung wirkliche Aufbauarbeit zu leisten, zumal er den Eindruck gewonnen hatte, es in der Fraunhofer-Gesellschaft überwiegend mit hochmotivierten Mitarbeitern zu tun zu haben. Auch wenn er bis dato die Fraunhofer-Gesellschaft – wie wohl die

Anläßlich des 25jährigen Jubiläums schien es der Fraunhofer-Gesellschaft angezeigt, einen Historiker für den Festvortrag der Jahrestagung zu gewinnen. Golo Mann sprach zum Thema „Wie sicher können wir unsere Zukunft planen?“

Von links nach rechts: der designierte Präsident Heinz Keller, der Bayerische Justizminister Philipp Held, Bundesforschungsminister Hans Matthöfer, Golo Mann, der scheidende Präsident Otto Mohr und Horst Trabant, der für die Fraunhofer-Gesellschaft zuständige Ministerialbeamte des Bundesforschungsministeriums.

Mehrzahl seiner Vorstandskollegen in der Industrie – nur aus dem Lexikon kannte, sagte er zu, ab Juli 1974 voll zur Verfügung zu stehen.[110]

Der Staat war – es sollte bezeichnenderweise das einzige Mal bleiben, an dem dies geschah – tatsächlich weit über seinen Schatten gesprungen. Ehmke war es gelungen, alle Bedenken des Finanzministeriums beiseite zu schieben und durch seine persönliche Intervention bei Bundeskanzler Helmut Schmidt eine im gesamten Forschungssystem einmalige Vergütung zu erwirken. Da sich in dieser Phase die Schere der Vergütung von Führungskräften der Wirtschaft einerseits und der Wissenschaft andererseits noch nicht allzuweit geöffnet hatte, bekam die Fraunhofer-Gesellschaft den Wunschkandidaten aus der Industrie. Als ein Jahrzehnt später wiederum ein neuer Präsident gesucht wurde, bestand – wie wir noch sehen werden – eine solche Chance nicht mehr.

Nichts kennzeichnet die Entscheidungsstärke des neuen Präsidenten und mehr noch die Aufbruchsstimmung in der gesamten Fraunhofer-Gesellschaft besser als das umfassende Revirement des Senats zur Mitte des Jahres 1974. Bis dato hatte sich der Senat personell fast durchweg durch Kooptation rekrutiert. Er war demzufolge mit wenigen Ausnahmen – die staatlichen Repräsentanten nicht gerechnet – ein Kreis von älteren Herren, die den Zenit ihres Einflusses längst überschritten hatten. Die gesellschaftlichen Leitmotive der Zeit – Demokratisierung und sozialer Proporz – waren an diesem Gremium spurlos vorübergegangen. Wegweisende Impulse für die neue Fraunhofer-Gesellschaft waren von dem durch die neue Satzung in seiner Funktion erheblich gestärkten Senat nicht zu erwarten.

Frischer Wind und frisches Blut waren ein Gebot der Stunde. Nicht nur die Zeitgenossen, auch den mit den Hintergründen vertrauten Historiker erstaunt jedoch die in der Geschichte des bundesdeutschen Forschungssystems wohl einzigartige Radikalität des personellen Wandels. Kein einziger der zur Wahl anstehenden alten Senatoren wurde wiedergewählt, darunter so verdiente ehemalige Vorstandsmitglieder wie Vizepräsident Erich Truckenbrodt und Schatzmeister Jürgen von Köller, was um so bemerkenswerter ist, als Gremien dieser Art strukturell zur Kontinuität neigen. Erklärungsbedürftig ist dieser Vorgang allemal.

Ein Grund lag sicherlich in der gewünschen „Rotverschiebung" der Fraunhofer-Gesellschaft.[111] Balke hatte mit dieser Kritik recht und zugleich auch unrecht. Ministerialdirigent Berger führte im Senatswahlausschuß das Wort, und ihm lag viel daran, das politische Spektrum des Senats zu erweitern. So kontaktierte er beispielsweise auf eigene Faust Franz Steinkühler, den als strammen SPD-Mann geltenden Bezirksvorsitzenden der IG Metall Baden-Württemberg, was zu erheblichem Ärger Anlaß gab. Mehr noch als Parteipolitik bestimmte die Leitidee der sozialen Ausgewogenheit die Auswahl der Kandidaten. Neben den bislang allein repräsentierten Gesellschaftsbereichen Industrie und Wissenschaft bzw. Wissenschaftspolitik sollten nun auch die publizistische Öffentlichkeit, die Gewerkschaften und die allgemeine Politik vertreten sein. Die Kandidaten sollten zudem in ihrem Bereich großen Einfluß haben und dennoch nicht überbeschäftigt sowie nicht zu alt sein. Berger legte überdies Wert auf mindestens einen Sozialwissenschaftler (Walter Goldberg, Wissenschaftszentrum Berlin); Keller steuerte die Idee bei, eine Frau könne dem Gremium gewiß nicht schaden (Marion Gräfin Dönhoff, ZEIT, Hamburg).

Die Mitglieder des Senatswahlausschusses ließen sich von der Euphorie mitreißen, ein ideales Gremium konstruieren zu können. Als sie merkten, daß „zufällig" keiner der Altsenatoren ihrem Raster genügte, war es zu spät. Der Affront, die zur Wahl bereiten Kandidaten wieder auszuladen, wäre nicht kleiner gewesen als die Brüskierung der Altsenatoren. So blieb nichts anderes übrig, als letztere um Verständnis dafür zu bitten, daß „eine neue Ära [...] eine nicht vorprogrammierte *neue* Mannschaft" erfordere.[112] Entgegen allen Unkenrufen der Reformgegner war die Mitgliederversammlung bereit, den Wahlvorschlägen des Senats ohne Ausnahme zu folgen.

Der Ärger, den sich die Fraunhofer-Gesellschaft mit ihrer mutigen Personalentscheidung einhandelte, war bald vergessen. Von bleibender Bedeutung war dagegen der Gewinn, den sie daraus zog. Der Senat war – wie wir noch sehen werden – gerade unter dem tonangebenden Einfluß der gewählten Mitglieder durchweg bereit, auch die politisch nicht immer populären strategischen Entscheidungen des Vorstandes mitzutragen. Die personelle Ausweitung des Senats auf breite Teile von Öffentlichkeit und Gesellschaft sicherte der Fraunhofer-Gesellschaft die Unterstützung, die notwendig war, um unter den politischen und gesellschaftlichen Bedingungen der sozialdemokratischen Ära erfolgreich arbeiten und im gewünschten Maße expandieren zu können.

Stabilisierung und Wachstum – innere Befriedung: auf dem Weg zur korporativen Identität

Der Erfolg einer Institution hängt davon ab, daß sie möglichst geschlossen ihre Ziele verfolgt und ein gemeinsames Erscheinungsbild abgibt. Je heterogener die Einrichtung ist, desto wichtiger ist es, nach innen und außen Geschlossenheit zu vermitteln. Dieser altbekannte Zusammenhang firmiert in der modernen Organisationslehre unter dem Schlagwort der *corporate identity*. Ohne den Begriff als solchen zu verwenden, war die Fraunhofer-Gesellschaft in den 70er Jahren heftig darum bemüht, die Vielfalt der alten und neuen Institute zu einer homogenen Einheit zu verschmelzen.

Identitätsstiftende Wirkungen gingen auch von den Bemühungen um Sektionsbildung und Forschungsplanung aus. Das „gelbe Buch", der erste gemeinsame Wirtschafts- und Forschungsplan des Jahres 1974, trug wie kaum etwas anderes dazu bei, den korporativen Charakter der Gesellschaft zu stärken. Institutsübergreifende Forschungsvorhaben, hier vor allem das Reaktorsicherheitsprogramm, und gemeinsame Anstrengungen in der Projektakquisition setzten auf der konkreten Ebene der wissenschaftlichen Arbeit den Hebel an. Der Wissenschaftlich-Technische Rat als Medium der Kommunikation und der Verständigung steuerte das Seine zur Stärkung der *corporate identity* bei. Nicht von ungefähr beherrschte der beschwörende Appell an die Solidarität und das „Gemeinschaftsgefühl", das es nachhaltig zu stärken gelte, das Kommunikationsklima der Jahre nach 1974.[113]

Neben den indirekten Mechanismen der Identitätsbildung entfaltete der Vorstand auch zielgerichtete Aktivitäten zur Stärkung der inneren Geschlossenheit. Sprache war eines der Mittel, deren er sich bediente.

Sprache schafft Wirklichkeit; manche Theoretiker behaupten gar, es gebe keine Realität jenseits der Realität, die durch Sprache kreiert wird. Diese radikale Position ist umstritten; unbestritten ist dagegen, daß Sprache identitätsstiftend wirkt. Gemeinsame Begriffe verwenden heißt sich nahestehen. Die Fraunhofer-Gesellschaft wußte um diesen Zusammenhang. Sie wollte ihn sich zunutze machen, indem alle Institute künftig unter dem Namen der programmatisch für die Synthese von Wissenschaft und Unternehmertum stehenden Person Joseph von Fraunhofers firmierten. Allein den traditionsreichen Einrichtungen Ernst-Mach-Institut (EMI) und Wilhelm-Klauditz-Institut (WKI) wurde eine Ausnahme von der Regel zugestanden. Allerdings stand diesem Ziel die Barriere des seit den 20er Jahren bestehenden – nicht zur Fraunhofer-Gesellschaft gehörenden – Fraunhofer-Instituts für Sonnenforschung in Freiburg entgegen. Erst als sich die Freiburger 1978 auf Intervention der Landesregierung von Baden-Württemberg nach ihrem Gründer in Kiepenheuer-Institut für Sonnenphysik (KIS) umbenannten, war der Weg für die Fraunhofer-Gesellschaft frei, ihre Einrichtungen einheitlich als „Fraunhofer-Institut für ..." zu titulieren.

Einheitliche Institutsbezeichnungen und Briefköpfe allein, dies war dem Vorstand klar, machen noch kein einheitliches Erscheinungsbild aus. In der Münchner Zentrale waren Konzepte gefragt, die geeignet waren, die immer noch weithin unbekannte Fraunhofer-Gesellschaft als ein homogenes Gebilde in das Blickfeld einer breiten Öffentlichkeit zu rücken. Eines dieser Konzepte setzte am Problemfeld Publikationen an. Jebsen-Marwedel hatte in den 50er und 60er Jahren weitgehend vergeblich darum gerungen, die Institute auf eine gemeinsame Publikationsform zu verpflichten. Nun sollte ein neuer Anlauf versucht werden. Das Ziel war nicht mehr nur die Drucklegung einiger exzellenter wissenschaftlicher Aufsätze, sondern eine Publikation, die die Leistungen der Gesellschaft einem nicht fachspezifischen Publikum vermitteln konnte.

Eine flächendeckende Auswertung der Presse, die zielorientierte Plazierung von Artikeln in breitenwirksamen Massenorganen und die permanente Betreuung der Medien signalisieren den Übergang zu einer professionell betriebenen Öffentlichkeitsarbeit. Ihr Beginn läßt sich auf die Mitte der 70er Jahre datieren, als die Einrichtung eines dafür zuständigen Referats die institutionelle Basis lieferte und die Parole ausgegeben wurde, in Bälde eine eigene, vierteljährlich erscheinende Zeitschrift für ein breites Publikum aufzulegen. Seither gehört die Öffentlichkeitsarbeit zu den Kernfunktionen der Münchner Zentralverwaltung, an deren Effizienz sie im Innen- und Außenraum gemessen wird.

Maßnahmen zur Stärkung der *corporate identity* haben zwei wechselseitig abhängige Aufgaben. Sie verdeutlichen der Außenwelt: Hier ist eine schlagkräftige Organisation, die an einem Strang zieht und es daher wert ist, sich einmal näher mit ihr zu beschäftigen. Diese auf den Markt zielende Funktion wird ergänzt durch die nach innen gerichtete Zielsetzung der Effizienzsteigerung. Die Verpflichtung auf gemeinsame Aufgaben und Ziele mobilisiert Kräfte und sorgt für Synergieeffekte.

Keller hatte seinerzeit den großen Vorteil, unbelastet von den Problemen der Vergangenheit an seine Aufgabe herangehen zu können, diese zusätzlichen Energien freizusetzen. Der Präsident mußte jedoch bereits bei einer seiner ersten wegweisenden Aktivitäten erfahren, daß in der neuen Fraunhofer-Gesellschaft die alten Konflikte weiterwirkten. Um sich möglichst rasch einen Überblick über die wissenschaftliche Arbeit der Institute zu verschaffen, aber auch um den „Dialog zwischen der Zentrale und den Instituten auf pragmatische Weise zu beginnen", setzte Keller Informationsgespräche mit den Institutsleitern auf der Ebene der Sektionen bzw. von ihm neugebildeten Gruppen an. Zur Vor- und Nachbereitung dieser Gespräche wurden Mitarbeiter der Zentralverwaltung als „Institutsbetreuer" eingesetzt. Die Institutsleiter fühlten sich sofort an den Mohrschen Versuch erinnert, eine hierarchische Zwischenebene zwischen Vorstand und Institutsführung einzuziehen, und machten mobil. Nur der Bonus, den Keller hatte, und seine inständige Versicherung, mit all seinem Trachten stets nur „erster Diener an der Sache der FhG zu sein", verhinderten, daß es zu einem neuerlichen Eklat kam. Mit dem Sprichwort „Ein gebranntes Kind scheut das Feuer" unterstrich Reiter einmal mehr die Wirkungsmacht der gewachsenen Konfliktlagen.[114]

Tatsächlich sollten sich die Sektionsgespräche als effektiv erweisen. In Verbindung mit den Institutsbetreuern ermöglichten sie dem Präsidium den Durchgriff auf die Institute. Umgekehrt versorgte die Zentrale die Institute auf diesem Wege mit wichtigen Informationen und unterstützte sie in der Akquisition. Wechselseitige Kommunikation erwies sich als der beste Weg, um die gestörte Vertrauensbasis zwischen Zentrale und Peripherie zu normalisieren. Strategien zur Stärkung der inneren Einheit hatten in der Fraunhofer-Gesellschaft in der 70er Jahren immer noch auf der Stufe Null anzusetzen: bei der inneren Befriedung.

Konsolidierung und Ausbau der Institutslandschaft

Mitte der 70er Jahre hatte die Fraunhofer-Gesellschaft 27 Einrichtungen mit selbständigem Status, die sich auf mittlerweile sechs Sektionen verteilten. Die Gliederung nach Sektionen verdeutlichte der Außenwelt die Arbeitsschwerpunkte der Gesellschaft. Die zentrale Akquisition stellte ganz bewußt nicht die einzelnen Institute, sondern die Sektionen in den Vordergrund. Der Kunde sollte den Eindruck gewinnen, er könne auf ein multidisziplinäres Bündel von eng kooperierenden Einrichtungen zurückgreifen.

Tabelle 1: Entwicklung der Sektionen 1973–1977

Sektionen	(+) Ausbau (–) Abbau	Personaleinsatz 1973	Personaleinsatz 1977
Informationsverarbeitung / Mikroelektronik	(+) Automatische Qualitätsüberwachung (+) Prozeßlenkung (+) Technologie von HL-Bauelementen (+) Anwendung von HL-Bauelementen	97	250
Produktions- und Verfahrenstechnik	(–) Grenzflächenphysik/-chemie (+) Lackier- und Oberflächentechnik (+) Humanisierung am Arbeitsplatz (+) Industrielle Steuerungstechnik (+) Medizintechnik/Bioverfahrenstechnik	198	316
Werkstoffe in Konstruktionen und Anlagen	(+) Fehleranalyse (+) Sicherheit und Lebensdauer	203	278
Systemtechnik und Technologietransfer	(+) Prognoseforschung	16	65
Bauwesen und Holztechnologie	(+) Holzwerkstoffe	91	103
Umweltforschung/ Umwelttechnik	(–) Hygieneforschung (–) Maritim- und Radiometeorologie (–) Physikalische Weltraumforschung (+) Inhalationstoxikologie	220	169
Zentralverwaltung		70	101
	Gesamt	895	1282

Quelle: Bericht des Vorstandes vor dem Senat, 12.4.1978 (FhG, ZA 31).

Die Sektionen hatten darüber hinaus auch Bedeutung für den internen Planungs- und Kommunikationsprozeß. Im Kontext der Bemühungen um einen kohärenten Forschungsplan entstanden, bildeten sie die Plattform für die Abstimmung der wissenschaftlichen Ziele auf die wirtschaftlichen Rahmenbedingungen. Moderiert wurde dieser Koordinationsprozeß von den Institutsbetreuern der Zentralverwaltung – ein überaus undankbarer Job, galt es doch zwischen vielfach unvereinbaren Zielsetzungen zu vermitteln.[115] Institute und Zentrale kommunizierten auf der Ebene der Sektionen ihre Vorstellungen. Als „Stabsoffiziere" des Präsidenten entwickelten sich die Institutsbetreuer zu einem der wichtigsten Führungsinstrumente der Zentrale, und das neugeschaffene Planungsreferat wurde zum Kern der Unternehmensführung.

Auf den ersten Blick präsentiert sich dem Betrachter die zweite Hälfte der 70er Jahre als Konsolidierungsphase, in der nur wenige neue Institute gegründet wurden. Bei näherer Betrachtung wird er mit einer Entwicklungsdynamik konfrontiert, die abgesehen von dem historischen Sonderfall Wiedervereinigung ihresgleichen sucht. In der Eigenwahrnehmung der Verantwortlichen war die

Ära Keller nicht umsonst eine Phase stürmischer Expansion; allein in den Jahren 1980–1982 wurden sechs neue Einrichtungen ins Leben gerufen.

Bevor wir den „Nachwuchs" der Fraunhofer-Familie betrachten, wollen wir ein Phänomen untersuchen, das für die Forschungslandschaft durchaus selten ist: die Schließung von Instituten. Forschungseinrichtungen im öffentlichen Raum tendieren zur Verselbständigung, auch wenn sie ihre „Gründungsaufgabe" längst erfüllt haben. Die Geschichte der Großforschungseinrichtungen etwa zeigt, daß in Deutschland wie auch in den USA bislang kein einziges Zentrum von *big science* geschlossen worden ist.[116] Wissenschaftlicher Wandel vollzieht sich als Diversifikation und konzeptionelle Umorientierung vorhandener Einrichtungen, nicht als Schließung und Neugründung. In Dachgesellschaften wie der Max-Planck-Gesellschaft verläuft die Schließung von Instituten als krisenhafter Prozeß, der sich über lange Jahre hinzieht, bis auch der letzte Mitarbeiter ausgeschieden oder versetzt worden ist.

Auch die Fraunhofer-Gesellschaft neigt als öffentlich finanzierte Einrichtung strukturell zur institutionellen Inflexibilität. Die Orientierung an der Nachfrage des Forschungsmarktes erzeugt freilich einen Handlungsdruck, der ungleich größer ist als in anderen Wissenschaftsorganisationen. Je nach Perspektive kann man diesen Druck als Chance oder als Last werten.

Nachdem bereits 1972 die Technische Entwicklungsstelle Lindau (TES) an den eigenwilligen Erfinderunternehmer Felix Wankel zurückgegeben und die bis zur Substanzlosigkeit ausgedünnte Arbeitsgruppe für Katalyseforschung geschlossen worden war, wurde in der Ära Keller der Gestaltungsraum weidlich genutzt. Nicht weniger als fünf Einrichtungen, „deren Leistungen nicht mehr nachgefragt wurden", wurden aufgelöst oder ausgegliedert, darunter mit dem Institut für angewandte Mikroskopie, Photographie und Kinematographie (IMPK) die älteste Einrichtung.[117]

Der lange Leidensweg der Urzelle der Fraunhofer-Gesellschaft kann als prototypisch für den Handlungszwang gelten, den das Selektionskriterium der „Bewährung am Markt" auslöste. Dem lange Zeit recht erfolgreich arbeitenden Institut gingen die Aufträge aus. Trotz intensiver Bemühungen konnten auf dem angestammten Arbeitsfeld keine neuen Kontakte geknüpft werden. Mit dem Verlust an Aufträgen sank die Mitarbeiterzahl in den unterkritischen Bereich ab. Ende der 70er Jahre präsentierte sich das IMPK als Einrichtung von der Größe einer Abteilung mit einer Reihe voneinander unabhängiger Tätigkeitsfelder. Da es nicht gelang, die Qualifikation der vorhandenen Mitarbeiter für den Aufbau eines neuen, erfolgversprechenden Arbeitsgebietes zu nutzen – gedacht war sowohl an die Textiltechnik als auch an die Polymerchemie –, waren sich Vorstand und Wissenschaftlich-Technischer Rat darin einig, das Institut zu schließen. Als expandierende Einrichtung besaß die Gesellschaft jedoch eine breite Palette von Möglichkeiten, das freigesetzte Humankapital in vorhandene Einrichtungen hineinzusteuern. Selbst die Integration des Restinstituts in das Karlsruher Institut für Systemtechnik und Innovationsforschung (ISI) als dessen

„Hardware-Abteilung" wurde ernsthaft diskutiert.[118] Die Vielzahl der Handlungsalternativen federte den wissenschaftlichen Umsteuerungsprozeß sozial ab und brachte ihn weitgehend konsensual über die Bühne.

Schwieriger gestaltete sich die parallel laufende Ausgliederung der Dokumentationszentrale Wasser (DZW). Einerseits hatte der Dienstleistungsbereich in der neuen Fraunhofer-Gesellschaft im Vergleich zur Vertragsforschung nur mehr eine randständige Bedeutung. Ebenso wie die Verteidigungsforschung läßt sich seine Weiterführung nur historisch erklären. Eine überzeugende Begründung dafür, in einem Verbund, dessen „Mission" die Vertragsforschung sein sollte, Serviceeinrichtungen zu führen, war nur mehr schwer zu finden. Das verdeutlicht die Argumentation, mit der die Ausgliederung der DZW motiviert wurde: Dienstleistungen waren in der Fraunhofer-Gesellschaft nur noch insoweit erwünscht, „wie sie dem Fachwissen der Fraunhofer-Institute entsprächen"; das treffe für die DZW nicht zu. Andererseits scheute sich der Vorstand, die noch wenig konsolidierte Gesellschaft durch das Fegefeuer von Institutsschließungen zu schicken. Er reduzierte diesen Bereich daher lediglich, wenn auch auf das „absolut notwendige Maß" von 3–4% der Gesamtkapazität. Der Streit über den künftigen Träger der DZW wurde auf der Staatssekretärsebene von BMFT und BMI ausgetragen. Er zog sich über Jahre hinweg. Erst 1983 gelang die bereits 1976 beschlossene Überführung in eine andere Trägerschaft (Umweltbundesamt) – wie wir bereits gesehen haben, nicht ohne daß es zu Schwierigkeiten mit dem bisherigen Sitzland Nordrhein-Westfalen kam, das im Gegenzug weitreichende Kompensationsforderungen stellte.[119]

Forschungsplanung verläuft in der Fraunhofer-Gesellschaft stets im Zielkonflikt zwischen dem Aufgreifen zukunftsträchtiger Forschungsfelder in neuen Einrichtungen und der Konsolidierung bzw. Umsteuerung bestehender Institute. Die Ära Keller war in besonderem Maße von diesem Zielkonflikt geprägt. In den frühen 70er Jahren war eine Fülle neuer Einrichtungen gegründet oder angegliedert worden, die mehrheitlich als „Aufwuchsinstitute" eine unterkritische Größe hatten. Als Minimum für eine erfolgversprechende Vertragsforschung galten dabei 50–60 Mitarbeiter. Hinzu kam eine Reihe von Instituten, deren inhaltliche Ausrichtung wenig Aussicht auf die Erreichung der hochgesteckten Akquisitionsziele bot.

Forschungsplanung als Entscheidungshandeln war ab Mitte des Jahres 1974 Sache des Präsidenten. Keller ließ vom ersten Tag seiner Amtszeit an keine Zweifel aufkommen, daß er die strategische Forschungsplanung als seine genuine Aufgabe ansah. Die Institutsleiter, die über Jahre hinweg die mangelnde Führungsstärke des Vorstandes kritisiert und das Machtvakuum ausgefüllt hatten, sahen sich nolens volens mit der Situation konfrontiert, daß ihnen die Initiative aus der Hand genommen wurde.

Die Rasanz des Wandels zeigt ein Vergleich des Forschungs- und Entwicklungsprogramms 1973/74 mit dem Forschungsplan des Jahres 1975. Mit der Ausrichtung an vier Sektionen und der vorrangigen Zielsetzung einer regionalen

Konzentration der Fraunhofer-Gesellschaft in Institutszentren steht ersteres noch deutlich in der Kontinuität der Planungsstudie von Syrbe und Krupp aus dem Jahr 1972.[120] Die Erweiterung auf sechs Sektionen und die Orientierung des nächsten Forschungsplans an den Technologieprogrammen des Bundes trägt deutlich die Handschrift Kellers. Während der Wissenschaftlich-Technische Rat noch ebenso eifrig wie heftig über die passenden Sektionsbezeichnungen diskutierte, hatte sich der Präsident bereits umfassend über die technologiepolitischen Ziele des neuen Forschungsministers Hans Matthöfer informiert. Der Immediatzugang zum Bonner Fachministerium und der Zugriff auf das eigene Planungsreferat verschafften dem Präsidenten einen Informationsvorsprung, der seine formale Definitionsmacht fachlich untermauerte.

Kellers forschungsstrategische Konzeption hatte zwei Hauptzielrichtungen. Als erfahrener Unternehmer wußte er um das Potential, das es für die Fraunhofer-Gesellschaft in der Kooperation mit der Industrie zu gewinnen gab, und er wußte ebenso um den gesteigerten Wert, den man in Bonn im Zeitalter des Technologietransfers auf industrierelevante Forschung legte. Mittelfristig schwebte ihm eine Fraunhofer-Gesellschaft vor, deren Institute zu je einem Drittel für die Industrie, die öffentliche Hand und für sich selbst (Eigenforschung) arbeiteten. Um das anspruchsvolle Ziel der Steigerung der Industrieerträge auf über 30% nicht aus den Augen zu verlieren, gab er die Zielvorgabe aus, die Industrieaufträge mindestens mit dem Tempo des gesamten Auftragsvolumens mitwachsen zu lassen.[121]

Vorläufig jedoch stammten die Fraunhofer-Projekte noch zu rund drei Vierteln aus öffentlichen Quellen. Um so wichtiger war es, in die großen Fachprogramme des Bundes hineinzukommen. Nur hier ließen sich Projekte in der Größenordnung akquirieren, die nötig war, um die Gesellschaft auf einen stabilen Wachstumskurs zu führen. Neben den laufenden Programmen für Energie, Datenverarbeitung, Raumfahrt, Umwelt, Reaktorsicherheit und Materialforschung, in denen Fraunhofer bereits vertreten war, strebte Keller die Beteiligung an den von Matthöfer neu aufgelegten Bereichen Technologien für unterentwickelte Staaten, Mensch und Medizin und Humanisierung des Arbeitslebens an.[122]

Die programmatisch wie symbolisch den Menschen in den Mittelpunkt rückenden Forschungsfelder Medizintechnik und Humanisierung des Arbeitslebens boten der Gesellschaft die Chance, ihre marktfernen Institute an die Vertragsforschung heranzuführen – und mit Blick auf die neue Aufgabenstellung schwache Institute hatte die Gesellschaft nicht zu knapp damit zu tun. Der Präsident hatte, als er sich in den Sektionsgesprächen einen ersten Überblick verschaffte, nicht von ungefähr das Gefühl, „von einer Ohnmacht in die andere" zu fallen.[123] Keller trug sich anfänglich kurz mit dem Gedanken, ein „soziotechnisches Institut" zu errichten, gab dann jedoch der Umsteuerung vorhandener Einrichtungen den Vorzug vor Neugründungen.[124] Als exemplarisch für die bis etwa 1977/78 reichende Phase des Primats der Konsolidierung können die

Umwandlungen des Stuttgarter Instituts für Physik und Chemie der Grenzflächen (IGF) in das Institut für Grenzflächen und Bioverfahrenstechnik (IGB) und des BMVg-Instituts für Aerobiologie (IAe) in ein ziviles Institut für Toxikologie und Aerosolforschung (ITA) gelten.

Der Verlauf der Umsteuerung der Stuttgarter Einrichtung IGF kennzeichnet den führungsbetonten, für viele gewöhnungsbedürftigen Stil des neuen Präsidenten. Das bis dahin weitgehend grundlagenorientierte Institut war das erste in Kellers Amtszeit, in dem der amtierende Leiter ausschied. Der Berufungsausschuß bildete eine Liste, deren Kandidaten für die Kontinuität der bisherigen Arbeitsrichtung standen. Keller leistete sich den heftigen Wirbel verursachenden Affront, das Verfahren abzubrechen und nach seinen Vorstellungen neu zu starten. Auf der neuen Liste stand mit Horst Chmiel ein Kandidat, dessen inhaltliches Konzept in Richtung Biotechnologie und medizinische Verfahrenstechnik ging. Keller setzte Chmiels Berufung durch. Auch wenn sich sein eigentliches Ziel, das IGF in Kooperation mit dem brandneuen Rehabilitationszentrum in Ulm zu einem in Deutschland einzigartigen Institut für Implantatforschung und Prothetik auszubauen, nicht realisieren ließ, hatte Fraunhofer ein Bein in der Medizintechnik und ein Institut mehr mit guten Aussichten in der Vertragsforschung. Das Institut wuchs denn auch innerhalb weniger Jahre von 18 auf 70 Mitarbeiter.

Die hochfliegenden Zukunftspläne der Fraunhofer-Gesellschaft auf dem Feld der Medizintechnik erfüllten sich jedoch nur teilweise. Zum einen waren die Erwartungen überzogen, die man auf den toxikologischen Markt richtete. Die Chemie hatte zwar einen steigenden Bedarf an der Prüfung von toxischen Substanzen, und ebenso entstand ein durch die Umwelt- und Gewerbeschutzgesetzgebung induzierter Bedarf an ökotoxikologischer Forschung und Dienstleistung, aber nicht in dem Maße, wie es sich die Fraunhofer-Gesellschaft erhofft hatte. Das Hannoveraner Institut entwickelte sich daher nicht so dynamisch, wie man in München aufgrund einer Marktstudie des ISI glaubte erwarten zu dürfen. Zum zweiten war man im BMFT nicht bereit, der Fraunhofer-Gesellschaft vorbehaltlos den Weg in die Medizin zu ebnen. Keller wurde aus Bonn signalisiert, daß auf diesem Sektor die Max-Planck-Gesellschaft klare Priorität behalten sollte.

Die anfänglich in der Außendarstellung in den Vordergrund gestellten biomedizinischen Forschungsfelder wurden denn auch in ihrem Wachstum deutlich übertroffen durch den Fachbereich Informationsverarbeitung und Festkörperelektronik. Von den Arbeitsfeldern Technologie und Anwendung von Halbleiter-Bauelementen, Prozeßlenkung und automatische Qualitätsüberwachung ging in den Jahren 1973–1977 die stärkste Dynamik aus; hier stieg der Personaleinsatz um über 250% an, vor allem zugunsten des IITB und des IFT.[125]

Um 1978 mündete die Konsolidierungsphase in eine Periode der Expansion. Mehrere Gründe veranlaßten die Gesellschaft zu diesem Kurswechsel.

1. Die alle Erwartungen übertreffenden Erfolge in der Vertragsforschung

ließen das Ziel der inneren Stabilisierung in den Hintergrund treten. In den zivilen Instituten war die Mission Vertragsforschung mittlerweile fest verwurzelt oder anders formuliert: Die Lasten der Vergangenheit waren geschultert, nun konnte man sich getrost und offensiv der Zukunftsplanung zuwenden.

2. Der chronische Mangel an Planstellen hatte den Aufwuchs der Institute stark behindert. Die Aussicht auf die Einführung eines zweiten Stellenplans vergrößerte den Handlungsspielraum der Gesellschaft. Der lähmende Kampf der Institute um die Zuteilung der geringen Stellenkontingente wich einer neuen Gelassenheit, die den Zielkonflikt zwischen Ausbau und Neugründung entschärfte.

3. Die Gesellschaft konnte sich der konkurrierenden Begehrlichkeit der Länder immer weniger entziehen. Die Länder strebten mit wachsendem Druck danach, neue Institute als Lokomotiven des wirtschaftlichen Strukturwandels anzusiedeln.

4. Die gezielte Expansion in als besonders zukunftsträchtig geltende Forschungsfelder erhöhte das Prestige der Gesamtgesellschaft und verbesserte damit auch die Akquisitionschancen der vorhandenen Einrichtungen.

Nicht von ungefähr war es zuvorderst der im politischen und wissenschaftlichen Außenraum agierende Vorstand, der dem Druck zur Gründung neuer Institute mehr und mehr nachgab. Die 1976 eröffnete Berlin-Dependance des Instituts für Produktionstechnik und Automatisierung (IPA) unter Günter Spur mochte man noch als politisch motivierte Ausnahme darstellen; weniger leicht die 1978 ins Leben gerufene Querschnittseinrichtung Technologie-Entwicklungsgruppe (TEG). Zu diesem Zeitpunkt arbeitete das ISI im Auftrag des Vorstandes bereits an strategischen Studien über die Entwicklungschancen neuer Technikfelder, sei es die Mikroelektronik, die mechanische Verfahrenstechnik oder die Toxikologie und Ökotoxikologie, und im Planungsreferat der Zentralverwaltung wurden Argumentationspapiere zur Gründung von Einrichtungen für Transporttechnik und Logistik, Bürotechnik und Solarenergie vorbereitet. Die gezielte Erweiterung in den Dienstleistungsbereich des sekundären und tertiären Sektors war eine strategische Entscheidung, deren weitreichende Konsequenzen für die Arbeitsrichtung der Fraunhofer-Gesellschaft durchaus erkannt wurden. Die von Skepsis geprägte Debatte um die „notwendig wachsende Eingliederung von Soziologen in die FhG“ verweist auf die neue Qualität dieser Arbeitsfelder und ebenso auch auf das gewachsene Beharrungsvermögen der Fraunhofer-Gesellschaft als dominant natur- und ingenieurwissenschaftlich ausgerichtetem Forschungsverbund.[126]

Ende 1977 mahnten die Institutsleiter in einer Grundsatzdebatte die Fortsetzung der Konsolidierungspolitik an, konzedierten jedoch zugleich die Notwendigkeit, gezielt neue Forschungsgebiete in Angriff zu nehmen. Als Keller seinerseits die Sektionen zu eigenen Planungsaktivitäten aufrief, wurde ein FuE-Ausschuß des Wissenschaftlich-Technischen Rats eingesetzt, der im Zielkonflikt zwischen Ausbau und Neugründung ein fortschreibungsfähiges Langfristkonzept mit definierten Prioritäten erarbeiten sollte.[127] Wie sehr die strategische Forschungsplanung mittlerweile zur Leitfunktion des Präsidenten und seines Planungsreferats geworden war, zeigt das wenig später formulierte Eingeständnis des WTR-Vorsitzenden Schubert: Festgefügte Planungen seien blind für „zuviele unvorhersehbare Einzelheiten" und engten den Handlungsspielraum unnötig ein. Man habe sich daher nicht, wie ursprünglich angedacht, auf ein Rahmenkonzept festlegen wollen.[128]

Tatsächlich beschränkte sich der WTR künftig darauf, zu den Gründungsvorlagen des Vorstandes kritisch Stellung zu nehmen. In dieser induktiven Korrektivleistung, nicht aber in der deduktiven Generierung alternativer Gesamtkonzepte äußerte sich die Planungsfunktion der leitenden Wissenschaftler. Wir können hier eine innere Schließung erkennen: Die Anfang der 70er Jahre aufgeworfene Frage nach der Machtverteilung in der künftigen Fraunhofer-Gesellschaft war nun auch auf der Ebene der durch die Satzung formal definierten Strukturen beantwortet worden.

Die Neugründungen der Ära Keller lassen sich – wie wohl fast jedes Institut in der Geschichte der Fraunhofer-Gesellschaft – in das idealtypische Zweierschema der personenbezogenen, um einen hervorragenden Wissenschaftler herum konstruierten Institute zum einen und der aufgabenbezogenen, aussichtsreiche Forschungsfelder abdeckenden Institute zum anderen einordnen. Als Vertreter des ersten, dem „Harnack-Prinzip" der MPG ähnelnden Typus läßt sich *cum grano salis* das Institut für Arbeitswirtschaft und Organisation (IAO) anführen, das auf die Initiative des IPA-Mitarbeiters und designierten Leiters Hans-Jörg Bullinger zurückging. Als Repräsentant des zweiten Typus kann das Institut für Mikroelektronische Schaltungen und Systeme (IMS) gelten, von dem sich gleich mehrere Regionen in Deutschland einen Sprung in die industrielle Moderne erhofften.

Typologien helfen uns, Geschichte als Ereignis zu verstehen. Sie neigen freilich dazu, die Realität nur verzerrt widerzuspiegeln. Historische Prozesse sind zu komplex, um sich in Schemata pressen zu lassen. So gehen auch IAO und IMS wie jede Fraunhofer-Gründung auf eine Mixtur von personellen und fachlichen Einflußfaktoren zurück. Nicht umsonst kommt der Wechsel eines Institutsleiters in der Fraunhofer-Gesellschaft meist einer Krise des Instituts gleich, die in eine konzeptionelle Verlagerung mündet – wie umfassend sich diese auch immer gestalten mag. Forschungsstrategische Entscheidungen sind in der Fraunhofer-Gesellschaft immer auch personalpolitisch motiviert und umgekehrt – diese Wechselwirkung sollte man über den Versuch, eine Typologie von Gründungskonstellationen zu entwickeln, nicht aus den Augen verlieren.

Wie sehr Fraunhofer in der heißen Phase der Debatte um das Süd-Nord-Gefälle unter Handlungsdruck geraten war, zeigt die als Antwort auf mahnende Stimmen im Senat zu interpretierende Versicherung von Keller, er wolle pro Jahr nicht mehr als ein neues Institut gründen.[129] Die Fraunhofer-Gesellschaft drohte zu Beginn der 80er Jahre von ihrem eigenen Erfolg überrollt zu werden. Das stürmische Expansionstempo am Ende der Ära Keller warf die Frage auf, wieviel Wachstum die Fraunhofer-Gesellschaft vertrug, ohne Gefahr zu laufen, den Boden unter den Füßen zu verlieren. Was Wunder, daß Kellers Nachfolger, der als langjähriger Institutsleiter mit der Lage der Gesellschaft bestens vertraut war, seine Amtszeit wiederum mit der Leitparole Konsolidierung begann.[130]

Vertragsforschung als identitätstiftende Mission

Die Großindustrie als Partner. Erfolge in der Vertragsforschung haben viele Väter. Wissenschaftliche Qualität gehört ebenso zu den notwendigen Voraussetzungen wie die konsequente Orientierung an den Bedürfnissen des Marktes. Das Angebot an wissenschaftlichen Leistungen muß stimmen; der Kunde muß über das Angebot informiert sein, und der Anbieter muß wissen, was der Kunde will.

Woran es den Fraunhofer-Instituten in den frühen 70er Jahren mangelte, war weniger die wissenschaftliche Qualität als vielmehr der Kundenkontakt. Der Ausbau der Kommunikationswege zum Markt war der erste und wichtigste Schritt auf dem Weg zur Erfüllung der hochgesteckten Vorgaben des Fraunhofer-Modells.

In universitären Umwelten groß geworden, hatten viele Institutsleiter es bislang eher als Zumutung denn als Maßstab von Erfolg angesehen, ihre Wissenschaft „verkaufen" zu können. Auch wenn die Verunsicherung nach wie vor groß war und die politischen Rahmenbedingungen Anlaß zu heftiger Kritik gaben, im allgemeinen war in den Instituten die Bereitschaft da, die Vertragsforschung als neues Leitziel der eigenen Arbeit zu akzeptieren. Die in der Projektakquisition bereits erfolgreichen Institutsleiter wußten um die Bedeutung des direkten Drahts zum Kunden, und sie wußten um die Unerfahrenheit ihrer Kollegen im Umgang mit der Industrie. IITB-Institutsleiter Syrbe zuvorderst war denn auch nicht müde geworden, auf die Wichtigkeit einer gezielten Schulung in der Akquisition von Aufträgen hinzuweisen. Seine detailliert ausgearbeiteten Trainingsseminare für die Institutsleiter waren allenthalben kopfnickend begrüßt, vorerst aber ebensowenig umgesetzt worden wie die Schulungsvorschläge des vom Wissenschaftlich-Technischen Rat eigens eingesetzten Akquisitionsausschusses.[131]

Die Überlegungen des neuen Präsidenten lagen auf derselben Linie. Seinem führungsstarken Naturell entsprechend, ging Keller jedoch eigene Wege. Wohl auch, um Zeit zu gewinnen, setzte er auf Erfahrungsgewinn in der Praxis. Nachdem die Institutsleiter in einem Crash-Kurs darauf getrimmt worden waren, in Vorträgen ihre Arbeitsgebiete prägnant und überzeugend darzustellen, wagte man sich in den Markt. In einem ersten Schritt nutzte Keller seine vielfältigen Beziehungen zur Industrie. Innerhalb weniger Monate machte sich die Fraunhofer-Gesellschaft in führenden Branchen der großbetrieblich strukturierten Wirtschaft (Elektro-, Stahl-, Chemie- und Automobilindustrie etc.) bekannt. Konkret sah das so aus, daß Keller mit einem wechselnden Kreis einschlägiger Institutsleiter loszog und das Leistungsangebot bei einem der führenden Unternehmen oder bei der örtlichen Industrie- und Handelskammer präsentierte. Nicht die Forschungsleiter, sondern die Vorstände waren die Zielgruppe, und es gelang der Fraunhofer-Gesellschaft in bemerkenswertem Maße, an die exponierten Entscheidungsträger heranzukommen. Die Wahl eines unternehmenserfahrenen Präsidenten und die strategische Besetzung des Senats mit Schlüsselpersonen aus der Wirtschaft trugen Früchte. Offensichtlich war die Industrie im Zuge der Externalisierung von Unternehmensfunktionen aber auch interessiert zu erfahren, was die staatlich gestützte Vertragsforschung anzubieten hatte. Die Präsentationen verschafften den Instituten nicht nur Aufträge, sondern wichtiger noch: langfristige Kontakte zu den forschungsintensiven Unternehmungen und die Rückkoppelung an die Bedarfsträger ihrer Leistungen.

Trilaterale Verbundforschung: der Dreierstoß. Steigerung der wissenschaftlichen Qualität und Reputation und Intensivierung der Beziehungen zur Industrie waren Kellers vorrangige Ziele: Beides gemeinsam hoffte er durch den „Dreierstoß" verwirklichen zu können. Die Idee zielte darauf ab, Hochschul-, Industrieforschungs- und Fraunhofer-Institute zusammenzuführen. Industrierelevante Projekte sollten von drei Partnern gemeinsam über die Stufenleiter des Innovationsprozesses geführt werden: von der Theorie über die anwendungsnahe Forschung bis zur industriellen Entwicklung. Keller versicherte sich bei seinem Präsidentenkollegen Heinz Maier-Leibnitz der Unterstützung der DFG für dieses neue Konstrukt einer Vernetzung von Forschungseinrichtungen unterschiedlicher Provenienz. Hier kam ihm der direkte Draht zugute, den er als Mitglied der „Heiligen Allianz" zu seinen Kollegen hatte. Ohnehin zeugt die Aufnahme der Fraunhofer-Gesellschaft in diesen exklusiven Zirkel vom Vertrauensvorschuß und von der Anerkennung, die Wissenschaft und Politik der neuen Fraunhofer-Gesellschaft entgegenbrachten.

Keller hat vor den Gremien und auch in der Retrospektive den Dreierstoß in der Erfolgsliste verbucht. Nicht zuletzt sei es auf diese Weise gelungen, Universitätsinstitute als Ideenquelle zu nutzen und an die Fraunhofer-Gesellschaft heranzuziehen.[132] Tatsächlich stiegen mehrere Institute auf diese Aktion ein, die sich allerdings bereits nach zwei Jahren totlief. Vieles deutet darauf hin, daß das organisatorische Konstrukt von drei grundverschiedenen Partnern zu kompliziert war, um langfristig funktionieren zu können. Jedenfalls wurde es von bilateralen Formen der Verbundforschung abgelöst.

Small is beautiful: die Entdeckung des industriellen Mittelstandes. Waren die Industriepräsentationen und der Dreierstoß Kellers ureigene Ideen, so lag die dritte Säule seines Konzepts der wirtschaftsrelevanten Vertragsforschung gleichsam im Trend der Zeit: das Programm für die kleinen und mittleren Unternehmen (KMU). Auf der Suche nach Auswegen aus der vielzitierten Innovationskrise entdeckte man zur Mitte der 70er Jahre die Innovationskraft des industriellen Mittelstandes. In einem technologiepolitischen Paradigmenwechsel setzte die Politik europaweit auf den neuen Hoffnungsträger. Waren die staatlichen Forschungsprogramme der 60er Jahre (Kernenergie, Raumfahrt) auf die Großindustrie zugeschnitten, so paßten die genuinen Programme der 70er Jahre (Medizintechnik, Optik, Meßtechnik etc.) weit besser zu den Tätigkeitsfeldern der kleinen und mittleren Unternehmen. Bereits vor dem von Helmut Schmidt in seiner Regierungserklärung 1976 angekündigten und Anfang 1978 vom Wirtschafts- und vom Forschungsministerium gemeinsam vorgelegten „Forschungs- und technologiepolitischen Gesamtkonzept der Bundesregierung für kleine und mittlere Unternehmen" wurden einzelne Fördermaßnahmen aufgelegt.[133]

Die Fraunhofer-Gesellschaft kann dabei für sich reklamieren, die politisch-gesellschaftliche Konjunktur des industriellen Mittelstandes besonders früh erkannt und für ihre Zwecke genutzt zu haben. Bei einem Besuch von BMFT-Staatssekretär Haunschild in der Münchner Zentrale im November 1974 lancierte Keller die Idee, die Fraunhofer-Gesellschaft in die Förderung der mittelständischen Industrie einzuschalten. Im BMFT war man nur allzu bereit, auf diesen Vorschlag einzugehen, ergaben doch Analysen die Unausgewogenheit der eigenen Fördermaßnahmen: 75% der Zuwendungen waren 1973 an 15 und 93% an 50 Empfänger, fast ausschließlich Großunternehmen, gegangen. Um den Jahreswechsel wurde in der Fraunhofer-Gesellschaft mit Hochdruck an einem Verfahrensvorschlag gearbeitet. Im BMFT wußte man um die politische Brisanz des Vorstoßes, drang man doch in die Zuständigkeit des Bundeswirtschaftsministeriums ein. Die Ministerialbürokratie leistete der Fraunhofer-Gesellschaft daher konzeptionelle Schützenhilfe und wappnete sie solchermaßen gegen die unvermeidlichen „Gegenargumente" und „unfruchtbaren Eifersüchteleien" des Wirtschaftsressorts und der mit ihm eng verbundenen AiF.[134] Und diese sollten nicht lange auf sich warten lassen.

Keller wies in seinem Programmvorschlag vom Januar 1975 sehr selbstbewußt auf die besondere Eignung der Fraunhofer-Gesellschaft als Scharnier zwischen BMFT und Mittelstand hin und kritisierte zur Untermauerung seiner Argumentation die unter dem Dach der AiF firmierende Gemeinschaftsforschung als unzulänglich. Joachim Böttger, Unterabteilungsleiter für Forschung und Technik im BMWi und Promotor der AiF, fühlte sich dadurch in doppelter Weise betroffen. Er strich die Gefahr einer Wettbewerbsverzerrung heraus, die Kellers Konzept eines eigenen Fraunhofer-Haushaltstitels für die direkte Projektförderung der kleinen und mittleren Unternehmen beinhalte. Der Fraunhofer-Vorstand war in der Folge heftig darum bemüht, sich mit dem BDI und vor allem der AiF abzustimmen, unter anderem indem in die fachliche Prüfung der Anträge des Programms externe Gutachter eingeschaltet wurden. Böttger war und blieb – auch in seiner Eigenschaft als Fraunhofer-Senator – ein Kritiker des im Juli 1976 anlaufenden Fraunhofer-Programms zur Förderung der Vertragsforschung für kleine und mittlere Unternehmen.

Das Programm verbesserte die Akquisitionschancen der Fraunhofer-Gesellschaft beträchtlich. Die Gesellschaft konnte den mittelständischen Unternehmen nicht nur ihre Leistungen anbieten, sondern auch eine Förderung von 40–60% der Projektkosten durch den Staat. Wohl wissend, daß Bund und Länder das Programm sehr kritisch beobachteten, legten sich die Institute mächtig ins Zeug. Keller und seiner Mannschaft war es „des Schweißes aller Edlen wert", sich gerade hier in aller Intensität zu engagieren. Nach gut einem Jahr waren nicht weniger als 38 Aufträge mit einem Gesamtvolumen von rund 7 Mio. DM eingeworben worden. Stolz konnte die Fraunhofer-Gesellschaft darauf verweisen, daß gerade die Unternehmen in den niedrigen Umsatzklassen (10–50 Mio. DM pro Jahr) in starkem Maße von der Förderung profitierten. Allerdings stellte die neue Klientel die Fraunhofer-Gesellschaft auch vor besondere Herausforderungen. Zum einen galt es, das tiefverwurzelte Mißtrauen der Unternehmen gegen externe Hilfe zu überwinden. Zum anderen war die Erwartung der Kunden an die Leistungen der Fraunhofer-Gesellschaft sehr hoch. Sie erhofften sich eine einsatzreife Problemlösung, einen Prototypen, der ohne eigene Entwicklungsarbeit in die Montage gehen konnte. Nicht zuletzt vor dem Hintergrund dieser neuen Erfahrung betrieb die Fraunhofer-Gesellschaft die Gründung der Technologie-Entwicklungsgruppe (TEG).[135]

Nicht nur das Wirtschaftsministerium und die AiF, auch Battelle und einige Beratungsfirmen wetterten heftig über die „unfaire Konkurrenz" der Fraunhofer-Gesellschaft. Das Gegenargument, die Förderung der kleinen und mittleren Unternehmen benötige einen weit höheren Aufwand als die Vertragsforschung für die Großindustrie, wirkte nicht sehr überzeugend.[136] Die von der Fraunhofer-Gesellschaft selbst immer wieder erhobene Forderung nach Chancengleichheit am Markt schlug in diesem Falle auf sie zurück. Der Anteil der Grundfinanzierung am Gesamthaushalt benachteiligte die Fraunhofer-Gesellschaft einerseits im Vergleich zu den staatlicherseits stärker geförderten Universitäten und Großforschungseinrichtungen, gereichte ihr aber andererseits gegenüber der staatlich nicht geförderten Vertragsforschung zum Vorteil. Ohnedies hatte sich die Politik von der zu Beginn der 70er Jahre lauthals verkündeten Absicht, allseits kostendeckende Preise einführen zu wollen, klammheimlich verabschiedet. Der Vertragsforschungsmarkt war und blieb wie jeder Markt, auf dem der Staat als Anbieter und/oder Nachfrager massiv auftritt, in Deutschland ein gebundener Markt.

Das KMU-Programm des Jahres 1976 mündete in das 1978 aufgelegte Gesamtprogramm des Bundes für den industriellen Mittelstand ein. Für die Fraunhofer-Gesellschaft war dies ein Wachstumsfaktor ersten Ranges. Nach fünf Jahren hatte die Gesellschaft nicht weniger als 118 Aufträge mit einem Kostenvolumen von 26,2 Mio. DM eingeworben. Das Programm erschloß ihr ein neues Marktsegment. Über die Hälfte der Projekte wurde mit Unternehmen durchgeführt, die erstmals an Fraunhofer herantraten. Mehr als zwei Drittel der abgeschlossenen Aufträge wurden innerhalb eines halben Jahres in den Unternehmen als Produkt- oder Prozeßinnovationen verwirklicht.[137]

Das Programm brachte nicht nur bare Münze, sondern auch einen enormen Zugewinn an forschungspolitischem Prestige. Die eindrucksvolle Zahlenbilanz war in einer Zeit, in der Mittelstand und Technologietransfer Synonyme für Zukunftsfähigkeit waren, der Stempel für den hohen gesellschaftlichen Nutzen der Fraunhofer-Gesellschaft. Noch ging die Gleichung angewandte Forschung = technische Innovation = arbeitsmarktwirksame Produktion scheinbar lückenlos auf.

Forschung für Staat und Gesellschaft: institutsübergreifende Programme der Fraunhofer-Gesellschaft. Identität entsteht bekanntlich nicht durch von oben verordnete Programme (*top down*), sondern wächst von unten auf organischem Wege (*bottom up*). Die Institutsfürsten – zugleich die Planer der ersten Stunde – wußten selbst am besten um die Bedeutung gemeinsamer Forschungsprojekte für das Zusammenwachsen der Institute zu einer Gesellschaft, die in der Binnen- und Außenwelt als ein kohärentes Ganzes wahrgenommen wurde.

Testfall für die Fähigkeit der neuen Fraunhofer-Gesellschaft zur institutsübergreifenden Kooperation war das Reaktorsicherheitsprogramm. Zum Jahreswechsel 1971 hatte das Bundeswissenschaftsministerium ein Forschungsprogramm für die Sicherheit von Kernkraftwerken erarbeitet. Zu diesem Zeitpunkt war die Fraunhofer-Gesellschaft noch als künftiger Träger des Laboratoriums für Reaktorregelung und Anlagensicherung der TU München im Gespräch. Sie erkannte in der Aufforderung des Ministeriums, einen Themenkatalog für die Beteiligung am neuen Programm zu erarbeiten, nicht nur die Chance zu einer Einwerbung von Projektmitteln in Millionenhöhe, sondern auch zu einer gemeinsamen, die Institutsgrenzen sprengenden Kraftanstrengung. Tatsächlich erwies sich die Programmformulierung aufgrund der fehlenden Erfahrung in der fachlichen Kooperation als Kraftakt. Viel Schweiß und Tinte wurden vergossen, ehe in den letzten Tagen des Jahres 1972 ein sechs Fraunhofer-Institute verknüpfendes Programm mit einer Antragssumme von rund 14 Mio. DM vorlag. Über 7 Mio. DM wurden genehmigt. Rechnet man eine zweite Tranche mit hinzu, so flossen der Fraunhofer-Gesellschaft durch das bis 1979 laufende Vorhaben rund 13 Mio. DM zu.[138] Bei genauerem Hinsehen entpuppt sich das Programm als Addition von Einzelvorhaben, die kaum eine Beziehung zueinander hatten. Nur an dem Projekt „Entstehung chemischer Explosionen und deren Wirkung auf sicherheitstechnisch wichtige Reaktorkomponenten" arbeiteten mit dem Ernst-Mach-Institut (EMI) und dem Institut für die Chemie der Treib- und Explosivstoffe (ICT) zwei Institute zusammen. Dennoch brachte das Programm der Fraunhofer-Gesellschaft neue, bleibende Erfahrungen. Die zentrale Abwicklung durch einen Projektleiter mit Sitz in der Zentralverwaltung ließ das Potential der Zentrale in der Akquisition und Kontrolle von übergreifenden Großprojekten sinnfällig werden. Die interne Manöverkritik bewertete die exponierte Funktion der Zentrale in der Projektsteuerung – abgesehen von Schwierigkeiten im Detail – denn auch als „durchweg positiv".[139]

Vor diesem Erfahrungshintergrund ist die hohe Bedeutung zu sehen, die man übergreifenden, an den Fachprogrammen des Bundes festgemachten Forschungsvorhaben zumaß. Keller hatte sich bereits zu Beginn seiner Amtszeit bei Staatssekretär Haunschild versichert, daß solche Verbundvorhaben auch im Sinne des Forschungsministeriums seien. In den folgenden Jahren entwickelte die Fraunhofer-Gesellschaft eine Reihe von Programmen, in denen die Zentrale den Instituten zeigen konnte, daß sie nicht nur Geld kostete, sondern auch einen Nutzen in der Projektakquisition brachte.

Für die inhaltliche Konzipierung und organisatorische Durchführung der institutsübergreifenden Programme machte sich die dem Präsidenten zugeordnete Abteilung für Forschungsplanung binnen kurzer Zeit unentbehrlich. Nicht umsonst trug das Referat die Bezeichnung „A1" bzw. „strategische Forschungsplanung". Unternehmer können ihrer Führungsfunktion gerecht werden, wenn sie wissen, was im „Betrieb" und in dessen „Umwelt" vor sich geht. Im Referat A1 liefen die Informationen aus der Innen- und Außenwelt zusammen und wurden so aufbereitet, daß der Vorstand sie konzeptionell verwenden konnte. Die Politik der Fraunhofer-Gesellschaft in der Ära Keller wirkte im gesellschaftlichen Außenraum vor allem deshalb so überzeugend, weil sie argumentativ in die großen Prozesse und Strukturen der Epoche eingebettet war. In der Ära der abstrakten Debatte um die „technologische Lücke" war die konkrete Bezugnahme auf die aktuelle Entwicklung des (Vertrags-)Forschungsmarktes in den USA, in Japan und Europa ein kaum zu überschätzender Vorteil. Die Fraunhofer-Gesellschaft konnte mit instruktiv aufbereitetem Datenmaterial aufzeigen, daß ihre Konzepte auf die Nachfrage am Markt abgestellt waren, ja diese antizipierten. Der souverän Marktanalyse, Diagramm und Statistik nutzende Präsentationsstil des Vorstandes steht bildhaft für den Wandel der Fraunhofer-Gesellschaft vom Objekt zum gestaltenden Subjekt bundesdeutscher Forschungspolitik.

Es kann nicht verwundern, daß der das Herrschaftswissen kontrollierende Leiter der Planungsarbeit, Alexander Imbusch, im Binnen- und Außenraum immer stärker als „graue Eminenz der Fraunhofer-Gesellschaft" wahrgenommen wurde. Im Gegensatz zu dem vielfältige Repräsentationsverpflichtungen wahrnehmenden Präsidenten ist er seit einem guten Vierteljahrhundert stets präsent und gilt um so mehr als „Vorstand vor Ort", als er zum Inbegriff der Fraunhofer-Forschungsplanung geworden ist.

Je deutlicher die Münchner Zentrale sich zum kommunikativen Herzstück der Fraunhofer-Gesellschaft entwickelte, desto mehr betonte der Vorstand die konstitutive Rolle der Institute für den Unternehmenserfolg. Nur allzu gut wußte Keller, daß die Qualität der Institute in der Forschungsarbeit und die Eignung der Leiter „mit der wissenschaftlichen Aureole um das Haupt" in der alltäglichen Praxis den Ausschlag für den Erfolg am Markt gaben.[140] Die flexible Arbeitsteilung zwischen querschnittsorientierter, vornehmlich auf den Staat als Auftraggeber ausgerichteter Akquisitionsarbeit der Zentrale und industrieorientiertem Wirken der Institute ließ die Fraunhofer-Gesellschaft sicher auf zwei Beinen stehen. Als jedoch zu Beginn der 80er Jahre die direkte staatliche Forschungsförderung drastisch zurückgefahren wurde, verschoben sich die Gewichte. Die öffentliche Hand als Auftraggeber trat in den Hintergrund und die Fraunhofer-interne Arbeitsteilung mußte neu austariert werden.

6. Die langen siebziger Jahre: eine Bilanz

Wir haben gesehen, daß zu Beginn der 70er Jahre wenig auf den rasanten Aufstieg der Fraunhofer-Gesellschaft hingedeutet hatte, den diese nach 1973 nahm: Dem Außenstehenden hatte sie sich als fremdbestimmtes, innerlich zerrissenes Konglomerat von Instituten unterschiedlicher Qualität dargeboten. Allenfalls das innovationsorientierte Rahmenklima und der politische Wille, einen neuen Weg der Forschungsförderung zu beschreiten, gaben Anlaß zu Hoffnung auf bessere Zeiten. Tatsächlich stieg die Gesellschaft nach Einführung der erfolgsabhängigen Grundfinanzierung wie ein Phönix aus der Asche aus der Restrukturierungskrise empor. Die konsequente Ausrichtung am Markt ermöglichte der Fraunhofer-Gesellschaft in Verbindung mit der wohlwollenden Unterstützung durch die Partner in Staat und Wirtschaft ein überdurchschnittliches Wachstum. Nicht umsonst sprachen die Rückblicke stets von den „goldenen 70er Jahren".

Ein Blick auf den Vertragsforschungsmarkt zeigt die Fraunhofer-Gesellschaft als klaren Gewinner. Zu Beginn der 70er Jahre galt Battelle noch als übermächtiger, uneinholbarer Konkurrent. Keller war denn auch anfänglich eifrig darum bemüht, den Markt in bilateralen Absprachen mit Battelle aufzuteilen. Ein Jahrzehnt später hatte die Fraunhofer-Gesellschaft den Konkurrenten klar überrundet. Eindimensionale Erklärungen für den konträren Entwicklungsprozeß verbieten sich. Sicher profitierte die Fraunhofer-Gesellschaft auch von offensichtlichen unternehmenspolitischen Fehlern der Battelle-Führung. Unzweifelhaft ist jedoch, daß die staatliche Grundfinanzierung der Fraunhofer-Gesellschaft einen Wettbewerbsvorteil verschaffte, der für Battelle nicht zu kompensieren war. Ein Blick auf die Großforschung als dem zweiten großen Konkurrenten der Fraunhofer-Gesellschaft am Markt der Vertragsforschung verweist darauf, daß die Grundfinanzierung und die Expansion des Marktes als Folge der zunehmenden Externalisierung unternehmensinterner Forschungsaufgaben vieles, aber beileibe nicht alles erklären können. Die Großforschungseinrichtungen standen in den 70er Jahren unter massivem politischen Druck, ihre Wirtschaftsrelevanz durch Kooperation mit der Industrie, Technologietransfer und Vertragsforschung unter Beweis zu stellen. So sehr sie sich darum bemühten, ihr Angebot an technologisch relevanter Forschung zu verbessern, so skeptisch blieben die Kunden. Großforschung galt in der Wirtschaft, zumal in der mittelständischen Industrie, überwiegend als praxisferne Zukunftstechnik, die das Interesse des Marktes an Produkt- und Verfahrensinnovationen nicht bedienen könne.[141]

Wie rasch sich der Wind zugunsten der Fraunhofer-Gesellschaft gedreht hatte, zeigt auch die Reaktion auf die Evaluation durch den Wissenschaftsrat. Hatten dessen Empfehlungen 1964 eine Existenzkrise ausgelöst, der die angewandte Forschung nur mit Mühe entronnen war, so wurden die neuerlichen, teilweise ebenfalls negativen Empfehlungen des Wissenschaftrats aus dem Jahr 1975 gelassen ad acta gelegt. Außer Heiss, dem die Krise der 60er Jahre aus eigenem Erleben noch in den Knochen steckte, fand es niemand der Mühe wert, darüber auch nur zu diskutieren. Man wußte sich im Senat mit „dem Hauptgeldgeber" darin einig, daß das kritische Votum des in seinem forschungspolitischen Einfluß gesunkenen Wissenschaftsrats mittlerweile weit weniger Gewicht hatte als das Ansehen, das sich Fraunhofer bei Industrie und Staat erworben hatte.[142]

Fremdsteuerung und direkte staatliche Intervention zu Beginn der 70er Jahre, Selbststeuerung und Autonomie zu Beginn der 80er Jahre, so läßt sich der Wandel der Fraunhofer-Gesellschaft vom Objekt zum Subjekt bundesdeutscher Forschungspolitik verkürzt bilanzieren. Keller legte als Präsident größten Wert darauf, den Einfluß des Staates auf ein Minimum zu reduzieren und in die dafür geschaffenen Kanäle (Senat, Ausschuß Fraunhofer-Gesellschaft) zu leiten. Um dieses Zieles willen riskierte er höchsten Einsatz, wie die Episode um das Institut für Physikalische Weltraumforschung (IPW) zeigt. Bundesforschungsminister Hauff hatte sich in einer Wahlkampfrede in Freiburg gegen die vom Vorstand beschlossene Verlagerung des Instituts ausgesprochen. Keller erinnerte dieser Versuch einer politischen Intervention in die Entscheidungsbefugnis der Gesellschaft „erschreckenderweise an den Zustand", in dem sich die Fraunhofer-Gesellschaft vor seiner Amtszeit befunden habe. Der „Nichtigkeit" des Anlasses entsprach sein Präzedenzcharakter. Keller verknüpfte sein Schicksal mit dem der Fraunhofer-Gesellschaft und bot seinen Rücktritt an. Hauff sah sich gezwungen, den Gang nach Canossa anzutreten, um den wild entschlossenen Fraunhofer-Präsidenten vom Äußersten abzuhalten.[143]

Gelassenheit und Selbstbewußtsein kennzeichnen das Auftreten der Fraunhofer-Gesellschaft in den 70er Jahren. Das alle Erwartungen übertreffende Wachstum verschaffte der Gesellschaft das Image des forschungspolitischen Hoffnungsträgers. Die Erblasten der ersten 25 Jahre – regionale Unausgewogenheit, Verteidigungslastigkeit und Lumpensammlermentalität – wirkten weiter; aber sie kontrastierten um so stärker mit der dynamischen Entwicklung der Gesellschaft. Gerade im politischen Raum bekam die Fraunhofer-Gesellschaft fast ausnahmslos wohltuende Streicheleinheiten verpaßt, sei es, als sie sich im März 1978 vor dem Bundestagsausschuß für Forschung und Technologie präsentierte, sei es, als nach dem Auslaufen der fünfjährigen Erprobungsphase das Fraunhofer-Modell einer Überprüfung auf Herz und Nieren unterzogen wurde.[144] In der allgemeinen Öffentlichkeit lastete das vermeintliche Erbe der „Militärforschung" nach wie vor auf der Gesellschaft.[145] In der politischen Wahrnehmung hatte sich das

Problemkind dagegen in bemerkenswert kurzer Zeit zum Musterknaben der bundesdeutschen Forschungsfamilie gemausert.

Werfen wir einen Blick auf die diesen Urteilen zugrundeliegenden Kriterien, so sehen wir in der Tat steil nach oben weisende Kurven. Die Fraunhofer-Gesellschaft wußte, was die Fachöffentlichkeit von ihr erwartete, und sie richtete ihre Selbstpräsentation darauf aus, daß die relevanten Indikatoren (Vertragsforschung, eigene Erträge und Verhältnis von Aufwand zu Ertrag – Industrierelevanz, das Schlüsselwort der späten 80er und vor allem der 90er Jahre, spielte noch nicht die tragende Rolle) eine besonders imposante Entwicklung nahmen. Uneingeschränkt stolz konnte die Gesellschaft darauf sein, daß ihre in der mittelfristigen Planung projektierten, ohnedies eindrucksvollen Wachstumsraten von der Realität meist nach oben korrigiert wurden. Weder die wirtschaftlichen Krisen der 70er Jahre noch das drastische Zurückfahren der direkten Projektförderung des Forschungsministeriums zu Beginn der 80er Jahre bremsten diese Dynamik nennenswert ab. Gegen Ende seiner Amtszeit konnte Keller daher seiner Vorliebe für die Zahl 3 frönen und die ebenso imposante wie amüsante Bilanz ziehen, die Fraunhofer-Gesellschaft habe nunmehr 3 Vorstände, 30 Institute, einen Etat von rund 300 Mio. DM und ca. 3000 Mitarbeiter.[146]

Wer sich die Mühe machte, am glänzenden Lack zu kratzen, stieß zu Beginn der 80er Jahre durchaus auf Problemstellen der Gesellschaft; manche drohten, auf mittlere Sicht zu Rostbeulen zu werden:[147]

- Viel Zeit und Energie war investiert worden, um verbindliche Kriterien der Bewertung der Institute zu erstellen; allerdings vergeblich, denn auf eine formalisierte Basis der Erfolgskontrolle hatte man sich intern nicht einigen können. Das Controlling der Institute und die Zuweisung von Ressourcen basierten mehr auf Gefühl und Intuition als auf nachvollziehbaren Parametern.
- Auch die Kalkulation war trotz der EDV-Einführung über weite Strecken ein *Trial-and-error*-Mechanismus, der unter dem Druck, Aufträge akquirieren zu müssen, zur Kostenunterdeckung neigte. Das zehrte die Reserven auf und schmälerte den ohnehin knappen Spielraum für Eigenforschung. So manches Institut lebte von der Substanz und konnte daher dem Ziel hoher wissenschaftlicher Qualität nicht mehr hinreichend entsprechen. Bereits am Ende der Ära begegnen wir jener Frage, die ein gutes Jahrzehnt später die Diskussion beherrschte: Welche Voraussetzungen müssen gegeben sein, um langfristig die Balance zwischen Vertragsforschung und Eigenforschung zu halten?
- Die Zusammenarbeit zwischen den Instituten war verbessert worden, wies aber nach eigenem Bekunden noch erhebliche Defizite auf. Der multidisziplinäre Problemlösungsverbund, der man zu sein vorgab, entpuppte sich in der Praxis trotz diverser Versuche zur internen Homogenisierung nicht selten als heterogene Landschaft rivalisierender Herzogtümer.
- Die Spaltung der Fraunhofer-Gesellschaft entlang der Linie zivil-militärisch setzte sich unter veränderten Vorzeichen fort. In den 50er und 60er Jahren

waren die verteidigungsbezogenen Institute die „reichen" Institute mit besten Arbeitsbedingungen gewesen, während sich die zivilen Institute durch Vertragsforschung mühsam am Leben erhalten hatten. In den 70er Jahren verhalf das Fraunhofer-Modell den zivilen Einrichtungen zu einem beispiellosen Wachstum. Die expandierenden Stellenpläne und die hervorragende apparative Ausstattung der „Neureichen" kontrastierte mit den schrumpfenden Etats der verteidigungsbezogenen Institute, eine Entwicklung, die sich in den 80er Jahren noch verschärfen sollte.[148] „Zivil" und „verteidigungsbezogen" stehen für zwei separate, die Geschlossenheit der Gesellschaft beeinträchtigende Bereiche, die sich in Selbstverständnis, Marktorientierung, Dispositionsfreiheit und politischer Akzeptanz erheblich unterscheiden.

- Planstellen-Bürokratien tendieren mit ihrem Eigengewicht gerade auf dem Vertragsforschungssektor zu einer wachsenden Abkoppelung vom Erkenntnisfortschritt, wenn eine kontinuierliche Weiterbildung unterbleibt. Die Personalförderung war ein Defizit, das intern zwar erkannt, aber nicht behoben worden war.
- In seiner Herbstsitzung des Jahres 1980 dachte der im allgemeinen „brave" Senat in bemerkenswert offener Weise über die Gefahren der stürmischen Expansion nach. Im Angesicht des Paradigmenwechsels in der staatlichen Forschungspolitik wurden sowohl die Abhängigkeit der Fraunhofer-Gesellschaft von der staatlichen Forschungs- und Entwicklungspolitik als auch das hohe Tempo der Institutsgründungen kritisiert.[149] Tatsächlich drohte die bis dato beispiellose Welle von Neugründungen den Motor Fraunhofer zu überhitzen. Am Ende der langen 70er Jahre teilte sich die Fraunhofer-Familie in eine rund gleich große Anzahl von konsolidierten und Aufwuchsinstituten. Die Grenzen des Wachstums waren nicht nur für die industrialisierte Welt, sondern auch für die Fraunhofer-Gesellschaft ein Thema, über das es sich lohnte nachzudenken.

Zeitgenössische Wahrnehmung und rückblickende Analyse des Historikers sind bekanntlich nicht deckungsgleich. Einige der genannten Krisenphänomene beschäftigten die Fraunhofer-Verantwortlichen in hohem Maße, andere wiederum (noch) kaum oder gar nicht. Umgekehrt mißt der Historiker Problemen wenig Bedeutung zu, die in der Wahrnehmung der Betroffenen existentiell waren. Nicht nur um die historischen Akteure als handelnde Individuen ernst zu nehmen, sondern auch um den Fraunhofer-intern diskutierten Problemlagen gerecht zu werden, seien am Ende dieser Kurzbilanz der langen 70er Jahre die beiden Probleme genannt, die Anlaß zu weitgespannten Krisenszenarios boten: die Vergütungsfrage und die Zeitstellenproblematik.

Was in der Lohntüte steckt oder auf dem Gehaltszettel steht, interessiert die Menschen in besonderem Maße, geht es doch um den „gerechten" Gegenwert ihrer Arbeit. Das Arbeitsentgelt ist gleichsam ein Thema von anthropologischer Dimension. Es verwundert daher nicht, daß es uns auch in der öffentlich finanzierten Forschung auf Schritt und Tritt begegnet.[150] In der Fraunhofer-Gesellschaft wurde die Vergütungsfrage insofern eine besonders stark diskutierte, als deren leitende Mitarbeiter einen Anspruch auf ein Einkommen zu haben glaubten, das ihrer Doppelfunktion als Wissenschaftler und risikobehaftete Unternehmer gerecht werden sollte. Die bemerkenswerten Teilerfolge, die die Fraunhofer-Gesellschaft in einem ebenso zäh geführten wie endlosen Kampf um Details mit Zuwendungsgebern erringen konnten, hielten das Reizthema Vergütung unterhalb der Schwelle, ab der es die Motivation der Mitarbeiter in einem den Unternehmenserfolg ernstlich gefährdenden Maße beeinträchtigt hätte. Am Ende der fünfjährigen Erprobungszeit des Modells der erfolgsabhängigen Grundfinanzierung gelang es gar, eine Vergütung der Institutsleiter entsprechend der Hochschullehrerbesoldung (C 4) und eines ganzen Pakets von führenden Mitarbeitern unterhalb der Institutsleiterebene entsprechend B2/B3 zu sichern.[151] So sehr der Vorstand über diesen Erfolg jubilierte, so wenig konnte der Triumph darüber hinwegtäuschen, daß das zu Beginn der 70er Jahre gesteckte Ziel einer auf allen Ebenen greifenden Leistungsorientierung der Vergütung nicht erreicht worden war. Die Fraunhofer-Gesellschaft hatte das Prokrustesbett der öffentlichen Vergütung gedehnt, weit mehr als es den staatlichen Finanzverwaltungen landauf, landab lieb war. Sie blieb aber entgegen der Absichten der Gründungsväter der neuen Fraunhofer-Gesellschaft an die öffentlichen Vergütungsregeln gebunden. Die 90er Jahre haben auch die Fraunhofer-Mitarbeiter gelehrt, die Vor- und Nachteile des Systems öffentlicher Vergütung sorgfältiger gegeneinander abzuwägen. In den 70er Jahren wurde sie dagegen fast durchweg als unliebsame Knebelung empfunden.[152]

In den Sozialwissenschaften gibt es eine lange und kontrovers geführte Debatte, ob Zeitstellen im Wissenschaftsbereich die Produktivität steigern oder behindern. Die einen sehen in Mitarbeitern mit Zeitverträgen disponible, hochmotivierte, ja zur Selbstausbeutung neigende Kräfte, die anderen einen den Betriebsfrieden gefährdenden, mit der permanenten Suche nach Anschlußfinanzierung beschäftigten Störfaktor. Die Fraunhofer-Gesellschaft der 70er Jahre böte den Diskutanten reichlich Stoff, ihre Argumente zu schärfen. Wie keine zweite Forschungseinrichtung war die Fraunhofer-Gesellschaft von der Zeitstellenproblematik betroffen. Im Verlauf der Erprobungsphase des Modells der erfolgsabhängigen Grundfinanzierung (1973/74–1979) nahm die Zahl der unbefristeten Stellen um nur gerade 9% zu, während die Beschäftigtenzahl insgesamt um 60% wuchs. Der Ausbau der Vertragsforschung erfolgte somit im wesentlichen über projektabhängige Zeitverträge.[153]

Vertragsforschung ist Projektarbeit, die sich – vermeintlich – besonders gut mit befristet beschäftigten Mitarbeitern durchführen läßt. Tatsächlich jedoch werteten nicht nur die Betriebsräte, sondern auch der Vorstand und die Institutsleiter die hohe Zahl von Zeitverträgen in dieser Phase als Negativfaktor. In der Rangliste der ungelösten Probleme stand die Zeitstellenfrage für einige Jahre an der Spitze. Diese Wahrnehmung ist vor dem Hintergrund des angespannten

Arbeitsmarktes für Akademiker zu sehen. Die Klagen der Fraunhofer-Gesellschaft über die Abwerbung qualifizierter Arbeitskräfte sind Legion, und sie sind nicht aus der Luft gegriffen. Im Konkurrenzkampf mit den Hochschulen und insbesondere mit der Industrie hatte die Fraunhofer-Gesellschaft insofern schlechtere Karten, als sie kaum Dauerstellen anbieten konnte. Zudem schwebte sie in latenter Gefahr, gegen geltendes Arbeitsrecht zu verstoßen. Schließlich: Was machte es für einen Sinn, einem hochqualifizierten und gut eingearbeiteten Wissenschaftler mitten in einem laufenden Projekt nur deshalb zu kündigen, weil gerade seine maximal mögliche Beschäftigungsdauer von fünf Jahren ablief?

Kellers Hoffnung, daß „die Vernunft auch in kameralistischen Kreisen siegen" würde, war nicht vergeblich.[154] Mit Beginn des Jahres 1980 bekam die Fraunhofer-Gesellschaft einen sogenannten „II. Stellenplan", der sie in die Lage versetzte, durch Projekt- und Auftragsmittel finanzierte „Ermächtigungsstellen" bis zu einer vorab im Wirtschaftsplan festgelegten Höchstgrenze zu führen. Innerhalb eines Jahres sank der Anteil der befristeten Stellen im Leistungsbereich Vertragsforschung von 34,9% auf 11,6% ab. Staat und Fraunhofer waren nicht wenig stolz, auf diese Weise ein Instrument zur flexiblen Reaktion auf die Dynamik des Vertragsforschungsmarktes geschaffen zu haben. Für einige Zeit wurde noch darum gerungen, die Klausel abzuschaffen, derzufolge nur 80% der Ermächtigungsstellen mit unbefristeten Arbeitsverträgen ausgestattet werden konnten. Im Grunde aber war ein das Betriebsklima und das Wachstum der Fraunhofer-Gesellschaft gleichermaßen negativ beeinflussendes Problem einvernehmlich gelöst worden. Ein knappes Jahrzehnt später kehrte es in verändertem Gewande, unter veränderten Arbeitsmarktbedingungen und mit veränderten Lösungsmustern wieder.[155]

IV. Die kurzen achtziger Jahre: Expansion und Konsolidierung

1. Neue Köpfe, neue Konzepte: der doppelte Wechsel 1982/83

Die Bundestagswahl vom Herbst 1980 hatte die sozialliberale Koalition nochmals in der Regierung bestätigt. Die dritte Legislaturperiode der Regierung Schmidt/Genscher war jedoch bereits eine Phase ihres politischen Niedergangs. Der Streit über den „Nachrüstungsbeschluß" der NATO stärkte die innerparteilichen Gegner Helmut Schmidts, schien doch nun das friedenspolitische Erbe des Altkanzlers Willy Brandt gefährdet. Das größte Problem des politisch wie gesundheitlich angeschlagenen Kanzlers war freilich die Wirtschaftslage. Die zweite Ölpreiskrise des Jahres 1977 hatte die Industrie weltweit in eine Depression gestürzt und die Inflation angekurbelt. Der starke Dollarkurs und die hohen US-Zinsen zwangen die Bundesregierung zur Abwertung der D-Mark und ihrerseits zu einer Hochzinspolitik. 1981 zeigte sich die Krise in ihrem ganzen Gewicht. Die Arbeitslosenzahl stieg gegenüber dem Vorjahr um fast 400000 auf den Höchststand von 1,37 Mio., die Inflationsrate näherte sich der 7%-Marke, und die Anzahl der Firmenkonkurse schnellte dramatisch hoch.[1]

Der Regierung waren die Hände gebunden. Für die Ankurbelung der Wirtschaft durch staatliche Konjunktur- und Beschäftigungsprogramme, die 1977/78 so nachhaltig gewirkt zu haben schienen, fehlte jeder haushaltspolitische Spielraum. Im Gegenteil, unter dem Eindruck der drastisch angestiegenen Staatsverschuldung geriet die Debatte um die Ursachen der Depression zu einer schonungslosen Abrechnung mit der nachfrageorientierten Wirtschaftspolitik der Regierung. In der Furcht, in dem sich abzeichnenden Untergang der Regierung mit in die Tiefe gerissen zu werden, strebte die FDP-Führung spätestens seit dem Frühjahr 1982 den Koalitionswechsel an. Das konstruktive Mißtrauensvotum vom 1. Oktober 1982 hob die christlich-liberale Regierung Kohl/Genscher in den Sattel, die in der Bundestagswahl vom März 1983 von den Wählern eindrucksvoll bestätigt wurde.

Welche Auswirkungen zeitigte der Bonner Wechsel auf die Forschungslandschaft? Dem Historiker, der politische Programmatik und effektive Wirkungen sorgsam unterscheidet, fallen vor allem die Kontinuitäten auf. Die neue Regierung schrieb zu einem nicht geringen Teil die Konzepte ihrer Vorgänger fort. Die aufgeregten Debatten um die „Wende" in der Forschungspolitik waren vor allem politischer Theaterdonner.[2] Die vielleicht wichtigste forschungspolitische Wende war bereits zu Beginn der 80er Jahre vollzogen worden, als die Projektförderung zurückgefahren und statt dessen auf Verbundprojekte und indirekt-spezifische Fördermaßnahmen gesetzt wurde. Der neue Bundesforschungsminister Heinz

Riesenhuber machte aus diesem ordnungspolitischen Strategiewandel einen programmatischen Kurswechsel, der einen Rückzug des Staates aus Markt und Wirtschaft einläuten sollte.

Auf der Ebene der politischen Symbolik war 1982 in der Tat ein Einschnitt. War Forschungspolitik von Hauff und Matthöfer noch als Instrument zur Durchsetzung struktur- und gesellschaftspolitischer Ziele gesehen worden, so verstand Riesenhuber sein Ministerium vornehmlich als Mittler zwischen Wissenschaft und Wirtschaft, als Anreger und Katalysator von Innovationen. Kontextsteuerung anstelle von inhaltlichen Vorgaben, weniger Staat und mehr Markt, lautete die Devise der christlich-liberalen Koalition. Der erste Bundesbericht Forschung der neuen Regierung formulierte programmatisch: „Alle staatlichen Maßnahmen zur Förderung von Forschung, Entwicklung und Innovation in der Wirtschaft werden daher nach dem Grundsatz der Subsidiarität konzipiert und durchgeführt. Es geht vor allem darum, die Eigeninitiative und die Antriebskräfte des Marktes zu stärken.“[3]

In der Konsequenz dieser politischen Zielsetzung lag es, die direkte Forschungsförderung weiter zurückzuschneiden und die frei werdenden Mittel für indirekte und vor allem für indirekt-spezifische Maßnahmen zu nutzen, um die Diffusion technischen Wissens zu beschleunigen: für Steuervergünstigungen, Zuschüsse zu den Personalkosten im FuE-Bereich und für die Förderung von technologieorientierten Unternehmensgründungen. Zugleich zog sich das Bundesforschungsministerium – nicht zuletzt auf Druck der Europäischen Gemeinschaft – aus der marktnahen Technologieförderung zurück und forcierte statt dessen die Grundlagenforschung. Das forschungspolitische Leitinstrument, das dem Transfer der Grundlagenforschung in technische Innovationen diente, wurde die Verbundforschung. Mit dem Verbund, der ein finanzielles Engagement der Wirtschaft voraussetzte, sollte sich die Forschung auf selbstgesteuertem Wege an den Bedürfnissen des Marktes ausrichten. Die ersten Programme, bei denen das neue Förderinstrument griff, waren Biotechnologie, Fertigungstechnik, Mikroelektronik und Mikroperipherik.[4]

In zufälliger Parallelität zur hohen Bonner Politik vollzog sich auch an der Spitze der Münchner Fraunhofer-„Regierung“ ein personeller Wechsel. Mit dem Ende des Jahres 1982 lief die Amtszeit von Präsident Keller aus. Da der 65jährige bereits frühzeitig signalisiert hatte, für eine weitere Amtsperiode nicht mehr zur Verfügung zu stehen, konnte der Senat schon zu Beginn des Jahres 1982 eine Liste von fünf Präsidentschaftskandidaten präsentieren.[5]

Die Fraunhofer-Gesellschaft hatte in der Ära Keller einen steilen Aufstieg genommen. Der Senat schrieb diese erfreuliche Entwicklung neben günstigen äußeren Umständen vor allem den Führungsqualitäten des scheidenden Präsidenten zu. Das Bild, das sich die Senatoren von dem Nachfolger malten, war das Spiegelbild Kellers: Industrieerfahrung, Managementqualitäten, Ansehen bei den Vertragspartnern in der Wirtschaft, Kreativität und Durchsetzungsvermögen. Rasch stellte sich jedoch heraus, daß für den Wunschkandidaten aus der Industrie der Vergütungsrahmen zu eng war. Die Einkommen der industriellen Führungskräfte waren den öffentlichen Gehältern uneinholbar davongelaufen. Das vom Forschungsministerium unter Verweis auf den Haushaltsausschuß des Bundestages als oberste Grenze genannte Einkommen nach B 11 war von den 300000 DM Jahresgehalt, das qualifizierten Managern als Minimum angeboten werden mußte, weit entfernt.

Wie bereits in den 70er Jahren im Vorfeld der Wahl der Vorstandsmitglieder Keller und Schlephorst echauffierte sich der Senat darüber, in seiner Entscheidungsautonomie von Ministerium und Parlament beschnitten zu werden. Forschungsminister Riesenhuber schlug im Gegenzug vor, die Einkommensdifferenz mit Hilfe eines von der Wirtschaft getragenen Fonds zu überbrücken und nahm damit der Senatskritik den Wind aus den Segeln. Die Idee eines Fonds wurde von den Industriellen im Senat als finanztechnisch „nicht machbar" eingestuft. Im übrigen bestehe die Gefahr einer personellen Abhängigkeit des Präsidenten. Nun rückte die zweitbeste Lösung eines externen Kandidaten aus der staatlichen Forschung in den Mittelpunkt der Suche, der in der Person des Präsidenten der Bundesanstalt für Materialprüfung (BAM), Gerhard W. Becker, gefunden wurde. Becker zeigte sich sehr interessiert, motiviert durch den „größeren Gestaltungsspielraum in der Fraunhofer-Gesellschaft, durch deren höhere Flexibilität gegenüber einer Bundesanstalt". Der Senat wählte Becker im November 1982 zum Präsidenten, im Vertrauen darauf, daß Bonn die noch offenen Gehaltsfragen lösen werde. Da Keller sich bereit erklärte, seine Amtszeit zur Einarbeitung seines Nachfolgers um einige Monate zu verlängern, schienen die Weichen für einen harmonischen Übergang in eine neue Ära gestellt.[6]

Obwohl die Gehaltsfrage geklärt werden konnte, sagte Becker im April 1983 ab. Insider hielten die gesundheitlichen Gründe für vorgeschoben und mutmaßten, dem BAM-Präsidenten sei der Gestaltungsspielraum der Fraunhofer-Gesellschaft zu groß geworden. Nun richtete sich der Blick nach innen, und der auf Platz zwei der Kandidatenliste rangierende Leiter des Fraunhofer-Instituts für Informations- und Datenverarbeitung (IITB), Max Syrbe, rückte nach vorne.

Syrbe hatte sich bereits bei der „Erfindung" des Fraunhofer-Modells als Stratege profiliert, der über sein Institut hinaus denken wollte und konnte. Seine langjährige Industrieerfahrung (zuletzt als Geschäftsbereichsleiter Elektronik bei BBC in Mannheim), sein internationales Renommee als Wissenschaftler im Schlüsselbereich Informationstechnik, seine Führungsstärke und sein ausgeprägtes Durchsetzungsvermögen qualifizierten Syrbe für das Präsidentenamt. Seine intime Vertrautheit mit den Stärken und Schwächen der Fraunhofer-Gesellschaft ließen ihn in den Augen so mancher Senatoren als bestgeeigneten Kandidaten erscheinen. Gleichwohl war eine Hauslösung zunächst ausgeschlossen worden. Nachdem Becker abgesagt hatte, wurden prinzipielle Bedenken gegenüber Hausberufungen schon aus Zeitgründen über Bord geworfen. Der Senat wählte Syrbe mit Wirkung vom 1. Oktober 1983 zum neuen Präsidenten und bestätigte

Eberhard Schlephorst und Hans-Ulrich Wiese, der 1977 August Epp als Vorstandsmitglied abgelöst hatte, für weitere fünf Jahre in ihren Funktionen.

Ein Blick nach vorne zeigt, daß Syrbes Berufung eine Tradition begründete. Als er nach zehnjähriger Amtszeit altersbedingt ausschied, war von Bedenken gegenüber internen Kandidaten ebenso wenig die Rede wie von Bewerbern aus der Industrie. Die spezifischen Anforderungen der Vertragsforschung legten in Verbindung mit dem unüberbrückbar höheren Einkommensniveau der industriellen Spitzenkräfte je länger je mehr die Berufung des Präsidenten aus den eigenen Reihen nahe. Aus der Not geboren, hat sich die Hauslösung zur Tugend entwickelt.

2. Die Fraunhofer-Gesellschaft zwischen quantitativem und qualitativem Wachstum

Auch in der Fraunhofer-Gesellschaft änderte der personelle Schnitt des Jahres 1983 wenig am Gang der Geschichte. Die Gesellschaft behielt ihren stabilen Wachstums- und Erfolgskurs bei. Wie in Bonn so war auch in München der Wechsel von 1982/83 vor allem auf der Ebene von Programmatik und argumentativer Symbolik eine Zäsur. Syrbe trat mit der Zielsetzung an, die Fraunhofer-Gesellschaft nach einer Ära der quantitativen Expansion in eine neue Phase des qualitativen Wachstums zu überführen. Innere Konsolidierung lautete die neue Führungsmaxime, worunter Syrbe erstens die Verkürzung der Zeiten für die Informationsbeschaffung und die Rationalisierung der experimentellen Tätigkeit „mit Hilfe eines modernen Geräteparks" verstand und zweitens die „Förderung der Wissenschaftler in der zweiten und dritten Ebene". Syrbe erntete verständlicherweise den Beifall der Fraunhofer-Mitarbeiter. Aber auch im Bonner Forschungsministerium stieß das Ziel einer Verlangsamung des Wachstums zugunsten der Konsolidierung auf Zustimmung. Allzu stürmisch war die Fraunhofer-Gesellschaft im letzten Jahrzehnt expandiert.[7]

De facto jedoch hielt die Dynamik des Wachstums in den kurzen 80er Jahren unverändert an. Wir werden sehen, daß die Leistungskurven der Fraunhofer-Gesellschaft – Zahl der Mitarbeiter, Budget, Anteil der Erlöse aus der Vertragsforschung an den Gesamteinnahmen – stark anstiegen. Mit Hans Günter Danielmeyer läßt sich die Prognose wagen, daß Syrbes Präsidentschaft nicht nur wegen der Ausweitung auf die neuen Bundesländer „als *die* Wachstumszeit der Fraunhofer-Gesellschaft" in die Geschichte eingehen wird.[8]

Mit dem realen Wachstum kontrastiert die zeitgenössische Selbsteinschätzung der Fraunhofer-Gesellschaft. In den gesamten 80er Jahren wurde der Vorrang der inneren Konsolidierung gegenüber weiteren Neugründungen betont und eine intensive Diskussion um die „Grenzen des Wachstums" geführt. Zugespitzt ließe sich formulieren, daß die Fraunhofer-Gesellschaft entgegen den eigenen Absichten ihr hohes Wachstumstempo beibehielt. Einmal mehr beweist sich die historische Grunderkenntnis, daß Geschichte als Prozeß ihre eigene Dynamik hat und nicht aufgeht in dem, was Menschen wechselseitig intendieren.

Wachstum unter veränderten Rahmenbedingungen

Unternehmen und Institutionen beobachten ihre Umwelt und versuchen, auf Veränderungen der externen Rahmenbedingungen adäquat zu reagieren. Wenn wir die Frage stellen, welche Veränderungen die Fraunhofer-Gesellschaft in ihrem Umfeld wahrnahm, so können wir als Antwort ein Problemdreieck konstruieren, in dessen Mitte sie sich verortete:

Den ersten Eckpunkt bildete der sich beschleunigende wissenschaftlich-technische Fortschritt in den USA und Japan, teilweise bereits auch in der Europäischen Gemeinschaft. Im Unterschied zu den USA und zu Japan vermißte die Fraunhofer-Gesellschaft die politische Festlegung von prioritären Zielen und die Konzentration von Ressourcen im nationalen Raum: Während Bonn seiner Koordinierungsfunktion nicht nachkomme, ja durch den Rückzug aus der direkten Projektförderung als forschungspolitisch steuernder Akteur zunehmend ausfalle, beginne die Europäische Kommission, mit eigenen Programmen auf die nationale Forschungslandschaft einzuwirken.

Eng damit verbunden war das zweite Problemfeld der zunehmenden Regionalisierung der Forschungsförderung. Basierend auf den Erfahrungen mit dem 1982 gegründeten Institut für Mikroelektronische Schaltungen und Systeme (IMS), bei dem die Fraunhofer-Führung ihre Konzeption auf Druck regionaler Interessen mehrfach verändern mußte, wurde der Konkurrenzkampf der Länder nicht nur als Chance, sondern auch als Erschwernis empfunden. Wissenschaftliche Entscheidungen würden durch regionale und damit sachfremde Einflußfaktoren überformt, die freie Wahl von Standort und Institutsleiter verhindert, Investitionen fehlgeleitet, wichtige Gebiete übersehen und damit die Qualität der Forschung beeinträchtigt. Die Fraunhofer-Gesellschaft appellierte an den Staat, dieses „Regionalismus-Problem“ auf der Ebene der Bund-Länder-Kommission für Bildungsplanung und Forschungsförderung zu lösen. Im Gegenzug bot sie ihre organisatorische Unterstützung für den Aufbau regionaler Forschungsschwerpunkte an. Hier zeichnet sich bereits eine Entwicklung ab, die zum Ende der 80er Jahre unter veränderter Stoßrichtung zur Fraunhofer-Management-Gesellschaft (FhM) führte.[9]

Weniger stark tangiert sah sich die Fraunhofer-Führung schließlich von dem ordnungspolitischen Wandel in Bonn. Die Verluste in der direkten Projektförderung hoffte man, durch das neue Angebot der Verbundprojekte kompensieren zu können. Als Forschungseinrichtung, die traditionell eng an die Industrie gekoppelt war, nahm die Fraunhofer-Gesellschaft das neue Förderinstrumentarium auch als Chance wahr: als Chance, die Industrieerträge weiter zu steigern, und als Chance, Institute zu gemeinsamen Projekten zusammenzuspannen. Während die Führung diesbezüglich den Wandel der Rahmenbedingungen positiv sah, sorgte der drohende Verlust eines Standbeines der bisherigen Finanzierung in den Instituten dagegen für erhebliche Verunsicherung. Hier wähnte man gar das Fraunhofer-Modell in akuter Gefahr. Insofern war der Optimismus der Münchner Führung auch der Versuch, die aufgeregten Gemüter vor Ort zu beruhigen.[10]

Die Problemanalyse, auf der die Fraunhofer-Gesellschaft ihre Handlungsoptionen und Strategien aufbaute, wurde den Entwicklungen der 80er Jahre weitgehend gerecht. Wir werden noch sehen, daß der lange Arm Brüssels mehr und mehr auf die Bonner Forschungspolitik einwirkte und auf diesem Weg auch die Fraunhofer-Gesellschaft erreichte. Auch wenn Europa eines der Themen war, das die internen Diskussionen um die Internationalisierung der Gesellschaft in dieser Phase bestimmte, so bewegte sich die Fraunhofer-Gesellschaft doch nur zaghaft auf Brüssel zu. Stärker noch und unmittelbarer als die Internationalisierung der Forschung schlug deren Gegenkraft, die Regionalisierung, auf die Fraunhofer-Gesellschaft durch. Jede Standortentscheidung, ob Neugründung oder Schließung, gewann vor dem Hintergrund der Debatte um das Süd-Nord-Gefälle der Forschungslandschaft hohe politische Brisanz. Der forschungspolitische Konzeptwechsel in Bonn berührte die Fraunhofer-Gesellschaft dagegen recht wenig. Vielmehr waren es die angespannte Haushaltslage des Bundes und der daraus resultierende Druck, sich verstärkt an der Industrie zu orientieren, die den Aktionsspielraum der Fraunhofer-Gesellschaft einengten.

Qualitatives Wachstum durch innere Homogenisierung? Die verschlungenen Pfade der achtziger Jahre

Das Spannungsfeld von Dezentralität und Zentralität blieb der Fraunhofer-Gesellschaft in den 80er Jahren erhalten, ja es erreichte eine neue Qualität. Das Bestreben der Münchner Führung, die institutsübergreifenden Klammern zu stärken, Synergieeffekte zu mobilisieren und neue Instrumente der Koordination zu schaffen, wurde in den Instituten mit Skepsis aufgenommen. Jeder diesbezügliche Vorstoß der Zentralverwaltung kollidierte zwangsläufig mit dem autonomieorientierten Selbstverständnis der Institute. Da Syrbes Programm, qualitatives Wachstum zu induzieren, auf der dezentralen Ebene ansetzen mußte, war die Bereitschaft der Institute zur Umsetzung der Münchner Vorschläge der kritische Faktor. Die Hauptkommission des Wissenschaftlich-Technischen Rats (WTR) war in ihrer Funktion als Schaltstelle zwischen Führung und Instituten mehr denn je gefragt.

Um das Prinzip der Dezentralität zu durchbrechen, institutsübergreifende Kooperationen zu stimulieren und Parallelarbeit weitestgehend zu vermeiden, waren die Sektionen bzw. Fachbereiche gegründet worden. Keller hatte Anfang der 80er Jahre versucht, die Aufsplitterung der Gesellschaft in eine Vielzahl von Fachbereichen aufzuhalten. Die Reduzierung von zwölf auf acht Bereiche 1982/83 war immerhin ein Teilerfolg; allerdings schwebte Keller als Ideal die the-

Schaltkreise für den Mittelstand.

Anwendungsspezifische Schaltkreise (ASICs) ermöglichen es, schon während der Herstellung von Werkstücken Krafteinsatz und Bearbeitungsqualität genauestens zu erfassen und zu steuern. Der Einsatz von ASICs beschränkt sich längst nicht mehr auf die Kommunikations-, Medizin- und Elektrotechnik; er ist inzwischen auch in klassischen Branchen wie dem Maschinenbau oder der Automobilindustrie selbstverständlich. Für kleine und mittlere Unternehmen ist der Weg zum eigenen ASIC jedoch nicht immer einfach: Im eigenen Haus fehlt es häufig an Kapazitäten oder am entsprechenden Know-how. Bei Aufträgen an fremde Hersteller von Integrierten Schaltkreisen droht der Verlust von Betriebsgeheimnissen. Nicht selten findet sich gar kein Anbieter, da sich die großen Halbleiterunternehmen meist ausschließlich auf den Massenmarkt konzentrieren. Für den ASIC-Bedarf von kleinen und mittleren Firmen liefern die Mikroelektronik-Institute der Fraunhofer-Gesellschaft daher schon seit den frühen 80er Jahren das Chip-Design.

Gassensor für medizinisch-umwelttechnische Anwendungen.

Ein vom Fraunhofer-Institut für Festkörpertechnologie (IFT) entwickelter Gassensor. Halbleiter-Sensoren für Druck oder für Gas vereinfachen Meßvorgänge, die bisher sehr aufwendig waren. Die damit verbundenen Vorteile der Platz- und Energieersparnis sowie der Reaktionssteigerung erschließen aber auch völlig neue Anwendungsfelder. In der Medizin- oder Umwelttechnik finden Mikrosensoren beispielsweise dann Verwendung, wenn die Konzentration gesundheitsschädlicher Gase überwacht werden muß. Werden Sensoren mit Aktoren zu Mikrosystemen gekoppelt, läßt sich der Gehalt bestimmter Gase nicht nur exakt ermitteln, sondern auch präzise regulieren.

Solartechnik für den Hausbau.

Das „energieautarke Solarhaus" in Freiburg (unten) demonstriert, daß ein Wohnhaus mit der heute verfügbaren Technik ausschließlich mit aus der Sonne gewonnener Energie versorgt werden kann; links das aus den 80er Jahren stammende Solarhaus in München. Beide Häuser sind Resultate der Forschungsarbeiten des Fraunhofer-Instituts für Solare Energiesysteme (ISE). Die Nutzung der Solarenergie im Bereich des Wohnens steht vor dem Problem, daß Wohngebäude die meiste Energie benötigen, wenn die Sonne nur wenig Energie liefert. Die Forschung des ISE konzentriert sich daher auf Techniken, mit denen die im Winter geringe Energiedichte der Sonnenstrahlung effizient genutzt und die im Sommer überschüssige Energie langfristig gespeichert werden kann.

Vermessung von transparenter Wärmedämmung.

Seit den 80er Jahren arbeiten die Fraunhofer-Institute für Solare Energiesysteme (ISE) und für Bauphysik (IBP) an Techniken der passiven Sonnenenergienutzung. Die transparente Wärmedämmung zielt darauf ab, Materialien zu entwickeln, die eine möglichst hohe Durchlässigkeit für sichtbare Sonnenstrahlung, für die längerwellige Wärmestrahlung jedoch einen möglichst niedrigen Transmissionsgrad besitzen. Die Anwendung der transparenten Wärmedämmung an Gebäudeaußenwänden senkt den Energiebedarf für die Heizung der Räume.

matische Aufteilung der Institute auf sechs Fachbereiche vor. Und noch in den letzten Monaten seiner Amtszeit startete die Zentralverwaltung einen weitergehenden Vorstoß der fachlichen Homogenisierung. Um unliebsame Konkurrenzentwicklungen und fachliche Überlappungen zu vermeiden, sollten die Institute ihre Kernarbeitsfelder klar definieren. Eine Kommission des WTR sollte zudem Grundregeln für die Zusammenarbeit der Institute im Falle inhaltlicher Überschneidungen erarbeiten.[11]

Dieser Versuch einer inneren Flurbereinigung verpuffte ohne bleibende Wirkung. Ein ähnliches Schicksal ereilte eine weitere Initiative: Die Leiter des Karlsruher Fraunhofer-Instituts für Systemtechnik und Innovationsforschung, des *think tank* der Gesellschaft, und der Planungsabteilung der Zentralverwaltung warteten 1983 zeitgleich mit dem Plan auf, die Institute zu gemeinsamen Projekten zusammenzuspannen. Krupp und Imbusch knüpften dabei an die bereits weit gediehenen Überlegungen zu einem die mikroelektronischen Institute übergreifenden Großprojekt „Sub-Mikron“ an und reagierten zugleich auf den forschungspolitischen Wandel in Bonn. Es war kein Zufall, daß die beiden Initiativen just in der Phase des doppelten Wechsels gestartet wurden. Das explizite Interesse Riesenhubers an Verbundvorhaben spielte den Strategen Krupp und Imbusch, die sich schon in den 70er Jahren immer wieder für thematische Brückenschläge eingesetzt hatten, in die Hände. Die Verbundprojekte wurden auch als Chance verkauft, die Lücke zu schließen, die das Zurückfahren der direkten Projektförderung gerissen hatte. Imbuschs Pläne waren besonders ambitioniert. Sein Tableau von Vorschlägen entsprach einem jährlichen Fördervolumen von mehr als der Hälfte der bisherigen Gesamtfördermenge der Fraunhofer-Gesellschaft. Krupp versuchte, die Pläne seinen Kollegen mit dem Hinweis schmackhaft zu machen, daß „aus größeren Projekten auch ein größeres Volumen für die Vorlaufforschung“ resultiere. Die Mehrheit der Institutsleiter blieb zunächst jedoch skeptisch. Sie witterten einen Versuche der Zentrale, ihre Einflußsphäre nun auch auf die Projektdefinition und damit auf das Kernstück der Institutsautonomie auszudehnen. In langfristiger Perspektive lief Imbuschs Vorschlag auf eine „Fraunhofer-Gesellschaft II“ hinaus, die jenseits der erfolgsabhängigen Grundfinanzierung operieren sollte. In Bonn wollte man sich jedoch auf diese Aufweichung des Fraunhofer-Modells nicht einlassen.[12]

Neben der Idee institutsübergreifender Kooperationen auf Zeit wartete die Fraunhofer-Führung auch mit dem Modell eines dauerhaft institutionalisierten Verbundes auf. Der 1984 gegründete „Fraunhofer-Verbund Mikroelektronik“ (FhV-µE) sollte der Öffentlichkeit demonstrieren, daß die Fraunhofer-Gesellschaft thematische Überschneidungen und Doppelarbeit zu vermeiden und ihre Forschungstätigkeit auf die Bedürfnisse der Elektronikindustrie abzustellen vermochte – wir werden auf seine Entstehungsgeschichte weiter unten noch zu sprechen kommen. Hier interessiert, daß der lockere Verbund, obwohl er mit keinerlei Machtmitteln ausgestattet wurde, für heftigen Wirbel sorgte. Syrbes Erwartung, daß mit der Zeit aus den Fachbereichen heraus eigenständig der

Wunsch nach weiteren Fraunhofer-Verbünden entstünde, erfüllte sich nicht. Im Gegenteil, die Institutsleiter beharrten auf ihrem „satzungsmäßigen Freiraum" und malten den Teufel eines „Ober-Institutsleiters" an die Wand, wie er sich – *horribile dictu* – in der Deutschen Forschungs- und Versuchsanstalt für Luft- und Raumfahrt (DFVLR) als Zwischenhierarchie unterhalb des Vorstandes etabliert habe.[13]

Heute erscheint es, als sei 1983/84 die Chance versäumt worden, in Anknüpfung an die verbundorientierte Förderpolitik des BMFT die Fähigkeit zur Bündelung von Ressourcen als dezidierte Stärke der Fraunhofer-Gesellschaft auszuweisen. Institutsübergreifende Kooperationen kamen nur schleppend in Gang, weitere Fraunhofer-Verbünde blieben aus. Erst Mitte der 90er Jahre wurden sie zu einem vorrangigen Ziel und rückten in den Rang strategischer Instrumente auf. Mit dem dezentralen Prinzip der Entscheidungsfindung war die Fraunhofer-Gesellschaft über mehr als ein Jahrzehnt hinweg hervorragend gefahren. Aus der Sicht der Institutsleiter sprach wenig dafür, riskante Experimente einzugehen. Erst ein gutes Jahrzehnt später war der finanzielle Leidensdruck hoch genug, um die gewachsene Resistenz der Institutsleiter gegenüber formalisierten Eingriffen in den Kern ihres Herrschaftsbereichs überwinden zu können.

Das Problem, welche Aufgaben zentral und welche dezentral gelöst werden, ist ein Strukturkonflikt der Fraunhofer-Gesellschaft. Mit der anhaltenden Expansion der Zentralverwaltung wuchsen in den Instituten die Ansprüche an deren Leistungsfähigkeit und zugleich die Sorge, zu Befehlsempfängern von München degradiert zu werden. Vor dem Hintergrund dieses Struktur- und Wahrnehmungskonfliktes tendierten Fragen von scheinbar banaler Bedeutung dazu, in Grundsatzdebatten zu münden, etwa die Diskussion um ein neues Einkaufsverfahren: Während bis dahin die Institute darüber entschieden hatten, welche Geräte sie beschaffen wollten, forderte München nun eine Zentralisierung der Investitionen ein, insbesondere bei den Großgeräten. Es bedurfte mehrerer Anläufe und nachdrücklicher Appelle an den „Geist der Kooperation", ehe sich die Fraunhofer-Gesellschaft auf schriftlich fixierte Leitlinien einigen konnte, und auch dann bereitete die Auslegung der Leitlinien immer wieder Schwierigkeiten.[14]

Die Selbstkosten haben in der Fraunhofer-Gesellschaft als marktorientierter Einrichtung einen hohen Stellenwert. Je niedriger die Kosten für die Projektabwicklung gehalten werden können, desto größer sind Chancen, Aufträge zu akquirieren. Als erfahrener Institutsleiter wußte Präsident Syrbe nur zu gut, daß das Projektmanagement in den Instituten ein erhebliches Einsparungspotential in sich barg. Und er wußte ebensogut, daß sich qualitatives Wachstum nicht durch Anweisung von oben erzielen lassen würde. Vielmehr mußten die Mitarbeiter durch Schulungsmaßnahmen in die Lage versetzt werden, die Effizienz und Qualität ihrer Arbeit zu steigern. Seine Fortbildungsstrategie konzentrierte sich zunächst auf die oberen Führungsebenen der Institute. Letztlich setzte er als Präsident in die Tat um, was er bereits in den frühen 70er Jahren mit Vehemenz gefordert hatte.

Syrbes Erwartung, die Führungsseminare „als Dauereinrichtung zu etablieren", hat sich erfüllt. Seit 1986 versammelt die Fraunhofer-Gesellschaft ihre Führungskräfte ein- bis zweimal pro Jahr zu einer mehrtägigen Klausurveranstaltung. Neben der Weiterbildung und der Kommunikation von Zielen und Strategien dienen diese Klausurveranstaltungen dazu, in Workshops Erfahrungen auszutauschen und Problembereiche aufzubereiten. Zudem entdeckte auch die Fraunhofer-Gesellschaft im Zuge des betriebswissenschaftlichen Trends, die *human resources* aufzuwerten, die „Personalentwicklung" als zentralen Bestandteil einer qualitätsorientierten Unternehmenskultur. Als am Ende der kurzen 80er Jahre für diesen Bereich eine eigene Abteilung in der Zentralverwaltung eingerichtet wurde, war dies nicht der Höhepunkt, sondern der Beginn einer Politik, die das „Potential des Mitarbeiters optimal" nutzen wollte.[15]

Ebenso wie die Personalentwicklung zielten die unter dem Schlagwort „Wissenschaftler-Arbeitsplatz" (WAP) laufenden Initiativen darauf ab, die Arbeitsbedingungen in den Instituten flächendeckend zu verbessern. Dem Informations- und Systemtechniker Syrbe schwebte eine Mitarbeiterschaft vor, die mit Hilfe der neuesten Informationssysteme den bestmöglichen Zugriff auf die für die jeweilige Aufgabenstellung relevanten Daten und Literatur haben sollte. Das Büro der Zukunft, für das in seinem ehemaligen Karlsruher Institut und am Stuttgarter Fraunhofer-Institut für Arbeitswirtschaft und Organisation (IAO) Konzepte entwickelt wurden, sollte in der Fraunhofer-Gesellschaft flächendeckend Wirklichkeit werden, und dazu gehörten unter anderem: interne Vernetzung durch einheitliche EDV-Betriebssysteme, leistungsfähige Institutsbibliotheken, schneller Zugang zu Datenbanken über nationale und internationale Forschungsnetze. Der einzelne Wissenschaftler sollte jedoch nicht nur beschleunigten Zugang zu Informationen und Forschungsergebnissen erhalten, sondern auch Unterstützung bei der Erledigung von standardisierten Arbeitsvorgängen der Projektabwicklung. Für Syrbe war der unternehmenseinheitliche Wissenschaftler-Arbeitsplatz ein komplexes Gesamtvorhaben, mit dem die Fraunhofer-Gesellschaft erstmals unter Beweis stellen konnte, „einen Synergismus [...] zu erzeugen".[16]

Der Wissenschaftler-Arbeitsplatz wurde mehr und mehr zum Reizwort. Das mit großem Elan gestartete Vorhaben zog sich hin. Die Entwicklungs- und Erprobungsphase war erst 1988 abgeschlossen. In den Instituten war die Kosten-Nutzen-Rechnung ebenso umstritten wie die Frage, ob das neue, vernetzte System gegenüber den bisherigen Insellösungen wirkliche Vorteile bringen würde. Erst als die Fraunhofer-Zentrale die erforderlichen Investitionen zur Hälfte bezuschußte, zeigten sich die Institute vermehrt zur Übernahme des Programms bereit. Während die Institutsleiter die Kosten schreckten, nahmen die Mitarbeiter zudem das WAP-Programm als Instrument zentralisierter Kontrolle wahr. In Verbindung mit den parallel laufenden Bestrebungen, die Leistung der einzelnen Institute mit Hilfe eines Clusters quantifizierbarer Indikatoren vergleichend zu messen, verdichtete sich der Eindruck, das Programm vergrößere einmal mehr den „Handlungsspielraum der Forschungsmanager in der Zentralverwaltung". Der Vorstand tat schließlich wohl daran, den Gesamtbetriebsrat bei der Ausgestaltung des Programms mit in die Verantwortung zu nehmen. Es bedurfte freilich einer arbeitsgerichtlich eingesetzten Einigungsstelle als Vermittlungsinstanz, um nach langen Verhandlungen im November 1988 eine „Betriebsvereinbarung WAP" schließen zu können.[17]

Langfristig gesehen war die Einführung eines mehrstufigen, dezentrale und zentrale Rechnersysteme verknüpfenden Kommunikationsnetzes in Verbindung mit neuen, zentralisierten Führungs- und Managementinstrumenten der Einstieg in eine neue Fraunhofer-Gesellschaft, die von Syrbe hoffnungsvoll als „Unternehmen Forschung" eingestuft wurde, während die Betriebsräte sorgenvoll einen „Umbruch zum Konzern" konstatierten.[18] Vorderhand jedoch blieben die Rationalisierungseffekte weit hinter den Erwartungen zurück, die am Beginn der Qualitätsoffensive gestanden hatten. Die Führung zog am Ende der kurzen 80er Jahre resigniert das Zwischenfazit, daß in den Instituten im allgemeinen immer noch ein „große[s] Rationalisierungspotential" liege, und auch die Institute hielten Einsparungen allein in der Projektabwicklung von bis zu 10% des Kostenvolumens für möglich. Als der WTR und die Zentralverwaltung einen Gemeinschaftsausschuß zum Thema „interne Rationalisierung" einsetzten, mußte dieser gleichsam wieder beim Punkt Null beginnen.[19]

Den Historiker, dem der Konflikt zwischen zentraler und dezentraler Kontrolle über das Geschehen am Arbeitsplatz als „anthropologische Konstante" wohlvertraut ist, verwundert es nicht, daß die Qualitätsoffensive der Fraunhofer-Gesellschaft nicht reibungsfrei über die Bühne ging.[20] Die Resistenz gegenüber organisatorischen Neuerungen ist gerade im sensiblen Bereich der Kontrolle des Arbeitnehmers über seinen je eigenen Arbeitsplatz besonders groß. Ebensowenig kann es verwundern, daß die Themenfelder Qualitätssteigerung durch Rationalisierung und interne Kompetenzabgrenzung in den kurzen 80er Jahren Dauerbrenner der Gremienarbeit waren und auch im kommenden Jahrzehnt blieben. Als Forschungsgesellschaft, die im doppelten Spannungsfeld von Marktorientierung versus Rückbindung an den öffentlichen Dienst und Zentralität versus Dezentralität operiert, ist die Fraunhofer-Gesellschaft wie jedes wirtschaftliche Unternehmen gezwungen, sich stets von neuem die Frage nach der Anpassung der inneren Betriebsabläufe an eine sich verändernde Außenwelt zu stellen.

Auf dem Weg zur Wirtschaftsrelevanz

Die Wirtschaftsrelevanz der Fraunhofer-Gesellschaft hatte sich bereits in der Ära Keller als vorrangige Zielsetzung etabliert. Keller zeigte sich daher auch höchst verärgert darüber, daß ihm der Rückgang der Wirtschaftserträge um mehrere Prozentpunkte in seinem Abschiedsjahr seine schöne Schlußbilanz verhagelte. Kellers politisches Vermächtnis lautete, den Technologietransfer in die Wirtschaft unter Einsatz aller Kräfte zu steigern. Jene 30% des Jahres 1982 bzw. das im Fraunhofer-Modell ursprünglich vorgesehene Drittel galten für einige Jahre als obere Richtmarke, an der sich die Gesellschaft als Ganzes orientierte.[21]

Wir haben gesehen, daß die Fraunhofer-Gesellschaft versuchte, das Personalwachstum ihrer Institute mit Hilfe eines Bündels von Leistungsindikatoren zu steuern, zu denen die Zahl der Gastwissenschaftler, Diplomanden und Doktoranden ebenso gehörte wie die Fluktuation der Mitarbeiter in die Hochschulen und Wirtschaft, Lizenzverträge, Preise und Ausgründungen von Unternehmen. Mit großer Energie und hohem Aufwand arbeitete die Münchner Zentrale daran, aussagefähige Leistungskriterien zu entwickeln und die internen Gremien davon zu überzeugen, daß eine solche, gleichsam wissenschaftlich gestützte Leistungsanalyse den Instituten „bei ihrem Überlebenskampf" helfen könne. Tatsächlich jedoch setzte sich je länger je mehr der Anteil der Wirtschaftserträge an den Gesamtaufwendungen eines Instituts – in der Fraunhofer-Sprache als das „Rho-Industrie" bezeichnet – als dominantes Steuerungskriterium durch. Wenn Syrbe intern die Vertragsforschung für die Wirtschaft freimütig als „die wichtigste Einflußgröße für die Zukunftsentwicklung der FhG" bestimmte, so brachte er damit den wachsenden politischen Druck zum Ausdruck, die Wirtschaftsrelevanz der Fraunhofer-Gesellschaft nachweislich zu erhöhen.[22]

Zu Beginn der kurzen 80er Jahre konnte die Fraunhofer-Gesellschaft noch hoffen, durch eine weitere Steigerung der Eigenfinanzierungsquote gute Argumente für eine Erhöhung der Grundfinanzierung zu gewinnen. Und noch 1986 bescheinigten die Zuwendungsgeber auf der Ebene des Ausschusses Fraunhofer der Gesellschaft gerade im Bereich Vertragsforschung eine „insgesamt positive" Entwicklung. Auch die Höhe der Wirtschaftserträge von rund 26% wurde noch für ausreichend gehalten und die Fraunhofer-Gesellschaft in ihrem langfristigen Ziel einer Steigerung auf 30% ermutigt.[23]

De facto jedoch konnten die Zuwendungsgeber trotz Aufbietung aller Kräfte bereits nicht mehr mit der Dynamik der Fraunhofer-Gesellschaft Schritt halten. Im BMFT ging man zunächst von einem Abflachen der Zuwachsraten der institutionellen Förderung mit dem Ende der Ausbauphase um 1986 aus. Kurzfristig ließ man sich nochmals eine „exorbitante Steigerung" um fast 10% abringen, verbunden mit der Forderung nach einer „deutlichen Konsolidierung" ab 1988/89. Einmal mehr zeigte es sich, daß der Regelkreislauf des Fraunhofer-Modells, demzufolge die Grundfinanzierung direkt an das Ergebnis der Vertragsforschung gekoppelt war, nicht mehr funktionierte. Störfaktor Nummer eins war der Bundesforschungsminister, dessen Haushalt durch die hohen Aufwendungen für die Grundlagen- sowie die Raumfahrtforschung erheblich belastet war. In dieser kritischen Phase zeigte Riesenhuber der Fraunhofer-Gesellschaft einen Ausweg auf, wie sie sich aus der Falle befreien könne, in die sie durch die Dynamik ihres Wachstums hineingeraten war: die signifikante, in klaren Zahlen nachweisbare Erhöhung des Industrieanteils an den Erträgen. Nur mit diesem schlagkräftigen Argument könne er beim Finanzminister noch

Wachstumsraten durchsetzen, die über den in der mittelfristigen Finanzplanung vorgesehenen 2–3% lägen.[24]

Der Fraunhofer-Vorstand gab den Druck aus Bonn an die Institute weiter. Das Rho-Industrie wurde Ende der 80er Jahre zur dominanten Orientierungsmarke und zu einem der Hauptkriterien, mit denen Grundfinanzierung und Personalentwicklung der Institute gesteuert wurden. Syrbe konfrontierte die Institute bei jeder sich nur bietenden Gelegenheit mit dem neuen Leitziel. 1988 stellte er die Faustregel auf, derzufolge sich der Haushalt der zivilen Vertragsforschungsinstitute zu je 40% aus Projekterträgen aus Wirtschaft und Staat und zu 20% aus Grundfinanzierungsmitteln speisen sollte.

Syrbe ist daher als der Präsident in die Annalen der Gesellschaft eingegangen, der die Wirtschaftsrelevanz mit aller Macht durchgesetzt hat. Der Blick von außen nach innen zeigt freilich, daß diese Interpretation die Komplexität des historischen Geschehens nicht hinreichend erfaßt. Denn als Riesenhuber, unzufrieden mit dem Tempo der Steigerung der Wirtschaftserträge, zu Beginn der 90er Jahre nochmals die Daumenschrauben anzog, überdrehte er und provozierte eine Gegenreaktion. Syrbe wurde nun zum entschiedenen Kämpfer für das Fraunhofer-Modell in seiner ursprünglichen drittelparitätischen Form. Der Forschungsminister und der Fraunhofer-Präsident gerieten über die Frage der „wahren" Auslegung des Fraunhofer-Modells persönlich aneinander. Die traditionell guten Beziehungen zwischen BMFT und Fraunhofer-Gesellschaft wurden zeitweise von einem atmosphärischen Tief überschattet.

3. Gründen – bauen – schließen: Institutsgeschichten der achtziger Jahre

Mit Blick auf den Parameter „Anzahl der Neugründungen" liegen die kurzen 80er Jahre zwischen zwei ausgesprochenen Expansionsphasen. In den Jahren 1980–1982 wurden sechs Institute bzw. Abteilungen gegründet, aus denen später Vollinstitute wurden; in der „Wiedervereinigungsphase" 1990–1993 wuchs die Fraunhofer-Gesellschaft gar um sechs weitere Einrichtungen an. Demgegenüber fallen in die Jahre 1983–1989 nur vier neue Einrichtungen. Das Bild der kurzen 80er Jahre als einer Ära der Konsolidierung wird relativiert durch die Tatsache, daß Neugründungen meist eine langjährige Vorlaufphase vorausgeht. Daß das Fraunhofer-Institut für Siliziumtechnik (ISIT) und das Fraunhofer-Institut für Schicht- und Oberflächentechnik (IST) nicht bereits 1989, sondern erst im Jahr darauf gegründet wurden, war eher das Ergebnis historischer Kontingenz als rationaler Planung.

Die Ära Syrbe begann gleichwohl mit einer in der Konsequenz des Konsolidierungskurses liegenden Entscheidung. Bremen hatte 1982 angeregt, um die im Stadtstaat vorhandenen Forschungskapazitäten der Gesellschaft herum ein ziviles Fraunhofer-Institut für industrielle Werkstofftechnik zu formen. Der Leiter der Werkstofforschung bei Daimler-Benz hatte ein Konzept mit der Zielrichtung vorgelegt, aus der systemischen Analyse des Komplexes Werkstoff-Fertigung-Bauteilverhalten heraus neue Fertigungsverfahren zu entwickeln und zur Serienreife zu bringen. Die Fraunhofer-Führung sagte Bremen jedoch mit dem Verweis auf den knappen Finanzspielraum und die „bereits bestehende Kapazität der Materialforschung in und außerhalb der FhG" ab. Die Entscheidung fiel dem Vorstand um so leichter, als sämtliche fachlich tangierten Institute sich gegen die Neugründung ausgesprochen hatten und zudem mit dem Widerstand des Verteidigungsministeriums gerechnet werden mußte.[25]

Die Verteidigungsinstitute wandelten sich in den 80er Jahren vollends von den einst reichen Leistungsträgern zu den armen Sorgenkindern der Fraunhofer-Gesellschaft. Während dem florierenden Vertragsforschungsbereich ständig Investitionen zuflossen, hielt das Verteidigungsministerium „seine" Institute kurz. Als seine Warnrufe auf der Hardthöhe ungehört verhallten, entschloß sich der Fraunhofer-Vorstand, härtere Geschütze aufzufahren. 1985 wurde das mit 31 Mitarbeitern weit unterhalb der kritischen Grenze liegende Institut für Hydroakustik (IHAK) auf den Status einer Forschungsgruppe zurückgestuft und im Zuge der Konversion 1992 schließlich geschlossen.

Die Institute waren in den 80er Jahren vor allem eines: Baustellen. Vielerorts wurden neue Institutsgebäude hochgezogen. Vor allem an den Standorten Stuttgart, Karlsruhe und Freiburg wurde gebaut. Die drei baden-württembergischen Städte entwickelten sich zu dem, was in der Planungsphase der frühen 70er Jahre bereits skizziert worden war: zu lokalen Zentren, in denen mehrere Institute gemeinsam untergebracht sind. Auch München mit zwei Instituten nebst Patentstelle (PST) und Zentralverwaltung war als lokaler Schwerpunkt auserkoren. Über den Neubau des Fraunhofer-Instituts für Festkörpertechnologie (IFT) kam die Fraunhofer-Gesellschaft in dieser Phase jedoch nicht hinaus. Immerhin wurde damit die Basis für die neue Münchner Zentrale gelegt, von der aus die Fraunhofer-Gesellschaft ab dem Jahr 2002 geführt werden wird. Aufgrund der regen Bautätigkeit blieb der Investitionsbedarf in den kurzen 80er Jahren permanent hoch. In den Haushaltsjahren 1986 und 1987 erreichten die Bau- und Ausstattungsinvestitionen mit 94 und 93 Mio. DM einen vorläufigen Spitzenwert, der in den 90er Jahren im Zuge der wiedervereinigungsbedingten Ausweitung nochmals enorm ansteigen sollte: 1995 auf einen Wert von 262 Mio. DM.

Wie sah nun das Erbe aus, das Syrbe von seinem Vorgänger übernommen hatte? Wenn wir uns an die von der Fraunhofer-Gesellschaft und auch von den Zuwendungsgebern geprägte Terminologie halten, standen den acht zwischen 1979 und 1983 gegründeten „Aufwuchsinstituten" zwölf „Ausbauinstitute" sowie dreizehn „konsolidierte Institute" (einschließlich Patentstelle) gegenüber. In dieser von Bonn in einem Akt nachträglicher Rationalisierung zum „Konzept Keller" erhobenen, bis 1987/88 laufenden Entwicklungsphase sollte laut Planung fast der gesamte Zuwachs an Planstellen und Grundfinanzierung den Ausbau- und Aufwuchsinstituten zugute kommen. Während Bonn noch die politische Leitmaxime ausgab, „die gerade erst gewachsene und gesunde Struktur der

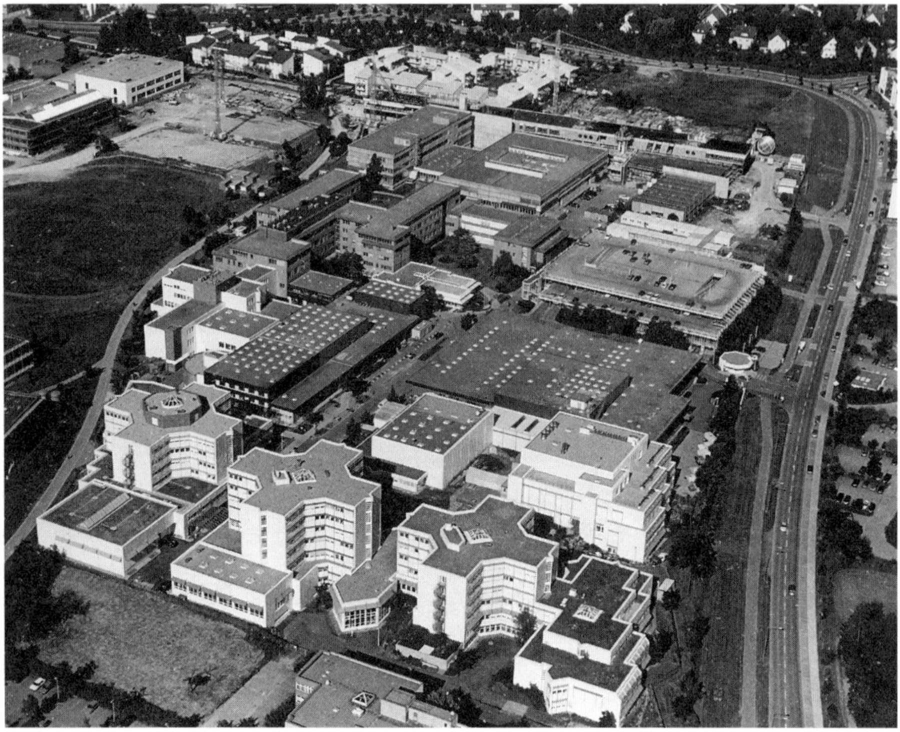

Das Fraunhofer-Institutszentrum im Stuttgarter Pfaffenwald in direkter Nachbarschaft zum Campus der Universität in den 90er Jahren.

Heute haben nicht weniger als sechs Fraunhofer-Einrichtungen ihren Sitz auf dem dicht bebauten Gelände: die Institute für Arbeitswirtschaft und Organisation (IAO), für Bauphysik (IBP), für Grenzflächen- und Bioverfahrenstechnik (IGB), für Produktionstechnik und Automatisierung (IPA), das Fraunhofer-Informationszentrum Raum und Bau (IRB) und die Fraunhofer-Technologie-Entwicklungsgruppe (TEG). Bereits die Planungen der frühen 70er Jahre sahen eine Konzentration der Institute in lokalen Zentren vor, um auf diese Weise Synergieeffekte durch interdisziplinäre Zusammenarbeit zu erzielen und die gemeinsame Nutzung von Forschungseinrichtungen zu ermöglichen. Für Stuttgart waren bereits damals sechs Institute vorgesehen. Es bedurfte jedoch langer Verhandlungen, ehe die Universität diesen Plänen ihre Zustimmung gab. Die direkte Nachbarschaft von Fraunhofer- und Universitäts-Instituten hat die wechselseitige Einbindung der Wissenschaftler in den Forschungsbetrieb erheblich erleichtert. Sie entspricht der Fraunhofer-Politik des Technologietransfers durch Köpfe.

FhG" zu stabilisieren, wurde die Konsolidierungsphase bereits von dem sich abzeichnenden Ausbau der Mikroelektronik in Erlangen und den Neugründungen für Laser- und Informationstechnik in Aachen und Darmstadt überlagert.[26]

Im Falle des Instituts für Lasertechnik (ILT – gegründet 1984) und der Arbeitsgruppe für Graphische Datenverarbeitung (AGD – gegründet 1987) war Bonn bereit, den selbstformulierten Primat der Konsolidierung nochmals zu durchbrechen. Allzu überzeugend fielen die Gründungskonzepte der beiden Einrichtungen aus, und die Anpassung der Forschungslandschaft an den wissenschaftlich-technischen Wandel war ja ein Ziel, das in Riesenhubers Ministerium expliziten Vorrang vor jeder anderen „Vorrangigkeit" hatte. Die Fraunhofer-Gesellschaft reklamierte diese Anpassungsfähigkeit als ihre ureigene Stärke und Besonderheit innerhalb der bundesdeutschen Forschungslandschaft für sich. Und sie wurde ihrem Anspruch mit der Ausweitung ihrer Aktivitäten auf diejenigen Forschungsfelder gerecht, die als Schlüsseltechnologien mit besonders hoher Wachstums- und Beschäftigungswirkung galten. Die Arbeitsgruppen bzw. Institute für Mikroelektronik in Erlangen und Berlin, das Laserforschungsinstitut in Aachen und das informationstechnische Institut in Darmstadt liegen in den Arbeitsfeldern, die in der damaligen Wahrnehmung als wachstumsstarke Zukunftstechnologien galten und noch heute gelten.

Anpassungsfähigkeit an die Dynamik des wissenschaftlich-technischen Wandels läßt sich aber auch durch die Schließung oder fachliche Umsteuerung vorhandener Einrichtungen demonstrieren. Wie schwierig dieses wohl gewichtigste Strukturproblem der Forschung auch in der Fraunhofer-Gesellschaft zu lösen war, zeigt der Versuch des Vorstandes, das Fraunhofer-Institut für Holzforschung (WKI) in Braunschweig zu schließen. An diesem Beispiel wird das Kräfteparallelogramm deutlich, innerhalb dessen strategische Entscheidungen der Fraunhofer-Gesellschaft getroffen werden, und zeigen sich damit auch die Grenzen der Autonomie des „Unternehmens Fraunhofer". Der „Fall WKI" trägt dramatische Züge, und als Drama wurde er von den Beteiligten auch wahrgenommen.

Der erste Akt spielte auf der Bühne der Fraunhofer-Gesellschaft. Das unmittelbar nach dem Zweiten Weltkrieg gegründete WKI stammt aus einer Phase, in der noch Institute für Fußbodenforschung oder Schuhherstellung der Fraunhofer-Gesellschaft angehört hatten. Als sich 1987/88 das Ausscheiden von Institutsleiter Gert Kossatz ankündigte, nahm die Münchner Zentrale wie bei jedem Führungswechsel das Institut unter die Lupe und konstatierte „beträchtliche Überschneidungen" mit dem Stuttgarter Fraunhofer-Institut für Bauphysik (IBP). In vertraulichen Gesprächen lotete Syrbe die Möglichkeit aus, die beiden Institute unter der Führung des IBP zusammenzulegen und nach Garching bei München zu verlegen. Das Argument, durch diese Flurbereinigung „jährlich ca. 2,5 Mio. DM Grundfinanzierung für den Aufbau anderer Arbeitsgebiete" zu gewinnen, wog um so schwerer, als der Vorstand das WKI als Testfall für die Fähigkeit der Fraunhofer-Gesellschaft stilisierte, „aus eigener Kraft, neue, besonders innovative Arbeitsgebiete aufnehmen“ zu können. Intern wurden der Alleingang des Vorstandes und vor allem dessen fehlende Bereitschaft kritisiert, die Alternative einer fachlichen Umsteuerung des Instituts vorurteilsfrei zu prüfen. Kossatz hatte nicht unrecht mit seiner Vermutung, daß dem Vorstand die „Low-Tech“-Holzforschung nicht mehr in das gewünschte Profil einer „High-Tech“-Gesellschaft passe. Erschwerend kam hinzu, daß ein Strategiepapier der Zentralverwaltung, in dem die Zukunftsfähigkeit des WKI als Vertragsforschungseinrichtung der Zielsetzung einer Schließung entsprechend in eher düsteren Farben geschildert wurde, bereits an die Öffentlichkeit geraten war.[27]

Im zweiten Akt weitete sich das Geschehen auf die bundesdeutsche Forschungspolitik aus. Nachdem die Absichten des Fraunhofer-Vorstandes bekannt geworden waren, machte vor allem die Holzindustrie mobil. Sie bombardierte das Bundesforschungs- und das Bundeswirtschaftsministerium mit Forderungen nach dem Erhalt des Instituts. Nicht ohne Ergebnis, denn nicht nur das Bundeswirtschaftsministerium, sondern auch das Bundesforschungsministerium setzte sich für das WKI ein. Die Fraunhofer-Führung, die bis dahin mit dem Bonner Wunsch einer Schließung argumentiert hatte, sah sich ihres besten Trumpfes beraubt. Hinzu kam, daß auch Baden-Württemberg für den Verlust des IBP entschädigt werden wollte. Die 1988/89 als Kooperationsvorhaben mit dem Max-Planck-Institut für Metallforschung in Stuttgart diskutierte Befristete Wissenschaftliche Arbeitsgruppe (BWA) für Hochleistungskeramik reichte da nicht aus, und die Idee eines Forschungsinstituts für künstliche Intelligenz in Ulm war zuwenig konkret, um von der auf einem „gleichwertigen Ersatz-Institut“ beharrenden Landesregierung akzeptiert zu werden – mit guten Gründen, denn beide Vorhaben kamen nicht zustande.[28]

Nicht nur wegen des geballten Drucks aus dem politischen Raum wurde der Fraunhofer-Führung das Eisen nun zu heiß. Auch intern stieß ihr Kurs auf zunehmenden Widerstand. Der WTR und seine Hauptkommission erarbeiteten Gegenkonzepte, die auf den Erhalt einer in Arbeitsrichtung und Größe modifizierten Forschungseinrichtung am bisherigen Standort hinausliefen. Ehe sich die Debatte zu einer internen Machtprobe zuspitzen konnte, lenkte der Vorstand ein und erarbeitete eine Kompromißlösung, die er im April 1989 dem Senat zur Entscheidung vorlegte. Das WKI sollte zu einer Arbeitsgruppe für Holzforschung rückgestuft, und die frei werdenden Mittel, Stellen und Gebäude sollten für den Aufbau eines neuen Fraunhofer-Instituts für Schicht- und Oberflächentechnik (IST) verwendet werden. Philips hatte sich kurzfristig entschieden, seine Forschungskapazitäten für Oberflächentechnologie in Hamburg neu zu strukturieren. Damit bot sich der Fraunhofer-Gesellschaft die Chance zur Verwirklichung eines bereits seit langem diskutierten Planes: ein Institut für Oberflächenforschung um die von Heinz Dimigen geleitete ehemalige Philips-Arbeitsgruppe herum.

Nun aber trat Bremen auf den Plan und kam auf die gescheiterte Gründung eines Instituts für Werkstofforschung aus den frühen 80er Jahren zurück. Präsident Keller habe dem Land seinerzeit zugesagt, zu gegebener Zeit ein Institut dieser Fachrichtung aufzubauen. Die Universität Bremen hatte daraufhin erhebliche Anstrengungen unternommen und das Land ein Institut für Werkstofftechnik aufgebaut. Aus Bremer Sicht sollte nun „180 km weiter südöstlich wegen örtlicher Zufälligkeiten ein ähnliches Institut errichtet" werden. Der Stadtstaat wollte für seine forschungspolitische Vorleistung entschädigt werden. Als die Fraunhofer-Gesellschaft eine enge fachliche Kooperation der beiden Institute und ihre Beteiligung an der das Bremer Institut tragenden Stiftung anbot, schienen die Weichen für die Doppellösung WKI/IST in Braunschweig gestellt.[29]

Die sich anschließende „lange, kontroverse, teilweise dramatische Diskussion" der Sitzländer im Ausschuß Fraunhofer zeigt, daß in dieser heißen Phase der Debatte um das Süd-Nord-Gefälle der Forschungslandschaft jede Standortentscheidung den föderalen Status quo zwangsläufig ins Wanken brachte. Hessen und Bayern machten ihre Zustimmung davon abhängig, daß der Aufbau der Befristeten Wissenschaftlichen Arbeitsgruppen in Darmstadt und Erlangen nicht beeinträchtigt werde. Baden-Württemberg insistierte auf dem ungeschmälerten Erhalt des IBP in Stuttgart. Nordrhein-Westfalen wollte das WKI in die AiF transferiert sehen. Sämtliche Beteiligten – mit Ausnahme Bremens selbstredend – verwahrten sich gegen eine bevorzugte Kooperation des IST mit dem Bremer Institut für Werkstofftechnik. Am schwersten wog aber, daß der Hauptbegünstigte den Kompromiß in Frage stellte: Niedersachsen verweigerte die allfällige Sonderfinanzierung für das WKI und hoffte, auf diese Weise dessen Institutsstatus retten zu können. Das Ergebnis war ein halbherziger Kompromiß „mit vielen Kautelen", der zudem noch gegen die Stimme Niedersachsens gefaßt werden mußte.[30]

Der Schlußakt sei hier kurz resümiert: Zunächst wurde das WKI zu einer Arbeitsgruppe herabgestuft, unter dem Eindruck einer Neuformulierung des Forschungskonzepts und anhaltender Erfolge in der Akquisition von Industrieaufträgen aber 1995 wieder in ein Vollinstitut rückverwandelt. Mit rund 60 Mitarbeitern liegt das Institut jedoch unterhalb der heute üblichen Mindestgröße von 80 Beschäftigten.

Das Drama läßt zwei Lesarten zu. Interpretiert man die Schließungsinitiative der Fraunhofer-Führung als Denkanstoß für das Institut, seine Arbeitsrichtung zu hinterfragen und dem wissenschaftlich-technischen Wandel anzupassen, zeitigte sie einen doppelten Erfolg. Das WKI kehrte in neuem Gewande auf die Erfolgsspur zurück, und seine zeitweilige Reduzierung schuf den Freiraum, um die sich kurzfristig bietende Chance zur seit langem geplanten Ausweitung der Fraunhofer-Gesellschaft auf das Forschungsgebiet der Oberflächentechnik wahrnehmen zu können.

In der zweiten Lesart lief im Falle des WKI einiges schief. Der Fraunhofer-Führung gelang es nicht, ihre Ziele im Innen- und Außenraum überzeugend zu vermitteln. Fehlende Transparenz und mangelnde Information sorgten in den Mitwirkungsorganen der Gesellschaft für Verstimmung und Verunsicherung.

Der Gebäudekomplex der beiden in Braunschweig ansässigen Fraunhofer-Institute für Holzforschung (WKI) und für Schicht- und Oberflächentechnik (IST; im Vordergrund).

Als sich 1987/88 das Ausscheiden des WKI-Institutsleiters Gert Kossatz ankündigte, beabsichtigte der Fraunhofer-Vorstand, das vermeintliche Low-Tech-Institut für Holzforschung mit dem Fraunhofer-Institut für Bauphysik (IBP) zusammenzulegen und nach Garching bei München zu verlagern. Der Vorstand stieß in seinem Bemühen, auf diese Weise Luft für den Aufbau weiterer High-Tech-Institute zu gewinnen, im Innenraum der Gesellschaft wie auch im politischen Außenraum auf größten Widerstand. Selbst die zeitweilige Rückstufung des WKI zu einer Arbeitsgruppe wurde 1995 wieder zurückgenommen. Der „Fall WKI" zeigt, daß Institutsschließungen stets ein hohes Konfliktpotential in sich bergen. Stärker noch als Neugründungen drohen sie das sorgsam austarierte Gleichgewicht der Interessen des Bundes und der Sitzländer aus dem Lot zu bringen.

Aus einer Sachfrage wurde ein Präzedenzfall: Die offensichtlich eigenmächtig handelnde Zentralverwaltung sollte in ihre Schranken verwiesen werden; dies um so mehr, als der Vorstand den Schwarzen Peter der Entscheidung den Mitwirkungsgremien zuschieben wollte, die „noch kein hinreichendes Verständnis" für die „Bedeutung des Zielkonfliktes Fortführung noch nachgefragter Arbeitsgebiete versus Aufnahme neuer Arbeitsfelder bei stagnierenden Ressourcen" hätten. Die gemeinsame Frontstellung gegen die Zentrale bewirkte einen Solidarisierungsschub, der die selbstorganisatorische Entscheidungsfindung belebte. Die konfliktinduzierte Stärkung der *corporate identity* war freilich keine beabsichtigte Folge des Dramas um das WKI, ging es zunächst doch darum, zerschlagenes Porzellan zu kitten.[31]

Konfliktreich war auch die Konstellation im politischen Außenraum. Die Vielzahl der von der Doppellösung WKI/IST berührten politischen Interessenlagen drohte das durch die nicht minder umstrittene Parallelgründung des Fraunhofer-Instituts für Siliziumtechnologie (ISIT) ohnehin heftig strapazierte Gleichgewicht der Bund/Länder-Interessen endgültig aus dem Lot zu bringen. Entscheidungen von der Tragweite einer Institutsgründung oder -schließung waren in dieser Phase von hoher politischer Sensibilität, hatten sie doch eine lange Kette möglicher Folgewirkungen ins Kalkül zu ziehen. Die Brisanz des „Falles WKI" resultierte nicht zuletzt daraus, daß die Fraunhofer-Führung ihren Handlungsspielraum überschätzt hatte, das „Unternehmen Fraunhofer" auf institutionellem Wege der Dynamik des wissenschaftlich-technischen Wandels anzupassen.

Der Blick auf Neugründungen und Schließungen enthüllt ohnehin nur die halbe Wahrheit. Die zweite Hälfte ist der evolutionäre Wandel, die Anpassung der Ressourcen an veränderte Umwelten innerhalb der bestehenden Strukturen. Wie das Beispiel WKI zeigt, können sich auch „alte" Institute zu hochmodernen, an der Front der Forschung operierenden Einrichtungen weiterentwickeln. Ein zweites Beispiel ist das Münchner Fraunhofer-Institut für Lebensmitteltechnologie und Verpackung (ILV). Das ebenfalls bereits aus den 40er Jahren stammende Institut verlagerte seinen Schwerpunkt unter dem 1984 neu berufenen Leiter Werner Bauer in Richtung Biotechnologie und zur Mitte der 90er Jahre unter dessen Nachfolger Wolfgang Holley schließlich in Richtung Abfallwirtschaft und ökologische Systemanalyse. Einmal mehr zeigt es sich, daß die formale Dichotomisierung von „alt" versus „neu" und „Low-Tech" versus „High-Tech" wenig hilfreich ist. Bei näherer Betrachtung sind es vielfach gerade die „alten" Industrien, die über Innovationen ihre Zukunftsfähigkeit sichern wollen und demzufolge einen hohen Bedarf an Forschungs- und Entwicklungsleistungen haben.[32]

4. Wachstum mit neuen Instrumenten: die Fraunhofer-Management-Gesellschaft

Das Wachstumsdilemma der Fraunhofer-Gesellschaft verschärfte sich in den 80er Jahren. Auf der einen Seite trugen die Länder immer mehr Wünsche nach Neugründungen an sie heran. Auf der anderen Seite wurde ihr Aktionsspielraum immer kleiner. Die Fraunhofer-Gesellschaft sah ihre Position als zentrale Trägereinrichtung der angewandten Forschung in Deutschland gefährdet und versuchte, ihre verengten Handlungsmöglichkeiten durch neue Konzepte zu erweitern. Als Hauptziel galt, „Vermeidungsstrategien zur Zersiedlung der F-E-Landschaft" zu entwickeln.[33]

Die Ideen, die in dieser Phase entwickelt und auf Realisierbarkeit getestet wurden, reichten von strategischen Partnerschaften mit Unternehmensberatungen über Kooperationen mit der Max-Planck-Gesellschaft und anderen staatlichen und industriellen Forschungseinrichtungen bis zur Teilprivatisierung von Institutsaufgaben. Als besonders wirksam erwies sich das Konzept der „Befristeten Wissenschaftlichen Arbeitsgruppe" (BWA). Eine Arbeitsgruppe wird für die Dauer von fünf Jahren gegründet und in dieser Erprobungsphase allein vom jeweiligen Sitzland grundfinanziert. Der Fraunhofer-Gesellschaft gelang es, mit dieser organisatorischen Innovation das Interesse der Bundesländer an ihren Leistungen aufzunehmen und zunächst am Fraunhofer-Modell vorbeizusteuern. Das schwächste Glied in der Fraunhofer-Kette, der Bund, blieb mittelfristig unbelastet. Langfristig gesehen vermochte diese Form der institutionellen Flexibilisierung die Wachstumsblockade im öffentlichen Bereich jedoch nicht zu sprengen, denn alle Arbeitsgruppen der 80er Jahre wurden letztlich in Vollinstitute umgewandelt (ISE, IIS, AGD).

Vor dem Hintergrund der Suche nach ergänzenden privatwirtschaftlichen Lösungen ist die 1989 in der juristischen Form einer GmbH gegründete Fraunhofer-Management-Gesellschaft (FhM) zu sehen. Ihre Vorgeschichte integriert zwei getrennte Entwicklungsstränge. Der erste lag im wirtschaftlichen Raum. 1987 lotete der Verband der Chemischen Industrie (VCI) das Interesse der Fraunhofer-Gesellschaft aus, als interessenneutraler Träger ein zwar industriefinanziertes, aber unternehmensunabhängiges Institut zur Prüfung und Bewertung von chemischen und pharmazeutischen Produkten hinsichtlich Wirkung und Toxizität zu führen. In München stieß dieser Plan auf großes Interesse und mündete in die Überlegung, eine Tochtergesellschaft für das Management dieses und anderer Institute von Wirtschaftsverbänden zu gründen. Die Fraunhofer-Gesellschaft hoffte, auf diesem Wege auch einige der in der Luft schwebenden Institutspläne der Länder unter ihre Kontrolle bringen zu können.

Hier kommt der zweite, der politische Handlungsstrang ins Spiel. Zeitgleich mit der Initiative der Chemieindustrie konkretisierte sich in Bayern der seit längerem ventilierte Gedanke, den wirtschaftlichen Strukturwandel des Freistaates mit Hilfe einer Stiftung zur Förderung der angewandten Forschung zu beschleunigen. Mit der wenig später ins Leben gerufenen „Bayerischen Forschungsstiftung" hoffte die Landesregierung flexibel und rasch auf den Bedarf der Wirtschaft an anwendungsbezogener Forschung reagieren zu können. Als Präsident Syrbe im Bayerischen Wirtschaftsministerium das Interesse an der neuen Management-Einrichtung auslotete, reagierte die Spitze des Ministeriums geradezu euphorisch. Sie wendete den Plan in Richtung einer auf Bayern konzentrierten Sondereinrichtung der Fraunhofer-Gesellschaft und signalisierte, „daß es Möglichkeiten für eine interessante und unkonventionelle Lösung geben" werde.[34]

Der Optimismus der Fraunhofer-Führung, dem Senat bereits im Herbst 1988 eine entscheidungsreife Gründungsvorlage präsentieren zu können, erlitt einen kräftigen Dämpfer, als die Chemieindustrie im Zuge der Globalisierung die geplante Forschungseinrichtung in die USA verlegte. Die Fraunhofer-Gesellschaft ließ sich jedoch nicht entmutigen und begann, gezielt bei der Wirtschaft und den Bundesländern den Bedarf an einer Dienstleistungseinrichtung auszuloten und bestehende oder künftige Institute in der Forschungsplanung, im Projektmanagement und in der allgemeinen Verwaltung zu unterstützen. Den bayerischen Impuls aufgreifend regte die Fraunhofer-Gesellschaft die Gründung von Landes- und Industrieforschungsgesellschaften als Vertragspartner ihrer künftigen Management-Gesellschaft an.

Auf seiner letzten Sitzung in den kurzen 80er Jahren lag dem Senat der Antrag zur Gründung der Fraunhofer-Management-Gesellschaft als 100prozentiger Tochter der Fraunhofer-Gesellschaft vor. Syrbe stilisierte das Einverständnis des Senats zu einer Frage der Zukunftsfähigkeit der Gesellschaft. Obwohl die Senatoren durch die vorausgegangene, sehr kontrovers geführte Debatte über die Gründung des Fraunhofer-Instituts für Siliziumtechnologie bereits ziemlich erschöpft waren, schwangen sie sich zur Grundsatzdiskussion über die FhM auf. Vor allem die Frage des Bedarfes an den Leistungen der FhM wurde kontrovers debattiert. Vermutlich war es AiF-Präsident Otto H. Schiele mit seinem Hinweis, daß die FhM keine Konkurrenz zu der von ihm geführten Organisation sei, ja sie sogar unterstützen könne, der die Fraunhofer-Führung rettete. Denn Hoechst-Forschungsleiter Heinz Harnisch stellte klar, daß die Großunternehmen kein Interesse hätten. Der Vorstand wurde legitimiert, die FhM zu gründen, allerdings nur unter der Voraussetzung, daß genügend Geschäftsfälle vorlägen und ausreichend Gründungskapital vorhanden sei.[35]

Wie bei jeder Neugründung war zuvor die Hauptkommission des WTR gefragt worden. Sie hatte ihre Zustimmung an eine Vielzahl von Bedingungen geknüpft, die aus der Sorge gespeist waren, die FhM werde in Konkurrenz zu den Instituten treten und diesen als privatwirtschaftlich operierenden Einrichtungen den Rang ablaufen. Die Sorge war nicht unbegründet, wie die sich anfänglich häufenden Abstimmungsprobleme vor allem mit dem Karlsruher Institut für Systemtechnik und Innovationen demonstrieren. Die Fraunhofer-Führung sah in der FhM ein willkommenes Instrument der Leistungsstimulierung durch Konkurrenz, die Institute betrachteten sie vielfach als ein unliebsames Mittel unlauteren Wettbewerbs. An dieser gespaltenen Wahrnehmung hat sich bis heute wenig geändert, und auch im forschungspolitischen Außenraum polarisiert die FhM. Während die einen ihr rasches Wachstum beeindruckt, lassen die anderen kaum ein gutes Haar an ihr.[36]

Man mag darüber streiten, inwieweit ein Teil des in der Tat eindrucksvollen Wachstums der 1990 offiziell gegründeten Fraunhofer-Management-Gesellschaft – seit 1994 ist die Unternehmensberatung Roland Berger & Partner mit 10% an der GmbH beteiligt – auf Kosten der Institute gegangen ist. Unstrittig aber ist der Bedarf des Innovationssystems an den von ihr angebotenen Leistungen. Ihr Auftragsvolumen ist auf mittlerweile rund 15 Mio. DM gewachsen. Und im Falle des Fraunhofer-Instituts für Umwelt-, Sicherheits- und Energietechnik (UMSICHT) Oberhausen konnte sie erstmals auch eine von ihr betreute Einrichtung als Institut in die Fraunhofer-Gesellschaft hineinführen. Wie wir noch sehen werden, haben sich im Verlauf der 90er Jahre weitere privatwirtschaftliche Elemente hinzugesellt. So stellt sich am Ende des 20. Jahrhunderts nicht mehr in erster Linie die Frage nach der Sinnhaftigkeit eines privaten „Fremdkörpers" in der Fraunhofer-Gesellschaft. Vielmehr dominiert die Frage, wieviel privatwirtschaftliche Ergänzung eine öffentlich finanzierte Einrichtung vertragen kann, ohne ihre Grundlegitimation zu verlieren.

5. Die kurzen achtziger Jahre: eine Bilanz

Die Fraunhofer-Gesellschaft hat sich im Verlauf der 80er Jahre als stabile Säule wie auch als *der* Wachstumsträger der außeruniversitären Forschung etabliert. In ihrer Expansion profitierte sie von regionalpolitischen Interessen der Bundesländer, die ihren Konkurrenzkampf um die Ansiedlung neuer Fraunhofer-Institute mit offenem Visier austrugen. Die Länder überboten sich wechselseitig mit Angeboten, langfristig auf Kosten des Bundes, der – salopp formuliert – die Suppe auslöffeln mußte, die ihm jene eingebrockt hatten.

Der Bund nutzte seinerseits die Fraunhofer-Gesellschaft, um seinen forschungspolitischen Problemkindern den Spiegel vorzuhalten. Riesenhubers Haus setzte die Großforschungseinrichtungen immer wieder unter Druck, sich verstärkt am Markt zu orientieren. Der Erfolg der Fraunhofer-Gesellschaft als Vertragsforschungseinrichtung war den Bonner Ministerialen der schlagende Beweis, daß die Forschung sich durchaus an der Nachfrage von Politik und Wirtschaft orientieren konnte, ohne ihre wissenschaftliche Autonomie zu verlieren. In der Prestigeskala der Wissenschaftseinrichtungen kletterte die Fraunhofer-Gesellschaft daher rasch nach oben und rangierte deutlich vor der Großforschung. Mitte der 70er Jahre hatte Bonn beispielsweise noch darüber nachgedacht, die Fraunhofer-Gesellschaft wegen ihrer vergleichbaren Finanzstruktur (90:10) in die AGF, den Dachverband der Großforschungseinrichtungen, zu integrieren. Ende der 80er Jahre hatte sich die Perspektive grundlegend verschoben. Die Fraunhofer-Gesellschaft galt nun als Rettungsanker für die forschungspolitischen Sorgenkinder des BMFT. Eine Zeitlang wurde gar ernsthaft über die Eingliederung einer verschlankten Gesellschaft für Kernenergieverwertung in Schiffbau und Schiffahrt (GKSS) in den Fraunhofer-Verband nachgedacht.[37] Beide Initiativen waren reichlich unausgegoren und letztlich ohne Aussicht auf Realisierung. Sie werfen jedoch Schlaglichter auf den Wandel des forschungspolitischen Klimas und die Binnenhierarchie der Wissenschaftslandschaft im Verlauf der 70er und 80er Jahre.

Am Ende der kurzen 80er Jahre hatte die Fraunhofer-Gesellschaft den Gipfel des Wachstums erreicht, ja bereits überschritten. Der den Löwenanteil der Fraunhofer-Finanzierung tragende Bund hatte trotz größter Anstrengungen – die Steigerungsraten der Grundfinanzierung lagen rund doppelt so hoch wie die Wachstumsraten des BMFT-Haushaltes – mit dem Tempo der Fraunhofer-

Gesellschaft nicht mehr Schritt halten können. Im Leistungsbereich Vertragsforschung war die Fraunhofer-Gesellschaft innerhalb von fünf Jahren (1984–1989) um 107% gewachsen, der Leitparameter Wirtschaftserträge gar um 136%, die Grundfinanzierung dagegen „nur“ um 59%.[38] Der Spielraum für Eigenforschung, den die Fraunhofer-Gesellschaft benötigte, um für ihre Partner in Wirtschaft und Gesellschaft langfristig attraktiv zu bleiben, wurde sukzessive kleiner. In der Selbsteinschätzung der Institute war er bereits auf ein kritisches Niveau abgesunken. Das Fraunhofer-Modell drohte aus den Angeln zu geraten.

Während die Fraunhofer-Gesellschaft unter Berufung auf ihre eindrucksvolle Erfolgsbilanz ihre Zuwendungsgeber mit Nachdruck aufforderte, ihren Spielraum künftig wieder auszuweiten, hatte Bonn für die 90er Jahre ein anderes Ziel im Visier. Riesenhuber wollte die Kriterien der Erfolgsbewertung neu definiert wissen und setzte die Fraunhofer-Führung unter Druck, mittelfristig die Wirtschaftsrelevanz der Institute deutlich zu erhöhen. Noch vor der Wiedervereinigung, welche die bundesdeutsche Wissenschaftslandschaft einschneidend verändern sollte, sah sich die Fraunhofer-Gesellschaft gezwungen, ihre Ziele und Strategien zu hinterfragen. Am Ende der 80er Jahre herrschte gleichwohl Optimismus. Die den Weg in Richtung einer Flexibilisierung und Teilprivatisierung bahnende Fraunhofer-Management-Gesellschaft war eines der Instrumente, mit denen die Fraunhofer-Gesellschaft die Herausforderungen der letzten Dekade des 20. Jahrhunderts zu bewältigen hoffte. Weitere Ideen, wie die von „Forschungsbrückenköpfen“ der Industrie in Fraunhofer-Instituten, fallen ebenfalls noch in die kurzen 80er Jahre. Sie und mit ihnen die virtuos beherrschte Prägung neuer Konzepte – nicht selten mit rethorischer Überhöhung versehen – sollten im folgenden Jahrzehnt zur vollen Entfaltung kommen.

V. Auf dem Weg in das 21. Jahrhundert: die Fraunhofer-Gesellschaft in den neunziger Jahren

Im „Denken" von Institutionen spielt die Zeitdimension des Jahres eine wichtige Rolle. Das Wirtschaftsjahr prägt das Handeln; am Ende eines Jahres wird Bilanz gezogen. Bisweilen nehmen sich Institutionen die Freiheit zu längerfristiger Orientierung, und es ist kein Zufall, daß diese Orientierung sich besonders häufig an Dekaden festmacht. Trotz aller Dynamisierung des historischen Wandels wird die (post)moderne Gesellschaft immer noch und gerade auch von der Rhythmik der Dekade bestimmt, ein Zusammenhang, der mit dem bevorstehenden Zusammenfallen von Jahrzehnt-, Jahrhundert- und Jahrtausendwechsel besonders augenfällig wird.

Die Fraunhofer-Gesellschaft hatte Ende der 80er Jahre gute Gründe, mit Spannung die Entwicklungen der kommenden Jahre zu erwarten und sich sorgsam auf die Zukunft vorzubereiten. Noch bevor die deutsche Wiedervereinigung quasi über Nacht alle Planungen über den Haufen warf, zeichnete sich ab, daß die 90er Jahre die Gesellschaft mit neuen Herausforderungen konfrontieren würden, denen sie mit neuen Konzepten und Strategien begegnen mußte. Die Fraunhofer-Gesellschaft sah sich im ausgehenden Jahrhundert in einem Spannungsfeld operieren, das sich durch die Pole nachfrageorientierter Expansion und ressourcenbedingter Stagnation bestimmen läßt. Einzelentwicklungen in Wirtschaft und Politik verdichteten sich zu einem qualitativen Wandel der Rahmenbedingungen des eigenen Handelns.[1]

Da war vor allem der wachsende Bedarf von Wirtschaft und Staat an Forschungsleistungen. Es zeichnete sich ab, daß der Trend zur Externalisierung von Unternehmensfunktionen den FuE-Bereich voll erfassen würde. Umfragen in den Führungsetagen der Wirtschaft hatten ergeben, daß ein rasch wachsender Anteil der technischen Innovationen außerhalb des eigenen Unternehmens gesucht wurde. Industrielle FuE werde teils durch Verbundforschung, teils durch den Einkauf von Forschung und Technik ersetzt werden. Auch der Staat entwickelte offensichtlich einen anhaltend steigenden Bedarf an Forschungsleistungen, allerdings unter kräftiger Verschiebung der Gewichte innerhalb des politischen Systems. Dem fortgesetzten Rückgang der direkten Projektförderung durch den Bund stand der Positionsgewinn der Länder gegenüber, die ihre Infrastruktur in der angewandten Forschung zielorientiert ausbauten, und schließlich war eine merklich ansteigende Bedeutung der EU-Forschungsförderung zu erwarten. Alles in allem zeichnete sich ab, daß der Markt für Vertragsforschung weiterhin expandieren würde.

Die Nachfrage würde nicht nur quantitativ, sondern auch qualitativ neue

Dimensionen gewinnen. Die Fraunhofer-Gesellschaft erwartete eine Zunahme integraler Systemlösungen anstelle von Einzelinnovationen und eine Konzentration auf breit einsetzbare Schlüsseltechnologien wie Laser, Sensorik, Mikrosystemtechnik oder integrierte Optik. Kurzum: Die in den Instituten vorhandene Kompetenz würde rasch entwertet werden und durch neue technologische Kompetenzfelder ersetzt werden müssen. Hinzu kamen die sinkende Produktlebensdauer und die Dynamisierung der Innovationszyklen. Die in der „Innovationsfalle“[2] sitzenden Unternehmen bedurften einer Fraunhofer-Gesellschaft, deren Forschungsergebnisse sich möglichst rasch und reibungslos in den Produktionsprozeß überführen ließen. Um die sinkende Projektförderung zu kompensieren, würde der Staat den Druck zur Anwendungsorientierung und zur Finanzierung aus der Wirtschaft verschärfen.

Im Erwartungshorizont der Fraunhofer-Gesellschaft wurde die steigende Nachfrage von einer anhaltenden Verknappung der Ressourcen überlagert. In den 80er Jahren hatte sich die Schere zwischen Vertragsforschung und Grundfinanzierung weiter geöffnet. Erfolgsabhängigkeit hin oder her, der Forschungsminister war gegen Ende der 80er Jahre schon froh, wenn er seinen Kollegen vom Finanzressort davon überzeugen konnte, die Fraunhofer-Gesellschaft in der Grundfinanzierung statt mit den üblichen 10 und mehr Prozent mit einem immer noch vergleichsweise eindrucksvollen Tempo von 7–8% weiterwachsen zu lassen.[3] Selbst die Optimisten bei Fraunhofer rechneten nicht damit, daß der Staat in den 90er Jahren in der Lage sein würde, dem Trend zur relativen Schrumpfung der Grundfinanzierung entgegenzusteuern. Realistisch war die Annahme, daß der Anstieg der Grundfinanzierung künftig nur noch die Teuerungsrate ausgleichen würde. Die Ausweichstrategie der 80er Jahre, die Deckungslücke durch die Erhöhung der Preise für die Leistungen in der Vertragsforschung zu schließen, wurde wegen des mittlerweile hohen Preisniveaus in einem verschärften Wettbewerb als künftig nicht mehr gangbar angesehen.

Die sich öffnende Schere zwischen Expansion der Leistungen und Verknappung der Ressourcen durch neue Steuerungsinstrumente und Führungsstrategien zu schließen war die existentielle Aufgabe, mit der sich die Fraunhofer-Gesellschaft im kommenden Jahrzehnt konfrontiert sah. Sie wähnte sich an einer „Zeitenwende“ angekommen – nicht nur sie, wie die intellektuelle Debatte über das Ende einer welthistorischen Epoche oder gar das Ende der Geschichte selbst zeigt.[4] Und doch war sie optimistisch, die passenden Konzepte zur Bewältigung der anstehenden Herausforderungen parat zu haben: Ausdehnung auf neue Geschäftsfelder, Flexibilisierung des Personaleinsatzes, Deregulierung der Bewirtschaftungsgrundsätze, Optimierung des Projektmanagements, Rationalisierung der Verwaltung, Intensivierung der Kooperation mit der Industrie, Kompetenzsteigerung durch institutsübergreifende Kooperationen und ein ganzes Bündel weiterer Einzelmaßnahmen standen im Pflichtenheft der Gesellschaft für die 90er Jahre.

Manche kritischen Beobachter hielten den Optimismus der Fraunhofer-

Führung für nicht angebracht. Sie fühlten sich durch das Zurückbleiben der Grundfinanzierung darin bestätigt, daß die Abhängigkeit vom Staat die wahre Achillesferse der Fraunhofer-Gesellschaft sei. Die Gesellschaft mochte noch so überzeugend darauf hinweisen, welch hoher Anteil ihrer Leistungen „wirtschaftsrelevant" war. Es blieb das unverrückbare Faktum, daß über 70% ihrer Mittel aus öffentlichen Kassen stammten.[5] Im Grunde wußte auch der Vorstand um die Brisanz der Abhängigkeit vom Staat. Jede Umsteuerung der öffentlichen Haushalte mußte die Zukunftsplanung der Fraunhofer-Gesellschaft akut in Frage stellen. Der Vorstand war jedoch nicht gewillt, aus der Ressourcenverknappung des Staates auf „Grenzen des Wachstums" rückzuschließen. Als nachfragegesteuerte Gesellschaft orientierte sich die Fraunhofer-Führung am Markt, und dort standen die Signale immer noch unverändert auf freie Fahrt.

Man kann darüber streiten, ob in dieser Situation eine offene Diskussion über die Grenzen des Wachstums hilfreich gewesen wäre. Die fundamentale Veränderung der politischen Rahmenbedingungen an der Wende zu den 90er Jahren hätte das Resultat dieser Debatte jedenfalls entwertet. Über Nacht veränderten sich die politischen Prioritäten. Der Zusammenbruch der DDR schuf Handlungszwänge, die niemand vorhergesehen hatte. Was gestern noch „richtig" gewesen war, konnte bereits morgen „falsch" sein.

Zu Beginn des Jahrzehnts zogen zudem Wolken am Konjunkturhimmel der Weltwirtschaft auf. Die vereinigungsbedingte Sonderkonjunktur verschaffte der deutschen Wirtschaft noch eine kurze Atempause, ehe auch sie in die Krise hineingezogen wurde. Vor allem die Schlüsselindustrien, auf denen die bundesdeutschen Exporterfolge und gleichermaßen die wirtschaftsorientierte Vertragsforschung der Fraunhofer-Gesellschaft beruhten, wurden von der Rezession erfaßt. Mit der Automobilindustrie, der Chemie und der Elektrotechnik wurden auch die mittelständischen Unternehmen, vor allem im Maschinen- und Anlagenbau, in konjunkturelle Turbulenzen gestürzt. Die Zukunftsplanung der Fraunhofer-Gesellschaft war auch im Lichte der neuen Entwicklung fundamental zu überdenken. Hatte man sich soeben noch am Markt orientieren wollen, so galt es nun, sich an der Politik auszurichten. Der Primat des Politischen bestimmte die frühen 90er Jahre.

1. Veränderung über Nacht: der Umbau der ostdeutschen Forschungslandschaft

Als die DDR-Bürger in jenen geschichtsträchtigen Tagen des Spätherbstes 1989 auf die Straße gingen und die Parole „Wir sind das Volk!" ausgaben, brachten sie in einem revolutionären Akt das marode Gebäude der Deutschen Demokratischen Republik vollends ins Wanken. Heute wissen wir, daß die DDR am Ende der 80er Jahre bereits weitgehend bankrott war. Gegenüber dem Westen hatte sie sich mit 38 Mrd. Valutamark verschuldet, und nach innen beliefen sich die Verpflichtungen des Staates gegenüber den Banken und Sparkassen auf 130 Mrd. Mark. Das staatssozialistische System hatte weit über seine Verhältnisse gelebt.[6]

Nicht nur wirtschaftlich, auch technologisch war die DDR je länger je mehr nicht in der Lage gewesen, mit dem beschleunigten Wandel Schritt zu halten. Werfen wir einen kurzen Blick auf die Gestalt der Forschungslandschaft der DDR zum Ende der 80er Jahre. Während in der Bundesrepublik die Freiheit der Wissenschaft im Grundgesetz verankert ist, war für Ostdeutschland getreu der in der Verfassung festgeschriebenen Führungsrolle der SED die staatliche Steuerung systemspezifisch. Die Wissenschaft war fest in das Prokrustesbett staatlicher Planvorgaben eingespannt. Der institutionellen und funktionalen Ausdifferenzierung im Westen entsprach die Konzentration der Forschung im Osten. *Cum grano salis* stand das Wissenschaftsgebäude der DDR auf den drei Säulen: Kombinat, Akademie und Universität. Ab den späten 70er Jahren war die industrielle Forschung in den Kombinaten konzentriert. Rund 130 Kombinate deckten monopolartig das gesamte Wirtschaftssystem ab; hier waren rund 150000 Mitarbeiter im FuE-Bereich beschäftigt. Diese enormen personellen Ressourcen und die enge Verbindung zwischen Forschung und Produktion führten jedoch keineswegs zu einem effizienten Innovationsmanagement, sondern zu Inflexibilität und Nischenbildung. Nach sowjetischem Vorbild wurde die universitäre Forschung im wesentlichen in die Akademien verlagert. Den etwa 34000 Mitarbeitern der Akademien hatten die Hochschulen kaum mehr als 12000 mit Forschung Beschäftigte entgegenzusetzen. In den 60 Instituten und Einrichtungen der Akademie der Wissenschaften (AdW) arbeiteten rund 15000 Mitarbeiter in der natur- und ingenieurwissenschaftlichen Forschung. Mitte der 80er Jahre war auch die AdW verstärkt auf die Kombinate ausgerichtet worden, ja man kann sagen, daß die Akademie etwa zur Hälfte Auftragsforschung für die Industriebetriebe durchführte. Ein Viertel entfiel auf Grundlagenforschung und das restliche Viertel auf anwendungsorientierte Forschung für den Staat selbst. „Innovationen auf der Grundlage wissenschaftlicher Erkenntnis" blieben weitgehend aus, formulierte selbstkritisch die Akademie in ihrem letzten Arbeitsbericht.[7]

Die Zusammenführung so unterschiedlicher Forschungssysteme war eine der schwierigsten Aufgaben des Vereinigungsprozesses. Während sich die Forschung in den Kombinaten parallel zum Zusammenbruch der ostdeutschen Wirtschaft gleichsam ohne staatliches Zutun von selbst auflöste, wurde die außeruniversitäre Forschung nach Art. 38 des Einigungsvertrages vom 23. September 1990 einer intensiven Begutachtung durch den Wissenschaftsrat unterworfen. Erklärtes Ziel der Evaluierung war es, die DDR-Forschung in die föderal ausgerichtete gesamtdeutsche Forschungslandschaft einzubinden, auf die geltenden Grundsätze wie Autonomie, Selbstverwaltung und Subsidiarität auszurichten sowie in Kapazitäten und Aufwand anzupassen.

Im gesamtdeutschen Sprachgebrauch hat sich für die Evaluierung des Wissenschaftsrats und die sich anschließende Umsetzung seiner Empfehlungen vom Juli und September 1991 der Begriff der „Abwicklung" eingebürgert. Kritisiert wird, daß ein Großteil der DDR-Wissenschaft und mit ihm eine spezifische Wissenschaftskultur zerschlagen und der Rest in die alten Strukturen der BRD integriert worden sei. Damit habe man die doppelte Chance verpaßt, durch die Verschmelzung zweier Wissenschaftskulturen eine neue, eine wahrhaft gesamtdeutsche Forschungslandschaft zu gestalten und die innere Einheit des so lange gespaltenen Landes zu stabilisieren. In der Tat erweist sich die Wissenschaftsunion als Spiegelbild der gesamten Vereinigung, die sich in der Praxis vor allem als ein Umbau Ost materialisierte. Die Goethesche Zauberformel „aus Zwei mach Eins" hat sich nicht finden lassen. An den im Verlaufe der Wiedervereinigung aufgetretenen Verwerfungen laboriert das deutsche Innovationssystem bis heute, auch wenn mittlerweile erste Versuche einer „Flurbereinigung" unternommen worden sind.[8]

Am 5. Juli 1991 legte der Wissenschaftsrat seine Empfehlungen zum Umbau der außeruniversitären Forschung der neuen Bundesländer vor. Im Vergleich zur Max-Planck-Gesellschaft und zur Arbeitsgemeinschaft der Großforschungseinrichtungen bürdete der Wissenschaftsrat der Fraunhofer-Gesellschaft eine weitaus größere Verantwortung auf. Sie sollte nicht weniger als acht neue Institute und zehn Außenstellen mit insgesamt etwa 1000 Arbeitsplätzen in den neuen Bundesländern gründen und dabei auch in erheblichem Umfang Wissenschaftler aus der industriellen Forschung übernehmen.[9] De facto segnete der Wissenschaftsrat jenes Konzept ab, das die Fraunhofer-Gesellschaft von sich aus – nicht ohne sich permanent mit dem Wissenschaftsrat abzustimmen – erarbeitet hatte. Das in Tempo und Intensität außergewöhnliche Engagement der Fraunhofer-Gesellschaft in Ostdeutschland ist eine spannende Geschichte für sich, die wir in groben Umrissen nachzeichnen wollen.

In der Ära Honecker war die politische Kontrolle der DDR-Bevölkerung nochmals verstärkt worden. Ausgesuchte Wissenschaftler und Techniker, sogenannte Reisekader, verfügten jedoch über Kontakte zu ihren westlichen Fachkollegen. Im Gegenzug waren die Fraunhofer-Institute für gewöhnlich gut darüber informiert, was jenseits der innerdeutschen Grenze geforscht wurde. IPK-Institutsleiter Günter Spur etwa stand als auswärtiges Akademie-Mitglied in besonders engem Kontakt mit den DDR-Kollegen. Zudem hatte das 1987 zwischen der BRD und der DDR geschlossene Abkommen über wissenschaftlich-technische Zusammenarbeit den Wissenschaftleraustausch und die Zusammenarbeit in konkreten Projekten forciert.[10] Als die Mauer fiel, konnte die Fraunhofer-Gesellschaft bereits auf ein loses Netzwerk von Kontakten zurückgreifen.

Angestoßen durch die massenhafte Flucht von DDR-Bürgern über die ČSSR und Ungarn in den Westen, hatte Präsident Syrbe gemeinsam mit Josef Rembser, Abteilungsleiter für Grundsatzfragen im Bundesforschungsministerium, schon im September 1989 Überlegungen angestellt, welche Rolle die Fraunhofer-Gesellschaft in einem wiedervereinten Deutschland übernehmen könne. In München und Bonn arbeitete man an einem „Konzept für die Schublade".[11]

Syrbe war als gebürtiger Ostdeutscher schon aus persönlichen Gründen hochmotiviert, den Umbau der ostdeutschen Forschungslandschaft aktiv mitzugestalten. Davon abgesehen glaubte die Fraunhofer-Führung, vom Forschungspotential der DDR fachlich profitieren zu können. Im Bundesforschungsministerium dachte man ähnlich und sah zudem in Fraunhofer ein Vorbild für die Umstrukturierung und Modernisierung der Wirtschaft und Wissenschaft der DDR. Gleiche Ziele verbinden. Fraunhofer und Bonn arbeiteten beim Umbau Ost von Beginn an eng zusammen und stimmten ihr Vorgehen aufeinander ab.

Nach ersten Überlegungen zu Möglichkeiten der Zusammenarbeit präsentierte die Fraunhofer-Gesellschaft in den ersten Tagen des Jahres 1990 ein auf die drei Zielgruppen Wissenschaftler und Ingenieure, Unternehmen und wissenschaftliche Institutionen abgestelltes Kooperationskonzept, das als „Hilfe zur Selbsthilfe" gedacht war. Neben den klassischen Formen der Kooperation auf personaler und Projektebene bot die Fraunhofer-Gesellschaft an, die ostdeutschen Unternehmen und Forschungseinrichtungen im Übergang zur Marktwirtschaft zu beraten. Über Patenschaften von Fraunhofer-Einrichtungen für DDR-Institute hinaus war „im Grenzfall" bereits von Fraunhofer-Instituten in der DDR als *joint ventures* die Rede. Zur Finanzierung der über die Jahre 1990 bis 1994 verteilten Maßnahmen in der Größenordnung von 59–66 Mio. DM sollte ein spezieller Verstärkungsfonds angelegt werden.[12]

In der offenen Situation des Frühjahres 1990 war das Programm zu konkret und zu langfristig angelegt. Bonn wollte sich wegen der „noch andauernden Meinungsbildung" einstweilen nicht festlegen, und auch in Ost-Berlin sah man sich vorerst außerstande, „in konkrete Diskussionen" einzutreten. Vermehrte Klarheit versprachen sich beide Seiten von einem Informationsbesuch des DDR-Ministers für Wissenschaft und Technik, Peter-Klaus Budig.[13] Die Regierung Modrow setzte große Hoffnungen in die Fraunhofer-Gesellschaft. Nach Besuch und Gegenbesuch schlossen Syrbe und Budig am 14. Februar 1990 eine Kooperationsvereinbarung mit einem ganzen Bündel von Einzelmaßnahmen ab: Noch für das erste Halbjahr des laufenden Jahres wurden Wissenschaftleraustauschprogramme, Workshops über Forschungsmanagement, Institutspatenschaften und Verbundprojekte ins Auge gefaßt und der Aufbau von Technologie- und Demonstrationszentren in der DDR diskutiert. Ein Gemeinschaftsausschuß „Kooperation DDR-Forschungseinrichtungen – Fraunhofer" sollte die Maßnahmen vorbereiten und begleitend begutachten. Das BMFT konnte der Öffentlichkeit die stolze Zwischenbilanz vorlegen, zwischen Fraunhofer-Gesellschaft und DDR-Forschung seien bereits 24 Vorschläge für Verbundprojekte vereinbart worden.[14]

Die ostdeutschen Forschungsinstitute waren in einer prekären Lage. Die einen hatten immer noch keinen Haushalt bewilligt bekommen, die anderen standen ohne Aufträge der Kombinate da. In ihrer existentiellen Verunsicherung sahen viele Einrichtungen in der Fraunhofer-Gesellschaft den Kompetenzträger, der sie das vielbeschworene marktwirtschaftliche Handeln lehren konnte. Die Fraunhofer-Gesellschaft tat ihr Bestes, um die Institute in Fortbildungsseminaren auf den rauhen Wind vorzubereiten, der in der gesamtdeutschen Forschungslandschaft künftig wehen würde.

Die Vielzahl neuer Kontakte auf der Arbeitsebene der Institute erleichterte es der Fraunhofer-Zentrale, ein konturiertes Bild von der Struktur und Qualität des ostdeutschen Wissenschaftssystems zu bekommen. Während sich der Präsidentenkreis des Forschungsministers noch darüber beklagte, keine verläßlichen Informationen über die DDR-Forschung zur Hand zu haben, beschaffte sich die Fraunhofer-Gesellschaft diese durch eigene Analysen. Als der Wissenschaftsrat im Juli 1990 das Mandat zur Begutachtung der außeruniversitären Forschung der DDR annahm, hatte die Fraunhofer-Gesellschaft ihre interne Evaluierung in einem ersten Schritt bereits beendet. In einer ebenso aufwendigen wie gelungenen Zusammenarbeit zwischen Zentralverwaltung und Institutsleitungen war die ostdeutsche Forschungslandschaft nach Kandidaten für die Aufnahme in die Fraunhofer-Gesellschaft durchmustert worden. Einen Monat später lag bereits ein intern abgestimmtes Konzept vor, demzufolge neun Akademie-Institute, drei Kombinatsinstitute und das private Manfred-von-Ardenne-Institut übernommen werden sollten. Der Fahrplan der Fraunhofer-Gesellschaft sah vor, die Einrichtungen als Ausgleich für die notgedrungen vorläufige Prüfung von Qualität und Marktchancen auf drei Jahre zu befristen. Der Übernahme in die Dauerförderung wurde eine eingehende Evaluierung unter Einbezug externer Wissenschaftler vorgeschaltet.[15]

Im September 1990 stellte Syrbe dem Bundesforschungsminister das Fraunhofer-Konzept persönlich vor. Riesenhuber war von der Breite der vorgeschlagenen Aktivitäten sehr angetan, kritisierte allerdings den fachlichen Konservatismus der Vorschläge. Ihm lag daran, unabhängig von den definierten Schwerpunkten der Gesellschaft alle relevanten Institute auf ihre Marktorientierung und damit „Fraunhofer-Tauglichkeit" untersucht zu wissen.[16] In der Tat hatte sich die Fraunhofer-Gesellschaft auf ihre traditionellen Stärken konzentriert. Von den Gebieten der Biotechnologie und der Toxikologie etwa hatte sie sich ganz bewußt ferngehalten. Die eigenen, noch jungen Institute sollten in ihrer Konsolidierung nicht gefährdet werden. Und selbst auf dem Sektor Produktionstechnik als genuinem Schwerpunkt der Fraunhofer-Gesellschaft hatten die Institutsleiter schon „aus Konkurrenzgründen äußerste Zurückhaltung" empfohlen.[17]

Riesenhubers Ersuchen um eine erneute Prüfung verweist auf eine bemerkenswerte Verschiebung der Wahrnehmung des Umbaus der Forschungslandschaft Ost. Was sich im Vergleich mit dem Verhalten der MPG heute als außergewöhnlich frühes und breites Engagement beschreiben läßt, wurde seinerzeit vielfach als Zurückhaltung empfunden. Die Fraunhofer-Gesellschaft entzog sich zunächst dem politischen Druck, möglichst viele Einrichtungen zu gründen. Zwar wurde in den kommenden Monaten das Übernahmekonzept in Abstimmung mit dem Wissenschaftsrat und den neuen Bundesländern erweitert. Es blieb allerdings innerhalb der Grenzen, die von der Zentrale und den Institutsleitern aus fachlichen Erwägungen heraus gezogen worden waren.

Beibehalten wurden das organisatorische Prozedere der Eingliederung und der Zeitfahrplan. Dem Senat lag zur Frühjahrssitzung 1991 eine zustimmungsfähige Vorlage vor, die er uneingeschränkt annahm und dies, obwohl das Votum des Wissenschaftsrats noch nicht vorlag. Danach mußte noch der Ausschuß Fraunhofer-Gesellschaft zustimmen, und die neuen Länder mußten der Ausführungsvereinbarung Fraunhofer-Gesellschaft beitreten. Formell konnten die Institute erst mit Beginn des Jahres 1992 gegründet werden. Die Dauer der Befristung wurde daher von 3 auf 2½ Jahre verkürzt.

Die Erwartungen der Akteure in die Fraunhofer-Einrichtungen der neuen Bundesländer waren hoch. Bonn und München gingen davon aus, daß die Erträge aus der Vertragsforschung im Verlauf der ersten vier Jahre von 15% auf 50% ansteigen würden.[18] Die Hoffnungen auf einen sich selbst tragenden Wirtschaftsaufschwung im Osten sollten sich jedoch nicht erfüllen. Die Vision der „blühenden Industrielandschaften" des Vereinigungskanzlers Helmut Kohl ist mittlerweile der schmerzlichen Einsicht gewichen, daß die Anpassung der neuen Bundesländer an die Wirtschaftskraft der alten Bundesrepublik erst weit jenseits der Jahrtausendwende abgeschlossen sein wird. Das langsame Tempo des ökonomischen Wiederaufbaus hat die Ertragschancen der ostdeutschen Fraunhofer-Institute ebenso nachhaltig beeinflußt wie die geringen finanziellen Handlungsspielräume der öffentlichen Hand in den neuen Bundesländern. Das Problem des wiedervereinten Deutschlands, zu einer inneren Einheit zu gelangen, spiegelt sich *en miniature* in der Fraunhofer-Gesellschaft wider. In ihren Leistungsdaten jedenfalls fallen die ostdeutschen Institute gegenüber dem Schnitt der westdeutschen Einrichtungen immer noch ab – wenn auch mit rückläufiger Tendenz. Als marktorientiertes Unternehmen ist die Fraunhofer-Gesellschaft auf entwickelte Märkte angewiesen. Einige Einrichtungen sind daher mittlerweile in ihrer Größe zurückgefahren, andere gar geschlossen worden.

Nach der Neupositionierung der Fraunhofer-Gesellschaft zu Beginn der 70er Jahre war ihre Ausweitung auf die neuen Bundesländer der tiefste Einschnitt in ihrer fünfzigjährigen Geschichte. Ein kontrastierender Vergleich der rund zwei Jahrzehnte auseinanderliegenden Zäsuren hebt das Spezifische des Wiedervereinigungsprozesses hervor. Zunächst fällt das hohe Tempo auf. Dauerte der Ausbau der Fraunhofer-Gesellschaft zur dritten Säule der bundesdeutschen Forschungslandschaft nicht weniger als ein ganzes Jahrzehnt (1964–1973/75), so wurde der organisatorisch ebenso komplexe Umbau Ost in rund zwei Jahren über die Bühne gebracht. Der dezidierte Wille von Politik und Forschung, die wissenschaftliche Einheit möglichst rasch zu vollziehen, schuf eine große Koalition der Interessen – dies ein weiteres Charakteristikum –, die den Prozeß in historisch außergewöhnlicher Weise beschleunigte.

Auffällig ist zudem die große Autonomie der Fraunhofer-Gesellschaft in Entscheidungsfindung und Entscheidungshandeln. An der Wende von den 60er zu

Der 1997 eingeweihte Neubau des Fraunhofer-Instituts für Werkstoff- und Strahltechnik in Dresden (IWS).

Die Fraunhofer-Gesellschaft engagierte sich früher und intensiver als andere Trägereinrichtungen der bundesdeutschen Wissenschaft in Ostdeutschland. Noch vor dem Fall der Mauer lagen erste Planungen vor, welche Rolle die Gesellschaft in einem wiedervereinten Deutschland übernehmen könne. Mitte des Jahres 1990 hatte sie ihre eigene Begutachtung der außeruniversitären Forschungsinstitute der DDR abgeschlossen und ein Konzept für die Übernahme eines guten Dutzends von Forschungsinstituten erarbeitet, darunter nicht weniger als neun Einrichtungen der ehemaligen DDR-Akademie der Wissenschaften. Bonn zeigte sich sehr beeindruckt und unterstützte die Gesellschaft in ihrem ostdeutschen Engagement.

In Dresden ist ein neuer lokaler Schwerpunkt der Fraunhofer-Gesellschaft entstanden. Wie die meisten Institute in den neuen Bundesländern hat auch das IWS seine Wurzeln in einem ehemaligen Institut der Akademie der Wissenschaften, dem Zentralinstitut für Festkörperphysik und Werkstofforschung.

den 70er Jahren präsentierte sich die Fraunhofer-Gesellschaft mehr als Objekt denn als Subjekt der Geschichte. Die zuständigen Ministerien auf Bundes- und Länderebene und der allmächtige Wissenschaftsrat setzten die Akzente. Anders in den 90er Jahren: Die Fraunhofer-Führung stimmte ihr Vorgehen zwar ständig mit dem Bund und dem evaluierenden Wissenschaftsrat ab. Es ist jedoch bezeichnend, daß der Wissenschaftsrat in seinem Votum die Fraunhofer-Führung weitgehend bestätigte und der Senat als oberstes Gremium der Gesellschaft seine Zustimmung zur Ausweitung auf die neuen Bundesländer gab, noch ehe sich der Wissenschaftsrat abschließend geäußert hatte. Die relative Handlungsautonomie der Fraunhofer-Gesellschaft speiste sich aus dem gewachsenen Selbstbewußtsein, in der selbstverwalteten Wissenschaft eine tragende Rolle zu spielen.[19]

Schließlich sticht die Konfliktarmut ins Auge. Die institutionelle Umgestaltung und die Neuausrichtung am Markt der Vertragsforschung in den frühen 70er Jahren führten die Fraunhofer-Gesellschaft in eine tiefgreifende Orientierungskrise, aus der sie erst nach einer langen, konfliktträchtigen Anpassungsphase herausfand. Trotz des enormen Tempos, das Syrbe und seine Mitstreiter in der Zentralverwaltung anschlugen, wurde die Ausweitung auf die neuen Bundesländer von der Gesamtgesellschaft einmütig mitgetragen. Bedenkt man, daß Fraunhofer Gefahr lief, durch das Ost-Engagement die Konsolidierung der Institute in den alten Bundesländern zu verzögern und ihre strategischen Handlungsspielräume selbst zu beschneiden, so ist die binnenklimatische Harmonie durchaus bemerkenswert. Offensichtlich wirkte die Politik des Vorstandes, die Entscheidungsgremien auf allen Ebenen der Gesellschaft in die Mitverantwortung zu nehmen, in hohem Maße konfliktminimierend. Zudem scheint es gelungen zu sein, die *top-down* gesteckten Ziele den Instituten überzeugend zu vermitteln.

2. Belastungsprobe für das Fraunhofer-Modell – Konfliktfelder zwischen Forschung und Politik

Syrbe als Individualakteur und der Fraunhofer-Gesellschaft als Kollektivakteur brachte das Engagement beim Umbau der ostdeutschen Forschungslandschaft allenthalben höchstes Lob ein. Mit Ausnahme des einen oder anderen westlichen Bundeslandes, das befürchtete, durch den Aufbau von auf Zukunftstechnologien ausgerichteten Instituten in den neuen Bundesländern auf den „alten" Technologien sitzenzubleiben, waren sich Wirtschaft und Politik darin einig, daß sich die Fraunhofer-Gesellschaft vorbildlich verhalten hatte. Bundesforschungsminister Riesenhuber wurde nicht müde, „der FhG für ihre Leistungen und insbesondere Prof. Syrbe für seinen eindrucksvollen persönlichen Einsatz" zu danken.[20]

Die Fraunhofer-Gesellschaft hoffte, neben immaterieller Anerkennung auch materielles Kapital aus der Wiedervereinigung schlagen zu können. Vorderhand jedoch drückte die finanzielle Last des Aufbaus Ost auf die öffentlichen Haushalte. Um Spielraum im Osten zu gewinnen, waren Einschnitte im Westen erforderlich. Auch Riesenhuber sah sich zu Einsparungen gezwungen, und er sparte dort, wo ein Sparen am ehesten möglich war: in der Projektförderung.

Der Einbruch der Projektförderung in den alten Bundesländern zu Beginn der 90er Jahre riß ein beträchtliches Loch in die Kasse der Fraunhofer-Gesellschaft. Der Bundesforschungsminister fuhr die Projektförderung der Fraunhofer-Gesellschaft von 1991 auf 1992 um 27% und im folgenden Jahr nochmals um 6% herunter. Die Fraunhofer-Gesellschaft errechnete für den Zeitraum von 1989 bis 1995 einen Rückgang der Projektförderung ihrer Institute in den alten Bundesländern um 17% und für die Gesamtprojektförderung des Ministeriums eine Zunahme um 13%. Sie konnte sich mithin als Verlierer der Umsteuerung der öffentlichen Haushalte nach der Wende fühlen.[21] Diese Wahrnehmung wurde verstärkt durch die Ankündigung Riesenhubers, Projekte der Fraunhofer-Gesellschaft künftig nur noch mit 75% zu fördern.

Das Verhältnis zwischen Fraunhofer und Bundesforschungsministerium wurde erheblich getrübt. In den Jahren 1991 und 1992 trugen Syrbe und Riesenhuber, deren persönliches Verhältnis durch die Kontroverse um die Gründung des Itzehoer Fraunhofer-Instituts für Siliziumtechnologie (ISIT) ohnehin belastet war,[22] einen ungewöhnlich heftigen Streit aus, bei dem die tagtäglich mit der Fraunhofer-Gesellschaft befaßten Ministerialbeamten vergeblich zu vermitteln versuchten. Was vordergründig als persönliches Zerwürfnis zwischen Syrbe und Riesenhuber erscheint, war im Grunde ein Glaubensstreit um die „wahre" Lehre des Fraunhofer-Modells. Beide Kontrahenten wollten das Modell als solches retten und der durch die Wiedervereinigung veränderten Forschungslandschaft anpassen. Die unterschiedliche Problemwahrnehmung bedingte unterschiedliche Lösungsmuster. Wie verliefen die Konfliktlinien?

Die Fraunhofer-Gesellschaft sah sich durch das Zurückfahren der Wachstumsraten der Grundfinanzierung gegen Ende der 80er Jahre in ihrer Expansion akut gefährdet. Da man im BMFT immer wieder auf den Finanzminister als den wahren Urheber des Bremsmanövers verwiesen wurde, beschloß Syrbe, bei dem obersten Verantwortlichen für die Bundesfinanzen persönlich um Verständnis für die Fraunhofer-Gesellschaft zu werben. Im dritten Anlauf gelang es ihm und seinem Senatsvorsitzenden Werner Niefer, einen Termin in Bonn zu bekommen. Theo Waigel wollte die Außergewöhnlichkeit dieser „Audienz" am 18. Januar 1990 gewürdigt wissen, sei es doch das erste Mal, daß ein Bundesfinanzminister den Vorstand einer Forschungseinrichtung empfange. Syrbe hatte sich die Kritik des Senates zu Herzen genommen, daß die Fraunhofer-Gesellschaft das Spezifische ihrer Leistungen offensiver darstellen müsse und war bestens präpariert. Mit eindrucksvollem Zahlenmaterial wollte er Waigel davon überzeugen, daß die Fraunhofer-Gesellschaft für 1991 eine Steigerung der Grundfinanzierung um 16% benötige. Syrbe und Niefer hegten die Hoffnung, daß ihre Mission erfolgreich gewesen war. Waigel hatte sie mit der Bemerkung entlassen, er erwarte, daß Riesenhuber „das Notwendige in die Chefgespräche" einbringe.[23]

In seinem wenig später geführten Gespräch mit Riesenhuber über die aktuelle Lage der Fraunhofer-Gesellschaft und vor allem auch über die anstehende Gesamtbewertung des Fraunhofer-Modells in den letzten fünf Jahren mußte sich der versammelte Fraunhofer-Vorstand freilich ganz andere Töne anhören. Riesenhuber diskutierte „Grenzen des Fraunhofer-Wachstums", sprach von der Notwendigkeit des Maßhaltens in der Grundfinanzierung und schrieb der Fraunhofer-Gesellschaft in das Pflichtenheft, den Prozentsatz der Wirtschaftserträge nachhaltig zu steigern. Auf dieses Ziel habe man sich schließlich 1986 einvernehmlich verständigt.[24]

Bundesforschungsminister Heinz Riesenhuber (links) und Fraunhofer-Präsident Max Syrbe beim Händedruck auf der Jahrestagung 1991.

Der Schein des guten Einvernehmens trügt. Das anfänglich gute Verhältnis zwischen Riesenhuber und Syrbe wich zu Beginn der 90er Jahre einem ernsthaften Zerwürfnis. So sehr der Forschungsminister die Verdienste Syrbes um den Umbau der ostdeutschen Forschungslandschaft würdigte, so enttäuscht zeigte er sich darüber, daß der Anstieg der Wirtschaftserträge der Institute hinter den Bonner Erwartungen zurückblieb. Das Verhältnis der beiden Kontrahenten war durch die Kontroverse um die Gründung des Fraunhofer-Instituts für Siliziumtechnologie (ISIT) in Itzehoe ohnehin bereits belastet. Syrbes Kritik am Zurückfahren der direkten Projektförderung führte dann zu einer heftigen Kontroverse, in der sich die Mitarbeiter der beiden Forschungspolitiker weitgehend vergeblich um Vermittlung bemühten.

Als sich Syrbe und Riesenhuber im Sommer 1991 zu ihrer alljährlichen Erörterung von Grundsatzfragen trafen, hatten sich die Konfliktlagen deutlich verschärft. Aus der Sicht der Fraunhofer-Gesellschaft war der Einbruch in der direkten Projektförderung und die angekündigte Reduzierung des Fördersatzes auf 75% eine neuerliche, nicht zu akzeptierende Schlechterstellung gegenüber den anderen Forschungseinrichtungen, vor allem gegenüber der Konkurrenz der Großforschungseinrichtungen. Da „bisher gültige Grundsätze einseitig vom BMFT in Frage gestellt" würden, sei nicht weniger als die „stabile Geschäftsgrundlage" der Fraunhofer-Gesellschaft gefährdet. Riesenhuber seinerseits zeigte sich enttäuscht über das Niveau der Wirtschaftserträge, das mit 28,7% für 1990 und 29% für 1991 immer noch unter der 30%-Marke lag.[25]

Nach der Besprechung tat Riesenhuber etwas ganz und gar Unübliches. Er schrieb das offizielle Besprechungsprotokoll seines Hauses komplett um. Ihm lag daran, gerade auch gegenüber den eigenen Mitarbeitern die Fraunhofer-Gesellschaft in der gesamtdeutschen Innovationslandschaft neu zu verorten. Die Aufbauphase der 80er Jahre hielt er endgültig für abgeschlossen. Nun mußten für die Konsolidierungsphase verbindliche Regeln festgelegt werden. Regel Nummer eins war, in den alten Bundesländern nach dem Fraunhofer-Institut für Siliziumtechnologie „kein einziges weiteres Institut" zu gründen. Regel Nummer zwei war die Steigerung der Wirtschaftserträge auf kurzfristig 33% und mittelfristig 40%. Vor allem die marktorientierten Institute sollten „sehr viel stärker auf Märkte und auf Drittmittel außerhalb des BMFT-Haushalts" ausgerichtet werden. „Die stolze Idee" der Fraunhofer-Gesellschaft sei „die Bewährung im Markt und die Zusammenarbeit insbesondere auch mit mittelständischen Unternehmen". Für den Forschungsminister war es demzufolge auch vertretbar, die Projektförderung schrittweise zurückzuführen, nicht zuletzt als Akt der Solidarität mit den neuen Bundesländern. Im Grunde aber ging es ihm – wie er immer wieder betonte – nicht um fiskalisch bedingte Sparmaßnahmen, sondern um die Ausrichtung der Fraunhofer-Gesellschaft auf ihren eigentlichen Auftrag, und der hieß: Umsetzung von Forschungsergebnissen in die industrielle Praxis.[26]

Riesenhuber verpflichtete seine Fachbeamten und seine Vertreter im Ausschuß Fraunhofer-Gesellschaft auf eine rigorose Überprüfung der Situation in den Einzelinstituten. Vor allem die „schwächeren Institute" sollten unter die Lupe genommen werden, wobei die Ultima ratio der drastischen Verkleinerung und gar der Schließung mit in den Maßnahmenkatalog aufzunehmen war. Seine Mitarbeiter hatten sich den Kopf darüber zu zerbrechen, wie diese Aufgabe mit der Vorgabe in Einklang zu bringen war, „keinesfalls das bewährte Prinzip der Globalsteuerung und das der weitgehenden Eigenverantwortung der Fraunhofer-Gesellschaft" aufzuweichen.[27]

Der Forschungsminister hatte dezidiert das Fraunhofer-Finanzierungsmodell – je ein Drittel Grundfinanzierung, Aufträge der öffentlichen Hand und Wirtschaftserträge – zur Disposition gestellt, mit dem Ziel, die Marktorientierung als Kern der Fraunhofer-Mission zu stärken. Syrbe wurde nicht müde,

Fraunhofer-Präsident Hans-Jürgen Warnecke (rechts) bei der Verabschiedung seines Vorgängers Max Syrbe.

Syrbe hatte nach 15 Jahren Industrietätigkeit als Direktor bei der BBC Mannheim und weiteren 15 Jahren als Leiter des Fraunhofer-Instituts für Informations- und Datenverarbeitung (IITB) in Karlsruhe 1983 die Führung der Fraunhofer-Gesellschaft übernommen. Während das Schlüsselziel seiner ersten Amtszeit „Qualitätssteigerung" lautete, war die zweite fünfjährige Amtsperiode von der Wiedervereinigung und dem Ausgreifen der Fraunhofer-Gesellschaft auf die neuen Bundesländer geprägt.

gegen den Bruch der ehernen Regel des Fraunhofer-Modells anzugehen. Nicht ganz ohne Erfolg, denn immerhin nahm Riesenhuber den Versuch einer quantitativen Globalsteuerung durch die restriktive 75%-Klausel in der Projektförderung wieder zurück. Keine Zweifel allerdings ließ er daran aufkommen, daß die Wirtschaftserträge künftig der „Leitparameter" des Erfolgs der Fraunhofer-Tätigkeit sein würden. Bei seinem Auftritt vor den versammelten Institutsleitern vom September 1992 impfte er den Entscheidungsträgern der Gesellschaft die Notwendigkeit ein, die Wirtschaftserträge bis 1995 auf mindestens ein Drittel im Durchschnitt aller Institute zu steigern. Der tagtäglich mit *Spin-off*-Argumenten, sekundären Erfolgskriterien und indirekten Effekten der Forschungsförderung konfrontierte Minister hielt im Falle der Fraunhofer-Gesellschaft ein hartes Kriterium der Effizienzmessung in der Hand, und das wollte er nun angewandt wissen: verbindlich und in exakten Zahlen bis zur ersten Stelle hinter dem Komma.[28]

Zu diesem Zeitpunkt hatte Riesenhuber bereits Warnecke als den Hoffnungsträger seiner Politik einer Steigerung der Wirtschaftserträge auserkoren. Noch bevor der Senat einen Nachfolger für Syrbe gewählt hatte, bestellte der Forschungsminister den Präsidentschaftskandidaten nach Bonn, um mit ihm die „Simulationsrechnungen zum neuen Fraunhofer-Modell" zu besprechen. Dem erfahrenen, national und international hochangesehenen Forschungsmanager, der das Fraunhofer-Institut für Produktionstechnik und Automatisierung (IPA) zum größten und wirtschaftsstärksten Institut ausgebaut hatte, traute man zu, die anvisierten Zielsetzungen in der Fraunhofer-Gesellschaft durchzusetzen. Warnecke wußte, was man von ihm erwartete, und er tat Riesenhuber den Gefallen, von sich aus das ihm bekannte Ziel anzusprechen und als machbar einzustufen: Steigerung der Wirtschaftserträge auf 34% insgesamt und 40% für die marktorientierten Institute bis zum Jahr 1995. Riesenhuber reagierte geradezu enthusiastisch und entwickelte weitergehende Visionen für das Sorgenkind seines Hauses: die Großforschung. Mit dem Erfolg der Fraunhofer-Gesellschaft hätte man endlich einen überzeugenden Beweis für die Realisierbarkeit einer nachhaltigen Erhöhung der Industrieerträge, den man den Großforschungseinrichtungen demonstrativ vor Augen führen könnte.[29]

Das Gespräch mit Warnecke diente insbesondere auch der Vorbereitung einer seit langem geplanten Pressekonferenz, in der Riesenhuber den gemeinsamen Erfolg der Fraunhofer-Gesellschaft und seines Hauses beim Umbau der ostdeutschen Forschungslandschaft, die Ergebnisse der Überprüfung des Fraunhofer-Modells und den designierten Nachfolger von Syrbe der Öffentlichkeit präsentierten wollte. In Bonn wie auch in München herrschte spürbare Erleichterung, daß die Disharmonie der letzten beiden Jahre einem neuen Zielkonsens gewichen war. In den verbleibenden vier Wochen bis zur Pressekonferenz wurde in beiden Häusern fieberhaft daran gearbeitet, die globale Verständigung in konkrete Arbeitsschritte umzumünzen.

Den undankbarsten Auftrag bekam Fraunhofer-Forschungsleiter Alexander Imbusch verpaßt. Riesenhuber hatte eine Doppelthese entwickelt, die er durch Zahlenmaterial untermauert wissen wollte: Erstens, so lautete sie, steige der Wirtschaftsertrag eines Fraunhofer-Instituts mit zunehmendem Alter automatisch an; zweitens seien Grundfinanzierung und Projektförderung sowie Projektförderung und Wirtschaftserträge „im Sinne kommunizierender Röhren" gegenseitig austauschbar. Imbuschs Zahlenmaterial zu elf repräsentativen Instituten zeigte jedoch, daß Riesenhubers Thesen nicht haltbar waren. Aus der historischen Entwicklung seit Mitte der 70er Jahre ließen sich weder typische Lebenszyklen mit einer altersabhängigen Zunahme der Wirtschaftserträge ableiten, noch ließ sich auf einen Automatismus in der Austauschbarkeit von Erlösträgern schließen. Die Untersuchung belegte vielmehr, daß die Politik des

Schaubild 4: Relative Finanzierung der Aufwendungen durch die Wirtschaft ausgewählter Fraunhofer-Institute 1974–1991

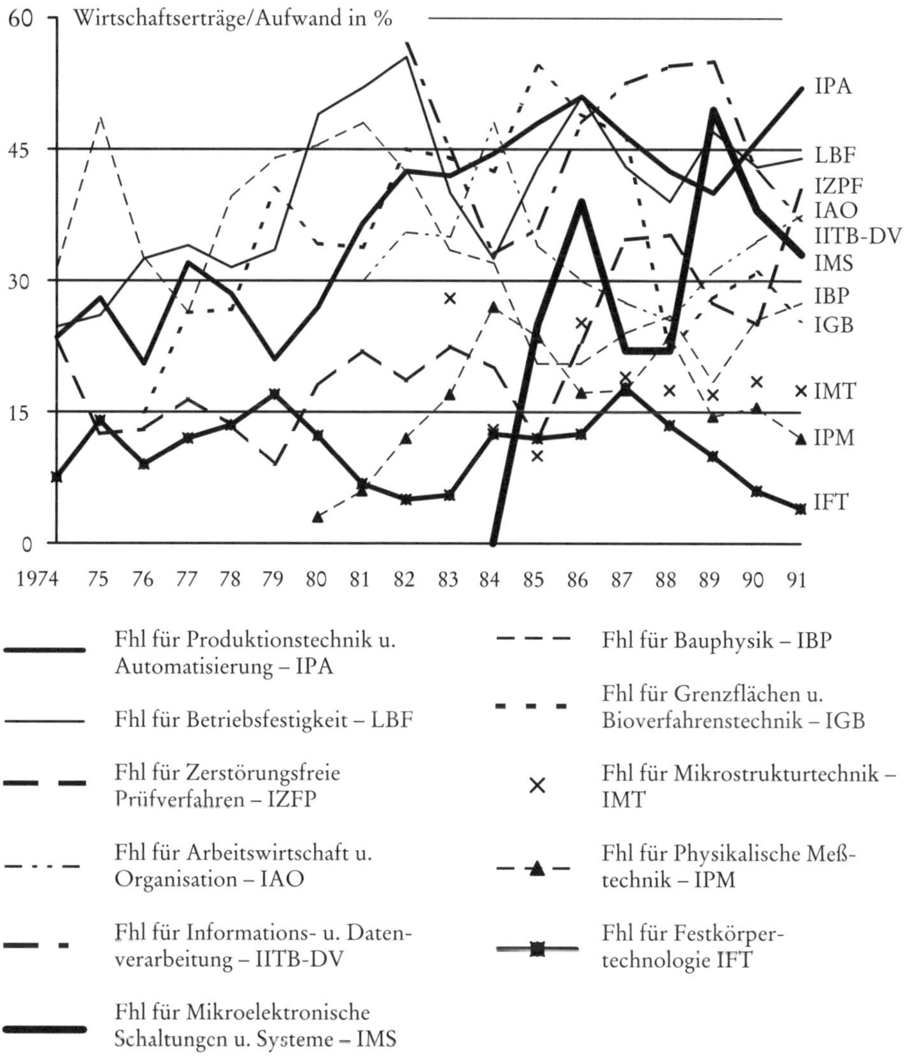

Quelle: Aktenvermerk, 8. 10. 1992 (BMBF, Registratur, AZ 3630/10, Sonderband I).

Vorstandes, mit den Instituten auf der Basis der Erlöserwartungen den Grundfinanzierungsbedarf festzulegen, zu einer Verstetigung der ungleichmäßigen, nicht in direktem Zusammenhang zueinander stehenden Finanzierungsarten der einzelnen Institute führte.

Auf der Arbeitsebene des BMFT herrschte große Erleichterung. Über Wochen hinweg hatte man auf Anweisung Riesenhubers sämtliche Möglichkeiten der staatlichen Steuerung durchdiskutiert. Durch Imbuschs Daten sahen sich die Ministerialbeamten in ihrer Ansicht bestätigt, daß eine Direktsteuerung des Umorientierungsprozesses durch staatliche Eingriffe auf der Ebene einzelner Institute nicht zielführend sei. Man verständigte sich auf die Strategie, die unternehmerische Verantwortung des Vorstandes zu stärken und im übrigen auf das bewährte „Instrument der Globalsteuerung" zu vertrauen. Die Beamten wußten nur zu gut um die Sensibilität der Institutsleiter gegenüber Direktinterventionen der Politik in ihre Arbeitsbereiche. Sie schreckte die Vorstellung, die mühsam erreichte „Ruhe an der Institutsleiter-Front" ohne Not durch dirigistische Eingriffe zu gefährden. Erst wenn die Quoten für die Steigerung des Wirtschaftsertrags verfehlt würden, wollte man sich über konkrete Schritte Gedanken machen. Für die Institute in den alten Bundesländern legte sich das Ministerium auf folgenden Marschplan fest.[30]

Der Auftritt Riesenhubers auf der Pressekonferenz zur Entwicklung der Fraunhofer-Gesellschaft zelebrierte die wiedergewonnene Harmonie. Der Minister hob die Fraunhofer-Gesellschaft als „Produzent von Produktivität", als „Flaggschiff der Forschungspolitik der letzten Jahre" und als leistungsstarken Transmissionsriemen zwischen Wissenschaft und Wirtschaft in den politischen Himmel. Der designierte Präsident Hans-Jürgen Warnecke – so die Botschaft an die Öffentlichkeit – stehe für das gemeinsame Ziel einer stärkeren Wirtschaftsorientierung.[31]

Warnecke stand in der Tat gegenüber dem Zuwendungsgeber im Wort, und mit ihm steht die Fraunhofer-Gesellschaft auch heute noch in der Pflicht. Am Ende eines heftigen Konflikts wurde der Schulterschluß mit dem Bundesforschungsminister als dem bei weitem wichtigsten Partner der Fraunhofer-Gesell-

Tabelle 2: Geplante Steigerung der Wirtschaftsquote der Fraunhofer-Institute 1991–1995 (in Prozent)

	1991	1992	1993	1994	1995
Gesamt	29,0	31,4	32,0	32,9	33,5
Wirtschaftsnahe Fraunhofer-Institute	35,0	37,9	38,6	39,7	40,4

Quelle: Imbusch an König (BMBF), 27. 10. 1992, mit Datenmaterial und Zahlen (BMBF, Registratur, AZ 3630/10 Sonderband I).

schaft im politischen Raum erneuert. Dieser Schulterschluß hat Vor- und Nachteile gezeitigt. Ein Preis ist die Ubiquität des exakt meßbaren Leitparameters Wirtschaftsertrag. Das Rho-Industrie – d.h. der Quotient aus Aufwand und Industrieerträgen – ist spätestens seit 1992 zum dominanten Steuerungskriterium der Fraunhofer-Gesellschaft im Außen- und im Innenraum geworden. Es wäre überzogen zu behaupten, die Positionierung eines Instituts bestimme allein die Höhe der Wirtschaftserträge. Sekundärkriterien wie Größe, *standing* der Wissenschaftler in der *scientific community*, Preise und Ehrungen spielen nach wie vor eine Rolle, aber eben eine zweitrangige. Primärkriterium ist das *ranking* in der Hierarchie der Wirtschaftserträge. Diejenigen Institute, die unterhalb des Durchschnitts liegen, gehören nach der neuen Zielorientierung zu den „lastenden Teilen" der Gesellschaft.

Als sich Riesenhuber im Herbst 1992 dem Gespräch mit den Institutsleitern stellte, mußte er mit kritischen Fragen rechnen. Die an der Akquisitionsfront stehenden Leistungsträger der Fraunhofer-Gesellschaft hatten ihre eigene Sicht der Problemlagen der Gesellschaft. Den BMFT-Beamten waren diese nur allzu gut bekannt, und sie hatten ihren Minister sorgsam auf die zu erwartenden Themenbereiche der Diskussion vorbereitet. Die landschaftliche Idylle des oberbayerischen Bad Aibling scheint die Stimmung positiv beeinflußt zu haben. Die BMFT-interne Manöverkritik hielt mit unverhohlener Erleichterung fest, daß die Diskussion angesichts des angespannten Verhältnisses sachlich verlaufen sei. Wo nun aber drückt die Verantwortlichen der Fraunhofer-Gesellschaft in den 90er Jahren der Schuh?[32]

Vergütung von Führungskräften

Ein Dauerthema ist die Vergütung des Personals. Zwei Jahrzehnte Debatten über eine leistungsorientierte Vergütung haben die Fraunhofer-Gesellschaft in vielen kleinen Schritten ein Stück vorangebracht. Die turnusgemäßen Überprüfungen des Fraunhofer-Modells sind jeweils genutzt worden, um neue Erweiterungen in die Zulagenregelungen einzubauen. Die Übernahme der C4-S-Regelung im Institutsleiterbereich, die 1987 eingeführten Zulagen für Führungskräfte auf der Hauptabteilungs- und Abteilungsleiterebene und die Anwendung der sogenannten SR20-Regelung auf die Mitarbeiter im Forschungsbereich haben die Konkurrenzfähigkeit der Fraunhofer-Gesellschaft am Arbeitsmarkt verbessert. Von einem Durchbruch in Gefilde jenseits des BAT kann allerdings ebensowenig die Rede sein wie von einer Anpassung an die Einkommen in der Wirtschaft, die mit ansteigender Vergütungsgruppe zwischen 15% und 70% – also teilweise beträchtlich – höher liegen als in der Fraunhofer-Gesellschaft.[33] Die Fraunhofer-Gesellschaft wertet dieses Einkommensgefälle durchaus ambivalent: Einerseits erleichtere es die Personalfluktuation, andererseits erschwere es die Gewinnung von Führungskräften.

Trotz des Überangebots am Arbeitsmarkt der Nachwuchskräfte hat die

Fraunhofer-Gesellschaft nach wie vor tatsächlich große Schwierigkeiten, wirtschaftsorientierte Führungskräfte zu gewinnen. Die Verpflichtung zur Steigerung der Wirtschaftserträge hat die Vergütung der Institutsleiter mehr denn je in den Brennpunkt gerückt. Den Rahmen der Vergütung gibt die dem Hochschulbereich entlehnte C4-Regelung vor. Individuelle Nebentätigkeitsregelungen ermöglichen im Einzelfall eine über diesen Rahmen hinausgehende Vergütung, die aber wegen möglicher Überlappungen zwischen Nebentätigkeit und Institutsaufgaben als kritisch angesehen wird. Auch die auf 40% der Institutsleiter beschränkten Zulagen nach der C4-S-Regelung reichen der Fraunhofer-Gesellschaft nach eigenem Bekunden nicht hin, um Spitzenkräfte bei Abwerbungsversuchen halten zu können.

Das Bundesforschungsministerium hat mittlerweile durchaus Verständnis für die Nöte der Fraunhofer-Gesellschaft und ist bereit, ihrem Wunsch nach dem Einbau von leistungsorientierten Einkommenselementen entgegenzukommen. Durch eine Staffelung von Leistungsprämien nach der Höhe der Wirtschaftserträge der Institute soll ein zur Zielsetzung des Ministeriums passender Risikofaktor eingebaut werden. Fraunhofer hat jüngst vorgeschlagen, die Leistungsprämien zuwendungsneutral zu gestalten und im Rahmen des C4-Systems zu halten.[34] Tatsächlich sind bislang alle Versuche, aus dem Rahmen der öffentlichen Vergütung auszubrechen, an der Präjudizproblematik gescheitert. Ob die aktuellen Debatten um einen leistungsorientierten Umbau des öffentlichen Dienstrechts sowie um die privatwirtschaftliche Ergänzung des Fraunhofer-Modells den Handlungsspielraum der Fraunhofer-Gesellschaft in der Vergütungsfrage nachhaltig erweitern werden, bleibt abzuwarten.

Wettbewerbsbedingungen in der Vertragsforschung

Als das Fraunhofer-Modell eingeführt wurde, sah sich die Fraunhofer-Gesellschaft geradezu existentiell gefährdet. Die Institutsleiter befürchteten, durch ihre im Vergleich zu den Universitäten und Großforschungseinrichtungen weitaus geringere Grundfinanzierung am Markt der Vertragsforschung nicht bestehen zu können. Das stetige Wachstum beruhigte die Gemüter. Zwar fehlte es in den 70er und 80er Jahren nicht an Bemühungen, die Großforschungseinrichtungen näher an die Industrie und damit an die Vertragsforschung heranzuführen. Die Großforschung entzog sich jedoch weitgehend den Steuerungsversuchen der Öffentlichkeit. Konkurrenten waren die Fraunhofer-Gesellschaft und Großforschung meist nur in der staatlichen Projektförderung.[35] In diesem Segment der Vertragsforschung spielen Kostenvorteile für die Entscheidungsfindung kaum eine Rolle. Auch die durchaus dynamische Entwicklung der Hochschulforschung brachte die Fraunhofer-Gesellschaft nicht von ihrem Wachstumskurs ab.

Mitte der 70er Jahre kündigte das Bundesforschungsministerium vollmundig an, für „Waffengleichheit" in der Vertragsforschung zu sorgen. Das BMFT wollte in der gesamten öffentlich finanzierten Forschung kostendeckende Preise einführen. Tatsächlich jedoch kam das Ministerium seiner marktordnenden Funktion nicht nach, sehr zur Verärgerung der Fraunhofer-Gesellschaft, aber auch der privaten Anbieter von Vertragsforschungsleistungen, die ihrerseits wiederum den Wettbewerbsvorteil von Fraunhofer kritisierten. Als sich die europäische Vertragsforschung 1989 zum Dachverband EACRO zusammenschloß, mußte sich die Fraunhofer-Gesellschaft auch von ihren europäischen Schwesterinstitutionen vehemente Kritik anhören: Die staatliche Grundfinanzierung führe zu gravierenden Wettbewerbsverzerrungen.[36] Je nach Perspektive verfügt die Fraunhofer-Gesellschaft also über politisch gewollte Vor- bzw. Nachteile.

Im Gefolge der Wiedervereinigung haben Bund und Länder die Leitmaxime ausgegeben, den Wettbewerbsgedanken auch in der Forschungslandschaft zu verankern. Der Staat lenkt die Hochschulen, insbesondere aber die Großforschungseinrichtungen und die Blaue-Liste-Institute in den Auftragsforschungsmarkt. Mehr Wettbewerber streiten sich um einen Kuchen, der durch den Rückzug des Staates aus der Projektförderung geschrumpft ist. Anders als vom Bundesforschungsministerium befürchtet, hat die Fraunhofer-Gesellschaft in dieser Umbruchsituation nicht das Klagelied vom „unlauteren Wettbewerb“ gesungen. Gegenüber der Öffentlichkeit zeigt sie sich optimistisch, durch den Ausbau ihrer gewachsenen Stärken und die Erschließung neuer Geschäftsfelder ihren Anteil am Vertragsforschungsmarkt weiter steigern zu können. Fraunhofer-intern freilich spielt das Thema „Wettbewerbsverzerrung“ durchaus eine Rolle.[37]

Das Vertrauen in die eigenen Stärken heißt nicht, daß die Fraunhofer-Gesellschaft keine Ansprüche an den Staat als marktordnende Instanz hat. Leistungsfördernde Vergütung, „faire Wettbewerbsbedingungen ohne Diskriminierung“ – die 75%-Klausel ist noch in frischer Erinnerung – und „barrierefreie Rahmenbedingungen“ für die angewandte Forschung wünscht sie sich von ihren Zuwendungsgebern. „Barrierefrei“ gilt sowohl für die Zusammenarbeit mit der Wirtschaft als auch für die Kooperation mit den Universitäten.[38]

Die angewandte Forschung gilt als gemeinnützig und ist damit befreit von Körperschafts-, Gewerbe- und Vermögenssteuer. Ende der 80er Jahre ist in der Folge der Betriebsprüfung der Großforschungseinrichtung Deutsche Forschungsanstalt für Luft- und Raumfahrt (DLR) der Versuch gemacht worden, in der Forschungstätigkeit zwischen einem gemeinnützigen und einem gemeinnützigkeitsschädlichen Geschäftsbetrieb zu unterscheiden. Aufträge, die dem Auftraggeber Exklusivrechte einräumen, sind dem steuerpflichtigen Bereich zugeordnet worden. Seither gibt es in der Fraunhofer-Gesellschaft das Schreckensszenario einer Aberkennung der Gemeinnützigkeit – ein realistisches Szenario, wie die Entscheidung des Bundesfinanzhofes vom 30. November 1995 zeigt: Die Auftragsforschung wurde als „steuerschädlicher Geschäftsbetrieb“ qualifiziert, ein folgenschweres Hemmnis für die Kooperation mit der Industrie. Die Fraunhofer-Gesellschaft hat ihre Existenzgrundlage bedroht gesehen und daher alle Hebel in Bewegung gesetzt, diese Entscheidung zu revidieren. Mit

Erfolg – die Novellierung der Abgabenordnung im Rahmen des Jahressteuergesetzes 1997 hat die Gemeinnützigkeit der angewandten Forschung einstweilen gesichert.[39]

Neue Barrieren türmen sich auch in der Zusammenarbeit mit den Universitäten auf. Die Etatkrise der Bundesländer hat der seit langem geführten Debatte um die Reform der Universitäten eine finanzielle Schlagseite verliehen. Die Länder steuern die Hochschulen vermehrt nach dem Kriterium des Drittmittelaufkommens. Hochschulverwaltungen, Institute und Lehrstühle stehen unter Druck, extern eingeworbene Gelder nachzuweisen. Dieser Druck kann einerseits den Innovationsprozeß beschleunigen. Andererseits stellt die neue Empfindlichkeit der Universitäten für Kooperationen mit externen Partnern funktionierende Instrumentarien des Technologietransfers in Frage. Die personell und institutionell eng mit der Universitätslandschaft verflochtene Fraunhofer-Gesellschaft etwa sieht ihre Zusammenarbeit mit einzelnen Hochschulen durch „bürokratische Akte" gefährdet. Vor allem bei der Gründung von Fraunhofer-Anwendungszentren beginnen einzelne Hochschulverwaltungen ihre Interessen in einer Weise zu definieren, die einen reibungsfreien Innovationsprozeß gefährdet. Hier appelliert die Fraunhofer-Gesellschaft an den Gesetzgeber, korrigierend einzugreifen, und schlägt als Problemlösung vor, externe Erträge bei Kooperationen zwischen Fraunhofer und Universitäten beiden Partnern gutzuschreiben.[40]

Grundfinanzierung: die Spitze der Konflikthierarchie

Das Fraunhofer-Modell hat im Verlauf eines Vierteljahrhunderts permanent unter Bewährung gestanden. Flexibel an die sich verändernde politische und wirtschaftliche „Umwelt" angepaßt, hat das Modell nicht wenige Belastungsproben überstanden. Zum Hauptbelastungsfaktor ist in den 90er Jahren die rückläufige Wachstumsrate der Grundfinanzierung geworden. Der drastische Rückgang der staatlichen Projektförderung ist teilweise durch höhere Wirtschaftserträge kompensiert worden. Die Grundfinanzierung dagegen ist ein hochsensibler Bereich. Sie ist der *nervus rerum* der Gesellschaft. Wird sie angetastet, sieht sich die Fraunhofer-Gesellschaft in ihrem Selbstverständnis bedroht.

In vergröbernder Darstellung sichert die Grundfinanzierung die wissenschaftliche Basis der Fraunhofer-Gesellschaft. Sie ist die tragende Säule der Gesamtgesellschaft und ermöglicht den Fraunhofer-Instituten den Freiraum für wissenschaftliche Kreativität, ohne den diese langfristig wissenschaftlich steril zu werden drohen. Kreativ bleiben die Institute durch Vorlaufforschung. Eine „ausreichende Förderung" der Vorlaufforschung hält das Fraunhofer-Modell in der Balance. Wie aber sieht eine ausreichende Förderung aus? In dieser Frage scheiden sich die Geister.

Die Fraunhofer-Gesellschaft sieht die institutionelle Grundförderung heute als nicht mehr ausreichend an. Der Freiraum für Vorlaufforschung ist aus ihrer Perspektive auf einen Wert geschrumpft, der die Institute in ihrer Überlebensfähigkeit gefährdet. Diese interessengebundene Sichtweise kann nicht verwundern, eher schon die Tatsache, daß staatliche Akteure ähnlich argumentieren.[41] Die Kritik an der geringen Höhe der Grundfinanzierung speist sich aus der arbeitsweltlichen Erfahrung der Institutsmitarbeiter und aus der Orientierung an einem doppelten Vergleichsmaßstab: synchron an dem sinkenden Anteil am Finanzierungsmix, diachron an den höheren Zuwachsraten der Grundlagenforschung (DFG und MPG).

Durch das Engagement in den neuen Bundesländern ist die institutionelle Förderung der Fraunhofer-Gesellschaft kräftig gewachsen; 1992 ist der Zuschuß des Bundes im Vergleich zum Vorjahr um außerordentliche 83,9% angestiegen, von 180,3 Mio. DM auf 331,6 Mio. DM. Es war nicht zuletzt dieser offensichtliche Zugewinn an finanziellem Spielraum, der den Prozeß der Ausweitung auf die neuen Bundesländer Fraunhofer-intern so reibungsfrei gestaltete. Einerseits zehrt die Fraunhofer-Gesellschaft noch heute von dieser Niveausteigerung. Andererseits hat sie sich auf härtere Zeiten einzustellen. Der Bund ist der Ansicht, Fraunhofer „gut bedient" zu haben, und hat die Gesellschaft in die sogenannte „Überrollung" des Haushalts einbezogen. Der Begriff gemahnt nicht von ungefähr an eine Dampfwalze, bedeutet er doch, daß eine Institution unabhängig von ihren Leistungen in einen strikt vorgegebenen Haushaltsplan hineingepreßt wird. Die Fraunhofer-Gesellschaft mußte sich ab 1995 mit einer Steigerungsrate von 2% abfinden, die erst 1998 wieder auf 3% heraufgesetzt worden ist. Die Wiedervereinigung einmal außer Betracht gelassen, ist der Zuwachs der Grundfinanzierung von bis zu 17% über 7–8% auf nur noch 2–3% heruntergefahren worden. Im Bundesforschungsministerium ist man sich der Ambivalenz der Überrollung bewußt. Einerseits werden die 2% im Vergleich zum rückläufigen Etat des Hauses schon als „erheblicher Erfolg" gewertet. Andererseits weiß man, daß 2% im Vergleich zu den weitaus höheren Wachstumsraten des Leistungsbereichs Vertragsforschung (1996 im Vergleich zum Vorjahr 9%) „demotivierend" wirken können – dies um so mehr, als die Fraunhofer-Gesellschaft sich zur selben Zeit höchst erfolgreich um die Steigerung der Wirtschaftserträge bemüht hat. Im Ausschuß Fraunhofer haben selbst die Länder, ungeachtet ihrer eigenen Etatprobleme, Front gegen den drastischen Sparkurs des Bundes gemacht. Unverhohlene Kritik an der Politik des Hauptzuwendungsgebers spricht aus dem Hinweis des Präsidenten, die Steigerung der institutionellen Förderung entspreche „nicht einmal mehr der Preis- und Tarifentwicklung".[42]

Unberührt von der Überrollung wachsen DFG und MPG mit gleichbleibendem Tempo. Der in den 80er Jahren eingeführte „5 × 5%-Beschluß", demzufolge die Haushalte von DFG und MPG für fünf Jahre jeweils um 5% wachsen sollen, ist fortgeschrieben worden; er soll den beiden Institutionen nun die nachholende Ausweitung auf die neuen Bundesländer ermöglichen. Die Tatsache, daß ihre Referenzeinrichtungen mit einer gleichbleibend hohen Steigerungsrate rechnen können, bestärkt die Fraunhofer-Gesellschaft in ihrer Wahrnehmung, vom Staat nicht mehr ausreichend unterstützt zu werden. Kurzum: Was ihren Spielraum für Vorlaufforschung betrifft, hält sich die Fraunhofer-Gesellschaft für nicht sehr „fit“ für die Herausforderungen des 21. Jahrhunderts.

3. Konzepte und Perspektiven für eine offene Zukunft

Die eigene „Fitneß“ zu stärken ist das Ziel eines ganzen Bündels von Maßnahmen, die die Fraunhofer-Gesellschaft in den 90er Jahren ergriffen hat. Die Internationalisierung von Fraunhofer – das Engagement in den USA und das Ausgreifen auf die südostasiatischen Märkte – als Reaktion auf die Globalisierung der Wirtschaft gehört ebenso zur Neuorientierung wie der Umbau der Verteidigungsforschung durch Konversion und Konsolidierung am Ende des kalten Krieges. Diese beiden Strategien der Anpassung an eine turbulente Umwelt wollen wir weiter unten in ihrem historischen Kontext systematisch entwickeln. Im folgenden geht es um Effizienzsteigerung durch interne Vernetzung, um innovative Formen der Kooperation mit Industrie und Hochschule sowie um die Erschließung neuer Arbeitsfelder auf dem Weg zur Dienstleistungsgesellschaft.

Leitbild 2000 – Visionen für ein neues Jahrhundert

Entscheidungs- und spieltheoretische Ansätze der Organisationsforschung gehen heute von einem Modell aus, das rationale Entscheidungen in komplexen Unternehmen faktisch ausschließt. Das Handeln von Unternehmen läßt sich demzufolge angemessen als eine Art *muddling through*, als „Durchwursteln“ beschreiben.[43] Diese theoretischen Modelle haben sich aus historischer Sicht als wenig geeignet erwiesen, um das Verhalten und die Orientierung von Unternehmen in ihrer Umwelt zu beschreiben. Zweifelsfrei ist jedenfalls, daß größere Unternehmungen permanent rationale Planungs- und Strategieentwicklungen vornehmen, um auf die Veränderungen in ihrem wirtschaftlichen und politischen Umfeld zu reagieren. In der Fraunhofer-Gesellschaft wird diese Aufgabe federführend von der dem Präsidenten zugeordneten „Hauptabteilung Forschungsplanung und Kommunikation“ wahrgenommen, die in engem Austausch mit der Hauptkommission des WTR steht. Selten aber leisten sich Institutionen den Luxus, frei von der Last alltäglicher Zwänge und enger Handlungsspielräume eine wünschenswerte Zukunft zu konstruieren. Das Engagement in den neuen Bundesländern hatte der Fraunhofer-Gesellschaft einen enormen Wachstumsschub verliehen und ihren Orientierungsbedarf in einem sich rasch wandelnden Umfeld erhöht. Im Anschluß an den Umbau Ost nahm sich die Fraunhofer-Gesellschaft die Freiheit, Leitbilder für das neue Jahrhundert zu formulieren.

Der Anstoß für die Leitbilddebatte ging im Dezember 1991 von der Hauptkommission des WTR unter dem damaligen Vorsitzenden Warnecke aus. Die führenden Mitarbeiter der Fraunhofer-Gesellschaft wollten sich nach Abschluß des Umbaus Ost aktiv an der gewünschten Neupositionierung ihrer Gesellschaft beteiligen. Ein erstes Papier, das vor allem aus der Feder des Stellvertretenden WTR-Vorsitzenden Hariolf Grupp stammte, vermittelte thesenartige Denkanstöße, die allenthalben auf ein positives Echo stießen. Vorstand und Institutsleiter setzten einen gemeinsamen Arbeitskreis „Strategieentwicklung" ein, der ein „wahrscheinliches Szenario bis 2000" festlegen, die Ziele der Fraunhofer-Gesellschaft überprüfen, neu definieren und aus dem Vergleich von Szenario und Zielsetzung eine „Unternehmensstrategie" aufstellen sowie Handlungsbedarf ermitteln sollte.[44]

Die Bestandsaufnahme des Arbeitskreises fiel sehr ernüchternd aus. Nach den Worten von Forschungsleiter Imbusch galt es, die Fraunhofer-Gesellschaft „von der formalen Trägerorganisation von mittlerweile 47 Einrichtungen, die neben-

Alexander Imbusch, der Leiter der Hauptabteilung Forschung und Kommunikation, anläßlich der Pressekonferenz zum Thema „Einrichtungen der Fraunhofer-Gesellschaft in Ostdeutschland" am 25. Mai 1991.

Die Planung, Koordinierung und in bemerkenswertem Konsens aller Beteiligten realisierte Einbindung der Institute der neuen Bundesländer gehören zu den wichtigsten Leistungen des Chefstrategen der Fraunhofer-Gesellschaft. Zunächst als Institutsbetreuer und dann als Leiter der Planungsabteilung steht Imbusch für ein hohes Maß an Kontinuität in der strategischen Forschungsplanung der Gesellschaft. Er gilt im Binnen- und Außenraum gleichermaßen als „Innenminister", der sich in den letzten Jahren insbesondere auch für die Verwirklichung von neuen Konzepten der institutsübergreifenden Zusammenarbeit stark gemacht hat.

einander und immer noch weitgehend isoliert voneinander am Markt agieren, zu einem gesamtheitlichen und am Nutzen des Kunden orientiert operierenden Forschungsunternehmen" weiterzuentwickeln.[45] Imbusch hatte den Finger in die Wunde gelegt, und auch im weiteren Verlauf der Debatte kamen – ausgeklammert wurde allein das Tabuthema einer organisatorischen Neuordnung der Beziehung zwischen Vorstand und Zentralverwaltung – strukturelle Probleme zur Sprache: Schwächen in der Qualitätssicherung der Projektakquisition und -durchführung, mangelnde Profilschärfe der Fraunhofer-Gesellschaft infolge unklarer Kriterien der Zugehörigkeit zum Institutsverbund, Berührungsängste bei der institutsübergreifenden Kooperation und – *last but not least* – das spannungsgeladene Verhältnis zwischen Zentralverwaltung und Instituten.

– Nach einer Phase der inhaltlichen Abstimmung des Leitbildes mit den Instituten und Arbeitnehmervertretungen lag mit Beginn der Amtszeit Warneckes als Präsident im Oktober 1993 das „Leitbild 2000" vor. Die Fraunhofer-Gesellschaft definiert sich darin als bedarfs- und marktorientierte, national und international operierende, leistungs- und kundenorientierte, hierarchisch flache und dezentrale, mitarbeiterorientierte und hochmotivierte, multidisziplinäre und systemisch ausgerichtete Trägerorganisation für Institute der angewandten Forschung, als vitales Element des Wirtschaftsstandorts Deutschland. Auf dem Weg zu einer „noch leistungsfähigeren" Forschungseinrichtung sind Strategien zu entwickeln, die
– der Fraunhofer-Gesellschaft ein einzigartiges, herausragendes und für den Kunden vorteilhaftes Profil geben,
– die Kompetenz und Leistungsfähigkeit erhöhen,
– durch Personalförderungsmaßnahmen die Mitarbeiter an der Weiterentwicklung der Unternehmenskultur beteiligen,
– die Zusammenarbeit mit der Wirtschaft durch größere Kundennähe verstärken und
– die Position der angewandten Forschung und deren Förderung in Politik und Wirtschaft stärken.

Das Profil der Gesamtgesellschaft geschärft und Kriterien der Zugehörigkeit von Instituten zum Verbund aufgestellt zu haben sind die wohl wichtigsten Ergebnisse der Leitbilddebatte. Für so manches Institut sind die Kriterien sehr harte Forderungen, die kaum zu erfüllen sind:

– eigenständige wissenschaftliche Basis und Kompetenz mit einer genuinen Forschungstätigkeit von mindestens einem Drittel der Gesamttätigkeit;
– unternehmerische Kompetenz und erfolgreiche Vermarktung und Führung der Institute als *profit center*;
– Ausrichtung auf wirtschaftsrelevante Forschungsfelder;
– Erarbeitung neuartiger Lösungsansätze durch fachliche Vernetzung mit anderen Instituten und

Schaubild 5: Die elf Grundsätze der Fraunhofer-Gesellschaft

1. Die Fraunhofer-Gesellschaft ist in Deutschland die Trägerorganisation für Institute der angewandten Forschung.
2. Die Fraunhofer-Gesellschaft forscht bedarfs- und marktorientiert auf dem nationalen und internationalen FuE-Markt.
3. Träger der Forschungsleistungen in der Fraunhofer-Gesellschaft sind ihre Institute, sie agieren unternehmerisch am FuE-Markt.
4. Die Fraunhofer-Gesellschaft arbeitet leistungsorientiert zum gemeinsamen Nutzen von Wirtschaft, Gesellschaft und Staat.
5. Die Fraunhofer-Gesellschaft arbeitet kundenorientiert.
6. Die Fraunhofer-Gesellschaft nutzt die multidisziplinäre Vielfalt ihrer Institute und die Zusammenarbeit mit anderen Forschungseinrichtungen zur Lösung komplexer Probleme.
7. Die Fraunhofer-Gesellschaft arbeitet unabhängig von den Interessen einzelner Gruppen aus Politik, Wirtschaft und Gesellschaft.
8. Flache Hierarchien, dezentrale Strukturen und die Delegation von Verantwortung und Aufgaben schaffen Motivation und Freiraum für unternehmerisches Handeln.
9. Die Fraunhofer-Gesellschaft arbeitet mitarbeiterorientiert. Die wissenschaftliche, unternehmerische und soziale Kompetenz der Mitarbeiter bestimmt Qualität und Leistungsfähigkeit der Fraunhofer-Gesellschaft im Innovationswettbewerb.
10. Die Fraunhofer-Gesellschaft ist ein vitales Element der Forschungsinfrastruktur des Industriestandortes Deutschland.
11. Die gemischte Finanzierung der Fraunhofer-Gesellschaft aus institutioneller Förderung, Projektförderung und Wirtschaftserträgen stellt ein Optimum für die anwenderorientierte Tätigkeit der Fraunhofer-Gesellschaft dar. Die gemeinsame Förderung der Fraunhofer-Gesellschaft durch Bund und Länder ist eine Zukunftsinvestition in die wirtschaftsrelevante Forschungsinfrastruktur.

Quelle: FhG (1993: 3f.).

- Orientierung an einem breiten und differenzierten Forschungsmarkt und Minimierung des finanziellen Risikos durch die Zusammenarbeit mit einer Vielzahl voneinander unabhängiger Auftraggeber.

Während diese Kriterien für alle Institute gelten, unterscheidet das Zusatzkriterium „Bedürfnis und Nachfrage“ zwischen wirtschaftsorientierten Instituten, die mindestens ein Drittel ihrer Kosten durch Auftragserlöse von Unternehmen decken müssen, und überwiegend öffentlich orientierten Instituten, von denen Aufträge öffentlicher Stellen und Wirtschaftsrelevanz gleichermaßen erwartet werden. Erfüllt ein Institut diese Kriterien wegen innerer Strukturprobleme oder Umwälzungen am Forschungsmarkt nicht (mehr), setzen Vorstand und Hauptkommission gemeinsam eine Strukturkommission ein, die das Institut berät und gegebenenfalls den Organen „weiterreichende Entscheidungen" vorschlägt. Von diesem Vorgehen erwartet sich die Fraunhofer-Gesellschaft einen substantiellen Beitrag zur „Identitätsentwicklung".[46]

Leitbilder geben Orientierung, und sie wirken sinnstiftend. Für ausdifferenzierte und dezentral organisierte Institutionen wie die Fraunhofer-Gesellschaft ist die interne Verständigung über gemeinsame Ziele hilfreich und notwendig für das Überleben in einem turbulenten Umfeld. Das Leitbild, vor allem aber der Prozeß der Verständigung über Gemeinsamkeiten vermittelt, neudeutsch gesprochen, eine *corporate identity* oder wie Warnecke treffend formulierte: „Der Weg ist das Ziel." Allein schon vom kollektiven Nachdenken über die Zukunft ging eine identitätsstiftende Wirkung aus. In diesen Verständigungsprozeß alle Ebenen der Gesellschaft einschließlich der Betriebsräte einzubeziehen machte vor dem Hintergrund von zu erwartenden schmerzlichen Eingriffen des Vorstands in die Institute großen Sinn. Die kontrovers geführte Debatte über die Schließung der Forschungsgruppe für Hydroakustik hatte allen Beteiligten einen Vorgeschmack der Konflikte gegeben, die in der anstehenden Phase eines Null- oder gar Minuswachstums bei drastisch gesteigerten Anforderungen an die Wirtschaftsrelevanz nicht ausbleiben konnten. Das Leitbild nahm sämtliche Entscheidungsträger in die Mitverantwortung und half, die Umsteuerung der Fraunhofer-Gesellschaft spannungsreduziert zu gestalten.[47]

Mit dem Leitbild 2000 präsentiert sich die Fraunhofer-Gesellschaft als System, dessen Anpassung an seine Umwelt über das Gesamtsystem umgreifende Kommunikations- und Interaktionsprozesse verläuft. Das Leitbild 2000 dient der Fraunhofer-Gesellschaft aber nicht nur als identitätsstiftende Verständigung über gemeinsame Ziele, sondern auch als verbindliche Handlungsanleitung auf dem Weg ins 21. Jahrhundert. Die im Leitbild aufgezeigten Strategien sind zum Großteil bereits in der Phase der Umsetzung. Werfen wir zunächst einen Blick auf die Maßnahmen, die auf der Binnenebene der Gesellschaft ansetzen.

Effizienzsteigerung durch interne Vernetzung

Eine Hauptstoßrichtung des Leitbilds ist die Stärkung der institutsübergreifenden Zusammenarbeit. Es gilt, den Nachweis zu führen, daß die Fraunhofer-Gesellschaft mehr ist als die Summe ihrer Institute. Interne Vernetzung und Schwerpunktbildung sollen Synergien freisetzen, dem Bedürfnis der Kunden nach fachübergreifenden Lösungen nachkommen sowie Kompetenz und Effizienz steigern.

Die Fraunhofer-Gesellschaft bezieht ihre Stärke aus der Selbständigkeit und der unternehmerischen Eigenständigkeit der Institute. Dezentralität gewährleistet insbesondere auch eine rasche Anpassungsfähigkeit an die Bedürfnisse des Marktes. Vorteile implizieren häufig zugleich Nachteile. Der Nachteil der Eigenverantwortlichkeit ist die latente Schwierigkeit, institutsübergreifend zu agieren.

Fachlich verwandte Institute treten am Markt mitunter als Konkurrenten auf. Sie tendieren daher dazu, sich nicht in die Karten schauen zu lassen. Die allein auf den Erfolg der Einzeleinrichtung abgestellten internen Verteilungs- und Anreizmechanismen zwingen nachgerade zu institutsbezogenem Handeln. Die bereits 1971 eingeführte Einteilung in Sektionen bzw. Forschungsgebiete hat letztlich nicht vermocht, diesem Problem hinreichend entgegenzuwirken. Jährliche *Institutsgruppengespräche,* die vom Vorstand moderiert werden, sollen auf der Ebene der fachlich verwandten Institute die Kommunikation verbessern. Die festgefahrenen Institutsstrukturen aufzubrechen ist jedoch ein Ziel, das bei allem guten Willen der Beteiligten nicht über Nacht erreicht werden kann.

Wie das Leitbild und die sich anschließenden Diskussionen gezeigt haben, ist der gute Wille ebenso vorhanden wie ein geeignetes Instrumentarium. Die Mikroelektronikinstitute haben sich bereits in den späten 80er Jahren zu einem *Institutsverbund* zusammengeschlossen, zunächst mehr auf Druck der Politik als aus innerer Einsicht in die Notwendigkeit einer fachlichen Abstimmung. Mittlerweile hat der Fraunhofer-Verbund Mikroelektronik (FhV-µE) für die beteiligten Institute evidente Vorteile gezeitigt und deren Bereitschaft erhöht, aus einem lockeren Zusammenschluß eine festgefügte Organisation mit fest verankerten Kompetenzen in der Zielfindung und Ressourcenzuteilung werden zu lassen. Die sieben Mikroelektronikinstitute stimmen via Verbund ihre Großinvestitionen und Großprojekte aufeinander ab und entwickeln gemeinsame Forschungs- und Marketingstrategien. Mit knapp 1000 Mitarbeitern ist der Verbund der größte außerindustrielle Komplex und zählt zu den vier weltweit führenden Forschungseinrichtungen in der Mikroelektronik.[48]

Das Vorbild Mikroelektronik hat jüngst einen Nachahmer gefunden. Aufbauend auf einer langjährigen Kooperation im BMFT-Verbundprojekt Hochleistungskeramik, haben sich im Mai 1997 sechs Institute zum Fraunhofer-Verbund Werkstoffe und Bauteile zusammengeschlossen (IAP, IFAM, IKTS, ISC, IWM und WKI; LBF mit Gaststatus). Inhaltliche Überlappungen der Arbeitsgebiete und drastische Änderungen in der Marktentwicklung hatten die Institute bereits Anfang des Jahres 1994 dazu bewogen, eine Kommission einzurichten, die in „behutsamer Vorgehensweise“ das Arbeitsfeld neu zuschneiden sollte.[49] Nach dreijähriger Erfahrung ist aus Behutsamkeit selbstorganisatorische Durchschlagskraft geworden. Gemeinsame Marketingkonzepte und Forschungsstrategien stehen auch bei dieser Initiative obenan. Effizienzsteigerung, Kostenersparnis und höhere Attraktivität für den potentiellen Kundenkreis sind die Erwartungen, die die Institute mit dem Zusammenschluß verbinden. Weitere Verbünde sind in der Diskussion. Im September 1997 ist ein Verbund der Institute der Produktionstechnik gegründet worden.

Welche Rolle die acht Forschungsgruppen der Fraunhofer-Gesellschaft, die sich teilweise bereits zu Verbünden weiterentwickelt haben, künftig spielen werden, ist am Ende der 90er Jahre noch völlig offen. Der Verbund ist ein Instrument, das auf der Ebene zwischen Institut und Zentrale ansetzt und daher geeignet ist, das konfliktträchtige Spannungsfeld zwischen Zentralität und Dezentralität zu entschärfen. Dieses Spannungsfeld bestimmt die aktuelle Einschätzung der Institutsleiter, deren Wahrnehmung zwischen der Furcht vor einem „Oberinstitutsleiter" und der Chance zur Erweiterung des eigenen Gestaltungsrahmens durch stärkere Einwirkung auf Entscheidungen des Vorstandes schwankt.[50] Es wird von dem Willen und der Fähigkeit der Beteiligten abhängen, den durchaus großen Spielraum zur selbstorganisatorischen Steuerung zu nutzen.

Verbünde sind konzertierte Aktionen mit, wie schon der Name sagt, festen organisatorischen Strukturen. Die Konzepte der „Gemeinsamen Studien" und der „Wirtschaftsorientierten Strategischen Allianzen" dagegen zielen auf lockere und flexible Formen des institutsübergreifenden Handelns ab. In Gemeinsamen Studien verschaffen sich interessierte Institute einen Überblick über die Chancen neuer Technologien am Markt und verständigen sich über gemeinsame Marketingmaßnahmen. Die so stimulierte Kooperation soll in strategischen Allianzen fortgesetzt werden, „sei es in der Gestalt gemeinsam betriebener Demonstrationszentren für kleine und mittlere Unternehmen oder in Form von gemeinsam akquirierten Projekten und Aufträgen". Um einen Anreiz zu schaffen, können nach Prüfung durch interne und externe Gutachter zusätzliche Mittel aus der zentralen Grundfinanzierung bereitgestellt werden.[51]

Aller Anfang ist schwer! Diese Binsenweisheit hat sich am Beginn dieser Fördermaßnahme einmal mehr bestätigt. Die ersten „Gemeinsamen Studien" zu den Themen „Rapid Prototyping", „Modellierung und Simulation für Unternehmen" und „Ökobilanzen" wurden von den Gutachtern zwar als „wichtig", aber wegen mangelnder Konkretisierung sowie fehlender Markt- und Kostenabschätzungen als deutlich nachbesserungsbedürftig eingestuft. Der zweite Anlauf von sieben weiteren Studien verlief kaum erfolgreicher. Die Hauptkommission kritisierte die mangelnde „Professionalität der Vorgehensweise" und empfahl eine „deutlichere Beratungsfunktion" des ISI. Klarer hätte sie ihre Enttäuschung über die mangelnde Qualität der Studien kaum zum Ausdruck bringen können. In der Zentralverwaltung konnte man sich gar des Eindrucks nicht erwehren, daß die zusätzlich ausgeworfenen Mittel teilweise nur „in der Art einer zusätzlichen Grundfinanzierung genutzt" würden.[52]

Mittlerweile haben die Beteiligten Lernprozesse durchlaufen. Die Motivation zur Kooperation ist gewachsen und mit ihr die Qualität der Arbeiten. Studien sind in Allianzen überführt und *Demonstrationszentren* eingerichtet worden. Auf dem Technologiefeld „virtuelle Realität" und Simulation präsentiert sich die Fraunhofer-Gesellschaft infolge der Kooperation heute als leistungsstarker Verbund vernetzter Institute. Bereits der Effekt, die eingefahrenen Strukturen aufgebrochen und institutsübergreifende Kommunikation ermöglicht zu haben, wird intern als wichtiger Erfolg gewertet.[53] Zweifelsohne ist das Angebot der Fraunhofer-Gesellschaft an die Wirtschaft vielfältiger, attraktiver und transparenter geworden.

Am weitesten in der institutsübergreifenden Nutzung von Eigenforschungsmitteln geht das Instrument der *Strategischen Innovationsoffensive*. Um Innovationen, denen der Durchbruch zu sogenannten „Schlüsseltechnologien" zugetraut wird, möglichst rasch an den Markt heranzuführen, braucht die Fraunhofer-Gesellschaft nicht nur die wissenschaftliche Kompetenz mehrerer Institute, sondern auch die an der Umsetzung beteiligten Unternehmen. Konsortien aus internen und externen Partnern schließen sich zu einer Innovationsoffensive zusammen und erarbeiten „problemorientierte Systemlösungen mit signifikanter Wirkung auf die Wettbewerbslage und Beschäftigungssituation Deutschlands". Die mittelfristig angelegten Verbundprojekte im Umfang von rund 50 Mitarbeiter-Jahren werden von der potentiellen Nutzerindustrie zunächst beratend begleitet und in späteren Phasen von ihr mitfinanziert. Das Konzept paßt zu der Zielsetzung des Bundesforschungsministeriums, durch die Konzentration auf besonders aussichtsreiche „Leitprojekte" – Verbundvorhaben, an denen die Wirtschaft federführend beteiligt ist – den Innovationsprozeß zu beschleunigen. Die forschungspolitisch günstigen Vorzeichen lassen die Fraunhofer-Gesellschaft hoffen, eine zusätzliche Grundfinanzierung für die in der Planung befindlichen Innovationsoffensiven zu erhalten.[54]

So sehr sich die Fraunhofer-Gesellschaft bemüht, Synergien durch interne Kooperation freizusetzen, so deutlich ist vorderhand die Skepsis gegenüber der „kooperativen Wende" spürbar. Meinungsführende Institutsleiter attestieren den internen Förderprogrammen noch keinen Erfolg. Da diese personelle und finanzielle Ressourcen binden, ohne bislang nachhaltig zur Steigerung der Wirtschaftserträge beigetragen zu haben, halten sie konzertierte Aktionen teilweise sogar für kontraproduktiv. Über der Suche nach internen Partnern gehe viel Zeit verloren, was den Wettbewerbern zugute komme. Nicht innerhalb der Fraunhofer-Gesellschaft, sondern in der Industrie müsse Akquisition betrieben werden.[55] Erst allmählich weicht diese Kritik unter dem Eindruck erster Erfolge einer Sichtweise, die kooperatives Handeln vornehmlich als Chance wahrnimmt.

Die Barrieren, die dem institutsübergreifenden Agieren entgegenstehen, sind nach wie vor hoch. Sie zu überwinden bedarf es eines langen Atems und überzeugender Beispiele der Vorteile, die man durch das Verlassen der eingefahrenen Wege erlangen kann. Aktionismus ist gewiß fehl am Platz. Die Stärkung der Selbstorganisationsfähigkeit und der Einbau von Anreizsystemen, die auf institutsübergreifenden Leistungsparametern basieren, sind die Steuerungsmöglichkeiten, die der Leitung der Fraunhofer-Gesellschaft vor dem Hintergrund der historisch gewachsenen Erfahrungsräume und Orientierungen der Mitarbeiterschaft anzuraten sind.

Die Mitarbeiter als das entscheidende Kapital für die Bewältigung künftiger Herausforderungen stehen im Zentrum der Maßnahmen, die der Qualifizierung des Personals dienen. Im Vergleich zur Industrie hat die Fraunhofer-Gesellschaft die Personalentwicklung nach eigenem Bekunden lange Zeit vernachlässigt. Präsident Syrbe hatte 1990 öffentlich die „Einführung einer angemessenen Personalstrategie" angekündigt, und im Leitbild 2000 findet sich eine Reihe von Maßnahmen systematischer Personalentwicklung aufgelistet.[56]

Lippenbekenntnisse sind wohlfeil. Die Fraunhofer-Gesellschaft macht aber offensichtlich ernst. Führung und Gremien achten darauf, daß die definierten Instrumente der Personalqualifizierung auf Institutsebene möglichst flächendeckend umgesetzt werden. Im Mittelpunkt stehen die periodischen *Mitarbeitergespräche* auf der Ebene der Institute bzw. Abteilungen der Zentralverwaltung. Die Gespräche sollen die Informationsbasis verbreitern und die Identifikation mit den Arbeitsaufgaben fördern, letztlich die Basis für den anvisierten kooperativen Führungsstil legen. Hauptgegenstand der Gespräche sind die mittelfristigen Perspektiven der Mitarbeiter; im Einzelfall wird der konkrete Bedarf an Weiterbildung ermittelt. Durch einen offenen Austausch unterschiedlicher Ansichten soll zudem Konfliktpotential frühzeitig aufgedeckt werden.[57]

Führungsstrategien sind immer nur so gut wie die Führenden selbst. War die Qualifikationsoffensive der frühen 70er Jahre noch auf den Kreis der Institutsleiter begrenzt, so gelten mittlerweile auch die Abteilungsleiter als Funktionsträger ersten Ranges. Seit 1986 nimmt sich die Fraunhofer-Gesellschaft die Freiheit, ihre Abteilungsleiter ein- bis zweimal im Jahr für mehrere Tage zu einem *Führungsseminar* zu versammeln. Auch hier steht die Personalentwicklung neben Management- und Marketingschulung als Dauerthema auf der Tagesordnung. Fraunhofer verspricht sich von diesen aufwendigen Veranstaltungen eine verbesserte Kommunikation der Führungskräfte untereinander, eine Stärkung der *corporate identity* und selbstverständlich eine Förderung der Kundenorientierung.[58]

Effizienzsteigerung durch externe Vernetzung

Kundenorientierung ist das Leitziel, das die Ausdifferenzierung und Intensivierung der Zusammenarbeit mit der Wirtschaft bestimmt. Alle Maßnahmen laufen darauf hinaus, die Fraunhofer-Gesellschaft auf die wirtschaftsrelevante Forschung auszurichten und die Kooperation „so professionell wie möglich" zu gestalten.[59] Die staatlich oktroyierte Steigerung der Wirtschaftserträge hat die Suche nach neuen, den Technologietransfer beschleunigenden Mechanismen intensiviert. Neben den Demonstrationszentren für das Marketing von Innovationen zählt zu diesen Mechanismen das Modell der *Forschungsbrückenköpfe.* Forschungs- und Entwicklungsgruppen von Unternehmen arbeiten unmittelbar vor Ort mit einem Fraunhofer-Institut zusammen. Sie siedeln sich gleichsam im Institut an und nutzen gegen Entgelt dessen apparative und personelle Infrastruktur. Die Rückkopplung zwischen Forschung und Industrie wird verstärkt.

Den historischen Auftakt bildete das Interesse von Thyssen, das Know-how über die Schlüsseltechnologie Laser für den weitgefächerten Konzern verfügbar zu machen. Um den hohen Forschungs- und Entwicklungsbedarf im Laserbereich befriedigen zu können, bot sich die Kooperation mit einem führenden Forschungsinstitut an. Die Wahl fiel auf das Fraunhofer-Institut für Lasertechnik (ILT) in Aachen. Die Tochterfirma Thyssen Laser-Technik siedelte sich direkt am Institut an, aber in separaten Räumlichkeiten, um die notwendige Vertraulichkeit der Arbeit zu gewährleisten. Die enge Kooperation zwischen Forschungsinstitut und Anwender hat sich in einer eindrucksvollen Reihe technischer Innovationen niedergeschlagen. Der Erfolg hat aus dem Einzelfall einen Modellfall werden lassen. Der kurzgeschlossene Technologietransfer in Forschungsbrückenköpfen der Industrie an Fraunhofer-Instituten wird mittlerweile auch in anderen Instituten praktiziert.[60]

Innovationsforscher und Innovationspraktiker sind sich darin einig, daß ein Großteil technischer Neuerungen an der Kluft zwischen Forschung und Markt scheitert. Im Labor optimierte Produkte werden den Anforderungen der Serienproduktion oder des Marktes nicht hinreichend gerecht. Diese Kluft zu überwinden und Barrieren der Markteinführung abzubauen ist eine zentrale Aufgabe, die sich die Fraunhofer-Gesellschaft jüngst mit Unterstützung des Staates gestellt hat. Die Fraunhofer-Gesellschaft erweitert ihr Geschäftsfeld bis zur Phase der Fertigung kommerziell verwendbarer Prototypen und Kleinserien von Produkten bzw. Komponenten. In einem 1997 gestarteten Modellversuch sollen *Innovationszentren*, die jeweils mit einem Mutterinstitut gekoppelt sind, die Lücke zwischen Forschung und Markt schließen. Die Ziele sind, Produkte früher in die Erprobung am Markt zu leiten, das unternehmerische Risiko für Produktionsinvestitionen zu verkleinern und die Durchsetzungsrate von Innovationen zu steigern.

Bei aller Marktorientierung läßt sich die erweiterte Aufgabenstellung eines Innovationszentrums schwerlich mit der Kultur eines Forschungsinstituts vereinbaren. Die industrienahen Leistungen der technologischen Zuverlässigkeit und

Schaubild 6: Die Funktion des Innovationszentrums im Innovationsprozeß

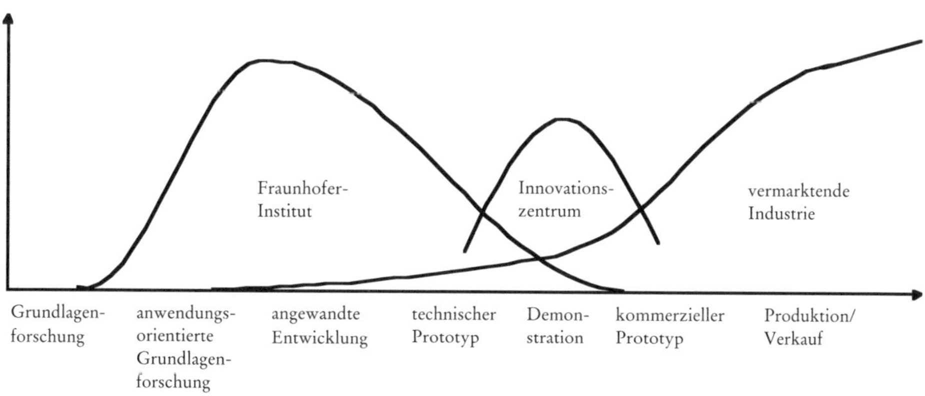

Quelle: Protokoll der HK-Sitzung des WTR, 5.2.1996 (FhG, intern).

gesicherten Produktqualität werden unter industrieähnlichen Rahmenbedingungen erbracht. Das als GmbH geführte Innovationszentrum nähert sich in Aufgabenstellung und Organisationsform der Wirtschaft an.

Die Innovationszentren sind nicht gemeinnützig. Sie sollen sich vollständig aus dem Vertrieb ihrer Leistungen am Markt finanzieren, können allerdings die Infrastruktur ihres Mutterinstituts mitnutzen. In dieser Mitnutzung liegt ein Problem. In ordnungspolitischer Sicht droht fallweise der Vorwurf einer Wettbewerbsverzerrung. Die Fraunhofer-Gesellschaft erwartete daher eine klare Zusicherung aus Bonn, daß man in möglichen Konfliktfällen die Rückendeckung der Politik habe.

Mit einem synchronen Lächeln auf den Lippen Fraunhofer-Präsident Hans-Jürgen Warnecke (links) und Bundesforschungsminister Jürgen Rüttgers auf der Jahresversammlung 1995 in Braunschweig.

Im Oktober 1993 übernahm der international renommierte Wissenschaftler und langjährige Leiter des Fraunhofer-Instituts für Produktionstechnik und Automatisierung (IPA) das Amt des Präsidenten. Nach Ablauf der ersten Fünfjahresperiode stellte sich der vielbeschäftigte Wissenschaftler, der unter anderem auch als Präsident des Vereins Deutscher Ingenieure (VDI) fungierte, für eine weitere Amtsperiode zur Verfügung. Den Hoffnungen, die Forschungsminister Riesenhuber und sein Nachfolger Rüttgers mit Warnecke verbunden haben, eine nachhaltige Steigerung der Wirtschaftserträge, ist die Fraunhofer-Gesellschaft mittlerweile gerecht geworden. 1997 ist die angepeilte Zielmarke von einem Drittel im Durchschnitt aller Institute erreicht und übertroffen worden.

Als Warnecke 1995 Jürgen Rüttgers das Konzept einer privatwirtschaftlichen Ergänzung des Fraunhofer-Modells durch Innovationszentren in groben Zügen erstmals vorstellte, war der Zukunftsminister überaus angetan. In einer gemeinsamen Arbeitsgruppe von Fraunhofer und BMBF wurde das konkrete Konzept erarbeitet und im Zusammenhang mit Rüttgers' vieldiskutierten „Leitlinien zur strategischen Orientierung der deutschen Forschungslandschaft", die das Bundeskabinett am 10. Juli 1996 verabschiedet hat, der Öffentlichkeit präsentiert. Binnen kurzem sah sich die Fraunhofer-Gesellschaft in die kontrovers geführte Debatte um den Umbau der Forschung verstrickt, allerdings in der bequemen Lage des Hoffnungsträgers der Bonner Forschungspolitik.[61]

Für das Bundesforschungsministerium sind die Fraunhofer-Innovationszentren mehr als ein Modellfall im üblichen Sinn. Sie sind das Zugpferd für das erklärte Ziel von Minister Rüttgers, das Wettbewerbsprinzip in der gesamtdeutschen Forschungslandschaft zur Anwendung zu bringen. Rüttgers hat das Modell gegen die massiven Bedenken des Bundesfinanzministeriums mit allem Nachdruck durchgesetzt und zu einer Überlebensfrage des Wirtschaftsstandorts Deutschland emporstilisiert. Über haushalts- und steuerrechtliche Bedenken hinaus ist auch das Argument der Wettbewerbsverzerrung geltend gemacht worden. Die Fraunhofer-Gesellschaft und ihr jüngstes Kind stehen unter kritischer Beobachtung und unter hohem Erfolgsdruck, der durch das eigenformulierte Leitziel „Mehr Innovationen bei gleichem Ressourceneinsatz" nicht eben geringer geworden ist.[62]

Die Debatte um die Innovationszentren hat gezeigt, daß die Initiativen zur privatwirtschaftlichen Ergänzung des Fraunhofer-Modells Chancen und Risiken in sich bergen. Einerseits demonstriert die Fraunhofer-Gesellschaft ihr Bestreben, sich schnell und flexibel den sich ändernden politischen und wirtschaftlichen Rahmenbedingungen anzupassen. Den Erfolg der Innovationszentren einmal vorausgesetzt, wird sie ihren Konkurrenten am Markt der Vertragsforschung einen großen Schritt voraus sein. Andererseits ist die privatwirtschaftliche Ergänzung eine Gratwanderung, bei der der Verlust jeglicher Förderung droht. Weitaus deutlicher noch als bei der Gründung der Fraunhofer-Management-Gesellschaft stellt sich die Frage: Wieviel privatwirtschaftliche Ergänzung verträgt das Fraunhofer-Modell, ohne im Kern instabil zu werden? Die retrospektive Antwort des Historikers bietet wie stets „nur" globales Orientierungswissen: Die sorgsam austarierte Position der Fraunhofer-Gesellschaft im Interessenviereck von Staat, Wirtschaft, Wissenschaft und Gesellschaft läßt sich nicht beliebig verändern. Jede Neujustierung des Fraunhofer-Modells ist ein Wagnis, das zu meistern der Behutsamkeit und der Zustimmung der beteiligten Partner bedarf.

Die Zustimmung des Teilsystems Wissenschaft ist bei der Intensivierung der Zusammenarbeit mit den Universitäten unabdingbar. Im Netzwerk der Kooperationspartner spielen die Hochschulen für die Fraunhofer-Gesellschaft eine herausragende Rolle. Gemeinsame Berufungen und Doppelinstitute machen es für den Außenstehenden bisweilen schwer, Universität und Fraunhofer überhaupt auseinanderzuhalten. Um die wirtschaftsnahe Forschung der Hochschulen noch stärker in die Fraunhofer-Gesellschaft einzubinden, sind ab 1995 *Fraunhofer-Anwendungszentren* als Außenstellen der Institute gegründet worden.

Im Anwendungszentrum leitet ein Hochschullehrer eine Gruppe von Fraunhofer-Mitarbeitern an seiner Hochschule. Synergien sind möglich durch die sich ergänzenden Kompetenzen von Institut und Lehrstuhl und durch die wechselseitige Nutzung der jeweiligen Infrastrukturen. Die Zuwendungsgeber haben das Konzept ausdrücklich unterstützt, allerdings mit dem deutlichen Hinweis, daß „neues Auftragsforschungspotential mobilisiert und nicht das Drittmittelaufkommen der jeweiligen Hochschule umgeleitet werde".[63] Ob diese Voraussetzung im Einzelfall erfüllt ist, kann schwerlich nachgewiesen werden. Konflikte mit den unter Drittmitteldruck stehenden Hochschulen sind vorprogrammiert und haben im Einzelfall bereits die Umsetzung des Konzeptes gefährdet. Intern freilich ist das Angebot der Anwendungszentren von den Instituten auf breiter Front angenommen worden. Sind die Anwendungszentren anfänglich als Gefahr einer selbstgezüchteten Konkurrenz wahrgenommen worden, so gelten sie mittlerweile als willkommene Chance, die Wirtschaftserträge des Instituts zu steigern und sich einen Wettbewerbsvorteil am Vertragsforschungsmarkt zu verschaffen.[64]

Anwendungs-, Demonstrations- und Innovationszentren haben auch das institutionelle Profil der Fraunhofer-Gesellschaft farbiger gestaltet und ermöglichen diversifizierte Institutskomplexe, welche die gesamte Stufenleiter des Innovationsprozesses umspannen. Vom hochschulnahen Anwendungszentrum über das Mutterinstitut bis zum industrieähnlichen Innovationszentrum reicht das technologische Angebot der Fraunhofer-Institute. Ob die Innovationskette hält oder die verschiedenen Fraunhofer-Einrichtungen in der Praxis zur Verselbständigung neigen, wird sich erst im 21. Jahrhundert zeigen.

Neue Technologien – neue Arbeitsfelder: der Aufbruch in die Dienstleistungsgesellschaft

Nicht nur in den USA, auch in den westeuropäischen Gesellschaften schreitet die Deindustrialisierung seit rund zwei Jahrzehnten unaufhaltsam voran. Der Anteil der in Industrie und verarbeitendem Gewerbe Beschäftigten sinkt schneller noch, als er zu Beginn der Industrialisierung gestiegen ist. Deutschland ist im internationalen Vergleich mit einem Anteil von 37% Industriebeschäftigung (1993) überindustrialisiert; Großbritannien etwa liegt mittlerweile nur noch bei 26%. Obwohl längst eine Dienstleistungsgesellschaft, ist die Bundesrepublik in ihrem Selbstbild noch stark industrieorientiert.[65]

Im Mikrokosmos der Fraunhofer-Gesellschaft spiegelt sich der gesamtwirtschaftliche Befund wider. Auch die Fraunhofer-Gesellschaft ist am Ende des 20. Jahrhunderts noch in hohem Maße vom sekundären Sektor geprägt. Die Kernkompetenz und der Kundenkreis der gewachsenen Fraunhofer-Institute liegen nach wie vor im angestammten Bereich des produzierenden Gewerbes. Auf der Strategieebene ist der Paradigmenwechsel vom Industrie- zum Dienstleistungssektor dagegen bereits vollzogen, und als nachfrageorientierte Forschungseinrichtung muß sich Fraunhofer *per definitionem* dem in der volkswirtschaftlichen Wertschöpfung dominierenden tertiären Sektor zuwenden.[66]

Dienstleistungen durchdringen in zunehmendem Maße den traditionellen Produktionsbereich. Die Fraunhofer-Gesellschaft reagiert auf diesen Wandel durch die Gründung und den Ausbau von Instituten in den Bereichen der Logistik, der Arbeitswissenschaften und des Managements von Geschäftsprozessen durch Modellierung und Simulation. Nicht von ungefähr sind die jüngsten Fraunhofer-Kinder in der Mehrzahl Vertreter des „soften" Sektors: das Fraunhofer-Institut für Experimentelles Software-Engineering in Kaiserslautern (IESE – gegründet 1996) und die noch für 1998 geplante Einrichtung für Telekommunikation in Bonn.

Der Bereich der Kommunikations- und Informationstechnologien gilt als Herzstück des Dienstleistungssektors. Die Wachstumsgeschwindigkeit der Fraunhofer-Projekte in der Telekommunikation ist daher auch besonders hoch. Ein Verbund von neun Fraunhofer-Instituten hat gemeinsam mit Unternehmen in einem Feldversuch verschiedene Anwendungsszenarien erprobt. In einer Weiterführung des Projekts arbeiten elf Institute mit einem Dienstbetreiber an der Integration existierender Telekommunikations-Anwenderdienste zu markfähigen Endanwendungen.

Das Institut für Lebensmitteltechnologie und Verpackung (ILV) wiederum steht beispielhaft für die Anpassung eines „alten" Instituts an veränderte Forschungsumwelten. Die Kernkompetenz hat sich von der Lebensmitteltechnologie über die Biotechnologie zur Systemanalyse in der Abfallwirtschaft verlagert. Das Abfallrecht hat die Produktverantwortung des Herstellers bis in den Entsorgungsbereich ausgedehnt. Die industrielle Nachfrage nach systemanalytischen Ökobilanzen und Stoffkreisläufen hat einen zukunftsträchtigen Markt geschaffen, auf den sich das Institut neu ausgerichtet hat. Nicht von ungefähr ist zeitweise die Umbenennung in „Institut für Verfahrensentwicklung und Analytik" erwogen worden. Das Institut hat 1996 seinen apparativ hervorragend ausgestatteten Neubau in Freising bei München bezogen, in den mit rund 65 Mio. DM erhebliche Mittel geflossen sind.

Im Vergleich zu den sonstigen außeruniversitären Forschungseinrichtungen kann man der Fraunhofer-Gesellschaft eine hohe institutionelle Flexibilität und technologische Anpassungsfähigkeit bescheinigen. Während so manche anwendungsorientierte Großforschungseinrichtung um eine überzeugende Mission jenseits ihrer Gründungsaufgabe kämpft, hat die nachfragegesteuerte Fraunhofer-Gesellschaft den Übergang von der Industrie- zur Dienstleistungsgesellschaft fest im Auge und in vielen ihrer Einrichtungen bereits vollzogen. Gestützt auf die Studien zur systematischen Technikvorausschau des eigenen ISI mußte die Fraunhofer-Gesellschaft im Grunde noch stärker in die Gebiete expandieren, von denen die Experten mittelfristig die höchsten Innovationsraten erwarten: neben den Kommunikationstechnologien vor allem in die sogenannten Neuen Werkstoffe und in die Biotechnologie. Präsident Warnecke hat den Handlungsspielraum der Fraunhofer-Gesellschaft im Spannungsfeld zwischen zukunftstechnologischer Ausrichtung und Marktbindung umrissen: „Einerseits muß sie [die Fraunhofer-Gesellschaft] zukunftsorientiert forschen, andererseits ist sie aber an Aufträge aus der Wirtschaft gebunden und kann nur so weit vorauseilen, wie es der momentane Forschungsmarkt erlaubt.“[67]

Daß der Prozeß der technologischen „Modernisierung“ der Fraunhofer-Gesellschaft nicht reibungsfrei verläuft, liegt auf der Hand. Jede Schließung bedarf einer aufwendigen Abstimmung mit allen Beteiligten, nicht zuletzt mit den Entscheidungsträgern im forschungspolitischen Raum. Gerade die Sitzländer wehren sich verzweifelt gegen Einschnitte in „ihre“ Forschungslandschaft. Die – bereits geschilderte – gescheiterte Eingliederung des altehrwürdigen Wilhelm-Klauditz-Instituts für Holzforschung (WKI) in das Institut für Bauphysik (IBP) und seine Herabstufung zu einer Arbeitsgruppe 1988 sowie die schließliche Wiederaufnahme in den Kreis der Vollinstitute 1995 ist ein signifikantes Beispiel für die Wirkungsmacht gewachsener Strukturen. Bisweilen ist Langsamkeit eine sinnvolle Strategie, die hilft, Entscheidungen im gesellschaftlichen Raum konsensfähig und nachhaltig zu gestalten.

Überspitzt formuliert gilt auch für Fraunhofer das Harnack-Prinzip der Max-Planck-Gesellschaft, wonach ein Institut um eine bedeutende Forscherpersönlichkeit herum gebaut wird.[68] Der Wechsel eines Institutsleiters öffnet jeweils ein *window of opportunity*, das Forschungsprofil der Einrichtung zu korrigieren. Die evolutionäre Anpassung der Fraunhofer-Gesellschaft an den technologischen Wandel durch fachliche Umsteuerung vorhandener Institute wird in der Praxis weitaus häufiger angewandt als die Ultima ratio der Schließung. Mit den Strukturkommissionen hat sich Fraunhofer zudem ein Führungsinstrument geschaffen, das den Umsteuerungsprozeß objektivierend und harmonisierend beeinflussen kann.[69]

Ende der 60er Jahre wurde die bundesdeutsche Forschungslandschaft flurbereinigt. Die Fraunhofer-Gesellschaft bekam die Möglichkeit, sich als Trägerorganisation der angewandten Forschung zu profilieren. Drei Jahrzehnte wissenschaftlich-technischer Wandel und die Wiedervereinigung haben erneuten Ordnungsbedarf aufkommen lassen. Bundesforschungsminister Rüttgers hat in seinen Leitlinien vom Juli 1996 eine neuerliche Flurbereinigung der Forschungslandschaft und eine Nachjustierung des Innovationssystems für das neue Jahrhundert anvisiert. Die Fraunhofer-Gesellschaft hat das Signal aus Bonn aufmerksam registriert. Sie sieht darin eine Chance, Institute, die in ihren Verbund der wirtschaftsorientierten Vertragsforschung nicht mehr ganz hineinpassen, an andere Trägereinrichtungen abzugeben. Wie ernst die Bonner Initiative gemeint ist, wird sich zuvorderst daran ablesen lassen, ob das seit Jahren zur Debatte stehende Institut für Atmosphärische Umweltforschung (IFU) in eine andere, für ihr grundlagenorientiertes Arbeitsprofil passendere Trägergesellschaft überführt werden wird. Flexibilität ist in der Wissenschaft zweifelsohne eine wünschenswerte Tugend, die sich wegen bürokratischer Hemmnisse viel zu wenig entfalten kann. Jedoch ist der Fraunhofer-Gesellschaft anzuraten, auch im 21. Jahrhundert vielgestaltig zu bleiben. Die im Faktor Industrieertrag scheinbar objektiv auszumessende Wirtschaftsrelevanz zum alleinigen Indikator für die Zugehörigkeit zum Fraunhofer-Verbund werden zu lassen heißt, sich selbst der Flexibilität zu berauben. Eine Fraunhofer-Gesellschaft ohne die multidisziplinäre und prognostische Kompetenz, ohne die Exotik eines Instituts für Systemtechnik und Innovationsforschung (ISI) etwa, wäre jedenfalls ein gutes Stück ärmer.

4. Die Fraunhofer-Gesellschaft in den neunziger Jahren: ein Kurzfazit

Im Rückblick auf die an Veränderungen nicht eben armen 90er Jahre sticht die geradezu explosionsartige Erweiterung der Strategien und Instrumente des Handelns der Fraunhofer-Gesellschaft ins Auge. Diese Verdichtung von Strategie- und Konzeptentwicklung läßt mehrere Erklärungen zu. Sie ließe sich deuten als die Fähigkeit des Unternehmens Fraunhofer, den politischen, wirtschaftlichen und gesellschaftlichen Wandel zu antizipieren und Strategien der Anpassung an die veränderten Rahmenbedingungen des eigenen Handelns zu entwickeln. Eine zweite Deutungsvariante greift das organisationstheoretische Modell des „Durchwurstelns“ von Unternehmungen als dominantes Handlungsmuster auf. Demnach wäre die Vielfalt der angedachten und eingeläuteten Maßnahmen die Reaktion auf konzeptionelle Defizite und organisatorische Schwächen, die das Überleben in einem sich dynamisch entwickelnden Umfeld gefährden. Schließlich ließe sich die Entwicklung der Fraunhofer-Gesellschaft in Anlehnung an die Formel „structure follows strategy“ des einflußreichen amerikanischen Wirtschaftshistorikers Alfred D. Chandler deuten: Um ihre Ziele in einer sich rasch wandelnden Umwelt erreichen zu können, definieren Unternehmen ihre Strategien neu und erzeugen damit einen Zwang, in einem zweiten Schritt ihre Organisationsstruktur zu verändern.[70] Und in der Tat hat die Strategiedebatte in der Fraunhofer-Gesellschaft einen Druck zur Anpassung der Binnenstrukturen erzeugt, der in der kontrovers geführten Diskussion um eine Erweiterung bzw. funktionale Neustrukturierung des Vorstandes sowie um eine Reorganisation und Effizienzsteigerung der Zentralverwaltung seinen sichtbarsten Ausdruck gefunden hat.[71] In dieser Debatte zeigt sich einmal mehr das immanente Spannungsfeld zwischen Zentralität und Dezentralität. Es bedarf keiner prophetischen Gabe, um die Prognose zu wagen, daß dieses Problemfeld die Gesellschaft auch im nächsten Jahrhundert beschäftigen wird.

Zweiter Teil
Querschnitte

VI. Ein Sonderweg – Verteidigungsforschung im Wandel

1. Die Ausgangslage

Erinnern wir uns, daß mit Adenauers Entscheidung für die Westintegration, daß mit dem Deutschlandvertrag die Eingliederung der Bundesrepublik in das westliche Verteidigungsbündnis auf der Tagesordnung stand, daß aber die alliierten Verbote jedweder rüstungsrelevanten Wissenschaft (auch in der Neufassung von 1951) der anwendungsbezogenen Forschung in dem jungen Staat enge Grenzen zogen. Im Amt Blank und noch in der Startphase des Verteidigungsministeriums (BMVg) 1953 bis Sommer 1955 galt eine eigene Rüstungsforschung nicht als vorrangig, wollte man Rüstungsgüter vor allem aus den USA und aus Frankreich beziehen. Erst im Herbst 1955 setzte ein Umdenken ein, doch konkurrierten sehr unterschiedliche Konzepte, die zum einen auf den Typus „Heereswaffenamt", zum anderen auf eine zivile und damit dezentrale Organisation der Forschung und Technik setzten. Zwar drang die Vorstellung einer zivilen Rüstungsverwaltung durch, wie sie im BMVg der für Beschaffung zuständige Referent Wolfgang Vorwald vertrat; daher scheiterten die Verhandlungen mit Generalleutnant Erich Schneider als dem Verfechter einer „militärischen" Lösung.[1] Die Weichen für die künftige Kooperation mit der Fraunhofer-Gesellschaft waren also gestellt. Doch überschattete die mehrfach neuauflebende Spannung zwischen beiden Modellen ab Beginn der 60er Jahre die Zusammenarbeit zwischen München und Bonn/Koblenz. Je nach Lage diente ein deutlicher Hinweis auf Pläne für eine eigene Ressortforschung des BMVg auch als Druckmittel, um ein zu starkes Abweichen der Fraunhofer-Gesellschaft von den Vorstellungen des Ministeriums zu verhindern.

Eine wichtige Vorentscheidung für eine künftige Durchmischung von verteidigungsrelevanter und ziviler Forschung war allerdings schon 1954 mit der Einstellung entsprechender Mittel im Haushalt des Bundeswirtschaftsministeriums gefallen.[2] Das Bundeswirtschaftsministerium (BMWi) übernahm damit zunächst Funktionen des späteren Bundesverteidigungsministeriums.[3] Hier konzentrierte man sich Ende Oktober 1955 auf die Frage eines technisch-wissenschaftlichen Generalstabs bzw. alternativer Modelle, um den innersten Kern des Generalstabs von der Erfordernis einer modernen, forschungsgestützten Rüstungstechnik zu überzeugen.[4] 1955/56 schalteten sich mit dem Bundesverband der Deutschen Industrie (BDI) und dem Verein Deutscher Ingenieure (VDI) Spitzenverbände der Wirtschaft in die Diskussion um eine angemessene Berücksichtigung der Rüstungstechnik im neuen Ministerium ein. Knapp ein Jahrzehnt nach Kriegsende wurde bereits wieder auf die zentrale Rolle der Technik hingewiesen, die

Deutschland zwei Weltkriege habe verlieren lassen.[5] Unmittelbar nach der Berufung von Franz Josef Strauß wurde der Bereich Forschung im Ministerium organisationspolitisch aufgewertet.[6] Der junge und dynamische Minister entwickelte früh ein Gespür für Verflechtungen zwischen Militär, Wirtschaft und Forschung. Für eine enge Zusammenarbeit mit der Fraunhofer-Gesellschaft waren somit die Voraussetzungen gegeben.

Bevor wir uns dieser Kooperation in ihrem wechselvollen und nicht spannungsfreien Verlauf zuwenden, sind noch einige besondere Problemlagen zu berücksichtigen, die aus der Einbindung der Fraunhofer-Gesellschaft in die Verteidigungsforschung folgten. Das Öffentlichkeitsklima der Bundesrepublik ließ ein unbefangenes und unbelastetes Verhältnis zwischen Rüstung und Hochschulforschung, wie es in den USA existierte, nicht zu. Zeitgleich mit der Übernahme des ersten verteidigungsbezogenen Forschungsinstituts durch die Fraunhofer-Gesellschaft hatte die Göttinger Erklärung vom 12. April 1957, unterzeichnet von prominenten Wissenschaftlern wie Otto Hahn, Werner Heisenberg und Max von Laue, bundesweite Protestaktionen gegen eine atomare Bewaffnung der „Truppe" ausgelöst.[7] Die großen Forschungsorganisationen wie DFG und MPG achteten auf kühle Distanz zur Verteidigungsforschung und standen daher auch zu Beginn der 60er Jahre gemeinsam mit dem Wissenschaftsrat einer Aufnahme der Fraunhofer-Gesellschaft in die institutionelle Forschungsförderung eben wegen ihrer Bindung an das BMVg skeptisch gegenüber. Solche Vorbehalte gegenüber einer der öffentlichen Diskussion entzogenen Militärforschung nahmen auch in den folgenden Jahren keineswegs ab.

Ins Fadenkreuz öffentlicher Kritik geriet die Fraunhofer-Gesellschaft mit dem „Fall Petras" Ende der 60er Jahre auf dem Höhepunkt der Studentenbewegung, als die öffentliche Diskussion ihren Siedepunkt erreicht hatte und äußerst gereizt auf jedes Indiz für einen „militärisch-industriellen Komplex" reagiert wurde.[8] Unter diesen Bedingungen ließ sich der Fall des in die DDR übergelaufenen Fraunhofer-Mitarbeiters Ehrenfried Petras aus dem Grafschafter Fraunhofer-Institut für Aerobiologie (IAe) geradezu ideal für einen Rundumschlag gegen die Münchner Forschungsorganisation und ihre Institute nutzen. Mit Überschriften wie „Flucht in die DDR" griffen das ZDF-Magazin, DER SPIEGEL und mehrere Tageszeitungen die Affäre auf; die Fraunhofer-Gesellschaft geriet in den Ruf einer „Tarneinrichtung des BMVg", zumal Petras von der DDR aus massive Beschuldigungen nachschob.[9] An Epp schrieb er am 15. November 1968: „Es war mir klar geworden, daß es sich hier um ein Institut handelt, das einzig und allein der Vorbereitung der ABC-Kriegsführung dient."[10] Die Münchner hielten sich in Abstimmung mit dem BMVg bedeckt und verzichteten auf Gegendarstellungen, um die Dinge nicht weiter hochzuspielen.[11] Sie konnten aber nicht verhindern, daß man sie in der Öffentlichkeit als Anhängsel der Hardthöhe stigmatisierte, ausgerechnet zu einem Zeitpunkt, als das ersehnte Ziel einer Aufnahme in die institutionelle Forschungsförderung erreicht war und mit Hilfe des Forschungsministeriums entschiedener Kurs auf einen Ausbau der zivilen Vertrags-

Das Fraunhofer-Institut für Umweltchemie und Ökotoxikologie (IUCT) im landschaftlich schönen, aber wissenschaftlich abgelegenen Sauerland.

Das bei Schmallenberg-Grafschaft gelegene Institut geht auf das ehemals verteidigungsbezogene Institut für Aerobiologie (IAe) zurück, das die Fraunhofer-Gesellschaft 1959 übernommen hatte. Mit der Erforschung der Wirkung von Atomwaffen und chemischen Kampfstoffen befaßt, hatte das IAe mit extrem toxischen Substanzen umzugehen. Als in den 60er Jahren einige Vergiftungsfälle auftraten, geriet das Institut stark unter öffentliche Kritik. Seit seiner Umorientierung auf zivile Märkte in den späten 70er Jahren versteht das Institut sich als Forschungs-, Entwicklungs- und Dienstleistungseinrichtung im Spannungsfeld von Chemie und Umwelt.

forschung genommen wurde. Neben dem Fall Petras belasteten Demonstrationen und nur durch Polizeieinsatz gescheiterte Institutsbesetzungen, etwa beim als BMVg-nah eingestuften Tübinger Fraunhofer-Institut für Schwingungsforschung (ISf) Mitte Juni 1969, das Image der Fraunhofer-Gesellschaft.[12] Immer wieder wurden im Bereich der Verteidigung arbeitende Forscher an Hochschulen und in Fraunhofer-Instituten mit der Frage Galileo Galileis konfrontiert: „Wofür arbeitet Ihr?“ Sie sahen sich unter Rechtfertigungsdruck und wurden gelegentlich zu öffentlichen Stellungnahmen genötigt.[13]

Ohne Frage profitierten beide, die Fraunhofer-Gesellschaft und das Ministerium, insbesondere im ersten Jahrzehnt von ihrer Kooperation. Für Bonn und

Koblenz war das dezentrale und zivile Organisationskonzept im Forschungsbereich schwerlich anders umsetzbar, die Münchner schufen mit den nun hohen durchlaufenden Mitteln die Grundlage für den künftig zentralen Leistungsbereich „Vertragsforschung". Es war ein für beide Seiten vorteilhaftes, aber gleichwohl schwieriges Zweckbündnis, weil die markanten hierarchischen Organisations- und Befehlsstrukturen des BMVg und dessen Bedürfnis nach öffentlicher Abschirmung zwangsläufig mit dem Charakter von Wissenschaft als öffentlichem Diskurs und dem Fraunhofer-Interesse an einem eigenständigen Standort in der deutschen Forschungslandschaft in Konflikt gerieten. Insofern waren solche Spannungen in dem BMVg-Konzept einer dezentralen zivilen Verteidigungs-Forschungslandschaft von vornherein vorprogrammiert, aber im Unterschied zu den USA und anderen westeuropäischen Partnern schien die besondere Situation in der Bundesrepublik keinen anderen Weg zu erlauben. Wie so häufig in Vernunftehen standen Nützlichkeitserwägungen im Vordergrund, ging es um eine Kosten-Nutzen-Abwägung, mußten divergierende Interessen immer wieder neu ausbalanciert werden. Das öffentliche Erscheinungsbild einer Zweckgemeinschaft hat diesen Klärungsprozeß belastet, auch wenn es in den Quellen zu den Wechselbeziehungen zwischen Fraunhofer-Gesellschaft und BMVg einen eher schwachen Niederschlag findet.

Diesen Beziehungen wollen wir in zwei Schritten nachspüren. Von 1955 bis gegen Ende der 60er Jahre dienten die Verwaltungs- und Forschungsmittel des BMVg als eine unverzichtbare Grundlage für den künftigen Ausbau der Fraunhofer-Gesellschaft zur „dritten Säule" in der deutschen außeruniversitären Forschungslandschaft. Während unter dem Fraunhofer-Modell die Kooperation zwar nicht aufgekündigt und ein Nutzen für beide Seiten immer wieder bestätigt wurde, so trat der Stellenwert der Verteidigungsforschung für das Gesamtprofil von Fraunhofer deutlich zurück. In einer Gesamtgeschichte der Gesellschaft ist dieser Bereich auch für die neue Fraunhofer-Gesellschaft zu berücksichtigen, ist aber von geringerer Bedeutung und liefert insbesondere seit dem Ende des Wettrüstens im Ost-West-Konflikt primär Auskünfte über strukturelle Wandlungen der Verteidigungsforschung selbst. Daher ist zu unterscheiden zwischen der Veränderung der Fraunhofer-Gesellschaft durch die Verteidigungsforschung (Phase 1) und der Veränderung der Verteidigungsforschung innerhalb der Fraunhofer-Gesellschaft (Phase 2). Wir wollen zunächst fragen, in welcher Weise die verteidigungsbezogenen Institute nach 1955 das Gesamtbild von Fraunhofer beeinflußten, worum es in der Verteidigungsforschung ging, welche Probleme auftraten, und wollen dies dann an einem einzelnen Institut genauer zeigen. In einem weiteren Abschnitt sind dann die Verteidigungsforschung im Fraunhofer-Modell sowie im Zeichen der Abrüstung zu mustern und hierbei wiederum ein Institut exemplarisch zu beleuchten. Schließlich wird ein Blick auf jüngste Entwicklungen geworfen.

2. Verteidigungsforschung als Stütze und Hemmschuh der Vertragsforschung

Wie bereits erwähnt ruhte die Kooperation zwischen Bonn/Koblenz und München auf drei Pfeilern: der Verwaltungshilfe, der Betreuung verteidigungsbezogener Forschungsinstitute und den über Fraunhofer vermittelten „zivilen" Forschungskontakten. Der Fraunhofer-Leitung und ihren Gremien war zudem wichtig, aufgrund der nun hohen durchlaufenden Mittel insgesamt elastischer operieren, aus nicht verbrauchten Forschungsmitteln das eigene Vermögen erhöhen und künftige Risiken besser absichern zu können.[14] Ausgangspunkt der Zusammenarbeit waren indes konkrete Forschungskonzepte und Institutsgründungspläne noch vor der formellen Kooperation und unter maßgeblicher Mitwirkung Baden-Württembergs; Ausgangspunkt waren des weiteren einzelne Forscher, die in enger Verbindung sowohl mit dem Amt Blank wie auch über das Landesgewerbeamt und das Wirtschaftsministerium in Stuttgart agierten. Auf seiten der Fraunhofer-Gesellschaft standen Hubert Schardin, Leiter des 1959 in Freiburg begründeten Ernst-Mach-Instituts (EMI) – dieser hatte ab 1952 ERP-Forschungsmittel über München abgewickelt – und Reinhard Mecke, Leiter des schon 1957 gegründeten und damit ersten verteidigungsbezogenen Fraunhofer-Instituts für Elektrowerkstoffe (IEW), ebenfalls in Freiburg. Das Amt Blank erörterte frühzeitig Pläne für Institutsgründungen und wurde nachdrücklich unterstützt aus Stuttgart, wo man die organisatorische Anbindung an die Fraunhofer-Gesellschaft empfahl.[15] Das künftige Freiburger Doppelinstitut mit dem Team Schardin/Mecke zeichnete sich schon um die Jahreswende 1954/55 ab.[16]

Im Frühjahr 1956 fiel der Startschuß für das Schardin-Institut für angewandte Physik als Modell für weitere Gründungen und damit für den Beginn der offiziellen Kooperation zwischen dem BMVg und der Fraunhofer-Gesellschaft.[17] Seine Arbeit nahm das EMI offiziell 1959 mit dem Bezug des ersten Fraunhofer-Institutsneubaus auf, der in Freiburg für das EMI und das IEW errichtet worden war. Im gleichen Jahr 1959 entstanden in Karlsruhe Karl Meyers Institut für Chemie der Treib- und Explosivstoffe (ICT) und im sauerländischen Grafschaft Karl Bisas Institut für Aerobiologie (IAe). 1963 sollte dann noch als weitere verteidigungsbezogene Einrichtung das Institut für Radiometeorologie und maritime Meteorologie (IRM) an der Universität Hamburg hinzukommen, das allerdings im Zuge der Einführung des Fraunhofer-Modells ab 1970 als Ressortinstitut in eine Bundesanstalt überführt wurde.

Warf die Sonderstellung dieser Institute hinsichtlich von Finanzierung und Forschungsaufträgen Probleme auf? Anfangs offenbar nicht, sieht man von personalpolitischen Auflagen des Ministeriums bei der Entlassung von Mitarbeitern ab.[18] Zu Beginn der 60er Jahre hingegen waren erhebliche Reibungen im Beziehungsdreieck München, Bonn/Koblenz sowie zwischen einzelnen Institutsleitern unübersehbar. Zwei miteinander verzahnte Probleme standen im Mittelpunkt. Das Ministerium drängte auf Geheimhaltung der von ihm geförderten Forschungen; München wollte diese Institute verstärkt in die zivile Vertragsforschung einbinden. Sicher hing ein rauherer Umgangston mit personellen Veränderungen und einer teilweise übertriebenen Geheimhaltungspolitik im Ministerium zusammen.[19] Wichtiger aber waren strukturell bedingte Problemlagen. Die Freiburger Institute waren davon kaum betroffen, die hier im BMVg-Auftrag bearbeiteten Forschungsfragen behinderten nicht wirklich die Publikation und eine zivile Nutzung der Ergebnisse. Anders sah es bei den „Problemfällen" ICT und IAe aus, deren Forschungen in erheblichem Maß als geheim eingestuft wurden; zudem suchte Meyer in Karlsruhe wiederholt das Ministerium gegen die ungeliebte Münchner Zentrale auszuspielen.[20]

Der Streit konzentrierte sich auf nur zwei Institute, offenbarte aber ein Grundproblem der bundesdeutschen Konzeption dezentraler Verteidigungsforschung und führte zu erstaunlichen Argumentationssprüngen. Während man 1960 zur Disziplinierung der Münchner die Gründung eines Bundesamts androhte, womit Fraunhofer für Bonn entbehrlich geworden wäre, wurde später herablassend vermerkt, ohne die BMVg-Mittel sei die Fraunhofer-Gesellschaft gar nicht überlebensfähig gewesen.[21] Höchst nervös reagierte man im Ministerium, als die großen Wissenschaftsorganisationen DFG, MPG und Rektorenkonferenz Mitte 1962 ein zentrales Institut für Verteidigungsforschung anregten. Als Reaktion auf die Empfehlungen des Wissenschaftsrats arbeitete man auf der Hardthöhe 1965 an Verschleierungen der Verteidigungsmittel in der Fraunhofer-Gesellschaft, um die weitere Kooperation nicht zu gefährden.[22] Ende 1966 räumte Abteilungsleiter Klinker ein, daß man die Veteidigungsforschung dauerhaft nicht zentral bei der Fraunhofer-Gesellschaft betreiben könne, doch „die Zusammenarbeit des Verteidigungsressorts mit der Fraunhofer-Gesellschaft auf dem Gebiet der allgemeinen Verwaltungshilfe kann nicht hoch genug eingeschätzt werden".[23] In den weiteren Verhandlungen zwischen Verteidigungs- und Forschungsministerium auf Staatssekretärsebene ging es der Hardthöhe um eine Kompromißformel, die den Status quo der vier direkt mit ihr verbundenen Institute sichern sollte.[24]

Woran wurde in diesen Instituten gearbeitet, die dem Ministerium so wichtig waren, was erforderte den Ausschluß der Öffentlichkeit, was unterschied diese Institute von den anderen im Fraunhofer-Verbund? Schauen wir uns den Betrieb „vor Ort" an.

Personen und Projekte – Verteidigungsforschung in der Praxis

Wie breit gespannt das Profil der verteidigungsbezogenen Fraunhofer-Institute war, zeigt ein Vergleich der Freiburger Institute EMI und IEW mit dem Aerobiologie-Institut in Grafschaft. Hubert Schardin, ein bemerkenswert rasch an seine Interessen bis Kriegsende wiederanknüpfender Forscher, hatte sich auf

Das Produktionstechnische Zentrum Berlin am Spreeufer.

Das Zentrum vereinigt das Fraunhofer-Institut für Produktionsanlagen und Konstruktionstechnik (IPK) und das Institut für Werkzeugmaschinen und Fertigungstechnik der Technischen Universität Berlin. 1976 wurde eine Arbeitsgruppe des Stuttgarter Instituts für Produktionstechnik und Automatisierung als erste Fraunhofer-Einrichtung im damaligen West-Berlin gegründet. Das repräsentative Institutsgebäude wurde 1985 eingeweiht. In diesem „Doppelinstitut" arbeiten Wissenschaftler aus Universität und Fraunhofer-Gesellschaft in engster Kooperation.

Ultraschallanalyse des Reaktordruckbehälters im Atomkraftwerk Neckarwestheim.

Bis zum Beginn der 70er Jahre wies die bundesdeutsche Kernreaktorentwicklung eine deutliche Lücke in der Sicherheitsforschung auf. Lange Zeit hatte man sich auf ausländische Erfahrungen verlassen. Die Gründung des Fraunhofer-Instituts für Zerstörungsfreie Prüfverfahren (IZFP) ist vor dem Hintergrund der Bemühungen der Forschungspolitik zu sehen, diese Lücke zu schließen. Für die Fraunhofer-Gesellschaft war das 1971 vom Bund aufgelegte Forschungsprogramm für die Sicherheit von Kernkraftwerken der Einstieg in die institutsübergreifende Konzipierung von Großprojekten. Das Programm, durch das der Fraunhofer-Gesellschaft im Laufe der 70er Jahre immerhin rund 13 Mio. DM zuflossen, brachte der Gesellschaft neue Erfahrungen in Akquisition, Monitoring und Steuerung von Projekten. Erst in den 90er Jahren gelang es jedoch auf breiter Front, die Institute durch gezielte finanzielle Anreize zur Beteiligung an übergreifenden Forschungsvorhaben zu veranlassen.

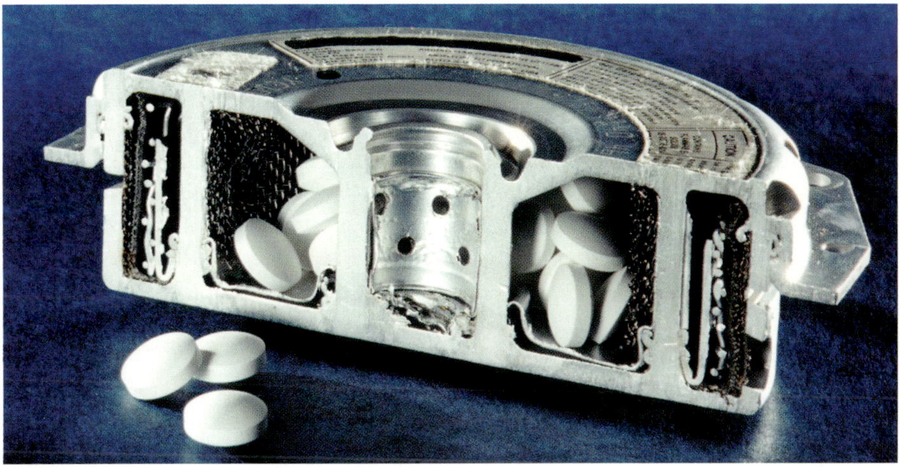

Von der Verteidigungsforschung zu zivilen Anwendungen.

Tablettenförmige Gasgeneratoren blasen einen Airbag in Millisekundenschnelle auf: ein Ergebnis der zivilen Forschung eines ursprünglich ausschließlich der Verteidigungsforschung gewidmeten Instituts, des Fraunhofer-Instituts für Chemische Technologie (ICT) in Pfinztal-Berghausen bei Karlsruhe.

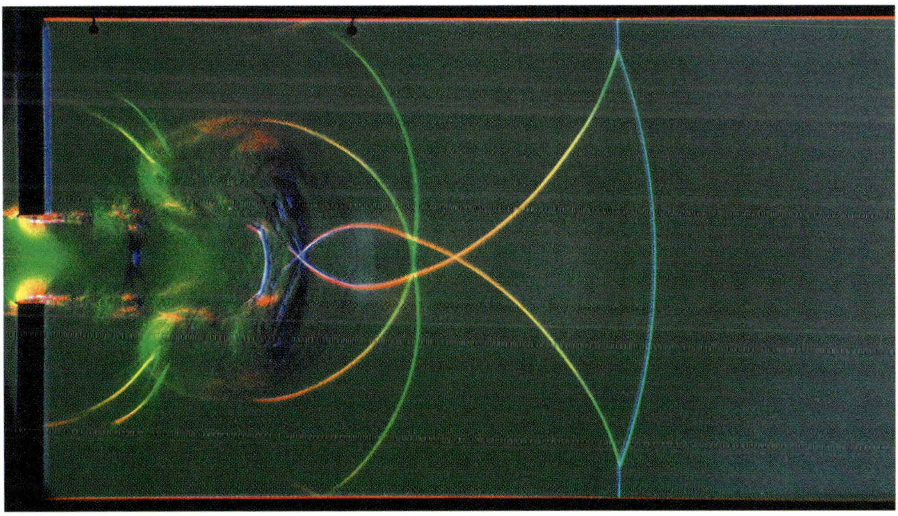

Visuelle Darstellung von Untersuchungsergebnissen zur Impaktphysik.

Die Impaktphysik befaßt sich mit der Analyse und Modellierung der Phänomene, die beim Aufeinanderprallen (Impakt) von Materien entstehen. Der Impakt erzeugt Schockwellen und hohe Drücke in den Werkstoffen. Materialien können extrem verformt werden, was bis zum völligen Versagen der Werkstoffe führen kann. Die Arbeiten zur Impaktphysik am Fraunhofer-Institut für Kurzzeitdynamik (EMI) sind ein Beispiel für die zunehmende Ausrichtung der verteidigungsbezogenen Fraunhofer-Institute auf zivile Märkte. Aus der ballistischen Forschung heraus entstanden, erweist sich die Impaktphysik für die Werkstofftechnik als außerordentlich relevant.

Rißprüfmolch zur Inspektion von Rohrleitungen.

Forscher des Fraunhofer-Instituts für Zerstörungsfreie Prüfverfahren (IZFP) und der Fraunhofer-Technologie-Entwicklungsgruppe (TEG) entwickelten im Auftrag der Firma Pipetronix gemeinsam den Rißprüfmolch. Insgesamt sind weltweit 3 Mio. Kilometer Hochdruckpipelines verlegt, jährlich kommen 25.000 Kilometer hinzu. Je älter die Leitungen werden, desto größer wird die Gefahr von Leckagen. Der Rißprüfmolch ist ein sicheres und zeitsparendes Prüfinstrument zugleich, denn Pipelines werden damit ohne langwierige Unterbrechungen von innen untersucht.

Tabelle 3: Verteidigungsbezogene Mittel der Fraunhofer-Gesellschaft (in TDM)

	ZV	FhI	VtgFhI	DLM	FhG
1956	119	214	–	200	533
1957	142	334	431	1295	2303
1958	170	1025	1380	2600	6030
1959	290	1669	2060	5689	9708
1960	255	2653	2765	7261	12934
1961	392	1751	4816	8700	15659
1962	464	3222	3658	10700	18034
1963	537	4433	5438	13000	23408
1964	633	4935	6868	15000	27436
1965	793	5485	9220	18600	34098
1966*	870	6408	10499	o. A.	17777*
1967	899	9356	13935	o. A.	22281**
1968	1085	8867	14255	o. A.	24207**

* Schätzung; ** Plan 1966 mit Zahlen vom 7.2.1967; *** FhG-Gesamtertrag ohne durchlaufende Mittel.

Legende:

ZV = Zentralverwaltung; FhI = Fraunhofer-Institute; VtgFhI = verteidigungsbezogene Fraunhofer-Institute.

DLM = durchlaufende Mittel (Verwaltungshilfe). An einzelnen Jahrgängen kann nachgewiesen werden, daß die durchlaufenden Mittel zu ca. 90% (5%) aus dem Verteidigungsministerium stammen.

FhG = Gesamtvolumen der Forschungsmittel inklusive durchlaufender Mittel (ohne Bau- und Investitionsmittel).

o. A. = ohne Angaben – offensichtlich aufgrund wachsender Skepsis gegenüber Verteidigungsforschung in der Öffentlichkeit ist die Höhe der durchlaufenden Mittel in der zweiten Hälfte der 60er Jahre schwieriger zu rekonstruieren.

Quelle: Fhg, intern; eigene Berechnungen.

ballistische Probleme spezialisiert, auf die Wechselwirkung von Material und Geschossen, auf Geschoßverhalten, Flugbahnuntersuchungen und die Optimierung der Durchschlagskraft. Bis Kriegsende hatte er das Institut für technische Physik und Ballistik der Luftwaffe in Berlin-Gatow geleitet und sich schon kurz danach erfolgreich für dessen Neubetrieb eingesetzt; seit 1947 baute er als Honorarprofessor an der Universität Freiburg eine Abteilung für angewandte Physik auf und trat im Mai 1955 in Kontakt zum Amt Blank, das ein Forschungsinstitut für ihn im Verbund mit Meckes IEW favorisierte. Trotz (oder gerade wegen?) früher Verbindungen zur Fraunhofer-Gesellschaft begegnete er dieser mit unverhohlener Skepsis, woraus sich auch der späte Zeitpunkt der Gründung des von ihm geleiteten Fraunhofer-Instituts 1959 erklärt.[25] Doch Schardin, der mehrfach die ihm vorrangige Universitätsanbindung betonte, führte ohne erkennbare Konflikte mit dem BMVg an seinem Institut in enger Anlehnung an die Universität und den öffentlichen wissenschaftlichen Diskurs

Forschungen durch, die eine Abseitsposition des EMI ausschlossen und elastische Übergänge zur zivilen Nutzung erlaubten.

Meckes Institut für Elektrowerkstoffe bearbeitete in drei Abteilungen schon 1958 ein breites, für militärische wie zivile Anwendung gleichermaßen interessantes Aufgabenspektrum, das im Verlauf der 60er Jahre mit sieben Abteilungen und einer Arbeitsgruppe weiter ausdifferenziert wurde.[26] Insofern erregte die Arbeit dieses Instituts kein Mißtrauen in der Öffentlichkeit, erschien es dem Forschungsministerium für seine Förderung der Raumfahrtforschung nützlich[27] und wurde beim Ausscheiden Meckes auch die wegen der Nachwuchsrekrutierung dringend erwünschte Anbindung des Nachfolgers an die Universität Freiburg („damit das Institut nicht ‚steril' wird") als unproblematisch empfunden.

Als geheimnisumwittert galt demgegenüber insbesondere das Institut für Aerobiologie in dem abgelegenen Ort Grafschaft bei Schmallenberg im Hochsauerland. Hier ging es vorrangig um Fragen der ABC-Abwehr, also um die Erforschung der Wirkung von Atomwaffen und chemischen Kampfstoffen zur Entwicklung von Schutzmaßnahmen. Unter Leitung des in seiner Kompetenz nicht unumstrittenen Karl Bisa, gleichzeitig Leiter eines Silikosekrankenhauses, wurden ABC-Schutzmaßnahmen überprüft, wurden das Ausbreitungsverhalten von Kampfstoffen in der Atmosphäre und die Wirkung von Gegenmitteln gegen neuartige chemische Phosphorsäure-Kampfstoffe wie Sarin, Soman und Tabun untersucht. Es ging um Abwehr, aber dazu mußten extrem gefährliche Substanzen beschafft und untersucht werden, über deren biochemische und pharmakologische Eigenschaften kaum etwas bekannt war.[28] Bereits 1956 hatte der BMVg-Referent Vorwald darauf hingewiesen, daß auf dem ABC-Gebiet „jegliches Vorbild aus früherer Zeit" fehle und es „nur ganz wenige Sachkenner oder gar Experten" gebe.[29] Gerade wegen der strikten Geheimhaltung wucherten Spekulationen über die Arbeit des Instituts, und tatsächlich blieben Zwischenfälle nicht aus, deren Auswirkungen im Institut und im Ministerium nicht erfaßt werden konnten oder heruntergespielt wurden.

1962 entwich bei der Aufbewahrung von zehn Gramm Soman die Hälfte – eine Menge, welche genügt hätte, um etwa 5000 Menschen tödlich zu vergiften. Seit 1964 traten mehrere Vergiftungsfälle am Institut auf – unter den Opfern die Frau des Institutsleiters –, welche 1966/67 berufsgenossenschaftlich erfaßt wurden.[30] Die Verwendung eines ungeeigneten Behälters, Mißachtung von Vorschriften und Leitungsfehler trafen zusammen und lösten eingehende interne Untersuchungen aus; die Leitung wurde umstrukturiert, zumal der Wert der IAe-Forschungen ins Zwielicht geriet und die Mitarbeiter in einem „Dornröschenschlaf" vermutet wurden. Gleichzeitig wurde die extreme Abschirmung des IAe durch das zuständige BMVg-Fachreferat T II 4 kritisiert, denn „der davon erwartete Erfolg hat sich aber nahezu in das Gegenteil verkehrt [...] und den Verdacht aufkommen lassen, daß die Bundeswehr in Grafschaft Dinge treibt, die das Licht der Öffentlichkeit scheuen müßten [...] Das mangelnde öffentliche Bekenntnis des BMVtg zu seinem Forschungsinstitut könnte zudem im Falle eines Unglücks im Institut unangenehme Auswirkungen auf die überraschte Öffentlichkeit haben."[31]

Neben dem Grafschafter Institut für Aerobiologie (IAe) verkörperte das Karlsruher Institut für die Chemie der Treib- und Explosivstoffe (ICT) den Typus eines „hermetischen", verteidigungsbezogenen Instituts, das eng mit dem BMVg verbunden war, das gleichsam Verteidigungsforschung „pur" in der ersten Phase bis zum Ende der 60er Jahre repräsentierte.

Verteidigungsforschung exemplarisch: das Fraunhofer-Institut für Chemische Technologie

Im Unterschied zu den beiden Freiburger Verteidigungs-Instituten, bei denen die Fraunhofer-Gesellschaft bereits in der Planungsphase in das Zusammenspiel von Land, Bonn und Forschern einbezogen war, galt für das Karlsruher Institut, ähnlich wie für das in Grafschaft, von vornherein ein Sonderstatus, der sich mit dem Begriff „Referenteninstitut" fassen läßt; es wurde de facto wie ein bundeseigenes Ressortforschungsinstitut behandelt, durfte dies aber formal wegen des dezentralen Modells der Verteidigungsforschung nicht sein. Die Münchner nahmen nicht viel mehr als eine „Briefträgerfunktion"[32] wahr; sie waren an den Plänen für eine Neugliederung des vormaligen Laboratoriums von Karl Meyer an dem von August Henglein geleiteten Karlsruher TH-Institut für chemische Technik 1957 nicht beteiligt[33] und hatten auch nach der Übernahme als Fraunhofer-Institut – wie bei anderen verteidigungsbezogenen Instituten – keinen Einfluß auf sein inhaltliches Profil.

Mit der Institutsgründung am 1. April 1959 und dem späteren Umzug aus der TH Karlsruhe nach Pfinztal-Berghausen wandelten sich die Forschungarbeiten. Diese hatten sich an der TH auf bescheidene Laborversuche beschränkt. Nach dem Umzug des Instituts und baulichen Erweiterungen konnten praxisnahe Arbeiten durchgeführt werden wie das kontrollierte Abbrennen von Treibsätzen im institutseigenen Brennstand. Es ging, nicht ohne Gefahrenrisiko,[34] um die Entwicklung fester Raketentreibstoffe, um Bearbeitung und Analyse der physikalisch-chemischen Eigenschaften von Explosivstoffen. Auf dem Gebiet der Chemie, Physik und Technologie der Explosivstoffe entwickelte dieses Institut auch später ein singuläres Profil in den Arbeitsgebieten Festtreibstoffe für Strahlantriebe und Gasgeneratoren, Treibmittel für Rohrwaffen, Sprengstoffe, Anzündmittel und Verbrennungsvorgänge.[35]

Mitarbeiter und Leitung des Instituts verstanden sich vorrangig als Auftragnehmer des Ministeriums und lernten damit zu leben, auch wenn sie gelegentlich deutliche Vorbehalte an der TH Karlsruhe gegen Lehrveranstaltungen des „Militärforschers" Meyer zu beklagen hatten.[36] Im Ministerium beurteilte man die ICT-Ergebnisse als einmalig; sie „haben das Ansehen der deutschen Forschung in Kreisen der NATO gestärkt".[37] Vor allem in zwei Bereichen stützte sich die Hardthöhe auf das ICT-Expertenwissen. Für die Beschaffungspolitik des

Hauses diente das Institut als gutachterliches Informationszentrum, damit der Bund „nicht mehr der dumme Käufer sei",[38] im NATO-Verbund und in der Zusammenarbeit mit Partnern wie Dynamit Nobel sicherte das Institut die bundesdeutsche Teilhabe an der einschlägigen *scientific community* in militärischen und zivilen Projekten.[39] Ferner wurde das Institut 1961 in die Koordinierung des „nationalen Sofortprogramms der Raumfahrt" gemeinsam mit der Industrie und der Deutschen Forschungsanstalt für Luftfahrt (DFL) einbezogen.[40] Allerdings spiegelt das ministeriale Lob der Institutsforschungen auch eine besondere zeittypische Konstellation: Vormalige Rüstungstechnologen hatten sich nach dem Krieg wieder in einflußreichen Netzwerken mit weitgehend unverändert rückwärts gewandten Denkmustern etabliert; das Geld sprudelte nur so im Verteidigungsministerium, und gegenseitiges Schulterklopfen bestätigte oft mehr solche Seilschaften als tatsächliche Effizienz in einem neuen wehrpolitischen Szenario. Insofern bezeichnet eine Anfang der 60er Jahre verschärfte Kontrolle der verteidigungsbezogenen Fraunhofer-Institute durch strikte Ressortbindung auch eine nunmehr politisch konzipierte Gegensteuerung.

Vor dem Hintergrund der engen Beziehungen zwischen dem Verteidigungsministerium und dem ICT blieben Reibungen zwischen dem „Referenteninstitut" und der Fraunhofer-Zentrale nicht aus, zumal der Institutsleiter keine Gelegenheit ausließ, sich über die Münchner Zentrale zu beschweren,[41] und gemäß westeuropäischen und nordamerikanischen Mustern die Umwandlung seines Instituts in eine Bundesanstalt favorisierte. In der Tat erforderte der Auftrag des ICT immer wieder den Verschluß von Forschungsergebnissen und blockierte in diesem Fall die Fraunhofer-Strategie, auch die verteidigungsbezogenen Institute in eine zivile Auftragsforschung einzugliedern. Zwar waren dem Institut zivile Forschungsarbeiten grundsätzlich gestattet, doch blieben diese in den 60er Jahren marginal, und auch in der Industrie wurde über Wettbewerbsverzerrungen wegen der ICT-Vorzugsstellung im BMVg geklagt.[42] Entsprechend schwierig verlief im ICT die Anfang der 70er Jahre gemäß dem Fraunhofer-Modell geforderte Öffnung auch der verteidigungsbezogenen Institute für die zivile Vertragsforschung. Diese Neuorientierung gefährdete das faktische Monopol der BMVg-Aufträge mit ihrem beträchtlichen Geheimhaltungsanteil und traf zugleich auf personelle Probleme. Mit 215 Mitarbeitern war das ICT 1972 eines der größten Fraunhofer-Institute, allerdings bei nur 26 Wissenschaftlern und Ingenieuren untypisch hoch mit nichtwissenschaftlichem Personal ausgestattet.[43] Hinzu kam, aufgrund einer der starken Abhängigkeit vom Ministerium geschuldeten, geringen Personalfluktuation, eine zunehmende Überalterung des Personals, was die Ausrichtung auf neue Aufgaben nicht eben begünstigte. Nach massiven Kürzungen – 1972 wurde der Institutsetat von geplanten 7,9 Mio. DM auf ca. 5 Mio. DM reduziert – wandte sich das Institut allmählich zivilen Projekten insbesondere im Bereich der Umwelttechnik zu und fand Anschluß an die Fraunhofer-Familie. 1980 machten Erträge aus Aufträgen von Industrie und Wirtschaftsverbänden gut 10% des Haushalts in Höhe von 11 Mio. DM aus.

3. Wandel der Verteidigungsforschung im Fraunhofer-Modell

Der Einschnitt Anfang der 70er Jahre, als sich die Fraunhofer-Gesellschaft von der Neuorientierung 1968/69 auf dem Wege zum Kabinettsbeschluß 1973 in einer dynamischen Übergangsphase befand, wurde in Karlsruhe besonders dramatisch wahrgenommen, er betraf aber, wenn auch in unterschiedlicher Weise, die Verteidigungsforschung innerhalb der Fraunhofer-Gesellschaft insgesamt. Das zeigt allein schon die Entwicklung der finanziellen Ausstattung in den verschiedenen Leistungsbereichen. Hatten die Mittel für die Verteidigungsforschung am Ende der 60er Jahre mehr als die Hälfte des Gesamtetats ausgemacht, so betrug das Finanzvolumen der Verteidigungsforschung mit 26 Mio. DM 1974 nur noch rund ein Viertel des gesamten Fraunhofer-Etats. Bis 1982 sank der Anteil der Verteidigungsforschung am Fraunhofer-Etat auf 17%. Ende der 80er Jahre schließlich umfaßten die Aufwendungen für die verteidigungsbezogenen Institute mit 67 Mio. DM nicht einmal mehr 10% des steil angestiegenen Fraunhofer-Etats. Zwar kam es nur selten zur Stagnation oder gar Rückführung der Institutshaushalte, aber die Wachstumsraten hielten mit den zivilen Vertragsforschungsinstituten in keiner Weise Schritt. Waren die verteidigungsbezogenen Institute bis 1970 die „Reichen" innerhalb der Fraunhofer-Gesellschaft gewesen, so sollte sich das Verhältnis in den 70er und 80er Jahren umkehren.[44]

Der Blick auf die Haushaltslage belegt Umgewichtungen im Volumen, er sagt aber noch nichts über Veränderungen der Arbeitsfelder und über spezifische Problemlagen in den verteidigungsbezogenen Instituten selbst bzw. in ihrem Verhältnis zu den beiden nun maßgeblichen Ministerien für Verteidigung und für Forschung und zur Münchner Zentralverwaltung aus. Drei schwierige Probleme galt es vor allem zu lösen. Das war zum einen die lange schon leidige, wenn auch unvermeidliche, aber den Weg zum Fraunhofer-Modell belastende und damit klärungsbedürftige Geheimhaltungsfrage. Das war zweitens – nur zu einem Teil mit der Geheimhaltung von Forschungsergebnissen verknüpft – eine neu auszutarierende Beziehung zwischen militärischen und zivilen Sektoren in den verteidigungsbezogenen Instituten, was ja auch die Grundfinanzierung durch das BMVg berührte. Und das war drittens in der Spannung von kontinuierlich weiterführenden und neu zu erschließenden Aufgabenfeldern die Entwicklung neuer Gesamtforschungskonzeptionen im Verteidigungsministerium unter Beteiligung der Fraunhofer-Gesellschaft. Diesen Fragen wenden wir uns zunächst zu, um dann wiederum „vor Ort" am Beispiel des Instituts für Angewandte Festkörperphysik (IAF), das mit dem Wechsel in der Institutsleitung von Mecke zu Adolf Goetzberger 1968 aus dem vormaligen Institut für Elektrowerkstoffe (IEW) hervorgegangen war, die Veränderungen in den Arbeitsfeldern zu betrachten und abschließend einen Blick auf neue Tendenzen in den 90er Jahren zu werfen.

Umgewichtungen geheimer, verteidigungsbezogener und ziviler Auftrags- und Vertragsforschung

Um Berechtigung und Ausmaß geheimzuhaltender Forschung innerhalb der Fraunhofer-Gesellschaft entbrannte ein mehrjähriges Tauziehen zwischen Verteidigungs- und Forschungsministerium. Bereits im Februar 1969 hatte sich ein „Ausschuss für Fragen der Geheimhaltung bei Forschungsaufträgen im Verteidigungsbereich" im Einvernehmen mit BMwF und BMVg im Auftrag des Beratenden Ausschusses für Forschungspolitik (BAF) mit dieser Frage auseinandergesetzt. Zwar stellte der Ausschuß fest, daß nur an drei der vier verteidigungsbezogenen Instituten geheime Forschungsarbeiten im Umfang von 7% (IEW) bis 18% (ICT) ausgeführt wurden.[45] Gleichwohl blieb die entscheidende Frage ungelöst, welche Stellung diesen Instituten im neuen Fraunhofer-Modell zukommen solle. Zunächst schien ein gewisser Anteil geheimhaltungsbedürftiger Forschungsaufträge sinnvoll, auch um zu verhindern, daß außerhalb der Fraunhofer-Gesellschaft „eigene Forschungseinrichtungen des Verteidigungsministeriums" entstünden, wie in den „Empfehlungen zum Ausbau der FhG" der Vorsitzende der Kommission und Generalsekretär der MPG Schneider 1970 vorgeschlagen hatte.[46] Doch Ende des gleichen Jahres hieß es aus dem BMBW: „Es ist vorgesehen, ab 1972 keine geheimen Forschungsaufträge in den Instituten der FhG durchzuführen." Diese resolute Position gab Anlaß zu langwierigen Auseinandersetzungen, die erst im Dezember 1973 in einer Ressortvereinbarung zwischen dem Forschungs- und dem Verteidigungsministerium sowie mit der Fraunhofer-Gesellschaft im Sinne einer deutlich verminderten Fortführung geheimhaltungsbedürftiger Forschungen beigelegt wurden.[47] Das Abkommen sah eine pragmatische Lösung vor: Öffnung der verteidigungsbezogenen Institute für zivile Forschung; Begrenzung der Geheimhaltung; Abstimmungspflicht über die Forschungspläne; weitere Grundfinanzierung der Institute durch den Bundesminister der Verteidigung.[48]

Auf der Grundlage dieser Vereinbarung erfolgte durch organisatorische Umgestaltungen ab 1973/74 eine Flurbereinigung bei den verteidigungsbezogenen Instituten, welche die weitere Kooperation zwischen BMVg und der Fraunhofer-Gesellschaft unter den Bedingungen des Fraunhofer-Modells erleichterte. Die Arbeitsgruppe für ballistische Forschung in Weil am Rhein wurde als selbständige Abteilung dem Ernst-Mach-Institut, die Arbeitsgruppe für Strahlenschutz Stohl/Kiel in das Institut für Naturwissenschaftlich-Technische Trendanalysen (INT) eingegliedert, die Arbeitsgruppe für angewandte Materialforschung wurde zum Institut für Angewandte Materialforschung (IFAM). Aufgelöst wurden 1974 die Arbeitsgruppe für Hochenergiebearbeitung von Werkstoffen Amstetten, die Düsseldorfer Arbeitsgruppe für Physik der Hochdruckplasmen und Impulsentladungen sowie 1975 das Institut für Radiometeorologie, das teilweise in die MPG überführt wurde. Das zuvor so schlagzeilenträchtige Institut für Aerobiologie wurde aus der Grundfinanzierung des BMVg herausgelöst und ab 1.1.1972 vom BMBW, das aus dem IEW hervorgegangene Institut für Angewandte Festkörperphysik ab 1973 von BMVg und BMFT finanziert.

Das waren tiefe, die Neuorientierung erleichternde Schnitte, flankiert von jenem pragmatischen Kompromiß über die als geheim einzustufenden Forschungen. Doch es war auch eine zunehmende Öffnung der verteidigungsbezogenen Institute für zivile Auftragsforschung vereinbart worden, und hier ergaben sich weitere Konflikte, zumal das BMVg die Kontrolle über „seine" Institute nicht zu sehr beschnitten sehen wollte. Zudem hatten sich diejenigen Institute, die mit der engen Bindung an „ihr" Ministerium durch eine ausreichende institutionelle Grundfinanzierung geprägt waren, auf eine zunehmende Akquisition ziviler Aufträge einzurichten.[49] Schließlich warf die parallele Durchführung von militärischen und zivilen Forschungsaufgaben innerhalb eines Instituts praktische Fragen in der Finanzierung und personellen Ausstattung der jeweiligen Bereiche auf. Inwieweit konnten etwa Mittel aus der Grundfinanzierung des BMVg für zivile Forschungsaufträge der verteidigungsbezogenen Institute genutzt werden? Unablässige Diskussionen zwischen Bonn, Münchner Zentrale und einzelnen Instituten waren die Folge. So übermittelte die Hardthöhe der Fraunhofer-Leitung 1976 die zentralen Anliegen des BMVg: Trennung der zivilen Projektabteilungen und der grundfinanzierten Institutsteile, keine Akquisition durch grundfinanzierte Mitarbeiter, keine Vermischung des Personals.[50]

Zwar war vereinbart worden, die zivilen Abteilungen der verteidigungsbezogenen Institute nicht durch den BMVg, sondern aus der institutionellen Förderung des Leistungsbereiches Vertragsforschung durch den BMFT zu finanzieren, doch sah man im Bundesforschungsministerium mit Sorge, daß die Umsetzung der Vereinbarung zu wünschen übrigließ, und kritisierte die mangelnde Abstimmung der Wirtschaftspläne. Schwierig wurde es insbesondere für Institutsleiter, die für beide Institutsbereiche die Verantwortung trugen, aber etwa auf Weisung des BMVg nicht an Akquisitionsseminaren teilnehmen durften. In etlichen Abstimmungsgesprächen zwischen BMFT und BMVg wurde um eine effiziente und reibungsarme Verknüpfung von ziviler und verteidigungsbezogener Forschung in den einschlägigen Fraunhofer-Instituten gerungen, doch blieb die militärische Seite mißtrauisch, wie man im BMFT 1979 vermerkte: „Grundsätzlich unterstütze der BMVg unseren Wunsch nach größeren personellen Austauschmöglichkeiten zwischen zivilem und militärischem Bereich, dies liege auch im eigenen Interesse des BMVg. Der BMVg müsse jedoch darauf bestehen, daß Umsetzungen in jedem Einzelfall nur mit Zustimmung des Ministeriums vorgenommen würden. Es dürfe nicht dahin kommen, daß der militärische Bereich nur noch über ‚erstklassige' Wissenschaftler verfüge, während die ‚ganz außerordentlichen' im zivilen Bereich angesiedelt werden."[51] In der Münchner Fraunhofer-Zentrale spielte sich während der Präsidentschaft Kellers, auch wenn er ein durchaus distanziertes Verhältnis zur Verteidigungsforschung erkennen ließ, ein pragmatischer Umgang mit der Verteidigungsforschung ein. „Für eine Beibehaltung sprach erstens, daß der BMVg großes Interesse an der Festschreibung des Status quo hatte, und zweitens, daß man sie für zivile Forschung nutzen konnte."[52]

Offensichtlich brachte der unvermutet erfolgreiche Aufschwung der Fraunhofer-Gesellschaft mit dem Modell der erfolgsabhängigen institutionellen Finanzierung das Verteidigungsministerium in Zugzwang: Mehr denn je wurde von außen ein klares Konzept für die Rüstungsforschung vermißt. Dieser Mangel trat 1980 zutage, als die Gelder für die Verteidigungsforschung stagnierten, zum Teil sogar real schrumpften. In diesem Jahr wurden 15 Stellen mit einem sogenannten KW-Vermerk (künftig wegfallend) versehen, im folgenden Jahr wurden die Betriebsausgaben bei den verteidigungsbezogenen Instituten um 2 Mio. DM gekürzt. Nach dem Rasenmäherprinzip wurden Arbeitsgebiete an allen sechs Instituten eingestellt.[53] In München beurteilte man diese Kürzungen als wenig gerichtet, empfahl vielmehr, eher ein Institut zu schließen oder in den Vertragsforschungsbereich zu überführen. Damit stieß man aber auf der Hardthöhe auf wenig Gegenliebe.[54] Gleichwohl gab es auch innerhalb des Verteidigungsministeriums, in einer Zeit verknappter Finanzen, über die Frage Schwerpunktförderung oder Diversifizierung konkurrierende Auffassungen. So hatte, mit Blick auf die als vorrangig eingeschätzte Halbleiterforschung, die Rüstungsforschungsabteilung 3 im Bonner Ministerium versucht, auf Kosten aller anderen verteidigungsbezogenen Institute den Etat des IAF zu erhöhen; das aber stieß auf Unmut der übrigen Rüstungsforschungsabteilungen, da allein das Freiburger Institut dann die Hälfte aller zur Verfügung stehenden Forschungsmittel gebunden hätte.[55]

Zwar entspannte sich die finanzielle Lage der verteidigungsbezogenen Institute vor dem Hintergrund des NATO-Doppelbeschlusses ein wenig mit einem Etatanstieg um 7% von 1982 auf 1983 vor allem durch Projektmittel, womit der Verteidigungsforschung innerhalb der Fraunhofer-Gesellschaft 1983 mit 52 Mio. DM rund 25% der BMVg-Ausgaben für Rüstungsforschung – 36 Mio. DM Grundfinanzierung, 9 Mio. DM Zuwendungen für verteidigungsbezogene Projekte sowie 7 Mio. DM für einschlägige Projekte an Vertragsforschungsinstituten – zur Verfügung standen, doch waren die strukturellen Probleme damit noch nicht ausgeräumt.

So bewirkte der vergleichsweise hohe Personalbestand in den verteidigungsbezogenen Instituten ein ungünstiges Verhältnis von Personal- und Sachausgaben. Auch belasteten die im Vergleich zu den Vertragsforschungsinstituten geringen Investitionsmittel eine Weiterentwicklung und inhaltliche Umorientierung dieses Leistungsbereichs, worauf die Münchner in Bonn nachdrücklich hinwiesen, nachdem sie zuvor schon intern die wichtigsten Hemmnisse für eine dynamische Entwicklung der verteidigungsbezogenen Institute analysiert hatten: „Stagnation/Rückgang der Finanzmittel; keine Flexibilität, fehlende Mitarbeiterfluktuation; ungenügender Ergebnistransfer; überformale Einflußnahme von ‚RÜFO' [Rüstungsforschung]". Innerhalb der „neuen" Fraunhofer-Gesellschaft, die an die Institute den Maßstab ihrer Akquisitionserfolge am Auftragsforschungsmarkt anlegte, stellte die Integration der weiter an das BMVg angekoppelten verteidigungsbezogenen Institute eine Herausforderung dar, doch galten diese nicht als Sand im Getriebe, sondern standen mit ihren Aufgaben und Funktionen für eine durchaus akzeptierte langfristige Kontinuität. Das Spektrum war reich diversifiziert, es reichte von wehrtechnischen Analysen über Arbeiten auf dem Gebiet der Ballistik bis hin zur Entwicklung von (innovativen) Halbleiter- und optoelektronischen Bauelementen.[56] Darüber hinaus hielt die Fraunhofer-Gesellschaft an ihrer ursprünglichen Aufgabe fest, Verwaltungshilfe für Forscher und Arbeitsgruppen zu leisten, die außerhalb der Fraunhofer-Gesellschaft im Auftrag des BMVg tätig waren. Die auf Verteidigungsforschung bezogenen Verwaltungshilfe-Mittel umfaßten in der ersten Hälfte der 80er Jahre pro Jahr durchschnittlich 20 Mio. DM, nicht dramatisch im Gesamthaushalt, aber letztlich doch von einer bemerkenswerten Kontinuität zeugend.[57]

Beträchtliche Hindernisse standen der Eingliederung der verteidigungsbezogenen Institute in die neue Konzeption einer marktorientierten Auftragseinwerbung entgegen. Um so bemerkenswerter war die tatsächliche Öffnung für zivile Forschungen zumindest in denjenigen Instituten, die nach und nach zivile Abteilungen aufbauten: ICT, IEW, EMI, IAe (also außer FHAK und INT). Im Bereich Vertragsforschung (7 Mio. DM) wurde 1981 mit 2,1 Mio. DM etwa ein Drittel der Erträge aus der Industrie und von Wirtschaftsverbänden eingeworben. Bei Gesamtaufwendungen der Verteidigungsforschung in Höhe von 41,4 Mio. DM beliefen sich die Erträge aus der zivilen Vertragsforschung auf gut 5 %.[58] An eine Aufholjagd zu den zivilen Vertragsforschungsinstituten war allerdings nicht zu denken. Die Projektzugänge in den 80er Jahren spiegeln bei genauerer Aufschlüsselung eine insgesamt geringe Ausweitung ziviler Vertragsforschung in den verteidigungsbezogenen Instituten wider.[59]

Die Gesamtsumme der Erträge in den verteidigungsbezogenen Instituten über fünf Jahre erreichte in etwa nur die Hälfte der Erträge der Vertragsforschungsinstitute allein im Jahr 1985 in Höhe von 205 Mio. DM. Berücksichtigt man dabei den erheblichen Anteil an Aufträgen aus der Rüstungsindustrie, so zeigt sich, daß eine Öffnung für die zivile Forschung an enge Grenzen stieß. Neue Auftragsfelder wurden insbesondere in der Umwelttechnik (ICT), in der Mikroelektronik (IAF) und in der Materialforschung (IFAM) erschlossen. Ursprünglich militärbezogene Forschungsergebnisse ließen sich für den zivilen Bereich vor allem in den Forschungen des IAF zur Display-Technik und zur Festkörperelektronik weiterentwickeln und in den Arbeiten des ICT zur Umwelt-Sicherheit und zur Verfahrenstechnik. Auf das IAF gehen wir noch gesondert ein. Doch sei hier schon auf die Sonderstellung der Mikroelektronik hingewiesen, in der Grundlagenforschung gleichermaßen militärische und zivile Nutzung ermöglichte. Damit wurden nicht nur die Grenzen zwischen „zivilen" und „militärischen" Bereichen innerhalb der explizit verteidigungsbezogenen Institute fließend, sondern auch zwischen den Fraunhofer-Institutsgruppen insgesamt. Insoweit die Verteidigungsforschung auf „zivile" Institute mit besonders einschlägigen Kompetenzen ausgriff, entstand im Sinne des vielbeschworenen *dual use* eine Überlagerung von verteidigungsbezogener und ziviler Forschung. So vergab das Verteidigungsministerium in den 80er Jahren nicht nur an das ohnehin an die Hardthöhe gebundene IAF, sondern auch an das Karlsruher IITB und an das Münchner IFT erhebliche Mittel für grundlegende Forschungen auf dem Gebiet der Mikroelektronik. Teilweise übertrafen diese Gelder die Summe der Gesamthaushalte einzelner kleinerer verteidigungsbezogener Einrichtungen.[60]

Der Streitpunkt „Geheimhaltung" war bereits 1973 geklärt, und die komplizierte Austarierung zwischen militärischen und zivilen Forschungsabteilungen griff langsam, aber insgesamt doch erfolgversprechend, wenngleich die von den eigentlichen Vertragsforschungsinstituten vorgegebenen Erwartungen nur sehr begrenzt eingelöst wurden. In der ersten Hälfte der 80er Jahre trat die Abstimmung mit einem Gesamtkonzept des BMVg zur Verteidigungsforschung hinzu. Seit Mitte der 80er Jahre nahmen unter Mitwirkung der Fraunhofer-Gesellschaft die Konzeptionen klarere Konturen an.[61] Zur Abstimmung der Bundeswehrplanung zwischen Rüstungsindustrie, BMVg und Forschungseinrichtungen wurde im Anfang 1985 gegründeten „Arbeitskreis Forschung und Technologie" der Entwurf eines Forschungs- und Technologiekonzeptes erörtert, wobei die Fraunhofer-Gesellschaft mit ihrem Präsidenten als stellvertretendem Vorsitzenden und der Einbeziehung von Institutsleitern in den einzelnen Untergruppen maßgeblich vertreten war, und auch die Forschungsplanung der sechs verteidigungsbezogenen Institute fortentwickelte bzw. darauf abzustimmen versuchte.[62]

Die Institute sollten für den Auftragsmarkt geöffnet werden, darin bestand zwischen den zuständigen Ministerien und der Münchner Zentrale Einvernehmen. In der Praxis stieß diese Zielvorgabe indes an Grenzen. Wollte das BMVg eine qualifizierte und von Interessen unabhängige Forschung am freien Auftragsmarkt kaufen, dann war um die Mitte der 80er Jahre festzustellen, daß für verteidigungsbezogene Forschungsgebiete auf dem privaten Markt für Forschung und Entwicklung wenig Angebot bestand. Vor diesem Hintergrund erschien den Münchnern eine deutliche Absenkung der Grundfinanzierung für die verteidigungsbezogenen Institute, wie man sie im BMVg erwog, unangebracht. In den Auseinandersetzungen um die Finanzierung eines IAF-Neubaus im Rahmen des ressortübergreifenden Verbundvorhabens Galliumarsenid traten diese grundsätzlichen Probleme 1987 deutlich hervor.[63] Die Diskussionen um das Verhältnis von Grund- und Projektfinanzierung im Rahmen der Arbeitsgruppe von BMVg, BMFT und Fraunhofer-Gesellschaft mündeten im März 1988 in die „Leitlinien für Planung und Durchführung der Forschung in verteidigungsbezogenen Fraunhofer-Instituten", die auf eine wechselseitige Befruchtung von Verteidigungsforschung und Vertragsforschung abzielten, bei gleichzeitiger Erhöhung der Dispositionsmöglichkeiten des BMVg und Stärkung der Eigenverantwortung der Fraunhofer-Gesellschaft. Mit dieser Arbeitsgrundlage ließen sich künftige Perspektiven entwickeln, auch wenn die Umsetzung des in Teilen noch modifizierten Konzepts in den Gesprächen zwischen den drei Bundesministerien für Forschung, Verteidigung und Finanzen insbesondere vom letzteren nicht eben beschleunigt wurde.

Mit dem Ende des kalten Krieges und dem Fall der Berliner Mauer änderten sich die Rahmenbedingungen der Verteidigungsforschung grundlegend. Allerdings hatte sich die finanzielle und personelle Situation der verteidigungsbezogenen Fraunhofer-Institute aufgrund der jahrelangen Verzögerung der Neuordnung ohnehin bereits verschlechtert. Der Fraunhofer-Fünfjahresbericht von 1990 vermerkte dies besorgt und schloß an: „Diese Entwicklung und die absehbaren politischen Veränderungen in Osteuropa nimmt die FhG zum Anlaß, noch in diesem Jahr Vorstellungen zur Zukunft der Verteidigungsforschung in der FhG zu entwickeln, die bis zur Überführung von bisher verteidigungsbezogenen Fraunhofer-Instituten in den Leistungsbereich Vertragsforschung und damit in die gemeinsame Förderung durch Bund und Länder gehen werden." Bevor wir uns den Auswirkungen der 1989/90 neu entstandenen Situation zuwenden, betrachten wir am Beispiel des IAF Forschungspotentiale für den zivilen Markt.

4. Öffnung für die Vertragsforschung – das Beispiel des Fraunhofer-Instituts für Angewandte Festkörperphysik

Die aufgezeigten strukturellen Problemlagen in den verteidigungsbezogenen Instituten galten auch für das vormalige Institut für Elektrowerkstoffe (IEW). Geheimhaltungserfordernisse begrenzten eine zivile Verwertung von Forschungsergebnissen; Forschungsaufgaben zu militärisch definierten Fragen ließen sich nur teilweise auf zivile Interessen übertragen; unterschiedliche Vorstellungen in Bonn und in München über die organisatorische und inhaltliche Ausrichtung der Institute waren abzugleichen. Doch trotz einiger Anlaufschwierigkeiten öffnete sich das Freiburger Institut zügig für die Vertragsforschung; die Weichen dafür konnten bereits in den späten 60er Jahren gestellt werden. Der Wechsel in der Institutsleitung von Reinhard Mecke zu Adolf Goetzberger 1968 erleichterte eine inhaltliche Neuorientierung, die ein Jahr später mit der neuen Namensgebung „Institut für Angewandte Festkörperphysik" auch äußerlich sichtbar wurde. Mit den im Institut entwickelten Flüssigkristallbildschirmen, also der Display-Technik, und der Halbleiterentwicklung faßte das neue Institut für Angewandte Festkörperphysik früh in der Datenverarbeitung und Mikroelektronik Fuß, also in Schlüsseltechnologien der 70er Jahre.

Bereits im März 1967 war das damalige IEW in die Forschungsförderung der Halbleiter- und Festkörperphysik einbezogen worden, die das Verteidigungs- und das Forschungsministerium mit den Firmen Siemens und Telefunken vereinbart hatten.[64] In der Sicht des noch in den USA tätigen künftigen Institutsleiters Goetzberger „soll das Institut der Zielsetzung und Ausstattung nach eine Brücke zwischen der Grundlagenforschung und der Anwendung darstellen. Bei meinem Besuch in Deutschland konnte ich mich davon überzeugen, daß die Grundlagenforschung an vielen Stellen gefördert wird und auf dem besten Wege ist, die existierenden Rückstände aufzuholen. Andererseits besteht in den auf Festkörperphysik basierenden Industrien immer noch ein deutlicher Abstand zwischen den deutschen (oder allgemein europäischen) und den amerikanischen Firmen." Für die weitere Bindung an das BMVg entwickelte Goetzberger als Zielperspektive: „Das Verteidigungsministerium ist der Geldgeber des Instituts und sollte daher einen gewissen Einfluß geltend machen können. Die allgemeine Forschungsrichtung soll im Einklang mit den Bedürfnissen des Verteidigungsministeriums stehen und von Fall zu Fall abgesprochen werden. Forschungsaufträge des Ministeriums sollten wie bisher durchgeführt werden. Geheimforschung im strengeren Sinne würde ich gerne auf ein Minimum beschränkt sehen."[65]

Dahinter standen wohl auch Überlegungen, das IEW zu einem großen Institut für Halbleiterforschung auszubauen, wie es dann später allerdings mit Hans-Joachim Queissers Max-Planck-Institut für Festkörperphysik in Stuttgart und Jülich realisiert wurde; insbesondere erschien das Institut geeignet, Halbleiter zu untersuchen, die bisher noch kein technisches Interesse gefunden hatten, oder neue Verbindungen mit Halbleitern herzustellen.[66] Unstrittig blieb für Goetzberger indes in den künftigen Auseinandersetzungen um eine Öffnung für zivile Forschungsaufträge, und damit auch um eine stärkere Verlagerung zum BMBW, die bewährte Anbindung an das BMVg, welche gerade eine Voraussetzung für Forschungspublikationen und Industrienähe bilde. Eine zu starke Abhängigkeit von Industrieaufträgen gefährde das bisherige breite Spektrum von Publikationen und Industriekooperation, wie er dem Fraunhofer-Präsidenten im Herbst 1970 erläuterte.[67] Für Goetzberger bedeutete das keinen Widerspruch zu seinem vorrangigen Ziel, das Ansehen seines Instituts durch eine ungehinderte und reiche Publikationstätigkeit zu erhöhen und ihm eine Schlüsselfunktion in der einschlägigen deutschen Industrieforschungslandschaft zuzuweisen – eine Strategie, auf die ein BMVg-Vertreter bereits zu Jahresbeginn im Instituts-Kuratorium mit skeptischer Reserve reagiert hatte. Denn mit den neuen Aufgabenfeldern ergebe sich die Frage, „welches Interesse das BMVtdg an den Arbeiten des IaFP [= IAF] habe, wenn im Institut keine unmittelbar verteidigungsbezogenen Aufgaben durchgeführt werden".[68]

In den folgenden Jahren wurde immer wieder um Höhe der Grundfinanzierung des Instituts und um die Anteile von BMVg und BMBW an dieser Grundfinanzierung gerungen, die zuvor 80–90% betragen hatte, im Fraunhofer-Modell auf 50% heruntergefahren wurde und in den ministerialen Verteilungsdiskussionen noch unter diese als kritisch geltende Marke zu fallen drohte.[69] Im BMVg betonte man weiterhin den Charakter des IAF als eines neutralen Forschungsinstituts mit Gutachtertätigkeit etwa in NATO-Gremien. Diese Beurteilung war schwer vereinbar mit dem Anliegen der Fraunhofer-Gesellschaft, das Institut teilweise durch Industrieaufträge zu finanzieren. „Der BMVg kann sich nicht vorstellen, daß sich durch Industrieaufträge eine Besserung der Stellung des Instituts ergeben könne. Die Industrienähe, die von allen Beteiligten gewünscht wird, besteht auch ohne Aufträge der Industrie [...], eine Finanzierung in größerem Umfang von seiten der Industrie ist im IAF vom Standpunkt des BMVg nicht möglich."[70]

Von München aus argumentierte man gegenüber dem Verteidigungsministerium immer wieder mit dem beiderseitigen Vorteil einer zivilen Öffnung der vier Institute IFAM, IaFP, ICT und EMI, bei denen 1975 etwa 20% zusätzliche Mittel für Auftragsforschung und den Verstärkungsfonds für zivile Forschung eingesetzt wurden, wie Präsident Keller Vertretern des BMVg in einem Vortrag erläuterte, der die Vorteile der zivilen Öffnung auflistete: „Sie erlaubt die ökonomische Nutzung der Infrastruktur eines Instituts, sie erweitert den Forschungshorizont auf verwandte Gebiete und sie erlaubt eine indirekte Erfolgskontrolle der verteidigungsrelevanten Forschungsinstitute, indem ein solches Institut auf dem zivilen Sektor seine Leistungsfähigkeit unter Beweis stellt."[71] Im Ministerium beeindruckten solche Argumente nur begrenzt, zog man die Grenze zwischen gelegentlichen Firmenberatungen und einer durch Präsentationen zielstrebig vorbereiteten Akquisition bei der Industrie. Diese Linie fand Beifall im IAF, wo an aufwendigen Einwerbungsaktionen wenig Interesse bestand, während Keller Goetzberger nachdrücklich auf die Fraunhofer-Satzung hinwies und im Ministerium eine nicht nachvollziehbare selektive Informationspolitik – etwa bei der Firma Bosch hinsichtlich der Display-Technik – monierte.[72]

Es vergingen noch einige Jahre, bis derartige Reibungen zwischen Bonn und München beseitigt wurden, eine einvernehmliche Ausrichtung formuliert und zugleich dem Institut ein klares Aufgabenprofil zugewiesen wurde. Nach einer vorbereitenden Klärung aus dem BMVg[73] stellte Ministerialdirektor Peter Runge fest: „Es ist mein Ziel, die verteidigungsbezogenen Institute verstärkt auf ausgewählte fachliche Schwerpunkte hin auszurichten. Einer dieser Schwerpunkte ist die Mikroelektronik. Hier messe ich den Arbeiten des Instituts für Angewandte Festkörperphysik (IAF) hohe Bedeutung zu."[74] Diese Einschätzung sollte sich in dem baden-württembergischen Verbund Mikroelektronik-Verbindungshalbleiter bestätigen, an dem die TU Stuttgart mit dem Institut von Manfred Pilkuhn, Hans Queissers Max-Planck-Institut für Festkörperforschung und das IAF zusammenwirkten.[75]

5. Verteidigungsforschung nach 1989/90

Mit dem Fall der Mauer und dem Ende des kalten Krieges veränderten sich selbstverständlich auch die politischen Rahmenbedingungen der Verteidigungsforschung innerhalb der Fraunhofer-Gesellschaft. Dieser Wandel erzwang allein schon Kürzungen im Verteidigungshaushalt mit einer realen Stagnation der Forschungsmittel, die von 1990 bis 1995 nur von 67 auf 70 Mio. DM anstiegen. Dem korrespondierte ein Personalabbau, 1993 um 5%, 1994 noch einmal um 4%.

Neue strategische Optionen für die künftige Entwicklung standen 1990 auf der Tagesordnung; inwieweit kamen für die verteidigungsbezogenen Institute Auflösung, Weiterführung bzw. Konversion in Frage?

Auf seiner Frühjahrssitzung 1990 setzte sich der Senat der Fraunhofer-Gesellschaft eingehend mit diesen Fragen auseinander. Er wollte geklärt wissen, welcher Stellenwert der Verteidigungsforschung künftig überhaupt noch in der Fraunhofer-Gesellschaft zukommen könne und ob eine Umwandlung der verteidigungsbezogenen Institute in Vertragsforschungsinstitute anzustreben sei, die dann durchaus für Belange der Verteidigungsforschung offenblieben.[76] Ein Jahr später ging es in Gesprächen zwischen Ministerium und Institutsleitern um eine Effizienzsteigerung und stärkere Einbindung der entsprechenden grundfinanzierten Institute in die Fraunhofer-Gesellschaft bei schrumpfendem Verteidigungshaushalt. Ein diskussionsfähiger Maßnahmenkatalog reichte von Schwerpunktbildung, über die Abstoßung von „Ladenhütern", eine engere Zusammenarbeit mit Hochschulen und Industrie bis hin zu Verbundprogrammen gemäß dem IAF-Muster.[77]

Patentrezepte konnte es nicht geben. Die jeweiligen komplexen Rahmenbedingungen und Problemlagen waren von Institut zu Institut gesondert zu berücksichtigen, unterschiedliche Modelle waren zu entwickeln. So beschloß der Senat im Oktober 1991 für 1992 die Schließung der Forschungsgruppe für Hydroakustik und begann 1992 die – letztlich vollständige – Konversion des Bremer Instituts für Angewandte Materialforschung (IFAM). Mit Unterstützung Baden-Württembergs wurde am Institut für Chemische Technologie (ICT) – seit Anfang 1994 in Bund-Länder-Förderung – ein ziviles Teilinstitut für Polymertechnik vorangetrieben.[78] Erschwert wurden Neuorientierungen im Schnittpunkt von forschungsstrategischen und allgemeinpolitischen Erwägungen, wie sich 1994 bei einer für das EMI angestrebten deutsch-französischen Kooperation zeigen sollte.[79] Eine lebhafte öffentliche Resonanz fand die Debatte um Chancen und Grenzen der „Konversion", also der Umwandlung militärrelevanter Forschungsarbeiten in eine zivil nachfragbare und nachgefragte Nutzung, wie sie konsequent in Bremen verfolgt wurde. Doch schied eine derart umfassende Konversion als Modell für die anderen verteidigungsbezogenen Institute weitgehend aus, die sich zuvor schon in unterschiedlicher Intensität an industriellen Auftragsinteressen orientiert hatten wie das in diesem Zusammenhang aus BMVg-Sicht besonders interessante IAF.[80]

Die Voraussetzungen für eine Konversion von verteidigungspolitisch geprägten Instituten zur zivilen Vertragsforschung waren also von Fall zu Fall zu überprüfen. Bei ihren Bemühungen um eine Konversion bzw. Teilkonversion knüpften IFAM, ICT und IAF an die jeweilige Erweiterung ihrer Vertragsforschungsabteilungen bereits vor 1989 an. So verwies etwa das ICT in seinem Jahresrückblick 1990/91 auf die Erschließung ziviler Forschungsthemen in den Bereichen Kunststoffverfahrenstechnik, Kunststoffrecycling, Verbrennungsforschung und Umweltsimulation.[81] Auch in anderen Instituten standen Ressourcen für eine Neuorientierung bereit; jedoch schränkten die ungünstige Personalstruktur sowie institutspolitische Vorgaben im BMVg eine Umorientierung auf zivile Forschungsprofile ein. So stellte der BMVg-Vertreter im Senat 1992 klar: „Der BMVg sei nicht daran interessiert, weiter von ihm grundfinanzierte Fraunhoferinstitute in Vertragsforschungsinstitute zu konvertieren, da der BMVg deren Forschung dringend benötige." Präsident Syrbe stimmte grundsätzlich dieser Einschätzung zu und wies darauf hin, daß sinkende Investitionen und Sachmittel sowie eine ungünstige Alterspyramide die Sache immer schwieriger machten, „die Konzeption trage nicht mehr".[82]

Die Probleme als solche waren nicht neu. Sie waren bereits 1973 und wieder Mitte der 80er Jahre zutage getreten. Aber sie stellten sich jetzt verschärft, insbesondere das Problem der Altersstruktur des Personals. So lag das Durchschnittsalter in den verteidigungsbezogenen Einrichtungen 1994 mit 48,8 Jahren um zehn Jahre über dem Vergleichswert in den Vertragsforschungsinstituten in den alten Bundesländern. Untypisch im Vergleich zu diesen war auch das Verhältnis von wissenschaftlichem zu nichtwissenschaftlichem Personal mit 1:2,3 gegenüber 1:0,8. Auch die ungleiche personelle Ausstattung der verteidigungsbezogenen bzw. zivilen Institutsteile erschwerten eine elastische Öffnung. 1995 lag der Personalanteil des Verteidigungsbereichs zwischen 100% beim Institut für Naturwissenschaftlich-Technische Trendanalysen und knapp 70% beim ICT.

Nicht geringe Schwierigkeiten bremsten also eine strukturelle Neuorientierung der überkommenen Verteidigungsforschung oder standen ihr zumindest entgegen. Gleichwohl konnte dieser Prozeß zwischen 1990 und 1995 im wesentlichen vollzogen werden. Die verteidigungsbezogenen Kapazitäten der Fraunhofer-Gesellschaft wurden „konsolidiert, wo auch weiterhin ein Bedarf besteht, konvertiert, wo ein ziviler Vertragsforschungsmarkt besteht, abgebaut, wo keine der Möglichkeiten gegeben war".[83] Im April 1996 teilte der Vorstand dem Senat mit: „Der Verteidigungsbereich ist nach den zurückliegenden Umstrukturierungen dem Bedarf der Ressortforschung des Bundesministeriums der Verteidigung angepaßt worden. Hinsichtlich der mittelfristigen Entwicklung lassen die Planzahlen des Bundesministeriums derzeit nur eine Überrollung der aktuellen Aufwendungen zu."[84]

Im Gesamtprofil der Fraunhofer-Gesellschaft ist der Anteil der Verteidigungsforschung nicht nur signifikant zurückgetreten, er konnte auch in den aufgezeigten Grenzen zunehmend in den Leistungsbereich Vertragsforschung integriert werden. Das bedeutet freilich keine Distanzierung der Münchner Zentrale gegenüber diesem in der Fraunhofer-Gesellschaft traditionsreichen Leistungsbereich. Verteidigungsforschung gilt weiterhin als legitimer und integraler Bestandteil der Fraunhofer-Tätigkeit im Rahmen der vier auf diesem Sektor arbeitenden Institute.[85] Sie ist Bestandteil der Fraunhofer-Familie, taucht aber im Maßnahmenkatalog „Leitbild 2000" bei dem Entwurf einer *corporate identity* aller Institute nicht auf.

VII. Vertragsforschung im internationalen Vergleich

Wirtschaftliches Wachstum basiert seit gut einem Jahrhundert vor allem auf der Innovationskraft der wissenschafts- und technikintensiven Wirtschaftszweige. Die *science-based industries*, die in der deutschen Chemie- und Elektroindustrie des späten 19. Jahrhunderts ihre historischen Wurzeln haben, gelten seither als die Innovations- und Wachstumsmotoren schlechthin. Die Industrialisierungs- und Forschungsförderung der europäischen und nordamerikanischen Staaten trug dem Bedeutungszuwachs der naturwissenschaftlichen Basis industrieller Produktion Rechnung. Mit dem Ausbau des technischen Hochschulwesens und der Gründung eines immer dichter gewobenen Netzes außeruniversitärer staatlicher Forschungseinrichtungen leistete der Staat in Deutschland in der zweiten Hälfte des 19. Jahrhunderts und im frühen 20. Jahrhundert einen wirkungsvollen Beitrag zur Stärkung der Innovationskraft der Wirtschaft, der international viel beachtet und häufig kopiert worden ist.[1]

Bemerkenswerterweise wird gerade in einer Ära zunehmender Internationalität wirtschaftlicher Aktivitäten, die als „Globalisierung" heute in aller Munde ist, die Bedeutung nationaler Innovationskulturen wiederentdeckt. In Anknüpfung an Schumpeters Innovationstheorie entwickeln Ökonomen ein neues Gespür für die jeweilige Ausprägung nationaler Forschungslandschaften. Während die einen den komparativen Vorteilen von Nationen auf die Spur kommen wollen, vergleichen die anderen die Charakteristika von Innovationssystemen und bemerken dabei zu ihrer eigenen Überraschung, wie komplex diese arbeitsteiligen Systeme aufgebaut sind und wie wenig wir im Grunde über die Wechselwirkungen zwischen den einzelnen Teilen des Gesamtgebildes wissen. Die finanziellen Aufwendungen für Forschung und Entwicklung zu erheben und Patente zu zählen reicht, wie der Ökonom Richard Nelson selbstkritisch die gängige internationale Praxis auf den Punkt gebracht hat, bei weitem nicht hin, um die inneren Wirkungsmechanismen von Innovationskulturen erklären zu können. Und Christopher Freemann ist jüngst zu der vielsagenden Einsicht gekommen, daß die aktuelle *performance* einer Volkswirtschaft ohnehin nur vor dem Hintergrund der historischen Entwicklung ihrer Innovationskultur zu verstehen ist.[2] Heute wissen wir, daß eine Innovationskultur stets auch Ausdruck der Kultur eines Landes insgesamt ist.

Innovationssysteme sind mithin historisch und regional variant. Es bedürfte freilich weit mehr als eines eigenen Buches, um diese Unterschiede systematisch entfalten zu können. Ausgehend von der begründeten Annahme, daß die Wissenschaftslandschaft ein Hauptbestandteil jeder Innovationskultur ist, wollen wir im Folgenden die Topographie einiger führender Wirtschaftsnationen in groben Umrissen nachzeichnen. Frankreich steht stellvertretend für ein hochgradig staatsgesteuertes und großunternehmenslastiges Innovationssystem; die Niederlande für eine kleinräumige nationale Innovationslandschaft, in der eine zentralisierte Vertragsforschung einen wichtigen Platz einnimmt; die USA für einen führenden Innovationsraum, in dem sich vergleichsweise früh eine ausdifferenzierte Kultur von Vertragsforschung entwickelt hat. Im Fokus der vergleichenden Betrachtung steht die Frage, wo die Vertragsforschung innerhalb dieser Landschaften jeweils angesiedelt ist und in welcher Beziehung sie zu ihrer Umgebung steht. Unser Thema, die Fraunhofer-Gesellschaft, wird hier in doppelter Weise in den historischen Kontext eingebettet: zum einen durch ihre Verortung in der bundesdeutschen Wissenschaftslandschaft; zum anderen durch den Vergleich mit alternativen Wegen der Vertragsforschung im europäischen und nordamerikanischen Raum.

1. Deutschland

Das bundesdeutsche Innovationssystem zeichnet sich im internationalen Vergleich durch eine besondere Mannigfaltigkeit aus.[3] Wie in wohl keinem zweiten Staat fächert sich in Deutschland die Wissenschaftslandschaft nach Forschungstypen, Forschungseinrichtungen, Selbstverwaltungsorganisationen, politischen Steuerungsinstanzen und finanzieller Trägerschaft auf. Wie kaum ein zweiter Staat ist die Bundesrepublik davon abhängig, daß die vielen Einzelteile des Innovationssystems miteinander kommunizieren und in enger Wechselwirkung stehen. Neben dem Prozeß der Ausdifferenzierung moderner Gesellschaften wirkt hier das föderale und partikulare Erbe der deutschen Geschichte nach. Die Kulturhoheit der Einzelstaaten bzw. Bundesländer wurde 1871, 1919 und wieder 1949 verfassungsrechtlich verankert. Die Geschichte der bundesdeutschen Wissenschaftspolitik ist daher über weite Strecken das Bemühen des Zentralstaates, seinen Handlungsspielraum auf Kosten der Länder auszudehnen.

In grober Vereinfachung läßt sich das bundesdeutsche Innovationssystem in drei Teile gliedern, die sich den gesellschaftlichen Subsystemen Wissenschaft, Wirtschaft und Staat zuordnen lassen. Die forschungspolitische Flurbereinigung der späten 60er und frühen 70er Jahre hat dem bundesdeutschen Innovationssystem sein aktuelles Gesicht verliehen. Europäisierung und Globalisierung, der Wandel der Forschungspolitik zu einer Technologie- und schließlich Innovationspolitik sowie die Eingliederung der ostdeutschen Forschungslandschaft haben für neuerliche Verwerfungen gesorgt und den Anpassungsbedarf des Innovationssystems an den historischen Wandel verstärkt. Größere Durchlässigkeit, mehr Wettbewerb sowie intensivere Wechselwirkungen zwischen den Teilsystemen einerseits, höhere Selbstorganisationsfähigkeit und Vergrößerung des finanziellen Handlungsspielraums andererseits: In diesem Koordinatensystem

Schaubild 7: Die deutsche Forschungslandschaft 1997

Durchführung in Mrd. DM

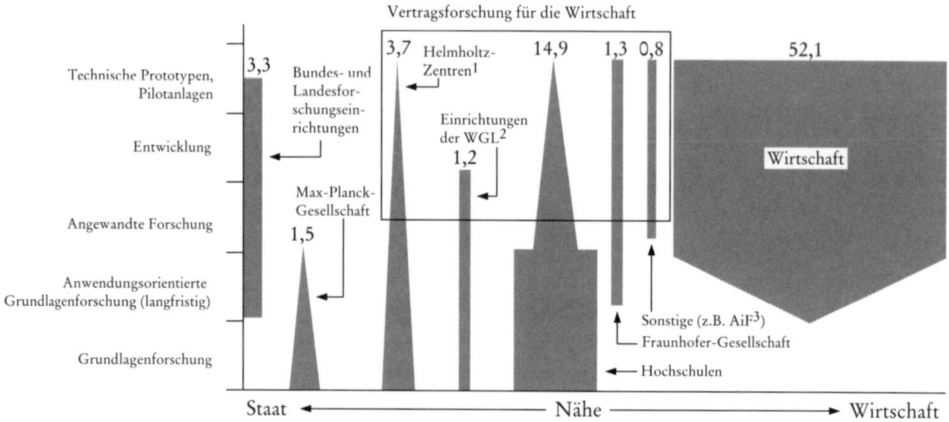

1) Hermann von Helmholtz-Gemeinschaft Deutscher Forschungszentren (HGF)
2) Wissenschaftsgemeinschaft Gottfried Wilhelm Leibniz (WGL)
3) Arbeitsgemeinschaft industrieller Forschungsvereinigungen ‚Otto von Guericke' e.V.

Quelle: Abramson/Encarnação/Schmoch (1997: 249); BMBF (1996).

von Zielen bewegt sich das bundesdeutsche Innovationssystem am Ende des 20. Jahrhunderts.

Schaubild 7 verdeutlicht das große Gewicht der industriellen Forschung und Entwicklung. Das Gros der Innovationsaktivitäten findet in der Wirtschaft statt und wird durch diese finanziert. Die wichtige Funktion der akademischen Forschung zeigt sich nicht minder plastisch. Schließlich sticht die institutionelle Auffächerung der staatlichen Forschung als Spezifikum der bundesdeutschen Innovationslandschaft ins Auge. In diesem Sektor agieren eine Fülle von Einrichtungen in mehr oder weniger starker Abhängigkeit von staatlichen Zielvorgaben.

Die Vertragsforschung der Fraunhofer-Gesellschaft ist nicht zufällig in der Mitte zwischen akademischem und industriellem Sektor plaziert. Nach Aufgabenstellung, Finanzierung und Kommunikationsbeziehungen läßt sie sich zwischen Wissenschaft, Wirtschaft und Staat verorten. In der Vorlaufforschung ist sie dem akademischen Teilsystem, in der Auftragsforschung für öffentliche Auftraggeber dem staatlichen Teilsystem und in der industriellen Vertragsforschung dem Teilsystem Wirtschaft jeweils am nächsten. Als Dachorganisation von knapp 50 Einzeleinrichtungen läßt sich die Fraunhofer-Gesellschaft *cum grano salis* im Zentrum eines gleichseitigen Dreiecks plazieren, das von Wirtschaft, Wissenschaft und Staat gebildet wird. Die Einzelinstitute rücken je nach Profil und Aufgabenstellung einem der drei Eckpunkte näher.

Auch die Intensität der Wechselwirkungen mit einzelnen Teilen der Wissenschaftslandschaft ist von Institut zu Institut verschieden. Alles in allem sind die Kooperationsbeziehungen besonders eng zu den Hochschulen, zur Arbeitsgemeinschaft der industriellen Forschungseinrichtungen (AiF) sowie zu den Laboratorien der Industrie, weniger ausgeprägt zu den Großforschungseinrichtungen, zur Max-Planck-Gesellschaft sowie zur staatlichen Ressortforschung. Durch die Mitwirkung ihrer leitenden Mitarbeiter in unzähligen wissenschaftlichen Selbstverwaltungs- und Beratungsgremien sowie durch die Teilnahme ihres Präsidenten an den periodischen Kamingesprächen des Bundesforschungsministers ist die Fraunhofer-Gesellschaft eng in das Netzwerk der bundesdeutschen Wissenschaft eingebunden.

2. Frankreich

Das französische Innovationssystem erschließt sich in besonderem Maße erst durch die Brille des Historikers. Der französische Sonderweg eines dualen Systems höherer Bildung (Universitäten und „Grandes Ecoles") etwa geht zurück auf die Napoleonische Ära, auch wenn es seine Politik, Wirtschaft und Gesellschaft prägende Kraft der Ausbildung einer personell eng verflochtenen Funktionselite in Politik, Verwaltung und Wirtschaft erst nach 1945 voll entfaltet hat. Auch die im internationalen Vergleich auffallend scharfe Trennung zwischen Wissenschaft und Technik wurzelt tief in der französischen Geschichte des 19. Jahrhunderts.[4]

Jedoch ist die französische Forschungslandschaft ebenso wie die deutsche zum Gutteil das Ergebnis von Weichenstellungen in der Wiederaufbauphase nach dem Zweiten Weltkrieg. Stärker noch als in der Bundesrepublik Deutschland stand die Forschungs- und Technologiepolitik nach 1945 zunächst im Zeichen der militärischen und zivilen Nutzung der Kernenergie. Das sich mit Tschernobyl ankündigende „Ende des Atomzeitalters" hat vorläufig noch wenig an der hohen Bedeutung der Nuklearforschung für das französische Forschungssystem geändert, und der außerordentliche Stellenwert der Militärforschung zeigt sich darin, daß mehr als ein Drittel der staatlichen Forschungs- und Entwicklungsausgaben in den militärischen Sektor geleitet wird.[5]

Noch am Vorabend des Zweiten Weltkrieges war das „Centre National de la Recherche Scientifique" (CNRS) gegründet worden, ursprünglich mit dem Anspruch, die gesamten Forschungsaktivitäten zu kontrollieren, zu organisieren und zu koordinieren. Seit der Vierten Republik (1945–1958) hat sich das CNRS jedoch vornehmlich in der Grundlagenforschung etabliert. Als Trägerorganisation für Grundlageninstitute ähnelt es der Max-Planck-Gesellschaft. Es fungiert als wichtiges Bindeglied zwischen Industrie und Hochschulen, besonders in seiner Eigenschaft als Projektträger, aber auch in der Vernetzung von Personal bei der Bereiche durch die Übernahme von Schulungsfunktionen sowie Dokumentationsaufgaben. In den 90er Jahren hat sich das CNRS auch den Zielen der Kooperation mit der Industrie und der Förderung der Internationalisierung verschrieben. Mit mehr als 25 000 Beschäftigten und einem Gesamtbudget von umgerechnet rund einer halben Milliarde DM ist es eine der tragenden Säulen des französischen Wissenschaftssystems.[6]

Im westeuropäischen Vergleich fällt Frankreich durch eine besonders enge Verflechtung von Staat und Wirtschaft auf. Die Entstehung und Verwertung technischen Wissens ging nach dem Zweiten Weltkrieg im wesentlichen vom Staat aus und spielte sich vornehmlich in den nationalisierten Unternehmen ab. Das Konzept von Charles de Gaulle, Frankreich bzw. Europa unter französischer Federführung als technologische Gegenmacht zu den USA aufzubauen, hat diesen Entwicklungspfad weitergeführt. Auch in der Fünften Republik lag und liegt die Innovationskraft im öffentlich finanzierten Sektor und bei einem kleinen Kreis von staatlich favorisierten Großunternehmen.[7]

Großunternehmen bilden den oligopolistischen Kern, kleine und mittlere Unternehmen den Rand des Innovationssystems. Klagen über eine ungleichmäßige Verteilung der Innovationskraft und die daraus abgeleitete Forderung nach einer Stärkung der Rolle der kleinen und mittleren Unternehmen gehören seit Jahrzehnten zum Alltag französischer Forschungspolitik. Nicht von ungefähr wurden in den 70er Jahren diverse Einrichtungen aus der Taufe gehoben, die den horizontalen und vertikalen Technologietransfer vorantreiben sollten. Hier wie auch bei der Förderung der regionalen Verdichtungen von Wissenschaft und Technik an der französischen Peripherie fällt die staatenübergreifende Gleichzeitigkeit der politischen Ziele und Mittel auf. Frankreich verfolgt wie Deutschland, Großbritannien und andere Länder die Idee lokaler Technopole und hat sie beispielsweise in Meylan bei Grenoble (*Zone pour Innovations et Réalisations scientifiques et technologiques*), im *Pole Productique Nord Pas de Calais* bei Lille und in der *Agglomeration Nizza – Sophia Antipolis* in die Tat umgesetzt. Die forschungspolitische Rhetorik einmal beiseite gelassen, handelt es sich dabei um bescheidene Ansätze mit geringer strukturpolitischer Wirkung. Es mag dahingestellt bleiben, ob lokale Forschungsagglomerationen der nationalen Innovationsfähigkeit wichtige Impulse zu verleihen vermögen. Arbeitsmarktwirksame Produktion entsteht jedenfalls nur in sehr bescheidenem Maße.[8]

Für unsere Frage nach der französischen Ausprägung von Vertragsforschung wichtiger sind aber vor allem die in den 80er Jahren geschaffenen Instrumente und Institutionen zur Förderung des Technologietransfers. Anders als in den USA oder Deutschland spielt die Vertragsforschungstätigkeit eigenständiger privater oder öffentlicher, gewinnorientierter oder gemeinnütziger Organisationen eine eher untergeordnete Rolle – sieht man einmal von einigen wenigen, vergleichsweise kleinen Einrichtungen wie Berthin oder Metravib ab.[9] Auftragsforschung wird überwiegend als Verbundforschung zwischen Universitäten, Industriefirmen und Forschungseinrichtungen durchgeführt. Unternehmen, die ihrem Selbstverständnis nach „recherche sous contrat“ betreiben, beschränken sich eher auf die Übernahme von Consulting- und Marketingfunktionen bzw. auf Materialprüfungen.[10]

Charakteristisch – und in ihrer Transferaufgabe wohl am ehesten mit der Fraunhofer-Gesellschaft vergleichbar – ist für Frankreich die Vielzahl von Institutionen mit einer Brückenfunktion zwischen Industrie und Wissenschaft. Ihr Aufgabenspektrum reicht von der bloßen Dokumentation und Konferenzorganisation über Patentberatung bis hin zur Projektträgerschaft für staatlich oder halbstaatlich finanzierte Projekte.[11]

Die wohl wichtigste dieser intermediären Organisationen zur Unterstützung des Technologietransfers ist die 1969 gegründete „Agence Nationale de Valorisation de la Recherche". ANVAR ist im Grunde genommen ein Netzwerk regionaler Berater, die dem CNRS und den Universitäten industrielle Partner vermitteln, häufig in enger Kooperation mit den regionalen Beauftragten der Industrieförderung. Die dezentralen Stellen sind weitgehend autonom, auch in der Vergabe von Innovationshilfen an Unternehmen. Bezeichnenderweise beschreibt ANVAR seine Tätigkeit als „interventions en faveur de l'innovation". Für das Jahr 1994 sind 4182 derartiger „Interventionen" mit einem Gesamtvolumen von umgerechnet 300 Mio. DM verzeichnet, davon 1693 als Projektbeihilfen und 866 als „service de l'innovation", worunter in erster Linie eine Vermittlungstätigkeit zwischen kleinen und mittleren Unternehmen und Forschung verstanden wird; 1241 Projekte dienen zudem der Förderung der Innovationstätigkeit junger Unternehmer. Ein weiterer Schwerpunkt von ANVAR liegt in der Trägerschaft für europäische Verbundprojekte sowie in der Förderung internationaler Forschungskooperationen.[12]

ANVAR und andere französische Einrichtungen zur Stimulierung und Unterstützung des Technologietransfers sollen die Defizite eines staatsdirigistisch geprägten und großunternehmenslastigen Innovationssystems beheben. Im Zeitalter der Globalisierung dienen sie auch dazu, einem nationalen Innovationssystem seine hermetische Abschottung nach außen zu nehmen. Die Fraunhofer-Gesellschaft hat diese selbstreferentielle Geschlossenheit zu spüren bekommen, als sie in den 70er und 80er Jahren vergeblich versuchte, die deutsch-französische Achse auch in der Vertragsforschung mit Leben zu füllen.[13] Das von einer kleinen, eng vernetzten Funktionselite gesteuerte System aufzubrechen und für externe Kooperationen zu öffnen ist seit einigen Jahren jedoch erklärtes Ziel der französischen Politik. Für die Fraunhofer-Institute mag diese Politik die Chance eröffnen, ihre Aktivitäten verstärkt auf einen bislang für sie kaum zugänglichen Markt auszudehnen.

3. Niederlande

Das Innovationssystem der Niederlande weist in Ausrichtung und funktionaler Gliederung große Ähnlichkeiten mit dem der Bundesrepublik Deutschland auf. Neben den 14 Universitäten und einer Vielzahl Technischer Hochschulen findet sich eine Reihe teils unabhängiger, teils staatlicher Institutionen und Verbände, die Forschung betreiben.

Grundlagenforschung ist vor allem Sache der Hochschulen. Bis Ende der 80er Jahre wurde Grundlagenforschung auch in der Organisation für den Fortschritt der reinen Wissenschaften der Niederlande (ZWO) betrieben, ehe diese 1988 zunächst in die Organisation für Wissenschaftliche Forschung der Niederlande (NWO) umgewandelt und zwei Jahre später mit der Stiftung Technischer Wissenschaften (STW) vereint wurde. Diese Reform läßt sich als programmatische Hinwendung zu mehr Anwendungsorientierung der staatlich geförderten Forschung interpretieren. Sie ist Teil einer seit den 80er Jahren heftig geführten Diskussion über die Wirksamkeit des Technologietransfers. Im Unterschied zu Frankreich steht nicht so sehr das Gesamtsystem als vielmehr seine innere Effizienz und seine Ausrichtung auf Schlüsseltechnologien der Zukunft im Mittelpunkt der Debatte. Konkret strebt die Reform eine engere Anbindung an die Wirtschaft und eine Steigerung des Vertragsforschungsanteils an der Finanzierung der Institutionen an. Wie anderswo sollen Zuschüsse der öffentlichen Hand stärker an leistungsorientierte Kriterien rückgebunden werden.[14]

Die größte und bedeutendste Einrichtung der angewandten Forschung in den Niederlanden ist die Organisation für angewandte naturwissenschaftliche Forschung der Niederlande (TNO). Die TNO hat einen ähnlichen Werdegang wie die Fraunhofer-Gesellschaft. 1932 mit dem Ziel gegründet, die Anwendung der Forschung zu fördern, baute sie nach und nach eigene Laboratorien auf und wuchs damit in die Rolle der zentralen Trägerorganisation für angewandte Forschung hinein. Die 50er und 60er Jahre waren eine Phase des ungebrochenen Wachstums, in denen die TNO vor allem für den Staat arbeitete. In den turbulenten 70er Jahren wuchs der Druck in Richtung Anwendungsorientierung. Im Gefolge der Wirtschaftskrise der späten 70er und frühen 80er Jahre reformierte die niederländische Regierung die TNO an Haupt und Gliedern und stieß sie buchstäblich in den Markt. Ein gutes halbes Jahrhundert nach ihrer Gründung, 1985, hat die TNO eine neue Satzung erhalten, die sie als öffentlich-rechtliche Einrichtung definiert mit der Aufgabe, Vertragsforschung für Staat und Wirtschaft zu betreiben.[15]

Nicht nur in der zunehmenden Marktorientierung, sondern auch in der offensiv betriebenen Internationalisierung gleichen sich TNO und Fraunhofer-Gesellschaft. Die TNO verfügt neben den 13 inländischen Instituten über „representative offices" in Japan und Prag (für den Raum Mittel- und Osteuropas) und über sogenannte „support centers" in Charkow (Ukraine) und Detroit. Auf dem Weg zum „global player" hat die TNO gegenüber der Fraunhofer-Gesellschaft einen Vorsprung. Rund ein Viertel des Umsatzes in der Vertragsforschung resultieren aus internationalen Aktivitäten. Der vergleichsweise hohe Grad der Internationalisierung der Vertragsforschung ist vor dem Hintergrund der historisch gewachsenen Innovationskultur der Niederlande zu sehen. Die koloniale Vergangenheit wirkt bis in die Gegenwart fort. Sie begünstigt die Erschließung überseeischer Märkte, indem sie die Nutzung gewachsener politischer und ökonomischer Beziehungen ermöglicht. Zudem übt die Kleinräumlichkeit des Binnenmarktes einen verstärkten Druck auf die niederländischen Unternehmen aus, global zu handeln.[16]

Schließlich weist die TNO auch in der Art ihrer Finanzierung große Gemeinsamkeiten mit Fraunhofer auf. In beiden Institutionen werden die Einkünfte aus der Vertragsforschung durch eine staatliche Grundfinanzierung ergänzt. Der im Rahmen der Gründung des europäischen Dachverbands der Vertragsforschungsinstitute geäußerte Vorwurf, TNO und Fraunhofer-Gesellschaft seien daher im eigentlichen Sinne keine Vertragsforschungseinrichtungen, zielt auch im Falle der TNO zunehmend ins Leere. Wurden 1980 noch 75% des TNO-Budgets von der öffentlichen Hand gedeckt, so reduzierte sich dieser Wert auf mittlerweile 40%. Bei den nicht in der Verteidigungsforschung aktiven Instituten liegt der Anteil gar nur noch bei 25%.

Während die Fraunhofer-Gesellschaft auch in der jüngsten Phase der zunehmenden Ausrichtung auf die Wirtschaft weiter gewachsen ist, sind die Umsatzzahlen der TNO seit einigen Jahren rückläufig. Die Mitarbeiterzahl ist 1996 auf rund 4000 gegenüber dem Höchststand von etwa 4500 im Jahr 1994 geschrumpft. Es entspricht dem privatwirtschaftlichen Anspruch der Gesellschaft, wenn sie sich damit ihrem Ziel nähergerückt sieht, schlanker und damit effektiver zu werden.

Tabelle 4: Umsatzentwicklung der TNO 1993–1996 (in Mio. hFl)*

	1996	1995	1994	1993
Gesamtumsatz	728	744	745	760
Vertragsforschung % am Gesamtumsatz	440 (60%)	444 (59%)	448 (60%)	449 (59%)
davon: für staatliche Stellen	112 (25%)	103 (23%)	110 (25%)	107 (23%)
davon: für die Wirtschaft in den Niederlanden	223 (51%)	231 (52,5%)	228 (50%)	229 (51%)
davon: für ausländische Unternehmen und Organisationen (inklusive EU)	105 (24%)	109 (24,5%)	110 (25%)	107 (26%)
Staatlicher Anteil an der Gesamtfinanzierung	288 (40%)	300 (41%)	297 (40%)	311 (41%)

* Zur Größenorientierung: 100 hFl = ca. 90 DM.

Quelle: TNO-Jahresberichte von 1994, 1995 und 1996.

Bei aller „Quasi-Privatisierung“[17] ihrer Führungs- und Managementstruktur ist die TNO nach wie vor eng in die akademische Landschaft der Niederlande eingebunden. Das Netzwerk von Beziehungen ist vor allem zu den Technischen Hochschulen dichtmaschig geknüpft. Universitäts- und TNO-Institute arbeiten in einer Fülle von Projekten zusammen, betreiben über *joint ventures* gemeinsame Institute, und TNO-Wissenschaftler fungieren nebenamtlich als Hochschulprofessoren, was ihnen die Einbindung von Doktoranden und Postdoktoranden in ihre Institute ermöglicht. Im Wissen um die Vielfalt der Wege des Technologietransfers zwischen Wissenschaft und Wirtschaft versucht die TNO, sich im Zentrum des niederländischen Innovationssystems zu plazieren.

4. USA

Die nationalen Innovationssysteme der führenden europäischen Staaten sind sich im Verlauf der letzten Jahrzehnte ähnlicher geworden. Die Prägekraft historisch gewachsener Eigenheiten hat nach dem Zweiten Weltkrieg abgenommen. Die europäische Integration hat nicht nur einen EU-finanzierten Forschungsmarkt geschaffen, der die wissenschaftlichen Einrichtungen zu grenzüberschreitenden Kooperationen zwingt. Sie hat im Zuge der angestrebten Harmonisierung der Wettbewerbsbedingungen auch den Handlungsspielraum der nationalen Akteure eingeschränkt. Im Zeichen der Globalisierung gleichen sich zudem die Ziele und Strategien der nationalen Akteure mehr und mehr an.

Gleichwohl haben sich die nationalen Unterschiede nur partiell abgeschliffen. Staatliche Forschungs- und Technologiepolitik ist nach wie vor national ausgerichtet. Sie versteht sich immer noch vornehmlich als Mittel, die Wettbewerbsbedingungen einer Volkswirtschaft bestmöglich zu gestalten. Die Sinnhaftigkeit des nationalen Orientierungsrahmens in der Analyse von Innovationssystemen zeigt sich in der binneneuropäischen Perspektive und mehr noch im Vergleich mit außereuropäischen Innovationssystemen. In unserem thematischen Zusammenhang ist der Blick auf die USA besonders sinnvoll, da wir dort mit einer völlig anderen Ausprägung der Vertragsforschung konfrontiert werden.

In der Periode zwischen Bürgerkrieg und Erstem Weltkrieg stiegen die USA zur technologischen Großmacht auf. In jenen Jahrzehnten wurde das moderne Amerika „erfunden“. Diesen Aufstieg verdanken die USA der Kreativität von Erfinderunternehmern und Systembauern wie Alexander G. Bell oder Thomas A. Edison, mehr noch aber dem sogenannten „American system of manufacture“, jenem auf standardisierten und austauschbaren Teilen beruhenden System der Massenproduktion, das in Henry Fords Fließbandfertigung nach der Jahrhundertwende seinen vorläufigen Höhepunkt fand.[18]

Die heutige amerikanische Wissenschaftslandschaft erhielt in den Jahrzehnten zwischen 1900 und 1940 ihr Gepräge. Diese Phase ist die Geburtsstunde der Industrieforschung in den USA. Nach dem deutschen Vorbild richteten die rasch expandierenden Großunternehmen teils zentrale, teils dezentrale Laboratorien ein. Du Pont, General Electric und AT&T stehen beispielhaft für einen breitflächigen Aufbau von industriellen Forschungseinrichtungen. In jenen Jahrzehnten entwickelten sich zudem die großen amerikanischen Universitäten erst zu den forschungsorientierten Wissenschaftsbetrieben, als die sie heute in aller Welt Vorbildcharakter haben.[19]

Parallel dazu bildete sich eine Landschaft von unabhängigen Forschungseinrichtungen heraus, die auf Vertragsbasis für die Industrie arbeitet. Während in Europa der wissenschaftlich-technische Bedarf der Unternehmen, die über keine eigene Ausstattung an Laboratorien verfügten, durch die staatliche Forschung und die industrielle Gemeinschaftsforschung gedeckt wurde, ließ das amerikanische Innovationssystem Platz für unabhängige Forschungseinrichtungen, die ihre Kompetenz der Industrie gegen Entgelt zur Verfügung stellten. Zwischen Jahrhundertwende und Zweitem Weltkrieg etablierten sich knapp 350 dieser Vertragsforschungseinrichtungen am Markt. „Vertragsforschung" bzw. „contract research" deckte in diesem Zeitraum allerdings ein weites Aufgabenfeld ab, das Materialprüfungen oder die Entwicklung von Kleinserien genauso beinhaltete wie betriebswirtschaftliche Beratungstätigkeiten für Unternehmen. Erst allmählich begannen sich einzelne Arbeitsschwerpunkte auszudifferenzieren. Immerhin befriedigten diese Einrichtungen rund 10–15% des gesamten Forschungsbedarfs der Industrie. Die drei wichtigsten Unternehmungen, die noch heute zu den führenden der Branche gehören, waren das Mellon Institute in Pittsburgh/Pennsylvania (1896), Arthur D. Little in Cambridge/Massachusetts (1911) und das Battelle Memorial Institute in Columbus/Ohio (1929).[20]

Die dominant privatwirtschaftliche Basis der Forschung sollte nicht darüber hinwegtäuschen, daß sich unter dem Eindruck der Bedeutung, die Wissenschaft und Technik für die Kriegsführung gewonnen hatten, im Gefolge des Ersten Weltkriegs auch in den USA der Staat zunehmend als Finanzier und Organisator der Forschung engagierte. Das National Research Council (NRC), das Naval Consulting Board (NCB) und das National Advisory Committee for Aeronautics (NACA) stehen für die wachsende Durchmischung von zivilen und militärischen Forschungsaktivitäten und für die politische Zielsetzung, wissenschaftliche Ressourcen möglichst weitgehend für die nationale Sicherheit zu nutzen.[21] Vor allem seit dem Zweiten Weltkrieg ist die staatlich finanzierte Forschung in den USA zum Großteil Verteidigungsforschung im Auftrag des Department of Defense (daneben auch für das Department of Health und das Department of Energy).

Wie wohl in keinem anderen Land hat der Zweite Weltkrieg das amerikanische Innovationssystem verändert. Das Ende des Krieges sah die USA als die unangefochtene Führungsmacht auf einer Vielzahl von Technologiefeldern. Das Mittel der Vertragsforschung ermöglichte es der US-Regierung und dem Office of Scientific Research and Development (OSRD), das wissenschaftliche Potential der Universitäten und der Industrie für die Kriegszwecke zu mobilisieren und gleichzeitig das zu vermeiden, was in Europa gang und gäbe war: den Aufbau dauerhaft etablierter staatlicher Forschungseinrichtungen. Im Zeichen des kalten Krieges wurden gleichwohl viele der während des Zweiten Weltkrieges entstandenen Einrichtungen fest etabliert. Gleichzeitig entstand eine zweite Generation von Vertragsforschungseinrichtungen, von denen besonders das Stanford Research International (SRI) bei der Umwandlung Kaliforniens zu einer High-Tech-Region eine besondere Rolle spielen sollte.[22] Ein weiteres, unmittelbares Ergebnis des Krieges war auch der Siegeszug der Großforschung (*big science*) als neuen Arbeitsstils und neuer Organisationsform von Wissenschaft gleichermaßen. Es kennzeichnet die antietatistische Grundfigur des amerikanischen Innovationssystems, daß die Regierung die nicht unmittelbar militärisch relevanten Großforschungseinrichtungen in Vertragsform von Universitäten bzw. Universitätskonsortien betreiben ließ und läßt, so etwa das Beschleunigerzentrum Brookhaven National Laboratory (BNL). Die heutige Breite und Vielfalt der Forschungsinstitutionen hinsichtlich Finanzierungsmodus, Organisationsform, Forschungsfelder und bevorzugter Kooperationspartner ist im wesentlichen ein Produkt des „heißen" und des nachfolgenden kalten Krieges.[23]

Betrachtet man das Innovationssystem der USA heute, so sticht neben der Vielfalt der Einrichtungen besonders der gewaltige Umfang der Forschungs- und Entwicklungs-Aktivitäten ins Auge. Er übertrifft den Umfang dieser Aktivitäten in Deutschland um rund das Vier- bis Fünffache, sowohl im Gesamtvolumen der Ausgaben als auch in der Zahl der Forschungseinrichtungen und der in diesen Beschäftigten. Rechnet man die Forschungs- und Entwicklungsausgaben aber auf das Bruttoinlandsprodukt hoch, so zeigt sich dagegen eine bemerkenswerte Ähnlichkeit mit der Bundesrepublik.[24] Schließlich wird in Deutschland ebenso wie in den USA der Großteil der FuE-Leistung von der Industrie erbracht, freilich dort in einem höheren Maße konzentriert in einigen wenigen Großunternehmen.

Abgesehen von den augenfälligen Unterschieden in der Positionierung und Aufgabenstellung der jeweiligen Universitätssysteme weicht das amerikanische Innovationssystem am stärksten bezüglich der Bedeutung und Organisation der Vertragsforschung vom europäischen Modell ab. Beiderseits des Atlantiks sind die Universitätssysteme in den letzten Jahren unter starken Anpassungsdruck geraten. Anders als in Europa sehen aber in den USA manche Autoren das seit den Tagen des Ersten Weltkrieges etablierte Netzwerk von Vertragsforschung sogar als essentiell gefährdet an.[25] Mit dem Ende des kalten Krieges scheint auch das Ende des *golden age* der Wissenschaftsfinanzierung gekommen zu sein. Während die amerikanische Öffentlichkeit einerseits genaueren Aufschluß über den Verbleib von Forschungsgeldern verlangt, versuchen andererseits Teile des Kongresses, feste Budgetposten für die Universitäten und Forschungseinrichtungen zu sichern. Dadurch wird aber das seit den Tagen des Zweiten Weltkrieges praktizierte und etablierte Prinzip aus den Angeln gehoben, das die Vergabe von *contracts* hinsichtlich des Umfangs und der Dauer der zu bewilligenden Projekte an genau spezifizierte Kriterien knüpfte. Experten schätzen, daß durch diese Lobbyarbeit des Kongresses allein im Bereich des Department of Defense mittlerweile fast 760 Mio. US-$ jährlich ohne klar umrissene Projektvorgaben vergeben werden. Das ausdifferenzierte System der amerikanischen Vertragsforschung harrt also einer grundsätzlichen Reform. Transparenz der Mittelvergabe wird ebenso gefordert wie Orientierung an strukturpolitischen Vorgaben – beides Aspekte, die während des kalten Krieges nur eine sehr untergeordnete Rolle spielten.[26] Dies führt zur Entstehung von neuen Typen von Vertragsforschungseinrichtungen, wie des University-Industry Research Center (UIRC), eröffnet gleichzeitig aber auch verstärkt ausländischen Vertragsforschungseinrichtungen wie der TNO oder der Fraunhofer-Gesellschaft die Gelegenheit, in den amerikanischen Markt zu stoßen. Betrachtet man die gesamte Vertragsforschungslandschaft der USA, so präsentiert sich diese als ein buntes Gemisch teils gemeinnütziger, teils gewinnorientierter Einrichtungen, die für die Wirtschaft oder den Staat arbeiten. Innerhalb des breiten Spektrums von Einrichtungen lassen sich im wesentlichen folgende Grundtypen unterscheiden:

- Die bereits erwähnten University-Industry Research Centers: Diese Vertragsforschungseinrichtungen werden von den Hochschulen und der Industrie gemeinsam betrieben. Allein im Verlauf der 80er Jahre wuchs ihre Zahl von 72 auf 284. Mittlerweile existieren bereits mehr als 1000 Centers mit einem Jahresetat von über 100000 US-$ an über 200 Universitäten. Sie tragen nicht weniger als 7% zum gesamten Hochschulbudget bei. Experten bescheinigen dieser Form der Vertragsforschung eine künftig steigende Bedeutung für den Technologietransfer.[27]
- Unabhängige Forschungseinrichtungen: In dieser Kategorie stellen die Medical Research Centers gut die Hälfte. Tabelle 5 listet die größten Einrichtungen auf, die ihren Schwerpunkt im Bereich der angewandten Forschung haben.
- An Universitäten angeschlossene Einrichtungen: Die Mehrheit dieser wiederum überwiegend in der medizinischen Forschung tätigen Institute ist relativ klein; nur 35 haben mehr als 100 Beschäftigte oder ein Gesamtbudget von mehr als 10 Mio. US-$. Diese Institute werden jedoch bis zu 85% von Regierungseinrichtungen finanziert. Herausragende Beispiele sind unter anderem das Illinois Institute of Technology Research (IITRI) oder das Lee H. Moffit Cancer Center.[28]
- Konsortien: Sie können entweder eng in einzelne Industriezweige integriert sein oder aber eher losere Strukturen annehmen. Diese Form der organisierten Vertrags- und Gemeinschaftsforschung hat in den letzten beiden Jahren eine erhebliche Förderung durch die US-Regierung erfahren. Neben Initiativen einzelner Ministerien wie zum Beispiel dem Department of Defense mit ARPA sind vor allem das Technology Reinvestment Project (TRP) und das Advanced Technology Program (ATP) als neugeschaffener institutioneller Überbau zu erwähnen. Das bekannteste dieser Konsortien ist SEMATECH.

Tabelle 5: Unabhängige Vertragsforschungseinrichtungen in den USA

Name der Einrichtung	Gründungsjahr	Beschäftigtenzahl	Herkunft der FuE-Einkünfte in Prozent (Regierung/Industrie)
Battelle Memorial Institute (nur Columbus)	1929	2599	78/22
Southwest Research Institute	1947	2400	42/58
SRI International (nur Menlo Park)	1946	1900	60/40
Research Triangle Institute	1958	1450	84/16
Midwest Research Institute	1944	1350	73/27
Southern Research Institute	1941	477	75/25

Quelle: Abramson/Encarnação/Reid/Schmoch (1997: 154).

Das Instrument „Vertragsforschung" ist in den USA tief in der tradierten Innovationskultur verankert. Dessen gewachsene Stärke, die institutionelle Ausdifferenzierung und funktionale Spezialisierung, erweist sich mit Blick auf den Bedarf der Wirtschaft an konkreten Lösungen technologischer Probleme jedoch eher als Defizit. Die jüngste Untersuchung zur Wirksamkeit des Technologietransfers in den USA und Deutschland kommt daher auch zu dem Ergebnis, daß die großen, ingenieurwissenschaftlich ausgerichteten Vertragsforschungseinrichtungen der USA nur zu einem geringen Teil für die Wirtschaft tätig sind und damit transferleistend wirken. Zudem arbeiten sie „nicht in Netzwerken zusammen und haben nur schwache Verbindungen zu Universitäten". Die bloße Ausrichtung auf Vertragsforschung ohne die Möglichkeit zur Eigenforschung und der permanente Zwang, das eigene Überleben durch die Akquisition von möglichst langfristig angelegten Projekten zu sichern, fördern ein risikovermeidendes Verhalten und wirken damit letztendlich – gemessen an der Transferleistung – kontraproduktiv. Im Vergleich zur Fraunhofer-Gesellschaft sind besonders diese Einrichtungen „weniger zielorientiert oder auf einzelne Technikfelder spezialisiert".[29] Neben dem Bedarf zur Neustrukturierung nach dem Ende des kalten Krieges besteht offensichtlich eine Lücke im amerikanischen Innovationssystem, die zu schließen die Fraunhofer-Gesellschaft mit ihrem breiten Angebot an technologischen Problemlösungen in den 90er Jahren angetreten ist. Die Akzeptanz, die die Außenseiterin Fraunhofer-Gesellschaft bei ihrer Expansion in den amerikanischen Markt in den 90er Jahren erfahren hat, stützt diesen Befund. Vieles deutet

Tabelle 6: Bruttoinlandsausgaben für Forschung und Entwicklung (BAFE) nach finanzierenden und durchführenden Sektoren in ausgewählten OECD-Staaten

Staat	Jahr[1]	FuE-Ausgaben (BAFE)		Finanzierung			Durchführung im			
		Mio. US-$[2]	Anteil am BIP[3] in %	Wirtschaftssektor	Staatssektor[4]	sonstige inländische Quellen und Ausland	Wirtschaftssektor	Staatssektor	Hochschulsektor	PNP-Sektor[5]
				Anteil in %						
Deutschland[7)]	1981[6]	15 510	2,43	58	41	1	70	14	16	1
	1985	22 180	2,72	62	37	2	73	13	14	0
	1991[6,7]	35 607	2,61	62	36	2	69	14	16	0
	1992[6]	36 917	2,48	62	36	2	69	14	17	–
	1993	36 484	2,43	61	37	2	67	15	18	–
	1994	37 313	2,33	61	37	2	66	15	19	–
	1995	38 412	2,30	61	37	2	66	15	19	–
	1996	37 283	2,28	61	37	2	66	15	19	–
Frankreich	1981[6]	10 960	1,97	41	53	6	59	24	16	1
	1985	15 960	2,25	41	53	6	59	25	15	1
	1991	25 059	2,41	43	49	9	62	23	15	1
	1992	26 359	2,42	47[6]	44[6]	10	63[6]	21[6]	15	1[6]
	1993	26 430	2,45	47	44	9	62	21	16	1
	1994	26 502	2,38	49	42	10	62	21	16	1
	1995	27 044	2,33	48	42	9	61	21	17	1
	1996	28 392	2,31	–	–	–	62	20	17	1
Niederlande	1981	2 469	1,85	46	47	7	53	21	23	3
	1985	3 516	2,06	52	44	4	56	18	23	2
	1991	5 091	2,05	48	49	4	50	18	30	2[6,8]
	1992	5 232	1,98	47	49	4	49	18	30	3[8]
	1993	5 457	2,00	44	49	7	49	18	30	3[8]
	1994[6]	5 877	2,04	45	44	11	52	19	29	1
	1995	6 376	2,09	46	42	12	52	18	29	1
	1996	–	–	–	–	–	–	–	–	–
USA[9)]	1981	73 693	2,42	49	49	2	70	12	15	3
	1985	73 652	2,87	50	48	2	73	12	13	3
	1991[6]	160 652	2,81	58	39	4	73	10	14	3
	1992	164 904	2,74	59	38	4	72	10	15	3
	1993	165 480	2,61	58	38	4	71	10	15	4
	1994	168 478	2,51	59	37	4	71	10	16	4
	1995	179 126	2,55	60	36	4	72	10	15	3
	1996	184 665	2,52	61	35	4	73	9	15	3

[1] Bei den Angaben für 1996 handelt es sich um vorläufige Daten, die z.T. auf nationalen Schätzungen, z.T. auf Schätzungen der OECD basieren. [2] Nominale Ausgaben, umgerechnet in US-$ Kaufkraftparitäten. [3] Anteil der FuE-Ausgaben am Bruttoinlandsprodukt. [4] Einschließlich allgemeiner Hochschulforschungsmittel. [5] Private Organisationen ohne Erwerbszweck. [6] Zeitreihenbruch. [7] Bis 1990 früheres Bundesgebiet, ab 1991 Deutschland. Gerade Jahre und 1995 geschätzt. PNP-Sektor - soweit Daten verfügbar - ab 1992 im Staatssektor nachgewiesen. [8] Überschätzt. [9] Nationale Ergebnisse, vom Sekretariat an OECD-Normen angepaßt. Überwiegend ohne Ausgaben für Investitionen; Staatssektor nur mit Bundesausgaben berücksichtigt. Ab 1991 Finanzierungsanteil des Staates unterschätzt.
Rundungsdifferenzen

Quelle: OECD; BMBF Referat 116.

darauf hin, daß die strukturelle und atmosphärische Bereitschaft der amerikanischen Unternehmen, das FuE-Angebot auch ausländischer Anbieter vorurteilsfrei zu prüfen, der Fraunhofer-Gesellschaft auf ihrem bevorzugten Auslandsmarkt auch künftig günstige Entwicklungsmöglichkeiten eröffnet.

VIII. Die Internationalisierung der Fraunhofer-Gesellschaft

Wissenschaft kennt keine Grenzen. Wissenschaftler verstehen sich als Teil einer weltumspannenden Gemeinschaft Gleichgesinnter (*scientific community*), die über Publikationen und persönliche Kontakte permanent miteinander kommunizieren. So sehr die Forschung per se international ist, so sehr neigt sie dazu, als soziales Phänomen in nationalen Strukturen organisiert zu sein. Seit der Frühen Neuzeit findet Forschung vornehmlich in den Universitäten, Akademien und außeruniversitären Einrichtungen der Nationalstaaten statt. Gesellschaft und Staat erwarten sich von „ihrer" Wissenschaft jeweils einen wichtigen Beitrag zur Sicherung der Zukunftsfähigkeit. Staatenübergreifende Wissenschaftsorganisationen und Forschungseinrichtungen sind in nennenswerter Zahl erst im späten 19. Jahrhundert entstanden, und sie bilden noch am Ende des 20. Jahrhunderts eine Minderheit; freilich eine wachsende Minderheit, denn im Zeitalter der Globalisierung wird auch die organisierte Forschung von dem Trend zur Denationalisierung erfaßt.[1]

Die Transnationalität und die machtpolitische Funktion wissenschaftlicher Arbeit schließen sich nicht nur nicht aus, ja sie bedingen sich geradezu wechselseitig. Erfolgreiche wissenschaftliche Arbeit ist zum Gutteil an die Voraussetzung gebunden, Anschluß an das dichtgeknüpfte Netzwerk der Scientific Community zu haben, und Erfolg in der Wissenschaft verschafft Ansehen. Insofern macht es auch für hochindustrialisierte Staaten durchaus Sinn, das prestigeträchtige Wissen ihrer Forscher auf gezielte Weise international verfügbar zu machen. Nicht umsonst wird die auswärtige Kulturpolitik als ein Königsweg nationaler Machtsteigerung angesehen. Generell gilt jedoch die Formel: Je anwendungsnäher und damit wirtschaftsrelevanter Forschung ist, desto stärker ist sie in nationale bzw. regionale Strukturen eingebettet.

Auch die Fraunhofer-Gesellschaft bewegt sich zwischen den Polen der wissenschaftlichen Transnationalität und Nationalität. Der Schwerpunkt ihrer Existenz liegt deutlich näher am zweitgenannten Pol, dient sie doch von ihrer Gründung an der Förderung der angewandten Forschung zum Nutzen der bundesdeutschen Wirtschaft. Bezeichnenderweise litt sie anfänglich gar unter dem Stigma des „weiß-blauen Vereins" und hatte Probleme, als bundesweite Einrichtung anerkannt zu werden.[2] Ihre transnationalen Aktivitäten beschränkten sich in der ersten Hälfte ihres Daseins auf die Beteiligung am weltumspannenden Wissenschaftsdialog im Rahmen von Publikationen, Konferenzen, Austauschprogrammen und Gremienarbeit in internationalen Fachorganisationen. Diese Grundform von Internationalität diente dem Kompetenzausbau der Institute und konzentrierte sich daher auf die entwickelten Industrienationen.

Im Verlauf der 80er und 90er Jahre ist diese Grundstufe internationaler Aktivitäten der Fraunhofer-Gesellschaft ausgebaut und systematisiert worden. Der gezielte Personalaustausch mit ausländischen Partnerorganisationen trägt dazu bei, die wissenschaftliche Expertise der Institute auf internationalem Niveau zu halten. Die vertragliche Absicherung dieser Aktivitäten sichert Kontinuität, und sie baut der latent drohenden Gefahr vor, den Wissenschaftleraustausch unter dem alltäglichen Zwang zur Akquisition allein unter kurzgreifenden Kosten-Nutzen-Relationen zu werten.[3] Das Karussell des internationalen Wissenschaftleraustausches bietet keine Vergnügungsfahrten. Es stärkt die intellektuelle Vitalität der Institute, ohne die Vertragsforschung langfristig steril zu werden droht.

In marktorientierten Einrichtungen ist Internationalität auch und in erster Linie das Ergebnis ökonomischen Kalküls. Dieser Zusammenhang zeigte sich in der Fraunhofer-Gesellschaft verstärkt ab der Mitte der 70er Jahre, mithin just in der Phase, als die Institute direkt unter wirtschaftlichen Leistungsdruck gerieten. Vorreiter der Ausweitung der Projektarbeit in das Ausland war das Fraunhofer-Institut für Produktionstechnik und Automatisierung (IPA) unter der Leitung von Hans-Jürgen Warnecke. Eine Projektgruppe des Instituts bearbeitete den Auftrag von VW do Brasil, die Montageabläufe und Materialwirtschaft des neuerrichteten VW-Werkes in Sao Paulo zu reorganisieren, so erfolgreich, daß sich zeitweise weitergehende Perspektiven bis hin zu einem „IPA do Brasil" als eigenständige GmbH eröffneten.[4]

Das IPA segelte im Windschatten von VW, das wie viele andere bundesdeutsche Großunternehmen im Verlauf der 70er Jahre sein Engagement im Ausland verstärkte. Hier zeigt sich exemplarisch der fundamentale Strukturwandel der Weltwirtschaft im Verlauf der letzten Jahrzehnte, den wir heute unter dem Begriff der Globalisierung zusammenfassen: Internationalisierung der Finanzmärkte; Ansteigen ausländischer Direktinvestitionen zwischen den OECD-Ländern; verstärkte Kooperationen und strategische Allianzen der multinationalen Unternehmen; gleichzeitig eine zunehmende Segmentierung der Weltwirtschaft in Wirtschaftsblöcke, wobei der Handel innerhalb der Blöcke eine größere Rolle spielt als zwischen den Blöcken.

1. Entwicklungshilfe und Technologietransfer

„IPA do Brasil" scheint auf den ersten Blick darauf hinzudeuten, daß sich einzelne Institute der Fraunhofer-Gesellschaft bereits in den 70er Jahren gezielt neue Märkte erschlossen. Bei näherem Hinsehen stand die Internationalisierung der Fraunhofer-Gesellschaft in dieser Phase jedoch deutlich unter dem Primat des Politischen. Sie vollzog sich im Umfeld der staatlichen Entwicklungshilfe, deren Anfänge in der Auslandshilfe der USA im Rahmen des Marshallplans zu verorten sind. Mit der Gründung der OEEC, später OECD, war eine Institution geschaffen worden, die sich dezidiert einer Förderung der wirtschaftlichen Entwicklung verschrieben hatte.[5]

Der horizontale Technologietransfer, verstanden als Transfer von technischen Verfahren und Produkten von hochindustrialisierten Staaten in Schwellen- und Entwicklungsländer, etablierte sich ab den späten 60er Jahren auch in der Bundesrepublik als ein rasch wachsendes Politikfeld. Fachliches Steuerungszentrum waren das Bundesministerium für wirtschaftliche Zusammenarbeit (BMZ) und die ihm nachgeordnete Gesellschaft für technische Zusammenarbeit (GTZ).[6] In durchaus konkurrierender Absicht agierten auf diesem Politikfeld zunehmend auch das expansionslustige Bundesforschungsministerium und in seinem Gefolge die Fraunhofer-Gesellschaft.

Anfang der 70er Jahre war das Thema Entwicklungshilfe und Technologietransfer in einigen Fraunhofer-Instituten bereits präsent. Die Aktivitäten beschränkten sich jedoch auf Kontakte zu einzelnen Forschungseinrichtungen in Entwicklungsländern, den Besuch von internationalen Kongressen und einigen bilateralen Projekten. Der Anstoß für ein gezieltes Engagement von Fraunhofer kam aus der Politik. 1974 hatte sich im BMZ ein Arbeitskreis aus Vertretern verschiedener Ministerien zum Thema Technologietransfer gebildet, der die Einrichtung einer bundesweiten Koordinierungsinstanz – technizistisch als „Technologietransferleitstelle" (TTL) begriffen – diskutierte.[7] Diese Initiative eröffnete dem Institut für Produktionstechnik und Automatisierung die Chance, seine Anfang 1975 im Anschluß an die Brasilien-Aktivitäten gegründete Projektgruppe mit dem ambitiösen Namen „Technologietransfer in Entwicklungsländer" in das Zentrum der bundesdeutschen Bestrebungen zu rücken. Die Gruppe sollte als „Makler" zwischen dem technologischen Bedarf der Entwicklungsländer und dem Angebot der bundesdeutschen Forschungs- und Entwicklungs-Einrichtungen einschließlich Industrie und Universitäten fungieren, ein angesichts ihrer schmalen Basis und ungefestigten Position in der bundesdeutschen Wissenschaftslandschaft überaus anspruchsvolles Ziel.[8]

Das Konzept, das die Führung der Fraunhofer-Gesellschaft der Bundesregierung unterbreitete, sah neben der Ausweitung der IPA-Gruppe zur anvisierten Leitstelle TTL die Mitwirkung diverser Institute in konkreten Projekten vor. Als mögliche Arbeitsbereiche, in denen die Expertise von Fraunhofer einfließen sollte, wurden Nahrungsmitteltechnologie (ILV), Bauwesen (IBP), Holzverarbeitung (WKI), Fertigungstechnik (IPA) und Infrastruktur und Raumplanung (ISI) identifiziert.[9] Mit diesem weitgesteckten Anspruch geriet die Leitstelle zwangsläufig in das Wirkungsfeld interministerieller Kompetenzkonflikte. Schon die Ressortvereinbarung zwischen BMFT und BMZ über die Form der zu errichtenden Leitstelle verzögerte sich erheblich. Wie in solchen Konfliktfällen üblich, einigte man sich schließlich auf den kleinsten gemeinsamen Nenner, der eine vom BMFT unter dem Dach von Fraunhofer finanzierte Stelle mit zunächst drei, ab 1977 fünf Wissenschaftlern vorsah. Die Einsatzplanung blieb in den Händen der gemeinsamen Arbeitsgruppe der beiden Ressorts; die TTL wurde

Schaubild 8: Strukturmodell für Technologietransfer

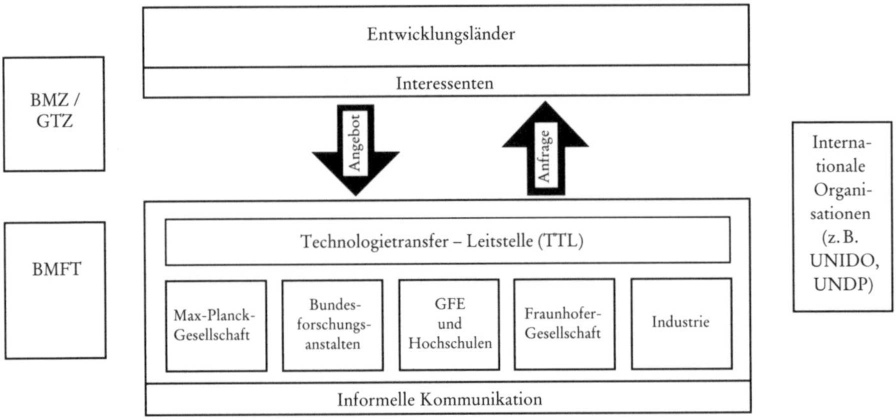

Quelle: Exposé des IPA: „Beitrag der FhG zur Gestaltung eines effizienten Technologietransfers in Entwicklungsländer", Januar 1976 (FhG, ZA 384).

gar ausdrücklich vor eigener Projekttätigkeit gewarnt. Statt dessen sollte sie sich auf die „schon vorgeklärten Projekte" beschränken.[10]

Angesichts dieser Minimalaufgabe kann es kaum verwundern, daß die Leitstelle am IPA nur ein Schattendasein fristete und alsbald auch in den beiden fördernden Ministerien „die Ernüchterung über das Machbare" Platz griff.[11] Mitte 1978 wurde die TTL unter das Dach einer neu zu errichtenden Arbeitsgemeinschaft von Fraunhofer und GTZ eingeordnet, wobei die GTZ die Federführung hatte. Als Neuling auf dem bereits besetzten Feld der Entwicklungspolitik hatte es die Fraunhofer-Gesellschaft letztlich nicht vermocht, sich einen institutionellen – und damit auch finanziellen – Zugriff auf die in den 70er Jahren gutgefüllten Töpfe der Entwicklungshilfe zu sichern.

Ähnlich erfolglos verlief auch eine zweite, anfänglich von Schwung und Optimismus getragene Aktion der Fraunhofer-Gesellschaft. Wiederum reagierte die Gesellschaft auf politische Vorgaben. Die Bundesregierung vereinbarte im Herbst 1975 mit dem Iran eine großangelegte wissenschaftliche Kooperation. Mit Hilfe der Max-Planck-Gesellschaft sollten drei Forschungsinstitute im Iran eingerichtet werden. Neben den Bereichen Festkörperphysik und organische Chemie plante man auch ein Institut für angewandte Forschung, das nach dem Modell der Fraunhofer-Gesellschaft gestaltet werden sollte.[12]

Durch seine Mitarbeit im Arbeitskreis „Technologietransfer" des BMZ qualifizierte sich Hans-Jürgen Warnecke zum Experten der Fraunhofer-Gesellschaft für Entwicklungshilfe. In seinem der Bundesregierung unterbreiteten Vorschlag über die Form des geplanten Instituts machte sich Präsident Keller im wesentlichen die Vorschläge von Warnecke und dem IPA zu eigen, allerdings reduzierte er das Arbeitsfeld der künftigen „Applied Research Organization" (ARO) von zehn auf drei Gebiete: Produktionstechnik und Automatisierung, Betriebsfestigkeit technischer Konstruktionen sowie Materialprüfung und Qualitätskontrolle.

Als fachliche Unterstützung des Irans beim Aufbau des Instituts wurden neben der detaillierten Planung und einer genauen Bedarfsanalyse die Beratung bei der Auswahl der leitenden Wissenschaftler, eine Einweisung in den Instituten der Fraunhofer-Gesellschaft sowie ein weitergehender Personal- und Erfahrungsaustausch bis hin zu Patenschaften durch Fraunhofer-Institute angeboten. Weitere Ziele waren ein Technologietransferzentrum für die Koordinierung von Entwicklungshilfeprojekten und *joint ventures* mit der deutschen Industrie.[13]

Wiederum hatte sich die Fraunhofer-Gesellschaft im Schlepptau der Bonner Außenpolitik befunden. Autonomer und zielführender gestaltete sich die Kooperation mit der Volksrepublik China, die 1979 begonnen wurde. Formelle Vertragspartner waren hier die Academia Sinica und die Fraunhofer-Gesellschaft. Neben dem üblichen Wissenschaftleraustausch wurden *joint ventures* und gemeinsame Verbundprojekte auf den Gebieten Halbleitertechnik, Computertechnik, Qualitätssicherung und Automatisierung von Produktionsanlagen vereinbart. China entwickelte sich in der Folge zu dem wichtigsten Operationsgebiet der Fraunhofer-Gesellschaft außerhalb Deutschlands. Die Teilmodernisierung des großen LKW-Werkes in Wuhan durch das Institut für Produktionstechnik und Automatisierung und die Vereinheitlichung der Programmiersprachen durch das Institut für Festkörpertechnologie sollten zugleich der deutschen Industrie den Zugang zum chinesischen Wachstumsmarkt verbessern. Die politische Brisanz der deutsch-chinesischen Beziehungen ließ auch in der Volksrepublik die permanente Fühlungnahme mit dem BMFT angeraten erscheinen. Gleichwohl agierte Fraunhofer wie die bundesdeutsche Wirtschaft im unternehmerischen Sinne eigenverantwortlich und rechnete die Projekte demzufolge kostendeckend ab.

2. Von der Reaktion zur Aktion? Neue Ziele des internationalen Engagements an der Wende zu den achtziger Jahren

Am Ende eines Jahrzehnts tastender Internationalisierung fand der Vorstand der Fraunhofer-Gesellschaft den Mut zu einer kritischen Bewertung seines Vorgehens. Präsident Keller offenbarte dem Senat 1980, es gebe „bis heute kein Konzept für die internationale Rolle der FhG. Mit anderen Worten: Die FhG hat auf Anforderung aus dem Ausland reagiert, aber nicht agiert."[14]

In der Tat hatte die Fraunhofer-Gesellschaft in den 70er Jahren in ihrem internationalen Engagement vor allem reagiert. Auf Initiative von Staat und Industrie hatte sie Aufgaben in Schwellenländern übernommen. Ein erster Versuch der Systematisierung und Koordinierung der Auslandsaktivitäten war die Gründung des Internationalen Büros im Jahre 1977 gewesen, wobei auch hier die Initiative vom BMFT ausgegangen war. Diese offenkundige Abhängigkeit von der Politik war dem peinlichst auf Eigenständigkeit bedachten Präsidenten stets ein Dorn im Auge. Keller lag daran, die internationale Rolle der Fraunhofer-Gesellschaft neu und aktiver zu definieren. Den Senat in diese Aufgabe einzubeziehen und somit in die Mitverantwortung zu nehmen war taktisch geschickt, auch wenn das Ergebnis mager ausfiel. Einmal mehr beschränkten sich die Senatoren auf das Kopfnicken zur Konzeption des Vorstandes, die sich als strategische Ausweitung in konzentrischen Kreisen beschreiben läßt.

Innerster Kreis war die Bundesrepublik, die für die Fraunhofer-Gesellschaft das wichtigste „Entwicklungsland" bleiben sollte. Den zweiten Kreis bildete Westeuropa. Keller hatte in den ersten Jahren seiner Amtszeit vergeblich versucht, wissenschaftliche Kooperationen mit Frankreich und Großbritannien aufzubauen.[15] Vor dem Hintergrund dieser gescheiterten Bemühungen wollte er nun doppelgleisig fahren. Erstens sollten vermehrt Wissenschaftler und Techniker aus den europäischen Industrieländern eingestellt werden, nicht nur wegen des leergefegten Arbeitsmarktes in Deutschland, sondern auch um langfristig gesehen über ein personelles Netzwerk für die Projektakquisition in Westeuropa verfügen zu können. Zweitens sollten formelle Kooperationen mit den der Fraunhofer-Gesellschaft vergleichbaren Forschungs- und Entwicklungs-Einrichtungen mit dem Ziel des Technologietransfers in die Wirtschaft eingegangen werden. Neben der niederländischen TNO hatte der Vorstand die französische ANVAR und die britische NRDO im Visier.

Der dritte Kreis beinhaltete die beiden Staaten, die im Mittelpunkt der seit den späten 60er Jahren heftig geführten Debatte um die „technologische Lücke" standen. Über Abkommen mit der National Science Foundation (NSF) in Washington und der dem japanischen Superministerium MITI nachgeordneten Science and Technology Agency (STA) sollte der Zugang zum technischen Wissen der beiden führenden Hochtechnologieländer institutionell abgesichert werden. Zudem war an gemeinsame Projekte gedacht. Nicht von ungefähr wurden die „Entwicklungsländer" als letztes genannt. Der Vorstand trug zwar die laufende Zusammenarbeit mit einzelnen Schwellenländern in Südamerika (Brasilien, Argentinien, Mexiko) und Südostasien (China, Indonesien, Südkorea) weiterhin mit, stellte diese aber in ihrer Bedeutung klar hinter die Kooperation mit Westeuropa, den USA und Japan zurück.

Die Neuformulierung der internationalen Politik der Fraunhofer-Gesellschaft kam keinem Paradigmenwechsel gleich, aber doch einer deutlichen Kurskorrektur. Das vorrangige Ziel verlagerte sich von der politisch gesteuerten Entwicklungshilfe zur eigengesteuerten Zusammenarbeit mit den weltführenden Industriestaaten. Die Fraunhofer-Gesellschaft wollte mehr denn je an „der Spitze der technologischen Entwicklung" mitmarschieren.[16] Um dieses Ziel zu erreichen, sollten die Kontakte ausgebaut und in vertraglich gesicherte Bahnen gelenkt werden. In der Folge beauftragte der Fraunhofer-Vorstand sein Internationales Büro mit einer flächendeckenden Evaluierung der Beziehungen zu Frankreich, Japan und den USA, und diese ergab ein buntscheckiges Bild. Überraschenderweise waren die Kontakte zu den USA weit stärker ausgebaut als zum Nachbarland Frankreich, dem deklarierten Favoriten der internationalen Wissenschaftsbeziehungen der Bundesrepublik. In Bonn mochten die „Gaullisten" über die „Transatlantiker" mittlerweile die Oberhand gewonnen haben; die Wissenschaft ließ sich von dem Streit um außenpolitische Fundamentalpositionen wenig beeinflussen. Fast alle Fraunhofer-Institute hatten Kontakte zu einschlägigen amerikanischen Forschungsinstituten und Universitäten, teilweise auch zu Unternehmen. Im Vordergrund stand der Informations- und Wissenschaftleraustausch. Selten anzutreffen waren gemeinsame Projekte und die Durchführung von Industrieaufträgen. Die Erfahrungen wurden fast einhellig als „sehr positiv" gewertet. Die Mehrheit der Institute wünschte sich eine Stabilisierung bzw. Intensivierung der Zusammenarbeit.

Demgegenüber hatten sechs Institute keinerlei Beziehungen zu französischen Forschungsinstitutionen. Die übrigen kooperierten mit ihren Partnern in Frankreich überwiegend auf der Basis des Informationsaustausches. Ganz im Gegensatz zu der von Keller gewünschten Politik einer intensiven personengebundenen Kommunikation praktizierte nur ein einziges Institut den Austausch von Wissenschaftlern. Die wenigen gemeinsamen Projekte verliefen meist ressortgebunden über das Verteidigungs- und Forschungsministerium. Die Zusammenarbeit wurde als schwierig bis problematisch eingestuft. Fast durchgängig herrschte die deprimierende Ansicht vor, daß eine Vertiefung der Kontakte „nicht viel" brächte.

Vom deutsch-japanischen Regierungsabkommen über die Zusammenarbeit in Wissenschaft und Technik aus dem Jahr 1974 hatte auch Fraunhofer profitiert. Ein Gutteil der Institute verfügte mittlerweile über einschlägige Erfahrungen, die als positiv und ausbaufähig eingestuft wurden. Allerdings war noch ein knappes Drittel der Institute ohne jede Kontakte und daher um so mehr an dem geplanten Besuch von Präsident Keller in Japan interessiert. Die Möglichkeiten einer Ausweitung der Projekttätigkeit auf Japan wurden je nach Fachrichtung unterschiedlich eingeschätzt. Während die Mikroelektroniker realistischerweise eine „Auftragsakquisition in Japan" für nicht machbar hielten, konstatierten die Werkstofforscher das Interesse der japanischen Industrie „an einer direkten bilateralen Kooperation".[17]

Trotz der vom Vorstand postulierten und vom Senat mitgetragenen Forderung nach einer gezielten Ausweitung der internationalen Aktivitäten war die Endphase der Ära Keller wohl eher von einer Stagnation der Bemühungen um internationale Kontakte und Kooperationen geprägt. Die geplante Intensivierung der Zusammenarbeit mit anderen Forschungsorganisationen in Europa beschränkte sich auf vereinzelte Institutskontakte. Erst das Auftauchen der EG als neuem Akteur auf der Bühne der Forschungspolitik erweiterte die transnationalen Handlungsspielräume der Fraunhofer-Gesellschaft.

3. Europa als Herausforderung – die achtziger Jahre

Werfen wir zunächst noch einmal einen Blick auf die Gründerjahre der „neuen“ Fraunhofer-Gesellschaft zurück. Um sich ein Bild von der Forschungslandschaft vergleichbarer Staaten zu verschaffen, unternahm die Kommission für den Ausbau der Fraunhofer-Gesellschaft 1969/70 eine Informationsreise durch die westeuropäischen Nachbarstaaten. Die neugewonnenen Eindrücke erweiterten nicht nur den Horizont der einzelnen Kommissionsmitglieder, sondern führten auch zu neuen Ideen einer wissenschaftlichen Kooperation. Es ist kein Zufall, daß sich das Hauptaugenmerk auf die niederländische TNO richtete, war diese doch als halbstaatliche Vertragsforschungseinrichtung noch am ehesten mit der Fraunhofer-Gesellschaft vergleichbar. Mohr und Epp waren anfänglich von der Ende 1969 vom Bundesverteidigungsministerium an sie herangetragenen Idee überaus angetan, gemeinsam mit der TNO in Düsseldorf ein Institut für Metallbearbeitung zu gründen. Je konkreter die Planungen wurden, desto mehr kühlte das Interesse der Fraunhofer-Gesellschaft ab. Der Vorstand befürchtete, eine Konkurrenz im eigenen Haus zu züchten.[18] Letztlich war die Fraunhofer-Gesellschaft zu Beginn der 70er Jahre noch viel zu sehr mit sich selbst beschäftigt, um das Wagnis einer festgefügten internationalen Kooperation eingehen zu können. Bezeichnenderweise sind gemeinsame Institute europäischer Vertragsforschungseinrichtungen bis heute nicht zustande gekommen.

Unbestreitbar war die supranationale Zusammenarbeit auf einzelnen wissenschaftlichen Gebieten ein starker Motor der europäischen Integration. Die Gründung des Laboratoriums für Hochenergiephysik bei Genf (CERN) 1955, die Europäische Atomgemeinschaft 1957 und der *Take-off* der europäischen Raumfahrt zu Beginn der 60er Jahre waren Stützpfeiler des gemeinsamen europäischen Hauses. Mit dem Memorandum der Kommission der EG zur Industriepolitik zeichnete sich 1970 eine Intensivierung der ökonomischen Integration ab. Weitere wichtige Stationen auf dem Weg zu einer europäischen Forschungs- und Technologiegemeinschaft waren das erste Rahmenprogramm Forschung von 1984, mit dem sich die EG auf eine mittelfristige Planung der FuE-Förderung verständigte, und vor allem die Einheitliche Europäische Akte von 1987 und der Vertrag über die Europäische Union 1993. Akte und Vertrag verankerten die Forschungs- und Technologiepolitik als eine der zentralen Aufgaben der Europäischen Kommission und schufen eine klare Rechtsgrundlage. Seither ist eine Fülle von Programmen konzipiert worden, deren kaum mehr überschaubares Spektrum von der Kooperation nationaler Forschungsvereinigungen bis hin zur Förderung der Mobilität von Studenten reicht. Grundlage und Instrument der heutigen EU-Forschungspolitik sind nach wie vor die gemeinschaftlichen Rahmenprogramme, in denen Ziele, Prioritäten und Finanzvolumen für einen Fünfjahreszeitraum festgelegt werden. 1997 wurde das fünfte Rahmenprogramm für die Jahre 1998–2003 verabschiedet. Heute verwaltet die

Brüsseler Kommission ein FuE-Budget von rund 5,8 Mrd. DM (1996) pro Jahr und ist damit zu einem nicht unbedeutenden und zunehmend attraktiveren Akteur der Forschungsförderung geworden.[19]

Das 1982 von der EG eingebrachte Maßnahmenpaket zur Stimulierung des gemeinschaftlichen FuE-Potentials wurde in Bonn durchaus skeptisch beurteilt. Das BMFT befürchtete mit Recht einen erheblichen Verlust an politischem Gestaltungsspielraum, zumal die Kommission „starke Mitwirkungsrechte" bei der Definition der Förderprogramme anstrebte. Man prognostizierte, die geplanten Gemeinschaftsaktivitäten würden „eher konkurrierend als komplementär" wirken. „Völlig offen ist außerdem noch, ob die Kommission die ausgewählten Vorhaben voll oder nur teilweise finanzieren wird und wer, falls letzteres zutreffen sollte, die Restfinanzierung aufbringen soll. Im Haushalt des BMFT stehen hierfür jedenfalls keine Mittel zu Verfügung."[20]

Die Fraunhofer-Gesellschaft teilte in ihrer Abwägung der Chancen und Risiken der neuen EG-Forschungspolitik die Bonner Skepsis. Keller befürchtete insbesondere, in erweiterte politische Abhängigkeiten zu geraten. „Nimmt man die Felder, auf die die multinationale Forschung sich erstrecken soll, unter die Lupe, so stellt man überrascht fest, daß nicht nur Grundlagenforschung, sondern angewandte Forschung und sogar industrierelevante Forschung gemeinschaftlich in der EG betrieben werden sollen. Es kommen mir daher erhebliche Zweifel, wie weit das allgemeine vor das nationale Interesse gestellt werden darf. [...] Bisher haben die nationalen Forschungseinrichtungen selbst entschieden, ob und mit wem und in welcher Form sie die Zusammenarbeit mit nationalen und internationalen Forschungseinrichtungen – unter Wahrung der nationalen Interessen – suchen. Dabei muß es aus meiner Sicht auch bleiben."[21]

Während die Furcht, vom Regen in die Traufe politischer Fremdsteuerung zu kommen, sich als unbegründet erweisen sollte, kam es hinsichtlich der Finanzierung tatsächlich zu dem Szenario, daß bei EG-geförderten Projekten eine komplizierte Mischfinanzierung auf die Beine zu stellen war. Nur sogenannte „direkte Aktionen" (Vorhaben der Gemeinsamen Forschungsstelle und Studien für kommissionseigene Zwecke) wurden und werden von der heutigen EU komplett getragen, spielen aber für die Fraunhofer-Gesellschaft praktisch keine Rolle. Für sie von Interesse sind vor allem die sogenannten „indirekten Aktionen" der EU, bei denen – oft im Verbund mit der Industrie – gemeinsame Forschungsvorhaben von Forschungseinrichtungen und Kommission getragen werden. Die EU übernimmt für diese im Regelfall 50% der Kosten. Für Fraunhofer und ihre Institute heißt dies, die restlichen 50% aus anderen Mitteln finanzieren zu müssen. Auf die Grundfinanzierung läßt sich angesichts des ohnehin geringen Spielraums für Eigenforschung kaum zurückgreifen. Nimmt man zu diesem Problem die administrativen Barrieren (aufwendige Antragsstellung, geringe Genehmigungschancen, ressourcenintensives Projektmanagement, Einbindung von Partnern aus mindestens zwei anderen europäischen Staaten) hinzu, so wird der seit Beginn der 90er Jahre auf einem Niveau von 5% stagnierende Anteil von

Schaubild 9: Die Auslandserträge der Fraunhofer-Gesellschaft 1991–1997

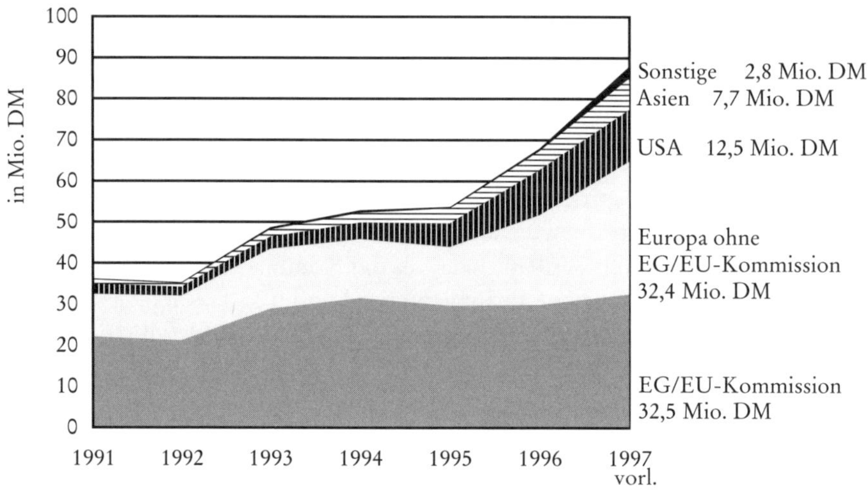

Quelle: Fraunhofer-Gesellschaft, Internationales Büro.

EU-Geldern an den Gesamterträgen der Fraunhofer-Gesellschaft verständlich. Immerhin ist seitens des Fraunhofer-Vorstandes für die nächsten Jahre eine deutliche Steigerung auf 10% ins Auge gefaßt worden.

Die rapide wachsenden Zuschüsse an die EG auf Kosten der eigenen Handlungsspielräume steigerten in den ausgehenden 80er Jahren das Interesse des Bundesforschungsministeriums, dem politischen Prinzip des *juste retour* verstärkte Beachtung zu schenken.[22] Die hohe Aufmerksamkeit, die Riesenhuber dem Rückfluß der in den EG-Topf eingezahlten Mittel in die deutsche Forschungslandschaft schenkte, gab der Fraunhofer-Gesellschaft die Möglichkeit, mit Bonn in Verhandlungen über das prohibitiv wirkende Problem der Kostenunterdeckung bei EG-Projekten zu treten. Nach ersten Gesprächen hatte man in München den Eindruck, die Bonner für die „Nachteile der FhG gegenüber anderen Forschungseinrichtungen bei der Akquisition von EG-Projekten" sensibilisiert zu haben. In der Debatte über Möglichkeiten der subsidiären Finanzierung von EG-Projekten aus nationalen Fördertöpfen wurden drei potentielle Wege diskutiert: die Kostenübernahme

- aus einem zentralen BMFT-Titel,
- aus Programmtiteln der Fachreferate,
- aus zusätzlich bereitzustellender Grundfinanzierung der Fraunhofer-Gesellschaft.

Nachdem die ersten beiden Wege als politisch nicht gangbar verworfen worden waren, einigte man sich darauf, einen neuen Verstärkungsfonds zu bilden, mit dessen Hilfe die Akquisition bei der EG „nahezu verdoppelt" werden sollte. Bei

76 Projekten mit einem Jahresvolumen von 14 Mio. DM im Jahr 1987 und einer Steigerungsrate von bis zu 20% jährlich war diese Zielvorgabe ein politisches Pfund, mit dem sich in Bonn wuchern ließ. Riesenhuber hielt gleichwohl an der Kostenneutralität des Programms fest und verwies Syrbe auf seinen unternehmerischen Spielraum, die „erforderlichen Prioritäten" im Rahmen der Übertragungsmöglichkeiten des Wirtschaftsplanes zu setzen. Die Brisanz der limitierenden EG-Förderpolitik für die Institute demonstriert die folgende Zahl: Die Eigenbeteiligung an den EU-Projekten verschlang nicht weniger als 15% der den Instituten im Betriebshaushalt zugewiesenen Mittel.[23]

Die Übernahme der EG-Präsidentschaft durch die Bundesrepublik 1988 weckte im BMFT und in der Fraunhofer-Gesellschaft die Hoffnung, die anstehenden Probleme aktiv angehen zu können. Syrbe schrieb Riesenhuber in das politische Pflichtenheft, es müsse in „jedem Fall" vermieden werden, „daß die Fraunhofer-Gesellschaft einerseits die zunehmenden EG-Mittel nur ungenügend nutzen kann und andererseits Schwierigkeiten bei der Durchführung wichtiger nationaler Verbundprojekte bekommt".

Die von Syrbe angesprochenen „Schwierigkeiten" resultierten aus der gegen Ende der 80er Jahren rapide anwachsenden Eingriffstiefe der EG in die nationale Politik der Mitgliedsstaaten. Das Leitziel einer Harmonisierung der Wettbewerbsbedingungen zwang die Regierungen zu einer großflächigen Überprüfung ihres wirtschaftspolitischen Instrumentariums und Handelns. Vor allem die Subventionspolitik der Mitgliedsstaaten stand im Schußfeld der Kritik, und die Europäische Kommission beurteilte die nationale Forschungsförderung unter der Prämisse ihrer wettbewerbsverzerrenden Wirkungen. Während die Bundesrepublik die angewandte Forschung in besonderem Maße förderte, zeichneten sich unter dem Druck der EG für die 90er Jahre ordnungspolitische Restriktionen ab. Die Forschungs- und Technologiepolitik der heutigen EU eröffnete mithin nicht nur neue Chancen, sondern sie legte den nationalen Akteuren auch neue Handlungszwänge auf. Was Wunder, daß die Fraunhofer-Gesellschaft befürchtete, die in jahrzehntelanger Übung eingespielten Werkzeuge der Projektarbeit könnten ihr plötzlich aus der Hand geschlagen werden.

Als besonderes Problem erwies sich die Verbundforschung mit der Industrie – besonders bei den bereits erwähnten „indirekten Aktionen" der Kommission. Hier ergaben sich zwangsläufig Kollisionen mit den Subventionsgrundsätzen der Europäischen Kommission, wonach staatliche Wirtschaftsbeihilfen sehr restriktiv zu handhaben sind. Der EG-Gemeinschaftsrahmen beschränkte die Finanzierung von Verbundprojekten auf maximal 50%. Bei den risikoreichen Verbundprojekten aus dem Bereich Zukunftstechnologien waren die Unternehmen „weder bereit noch in der Lage", die Hälfte der Kosten aufzubringen. Um sich nicht hoffnungslos in den Fallstricken der Brüsseler Bürokratie zu verheddern, sah sich die Fraunhofer-Zentrale genötigt, ihren Instituten wie auch den BMFT-Referenten eine zurückhaltende Informationspolitik gegenüber der EG anzuraten. Denn bereits ein Verbundprojekt, „in dem die informatorische Zusammenarbeit mit einem oder wenigen Unternehmen festgelegt ist, kann danach der Beihilfeaufsicht der Kommission unterliegen".[24]

Ein zweiter Ausweg aus der Umklammerung der EG bestand in der Umetikettierung der eigenen Arbeit, bekanntlich ein gebräuchliches strategisches Mittel der Forschungseinrichtungen im Umgang mit der Politik.[25] Alle Projekte, die über die Grundfinanzierung oder über Mittel der öffentlichen Hand abgedeckt waren, wurden von der Fraunhofer-Gesellschaft der Grundlagenforschung zugerechnet, die nach dem Subventionskodex der EG als unsensibler Bereich galt. Selbst die Verbundforschung mit der Industrie wurde mit einer atemberaubenden sprachlichen Volte als „industrielle Grundlagenforschung" tituliert. Auch hier war der terminologische Schulterschluß mit dem nationalen Forschungsministerium angesagt. Die Referenten des BMFT wurden gebeten, die Vorlaufforschung und Projektforschung der Fraunhofer-Gesellschaft ausschließlich der Grundlagenforschung zuzuordnen und diese Sprachregelung der EG und heutigen EU gegenüber strikt einzuhalten.

Eine *response* der Vertragsforschungseinrichtungen auf die *challenge* der Europäisierung der Forschungs- und Technologiepolitik war ihr Zusammenschluß zu einem Interessenverband. In den letzten Tagen des Jahres 1988 trafen sich die Vereinigungen der britischen, französischen und italienischen Vertragsforschungseinrichtungen sowie die TNO und die Fraunhofer-Gesellschaft und riefen die European Association of Contract Research Organisations (EACRO) ins Leben. Als der Verband im Juli 1989 nach französischem Recht aus der Taufe gehoben wurde, stand die Europäische Kommission Pate.[26]

Im Grunde war die EACRO ein Kind der EG. Im Zusammenhang mit ihrem SPRINT-Programm entdeckte die zuständige Generaldirektion XIII der Europäischen Kommission plötzlich die Bedeutung der Vertragsforschung für den Technologietransfer. Die Pariser Unternehmensberatung Bossard Consultants erarbeitete im Auftrag der Kommission einen Bericht über die europäische Vertragsforschung, der beachtliche Zahlen zutage förderte. Der Bericht ermittelte über 100 Vertragsforschungseinrichtungen, die mit ihren rund 20000 Mitarbeitern einen Umsatz von 1 Mrd. ECU erwirtschafteten. Um so mehr stachen der Kommission die organisatorischen Defizite ins Auge. Während die industrielle Gemeinschaftsforschung sich seit 1974 europaweit in der FEICRO zusammengeschlossen hatte, bestanden in der Vertragsforschung keine institutionalisierten Kontakte.[27]

Kinder werden groß und emanzipieren sich vom Einfluß ihrer Eltern. So betrachtet war die EACRO ein frühreifes Kind, wandte sie sich doch in ihren Forderungen rasch gegen ihre Erzeugerin. Gerade die Fraunhofer-Gesellschaft brachte offen zum Ausdruck, daß sie eines der Hauptziele des Verbandes darin sah, die 50%-Finanzierungsklausel der EG zu Fall zu bringen.[28] Doch wie schon der Bonner Vorstoß während der deutschen EG-Präsidentschaft, so waren auch die Bemühungen der EACRO nicht von Erfolg gekrönt. Bis heute ist es bei der restriktiven 50%-Klausel geblieben.

Die EACRO hat es nicht vermocht, sich in den mittlerweile zehn Jahren ihrer Existenz zu einem schlagkräftigen Interessenverband zu entwickeln. Ein Hauptgrund für ihre relative Erfolglosigkeit liegt in der Heterogenität ihrer Mitgliedschaft. Unternehmen mit 20 Beschäftigten und die TNO oder Fraunhofer-Gesellschaft mit Tausenden von Mitarbeitern haben wenig gemeinsam. Der erbitterte Streit, der in der Gründungsphase darüber geführt wurde, inwieweit staatlich grundfinanzierte Non-Profit-Einrichtungen der vom Verband erarbeiteten Definition von Vertragsforschungsorganisationen als „commercially independent research organisations" entsprächen, verweist auf das Problem der divergierenden Interessenlagen. Nicht einmal über das der Fraunhofer-Gesellschaft so sehr am Herzen liegende Ziel der Erhöhung der EG-Förderquote ließ sich ein Konsens herstellen. Die britischen Mitglieder etwa verwahrten sich ganz im Sinne des Thatcherismus mit Nachdruck gegen eine höhere öffentliche Förderung. Nicht ohne Grund herrscht bis heute bei den Zuwendungsgebern wie auch in der Fraunhofer-Gesellschaft selbst vielfach Skepsis, ob eine solch heterogene Organisation „überhaupt sinnvoll sein kann".[29] Die Fraunhofer-Gesellschaft hat gleichwohl ihren Kurs beibehalten, über die Mitwirkung in der EACRO die Europäisierung der Vertragsforschungslandschaft von innen heraus mitzugestalten, ja mit ihrem Vorstandsmitglied Dirk Meints Polter hat sie seit der Gründung ein ständiges Mitglied im Executive Board von EACRO.

Unabhängig von der EACRO sind in den letzten Jahren mit der niederländischen TNO (1987), der norwegischen SINTEF (1988) und dem Österreichischen Forschungszentrum Seibersdorf Ges.m.b.H. (1989) bilaterale Vereinbarungen geschlossen worden, die den Mitarbeiter- und Informationsaustausch sowie gemeinsame Projekte vorsehen. Darüber hinaus engagieren sich auch einzelne Institute direkt in Österreich, zum Beispiel das Fraunhofer-Institut für Mikroelektronische Schaltungen (IMS) in Villach und das Fraunhofer-Institut für Materialfluß und Logistik (IML) in Innsbruck. Rund um das Basler Dreiländereck haben zudem die Freiburger Fraunhofer-Institute eine Zusammenarbeit mit Forschungseinrichtungen in Frankreich und der Schweiz begonnen. Doch nicht nur mit den westeuropäischen Nachbarstaaten werden seit einigen Jahren gezielt neue Kooperationsformen erprobt. Nach dem Zusammenbruch des „Eisernen Vorhangs" ist auch Mittel- und Osteuropa als Zielregion in den Blick genommen worden. Die Fraunhofer-Gesellschaft versucht, auf diesem schwierigen Markt Fuß zu fassen, bemerkenswerterweise in enger Abstimmung mit der TNO und unter direkter Einbeziehung des TNO-Büros in Prag. Was Anfang der 70er Jahre bereits in der Anlaufphase gescheitert war – die strategische Allianz mit europäischen Partnerorganisationen der Vertragsforschung –, erweist sich zwei Jahrzehnte später als vielversprechendes Instrument zur Erschließung instabiler Märkte.

Vor dem Hintergrund des Kellerschen Programms einer Internationalisierung der Fraunhofer-Gesellschaft lassen sich die 80er Jahre als eine Periode skizzieren, in der Fraunhofer auf die Herausforderung Europa reagierte. Die Institute erschlossen sich teilweise das rapide wachsende Forschungssegment der EG, stießen freilich durch die limitierenden Förderverfahren bald an die Grenzen des Fraunhofer-Modells. Die von der EG gleichsam erzwungenen Kooperationen mit europäischen Partnern erweiterten zweifelsohne die Kernkompetenz der Institute und brachten sie dem definierten Ziel der wissenschaftlichen „Exzellenz" ein gutes Stück näher.[30] Das zweite Ziel der Fraunhofer-Europapolitik, über FuE-Kooperationen mittelfristig Aufträge von Unternehmen der europäischen Nachbarstaaten zu erhalten, wurde dagegen nicht erreicht. Die Industrieerträge der Fraunhofer-Gesellschaft wurden nach wie vor fast ausschließlich in Deutschland akquiriert, nur gerade 6,5% im Ausland, davon das Gros in Europa.[31] Ausländische Firmen, selbst diejenigen mit Inlandstöchtern, bildeten im Kundentableau der Fraunhofer-Gesellschaft nur ein kleines Segment.

Projekte öffentlicher Auftraggeber außerhalb des Heimatmarktes zu akquirieren erweist sich auch im Zeitalter der Globalisierung als überaus schwierig. Trotz einer tendenziellen Öffnung der Güter- und Wissensmärkte sind die Kohäsionskräfte nationaler Innovationssysteme und die Wirksamkeit nationaler Innovationspolitik nach wie vor groß.[32] Für die Fraunhofer-Gesellschaft ist diese Geschlossenheit nationaler Innovationskulturen ein Hemmnis ersten Ranges auf dem Weg, sich vermehrt den europäischen Binnenmarkt der Vertragsforschung zu erschließen. Es bleibt abzuwarten, inwieweit die neugeschaffenen Instrumente der 90er Jahre – regionale grenzüberschreitende Kooperationen, strategische Partnerschaften, neue Zielregionen – einen nachhaltigen Erfolg zu zeitigen vermögen.

4. Die Fraunhofer-Gesellschaft wird global: USA und Südostasien in den neunziger Jahren

Nicht zuletzt vor dem Hintergrund der enttäuschten Hoffnungen in Europa verlagerte sich die Stoßrichtung der Internationalisierung in den 90er Jahren in Richtung der überseeischen Märkte, vor allem in Richtung USA. Mit Blick auf die Bedeutung, die das Thema USA für die strategischen Überlegungen der Fraunhofer-Gesellschaft in den 90er Jahren gewonnen hat, ist man versucht, von einer neuen „amerikanischen Herausforderung" zu sprechen. Ging es in den späten 60er und frühen 70er Jahren darum, den vermeintlichen technologischen Rückstand Europas gegenüber den USA aufzuholen, so begab sich Europa in Gestalt der Fraunhofer-Gesellschaft nun seinerseits in die Höhle des Löwen, um dort gegen ihn anzutreten.

Freilich hinkt der Vergleich. Denn das Denken in den Kategorien von Vorsprung und Rückstand und der Topos eines Bedarfs an Gleichförmigkeit der internationalen Technologielandschaft weichen in den 90er Jahren der regulativen Idee einer weltweiten Arbeitsteilung. Im öffentlichen Diskurs um die Globalisierung der Märkte und die daraus zu ziehenden Konsequenzen für das (forschungs)politische Handeln liegt einer der Gründe, weshalb es der Fraunhofer-Gesellschaft in so kurzer Zeit gelungen ist, in den USA – weniger breit vorläufig in Südostasien – Fuß zu fassen.

Wir haben gesehen, daß die europäischen Nachbarstaaten für die Akquisitionsbemühungen der Fraunhofer-Institute eine nach wie vor stetig wachsende Bedeutung gewonnen haben. Gleichwohl läßt sich für die 90er Jahre ein Kurswechsel in der internationalen Politik der Fraunhofer-Gesellschaft feststellen, der konkret auf das Jahr 1992/93 zu datieren ist. Wurde bis dato die Internationalisierungsdebatte der Fraunhofer-Gesellschaft von Europa beherrscht, so rückten nun die USA in den Mittelpunkt der Überlegungen. Die Neubestimmung des Kurses fällt einerseits nicht zufällig mit dem Präsidentenwechsel von Syrbe zu Warnecke zusammen. Als Vorreiter der Internationalisierung bereits seit den 70er Jahren stellte sich Warnecke mit seiner ganzen Autorität hinter das überseeische Engagement, ja er machte es zu seinem persönlichen Programm. Der Zug in Richtung Übersee war jedoch bereits vor seinem Amtsantritt als Präsident angefahren. Syrbe und Polter als zuständiges Vorstandsmitglied hatten die Lokomotive unter Dampf gesetzt. Warneckes Verdienst ist es, auf den Zug aufgesprungen zu sein und ihn gegen manche Widerstände in Fahrt gehalten zu haben.[33]

Die Entstehungsgeschichte der Fraunhofer-Einrichtungen in den USA verweist einmal mehr auf die Dezentralität der Gesellschaft. Stets ging die Initiative von den Instituten aus, die im Anschluß an Kundenkontakte mit deutschen oder ausländischen Unternehmen ein längerfristiges Engagement vor Ort planten. Werfen wir einen kurzen Blick auf das Institut, das am frühesten und aktivsten auf dem US-Markt tätig wurde.

Das Fraunhofer-Institut für Graphische Datenverarbeitung (IGD) ließ sich im Oktober 1990 mit einer Außenstelle in Gales Ferry im Bundesstaat Connecticut nieder. Bereits in den Jahren zuvor hatten sich amerikanische Unternehmen an den Forschungsarbeiten des Instituts interessiert gezeigt. Besonders eng war die Kooperation mit dem National Institute for Standards and Technology (NIST), das mehrere Aufträge zur Verifikation und Validierung von Standards für Computergraphik an die IGD-Außenstelle vergab. Darüber hinaus arbeitete der amerikanische Institutsableger für deutsche Firmen in den USA. Vor allem Siemens-Nixdorf zeigte Interesse an dem neuen Fraunhofer-Stützpunkt auf dem für das Unternehmen so wichtigen Markt und schoß jährlich 120000 US-$ zu. Bereits ein Jahr nach der Gründung hatte die „Fraunhofer Computer Graphics Research Group“ mehr Erträge eingefahren, als die gesamte Fraunhofer-Gesellschaft bis dato jährlich an Einkünften in den USA erzielt hatte. In Darmstadt rechnete man mit einem Anstieg des Budgets der Außenstelle auf 1365000 US-$ innerhalb der nächsten fünf Jahre. Schon um das Haftungsrisiko zu begrenzen, begann sich der Vorstand in München Gedanken über die Umwandlung der Arbeitsgruppe in eine rechtlich eigenständige Organisation zu machen.[34]

Der Erfolg des IGD in den USA kam zur passenden Zeit. Das drastische

Zurückfahren der direkten Projektförderung des BMFT, die massive Forderung von Riesenhuber nach einem Anstieg der Industrieerträge und die Wirtschaftskrise hatten sich um 1992 zu einer Situation verdichtet, in der neue Konzepte gefragt waren. Vor diesem Hintergrund ist die Debatte um das „Leitbild 2000" zu sehen, durch das die Gesellschaft ihre Unternehmensziele und Arbeitsweisen an das sich veränderte wirtschafts- und forschungspolitische Umfeld anpassen wollte. Die Strategie, sich durch „Niederlassungen im hochindustrialisierten Ausland" neue Märkte zu erschließen und Anschluß an die weltweit führenden Zentren der Wissenserzeugung zu finden, war ein Hauptbaustein des Leitbildes. Vorstand, Hauptkommission des Wissenschaftlich-Technischen Rats und der gremienübergreifende Arbeitskreis „Strategieentwicklung" sahen die internationale Zukunft der Fraunhofer-Gesellschaft auch und gerade in den USA.[35]

Leitbilder dienen dazu, verbindliche Unternehmensziele festzulegen und die Mitarbeiter auf die Verwirklichung der Ziele einzuschwören. Die Fraunhofer-Gesellschaft mochte sich als Unternehmung definieren; in der Praxis blieb sie auf die Zustimmung der öffentlichen Hand angewiesen. Die Unterstützung des Senats und der Zuwendungsgeber im Ausschuß Fraunhofer-Gesellschaft sicherte sich der Vorstand in den Jahren 1993–1995 scheibchenweise. Ausgehend von der Gründung der IGD-Außenstelle in Providence, Rhode Island, als gemeinnützige Gesellschaft nach amerikanischem Recht, ließ sich die Fraunhofer-Gesellschaft das qualitativ neue Instrument der rechtlich selbständigen Niederlassungen im Ausland absegnen. In einem zweiten Schritt wurde „Fraunhofer USA" als Dachgesellschaft für Niederlassungen in den USA in der Form einer hundertprozentigen Tochter der Fraunhofer-Gesellschaft gegründet; parallel dazu rief man weitere Außenstellen als unselbständige Resource Center ins Leben. Schließlich ging der Vorstand die problematische Frage an, ob für die Anlaufphase der Außenstellen Gelder aus der Grundfinanzierung der Fraunhofer-Gesellschaft verwendet werden könnten. Der mit diesen Schritten verbundene Aufwand an Überzeugungsarbeit war groß, weil zunächst massive Irritationen ausgeräumt werden mußten, aber letztlich zielführend. Intern ist vor allem die zentrale Führung von „Fraunhofer USA" kritisch gesehen worden. Lange Zeit redete man sich die Köpfe heiß über die kontroverse Frage, ob die dezentrale Lösung von IGD-Leiter José Encarnação oder der Weg des Vorstandes angemessener sei. Bis heute ist die Kritik am USA-Engagement nicht völlig verstummt. Vor allem das Argument, deutsche Steuergelder und das technologische Know-how der heimischen Industrie kämen amerikanischen Unternehmen zugute, sorgt für Irritationen.[36] Die politische Auseinandersetzung um die „Go West-Strategie" der Fraunhofer-Gesellschaft spiegelt eine Grunddifferenz der Globalisierung wider. Während Unternehmen international agieren können, sind öffentliche Institutionen nach wie vor an den Nationalstaat gebunden. Je deutlicher sich die Globalisierung der Wirtschaft in der „Zweiten Moderne" (Ulrich Beck) abzeichnet, desto mehr verliert dieser Unterschied an Plausibilität. Im Grunde ist er durch die ökonomische Praxis bereits widerlegt worden; man mag es gutheißen oder nicht.

*Tabelle 7: Einrichtungen der Fraunhofer-Gesellschaft in den USA**

Einrichtung	Mutterinstitut	Arbeitsschwerpunkt – Aufgaben in den USA
Fraunhofer Center for Research in Computer Graphics, Providence, RI	Institut für Graphische Datenverarbeitung IGD, Darmstadt	Hard- und Softwareentwicklung im Bereich Graphische Datenverarbeitung, Animationen, Visualisierungen, Multimedia; Beobachtung der technologischen Entwicklung
Fraunhofer Resource Center Newark, DE	Institut für Angewandte Materialforschung IFAM, Bremen	Pulvertechnologie und -metallurgie; Klebtechnik, Werkstoff- und Bauteilverfahren; Zusammenarbeit mit dem Institute for Composite Materials
Fraunhofer Resource Center Boston, MA	Institut für Produktionstechnologie IPT, Aachen	Fertigungsverfahren für die industrielle Produktion, Präzisionsfräsen und -drehen, Rapid Prototyping; Kleinserien für den US-Markt
Fraunhofer Resource Center Ann Arbor, MI	Institut für Lasertechnik ILT, Aachen	Tailored Blanks, Schweiß- und Härtearbeiten mit verschiedenen Lasern; Diodenlaserentwicklung; Ausbildung, Kleinserien für den US-Markt, FuE für Diodenlaser
Fraunhofer Technology Center Hialeah, FL	Institut für Biomedizinische Technik IBMT, St. Ingbert	Biomedizinische Sensorsysteme, Ultraschall, magnetische Resonanz, Software; „Dreiklang“: Ausbildung, Fertigungsservice, FuE

* Stand: Ende 1997.

Quelle: eigene Erstellung.

Nach diesem Blick aus der Vogelperspektive wollen wir die verschlungenen Wege der Entscheidungsfindung über das USA-Engagement der Fraunhofer-Gesellschaft an einem Beispiel näher betrachten.

5. Die Fraunhofer-Gesellschaft in den USA: das Resource Center in Ann Arbor

Zu Beginn der 90er Jahre wurde man in den USA auf die innovativen Arbeiten der beiden Aachener Fraunhofer-Institute aufmerksam. Dem Fraunhofer-Institut für Lasertechnik (ILT) gelang es, mehrere Aufträge von amerikanischen Unternehmen an Land zu ziehen. Besonders intensiv entwickelte sich die Kooperation der Aachener mit United Technologies. Der amerikanische Groß konzern plante gar, seine europäischen Einheiten um die RWTH Aachen herum zu konzentrieren. Im Zuge dieser Zusammenarbeit wurde für einige Zeit gar die Idee verfolgt, eine Fraunhofer-Niederlassung in der Nähe des Konzern-Forschungszentrums in den USA aufzubauen, ja das Aachener Fraunhofer-Institut für Produktionstechnologie (IPT) für den Konzern zu „klonen".[37]

Es war dann jedoch das ILT, das die Initiative ergriff und die Gründung einer Außenstelle des Instituts anstrebte. Die Standortsuche gestaltete sich – wie auch bei den anderen Dependancen – weniger problematisch als in Deutschland. Je mehr Fraunhofer in den USA bekannt wird, desto stärker machen sich regionalpolitische Interessen bemerkbar. Von einem Wettlauf der Staaten um die Ansiedlung neuer Resource Centers kann jedoch vorläufig noch nicht die Rede sein. Die Entscheidung für den Bundesstaat Michigan wurde denn auch allein von wissenschaftlichen und wirtschaftlichen Zielsetzungen bestimmt. In Michigan liegt mit den *Big Three* (Chrysler, Ford, General Motors) das Herzstück der amerikanischen Automobilindustrie. Nicht umsonst verfügte das ILT bereits über eine Reihe von Projektkontakten zu den ansässigen Unternehmen. Wichtiger noch war die Anbindung an eine der renommierten Universitäten, und hier bot die University of Michigan (UoM) in Ann Arbor – 35 Meilen westlich von Detroit – beste Voraussetzungen. Zum einen ist sie im Universitäts-Ranking weit oben plaziert, zum anderen zeigte sie sich an einer Kooperation mit dem ILT sehr interessiert und war demzufolge auch bereit, der Aktion in der Politik die erforderliche Rückendeckung zu verschaffen. Fraunhofer traf in den USA allenthalben auf offene Türen. Auch das Department of Commerce in Washington war vom Fraunhofer-Konzept angetan, paßte dieses doch bestens zu der bildungspolitischen Offensive der Regierung Clinton und der Forderung der amerikanischen Industrie, Technologiepolitik als Förderung von *technology deployment* zu betreiben.

Probleme ergaben sich erst in der Umsetzung der Grundidee eines Fraunhofer-Instituts „at the University of Michigan". Das Ziel der UoM in Ann Arbor, sich eine Art Exklusivrecht für alle künftigen Aktivitäten von Fraunhofer in den USA zu sichern, war für die Fraunhofer-Gesellschaft ebensowenig akzeptabel wie die sehr weitgehenden Kontrollrechte, die die Universität anfänglich für sich reklamierte.[38] Spätestens an dieser Stelle der Verhandlungen war die Zentralverwaltung gefragt, und in München stellte man sich zunächst einmal noch die Grundsatzfrage, ob das Vorhaben sinnvoll sei. Vorderhand gelte es zu klären, „was wir in Ann Arbor wollen und können".[39]

Das Aachener Institut wußte sehr wohl, was es wollte: die klar definierte Federführung für das Resource Center in Ann Arbor, das zwar den fachlich benachbarten Instituten für Kooperationen offenstehen, letztlich aber wie eine Abteilung des ILT geführt werden sollte. Institutsleiter Eckard Beyer war bereit, das finanzielle Risiko für das Wagnis USA zu übernehmen, freilich nur unter der Voraussetzung, bei einem Erfolg auch die Meriten einfahren zu können. München sah das nicht anders, und so einigte man sich Mitte des Jahres 1994 mit den Partnern in den USA auf ein mittelfristiges Finanzierungsmodell. Für den

Schnappschuß von der Konferenz „The Best of German/American Automotive Technology“, die im Juni 1995 in Southfield, Michigan, stattfand.

In den frühen 90er Jahren wurden die USA zur Hauptstoßrichtung der Bemühungen von Fraunhofer, international Fuß zu fassen. Nicht zufällig konzentrierten sich diese Bemühungen zu einem Gutteil auf den Bundesstaat Michigan, befinden sich hier doch mit Chrysler, Ford und General Motors die drei größten amerikanischen Automobilunternehmen. Hinzu kommt eine renommierte Universität, die sich an einer Verbindung mit Fraunhofer sehr interessiert zeigte. 1995 nahm das Fraunhofer Resource Center in Ann Arbor seine Tätigkeit auf. Zuvor war bereits die Dachgesellschaft Fraunhofer USA als hundertprozentige Tochter der Fraunhofer-Gesellschaft gegründet worden. Mittlerweile hat die Gesellschaft insgesamt fünf Einrichtungen in den USA, deren Gesamterträge allerdings noch deutlich unter dem Niveau der in Europa eingeworbenen Gelder liegen.

Erprobungszeitraum von drei Jahren stellte der Staat Michigan insgesamt 2,25 Mio. US-$ (ursprünglich waren 3,75 Mio. US-$ vorgesehen) zur Verfügung. Das ILT und der Fraunhofer-Vorstand trugen gemeinsam 3 Mio. US-$ bei, wovon ein Großteil in Geräten angelegt war, die im Falle des Scheiterns des Centers nach Deutschland hätten zurückgebracht werden können.[40] Auf diese Weise hielt die Fraunhofer-Gesellschaft das Risiko in engen Grenzen, und sie nahm den Kritikern den Wind aus den Segeln, die den Ausverkauf deutscher Technik als Folge des US-Engagements beschworen.

Nach dem *jump start* zu Beginn des Jahres 1995 lief die Projektarbeit gut, ja besser noch als erhofft, an. Zur Mitte des Jahres hatte Ann Arbor bereits Industrieaufträge im Gesamtwert von über 1,6 Mio. US-$ in Bearbeitung und weitere

Aufträge über mehr als 1,1 Mio. US-$ in Akquisition. Die Dynamik der Projektentwicklung warf die ursprüngliche Planung bereits über den Haufen. Um die von der Automobilindustrie eingeworbenen Großaufträge durchführen zu können, benötigte das Center eine apparative Zusatzausstattung in Höhe von 2,25 Mio. US-$. Die Mittel ermöglichten den Einstieg in das aussichtsreiche Technologiefeld des *Tailored Blanks Welding*, des maßgeschneiderten Verschweißens unterschiedlich konfektionierter Blechstreifen.[41]

Der neugewählte Arbeitsschwerpunkt resultierte einerseits aus der Abschätzung des technischen Bedarfs der amerikanischen Automobilindustrie als des Hauptkunden des Resource Centers, andererseits aus der langjährigen Zusammenarbeit mit dem führenden Hersteller von Hochleistungslasern in Deutschland. Für das schwäbische Unternehmen Trumpf war das Center ein hochwillkommenes Schaufenster für seine Laser, ja ein Türöffner für die Erschließung des amerikanischen Marktes. Nicht umsonst plazierte Trumpf das Vertriebsbüro seiner amerikanischen Laser Division in die unmittelbare Nähe des Centers. Berthold Leibinger zog in seiner Doppelrolle als Trumpf-Geschäftsführer und Fraunhofer-Senator Mitte 1996 ein „durchaus positives Resümee" des Fraunhofer-Engagements in den USA. Die „notwendige Internationalisierung" der deutschen Unternehmen werde durch die Fraunhofer-Gesellschaft hervorragend unterstützt. Leibinger bezog sich dabei vor allem auch auf die Aufgabe des Resource Centers, jungen Wissenschaftlern und Ingenieuren „Anregungen und Erfahrungen für ihre Tätigkeit in unseren Unternehmen" zu vermitteln. Warnecke wird es mit Wohlwollen vernommen haben, aus prominentem Munde „zu weiteren solchen Aktivitäten" ermuntert zu werden.[42]

Die Ausbildungsfunktion des Resource Centers erstreckt sich dabei auch auf das amerikanische Personal. Die Zertifizierung des Centers als „Toolmaker" hat seine Position vor Ort gestärkt. Während einige der Fraunhofer Resource Centers im rauhen Wind des amerikanischen Marktes den Kopf haben einziehen müssen, ist Ann Arbor auch nach der dreijährigen Erprobungsphase unverändert auf Erfolgskurs geblieben.

6. Perspektiven der Internationalisierung: ein Fazit

Je hitziger die Debatte um die Zukunftsfähigkeit des „Standortes Deutschland" geführt wurde, je konkreter die Globalisierung Gestalt annahm, desto mehr Unterstützung fand die Fraunhofer-Gesellschaft für ihre Politik der aktiven Internationalisierung. Selbst die anfänglich skeptische mittelständische Industrie begann die neue Strategie der Fraunhofer-Gesellschaft als Chance wahrzunehmen, im Gleichschritt mit der Forschung neue Märkte zu erschließen. Siemens und andere Großunternehmen, die seit den 60er Jahren sukzessive transnationale FuE-Abteilungen aufgebaut hatten,[43] unterstützten die Fraunhofer-Gesellschaft gar mit Nachdruck in ihrem Bestreben, über die USA hinaus in Südostasien

Tabelle 8: Umfang von PROFIL (in Mio. DM)

	1996	1997	1998	1999
Betrieb	2,0	4,0	8,0	8,0
Investitionen	1,0	2,5	3,0	3,0

Quelle: Unterlagen zum Workshop „PROFIL“, März 1996 (BMBF, Registratur, AZ 3630/11).

aktiv zu werden. Aufmerksam registrierte man in München, daß auch aus Bonn vermehrt ähnliche Töne zu vernehmen waren: Rüttgers' programmatische Rede vom 11. Januar 1996 kam wie gerufen für die argumentative Untermauerung der eigenen Strategie, hatte der Zukunftsminister doch formuliert: „Deutschlands Zukunft als Technologiestandort wird im Zeitalter der Globalisierung auch nach seiner Fähigkeit zur Weltoffenheit bemessen. Dazu gehören die Anpassung der staatlich finanzierten Forschungslandschaft an die Anforderungen internationaler Technologietrends, die Internationalisierung unserer Hochschulen und verbesserte Forschungs- und Bildungsbeziehungen zu den dynamisch aufstrebenden Staaten Südostasiens.“[44]

Das 1995 aufgelegte Programm „Fraunhofer in fremden Ländern“ (PROFIL) trägt dem Anliegen des BMBF Rechnung, die Gesellschaft auch in Südostasien präsent zu sehen. Das terminologisch leicht mißglückte Programm gibt der Fraunhofer-Gesellschaft Planungssicherheit bis zur Jahrtausendwende. Die Zuwendungsgeber haben ihre Zustimmung dazu erteilt, daß bis zu 5% der institutionellen Förderung (maximal 20 Mio. DM pro Jahr) für Auslandsaktivitäten eingesetzt werden.

Als Zielregionen der Internationalisierung hat die Fraunhofer-Gesellschaft in den ausgehenden 90er Jahren Nordamerika (USA, Kanada), Westeuropa und Israel, Südostasien und China definiert, mithin diejenigen Regionen, die sich entweder durch eine große wissenschaftliche und wirtschaftliche Leistungsfähigkeit oder durch eine hohe Wachstumsdynamik auszeichnen. Für Südostasien als dritten regionalen Schwerpunkt neben Europa und Nordamerika gilt die Zielsetzung einer „vorsichtigen und schrittweisen Evaluierung der Marktchancen“ – dies um so mehr angesichts der jüngsten Turbulenzen an den Kapitalmärkten in der Region. Die Fraunhofer-Gesellschaft ist dort heute mit Verbindungsbüros in Kuala Lumpur, Singapur und Peking vertreten. Die Mehrzahl der Büros wird federführend von einem der Institute betrieben. In Singapur hat die 1996 neugegründete zentrale Abteilung „Internationale Zusammenarbeit“, in die das frühere Internationale Büro integriert wurde, mittlerweile selbst die Verantwortung übernommen. Mittelfristig wird jedoch die Rückbindung an daran interessierte Institute angestrebt.

Erfolgversprechende Perspektiven für eine Kooperation bietet zudem Korea. Unter der Federführung der Fraunhofer-Gesellschaft gründete das Korean Institute for Science and Technology (KIST) in Saarbrücken eine Auslandsniederlassung, in der bis 1999 rund 40 Wissenschaftlerarbeitsplätze entstehen sollen. Umgekehrt fungiert Warnecke als Vorsitzender eines Korean-German Non-Governmental Committee, das neue Wege der praxisnahen Zusammenarbeit entwickeln will. Die verstärkte Präsenz in Asien schlägt sich in einem Anstieg der Erträge von 1 Mio. DM 1991 auf ca. 4,5 Mio. DM 1996 nieder. Mittelfristig soll sich das Engagement in der Region an dem Akquisitionserfolg orientieren.[45]

Aus der retrospektiven Sicht des Historikers fällt auf, daß die Fraunhofer-Gesellschaft aus der eigenen Vergangenheit gelernt hat. Die direkte Koppelung ihrer internationalen Aktivitäten an die Außenpolitik der Bundesregierung hatte sie in den 70er Jahren von den Wechsellagen der „großen Politik" abhängig gemacht. Die Strategie der Anbindung an die technologische Entwicklungshilfe war an Kompetenzkonflikten der Ressorts gescheitert. Im Zuge der Internationalisierung der 90er Jahre legt die Fraunhofer-Gesellschaft dagegen Wert auf die Autonomie der Zielfindung. Als marktorientierte Einrichtung wertet die Fraunhofer-Gesellschaft ihr internationales Engagement primär unter volkswirtschaftlichen Aspekten. Sie sieht sich in der Doppelrolle als Stimulator des „Exports deutscher Investitionsgüter" und als Botschafter „zur Förderung von Standortentscheidungen ausländischer Investoren in Deutschland".[46]

Für die Argumentation im Binnen- und Außenraum hat die Zentrale der Fraunhofer-Gesellschaft einen bunten Strauß von Vorteilen der Internationalisierung gebunden. So überzeugend die Ziele Kompetenzgewinn, Motivationssteigerung und Sicherung des Forschungsstandorts Deutschlands auch klingen mögen, sie bleiben argumentative Hilfskonstruktionen. Die Zukunft der Fraunhofer-Gesellschaft als *global player* wird vor allem davon abhängen – dies lehrt nicht zuletzt die Vergangenheit –, ob es den Dependancen im Ausland gelingt, sich die Forschungsmärkte vor Ort zu erschließen. Ein Blick auf die Ertragsentwicklung in den 90er Jahren zeigt, daß die Bäume nicht in den Himmel wachsen. Trotz der imposanten Präsenz vor Ort sind die Wirtschaftserträge in den USA von dem niedrigen Ausgangsniveau des Jahres 1991 von 2,12 Mio. DM nur auf 9,8 Mio. DM (1996) angestiegen und liegen damit – trotz der an sich beachtlichen Zahl – noch deutlich unter dem Niveau der von der EU eingeworbenen Gelder. Vor dem Hintergrund einer permanent rückläufigen Grundfinanzierung wird die Fraunhofer-Gesellschaft langfristig eine Quersubvention der ausländischen Töchter auf Kosten der heimischen Söhne nicht durchstehen können. Unter der herrschenden Ägide der „Industrierelevanz" determiniert der Markt den Handlungsspielraum der Fraunhofer-Gesellschaft, auch und gerade im Ausland.

IX. Strukturpolitik, Süd-Nord-Gefälle und Mittelstandsförderung: die Fraunhofer-Gesellschaft in regionaler Perspektive

In der politischen Geschichte wie auch in der Wirtschaftsgeschichte dominiert die nationalstaatliche Perspektive. Das gebannte Blicken auf den Nationalstaat verstellt vielfach jedoch die fundamentale Einsicht in die Regionalität von Wirtschaftsentwicklung. Denn spätestens seitdem die Industrialisierung intensiv erforscht worden ist, wissen wir, daß sich wirtschaftliches Wachstum auf der Ebene von Regionen vollzieht. Nicht Flächenstaaten wie Großbritannien, Preußen oder Bayern fungierten als Wachstumsmotoren, sondern Regionen: der textilindustriell geprägte südliche Teil der englischen Grafschaft Lancashire, das Ruhrgebiet oder – punktueller noch – das oberbayerische Pechkohlenrevier um Penzberg und Hausham.[1]

Die Dezentralität der Wirtschaftsordnung bestimmte auch den Wiederaufbau nach 1949. Im Gefolge des Zweiten Weltkrieges verschoben sich in Deutschland jedoch die regionalen Gewichte sehr viel stärker als in anderen Industrieländern. Die durch die Gebietsabtretungen und die deutsche Teilung politisch erzwungene „Desintegration der wirtschaftlichen Raumstrukturen" hat in langer Sicht den Süden begünstigt. Der Energiemangel der Nachkriegsphase festigte zunächst zwar den überkommenen Standortvorteil des schwerindustriellen Westens. Als die Energiekrise überwunden war, entwickelten sich der Südwesten und das Rhein-Main-Gebiet zu den am dynamischsten wachsenden Regionen und ab den 60er Jahren auch das nun mit hohem Tempo industrialisierende Bayern. Die Strukturkrise des Bergbaus und dann der Stahlindustrie ließen den einstigen Spitzenreiter Nordrhein-Westfalen zum Schlußlicht unter den Bundesländern werden.[2]

Der Rektor der Universität Düsseldorf meinte Ende der 80er Jahre nichts anderes als diese historische Verschiebung der regionalen wirtschaftlichen Disparitäten, als er vom Pech redete, „nördlich des Mains zu leben". Heftig beklagte er die „Atmosphäre eines höheren Bürgerkriegs zwischen Süd und Nord" und verglich die wissenschaftspolitischen Anstrengungen der Bundesländer mit der Fußball-Bundesliga, bei der am Ende einmal mehr Bayern „Deutscher Meister" werde. Mit weniger dramatischen Worten läßt sich das unübersehbare wirtschaftliche Gefälle der Bundesrepublik als Nord-Süd-Drift oder Süd-Nord-Gefälle beschreiben. In dieser Terminologie bestimmt es seit den ausgehenden 70er Jahren Politik und öffentliche Wahrnehmung.[3]

Die Düsseldorfer Landesregierung hatte sich schon 1974 eine eigene Erklärung für das Süd-Nord-Gefälle dahingehend zurecht gelegt, „daß die vom

Bund maßgeblich beeinflußbare Standortpolitik im Bereich der außeruniversitären Forschungseinrichtungen in der Vergangenheit dazu geführt hat, daß insbesondere die CSU/CDU-geführten Bundesländer Bayern und Baden-Württemberg gegenüber dem stärksten Bundesland Nordrhein-Westfalen bevorzugt worden sind".[4]

In diesem politisch gefärbten Statement mag ein Körnchen Wahrheit enthalten sein. Prinzipiell jedoch messen weder das marktwirtschaftliche Ordnungsprinzip noch der Ansatz einer aktiven staatlichen Strukturpolitik dem Faktor „Raum" eine größere Bedeutung zu. Die zentralstaatliche Innovationspolitik hat vielmehr die Aufgabe, die technisch-industrielle Entwicklung der gesamten Volkswirtschaft zu fördern. Da eine solche wachstumsorientierte Innovationspolitik dazu neigt, „dort zu fördern, wo bereits Potentiale bestehen", vergrößert sie das regionalwirtschaftliche Entwicklungsgefälle. Dieser Zusammenhang ist aus der Entwicklungshilfepolitik wohlbekannt und auch für die Industriestaaten vielfach nachgewiesen worden.[5]

Auch die sozialliberale Bundesregierung – und nicht weniger die ihr nachfolgende christlich-liberale Koalition – hielt generell an dem Grundsatz der räumlichen Indifferenz fest. Ihre forschungspolitischen Fördermaßnahmen gerieten in Konflikt mit politischen Konzepten, die den Ausgleich regionaler Entwicklungsdisparitäten suchten. Je mehr die Forschungs- und Technologiepolitik in den Rang eines Schlüsselfeldes volkswirtschaftlicher Modernisierung aufrückte, je mehr der Begriff der Innovation zum Signum für die Zukunftsfähigkeit einer Gesellschaft wurde, desto größer wurde die Sensibilisierung für regionale Disparitäten, sei es auf der Ebene der Bundesländer oder auch der Kommunen. Als die volkswirtschaftliche Theorie Ende der 70er Jahre noch an dem neuen Leitkonzept einer „innovationsorientierten Regionalpolitik" bzw. einer „Forschungs- und Technologiepolitik als Strukturpolitik" feilte, hatte sich in der forschungspolitischen Praxis bereits das Schlagwort vom Süd-Nord-Gefälle festgesetzt.[6]

Ab dem Ende der 70er Jahre, vor allem aber in den 80er Jahren schossen die Hoffnungen, mit wissenschafts- und technologiepolitischen Steuerungsmaßnahmen dem wirtschaftlichen Strukturwandel nachhaltige Impulse geben zu können, ins Kraut. Allenthalben wurden regionale Förderprogramme aufgelegt sowie Gründerzentren, Technologieparks, Technologietransfereinrichtungen und Innovationsberatungsstellen aus dem Boden gestampft. Der technokratische Optimismus, mit forschungspolitischen Programmen wirtschaftlich rückständige Regionen gleichsam über Nacht von einer düsteren Vergangenheit in eine strahlende Zukunft zu führen, feierte fröhlichen Urstand. Innovationsförderung wurde zum politischen Allzweckmittel im regionalen und lokalen Konkurrenzkampf um Standortvorteile.[7]

Über dem historisch kurzsichtigen Blick auf die letzten zwei Jahrzehnte geht die Erkenntnis verloren, daß der jeweilige Standort wissenschaftlicher Einrichtungen bereits in der Formierungsphase der deutschen Forschungslandschaft um die Jahrhundertwende und wieder in den frühen 50er Jahren, als die wissenschaftlichen Ressourcen zwischen den Bundesländern neu verteilt wurden, ein Politikum ersten Ranges war. Im Streit um die Ansiedlung der Luftfahrt- und der Kernforschungszentren bildete sich bereits in der frühen Bundesrepublik eine Konfliktkonstellation heraus, die ein Vierteljahrhundert später erneut das Feld beherrschen sollte. Während Bayern und Baden-Württemberg die Chancen nutzen, die ihnen die Verlagerung strategischer Forschungseinrichtungen nach Süden und Südwesten in der letzten Kriegsphase eröffnet hatte, versuchte Nordrhein-Westfalen unter dem agilen Forschungspolitiker Leo Brandt, ein Gegengewicht zur drohenden süddeutschen Dominanz aufzubauen. Gerade die Dynamik und Eigenständigkeit seiner Forschungspolitik brachte das Bundesland Nordrhein-Westfalen jedoch gegenüber Bayern und Baden-Württemberg ins Hintertreffen. Denn während man in Düsseldorf mit hohem finanziellen Aufwand eigene Landesinstitute ins Leben rief – ob ihrer Unkonventionalität bezeichnenderweise „Brandt-Stiftungen" genannt –, entstand in Süddeutschland eine reiche Landschaft aus vom Bund geförderten Instituten der Max-Planck- und Fraunhofer-Gesellschaft. Im Ergebnis trat an die Stelle von lokaler Konzentration eine dezentrale Vielfalt, die sich je nach Standpunkt als Ressourcenverschwendung oder als eine dem Föderalismus angepaßte Struktur interpretieren läßt.[8]

Die forschungspolitischen Aktivitäten der Bundesländer im ersten Vierteljahrhundert der Bundesrepublik standen noch weitgehend in der Tradition der klassischen Forschungsförderung. Qualitativ neu an der in den späten 70er Jahren einsetzenden technologiepolitischen Offensive ist die dezidierte Unterordnung des forschungspolitischen Instrumentariums unter regionale strukturpolitische Ziele.

1. Mikroelektronik als Hoffnungsträger: die Fraunhofer-Gesellschaft im Brennpunkt regionaler Modernisierungsstrategien

Was den 50er Jahren die Kernenergie war, war den späten 70er und den 80er Jahren die Mikroelektronik: der Hoffnungsträger, in den Politik und Öffentlichkeit nachgerade euphorische Erwartungen setzten. Silizium wurde als der Rohstoff des ausgehenden 20. Jahrhunderts angesehen, und mit seiner Hilfe sollten darbende Industrielandschaften eine neue Blüte erleben. Am Beispiel des Fraunhofer-Instituts für Mikroelektronische Schaltungen und Systeme (IMS) in Duisburg werden diese Euphorie und – in unserem Zusammenhang wichtiger noch – der skizzierte Zielkonflikt zwischen einer wachstumsorientierten Forschungs- und einer regionalen Strukturpolitik in besonderer Konturenschärfe deutlich. In der Gründungsgeschichte des IMS bildet sich zudem der Zugewinn der Bundesländer an forschungspolitischer Definitionsmacht ab, und diesen Zugewinn bekam gerade die Fraunhofer-Gesellschaft zu spüren, galten doch ihre anwendungsnahen Institute als die Hoffnungsträger einer innovationsorientierten Strukturpolitik schlechthin.

Seit den 60er Jahren war das Ruhrgebiet mit seiner schwerindustriellen Monostruktur die regionale Problemzone Nordrhein-Westfalens. Als die Landesregierung 1979 ein umfassendes Aktionsprogramm für das Ruhrgebiet auflegte, hoffte sie, den Strukturwandel im krisengeschüttelten Revier nachhaltig beschleunigen zu können. Einer der tragenden Bausteine des Programms war die Gründung eines Instituts für Mikroelektronik. Das Landesministerium für Wissenschaft und Forschung favorisierte von Beginn an Duisburg als Standort und die Fraunhofer-Gesellschaft als Trägereinrichtung. Über Inhalte war in dieser Phase bezeichnenderweise noch nicht gesprochen worden. Das Schlagwort „Mikroelektronik" genügte, um in Politik und Öffentlichkeit Energien freizusetzen. Immerhin lag ein Vorschlag der Gesamthochschule Duisburg für ein Institut für Industrieelektronik vor, der ein umfassendes Arbeitsprogramm und einen Jahresetat von 15 Mio. DM vorsah und damit vergleichsweise anspruchsvoll ausfiel.[9]

Die Fraunhofer-Gesellschaft war Ende der 70er Jahre in Nordrhein-Westfalen bereits mit dem Aufbau von zwei Instituten beschäftigt. Ein drittes Institut drohte nicht nur die ohnehin in dieser Phase stark forcierten Ausbauaktivitäten, sondern auch das labile Gleichgewicht der Sitzländer zu gefährden. Die Fraunhofer-Gesellschaft schied daher vorerst als Trägereinrichtung aus. Obwohl sich auch die GMD und die KFA Jülich interessiert zeigten, entschied sich das federführende Wissenschaftsministerium für die Lösung, das Institut zunächst in eigener Regie aufzubauen. Allerdings holte sie den fachlichen Rat der Fraunhofer-Gesellschaft ein, um so die spätere Übernahme durch die Münchner Gesellschaft vorzubereiten. Die Fraunhofer-Gesellschaft ließ sich nicht lange bitten und arbeitete in Absprache mit dem BMFT die Institutskonzeption aus, die sie auf diese Weise mit den Forschungsschwerpunkten des Fraunhofer-Instituts für Festkörpertechnologie (IFT) und ihren parallel laufenden Planungen für weitere Mikroelektronikeinrichtungen abstimmen konnte. Während man im Bonner Ministerium systematisch nach den vielversprechendsten Arbeitsfeldern suchte, orientierte sich die Fraunhofer-Gesellschaft einmal mehr am Persönlichkeitsprinzip. Mit dem Aachener Professor für theoretische Elektrotechnik, Walter Engl, bot sich ein international renommierter Fachmann an, der über ein relativ gut ausgestattetes Institut an der Rheinisch-Westfälischen Technischen Hochschule (RWTH) verfügte und von Nordrhein-Westfalen bereits als Berater hinzugezogen worden war. Nach den Vorgaben des Bundesforschungsministeriums hatten sich zu diesem Zeitpunkt die Verbesserung der Testverfahren und der Zuverlässigkeit Integrierter Schaltungen sowie der Schaltungsentwurf als inhaltliche Arbeitsschwerpunkte herauskristallisiert. Fraunhofer empfahl, das neue Institut für Mikro- und Meßelektronik (IMM), wie der vorläufige Name lautete, nicht in Duisburg, sondern in Aachen aufzubauen und an das Hochschulinstitut Engls anzugliedern.

Die Vorteile dieser Entscheidung legte Präsident Keller dem nordrhein-westfälischen Wissenschaftsminister Hans Schwier ausführlich dar: Während das Institut in Aachen sofort verfügbar wäre, würde sich der Arbeitsbeginn in Duisburg um etwa vier Jahre verzögern. Die erhöhten Investitionskosten schätze er auf mittelfristig 35 Mio. DM. In Duisburg stünde noch die schwierige Suche nach einem qualifizierten Institutsleiter bevor, während in Aachen das Renommee der RWTH die Erweiterung der Institutsleitung durch profilierte Persönlichkeiten erleichtere.[10]

Schwier hielt jedoch am Standort Duisburg fest. Die strategische Argumentation seines Ministeriums macht in seltener Klarheit die regionalpolitische Stroßrichtung wie auch die Hoffnungen deutlich, die man gerade in die Fraunhofer-Gesellschaft setzte. In der Bundesrepublik werde zwar mit Nachdruck daran gearbeitet, den „erheblichen Vorsprung der USA und Japans" aufzuholen, doch der regionale Schwerpunkt liege im wesentlichen in Süddeutschland. Demgegenüber wirke die Konzentration des Ruhrgebietes auf die Montanindustrie als ein „selbstverstärkendes Regulativ", das zu einer immer einseitigeren Ausrichtung der Wirtschaftsstruktur führe. Doch „durch ein Fraunhofer-Institut, das von seiner programmatischen Zielsetzung her einen Großteil seiner Forschungsaufträge aus der Industrie einwerben müßte, würden sich erhebliche, positive Auswirkungen auf das nähere und weitere Umfeld" und „Anstöße zur strukturpolitisch notwendigen Ansiedlung neuer zukunftsträchtiger Industriepartner" ergeben.[11]

In Duisburg selbst reichte schon das bloße Gerücht von der Entscheidung der Fraunhofer-Gesellschaft für Aachen, um den Oberbürgermeister und den sozialdemokratischen Bundestagsabgeordneten der Stadt zu einer Intervention im BMFT zu bewegen. Dabei kam auch die beinahe unbegrenzte Bereitschaft der Stadt zum Ausdruck, der Fraunhofer-Gesellschaft in jeder Weise entgegenzukommen. In die gleiche Richtung zielte eine Artikelserie in der Westdeutschen Allgemeinen Zeitung. Schließlich schaltete sich noch die IG Metall in die Bemühungen ein, das Institut für Mikro- und Meßelektronik nach Duisburg zu holen. Keller beklagte seinerseits nun die starke Politisierung der Institutsgründung und forderte eine Rückkehr zum „Sachgespräch". Andernfalls sei zu befürchten, daß „das gesamte Projekt zum Nachteil des Landes *ad calendas graecas* auf Eis gelegt" werde.[12]

Das Wissenschaftsministerium verlieh dem Standortstreit eine föderale Note, verortete ihn im Bannkreis des Süd-Nord-Gefälles und sah sich beinahe schon als Opfer einer Verschwörung. Die Entscheidung der Fraunhofer-Gesellschaft für Aachen sei als „kleine Lösung" zwar kurzfristig mit den vorhandenen Mitteln und Stellen zu verwirklichen, habe langfristig aber eine „‚große' Lösung für Süddeutschland" zur Folge. An diesem Szenario war immerhin insofern etwas Wahres, als sich BMFT und Fraunhofer-Gesellschaft für den Fall, daß sich die Institutsgründung allzu stark verzögern sollte, die Option offengehalten hatten, „die kommenden Investitionen möglicherweise auch außerhalb von Nordrhein-Westfalen" zu plazieren. Bundesforschungsminister Andreas von Bülow ließ an der Bevorzugung Aachens durch sein Haus keine Zweifel aufkommen. Der Standort Duisburg komme nur in Frage, wenn sich das Sitzland bereit erkläre, die Baukosten voll und die Ausstattungsinvestitionen zur Hälfte zu tragen. Nur unter dieser Voraussetzung könne das Mikroelektronikinstitut als Fraunhofer-Einrichtung mit dem üblichen Finanzierungsschlüssel geführt werden.[13]

Düsseldorf tat sich mit einer endgültigen Entscheidung lange Zeit schwer. Der Bonner Hinweis auf den schleunigst aufzuholenden Rückstand der Bundesrepublik gegenüber den USA und Japan und die eigenen Befürchtungen, bei weiteren Verzögerungen werde „der süddeutsche Raum mit seinen traditionellen Standorten einspringen", änderten zunächst wenig daran, daß sich die beteiligten Ministerien nicht auf eine gemeinsame Linie einigen konnten. Umstritten war neben der Standortfrage die Sicherheit der Bundesbeteiligung an der Finanzierung, die konkrete Höhe der erforderlichen Landesmittel und die Frage, welches Ressort dafür in erster Linie aufzukommen habe. Erschwerend kam hinzu, daß das BMFT und stärker noch die Fraunhofer-Gesellschaft weiterhin für Aachen als Standort plädierten und unklar blieb, ob Engl Duisburg akzeptieren würde. Nach den „Überlegungen zum Aufbau eines FhI für Mikroelektronik in Nordrhein-Westfalen", die Engl im Auftrag der Fraunhofer-Gesellschaft im September 1981 vorlegte, kam ohnehin nur sein Aachener Hochschulinstitut als Basis des Fraunhofer-Instituts in Frage, unabhängig von der Entscheidung über den endgültigen Standort.[14]

Die politisch umstrittene Entscheidung wurde nicht eben leichter, als der Dortmunder Professor für Elektrotechnik, Bernd Höfflinger, unerwartet noch Dortmund als Standort des künftigen Mikroelektronik-Instituts ins Spiel brachte. Höfflinger hatte in der Presse Duisburg als schwere und teure Fehlentscheidung kritisiert, da dort die Voraussetzungen erst geschaffen werden müßten, die in Dortmund längst existierten. Zugleich übte er heftige Kritik an der Förderungspolitik des BMFT und den Entscheidungsstrukturen der Fraunhofer-Gesellschaft. Eine einseitige und fehlerhafte Berichterstattung trug zur weiteren Verunsicherung innerhalb der Düsseldorfer Landesregierung bei und erweckte in der Dortmunder Stadtspitze den Eindruck, man habe es versäumt, sich rechtzeitig um das Institut zu bewerben. Als die Presse Fraunhofer-Vorstandsmitglied Eberhard Schlephorst mit der Aussage zitierte, daß es Duisburg wie auch Dortmund an „wissenschaftlichem Humus" fehle, aus dem Forschungsleistungen erst erwachsen könnten, verstärkte sich der Eindruck, die Fraunhofer-Gesellschaft betreibe eine gegen das Ruhrgebiet gerichtete Politik. Das rief die CDU-Opposition im Landtag auf den Plan, die der Regierung vorwarf, durch ihr starres Festhalten am Standort Duisburg die Institutsgründung im Land zu gefährden.[15]

Als Schwier, der sich zum Jahresbeginn 1982 im Kabinett durchsetzen konnte, seine Entscheidung für Duisburg im Parlament verteidigte, brachte er das grundsätzliche Dilemma regionaler Strukturpolitik auf den Punkt: „Wenn man nur danach frage, wo schon Forschungskapazitäten alter, gewachsener Art vorhanden seien, und wenn man danach auch die jetzigen Standortentscheidungen ausrichte, dann vollziehe man das nach, was über viele Jahre bei Forschungseinrichtungen in der gesamten Bundesrepublik geschehen sei. Traditionell seien nämlich zum Beispiel Max-Planck-Institute und Fraunhofer-Institute südlich der Mainlinie massierter angesiedelt als nördlich davon." Als wesentlicher Mitfinanzierer dieser Gesellschaften versuche NRW hier „zu Recht", strukturelle Verbesserungen durchzusetzen. Doch „wenn man dieses Prinzip für die Bundesrepublik anwende, müsse man es auch innerhalb des Landes gelten lassen, in dem sich über viele Jahre hinweg eine ähnliche Entwicklung vollzogen habe".[16]

Der Fraunhofer-Vorstand beugte sich nolens volens dem Düsseldorfer Votum, tat im Senat jedoch seinen festen Vorsatz kund, dies sei das erste und letzte Mal, „daß strukturpolitische Gegebenheiten über den Standort eines Fraunhofer-Instituts entscheiden".[17] Engl jedoch war nicht bereit, unter dieser Voraussetzung die Institutsleitung zu übernehmen. Die Suche nach einem geeigneten Ersatz gestaltete sich schwierig. Der Wunschkandidat der Fraunhofer-Gesellschaft sagte unter ausdrücklichem Hinweis auf den Standort Duisburg ab. Als sich die gemeinsame Berufungskommission der Fraunhofer-Gesellschaft und der Gesamthochschule Duisburg im Juli 1982 auf den Stuttgarter Professor für Netzwerk- und Systemtheorie, Ernst Lüder, einigen konnte und das Land in den Berufungsverhandlungen dem Kandidaten in all seinen Forderungen weitestgehend entgegenkam, schien seinem Wechsel nach Duisburg nichts mehr im Wege zu stehen. Doch nun geriet das Institut erneut in das Wirkungsfeld des föderalen Wettbewerbs im High-Tech-Bereich.

Daß Baden-Württembergs Ministerpräsident Lothar Späth die Akte Lüder zur Chefsache machte, ist vor dem Hintergrund seiner Politik zu sehen, das „Musterländle" zur führenden High-Tech-Region der Bundesrepublik zu machen. Anfang der 80er Jahre startete die baden-württembergische Landesregierung eine Innovationsoffensive, die zentralistisch vom Staatsministerium ausging. Unter direkter Führung des Ministerpräsidenten wurden „diverse Kommissionen eingesetzt, die im wesentlichen genau jene technologiepolitischen Weichenstellungen vorschlugen, die das Staatsministerium bereits vorgesehen hatte. Die massive Förderung von Schlüssel- und Zukunftstechnologien wie Mikroelektronik, Robotik oder Lasertechnik" war der Kern des neuen Konzepts.[18]

In dieser Phase verließ der Südweststaat seinen traditionellen, auf organisches Wachstum und Mittelstandsorientierung ausgerichteten Entwicklungspfad und setzte ebenfalls auf die Karte, durch eine aktive staatliche Forschungsförderung den sektoralen Strukturwandel zu beschleunigen. Späth machte Lüder das Angebot, die Leitung eines der Duisburger Fraunhofer-Einrichtung vergleichbaren Instituts zu übernehmen – eines Instituts, das freilich erst gegründet werden mußte. Die Initiative dazu ging wesentlich von der Universität Stuttgart und der Firma Standard Elektrik Lorenz AG (SEL) aus. Im Februar 1983 richteten sie an die baden-württembergische Landesregierung den Vorschlag, eine „Gesellschaft für Mikroelektronik" zu gründen. Da in Deutschland weder für die Kleinserienproduktion mikroelektronischer Schaltungen noch für die Weiterentwicklung hochinnovativer Modellschaltungen eine allen Anwendern zugängliche Einrichtung existiere, sollte eine „Forschungs-, Entwicklungs- und Fertigungs-Kapazität für mikroelektronische Schaltungen und Systeme“ auf zwei Säulen aufgebaut werden: ein primär von der Hochschule getragenes Technologiezentrum und ein von der Industrie finanziertes Design- und Test-Zentrum. Vor allem die zweite Säule war auf die gleichen Themen und Zielgruppen ausgerichtet wie das geplante Fraunhofer-Institut in Duisburg.[19]

Es mag dahingestellt bleiben, ob mit dieser Initiative ursprünglich eher der Verlust durch Lüders Weggang ausgeglichen werden sollte, oder ob von Anfang an geplant war, ihn mit diesem Angebot in Stuttgart zu halten. Im zuständigen Referat des Baden-Württembergischen Wirtschaftsministeriums entwickelte man jedenfalls ein Szenario, in dem das Stuttgarter Institut bei einer „schnelle[n] Lösung“ zumindest dann die größten Chancen hatte, sich gegenüber Duisburg durchzusetzen, wenn die Fraunhofer-Gesellschaft durch die Suche nach einem *neuen* Institutsleiter „in Rückstand“ geraten sollte. Dabei ging man davon aus, daß zum einen Stuttgart durch seine Forschungslandschaft und das wirtschaftliche Umfeld die besseren Standortqualitäten habe und zum anderen die Fraunhofer-Gesellschaft nicht dafür zu gewinnen sein werde, das Stuttgarter Institut neben oder anstelle von Duisburg zu übernehmen.[20]

Als der Regierungsbeauftragte für Technologietransfer – ein innovationspolitisches Spezifikum Baden-Württembergs – im persönlichen Gespräch mit dem Fraunhofer-Präsidenten und in Absprache mit Lüder versuchte, „die Gründung Duisburg nach Stuttgart umzulenken“, bestätigte sich diese Einschätzung. Keller machte geltend, daß er eine Doppelgründung mit praktisch gleichem Dienstleistungsangebot aufgrund der hohen Kosten und zeitgleichen Alterung der Technologie nicht für sinnvoll halte. Auch der Bundesforschungsminister sah für eine zweite Einrichtung keinen Bedarf, so daß Stuttgart mit einer finanziellen Förderung aus Bundesmitteln nicht rechnen konnte. Überdies hatte ein Gespräch des Kanzlers der Universität Stuttgart mit Lüder ergeben, daß der Umworbene nur dann in Stuttgart zu halten wäre, „wenn das Land Baden-Württemberg in die Angebote einsteigt, die von der Fraunhofer-Gesellschaft und dem Land Nordrhein-Westfalen gemacht worden sind“.[21]

In diesem Gespräch war auch der ungeheure Zeitdruck deutlich geworden, unter dem die Stuttgarter Planungen standen. Lüder wurde von der nordrhein-westfälischen Landesregierung, der Gesamthochschule Duisburg und dem Bundesforschungsministerium zu einer schnellen Entscheidung gedrängt. Tatsächlich lag schon wenige Tage später der Vorschlag des Wissenschaftsministeriums vor, die Errichtung eines Instituts für Mikroelektronik in Stuttgart im Ministerrat zu beschließen. In einer überarbeiteten Version dieses Vorschlags hieß es lapidar, „der Personal-, Raum- und Finanzbedarf ist derselbe wie für das in Duisburg [...] geplante Institut für Mikroelektronik der Fraunhofer-Gesellschaft“. Auch sonst orientierte man sich bei den Planungen an dem Modell der Fraunhofer-Gesellschaft: So war eine Grundfinanzierung von 40% vorgesehen; die restlichen Mittel sollte das Institut durch Auftragsforschung erwirtschaften. Schließlich wollte man die Wirtschaft über die Beratungs- und Entscheidungsgremien eng in die

Arbeit des Instituts einbinden. Die Bau- und Investitionskosten wurden auf 59 Mio. DM, die laufenden Kosten auf vorerst knapp 9 Mio. DM geschätzt.[22]

Während die Fraunhofer-Gesellschaft in ihrer Kritik an dem Stuttgarter Alleingang im Ton noch moderat blieb, sprachen die Briefe von Ministerpräsident Johannes Rau und von Wissenschaftsminister Schwier an den Kollegen Helmut Engler eine deutliche Sprache. Schwier maß dem Vorfall gar eine nationale Bedeutung zu. Was zunächst wie ein Gewinn für Baden-Württemberg erscheine, „würde langfristig zu einem Verlust für die deutsche Forschung führen, die einem internationalen Wettbewerb nicht gewachsen ist, wenn sie in der Bundesrepublik zum Spielball rücksichtslos durchgesetzter Länderinteressen gemacht wird". Und wieder begegnen wir dem Vergleich mit dem Lieblingskind des Bundesbürgers, denn auch Lüder sah sich mit einem Fußballstar verglichen. Es bestehe die Gefahr, daß die bundesdeutschen Akteure „sich bei der künftigen Organisation ihrer Forschungspolitik an den ruinösen Praktiken von Bundesliga-Vereinen zu orientieren" begännen.[23]

Lüder sagte Duisburg und der Fraunhofer-Gesellschaft jedoch ab und ebnete so den Weg für den Aufbau des Instituts für Mikroelektronik in Stuttgart. Als das Institut im Juli 1983 in der Form einer Stiftung des öffentlichen Rechts errichtet wurde, war noch nicht einmal ein halbes Jahr seit der ersten Idee von SEL und der Universität Stuttgart vergangen. Für die Fraunhofer-Gesellschaft stellte sich dagegen die Gründung ihres Instituts für Mikroelektronik in Duisburg schon zu diesem Zeitpunkt als „Drama in bisher drei Akten" dar, und der vierte Akt stand noch bevor. Denn die Fraunhofer-Gesellschaft, Duisburg und Düsseldorf hatten bei ihrer Suche nach einem neuen Institutsleiter zunächst wiederum kein Glück. So kamen im Frühsommer 1983 nacheinander die Absagen von drei Industrieforschern, die von ihren Unternehmen offenbar attraktive Bleibeangebote erhalten hatten. Um nach den Erfahrungen mit Baden-Württemberg nicht erneut mit den forschungspolitischen Ambitionen einzelner Bundesländer in Konflikt zu geraten, lotete die Fraunhofer-Gesellschaft bereits vor der Berufung des Erlanger Professors für technische Elektronik, Dieter Seitzer, die Position des Bayerischen Kultusministeriums aus. Tatsächlich hielt das Kultusministerium Seitzer für den gerade anlaufenden Forschungsschwerpunkt zur CAD-Technologie und deren Anwendung auf die Fertigung in der Mikroelektronik an der Universität Erlangen für „unverzichtbar" und war deshalb bereits in Bleibeverhandlungen eingetreten. Staatsminister Hans Maier war immerhin bereit, Seitzer für eine Übergangsfrist von drei bis fünf Jahren die nebenamtliche Leitung des Duisburger Instituts zu genehmigen, ein Vorschlag, den die Fraunhofer-Gesellschaft jedoch ablehnte.[24]

Ähnlich lag der Fall bei Hans Georg Musmann, Ordinarius für Nachrichtentechnik und Informationsverarbeitung der Universität Hannover. Musmann hatte seiner Landesregierung bereits einen Vorschlag zur Förderung der Informationstechnik unterbreitet. Obwohl er die Fraunhofer Gesellschaft ausdrücklich gebeten hatte, ihn deshalb für Duisburg vorerst nicht zu berücksichtigen, erhielt er vom niedersächsischen Wissenschaftsminister Johann-Tönjes Cassens umgehend ein Bleibeangebot. Unabhängig davon arbeitete man im niedersächsischen Wirtschaftsministerium am Aufbau eines Instituts für angewandte Mikroelektronik (IAM) in Braunschweig, das sich wie die Institute in Stuttgart und Duisburg in erster Linie an kleine und mittlere Unternehmen richtete. Allerdings sahen die Pläne für das Braunschweiger Institut, das 1984 gegründet wurde, keine eigene Forschung vor, sondern lediglich Entwicklungsarbeiten für kundenspezifische Schaltkreise und mikroelektronische Systeme sowie Schulungs- und Beratungsmaßnahmen. Erst als die Berufungskommission für das Duisburger Institut die Akzente von der Technologie hin zum Entwurf von Schaltungen und Bauelementen verschob, konnte der Dortmunder Professor für Bauelemente, Günther Zimmer, für die Leitung gewonnen werden. Als er am 1. Juni 1984 offiziell seinen Dienst antrat, endete die bis dahin schwierigste Institutsgründung in der Geschichte der Fraunhofer-Gesellschaft.

Auf die Frage, inwieweit das Institut für Mikroelektronische Schaltungen und Systeme (IMS) die hohen Erwartungen seiner Initiatoren tatsächlich erfüllt hat, muß differenziert geantwortet werden. Zunächst war schon der Symbolcharakter der Institutsgründung von nicht zu unterschätzender Bedeutung, signalisierte er doch den Aufbruch des Reviers in die buchstäblich glänzende Zukunft des Siliziums. Aber zweifellos hat das IMS auch einen direkten Einfluß auf die regionale Wirtschaftsstruktur gezeitigt, der sich bis heute in einer Reihe von *Spin-off*-Gründungen zeigt. Schwerer zu beurteilen ist jedoch seine Bedeutung für die Ansiedlung neuer Firmen. Duisburgs Oberbürgermeister Josef Krings hat zurecht darauf hingewiesen, daß eine ganze Reihe von neuen Firmen in der Region auf die Existenz des Instituts zurückzuführen ist.[25] Bei allen positiven Wirkungen des IMS auf die Wirtschaftsstruktur des Ruhrgebiets ist jedoch nicht zu verkennen, daß sich der Abbau von Arbeitsplätzen in den alten Industriezweigen weit schneller vollzogen hat als die Schaffung neuer Arbeitsplätze in den High-Tech-Sektoren.[26]

Ebenso wie die hochgespannten Duisburger Hoffnungen nicht enttäuscht worden sind, so sieht sich auch die Fraunhofer-Gesellschaft in ihren Erwartungen an das IMS bestätigt. Mit Wirtschaftserträgen zwischen 30 und 50% liegt das Institut seit dem Ende der 80er Jahre an der Spitze der Fraunhofer-Institute für Mikroelektronik. Innerhalb der Fraunhofer-Familie ist es neben dem Erlanger IIS *das* Anwenderinstitut in der Mikroelektronik. Und diese Familie ist in den 80er und 90er Jahren rasch gewachsen, nicht zuletzt, weil das Duisburger Institut die Erwartungen seiner Außenwelt in hohem Maße erfüllt hat.

Die baden-württembergische Landesregierung zog aus dem Duisburger Drama in mehreren Akten die Lehre, daß ihre Politik der gezielten Förderung anwendungsnaher Forschung an die Grenzen des eigenen Erfolgs stieß. Die stolze Selbststilisierung als „Forschungsland Nummer 1 in Europa“ lieferte all denjenigen Munition, die über die krasse Benachteiligung des bundesdeutschen Nordens Klage führten. Je mehr regionalpolitische Argumente in den Vorder-

Das Mikroelektronik-Zentrum in Duisburg in nächster Nachbarschaft zum Fraunhofer-Institut für Mikroelektronische Schaltungen (IMS).

Die ebenso langwierige wie konfliktreiche Gründungsgeschichte des IMS zeigt, welch große Hoffnungen die Bundesländer seit den späten 70er Jahren in die Mikroelektronik als Lokomotive des regionalen Strukturwandels setzen. Vor allem im krisengebeutelten Ruhrgebiet erhoffte man sich von der Mikroelektronik einen wirtschaftlichen Modernisierungseffekt, der nach dem Vorbild des kalifornischen „Silicon Valley" einen Beschäftigungsboom im Hochtechnologiebereich auslösen sollte. Diesen übersteigerten Erwartungen hat das IMS schwerlich gerecht werden können. Gleichwohl hat sich rund um das Institut eine Reihe von Unternehmen angesiedelt, die für die Zukunft Duisburgs als Wirtschaftsstandort von Bedeutung sind.

grund rückten, desto schwieriger wurde es für den Südweststaat, den Zuschlag für eines der neuzugründenden Institute zu bekommen. Während die Emporkömmlinge in der Fraunhofer-Förderung, allen voran Nordrhein-Westfalen und Niedersachsen, die Institutsneugründungen auf den technologisch besonders aussichtsreichen Zukunftsfeldern wie Mikroelektronik oder Laserforschung unter sich aufzuteilen schienen, drohte der Südweststaat auf den „alten" Instituten sitzenzubleiben.

Baden-Württemberg konnte seine „Vorreiterrolle in der Forschungs- und Technologiepolitik" nicht über die 80er Jahre hinwegretten. Rasch holten die anderen Bundesländer auf. Aus der strukturellen Defensivposition „einen eher konservierenden Charakter" der baden-württembergischen Forschungspolitik abzuleiten erscheint jedoch verfehlt.[27] Wie wir am Beispiel des Fraunhofer-Instituts für Bauphysik (IBP) gesehen haben, kämpfte die Landesregierung mit allen politischen Mitteln darum, die bestehenden Institute zu erhalten. In einem For-

Gruppenbild von der Jahresversammlung 1978; von links nach rechts: Bundesforschungsminister Volker Hauff, Fraunhofer-Präsident Heinz Keller, der Baden-Württembergische Ministerpräsident Lothar Späth und die Fraunhofer-Vorstände für Recht und Personal, Eberhard Schlephorst, und für Finanzen, Hans-Ulrich Wiese.

Hauff entwickelte noch vor seiner Amtszeit als Forschungsminister (1978-1980) gemeinsam mit dem Politikwissenschaftler Fritz Scharpf das Konzept einer aktiven staatlichen Forschungs- und Technologiepolitik als Instrument der Lenkung des wirtschaftlichen Strukturwandels. Dieses Konzept wurde in der zweiten Hälfte der 70er Jahre von den Bundesländern aufgegriffen und in regionale Förderprogramme umgesetzt, insbesondere auch von Baden-Württemberg. Ministerpräsident Lothar Späth wurde nicht müde, seine Vision von dem „Musterländle“ als führendem High-Tech-Staat Deutschlands voranzutreiben. Späth steht symbolhaft für den Versuch einer gezielten Modernisierung der regionalen Wirtschaftsstruktur mit Hilfe technologiepolitischer Steuerungsinstrumente. Daß der Landesfürst hierbei vor Konflikten mit seinen Kollegen in anderen Bundesländern nicht zurückschreckte, zeigt die verwickelte Gründungsgeschichte des Fraunhofer-Instituts für Mikroelektronische Schaltungen (IMS) in Duisburg. Späth warb der Fraunhofer-Gesellschaft nicht nur einen designierten Institutsleiter ab, sondern er rief auch ein Gegeninstitut in Stuttgart ins Leben.

schungsverbund, in dem die Neulinge in besonderem Maße als Garanten von Forschungsaktualität und Zukunftsfähigkeit galten, bedeutete dies zwar bereits, an Terrain und Prestige zu verlieren. Gleichzeitig aber lancierte die Landesregierung unentwegt Vorstöße für neue Institute im Südwesten. Wie das Beispiel der Mikroelektronik zeigt, ging sie zudem alternative Wege. Sie gründete eigene Landesinstitute und baute die Instrumente der Förderung anwendungsnaher Forschung und des Technologietransfers aus. Nach einer Phase technokratischer Modernisierung von oben in der Ära Späth signalisierte der Ausbau der traditionsreichen Steinbeiß-Stiftung zu einer schlagkräftigen Fördereinrichtung des Technologietransfers Ende der 80er Jahre die Rückkehr des „Musterländles" zu seinem historisch besonders erfolgreichen Normalweg der dezentralen, mittelstandsorientierten Wirtschafts- und Forschungspolitik.[28]

Ein Vergleich der Innovationspolitik von Baden-Württemberg, Nordrhein-Westfalen und Bayern zeigt einen bemerkenswerten Gleichklang. Christdemokratische, sozialdemokratische und christlich-soziale Konzepte unterschieden sich in dieser Phase nur wenig voneinander. Hinter diesem Gleichklang steht nicht zuletzt ein generationeller Wechsel. Ende der 70er Jahre betrat eine neue Generation von Spitzenpolitikern die Bühne der Landespolitik. Im Jahr 1978 löste Johannes Rau Heinz Kühn (1966–1978) als Ministerpräsidenten ab, in Bayern wich Alfons Goppel (1962–1978) dem vormaligen Bundespolitiker Franz Josef Strauß, und in Baden-Württemberg begann das Zeitalter des „Späth-Absolutismus", als Lothar Späth an die Stelle von Hans Filbinger (1966–1978) trat. Die neuen Landesfürsten stehen symbolhaft für eine konsequente Politik der ökonomischen Modernisierung unter gezieltem Einsatz technologiepolitischer Instrumente. Im Mikrokosmos der IMS-Gründungen in Duisburg und Stuttgart spiegelt sich denn auch der forschungspolitische Makrokosmos der 80er Jahre wider: der Wettlauf der technologiepolitisch führenden Bundesländer, der sich in einer besonders ausgeprägten, über Späth und Rau auch persönlich ausgetragenen Rivalität von Baden-Württemberg und Nordrhein-Westfalen manifestierte.[29]

Das Beispiel der Rivalität um Mikroelektronik zeigt einmal mehr, daß sich die Fraunhofer-Gesellschaft aus einer Reihe von Gründen besonders prominent der landespolitischen Aufmerksamkeit erfreut. Erstens belasten die Fraunhofer-Institute den Staatssäckel der Länder außerordentlich wenig. Mehr als zwei Drittel ihrer Haushalte verdienen die Institute am Markt selbst, und von den Restkosten übernimmt der Bund mit 90% den Löwenanteil. Zweitens entspricht die dezidierte Industrienähe der Fraunhofer-Institute dem technologiepolitischen Hauptziel, Wissenschaft in Innovationen und damit in arbeitsmarktrelevante Produktion umzusetzen. Drittens hat die Gesellschaft ihren Ruf als High-Tech-Schmiede mit dem Schwergewicht auf den Schlüssel- und Zukunftstechnologien gefestigt. Viertens behauptet sie von sich, ihre Konzepte in hervorragender Weise auf die Bedürfnisse der kleineren und mittleren Unternehmen und damit auf das Rückgrat der jeweiligen regionalen Wirtschaft zugeschnitten zu haben.

Das letztgenannte Argument wollen wir nochmals einer näheren Betrachtung unterziehen, beinhaltet es doch formal den Widerspruch, daß Impulse für den regionalen Strukturwandel ausgerechnet von denjenigen Forschungsinstituten ausgehen sollen, die erklärtermaßen von überregionaler Bedeutung sind.

2. Regionalität als Prinzip: die Fraunhofer-Gesellschaft und der industrielle Mittelstand

Als die Wirtschafts- und Technologiepolitik der Industriestaaten in den 70er Jahren weltweit die besondere Bedeutung der kleinen und mittleren Unternehmen (KMU) für den Innovationsprozeß entdeckte, bekam die Fraunhofer-Gesellschaft einen neuen Trumpf in die Hand. Ebenso wie die Arbeitsgemeinschaft industrieller Forschungsvereinigungen (AiF) konnte sie für sich reklamieren, ihr Leistungsprofil in starkem Maße auf die Bedürfnisse des KMU-Bereichs abgestellt zu haben. Als die Bundesregierung die Fraunhofer-Gesellschaft 1976 finanziell in die Lage versetzte, ein Programm zur Förderung der Vertragsforschung für kleine und mittlere Unternehmen aufzulegen, trug sie dieser Argumentation zusätzlich Rechnung, und in der Tat verschoben sich die Gewichte. Die Institute wurden nun vermehrt für den industriellen Mittelstand tätig.

Auch in den 80er Jahren blieben die kleinen und mittleren Unternehmen im Blickfeld der Bundes- und Landespolitik. Im Bestreben, die Geschwindigkeit der Verbreitung technischer Innovationen zu steigern, setzte man auf die hohe Flexibilität und die spezifische Kunden- und Anwendungsnähe des industriellen Mittelstandes. Diverse Förderprogramme hatten die Aufgabe, die größenbedingten Nachteile der Unternehmen im Bereich der Forschung auszugleichen. Das seit 1978 bestehende Programm „Förderung der Auftragsforschung und Entwicklung“ sollte vor allem den kleinen Unternehmen den Zugang zu externen Forschungsressourcen sichern. Von diesem Programm profitierten insbesondere die Fraunhofer-Institute.

Die überdurchschnittliche Mittelstandsrelevanz der Fraunhofer-Gesellschaft verdeutlichen Erhebungen zu den Förderprogrammen des Bundesforschungsministeriums. Die kleinen Unternehmen mit weniger als 500 Beschäftigten hatten 1987 einen Anteil am Gesamtvolumen der Auftragsforschung der Wirtschaft von 18,4%; an den Industrieaufträgen der Fraunhofer-Gesellschaft partizipierten sie dagegen mit 22,8%. Bemerkenswert ist zudem die steigende Tendenz in zeitlicher Perspektive: Lag der Anteil der kleinen Unternehmen bei den Fraunhofer-Industrieaufträgen 1983 noch bei rund 17%, so stieg er bis 1989 auf gut 28% an.[30]

Die Fraunhofer-Gesellschaft untermauerte mit diesen Zahlen ihr Argument, für den Mittelstand und damit auch für die regionale Wirtschaft besonders attraktiv zu sein. Als Einrichtung von dezidiert bundespolitischer Bedeutung mußte sie jedoch dem Eindruck entgegentreten, das wissenschaftlich-technische Netzwerk ihrer Institute sei regional begrenzt. Tabelle 9 über die Herkunft der

Tabelle 9: Fraunhofer-Industrieaufträge nach Sitzland des ausführenden Fraunhofer-Instituts bzw. des auftragerteilenden Unternehmens im Vergleich zum FuE-Personal in Unternehmen der gewerblichen Wirtschaft sowie zum Umsatz und zu den Beschäftigten des Bergbaus und des Verarbeitenden Gewerbes

Bundesländer	Fraunhofer-Industrieaufträge Ausführung 1985–1988 in %	Fraunhofer-Industrieaufträge Herkunft 1985–1988 in %	FuE-Personal in Unternehmen 1985 in %	Umsatz Bergbau und Verarbeitendes Gewerbe 1988 in %	Beschäftigte im Bergbau und Verarbeitendem Gewerbe 1988 in %
Baden-Württemberg	49,6	25,6	23,0	18,1	20,4
Bayern	8,3	26,0	24,1	16,6	19,3
Berlin	11,5	4,9	2,4	3,1	2,3
Bremen	0,8	1,8	1,5	1,5	1,1
Hamburg	–	2,5	2,8	4,2	1,9
Hessen	5,3	7,4	12,5	8,4	8,9
Niedersachsen	6,1	8,0	5,8	10,2	9,1
Nordrhein-Westfalen	14,9	17,6	20,8	27,9	27,6
Rheinland-Pfalz	–	4,9	k. A.	5,7	5,2
Saarland	3,5	0,5	k. A	1,8	1,9
Schleswig-Holstein	–	0,8	k. A.	2,5	2,3

Quelle: Fraunhofer-Gesellschaft (1990), S. 34.

Industrieaufträge der Gesellschaft belegt in der Tat eindeutig ihre überregionale Wirksamkeit. Dagegen fällt es schwer, Korrelationen zwischen den Beschäftigtenzahlen im Verarbeitenden Gewerbe und der Herkunft der Industrieaufträge herzustellen.

Die Fraunhofer-Gesellschaft schloß aus den Daten in Tabelle 9, daß „sie nur in Ausnahmefällen mit Unternehmen ohne eigene FuE-Aktivitäten kooperieren“ könne.[31] Die 90er Jahre haben sie diesbezüglich widerlegt. Fast 40% ihrer Wirtschaftserträge erlöst sie mittlerweile aus der Auftragsforschung von Unternehmen mit weniger als 500 Mitarbeitern, mehr als 20% gar von Unternehmen mit weniger als 100 Beschäftigten. Von den 2700 Kunden aus der Wirtschaft, für die Fraunhofer im Jahr 1996 gearbeitet hat, zählen zwei Drittel zu den kleinen und mittleren Unternehmen. Die Fraunhofer-Gesellschaft akquiriert gerade in den Größenklassen überdurchschnittlich viele Aufträge, deren Anteil an den FuE-Gesamtaufwendungen der Wirtschaft unter dem Durchschnitt liegt. Diese Entwicklung resultiert aus der gezielten Akquisition der Institute im KMU Bereich wie auch aus dem Einsatz der Finanzmittel für die Stützung der KMU-Auftragsforschung. Ohne die erheblichen Mittel des KMU-Verstärkungsfonds wäre die Fraunhofer-Politik der „Wettbewerbsstärkung des Mittelstandes" auf Sand gebaut.[32] Nicht umsonst hat die Fraunhofer-Gesellschaft immer wieder an den Bund und an die Länder appelliert, den Verstärkungsfonds auszuweiten, und 1988/89 ein erweitertes Programm zur Förderung der Forschungs- und Transferleistungen für kleine und mittlere Unternehmen aufgelegt, das auf die Intensivierung der mittelstandsspezifischen Vorlaufforschung und den Aufbau und Betrieb von Demonstrations- und Informationszentren in den Instituten abzielt.[33]

Abschließend wollen wir ein konkretes Beispiel für die Mittelstandsrelevanz der Fraunhofer-Gesellschaft unter die Lupe nehmen: Das Fraunhofer-Institut für Zerstörungsfreie Prüfverfahren (IZFP) in Saarbrücken gehört zu jenen Instituten, von denen sich eine ganze Region nachhaltige Impulse für den sektoralen Strukturwandel verspricht. Dem 1972 gezielt in der wirtschaftlichen Problemregion Saarland gegründeten Institut gelang es, einen breiten Kundenstamm insbesondere auch aus dem KMU-Bereich an sich zu binden, darunter das in Sulzbach/Saar ansässige Unternehmen Hydac Technology GmbH. Ende der 80er Jahre stellte sich Hydac die Aufgabe, einen Apparat zur Blasenerkennung in Hydraulikfluiden zu entwickeln. Auf der Suche nach technischen Lösungswegen wandte sich das Unternehmen im Januar 1990 an das IZFP, das wenig später die Ultraschalltechnologie als geeigneten Weg identifizierte. Im Mai wurde die Aufgabenstellung für die Entwicklung eines Prototyps formuliert und der Auftrag an das Institut erteilt. Mit Projektbeginn im Februar 1991 evaluierte das IZFP verschiedene Detektionsmethoden, um schließlich die Doppler-Methode als Meßprinzip vorzuschlagen. Im Juni lag ein erster Prototyp des Blasendetektors vor, der ausführlich getestet und optimiert wurde. Im Oktober 1991 stellte das IZFP seinen Abschlußbericht fertig.

Die enge Zusammenarbeit zwischen dem unternehmensinternen FuE-Bereich und dem Fraunhofer-Institut hatte es ermöglicht, den weiten Weg von der Idee zum marktfähigen Produkt in weniger als zwei Jahren zurückzulegen. Der Geschäftsführer des Unternehmens leitete vor diesem Erfahrungshintergrund generelle Forderungen des industriellen Mittelstandes an die Fraunhofer-Gesellschaft ab:

- die regionale Zuordnung von Instituten, die „weitestgehend die Struktur der ansässigen Firmen und notwendige Strukturveränderungen in der Region berücksichtigen";
- eine vertrauensvolle Zusammenarbeit des Mittelstandes mit dem regionalen Institut, die auch die wechselseitige Mitarbeit der Wissenschaftler im Unternehmen bzw. Institut umfassen sollte;
- die interdisziplinäre Zusammenarbeit verschiedener Fraunhofer-Institute und das „Anzapfen des gesamten Fraunhofer-Potentials zur Lösung der jeweils anstehenden Aufgabe";

- eine offensive Marketingstrategie der Fraunhofer-Gesellschaft, um die noch bestehende Hemmschwelle des Mittelstandes gegenüber externen Forschungsinstituten zu überwinden.

Sein Plädoyer für eine Stärkung der Regionalität der Fraunhofer-Gesellschaft gipfelte in der Forderung, jede industrielle Region brauche ihr Fraunhofer-Institut, und jedes Institut müsse sich „als Außenposten und Koordinator" für die gesamte Fraunhofer-Gesellschaft und als „Mittler für den Mittelstand" verstehen.[34]

In dieselbe Kerbe hieb Hans Leibinger, einer der erfolgreichsten bundesdeutschen Mittelständler. Als er im Senat der Fraunhofer-Gesellschaft zur Sprache brachte, daß bei der Standortwahl von Instituten „die Nähe der Forschung zum Kunden sehr wichtig sei", unterstrich er die Bedeutung regionaler Netzwerke zwischen Wissenschaft und Wirtschaft für den Innovationsprozeß. Sein Senatskollege Reinhard Metz konstruierte demgegenüber einen Zielkonflikt und verwies „auf eine möglicherweise unauflösliche Diskrepanz zwischen den regionalpolitischen Bestrebungen, der Pflicht der Politik, für ein ausgewogenes Verhältnis in der Bundesrepublik zu sorgen, und dem von Herrn Leibinger vorgetragenen Wunsch einer Ansiedlung der Forschung in der Nähe der Bedarfsträger".[35]

Aus historischer Perspektive wird aus dem vermeintlichen Zielkonflikt ein Fraunhofer-typisches Spannungsfeld von Überregionalität und Regionalität, innerhalb dessen die Institute in je unterschiedlicher Weise verortet sind. Idealtypisch läßt sich zwischen einem Frauhofer-Institut unterscheiden, das fest in ein dichtgeknüpftes regionales Netzwerk eingebunden ist, und einem Institut, dessen Kunden über Deutschland und Europa, wenn nicht gar über die USA und Südostasien verstreut sind. Wie bereits erwähnt, bilden Regionalisierung und Internationalisierung zwei Seiten einer Medaille. Die Stärkung der Regionalität der Fraunhofer-Gesellschaft läßt sich daher auch als Strategie sehen, den Herausforderungen der Globalisierung zu begegnen.

X. Wirkungspfade der Fraunhofer-Gesellschaft im Innovationsprozeß

1. Menschen und Mobilität – Innovationsförderung durch Personalpolitik

Innovationen werden von Menschen gestaltet: Erst das Fachwissen und die Erfahrung der Wissenschaftler ermöglichen es, neue Produkte und Verfahren zu entwickeln. Kreativität und berufliche Flexibilität kommen hinzu, denn beides wird gebraucht, um die Innovationspfade zwischen Forschung und Wirtschaft effektiver zu gestalten. Die Fraunhofer-Gesellschaft bezeichnet die personelle Fluktuation von den Instituten in die technologieorientierten Unternehmen als „Transfer durch Köpfe". Das meint vor allem, daß die Mitarbeiter beim Verlassen der Fraunhofer-Gesellschaft ihr Know-how mitnehmen und dem künftigen Unternehmen zur Verfügung stellen. „Transfer durch Köpfe" zielt darüber hinaus auf eine flexible Personalpolitik, die den ständigen Zustrom eines an den Hochschulen erworbenen aktuellen Expertenwissens ebenso steuert wie den Abfluß eines bei Fraunhofer erworbenen Know-hows. Betrachten wir einige jüngere Entwicklungen.

Die Fluktuation hat sich in der Fraunhofer-Gesellschaft im Bereich Vertragsforschung zwischen 1984 und 1996 auf 14% verdoppelt. Von 190 ausgeschiedenen Wissenschaftlern – das zeigt eine statistische Momentaufnahme von 1995 – fanden 54% in der Industrie Anstellung, 3% gründeten ein eigenes Unternehmen, häufig im Umfeld von Fraunhofer-Instituten. Der Wechsel von Mitarbeitern in die Industrie verstärkt die Leistungsfähigkeit der Unternehmen und ist somit ein wichtiger Faktor im Innovationsprozeß.

Zwischen 1974 und 1984 erfolgten 40 Ausgründungen mit insgesamt 250 Mitarbeitern, zwischen 1985 und 1995 schnellte die Zahl auf 250 Ausgründungen mit insgesamt etwa 1000 Mitarbeitern hoch. Das Spektrum der neuen Firmen reicht vom Ein-Mann-Beratungsbüro bis zum fertigungstechnischen Industrieunternehmen mit 30 Mitarbeitern. Diese Zahlen belegen aber nicht nur eine zunehmende unternehmerische Einstellung von Fraunhofer-Mitarbeitern, sie spiegeln auch eine kritische Verengung des industriellen Arbeitsmarktes für anwendungsnahe Forscher wider sowie die Tendenz der Unternehmen, durch Auslagern von Forschungs- und Entwicklungskapazitäten das eigene wirtschaftliche Risiko zu verkleinern. Alle drei Faktoren fördern die Bereitschaft, sich selbständig zu machen.

Eine hohe Fluktuation in der Fraunhofer-Gesellschaft ist gewollt und wird personalpolitisch insbesondere mit dem Instrument der Befristung gesteuert. So stieg von 1980 bis 1996 der Anteil befristeter Arbeitsverträge von 9% auf knapp 30%, wobei allerdings auch die besondere Situation in den neuen Bundesländern zu berücksichtigen ist. Doch auch andere Umstände, auf die eine steuernde Personalpolitik nur wenig Einfluß hat, begünstigen eine Abwanderung. Dazu zählt vor allem die im öffentlichen Dienst maßgebliche Vergütungsordnung, welche mit Angeboten aus der Industrie kaum konkurrieren kann.

Die gewünschte Mobilität bezieht sich aber nicht nur auf die Fluktuation zwischen Instituten und Wirtschaft. Auch in den Instituten selbst prägen neue, meist sehr junge Mitarbeiterinnen und Mitarbeiter das Bild, denn neben dem befristet oder unbefristet tätigen Stammpersonal werden in stark zunehmendem Maße Hilfskräfte beschäftigt. Während zwischen 1980 und 1996 das Stammpersonal auf mehr als das Doppelte stieg, läßt sich im gleichen Zeitraum eine Verachtfachung der Hilfskräfte beobachten, und das sind fast durchweg fortgeschrittene Studierende.

Die aufgeführten Zahlen belegen deutliche Veränderungen in der Personalstruktur von Fraunhofer. Sie sind das Ergebnis einer strategischen Personalpolitik, spiegeln aber auch den Einfluß externer Faktoren wie Konjunktur- und Arbeitsmarktdynamik, Vergütungsnormen und Vorgaben von Bund und Ländern wider.

Pfade zwischen Hochschule und Fraunhofer-Institut

Der normale Weg junger Wissenschaftler aus der Universität über eine Tätigkeit in den Fraunhofer-Instituten in die Wirtschaft führt zu einer besonders praxisnahen und zugleich hochqualifizierten Ausbildung. Gerade die Fraunhofer-spezifische Doppelqualifikation zur Akquisition und zur Durchführung von Forschungsaufträgen eröffnet den Diplomanden und Doktoranden oftmals gute Chancen auf dem Arbeitsmarkt. Seit Mitte der 80er Jahre fördert die Fraunhofer-Gesellschaft zielstrebig diesen „Transfer durch Köpfe“ als eine „Brückenfunktion zwischen Hochschule und Industrie“.[1]

Auf diesen Aspekt innovationsfördernder Mobilität setzte die Fraunhofer-Gesellschaft im Grunde bereits seit Ende der 70er Jahre, als neue Fraunhofer-Institute in der Regel in enger Kooperation mit bestehenden oder ebenfalls neugeschaffenen Universitätsinstituten gegründet wurden. Die Fraunhofer-Gesellschaft „brauchte damals Qualität im wissenschaftlichen Sinne, die Verbindung mit den Universitäten, um an jüngere Leute, Doktoranden und Habilitanden heranzukommen“, betonte der ehemalige Präsident Heinz Keller.[2]

Bereits 1984 kooperierten mehr als zwei Drittel der Institute im Bereich der Vertragsforschung mit Universitätsinstituten, große Fraunhofer-Zentren wie Stuttgart oder Aachen entstanden in unmittelbarer Nähe des Hochschulcampus. In der Folge explodierte die Zahl der studentischen und wissenschaftlichen Hilfskräfte in der Fraunhofer-Gesellschaft:

Tabelle 10: Stammpersonal und Hilfskräfte in der Fraunhofer-Gesellschaft 1980–1998

Mitarbeiter	1980	1986	1991	1992*	1993	1994	1995	1996	1997	1998**
Stammpersonal	2369	3280	4207	5062	5029	5060	5172	5408	5558	5700
Hilfskräfte***	411	1080	2849	2443	2875	3028	3330	3400	3328	3400
Gesamt	2780	4360	7056	7505	7904	8088	8502	8808	8886	9100
Anteil der Hilfskräfte an der Gesamtzahl (in Prozent)****	14,8	24,8	40,4	32,6	36,4	37,5	39,2	38,6	37,5	37,4

* ab 1992: einschließlich der Mitarbeiter der Fraunhofer-Einrichtungen in den neuen Bundesländern;
** 1998: Zahlen nach Plan vom 8.4.1998 (FhG, intern);
*** Hilfskräfte: Diese Angabe umfaßt zu über 80% studentische und wissenschaftliche Hilfskräfte, die allerdings in den statistischen Unterlagen in den 80er Jahren nicht getrennt von dem geringen Anteil von Praktikanten und übrigem Hilfspersonal aufgeführt werden;
**** nach Personen gerechnet.

Quelle: FhG, intern; eigene Berechnungen.

Die Vorteile für die Fraunhofer-Institute liegen auf der Hand. Die Wissensweitergabe in der Lehre und die Forschung in gemeinsamen Arbeitsgruppen schaffen intensive wechselseitige Austauschbeziehungen zwischen Hochschule und Institut. Von einer Tätigkeit als studentischer Hilfskraft führt der Weg nach der erfolgreichen Zwischenprüfung in das Aufgabengebiet einer wissenschaftlichen Hilfskraft. Ein Teil der Hilfskräfte kann nach Ende des Studiums am Fraunhofer-Institut als Doktorand weiter forschen und arbeiten. Nach der erfolgreichen Promotion verläßt die Mehrzahl der Doktoranden das Institut in Richtung Wirtschaft.

Für das Fraunhofer-Institut entsteht so ein Freiraum für einen regelmäßigen Zustrom von Nachwuchswissenschaftlern, und es profitiert von einem neuen Potential an Ideen. Personalpolitik wird daher zu einem zentralen Instrument, um gemäß dem Fraunhofer-Modell eine Steigerung der Wirtschaftserträge zu bewirken. Denn einerseits muß sich das Institut auf die Auftragsforschung konzentrieren, andererseits kann diese Anstrengung aber nur erfolgreich sein, wenn das zugrundeliegende Fachwissen beständig auf den neuesten Stand gebracht wird. Das setzt eine enge Kooperation mit den Hochschulen voraus. Bei der Neugründung von Instituten spielt daher in der Standortfrage die Kooperationsmöglichkeit mit Universitäten eine große Rolle.

Die Zusammenarbeit zwischen Fraunhofer-Institut und Universität ordnet in der Regel ein Kooperationsvertrag. Oft leitet ein Lehrstuhlinhaber in Personalunion auch das zugehörige Fraunhofer-Institut. Seine gemeinsame Berufung ist die wichtigste Voraussetzung für eine enge Zusammenarbeit zwischen Universität und Fraunhofer-Gesellschaft: Die Universität kann in Kooperation mit dem Fraunhofer-Institut Diplomanden und Doktoranden praxisnah ausbilden; die Studenten können als wissenschaftliche Hilfskräfte ihr Studium realitätsnah gestalten und finanziell absichern.

Die befristeten Anstellungsverträge für wissenschaftliche und studentische Hilfskräfte ermöglichen es der Fraunhofer-Gesellschaft, flexibel auf Veränderungen am Forschungsmarkt zu reagieren. Dies zeigte sich etwa 1991/92. Der für Fraunhofer so dramatische Rückgang der Projektförderung in den alten Bundesländern um über 25% innerhalb eines Jahres wurde nicht zuletzt durch eine Verminderung der Hilfskräfte um über 400 aufgefangen – das entspricht einem Abbau von gut 14%.

Pfade zwischen Forschung und Industrie

Zentraler Motor für Wechselwirkungen zwischen Forschungsinstituten und Wirtschaft ist die Vertragsforschung. Doch auch der Wechsel von Mitarbeitern in die Industrie trägt zum Austausch von Know-how bei. Die in der Fraunhofer-Gesellschaft erworbenen Fähigkeiten können in der Industrie im Bereich Forschung und Entwicklung unter attraktiven Rahmenbedingungen eingesetzt werden, wobei sich in Produktion, Vertrieb oder Marketing oft weitere berufliche Entwicklungsperspektiven ergeben. Zudem entstehen durch die ehemaligen Mitarbeiter der Fraunhofer-Institute nützliche Beziehungsnetze zwischen Fraunhofer und der Wirtschaft. So haben sich etwa am Stuttgarter Institut für Produktionstechnik und Automatisierung (IPA) rund 250 „Ehemalige" zu einem Verein zusammengeschlossen und treffen sich regelmäßig am Institut. Mehr als zwei Drittel von ihnen nehmen Positionen im mittleren und höheren Management ein.

Aus Sicht der Fraunhofer-Gesellschaft hat die positive Bedeutung des Wechsels von Mitarbeitern in die Wirtschaft seit Ende der 70er Jahre zugenommen. War man zunächst bemüht, eine ausreichende Personalausstattung der Institute durch einen hohen Anteil an unbefristeten Stellen zu erreichen, auch weil ein zu hoher Wissensabfluß in die Wirtschaft befürchtet wurde, so bezeichnete es der Vorstand 1987 als sinnvoll, die damalige Fluktuationsrate von 10% pro Jahr beizubehalten, da der damit verbundene Abfluß von Know-how als Bestandteil des Technologietransfers in die Wirtschaft erwünscht sei und durch qualifizierte Neueinstellungen kompensiert werden könne. Dies ermögliche den Instituten die ständige Anpassung an neuartige Aufgabenstellungen des Forschungsmarktes.[3] Auch vor diesem Hintergrund ist die Zunahme der befristeten Arbeitsverträge im gleichen Zeitraum von 9% auf gut 30% zu sehen.

Deutlicher noch tritt dieser Trend bei Instituten mit einem sehr hohen Anteil der Vertragsforschung am gesamten Finanzvolumen zutage, so etwa am Stuttgarter IPA: Lediglich die Hälfte der 131 wissenschaftlichen Mitarbeiter war 1995 unbefristet angestellt. Gerade solche Institute, die im Bereich junger und zu-

Tabelle 11: Entwicklung des Verhältnisses von befristetem und unbefristetem Stammpersonal 1980–1997

Mitarbeiter	1980	1986	1991	1993	1994	1995	1996	1997
Stamm-personal	2369	3280	4207	5029	5060	5172	5408	5558
davon befristet	214	415	1064	1895	1368	1460	1637	1693
Anteil in Prozent	9,0	12,6	25,2	37,8	27,0	28,2	30,3	30,5

Quelle: FhG, intern; eigene Berechnungen.

kunftsträchtiger Technologien arbeiten, sind angesichts immer kürzerer Produktzyklen und immer schneller veraltender Wissensgrundlagen auf die mit der Fluktuation verbundene Flexibilität angewiesen.

Zunehmende Bedeutung kommt den Mitarbeitern zu, die ein neues Unternehmen gründen. Unternehmensgründungen im Umfeld staatlich geförderter Forschungseinrichtungen gelten heute als eines der wirksamsten Instrumente der Innovationsförderung. Die Bezeichnung *Spin-offs* geht auf die Entwicklung im kalifornischen „Silicon Valley" zurück, wo zahlreiche Ausgründungen aus Industrielabors und Universitäten die Entwicklung mikroelektronischer Anwendungen befruchtet haben. Die Fraunhofer-Gesellschaft fördert seit 1984 diese Form des „Transfers durch Köpfe", da sie „eine sehr starke Umsetzungswirkung des Fraunhofer-Know-hows durch Firmengründungen von Mitarbeitern bewirkt".[4] Sie folgt damit der forschungspolitischen Zielsetzung des Bundes, der mit verschiedenen Programmen bereits seit 1983 die Entstehung solcher Unternehmen unterstützt. Der Bundesforschungsbericht des Jahres 1996 sieht in der Ausgründung einen wichtigen Weg, Forschungs- und Entwicklungsergebnisse in die industrielle Anwendung zu überführen, weil sie „das Instrumentarium des Technologietransfers durch Köpfe" ergänzen und „zusätzliche Arbeitsplätze im Bereich hoher Wertschöpfung" schaffen.[5] Diese von der Politik wie von der Fraunhofer-Gesellschaft erwartete doppelte Wirksamkeit erklärt den ständigen Aufruf zu Ausgründungen und deren Unterstützung durch die Fraunhofer-Institute. Dazu zählen etwa das befristete Angebot zur Rückkehr des Mitarbeiters an das Institut oder die Überlassung von Institutsinfrastruktur zu marktüblichen Konditionen.

Der Wechsel aus den Instituten in die Wirtschaft ist der übliche Weg der Migration, mit dem Charakter einer Einbahnstraße. Der umgekehrte Weg aus der Wirtschaft in die Fraunhofer-Gesellschaft spielt kaum eine Rolle für die Beziehungen zwischen Wissenschaft und Wirtschaft. Ein zentraler Grund dafür ist das Verdienstgefälle. Die enge Bindung der Vergütung der Fraunhofer-Mitarbeiter an den Bundesangestelltentarif (BAT) fördert den Wechsel von Mitarbeitern in die Wirtschaft, weil dort bessere Berufs- und Verdienstchancen zu erwarten sind. Dieser Effekt ist bis zu einem gewissen Grad durchaus erwünscht, weil so in den Instituten eine ausgewogene Mischung zwischen jungen, kreativen Wissenschaftlern aus der Hochschule und bewährten Projektmanagern zu erzielen ist.

Aber wie ist zu vermeiden, daß auch diejenigen gehen, die man halten möchte und wegen des BAT-Korsetts nicht halten kann? Oder wie lassen sich Führungskräfte aus der Industrie für Positionen wie die eines Institutsleiters gewinnen, was ja ebenfalls der Fraunhofer-Strategie entspricht, wenn die Vergütung im öffentlichen Dienst mit der freien Wirtschaft nicht mithalten kann, etwa weil zu wenig Spielraum für Zusatzvergütungen vorhanden ist oder weil restriktive Vorgaben die Nebentätigkeiten einschränken? Was im Rahmen des öffentlichen Dienstes sinnvoll sein mag, erweist sich im Konkurrenzverhältnis zur Industrie als Bremsklotz, und an der Wirtschaft hat sich Fraunhofer ungleich stärker als andere öffentlich finanzierte Forschungseinrichtungen zu orientieren.

Personalpolitik und Vergütung

Als 1968 mit der Aufnahme der Fraunhofer-Gesellschaft in die öffentliche Grundfinanzierung die damalige Führungsriege – insbesondere August Epp – sich am Ziel langjähriger Kämpfe sah, wurde folgerichtig die Vergütung der Fraunhofer-Mitarbeiter an den Bundesangestelltentarif gebunden und dies aus Gründen der Stabilität begrüßt. Doch was sichern sollte, konnte auch hemmen. Das zeigte sich wenig später beim Übergang zum Fraunhofer-Modell, also zur ertragsorientierten Grundfinanzierung. Das enge Korsett der Vergütung im öffentlichen Dienst beschränkt in unterschiedlicher Weise eine leistungsgerechte Bezahlung in allen Tätigkeitsbereichen, vom Präsidenten über die Institutsleiter bis hin zu den Mitarbeitern. Bereits bei dem Nachfolger des Präsidenten Mohr drohte die gewünschte Berufung aus einem Industrieunternehmen am engen öffentlichen Finanzrahmen zu scheitern. Erst eine von Forschungsminister Horst Ehmke erwirkte Sondergenehmigung durch Bundeskanzler Helmut Schmidt ermöglichte eine Ausnahmevergütung für den erfahrenen Industriemanager Heinz Keller als neuen Fraunhofer-Präsidenten. Ähnliche Probleme stellten sich bei der Gewinnung vieler weiterer leitender Wissenschaftler, doch ist auch zu betonen, daß trotz des engen Spielraums in der Vergütung die wissenschaftlichen Herausforderungen und Gestaltungschancen im Rahmen der Fraunhofer-Gesellschaft immer wieder innovative Persönlichkeiten zum Eintritt motivierten.

Die Vergütung ist bis in die Gegenwart ein Dauerthema in der Debatte zwischen Fraunhofer-Gesellschaft und Zuwendungsgebern geblieben. Abgesehen davon, daß Fluktuation in gewissem Maße erwünscht ist, wirkt der BAT als Problem insbesondere auf der zweiten Führungsebene, wenn kompetente Abteilungsleiter von der Industrie nicht selten durch Angebote mit bis zu 60% höherer Vergütung für vergleichbare Aufgaben gelockt werden.[6] Auch das ständig modifizierte System der Zulagengewährung kann daran kaum etwas ändern. Ein Modellversuch, erfolgsabhängige Gehaltszuschläge für Institutsleiter einzuführen, wie er im aktuellen Fünf-Jahres-Bericht der Gesellschaft formuliert wird, sei stellvertretend für viele andere Überlegungen genannt. Doch vor allem in der Anwerbung neuer Führungskräfte – insbesondere von Institutsleitern aus der Industrie, was die Fraunhofer-Gesellschaft im Zuge der seit 1992 verstärkt erhobenen Forderung der Politik nach höheren Industrieerträgen anstrebt – wirkt der vorgegebene Vergütungsrahmen hemmend. Angesichts eines bevorstehenden Generationswechsels in mehreren Instituten gilt eine Rekrutierung aus der Industrie besonders im Bereich industrienaher produktionstechnischer Institute als wünschenswert.[7]

Im „Doppelinstitut", wo ein Universitätsinstitut und das Fraunhofer-Institut in Personalunion geführt werden, beschränkt die Nebentätigkeitsverordnung des öffentlichen Dienstes die zusätzlichen Bezüge des Institutsleiters im öffentlichen Bereich trotz der Doppelbelastung auf höchstens 24000 DM pro Jahr. Auch unter Ausnutzung sämtlicher Zulagenregelungen kann daher die Fraunhofer-Gesellschaft mit Wirtschaftsunternehmen um besonders qualifizierte Führungskräfte nicht konkurrieren. Die Regelung der Bezüge nach dem nur eingeschränkt leistungsorientierten System des BAT für die Mitarbeiter einer Organisation, die sich 30–40% ihres Etats am Markt für Auftragsforschung zu verdienen hat, bleibt ein strukturelles Problem des Fraunhofer-Modells. Die Frage einer elastischeren Zulagengewährung wird dabei nicht nur zwischen Fraunhofer-Gesellschaft und Bundesforschungsministerium erörtert, sondern auch auf Bundesebene von Forschungs- und Finanzressort durchaus unterschiedlich beurteilt.

Personalwirtschaftliche Hemmnisse, die den gewünschten Austausch zwischen Fraunhofer-Institut und Wirtschaft bzw. Hochschule einschränken und sich einer steuernden Personalpolitik durch das Fraunhofer-Management weitgehend entziehen, sind also ein noch ungelöstes Problem. Insgesamt jedoch belegt der statistische Befund eine zielstrebige und erfolgreiche Innovationsförderung durch Personalpolitik, welche den Zustrom neuen und den Abfluß bewährten Wissens effizient gewährleistet und damit auch in den Humanressourcen günstige Bedingungen für eine leistungsfähige Auftragsforschung zwischen forschend-ausbildender Hochschule und nachfragendem Markt bereitstellt.

2. Auftragsforschung in der Fraunhofer-Gesellschaft

Forschung sucht sich Märkte

Forschung entspringt dem Bedürfnis, wissenschaftlich, also systematisch operierend und methodisch kontrolliert, ungelöste Probleme zu lösen und Grenzen der Erkenntnis aufzubrechen oder doch zumindest zu verschieben. Forschung erfolgt gezielt und verspricht Nutzen, Nutzen ganz allgemein für ein zu befriedigendes Erkenntnisinteresse im Wissenschaftsprozeß selbst, aber auch technisch-ökonomischen Nutzen durch eine gewerbliche, soziale oder politische Anwendung von Forschungsergebnissen. Das gilt für die Bundesrepublik wie für andere, auf Wissenschaft gestützte moderne Gesellschaften, und das galt auch schon früher in Deutschland. So begründete der evangelische Theologe Adolf Harnack 1911 in seiner Denkschrift zur Gründung der Kaiser-Wilhelm-Gesellschaft zur Förderung der Wissenschaften die Bedeutung neuartiger Forschungsinstitute damit, daß es gelte, die deutsche Wirtschaft in der internationalen Konkurrenz der Großmächte wettbewerbsfähig zu erhalten. Harnack dachte modern und vorausschauend, wenn er auf die Errichtung zeitgemäßer Institutionen im Forschungsbetrieb drängte. Als ein überragender Gelehrter wurzelte der Historiker der frühchristlichen Kirche in einem spezifisch deutschen Wissenschaftsverständnis, das Forschung um ihrer selbst willen betrieb und von wissenschaftlicher Arbeit eine Durchbildung und Entfaltung von Einzelpersönlichkeiten erwartete. Eine solche Forschung konnte durchaus auf praktischen Nutzen ausgerichtet sein, sie hatte insgesamt dem nationalen Interesse zu dienen, wie Harnack betonte, aber sie blieb doch immer selbstbestimmt. Die Idee selbstbestimmter Wissenschaft schloß arbeitsteilige Forschung keineswegs aus, bei der Spezialisten unter Anleitung eines das Gesamtproblem allein überblickenden Projektleiters Teilaspekte bearbeiten, wie Harnack in seinem Modell vom „Großbetrieb der Wissenschaft" 1905 gezeigt hatte. Aber eine Autonomie wissenschaftlicher Forschung war zu wahren; sie hatte sich übergeordneten Erwartungen an das Wissenschaftssystem nicht zu verschließen, jedoch außengesteuerten Vorgaben zu widersetzen.

Der Rückblick erklärt, warum der Terminus „Auftragsforschung" in der deutschen Forschungslandschaft auf wenig Gegenliebe stieß, auch wenn industrienahe und vermarktungsfähige Forschungspotentiale lange schon an den Technischen Hochschulen oder an zahlreichen Kaiser-Wilhelm-Instituten etabliert waren. Der Begriff tauchte denn auch in Deutschland erstmals Anfang der 50er Jahre und bezeichnenderweise mit der Ansiedlung des amerikanischen Battelle-Instituts auf. Als Auftragsforschung wurde nun jede vertraglich vereinbarte Forschungsleistung für einen öffentlichen, verbandlichen oder einzelnen industriellen Auftraggeber bezeichnet. Man sprach im gleichen Sinne von Auftragsforschung oder Vertragsforschung. Doch „Vertrag" als positiv konnotierter Begriff des bürgerlichen Rechtssystems fand eher Resonanz als der im Forschungssystem Argwohn erregende Terminus „Auftrag". So entschied sich Ende der 50er Jahre die Fraunhofer-Gesellschaft dafür, „daß anstelle der bisherigen Bezeichnung Auftragsforschung die Bezeichnung Vertragsforschung treten soll". Wenn auch beides „im Grunde dasselbe" aussage, sei „jedoch zu berücksichtigen, daß die Bezeichnung ‚Auftrag' insbesondere bei Hochschulinstituten und Instituten [...] ungern verwendet wird".[8] Auf die Sprachregelung folgte seit den frühen 60er Jahren die Schwerpunktsetzung zugunsten der „Vertragsforschung".[9] Der weitere Ausbau der Fraunhofer-Gesellschaft zur maßgeblichen

Trägerorganisation der angewandten Forschung konzentrierte sich nun darauf, die Vertragsforschung für Staat und Industrie in Deutschland zu stärken, gemäß dem künftigen Prinzip der erfolgsabhängigen Grundfinanzierung.

Mit der Untergliederung des Institutsbestandes 1976 in die drei „Leistungsbereiche" Verteidigungsforschung, Vertragsforschung und Dienstleistungseinrichtungen unterstrich die Fraunhofer-Gesellschaft den nunmehr vorrangigen Stellenwert der ausdifferenzierten Vertragsforschung,[10] gegliedert in *Auftragsforschung* für die Wirtschaft, öffentliche Projektförderung und staatliche Grundfinanzierung, die zu jeweils einem Drittel die Erträge bestimmen sollten. Die im Rahmen des Leitbegriffs Vertragsforschung wiedereingeführte Auftragsforschung umfaßte so die industriewirksamen Erträge in direkter Kooperation mit der Wirtschaft.

Welchen Stellenwert nimmt Vertragsforschung im bundesdeutschen Innovationssystem ein? Insofern Innovation die Durchsetzung eines neuen Verfahrens oder Produkts auf dem Markt bezeichnet, sind im Innovationsprozeß einzelne, aufeinanderfolgende Schritte zu unterscheiden: insbesondere Grundlagenforschung, angewandte Forschung, experimentelle Entwicklung und Diffusion der Ergebnisse. Die angewandte Forschung verbindet dabei als strategischer Kreuzungspunkt Erkenntnisse der Grundlagenforschung mit Bedürfnissen der Wirtschaft nach neuen Verfahren und Produkten. Vor allem seit den späten 60er Jahren gilt eine nachhaltige Förderung von Forschung und Entwicklung (FuE) in der Bundesrepublik als Schlüssel im privatwirtschaftlichen und nationalstaatlichen Wettbewerb. Etwa 15% der jährlich in der Bundesrepublik ausgegebenen Forschungsmittel werden im Wettbewerb zwischen öffentlichen und privaten Forschungseinrichtungen vergeben. Diese bilden den Markt für Vertragsforschung. Hauptakteure sind neben den Industrielaboratorien und privaten Ingenieurbüros nationale (zunehmend auch internationale) Institutionen wie die Fraunhofer-Gesellschaft, die Arbeitsgemeinschaft industrieller Forschungsvereinigungen und nicht zuletzt die Fachhochschulen. Darüber hinaus drängen seit den 90er Jahren auch die staatlich finanzierten Großforschungseinrichtungen – seit Ende 1995 zusammengefaßt in der Hermann von Helmholtz-Gemeinschaft Deutscher Forschungszentren (HGF) – und einzelne, vormals als „Blaue-Liste", nun als Wissenschaftsgemeinschaft Gottfried Wilhelm Leibniz (WGL) firmierende Einrichtungen verstärkt auf diesen Markt.

Als durchaus tückisch erwies sich dabei jenes Modell der erfolgsabhängigen Grundfinanzierung, das als Motor für die dynamische Fraunhofer-Entwicklung seit den frühen 70er Jahren wirkte, aber auch eine doppelte Frontstellung erzeugte. Denn private Forschungseinrichtungen werten die institutionelle Grundfinanzierung zur Vorlaufforschung als Wettbewerbsverzerrung bei der Vergabe von Aufträgen. Andererseits können die Großforschungseinrichtungen, da sie nicht von der Einwerbung von Aufträgen abhängig sind, zu gänzlich anderen Konditionen anbieten als die Fraunhofer-Gesellschaft, die seit den 80er Jahren die Vollkostendeckung in der Vertragsforschung vorsieht.[11]

Wie entsteht ein Markt für Vertragsforschung? Forschungskooperationen werden einerseits vom Staat und von der Industrie angeboten. FuE-Projekte mit sehr speziellen Forschungsfragen oder besonderen Anforderungen an Kapazitäten und Geräte, die einen hohen Aufwand in einem Unternehmen erfordern, bieten sich für eine Vergabe an externe Forschungseinrichtungen an. Andererseits fragt der Staat Forschung nach, die der industriellen Strukturförderung dient oder auf bestimmte Technologieentwicklungen zielt, welche von der Industrie wegen unsicherer Aussichten auf Nutzen wenig verfolgt werden. Der deutsche Markt für Vertragsforschung wird enger, da der zu verteilende Kuchen nicht größer wird, gleichzeitig aber öffentlich finanzierte Hochschulen und außeruniversitäre Forschungsorganisationen in Richtung Vertragsforschung gedrängt werden oder angesichts einer verstärkt positiv bewerteten, praxisnahen Drittmitteleinwerbung dorthin drängen. Vormalige Widerstände gegen eine Auftragsforschung, welche als Zumutung an selbstbestimmte Wissenschaft galt, treten angesichts einer an Effizienzkriterien orientierten Evaluierung, der zunehmend die Hochschulforschung, aber auch die staatlich finanzierten Großforschungseinrichtungen und WGL-Institute unterworfen werden, immer mehr in den Hintergrund. Die Fraunhofer-Gesellschaft hat diese neue Tendenz in den letzten Jahren hautnah verspürt. Ihr Wettbewerbsvorteil liegt darin, als industriell nachgefragter Partner in der angewandten Forschung über praxisnahe Problemlösungskompetenzen zu verfügen, gleichzeitig strategische Optionen auf Zukunftstechnologien zu wahren und diese unterschiedlich finanzierten Vertragsforschungskomponenten synergetisch zu verbinden.

Fragen wir nun nach dem Stellenwert der als industriewirksam definierten Auftragsforschung im Rahmen des Fraunhofer-Leistungsbereichs Vertragsforschung. Das Fraunhofer-Modell dynamisierte die staatliche Grundfinanzierung gemäß Fraunhofers Eigeneinwerbungen aus Industrie und öffentlicher Hand, legte also das Konzept einer Drittelfinanzierung zugrunde: Auftragsforschung für die Industrie, öffentliche Projektförderung und Grundzuschuß von Bund und Ländern. Eine strikte Drittelung hatte der Kabinettsbeschluß von 1973 allerdings nicht vorgesehen.[12] Tatsächlich erzielten Aufträge der Wirtschaft bis vor kurzem nie ein Drittel der Gesamteinnahmen, sie bewegten sich unter 30% und überstiegen erst Mitte der 90er Jahre diese Marke in Richtung auf einen Drittelanteil (vgl. Schaubild 10). Gleichwohl wirkte die Orientierung an der Vertragsforschung strukturprägend, denn das bis zu Beginn der 90er Jahre relativ kontinuierliche und rasche Anwachsen des Finanzvolumens verdankte sich den Wirtschaftsaufträgen und der öffentlichen Projektförderung (vgl. Schaubild 10). Demgegenüber stieg zwar auch die erfolgsabhängige Grundfinanzierung absolut an, flachte aber relativ von knapp 50% Mitte der 70er Jahre auf etwa 30% seit Mitte der 80er Jahre ab. Dies konnte zunächst durch einen erhöhten Ertragsanteil in der öffentlichen Projektfinanzierung kompensiert werden, doch um so empfindlicher schlugen massive Einbrüche in der staatlich beauftragten Projektforschung nach der deutschen Wiedervereinigung durch.[13]

Schaubild 10: Die Finanzierung der Fraunhofer-Vertragsforschung 1976–1997

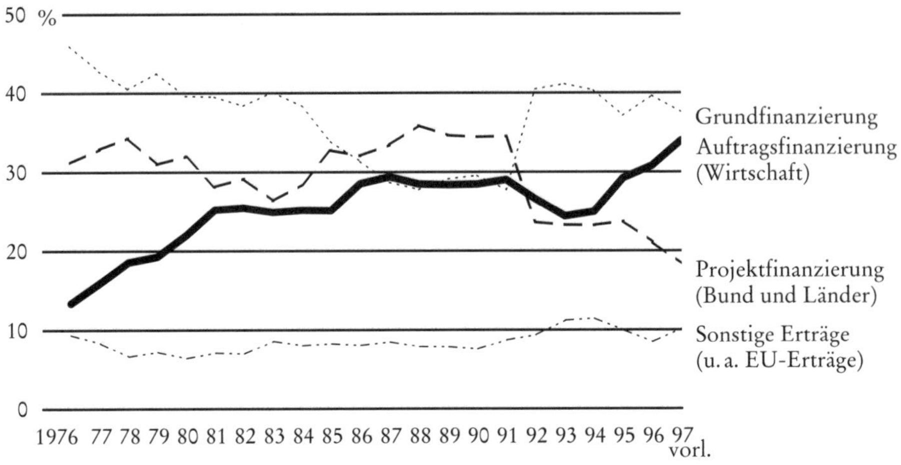

Quelle: Fraunhofer-Gesellschaft (1996: 15).

Steuerungsmechanismen in der Auftragsforschung

„Der Wettbewerb um Fördermittel und Aufträge des Staates und der Wirtschaft wird in den 90er Jahren intensiver."[14] Entsprechend treten in der Vertragsforschung mehr und mehr flexible und effiziente Organisationsformen in den Mittelpunkt, um die aktuelle Nachfrage der Wirtschaft schnell und zuverlässig decken zu können und zugleich „am besten auch schon immer etwas darüber hinaus" zu sein.[15] Es greift zu kurz, der Auftragsforschung lediglich eine „Eigenforschung" zur Erarbeitung neuer Forschungsgebiete gegenüberzustellen.[16] Vielmehr leben die Institute aus einem – im Einzelfall sehr unterschiedlich zu gewichtenden – Spannungsverhältnis zwischen institutseigener (Vorlauf-)Forschung, industrieller Kooperation und öffentlicher Projektfinanzierung. Sowohl durch die Evaluierung von Förderungsmaßnahmen und die Einschätzung künftiger Entwicklungen als auch gerade über die öffentliche Projektfinanzierung lassen sich neue Arbeits- und Kooperationsfelder erschließen, die möglicherweise später industriewirksame Erträge hervorbringen. So ließen sich etwa über ein vom Bundesforschungsministerium gefördertes Projekt Einsatzmöglichkeiten von Servicerobotern erforschen, für die dann verschiedenste Industriezweige Aufträge vergaben, wie beispielsweise für den Bau eines automatischen Wasch- und Reinigungsroboters für Flugzeuge.[17]

So eng Wirtschaftsaufträge und öffentlich finanzierte Projekte miteinander verflochten sind, so wollen wir sie doch in dieser Analyse trennen und insbesondere die eigentliche Auftragsforschung daraufhin befragen, welche organisatorisch-strukturellen Steuerungsmechanismen sowohl in der Außenkooperation mit den nachfragenden Unternehmen als auch Fraunhofer-intern eingeführt wurden (bzw. noch werden), um dann kurz einige Tendenzen, auch Hemmnisse, in der öffentlichen Projektförderung zu mustern.

Enge Kontakte zur Wirtschaft sind auf dem Vertragsforschungsmarkt unverzichtbar, aber nicht ausreichend; das Fraunhofer-Know-how muß mit dem jeweiligen Forschungspraxis-Profil des Auftraggebers zusammenpassen. Die Übersetzung von Forschungsergebnissen in die Arbeitsprozesse eines Unternehmens erfordert zum einen dort zumindest kleine Forschungsabteilungen, die dies leisten, bzw. eine geeignete Umsetzungskonzeption mit den jeweiligen Fraunhofer-Instituten. Zum anderen erleichtert eine starke Forschungsabteilung in Unternehmen die externe Vergabe von Forschungsaufträgen, da diese abzuschätzen vermag, welche Arbeiten sinnvollerweise innerhalb oder außerhalb des Unternehmens zu leisten sind.[18]

Die Kooperation mit dem Auftraggeber wird intensiviert, Kommunikations- und Umsetzungsbarrieren lassen sich mindern, wenn nicht nur die bei Fraunhofer erzielten Forschungsergebnisse, sondern ihre Forschung und Wissenschaftler selbst zu den jeweiligen Unternehmen wandern. Ebendiesem Zweck dienen neuerliche „Forschungsbrückenköpfe“, bei denen Wissenschaftler von Fraunhofer und des jeweiligen Unternehmens „vor Ort“ zusammenarbeiten. Am Institut für Lasertechnik (ILT) in Aachen etwa nutzten jüngst sieben Unternehmen ein solches Angebot.[19] Forschungsbrückenköpfe sind freilich nicht nur in der Kooperation mit innerdeutschen Kunden sinnvoll, die Idee trägt auch bei dem Bemühen um internationale Anschlußfähigkeit. So nutzen Fraunhofer-Institute enge Kontakte zu ausländischen Forschungszentren, um an der jeweiligen internationalen Forschungsfront präsent zu sein und eigene Forschungskapazitäten anzubieten. Eine Vorreiterrolle nahm das Institut für Graphische Datenverarbeitung (IGD) ein, das bereits kurz nach seiner Aufnahme in die Fraunhofer-Institutsfamilie eine Außenstelle in Providence (Rhode Island/USA) errichtete, um sich in die atemberaubende Entwicklung des US-Forschungsmarktes in der Informationstechnik einzuklinken.

Angesichts eines hart umkämpften Vertragsforschungsmarktes stellen innovative Außenverknüpfungen nur die eine Seite der Medaille dar, interne Umstrukturierungen flankieren diesen Prozeß. Zur Erprobung synergetischer Modelle legte die Fraunhofer-Gesellschaft mehrere eigenfinanzierte Programme auf. Nach einer Anlaufphase sollen diese Investitionen sich mindestens mit dem Faktor 1,5 auszahlen.[20] Vorbereitend vergibt die Zentralverwaltung Gelder zur Erschließung geeigneter Forschungsfelder. In „Gemeinsamen Studien“ können mehrere Institute ihre Kompetenzen aufeinander abstimmen, um die „Chancen neuer Technologien am Markt“ und gegebenenfalls „Möglichkeiten gemeinsamer Marketingmaßnahmen“ zu beurteilen. Folgeprojekte lassen sich über die einzelnen Programme bei der Zentralverwaltung beantragen. Sogenannte „wirtschaftsorientierte strategische Allianzen“ (WISA) dienen so der Vernetzung von Instituten, die nach diesem Konzept gemeinsam „neue industrielle Marktsegmente und Technologiefelder“ erschließen. Das WISA-Projekt „Rapid Prototyping" etwa verknüpft innerhalb der Fraunhofer-Gesellschaft Lasertechnik, Materialforschung und Graphische Datenverarbeitung.

An phantasievollen terminologischen Neuschöpfungen herrscht kein Mangel. Sie unterstreichen den Handlungsdruck, unter dem sich die Fraunhofer-Führung in einem zunehmend rauheren Klima der von Konkurrenten umlagerten Vertragsforschung befindet, aber auch eine professionelle Kompetenz, auf bedrohliche Herausforderungen konzeptionell zu antworten. Weitere Antworten heißen „operative" und „strategische Eigenforschungsprojekte" (OEF bzw. SEF), welche auf spezifische Anforderungen kleiner und mittelständischer Unternehmen abgestimmt sind. OEF sollen das Fraunhofer-Know-how in bereits bestehenden Arbeitsfeldern vertiefen, während SEF neue Forschungfelder erschließen. An diesen Kundenkreis wenden sich auch „Informations- und Demonstrationszentren", welche gleichzeitig die „Infrastruktur der Fraunhofer-Gesellschaft in ausgewählten Technologiefeldern" verbessern und eine beschleunigte Anwendung bewirken wollen. Als eindrucksvolles Beispiel sei das gemeinsame Demonstrationszentrum „Virtuelle Realität" an den Stuttgarter Instituten für Produktionstechnik und Arbeitswirtschaft (IPA und IAO) sowie am Darmstädter Institut für Graphische Datenverarbeitung (IGD) hervorgehoben.

Die jahrzehntelang gewachsenen Stärken der auf anwendungsnahe Forschung konzentrierten Fraunhofer-Gesellschaft wie auch die breitgestreuten neuen Konzeptionen zeigen Wirkung im zentralen Leistungsbereich Vertragsforschung. Sie haben sich angesichts eines vom Staat zunehmend forcierten Drucks zugunsten privatwirtschaftlicher Eigenfinanzierung und angesichts verschärfter Konkurrenz durch öffentlich finanzierte Hochschulen und Forschungseinrichtungen zu behaupten. Vor diesem Hintergrund fällt eine genauere Erfolgsbilanzierung schwer. Einige Zahlen sind indes aufschlußreich. Insgesamt konnte die Fraunhofer-Gesellschaft ihren aktuellen jährlichen Kundenkreis von ca. 800 im Jahre 1989 auf 2350 Kunden 1995 ausdehnen.[21] In den westlichen Bundesländern wurden 1990–1994 jeweils gut 35% Kunden mit vier und mehr Aufträgen bzw. mit einem Auftrag registriert, gegenüber etwa 17% mit zwei und gut 10% mit drei Aufträgen. Dies zeigt einen hohen Anteil an Neukunden bei einer gleichzeitig hohen Kooperation mit „Stammkunden". Offenbar erfüllt die Fraunhofer-Gesellschaft sowohl ein kurzfristig bedarfsorientiertes wie auch ein längerfristig entwicklungsorientiertes Forschungsinteresse ihrer Auftraggeber und spricht damit ein breites Kundenspektrum vom kleinen Unternehmen bis zum weltweiten Konzern an.

Werfen wir nun einen Blick auf öffentlich finanzierte Forschungsprojekte, ausgeschrieben von Bund und Ländern, seit Mitte der 80er Jahre zunehmend auch von der Europäischen Gemeinschaft. Insbesondere die in der Bundesrepublik seit den frühen 80er Jahren aufgelegten Verbundforschungsprojekte sollen den Innovationsprozeß zwischen Wirtschaft und Wissenschaft intensivieren. Dabei erwies sich die enge Kooperation ohne lenkende Eingriffe des Staates für beide Seiten als vorteilhaft. Derartige Verbundprojekte helfen Unternehmen,

Ergebnisse der Grundlagenforschung in die eigene Produktforschung zu integrieren.[22] Allerdings sind dabei finanzielle Risiken für Fraunhofer nicht zu übersehen, da das Finanzierungsmodell solcher Verbundprojekte nur 75% der Forschungsaufwendungen für ein Projekt trägt.

Finanziell noch ungünstiger ist die Beteiligung an Programmen der Europäischen Union, die industrielle Forschungsprojekte grundsätzlich nur zu 50% fördern. Dies hat die nur langsam wachsende europäische Zusammenarbeit im FuE-Bereich erheblich beeinflußt. Die europäischen Programme sollen als besonders zukunftsrelevant eingeschätzte Technologien mit internationalen Anwendungsmöglichkeiten fördern, wie etwa das informationstechnologische ESPRIT-Programm (European Scientific Research in Information Technology). Die europäische Union wird auch auf dem anwendungsbezogenen Forschungsmarkt zusammenwachsen, aber der Weg ist steinig und mühevoll.

Einen neuen Weg zu übergreifenden Forschungsfeldern beschreitet jüngst das Bundesforschungsministerium. In „Leitprojekten" werden *aufgaben*spezifische – nicht mehr *technologie*spezifische – Problemfelder erforscht, etwa im Gesundheitswesen und im Bereich Umwelt, um daraus innovative Strategien entwickeln zu können.

Zwischen der politischen Seite und der Fraunhofer-Chefetage in der Münchner Leonrodstraße besteht im Prinzip Einvernehmen, daß die Zukunft der Fraunhofer-Gesellschaft in der Vertragsforschung und in einer deutlichen Steigerung ihrer Wirtschaftserträge liegt. Doch Vertragsforschung im Fraunhofer-Modell meinte traditionell eine ausgewogene Mischung von privatwirtschaftlichen Aufträgen und öffentlich finanzierten Projekten. Nicht zuletzt die bereits erwähnten Einbrüche in der öffentlichen Projektforschung Anfang der 90er Jahre erzwangen Umorientierungen, zumal gleichzeitig eine deutliche Erhöhung der Wirtschaftserträge gefordert wurde. Verstärkt wurde dieser Zwang noch dadurch, daß über Jahre hinweg die Gemeinnützigkeit der Auftragsforschung insgesamt in Frage gestellt wurde. Eine Aberkennung der Gemeinnützigkeit hätte außerordentlich weitreichende Konsequenzen für die Fraunhofer-Gesellschaft gehabt, konnte aber abgewendet werden. Gleichwohl, neue Modelle waren gefragt, um angesichts einer bedenklichen, weil außengesteuerten Abhängigkeit von der öffentlichen Finanzierung eigene Handlungsspielräume zu gewinnen, ohne den Staat doch aus seinen Pflichten zu entlassen.

Die Fraunhofer-Gesellschaft antwortete auf diese Problemlage mit den seit 1995 betriebenen Innovationszentren. Als Organisationsmodell stützen sie die forcierte privatwirtschaftliche Orientierung[23] und sollen zugleich eine strategische Lücke im Innovationsprozeß schließen, indem sie FuE-Ergebnisse möglichst reibungslos der wirtschaftlichen Verwertung zuführen. Ein Innovationszentrum bedeutet also „eine privatwirtschaftliche Ergänzung eines Fraunhofer-Instituts". Mit dieser zweifachen Zielsetzung, den Transfer der Forschungsergebnisse in die Praxis zu optimieren und zugleich die Fraunhofer-Gesellschaft insgesamt als Unternehmen im privatwirtschaftlichen Wettbewerb mit klar definierten Beratungsdienstleistungen zu festigen, werden die einzelnen, Aufträge einwerbenden Fraunhofer-Institute über die Innovationszentren zu einer wirtschaftsstrategischen „Fraunhofer-Gruppe" verklammert. Das zwingt zu einer kritischen Überprüfung des Finanzierungsschlüssels im bisherigen Fraunhofer-Modell erfolgsabhängiger staatlicher Zuschüsse. Die „,Erfolgsabhängigkeit' der Zuwendung ist neu zu definieren: Nicht allein der Erfolg der Fraunhofer-Institute in der Einwerbung von eigenen Erträgen, sondern der der ,Fraunhofer-Gruppe', gebildet aus Instituten und Innovationszentren, muß in Zukunft die Bemessungsgrundlage für die Förderung bilden". Die Innovationszentren können den Spielraum gegenüber wechselnden staatlichen Vorgaben ausweiten. Sie ermöglichen Handlungsinitiativen, verschärfen aber Konflikte mit privaten Anbietern, wie in der Fraunhofer-Gesellschaft sehr klar gesehen wird. Denn „selbst bei sorgfältiger Auswahl der Geschäftsfelder der GmbH wird es sich nicht ausschließen lassen, daß sich in Einzelfällen weniger innovative Unternehmen aus dem Mittelstand kritisch über eine subjektiv empfundene Verzerrung des Wettbewerbs durch die Innovationszentren äußern könnten. Die Fraunhofer Gesellschaft wird [...] alles daran setzen, die Konflikte so gering wie möglich zu halten."[24]

Der Vertragsforschungsmarkt ist in Bewegung, und er hat sich im internationalen Wettbewerb zu bewähren. Das in den frühen 70er Jahren entwickelte Fraunhofer-Modell leitete eine bemerkenswerte Dynamisierung der erfolgsabhängigen staatlichen Grundfinanzierung im Kernbereich Vertragsforschung ein, doch neue Problemlagen erfordern neue Antworten. Der Dialog mit dem Staat wird offensiv geführt, das neue Anforderungsprofil selbstbewußt für neue strategische Organisationsmodelle genutzt. Wie konfliktverträglich ist die neue privatwirtschaftliche Öffnung, was wird sich an dem im In- und Ausland mit großem Respekt registrierten bundesdeutschen Fraunhofer-Modell einer zwischen öffentlicher Zuwendung, Forschungsorganisation und Wirtschaft sorgsam austarierten Vertragsforschung ändern, wo liegen die Grenzen der Transformation? Diese Fragen begleiten die Fraunhofer-Gesellschaft gemeinsam mit ihren Partnern ins nächste Jahrhundert.

3. Patente und Lizenzen

Erfindungen gibt es, seit es Menschen gibt. Aber erst im Zuge der Industrialisierung und der Entstehung großer Kapitalgesellschaften wurden gezielt und unter ökonomischen Erwägungen intellektuelle Ressourcen eingesetzt, um neue Produkte und Verfahren zu entwickeln. Die rechtlichen Voraussetzungen dafür, daß Erfindungen auch zu einem wirtschaftlichen Erfolg des Erfinders bzw. des die Erfindung nutzenden Unternehmens werden können, schufen die Patentgesetze, die im 19. Jahrhundert – im Deutschen Reich 1876 – verabschiedet wurden.[25]

Wenn Innovationen als Motor des wirtschaftlichen Wachstums gelten können, so sind Patente und Lizenzen der Treibstoff und die Betriebsgenehmigung. Salopp formuliert sorgt das Patentwesen dafür, daß die pfiffigen Ideen der Erfinder wirtschaftlich genutzt werden. Mit der Gewährung eines Patents hat dessen Inhaber die Möglichkeit, seine Invention zu vermarkten. Üblicherweise geschieht dies durch die eigene Nutzung des Patents, die Vergabe von Lizenzen an Unternehmen oder den Verkauf des Patents. Kurzum: Patente gewähren den Schutz des geistigen Eigentums und geben den finanziellen Ansporn, Inventionen der Gesellschaft zuzuführen. Technisches Wissen wird zu einem handelbaren Gut, oder wie Abraham Lincoln es treffend formuliert hat: „Das Patentsystem hat der Flamme des Genius den Brennstoff des Geldvorteils hinzugefügt."[26]

Das Bild von dem tüftelnden Erfinder, der in seiner Studierstube oder Werkstatt über genialen Neuerungen brütet, hat mit der Wirklichkeit wenig gemein. Technische Inventionen sind überwiegend die Folge systematischer Forschungs- und Entwicklungsarbeit. In den Laboratorien der Unternehmen befassen sich ganze Heerscharen von Naturwissenschaftlern und Ingenieuren mit der Aufgabe, patentierfähige Neuerungen zu schaffen oder um die vom Unternehmen genutzten Patente wahre Schutzwälle von Sperrpatenten zu bauen. Über 90% aller Patentanmeldungen in Deutschland sind demzufolge Erfindungen von Arbeitnehmern.[27] Auf diese Diensterfindungen hat der Arbeitgeber nach dem Arbeitnehmererfindungsgesetz (ArbEG) von 1957 direkten Zugriff. Er kann sie beschränkt oder unbeschränkt in Anspruch nehmen.

Erfindungen von Wissenschaftlern in Forschungseinrichtungen unterliegen ebenfalls dem Arbeitnehmererfindungsgesetz. Die Möglichkeiten zur Nutzung der Patente unterscheiden sich jedoch von denen der industriellen Forschung. Unternehmen sind daran interessiert, ihre Produkte und die Ergebnisse ihrer Entwicklungsarbeit patentrechtlich abzusichern und gegen Imitation zu schützen. Den Forschungseinrichtungen ist dieser Weg verschlossen. Sie können aber Unternehmen erlauben, gegen Zahlung einer Lizenzgebühr ihre patentrechtlich geschützten Forschungsergebnisse zu nutzen. Dieser Vorgang der Lizenzierung spielt für die nichtindustrielle Forschung und damit auch für die Fraunhofer-Gesellschaft eine wichtige Rolle bei der Vermarktung ihrer wissenschaftlich-technischen Ergebnisse.

Wenn das Bundesforschungsministerium jüngst unter dem Motto „Patente schützen Ideen – Ideen schaffen Arbeit" eine Initiative gestartet hat, um die Rahmenbedingungen der Patentierung und wirtschaftlichen Verwertung von Forschungsergebnissen zu verbessern, so ist dies ein neuerlicher Versuch der Lösung eines Problems, das bereits seit den Anfangsjahren der Bundesrepublik Deutschland virulent ist.[28]

Historisch betrachtet, verdankt die Fraunhofer-Gesellschaft diesem Problem geradezu ihre Existenz. In den Auseinandersetzungen der frühen 50er Jahre um ihre Position und Aufgabe in der Forschungslandschaft fanden insbesondere ihre Aktivitäten zur Errichtung einer Patentstelle für die Deutsche Forschung die überwiegende Zustimmung des etablierten Wissenschaftssystems. Die Patentstelle war ihre Eintrittskarte in das Konzert der anerkannten Forschungsgesellschaften.

Worin lag und liegt nun das Problem? Die akademische Wissenschaft bietet traditionell transparente Forschung, deren Ergebnisse über Publikationen frei kommuniziert werden. Das deutsche und das europäische Patentrecht fordern aber die Neuheit des Inhalts einer Patentanmeldung. Publikationen vor einer Patentanmeldung schließen die Patenterteilung aus. Patente und Schutzrechte sind also im Prinzip dem Wissenschaftssystem wesensfremde Elemente. In Wissenschaftlerkreisen galt die Patentanmeldung denn auch lange Zeit als „schmutziges Geschäft", bei dem – so DFG-Präsident Ludwig Raiser 1955 – die „Ethik der Wissenschaft in Gefahr" gerate. Die Furcht vor einem Moralverlust durch marktwirtschaftliches Handeln ist mittlerweile in den Hintergrund getreten. Das mangelnde „Patentbewußtsein" und die Wissensdefizite der akademischen Forschung in bezug auf das Patentwesen gelten dagegen nach wie vor als nur teilweise gelöste Probleme.[29] Der Patentierungsprozeß ist zudem aufwendig und langwierig. Die Abschätzung der Patentierfähigkeit einer Erfindung und deren Vermarktung erfordern spezifisches Wissen, über das Wissenschaftler und freie Erfinder für gewöhnlich nicht verfügen.

„Erfinder bei der Bearbeitung, Anmeldung, Aufrechterhaltung und Verwertung von Erfindungen, die im öffentlichen Interesse sind, zu beraten und zu unterstützen, insbesondere zwischen Erfindern und an Verwertung interessierten Kreisen zu vermitteln" – dies war die selbstdefinierte Aufgabe der im April 1955 gegründeten Patentstelle. Ihr Dienstleistungsspektrum zielt auf die – auch finanzielle – Unterstützung von Forschungseinrichtungen und freien Erfindern. Letztere Gruppierung reicht von Privaterfindern über Handwerker und Unternehmer bis zu Hochschullehrern. Bei der Vermarktung der geförderten Erfindungen war die Patentstelle lange Zeit nicht sonderlich erfolgreich. In den ersten fünf Jahren konnte sie lediglich für elf Erfindungen einen Lizenznehmer vermitteln. Mit zunehmender Erfahrung der Mitarbeiter und wachsendem Bekanntheitsgrad stieg der Wirkungsgrad. In den 60er Jahren wurden von den jährlich durchschnittlich 600 eingegangenen Förderanträgen zwar nur rund 2% gefördert, aber für immerhin 38% der geförderten Erfindungen Lizenzverträge abgeschlossen. Bei den wirtschaftlich erfolgreichen Fällen war der Wissenschaftsbereich stark überrepräsentiert, während insgesamt gesehen die Privaterfinder das Gros der Klientel der Patentstelle bildeten.[30]

Die Patentierung und Lizenzierung von Erfindungen sind stets ein schwieriges Geschäft. Die Bereitschaft von Unternehmen, externe Ergebnisse gegen Vergütung zu nutzen, ist nicht sehr ausgeprägt. In Großunternehmen herrscht die *Not-invented-here*-Mentalität vor, kleinere Unternehmen scheuen das finanzielle Risiko. Nur rund 10% der patentierten Erfindungen sind durch Lizenzen verwertbar, gerade mal 1% produziert nennenswerte Überschüsse. Dieses Strukturproblem des Patentwesens bekam die Patentstelle für die Deutsche Forschung deutlich zu spüren. Auch wenn die Verwertungsquote der Patentstelle über dem

Mittelwert vergleichbarer Organisationen des Auslandes lag, deckten die Verwertungserlöse bei weitem nicht ihre Aufwendungen. Die Einbeziehung der Patentstelle in das Fraunhofer-Modell löste zur Mitte der 70er Jahre zwar das notorische Problem ihrer Finanzierung. Gleichzeitig aber verschärfte sich der Druck, wirtschafts- und ertragsorientiert zu handeln und die Effizienz zu steigern. In einer Phase, in der allenthalben der Ruf nach Technologietransfer von der Wissenschaft zur Wirtschaft ertönte, konnte die Patentstelle nur mit einer spärlichen Erfolgsbilanz aufwarten. Im Jahr 1977 etwa konnten nur 17 Verwertungsverträge abgeschlossen werden.[31]

Anfänglich war eine Bearbeitung von Erfindungen aus den Instituten der Fraunhofer-Gesellschaft nicht vorgesehen. Mit dem Wachstum der Gesellschaft stieg die Bedeutung der Schutzrechte als Gradmesser ihres Erfolges in der angewandten Forschung. Ende der 60er Jahre kündete Fraunhofer-Generalsekretär August Epp einen Wandel in der Funktion der Patentstelle an. Künftig sei es deren „wesentliche Aufgabe [...], sich der Arbeitnehmererfindungen innerhalb der Gesellschaft anzunehmen". Die Aufgabe der Patentstelle verschob sich immer mehr in Richtung einer zentralen Betreuung und Verwertung der in den Fraunhofer-Instituten gemachten Erfindungen. In den 80er Jahren zog zudem vermehrt wirtschaftliches Denken in die Patentstelle ein, wodurch ihre Reputation deutlich gefestigt wurde.[32]

Welche Auswirkungen organisatorische Veränderungen in Verbindung mit veränderten Zielorientierungen haben können, zeigt exemplarisch die Reform der Patentstelle im Jahr 1987. Mitte der 80er Jahre waren die Patent- und Lizenzpolitik der Fraunhofer-Gesellschaft heftig diskutiert und verschiedene Modelle durchgespielt worden, die das Image der Patentstelle im Außenraum und die Patentunterstützung der eigenen Institute verbessern sollten. Nachdem der Gedanke, die Patentstelle in ein Fraunhofer-Institut umzuwandeln, als zu riskant verworfen worden war, wurde sie in zwei Abteilungen mit getrennter Aufgabenstellung aufgeteilt. Seither werden die Inventionen der Fraunhofer-Institute von einer eigenen Patentabteilung bearbeitet. Die nach innen gerichtete Patentoffensive hat sich in einem geradezu sprunghaften Anstieg der Patentanmeldungen der Fraunhofer-Gesellschaft niedergeschlagen (vgl. Schaubild 11). Offensichtlich ist es gelungen, den Instituten die Bedeutung der Patentierung ihrer Forschungsergebnisse zu vermitteln und ihnen die dafür geeignete Infrastruktur zur Verfügung zu stellen.

Im Vergleich zu allen anderen staatlich finanzierten Forschungseinrichtungen ist die Fraunhofer-Gesellschaft seit 1992 die aktivste Patentanmelderin. Selbst die bei weitem größere Helmholtz-Gemeinschaft ist mittlerweile überrundet worden. Fraunhofer hält heute einen Anteil von rund der Hälfte der Anmeldungen aller deutscher Forschungseinrichtungen außerhalb der Industrie. Auch im gesamtwirtschaftlichen Rahmen nimmt die Fraunhofer-Gesellschaft mittlerweile eine Spitzenstellung ein. In der Liste der 50 größten Patentanmelder, bezogen auf offengelegte Patentanmeldungen mit Wirkung in Deutschland, ist sie in den letz-

Schaubild 11: Patentanmeldungen der großen Forschungseinrichtungen mit Wirkung in der Bundesrepublik Deutschland 1975–1992

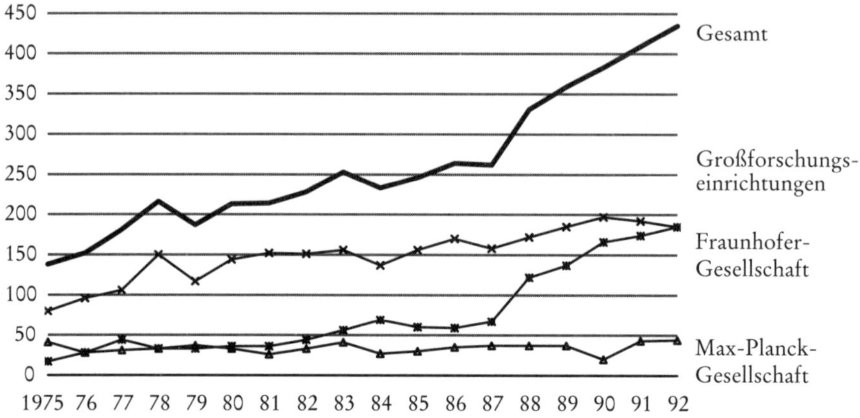

Quelle: Hermann (1996: 113); PST.

ten Jahren immer weiter nach vorne gerückt, 1996 bis auf Rang 22, im *ranking* unter den deutschen Anmeldern gar auf Platz 7. Die Verteilung der Patente auf die wissenschaftlichen Themenfelder entspricht dem Profil der Fraunhofer-Gesellschaft im allgemeinen und spiegelt *cum grano salis* die technologischen Stärken und Schwächen der bundesdeutschen Wirtschaft wider. Im bundesdeutschen Kontext überdurchschnittlich viele Patente hält die Fraunhofer-Gesellschaft auf den Gebieten Halbleiter, Optik (Laser), Biotechnologie, Robotik, Neue Materialen und Steuerungstechnik.[33]

Das Patentwachstum der Fraunhofer-Gesellschaft liegt im Trend der letzten Jahre. Der intensivierte Handel mit Patenten und Lizenzen ist eine der Folgen der Globalisierung. Nach dem massiven Rückgang der 80er Jahre hat die bundesdeutsche Wirtschaft ihre Patentaktivitäten wieder erheblich gesteigert und wird in diesem Bestreben von der Bundesregierung nachhaltig unterstützt. In der Debatte um den Standort Deutschland wird die Patentstatistik als wichtiger Indikator für die Innovations- und Wettbewerbsfähigkeit gewichtet. Der Wirkungspfad Patente und Lizenzen gewinnt an öffentlicher Aufmerksamkeit und mit ihm die bemerkenswerte Bilanz der Fraunhofer-Gesellschaft auf diesem Betätigungsfeld.[34]

Die außergewöhnlich hohen Wachstumszahlen der Fraunhofer-Gesellschaft – 1996 stiegen die Patentanmeldungen gegenüber dem Vorjahr um volle 35% – lassen den Umkehrschluß zu, daß das Fraunhofer-Patentwesen – wie im übrigen das Patentwesen im gesamten deutschen Wissenschaftsbereich – lange Zeit bei weitem unter seinen Möglichkeiten geblieben ist. Welches Potential an Effizienzsteigerung unausgeschöpft geblieben war, zeigt auch der Anstieg der Eigenfinanzierung der Patentstelle innerhalb von nur vier Jahren (1993–1996) von

25% auf 40%. Die als Dienstleistungseinrichtung gegründete Patentstelle versteht sich heute vor allem als *profit center*, das seinen Erfolg nach dem wirtschaftlichen Gewinn bemißt.[35]

Als einzige bundeslandübergreifende Einrichtung des Technologietransfers steht die Fraunhofer-Patentstelle in der Verantwortung, ihre Aufgabe der Erfinderbetreuung wahrzunehmen. Im Jahr 1996 haben 1457 freie Erfinder eine Beschreibung ihrer Neuerung zusammen mit einem formlosen Förderantrag eingereicht. Die Patentstelle untersucht diese Anträge nach den Kriterien der Aussicht auf Patenterteilung, der Funktionalität und der wirtschaftlichen Verwertbarkeit. Bei erfolgversprechenden Innovationen übernimmt die Patentstelle 80% der anfallenden Gebühren und Honorare in Form zinsloser und bedingt rückzuzahlender Darlehen. Gelingt die Patenterteilung, so betreut sie den Erfinder bei der wirtschaftlichen Verwertung seiner Neuerung. Auf diese Weise sind 1996 insgesamt 21 Lizenzverträge zustande gekommen; weitere 70 wurden für die Fraunhofer-Gesellschaft abgeschlossen. Schließlich wirkt die Patentstelle auch in der umgekehrten Richtung des Technologietransfers, indem sie Unternehmen bei der Suche nach neuen Technologien unterstützt. Der derzeitige Leiter der Patentstelle, Manfred Paulus, sieht gerade in dieser Vermittlerrolle einen wichtigen „Beitrag zum Wirtschaftsstandort Deutschland".[36]

Die Fraunhofer-Gesellschaft hat das Tätigkeitsfeld Patente und Lizenzen erst im letzten Jahrzehnt zu einem gewichtigen Wirkungspfad des Technologietransfers ausgebaut.[37] Sie zieht daraus eine ganze Reihe von Vorteilen. Sie erhöht ihre Eigeneinnahmen, sie vermehrt ihr Prestige bei Staat, Wirtschaft und Gesellschaft, und sie verbessert die Position ihrer Institute im Akquisitionsprozeß. Die Tatsache, daß die Institute ihren potentiellen Auftraggebern über die FuE-Leistung hinaus auch Schutzrechte anbieten können, macht sie als Vertragspartner besonders attraktiv. Verhandlungen in der Vertragsforschung drehen sich heute überwiegend um Vergütungs- und Schutzrechtsfragen. Nicht umsonst wird der bei weitem größte Teil der Schutzrechte von den Instituten in FuE-Vereinbarungen direkt verwertet. Nur 15% der Patente laufen mit dem Ziel der Lizenzvermittlung über die Patentstelle.[38]

Die historische Analyse mag versuchen, die Instrumentarien der Fraunhofer-Gesellschaft im Technologietransfer genau auseinanderzuhalten. In der Realität bilden sie miteinander wechselwirkende Teile eines Ganzen, das sich Innovationsprozeß nennt.

XI. Fallbeispiele

1. Schlüsseltechnologien, technologische Lücken und technische Entwicklungspfade: die Mikroelektronik in der Fraunhofer-Gesellschaft

Seit der Mitte der 60er Jahre, als die „technologische Lücke“ zwischen der weltführenden Wirtschaftsmacht USA und den nachhinkenden europäischen Staaten entdeckt wurde, nimmt die Mikroelektronik einen zentralen Platz in der Diskussion um die Stärken und Schwächen des bundesdeutschen Innovationssystems ein. Das Bundesforschungsministerium reagierte auf den Rückstand der deutschen Halbleitertechnik mit einer doppelten Strategie: Erstens sollte die Entwicklung von Datenverarbeitungsprogrammen für Verwaltungsaufgaben gefördert werden, um über die Nachfragemacht der öffentlichen Hand einen exklusiven Markt für die deutschen Rechnerhersteller zu schaffen. Diese Pläne mündeten schließlich in die Gründung einer weiteren Großforschungseinrichtung im Jahr 1968, der Gesellschaft für Mathematik und Datenverarbeitung (GMD). Zum zweiten wurde die deutsche Computer- und Halbleiterindustrie in erheblichem Umfang finanziell unterstützt, um sie gegen IBM, den damals weltweit führenden Hersteller, konkurrenzfähig zu machen. Bis in die jüngste Zeit sind in der Bundesrepublik die Großunternehmen die Hauptzielgruppe der Forschungsförderung in der Informationstechnik geblieben.[1]

Die herausragende Bedeutung der heute anerkanntermaßen als „Schlüsseltechnologie“ geltenden Mikroelektronik läßt sich auf die niedrigen und stark fallenden relativen Kosten ihrer Produkte, die Verfügbarkeit ihrer Ressourcen über lange Zeiträume sowie ihr Anwendungs- und Veränderungspotential für eine Vielzahl von Produkten und Prozessen des Wirtschaftslebens zurückführen. Ihre enorme Dynamik gewinnt die Mikroelektronik aus ihrer netzartigen Struktur, die nicht nur die Computer-, Software- und Halbleiterindustrie direkt prägt, sondern auch Telekommunikation, Maschinenbau, Produktionstechnik, Robotik, Medizintechnik, Verkehr, Luftfahrt- und Raumfahrt sowie Konsumelektronik entscheidend beeinflußt. Entwicklungen in der Mikroelektronik können im Sinne eines *technology push* neue Anwendungen erschließen; die Nachfrage auf den Anwendungsmärkten treibt als *market pull* wiederum den technischen Fortschritt der Mikroelektronik voran. Auch zwischen den verschiedenen Anwendungsgebieten innerhalb des technologischen Netzes sowie zu den Netzen anderer Schlüsseltechnologien (Bio- und Materialtechnologien) finden vergleichbare Interaktionsprozesse statt. Die relativen Stärken und Schwächen in einer Schlüsseltechnologie haben demzufolge erhebliche Auswirkungen auf die benachbarten

Anwendungsfelder. Für die Bundesrepublik der späten 80er Jahre ist ein enormer Multiplikatoreffekt errechnet worden. Bei einem Anteil von nur gut einem Promille des Bruttosozialproduktes (2,8 Mrd. DM) beeinflußte die Mikroelektronik die Wettbewerbsfähigkeit von Industrieerzeugnissen im Wert von über 600 Mrd. DM.[2]

Ein anschauliches Beispiel für die inhärente Dynamik der Mikroelektronik liefert die Beziehung zwischen der zunehmenden Integration von Schaltkreisen, die die Speicherkapazität und Rechengeschwindigkeit von Computern ständig vergrößern, und der Entwicklung von Entwurfsprogrammen für Schaltkreise, die seit Mitte der 60er Jahre eingesetzt werden: Die fortgeschrittensten Computersysteme reichten jeweils gerade aus, um die Komplexität der nächsten Chip-Generation zu bewältigen. Die Abnahme der Strukturabmessungen bzw. die Zunahme der Packungsdichte von Integrierten Schaltkreisen (ICs) folgt einem exponentiellen Verlaufsmuster, das bereits Mitte der 70er von Gordon E. Moore prognostiziert worden ist. Schaubild 12 bestätigt einmal mehr das Gesetz des permanenten Wachstums als eines Hauptparameters naturwissenschaftlicher und technischer Forschung.[3]

Schaubild 12: Die Verbesserung wichtiger Eckdaten der Mikroelektronik

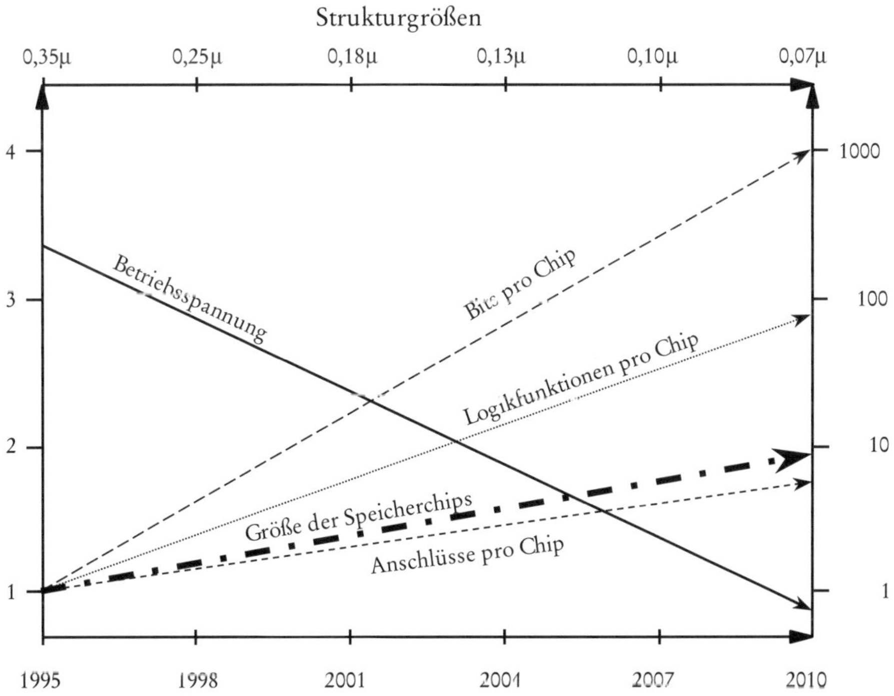

Quelle: Strategiepapier des Fraunhofer-Verbands Mikroelektronik 1997.

Die Basis- und Schlüsseltechnologie Mikroelektronik wurde ab den 70er Jahren als einmalige Chance wahrgenommen, überkommene Industrie- und Beschäftigungsstrukturen zu modernisieren. Die Kurzformel, die hinter dem neuen Hoffnungsträger stand, hieß Silicon Valley. Nach dem Zweiten Weltkrieg hatten sich eine Vielzahl von Halbleiterfirmen im agrarisch geprägten Santa Clara County mit dem Zentrum Palo Alto südlich von San Francisco angesiedelt und es in eine einzigartige Industrielandschaft verwandelt. Bereits Mitte der 30er Jahre hatten sich durch die Initiative von Frederick Terman, Professor für Elektrotechnik an der Stanford University, enge Beziehungen zwischen jungen Elektronikunternehmen und der Universität herausgebildet. Die Gründung der Hewlett-Packard Company 1937 gilt als der eigentliche Beginn des Phänomens Silicon Valley. Während des Zweiten Weltkriegs konnten die Elektronikindustrie Nordkaliforniens und die Stanford University bereits von ersten Aufträgen aus dem Pentagon profitieren, deren Umfang aber im Vergleich zu den Zentren der Ostküste gering blieb. Um die Verbindungen zu den regionalen Unternehmen weiter auszubauen, gründete Terman Anfang der 50er Jahre den Stanford Industrial Park.

Als William Shockley 1954 die Bell Laboratories in New Jersey verließ, wo er 1947 entscheidend an der Erfindung des Transistors beteiligt gewesen war, und in seine Heimatstadt Palo Alto zurückkehrte, um eine eigene Firma aufzubauen, stieg Silicon Valley vollends zur High-Tech-Region auf. Shockley beschäftigte eine Reihe talentierter Wissenschaftler, die ihrerseits eigene Firmen gründeten. Vor allem aus Fairchild Semiconductor, der wichtigsten Gründung von Shockleys ehemaligen Mitarbeitern, entstanden durch weitere Teilungen und Fusionen in den folgenden 20 Jahren annähernd 100 Firmen. Die hohe Mobilität der Arbeitskräfte begünstigte die schnelle Diffusion technischen Wissens. Die außerordentliche wirtschaftliche Dynamik des Valley lebte von den hochqualifizierten Absolventen der Stanford University, von risikofreudigen Kapitalgebern, die häufig selber aus der Halbleiterbranche stammten, vor allem aber von der spezifischen Kultur aus Konkurrenz und Zusammenarbeit, die die ansässigen Unternehmen nach innen und außen prägte.[4] Mit dem Integrierten Schaltkreis, den Fairchild 1959 zeitgleich mit Texas Instruments erfand, und dem Mikroprozessor, den Intel 1971 zu vermarkten begann, brachte Silicon Valley zwei der drei Basisinnovationen der Halbleitertechnik hervor.

Die hohe Konzentration von High-Tech-Betrieben im Silicon Valley ist nicht auf ein direktes staatliches Engagement zurückzuführen. Indirekt jedoch hing das Wachstum der Region in hohem Maße von der öffentlichen Hand ab. Die Dynamik der US-Halbleiterindustrie lebte vor allem in der *Take-off*-Phase der Mikroelektronik von der Nachfrage des Department of Defense und der NASA. Mit den sinkenden Preisen für Halbleiter entstand jedoch rasch ein kommerzieller Markt. Ab Mitte der 60er Jahre sorgte die Nachfrage aus Computerentwicklung, Unterhaltungselektronik und Kommunikationstechnik dafür, daß das steile Wachstum der Mikroelektronikindustrie anhielt. Als *die* High-Tech-Region schlechthin erhielt das Silicon Valley weltweite Publizität, die „in unzähligen

Regionen der meisten Industrie- und Schwellenländer" technologie- und wirtschaftspolitische Initiativen zur Ansiedlung forschungsintensiver Unternehmen auslöste.[5]

Silicon Valley prägte nicht nur die Herausbildung eines auf High-Tech setzenden Stils regionaler Strukturpolitik. Das Mekka mikroelektronischer Forschung war zugleich der wissenschaftliche Erfahrungshorizont vieler bundesdeutscher Festkörperphysiker und Halbleiterforscher. Hans Queisser, der einflußreiche Gründungsdirektor des Max-Planck-Instituts für Festkörperphysik, und Ingolf Ruge, aus dessen Münchner TU-Institut für Elektrotechnik gleich drei von sieben heute amtierenden Leitern der Fraunhofer-Institute für Mikroelektronik hervorgegangen sind, personifizieren die wissenschaftlichen Impulse, die von den USA auf die bundesdeutsche Forschungslandschaft ausstrahlten. Beide profitieren nach eigenem Bekunden noch heute von dem Wissensvorsprung und dem wissenschaftlichen Netzwerk, die sie sich in den USA aufbauen konnten.[6]

Bayern im Wettlauf der Regionen: Konzepte mikroelektronischer Forschung in München und Erlangen

Adolf Goetzberger, als ehemaliger Mitarbeiter von Shockley ebenfalls ein Teil dieses Netzwerkes, hatte bereits in den späten 60er Jahren an dem von ihm geleiteten Freiburger Fraunhofer-Institut für angewandte Festkörperphysik (IAF) Arbeitsgruppen für Halbleiterforschung und Ionenimplantation aufgebaut. Diese Arbeiten waren vom Verteidigungsministerium finanziert worden. Wie in den USA wurde auch in der Bundesrepublik die Anlaufphase der Mikroelektronik vom Bedarf der Militärs nach Halbleiterprodukten und wissenschaftlicher Expertise getragen. Mit dem Ausscheiden von Goetzbergers Vorgänger Mecke 1967 war eine Zeitlang gar der Ausbau des IAF zu jenem zentralen deutschen Institut für Halbleiterforschung diskutiert worden, das die Festkörperphysiker schon seit Anfang der 60er Jahre mit Vehemenz gefordert hatten.[7]

Als erste gezielt im Bereich der Mikroelektronik arbeitende Einrichtung der Fraunhofer-Gesellschaft hat das zum Jahresbeginn 1974 gegründete Fraunhofer-Institut für Festkörpertechnologie (IFT) in München zu gelten. Die Fraunhofer-Gesellschaft hatte bereits Verwaltungshilfe für Ruges Team geleistet, als zu Beginn der 70er Jahre in Bonn Überlegungen angestellt wurden, die als zukunftsträchtig angesehenen Arbeiten der an der TU München ohne eigene Ausstattung und unter beengten Raumverhältnissen forschenden Arbeitsgruppe nachhaltig zu verbessern. Die Fraunhofer-Führung zeigte sich dem Gedanken einer Institutsgründung aufgeschlossen, hatte aber Bedenken wegen inhaltlicher Überschneidungen mit dem Freiburger IAF. In Bonn und München wurde daher die organisatorische Verknüpfung der beiden Institute diskutiert, die schließlich auf dem Wege eines gemeinsamen Kuratoriums geleistet wurde.[8]

Ruges Arbeiten zur Ionenimplantation bildeten einen der Forschungsschwerpunkte des IFT. Mit dieser Technologie, die sich bis zum Beginn der 80er Jahre weltweit durchsetzte, lassen sich Halbleitermaterialien in ihren Eigenschaften sehr viel gezielter beeinflussen als mit den bis dahin üblichen Diffusionsverfahren. Allerdings erfordert die Ionenimplantation deutlich höhere Investitionen, ein Beleg für die von Christoph-Friedrich von Braun als „Innovationskrieg" bezeichnete Eskalation der FuE-Investitionen, in den sich die in der Mikroelektronik tätigen Unternehmen im Verlauf der letzten beiden Jahrzehnte wechselseitig verwickelt haben. Tatsächlich wurden im Gefolge des Technologieübergangs vom Diffusionsverfahren zur Ionenimplantation die Zutrittsbarrieren zum Halbleitermarkt noch höher.[9] Die neue Technik war eher für ein Großunternehmen wie Siemens von Interesse, mit dem Ruges Gruppe schon vor der IFT-Gründung zu kooperieren begonnen hatte. Der weitaus größte Teil der Institutsarbeit wurde jedoch über Verbundprojekte und Unteraufträge vom BMFT finanziert. Ab Mitte der 70er Jahre kam mit der Schaltungstechnik ein Arbeitsfeld hinzu, mit dem sich das IFT vor allem an die kleineren und mittleren Unternehmen (KMU) wandte.

Der KMU-Bereich stand auch bei den Plänen für ein kommerziell arbeitendes Masken- und Designzentrum in München Ende der 70er Jahre im Mittelpunkt. Mittelständische Firmen besitzen meist keine eigenen Forschungs- und Entwicklungsabteilungen. Sie hätten sich für den Entwurf und die Fertigung mikroelektronischer Bauelemente an die großen Halbleiterunternehmen wenden und damit ihr spezifisches Systemwissen offenlegen müssen. Ein „neutrales" Masken- und Entwurfszentrum (MEZ) sollte dem Mittelstand die Furcht vor einem Abfluß seines Know-hows an die direkte Konkurrenz nehmen. Das IFT hatte das Konzept auf die direkte Beteiligung der Halbleiterindustrie hin angelegt, die dem Zentrum ihre spezifischen *design rules* zur Verfügung stellen sollte, damit dieses im Erfolgsfall die Produktion der Chips für die mittelständischen Unternehmen direkt übernehmen könne. Neben der Bearbeitung des theoretischen Problems des Schaltungsentwurfs oder -designs sollte das Münchner Zentrum auch die Masken selbst herstellen.[10]

In der Debatte um die Frage, ob das Zentrum als GmbH selbständig geführt oder an das IFT angeschlossen werden solle, vertraten der Bund, der Freistaat als Sitzland und die Industrie unterschiedliche Positionen. Den Ton gab schließlich Siemens als führender deutscher Halbleiterhersteller an, auf dessen Beteiligung Bayern größten Wert legte. Siemens war nur im Falle einer wirklich „neutralen" Institution zu einer Kooperation bereit. Konkret bedeutete dies, daß die *design rules* möglichst aller wesentlichen deutschen Halbleiterhersteller Berücksichtigung finden sollten, eine Forderung, die sich weder wirtschaftlich vertreten ließ, noch mit der von Anfang an zentralen Stellung des Konkurrenzunternehmens EUROSIL im Zentrum vereinbar war. Siemens stellte die Konzeption des MEZ aber auch grundsätzlich in Frage: Anstelle der Maskenherstellung bzw. der vom IFT bei einer Neufassung des Konzepts ins Spiel gebrachten Konzentration auf den kundenspezifischen Schaltungsentwurf (ASIC) favorisierte der Siemens-Konzern Gate-Arrays und Mikroprozessoren, die aufgrund größerer Flexibilität und niedrigerer Kosten für kleine und mittlere Unternehmen vorteilhafter seien.[11]

Die Skepsis von Siemens, die die Gründung des Masken-Zentrums scheitern ließ, wirkt vor dem Hintergrund des hohen Defizits im Bereich Bauelemente, die der Konzern noch zu Beginn der 80er Jahre zu verzeichnen hatte, als rationale unternehmerische Entscheidung. Der Mikroelektronik-Boom der 80er Jahre veränderte die Konzernstrategie von Grund auf. Im zweiten Anlauf war das IFT dann auch erfolgreich. Seit 1987 besitzt das Institut eine eigene Maskenfertigung, die in Zusammenarbeit mit Siemens betrieben wird.

Zum gleichen Zeitpunkt, als das MEZ an der Ablehnung von Siemens scheiterte, setzte jener Wettlauf der Bundesländer um die Mikroelektronik ein, den wir am Beispiel der Duisburger, Stuttgarter und Hannoveraner Mikroelektronik-Institute bereits ausführlich behandelt haben.[12] Aber auch Bayern, das im Falle des MEZ sich noch desinteressiert gezeigt hatte, wurde nun seinem Ruf als führender bundesdeutscher High-Tech-Staat mehr und mehr gerecht, wobei die Staatsregierung nicht zuletzt auf Druck der Industrie aktiv wurde. Bayerns zurückhaltende Linie wich im Verlauf der 80er Jahre einer engagierten Forschungsförderung. Der Freistaat wollte seine führende Stellung in der Mikroelektronikindustrie, die durch das Engagement der konkurrierenden Bundesländer gefährdet war, unter allen Umständen halten. Da man in Erlangen auf bereits vorhandenes Potential aufbauen konnte und die regionale Wirtschaft von Beginn an ihre Bereitschaft zur Unterstützung des Projektes signalisierte, waren die Voraussetzungen für eine wirtschaftlich und letztlich auch wissenschaftlich erfolgreiche regionale Forschungspolitik überaus günstig.

Ein erster Anstoß ging von der Industrie- und Handelskammer Nürnberg aus, die als Reaktion auf das Engagement von Nordrhein-Westfalen, Baden-Württemberg und Niedersachsen den konsequenten Ausbau der Mikroelektronik an der Universität Erlangen-Nürnberg zu einem nordbayerischen Forschungs- und Entwicklungszentrum vorschlug. Als „Stammland der elektronischen Industrie" habe der Freistaat „einen besonders hohen Anteil an Arbeitsplätzen der von der Entwicklung der Mikroelektronik abhängigen Branchen". Als Hoffnungsträger wurde der Erlanger Ordinarius für technische Elektronik Dieter Seitzer gehandelt, dem jedoch bereits Anfragen aus anderen Bundesländern vorlägen. Seitzer selbst strebte die Erweiterung seiner Zusammenarbeit mit mittelständischen Firmen an, die seit 1981 über die Kontaktstelle für Forschungs- und Technologietransfer seines Lehrstuhls lief, nun aber an Kapazitätsgrenzen stieß. Im Unterschied zu den Stuttgarter und Duisburger Planungen schlug Seitzer für die Fertigung kundenspezifischer Schaltungen den Weg über Gate-Arrays ein, der geringere Investitionen erforderte. Nachdem die Fraunhofer-Gesellschaft den Aufbau eines weiteren Mikroelektronik-Instituts in Erlangen mit dem Hinweis auf die Priorität von Duisburg vorerst abgelehnt hatte, unterbreitete Seitzer dem Freistaat mehrere Vorschläge, die vom Stuttgarter IMS-Modell einer Stiftung bis zum „Wissenschaftspark" reichten.[13]

Der Bayerische Wirtschaftsminister unterstützte Seitzers Vorschläge, stand aber vor ähnlichen Problemen wie zuvor der Stuttgarter Kollege. Das auftragsorientierte Finanzierungsmodell war Vorbild der geplanten Institutsgründung, die Fraunhofer-Gesellschaft kam als Träger jedoch nicht in Frage, da sie dem Aufbau des Duisburger Instituts volle Priorität eingeräumt hatte. Die Staatsregierung wollte zumindest die Möglichkeit einer späteren Institutsübernahme durch die Fraunhofer-Gesellschaft offenhalten. Zusätzlich motiviert durch den „Wirtschaftsbeirat der Union", der mit Verweis auf das gescheiterte Masken-Zentrum die „bislang unzureichenden staatlichen Bemühungen" kritisierte, erarbeitete das Bayerische Wirtschaftsministerium einen Katalog der dringendsten Maßnahmen zur „Intensivierung der Mikroelektronik-Forschung und -Entwicklung in Bayern".[14]

Als Rechtfertigung und in Abgrenzung des geplanten Schwerpunktes Mikroelektronik an der Universität Erlangen-Nürnberg zu den parallel laufenden Vorhaben anderer Bundesländer verwies der Freistaat auf die Konzentration von vornehmlich mittelständisch strukturierten Mikroelektronik-Herstellern in Nordbayern, die auf Forschungseinrichtungen vor Ort angewiesen seien. Seitzers künftiges „Institut für integrierte Systeme und Schaltungen" sollte der Koordination der „außeruniversitären Mikroelektronik-Forschungs- und Entwicklungsaktivitäten in Bayern" dienen.[15] Diese erweiterte Aufgabenstellung sollte der Fraunhofer-Gesellschaft das Erlanger Institut schmackhaft machen. Die Staatsregierung hoffte zudem, beim neuen Präsidenten Syrbe ein offeneres Ohr zu finden als bei seinem Vorgänger Keller. Anders dagegen der Bund: In einer Konstellation, in der „starke[r] regionalpolitische[r] Druck" „mit dem Elan eines neuen Präsidenten" zusammentreffe, befürchtete Bonn „Verzettelungen" und die Gefährdung der „Konsolidierung des derzeitigen Aufbaues" der Fraunhofer-Gesellschaft.[16]

Wir sind bereits darauf zu sprechen gekommen, daß der Bund – wie auch die Fraunhofer-Gesellschaft selbst – die 80er Jahre als eine Phase wahrgenommen hat, in der Fraunhofer die Mikroelektronikforschung zu stark forciert und eine Politik des technologischen Angebots betrieben habe, die am Markt dann jedoch auf zu wenig Resonanz gestoßen sei. Die historische Rekonstruktion der Entscheidungsprozesse, die zu dieser Konstellation geführt haben, verweist auf den enormen Druck, der von den regionalen industriellen und politischen Akteuren ausgeübt wurde. Für die Fraunhofer-Gesellschaft ergab sich eine große Zahl von Chancen zur Ausweitung ihrer Aktivitäten, angesichts derer ihre Resistenz gegenüber den verlockenden Angeboten der Politik durchaus bemerkenswert ist. Der Zielkonflikt von innerer Konsolidierung und Anpassung an den technologischen Wandel verschärfte sich in den 80er Jahren enorm, und nur allzu häufig sah sich die Fraunhofer-Führung veranlaßt, dem Druck unter Verweis auf die guten wissenschaftlich-technologischen Entwicklungsperspektiven nachzugeben.

Diese Grundkonstellation zeigt sich exemplarisch in Erlangen. Die Fraunhofer-Gesellschaft blieb aus finanziellen und konzeptionellen Gründen lange Zeit in der Reserve. Als der Freistaat massiv drängte, Sonderfinanzierungen ankündigte und eine von Wirtschaftsminister Jaumann beauftragte Expertenkommission nicht nur die Übernahme der Seitzerschen Einrichtung, sondern auch einen Neubau für das IFT empfahl, zeigte sich Fraunhofer mehr volens als nolens bereit, Erlangen nach dem Modell einer Befristeten Wissenschaftlichen Arbeitsgruppe (BWA) zu übernehmen. Syrbe sah sich dann in der unangenehmen Situation, diese Entscheidung gegenüber Riesenhuber zu rechtfertigen. Denn Bonn hatte erhebliche Bedenken, die spezifische Ausrichtung der neuen Arbeitsgruppe für Integrierte Schaltungen (AIS) am Bedarf der regionalen mittelständischen Industrie an kundenspezifischen integrierten Schaltungen als Einrichtung von überregionaler Bedeutung anzuerkennen. Das Argument der Fraunhofer-Führung, das auf fünf Jahre angelegte Modell der Arbeitsgruppe sei als flexibles Förderinstrument besonders für den Aufbau von FuE-Kapazitäten geeignet, die „thematischen, zeitlichen oder regionalen Einschränkungen" unterlägen, vermochte Bonn zu überzeugen. Bayerns Zusage, Erlangen befristet und projektbezogen aus Landesmitteln zu fördern, tat ein übriges, den Bonner Widerstand zu überwinden. Während die AIS bei ihrer Aufnahme in die Fraunhofer-Gesellschaft am 1. Juli 1985 bereits eine durchaus bewegte politische Geschichte hinter sich hatte, verlief der Übergang auf wissenschaftlichem Gebiet vergleichsweise ungebrochen. Seitzers Konzept bewährte sich auch in der neuen Struktur als Vertragsforschungseinrichtung: Potentielle Auftraggeber wurden zunächst über grundsätzliche Möglichkeiten und Grenzen wirtschaftlicher und technologischer Lösungen informiert, auf die eine Kurzberatung und schließlich eine Intensivberatung folgte, die bereits eine detaillierte Ausarbeitung verschiedener Lösungswege umfaßte. Am Ende standen die Realisierung eines Prototyps und der Transfer des erarbeiteten Know-hows in die Firma des Kunden durch *training on the job*. Zwischen März 1984 und Juli 1985 bearbeitete das Zentrum für Mikroelektronik und Informationstechnik (ZMI) auf diese Weise rund 30 Projekte, die sich alle in einer Größenordnung bis zu 200000 DM bewegten. Um möglichst vielen Unternehmen die Hilfe der AIS zukommen zu lassen, sollten im Grenzfall einzelne Auftraggeber nur einmal unterstützt werden. Der damit verbundene Zusatzaufwand rechtfertigte die Gemeinnützigkeit und diente der Abgrenzung zur Industrie wie auch zu konkurrierenden Ingenieurbüros. Mit der Integration in die Fraunhofer-Gesellschaft bildete sich in Seitzers Abteilung zunehmend ein Schwerpunkt für industrielle Mikroelektronik heraus, der die Einrichtung von ihrer ausgeprägten Dienstleistungsorientierung für die regionale mittelständische Wirtschaft stärker in Richtung Vertragsforschung im Fraunhofer-Modell führte.[17]

Rechnet man den Lehrstuhl für Integrierte Bauelemente des Ruge-Schülers Heiner Ryssel, der als zweite Abteilung in die AIS eingegliedert wurde, sowie den Lehrstuhl für Rechnergestützten Schaltungsentwurf von Klaus Müller-Glaser hinzu, so investierte der Freistaat in den 80er Jahren rund 43 Mio. DM in den Ausbau des nordbayerischen Forschungszentrums für Mikroelektronik.[18] Bayern wollte die Überführung der AIS in ein vollwertiges Fraunhofer-Institut mit Ablauf der fünfjährigen Probephase angesichts der beträchtlichen Vorlaufinvestitionen in der Tat nur als Formsache verstanden wissen. Anders dagegen die Fraunhofer-Gesellschaft, die sich Ende der 80er Jahre – in der Phase knapper werdenden Geldes – außerstande sah, den in seiner Größe bereits den Rahmen sonstiger Fraunhofer-Institute sprengenden Gesamtkomplex zu übernehmen. Neben finanziellen Bedenken übte sie sich auch in Zurückhaltung, da ihr die drei Erlanger Institutsteile auch „fachlich durchaus nicht kohärent" erschienen.[19]

Wir haben hier nicht den Platz, um die kontroverse Debatte des Jahres 1988 um Konzept und Größe des Erlangers Instituts nachzuzeichnen. Im Grunde wiederholte sich die Konstellation der frühen 80er Jahre. Bayern übte Druck aus und drängte auf eine baldmögliche Institutsgründung, der Bund bremste und mahnte die überregionale Bedeutung an, und die Fraunhofer-Gesellschaft entschied sich in diesem Spannungsfeld letztlich für eine Kompromißlösung. Im Oktober 1988 beschloß der Senat, Seitzers Abteilung als Fraunhofer-Institut für Integrierte Schaltungen (IIS-A) zu gründen und die Laufzeit für Ryssels Abteilung zu verlängern. Müller-Glasers Lehrstuhl wurde nicht integriert.[20]

Im Anschluß begannen vor allem die Vorbereitungen für JESSI (Joint European Submicron Silicon Initiative) und die damit in Zusammenhang stehenden Planungen für das Fraunhofer-Institut für Siliziumtechnologie (ISIT) in Schleswig-Holstein die Mikroelektronik-Politik des Bayerischen Wirtschaftsministeriums zu bestimmen. Zum einen sollten die bayerischen Forschungsinstitute in möglichst großem Ausmaß von JESSI-Projekten profitieren. Hierfür stellte Ryssels Erfahrung in der Halbleiterfertigungsgeräteforschung das vielversprechendste Potential dar. Zum anderen sollte die drohende Abwanderung Ryssels durch den beschleunigten Ausbau seines AIS-B verhindert werden. Für diesen Zweck wurden die vom Freistaat für den Neubau von Seitzers Abteilung bewilligten Sondermittel umgewidmet. Den widerstrebenden Bund setzte der Freistaat stark unter Druck, indem er seine Zustimmung zur Gründung des ISIT an das Entgegenkommen des Bundes bei der Neubaufinanzierung in Erlangen knüpfte. Die Bereitschaft Bayerns, dem Bund für seinen Beitrag bis 1996 Aufschub zu gewähren, überwand die wechselseitige Blockade. Mit dem Bau wurde im November 1992 begonnen, noch ein halbes Jahr vor der Erweiterung des IIS um die Befristete Wissenschaftliche Arbeitsgruppe von Ryssel.[21]

In der Fortführung des Gründungskonzepts hat sich das Erlanger Institut heute als das anwendungsnaheste Mikroelektronikinstitut der Fraunhofer-Gesellschaft etabliert. International führend sind die Forschungsarbeiten im Bereich des „digital audio broadcasting" und der Bildverarbeitung. Die Stärke des Instituts liegt aber mehr noch in seinem breitgefächerten Angebot im Bereich des Meß- und Regelwissens, das auf die spezifischen Bedürfnisse der mittelständischen Industrie zugeschnitten ist. Diese Stärke ist zugleich eine potentielle Schwäche, tendiert doch die Breite des Institutsangebots zur Zersplitterung und zum Verlust der für die Generierung von Innovationen notwendigen kritischen Masse.

Technologischer Sonderweg? Die Röntgenstrahllithographie

Auf „alten" Technikfeldern etablieren sich langlebige Entwicklungspfade und Pfadabhängigkeiten. Neuartige Verfahren und Prozesse haben es deshalb nicht leicht, ihre Überlegenheit gegenüber den bewährten Wegen unter Beweis zu stellen. In der Mikroelektronik hatten in den 80er Jahren dagegen Prozesse technischer Schließung noch kaum eingesetzt. Die Forschung beschritt eine Fülle verschiedener Wege, von denen sie noch nicht absehen konnte, wohin sie führten. Auch die einschlägigen Institute der Fraunhofer-Gesellschaft beteiligten sich an der Suche. Ein Beispiel dafür sind Forschungsarbeiten des Fraunhofer-Instituts für angewandte Festkörperphysik (IAF) zur Technologie mikroelektronischer Bauelemente und Integrierter Schaltkreise auf der Basis von Verbindungshalbleitern, insbesondere auf der Grundlage von Galliumarsenid (GaAs). Während die industrielle Mikroelektronik fast ausnahmslos auf dem Silizium aufbaut, beschreitet das Freiburger Institut bereits seit den 50er Jahren, verstärkt seit Anfang der 80er Jahre, alternative Wege. Das technologische Angebot des Instituts ist lange Zeit vom Markt kaum angenommen worden. Heute gelten die Arbeiten des IAF jedoch auch in Industriekreisen als „führende Innovationsleistungen", denen für die kommenden Jahre vielfältige Anwendungsmöglichkeiten in den Bereichen Hoch- und Höchstfrequenz-Nachrichtentechnik, Hochgeschwindigkeits-Datenverarbeitung, Optoelektronik, Laserentwicklung und der Display-Technik zugeschrieben werden. Der schwierige Übergang vom *technology push* zum *market pull* erscheint am Ende des Jahrhunderts bewältigt. Dem Freiburger Institut eröffnen sich nach einer langen Durststrecke, über die ihm die militärische Relevanz seiner Forschungsfelder und sein Status als teilweise zum Verteidigungsbereich gehörende Einrichtung hinweggeholfen haben, auf zivilen Anwendungsmärkten gute Zukunftsperspektiven.[22]

Ein weiterer technologischer Sonderweg der Fraunhofer-Gesellschaft ist die Röntenstrahllithographie. Betrachten wir diesen Sonderweg, der im Münchner Fraunhofer-Institut für Festkörpertechnologie (IFT) seinen Ausgang nahm, um schließlich in neue Institutsgründungen zu munden, etwas genauer. Um die Leistung der Schaltkreise und Speicherchips zu erhöhen, arbeiten die Mikroelektroniker daran, die Halbleiterstrukturen permanent zu verkleinern. Als man Mitte der 70er Jahre begann, den Übergang von der LSI- zur VLSI-Technik[23] für die 80er Jahre vorzubereiten, ging man davon aus, daß dafür Strukturabmessungen unter 1 µm notwendig würden. Bei Strukturen dieser Größe beginnen konventionelle optische Lithographieverfahren an ihre physikalischen Grenzen zu stoßen – erst in den 90er Jahren lernte man, daß sich mit optischen Verfahren auch Strukturgrößen unter 0,5 µm erreichen lassen. Im IFT setzte man deshalb schon früh auf die Verwendung von „weicher" Röntgenstrahlung, die gegenüber anderen Verfahren wie der maskenlosen Elektronenstrahl- und Ionenstrahllithographie wirtschaftliche Vorteile versprach. Ihre hohe Intensität und Schärfe macht die Synchrotronstrahlung aus Elektronenspeicherringen im Vergleich zu anderen Röntgenlichtquellen besonders geeignet. Aufgrund der Submikron-Forschungen des IFT wurde die Fraunhofer-Gesellschaft ab 1978 in die Planungen für den Berliner Elektronen-Speicherring für Synchrotronstrahlung (BESSY) einbezogen. Neben der Zusammenarbeit mit den führenden deutschen Halbleiterherstellern (Siemens, Philips/Valvo, AEG und Eurosil) integrierte BESSY die Fraunhofer-Gesellschaft auch in das Netzwerk der hochenergiephysikalischen Grundlagenforschung, das von der Physikalisch-Technischen Bundesanstalt, der Max-Planck-Gesellschaft und den Großforschungseinrichtungen HMI und DESY gebildet wird.[24]

Eines der Hauptprobleme der Röntgenstrahllithographie bestand darin, daß man bei den Folgeprozessen der Halbleiterproduktion meist nicht mehr auf bereits bewährte Verfahren zurückgreifen konnte. Um sämtliche wesentlichen Prozeßschritte der Submikron-Technologie parallel entwickeln zu können, plante Ruges leitender Mitarbeiter Anton Heuberger, in Berlin eine eng mit dem Münchner Mutterinstitut IFT kooperierende Abteilung für Mikrostrukturtechnik (AMT) mit etwa 40 Mitarbeitern aufzubauen. Heubergers Konzept umfaßte neben Forschungen zur Strahlungsquelle auch Arbeiten zur Einführung neuer Ätz-, Lack- und Maskentechnologien, wobei vor allem letztere besonders hohe Anforderungen stellt.

Die Berliner Abteilung des IFT verfolgte das Ziel, der Halbleiterindustrie sämtliche Prozeßschritte als qualifizierte Vorentwicklungen zur Verfügung zu stellen. Die hohen Investitionen in die Abteilung für Mikrostrukturtechnik rechtfertigte Heuberger mit dem Hinweis, daß die Entwicklung und Beherrschung der entsprechenden Prozeßabläufe künftig zum entscheidenden Kriterium für die erfolgreiche Einführung neuer Technologien werden würde. Die enge Kooperation mit den Halbleiterunternehmen war für die Berliner AMT ein integraler Bestandteil des Forschungskonzepts. Die direkte Mitarbeit von 10–15 Gastwissenschaftlern der Industrie sollte den bestmöglichen Transfer der Forschungsergebnisse in die Wirtschaft gewährleisten, ja bereits auf der Arbeitsebene die FuE-Tätigkeit des Instituts auf die industriellen Ziele abstimmen. Heuberger nahm hier eine Entwicklung vorweg, die sich in den 90er Jahren unter dem Begriff „Forschungsbrückenköpfe der Industrie“ als übergreifende Strategie der Fraunhofer-Institute etabliert hat.[25]

Der wirtschaftliche Erfolg der Röntgenlithographie hing entscheidend von der Konstruktion eines kompakten Speicherrings für Synchrotronstrahlung (COSY) ab. Bereits 1983 entschieden sich die AMT und BESSY einvernehmlich für ein Konzept mit supraleitenden Magneten, das bei einem geringen Platzbedarf ein großes Entwicklungspotential besaß, aber mit einem hohen Risiko einherging. Tatsächlich begann man seit 1987 durch schwerwiegende Probleme mit den gelieferten Magneten den ursprünglichen Entwicklungsvorsprung gegenüber dem Ausland einzubüßen.[26]

Wie sehr das Arbeitsprogramm der Berliner AMT vom internationalen Forschungswettlauf geprägt war, zeigte sich exemplarisch Mitte des Jahres 1985, als unter dem Eindruck forcierter Entwicklungszeiten in Japan der Zeitplan für die

Erprobung der Röntgenstrahllithographie um zwei Jahre verkürzt wurde. Kritisch erschien vor allem der Rückstand in der Maskenherstellung, so daß die verfügbaren Ressourcen auf diesen Bereich konzentriert wurden. Erst bei einem „Durchbruch" in der Maskentechnologie sollten dann „die übrigen Aufgaben im Arbeitsprogramm der AMT wieder verstärkt verfolgt werden". Die Orientierung an der ausländischen Konkurrenz zwang die Geldgeber in Bonn und Berlin nachgerade dazu, die Stellenaufstockung der Abteilung voranzutreiben und der Überführung in ein vollwertiges Institut zuzustimmen. 1986 wurde das Fraunhofer-Institut für Mikrostrukturtechnik (IMT) offiziell aus der Taufe gehoben.[27]

Während dies letztlich Signale waren, auf dem eingeschlagenen Weg mit beschleunigtem Tempo weiterzufahren, kamen ab Mitte der 80er Jahre auch Zweifel auf, ob sich die Halbleiterstrukturen im Submikronbereich nicht doch mit den konventionellen Lithographieverfahren erzeugen ließen. Als im September 1987 die Entscheidungen über das Arbeitsprogramm bis 1991 getroffen werden mußten, stand angesichts der Entwicklungen in der optischen Lithographie für das IMT eine Neuorientierung zur Debatte. Vor allem die Vorteile der Röntgenstrahllithographie für den Herstellungsprozeß und die große Bedeutung des Strukturbereichs zwischen 0,5 und 0,2 µm für die kommenden Chipgenerationen gaben dann aber den Ausschlag, das bisherige Forschungsprogramm mit unverminderter Intensität weiterzuverfolgen. Konsequenzen für das IMT ergaben sich allerdings aus der Entscheidung der beteiligten Industriepartner, die Röntgenstrahllithographie erst für den Bau des 64-Mbit-Chips einzusetzen. Damit mußte das IMT Entwicklungsarbeiten, wie etwa die Serienfertigung der Masken, die ursprünglich der Industrie überlassen werden sollten, nun doch selbst übernehmen. Das bisherige Forschungsprogramm war zwar nicht grundsätzlich in Frage gestellt, aber das Institut sah sich mit einer größeren Planungsunsicherheit konfrontiert. Mit dem JESSI-Projekt und den Planungen für ein Institut für Siliziumtechnologie in Schleswig-Holstein (Itzehoe), die Anfang 1988 einsetzten, stellte sich das IMT darauf ein, die Arbeiten zur Röntgenlithographie abzubrechen, um sie andernorts unter besseren Bedingungen fortzusetzen.[28]

Die Erwartung, die Röntgenstrahllithographie werde die optische Lithographie als dominierendes Produktionsverfahren von Halbleiterelementen ersetzen, hat sich tatsächlich nicht erfüllt. Vor dem Hintergrund der enormen finanziellen Aufwendungen stuft heute so mancher Initiator die in den 80er Jahren durchaus als Normalweg angesehene Röntgenlithographie als Sonderweg, ja gar als Fehlinvestition ein.

Mikroelektronik zwischen europäischer Öffnung und wissenschaftlicher Diaspora: das Fraunhofer-Institut für Siliziumtechnologie

Nach Ablauf der vorbereitenden Definitionsphase von JESSI beauftragte Forschungsminister Riesenhuber im Dezember 1988 die Fraunhofer-Gesellschaft mit den Planungen für ein Institut für Siliziumtechnologie (ISIT). Anknüpfend an die technologisch erfolgreiche Kooperation im Rahmen des „MEGA-Projektes" zur Entwicklung des 1- und des 4-Mbit-Chips war JESSI von Siemens und Philips Mitte der 80er Jahre mit dem Ziel initiiert worden, die technologischen Grundlagen für die Produktion des 64-Mbit-Chips zu schaffen. Mit dem ebenso ehrgeizigen wie teuren Projekt sollte der Vorsprung der japanischen Halbleiterindustrie aufgeholt werden. JESSI firmierte schließlich unter dem Dach von EUREKA und litt in der Folge wie so manch andere europäische Forschungskooperation – in der Luft- und Raumfahrt etwa – an divergierenden politischen Interessenlagen und an einer höchst komplizierten Organisationsstruktur.[29]

Der europäische Kontext bestimmte auch den Aufbau eines zentralen Forschungslabors für JESSI. Das Bundesforschungsministerium hatte bei seiner Förderung des MEGA-Projektes heftige Kritik aus Brüssel einstecken müssen. In Bonn hielt man eine direkte Projektförderung mit einer Quote von 50% durch den Staat politisch nicht mehr für durchsetzbar und auch nicht im Interesse der beteiligten Unternehmen. Die Industrie sollte die Kosten ihrer Entwicklungen selbst tragen, während einzelne Teilaufgaben im Gegenzug vollständig von der öffentlichen Hand finanziert würden. Für das zentrale Labor wurde eine Aufteilung von staatlicher Finanzierung des Gebäudes, der Ausstattung und des Großteils des Personals einerseits und die Vergütung der von den Unternehmen an das zentrale Institut abgestellten Mitarbeiter durch die Industrie ins Auge gefaßt.[30]

Ihre grundsätzliche Absicht zur Gründung eines solchen Labors hatten Siemens, Philips und die Fraunhofer-Gesellschaft dem Bundesforschungsministerium noch im August 1987 bestätigt und offenbar auch Vorentscheidungen über dessen künftigen Standort getroffen. Das vorbereitende JESSI-Planungsteam residierte unter dem Vorsitz von IMT-Leiter Anton Heuberger bereits in Itzehoe, dem späteren Standort des ISIT. Offen waren dagegen Form und Trägerschaft des Instituts. Das BMFT favorisierte eine gemeinsame Tochtergesellschaft von Fraunhofer-Gesellschaft und der Gesellschaft für Kernenergieverwertung in Schiffbau und Schiffahrt (GKSS). Beide Seiten sollten ihre vermeintlichen Stärken einbringen, die GKSS Stellen und Grundfinanzierung, die Fraunhofer-Gesellschaft ihr Management-Know-how. Das Ministerium hätte damit zugleich einen gewichtigen Beitrag zu der Umorientierung der vielkritisierten Großforschungseinrichtung in Hamburg geleistet.[31]

Heubergers erstes Konzept für eine „zentrale JESSI-Forschungseinrichtung" war in der Zielsetzung sehr ambitioniert. Sie sollte „als technologische Zukunftsvorsorge" bereits auch die Generation von Bauelementen vorbereiten, die dem JESSI-Projekt folgen werde. Heuberger veranschlagte nicht weniger als 370 Mitarbeiter, Erstinvestitionen für Gebäude und Ausstattung in Höhe von 483 Mio. DM und jährliche Betriebskosten von knapp 55 Mio. DM.[32]

Im Unterschied zu seiner Zurückhaltung beim Aufbau seiner fünf Mikroelektronik-Institute und entgegen den Bonner Vorstellungen setzte sich der Vorstand der Fraunhofer-Gesellschaft im Falle des Instituts für Siliziumtechnologie von

Beginn an mit allem Nachdruck für dessen Einbau in die Fraunhofer-Gesellschaft ein. Die „künftigen Aktivitäten im Bereich der Halbleitertechnologie" sollten keinesfalls „einer bestehenden Großforschungseinrichtung" überlassen werden. Für das Problem, daß die Zielsetzung und Arbeitsrichtung des Instituts schwerlich mit dem Fraunhofer-Modell zu vereinbaren waren, hatte der Vorstand einen Lösungsvorschlag parat. Das Forschungsinstitut sollte nicht dem Leistungsbereich Vertragsforschung zugeordnet werden, sondern ähnlich der Verteidigungsforschung eine gesonderte Grundfinanzierung erhalten. Die Münchner Fraunhofer-Zentrale betonte zudem die Integrations- und Lenkungsfunktionen der geplanten Einrichtung gegenüber anderen – auch außerhalb Deutschlands – an JESSI-Projekten arbeitenden Forschungszentren. Zugleich nahm sie das Interesse der Landesregierung Schleswig-Holsteins auf, durch die Gründung des „JESSI-Zentralinstituts" in Itzehoe möglichst schnell Fakten zu schaffen, unter anderem um die EUREKA-Projektleitung zu veranlassen, sich ebenfalls dort anzusiedeln. Die Fraunhofer-Gesellschaft argumentierte daher auch dahingehend, mit dem Institut einen „Beitrag zur Lösung regionaler Strukturprobleme (u.a. Süd-Nord-Gefälle)" zu leisten.[33]

Nicht nur an der reklamierten Lenkungsfunktion, auch an der Vorgehensweise der beteiligten Institutionen begann sich Kritik zu regen. Der Bayerische Ministerpräsident beklagte sich beim Bundeskanzler nicht zu Unrecht darüber, daß die Gesprächswünsche Bayerns zu den künftigen Standorten von JESSI-Einrichtungen noch im Sommer vom BMFT als „verfrüht" bezeichnet worden waren, nun aber bereits der Aufbau eines „höchsten technischen Ansprüchen genügenden Reinraumes am Standort Itzehohe ins Auge gefaßt" sei. Durch den Wechsel des zuständigen Unterabteilungsleiters aus dem BMFT, Uwe Thomas, als neuer Staatssekretär in das Schleswig-Holsteinische Wirtschaftsministerium erhalte die Angelegenheit zusätzlich „einen unerfreulichen Beigeschmack". Ähnliches galt für Dietrich Austermann. Seine Funktionen als Haushaltsausschußvorsitzender des Bundestages, als Senator der Fraunhofer-Gesellschaft (1987–1993) und nicht zuletzt als Bundestagsabgeordneter des Wahlkreises Steinburg/Dithmarschen-Süd, dem auch Itzehoe zugehört, verliehen dem CDU-Abgeordneten eine Schlüsselstellung für die Gründung des späteren ISIT am Standort Itzehoe.[34]

Nachdem sich das BMFT im Februar 1989 grundsätzlich zur Förderung des gesamten JESSI-Projekts bereit erklärt hatte, konnte der Abstimmungsprozeß mit der Industrie beginnen. Das Institut sollte aus der Sicht der beteiligten Unternehmen in erster Linie ihre eigenen Forschungsarbeiten zu JESSI ergänzen. Außerdem forderte die Industrie, das Forschungsprogramm nicht nur aus ihrem eigenen Bedarf, sondern auch aus dem Angebot bestehender Institute in Deutschland und Europa abzuleiten. Thematisch ergab die Abstimmung mit der Industrie letztlich wenig Neues: Das Aufgabengebiet umfaßte danach die Problembereiche „Superreinraumtechnik" und Verfahrenstechnik sowie die Entwicklung neuer Einzelprozeßkonzepte. Beim Standort blieb die Industrie indifferent. Letztlich werfe „kein Ort in der Bundesrepublik unüberwindbare Probleme“ auf.[35]

Während sich das Bundesforschungsministerium – allerdings unter der Regie von Abteilungsleiter Uwe Thomas – bei den Vorgesprächen im ersten Halbjahr 1987 mit Siemens auf eine möglichst strikte Trennung von öffentlich- und industrie-finanzierten JESSI-Projekten verständigt hatte, spielte dieses Ziel zwei Jahre später nur noch eine untergeordnete Rolle. Mittlerweile favorisierte das Ministerium das Modell einer GmbH, an der sich die Industrie mit 75% und die Fraunhofer-Gesellschaft mit 25% beteiligen sollte. Fast noch lieber hätte man eine Zusammenfassung sämtlicher JESSI-relevanter Institute aus den Großforschungseinrichtungen, der MPG und der Fraunhofer-Gesellschaft zu einer neuen Forschungsgesellschaft gesehen. Für diese Option existierte jedoch nicht die geringste Realisierungschance. Mit der Argumentation, daß sich die Industrie weder für die Beteiligung in einer GmbH noch für ein finanzielles Engagement, das 10% der Betriebskosten übersteige, gewinnen lassen werde, konnte die Fraunhofer-Gesellschaft schließlich doch noch die Weichen in Richtung „Fraunhofer-Institut“ stellen. Die Annäherung kam unter folgenden Voraussetzungen zustande: eine feste Zusage des BMFT zu einem Förderplan über zehn Jahre; eine frühzeitige Prüfung der Arbeiten vor Ablauf der zehn Jahre und die Zusicherung einer Übergangsfinanzierung in der Umorientierungs- oder Auflösungsphase des Instituts nach der Überprüfung.[36]

Trotz der Empfehlung des Wissenschaftlich-Technischen Rats der Fraunhofer-Gesellschaft, der Gründung des ISIT zuzustimmen, bekam der Fraunhofer-Vorstand auf der Senatssitzung im Oktober 1989 starken Gegenwind. Der sonst so harmonische Senat schwang sich für einmal zu einer kontrovers geführten Debatte über die Sinnhaftigkeit der Institutsgründung im allgemeinen wie auch um den Standort im besonderen auf, in der sich die Gemüter heftig erhitzten. Die Forderung der Senatoren nach einem Gesamtkonzept für die vielfältigen Aktivitäten der Fraunhofer-Gesellschaft auf dem Mikroelektronik-Sektor zwang den Vorstand, sein Konzept nochmals zu überdenken. Auch die Vorstellung des Gesamtkonzeptes auf der folgenden Senatssitzung im April 1990 konnte die Befürchtung von Überkapazitäten in der nichtindustriellen Mikroelektronikforschung in Deutschland nicht wirklich ausräumen. Unter den Bundesländern war die Institutsgründung in Schleswig-Holstein ebenfalls nicht unumstritten. Vor allem Berlin und Bayern fürchteten, daß es durch die große Konzentration von Ressourcen im ISIT zur Schließung oder Austrocknung der eigenen Mikroelektronik-Institute kommen könnte.[37]

Wie riskant die gesamte bisherige Konzeption des ISIT gewesen war, zeigte sich schon wenige Monate nach dem Gründungsbeschluß des Senats. Da das Konzept des ISIT entscheidend auf der Zusammenarbeit mit wenigen Großunternehmen basierte, bekam die Fraunhofer-Gesellschaft jeden Kurswechsel in der Unternehmenspolitik heftig zu spüren. Die Zusammenarbeit zwischen Siemens und IBM bei der Entwicklung des 64-Mbit-Chips, die im Januar 1990 offiziell bekanntgegeben wurde, brachte bereits erste Veränderungen für die Forschungsplanungen mit sich. Für die Röntgenlithographie bedeutete dies unter anderem, daß erstens das fortgeschrittene Know-how von IBM zumindest teilweise zur Verfügung stand. Zweitens konzentrierten nun beide Unternehmen ihre Forschungsressourcen für den 64-Mbit-Chip in den USA.[38]

Eine gänzlich neue Situation trat jedoch im Frühjahr 1991 ein, als mit der technischen und wirtschaftlichen Neubewertung der Röntgenlithographie durch die Industrie die Grundlage sämtlicher Planungen für das ISIT wegbrach. In dieser Phase zeigte der Senat, daß er im Krisenfall mehr als nur ein repräsentatives Begleitwerk des im übrigen weitgehend autonom agierenden Vorstandes sein konnte. Er mahnte eine Überarbeitung des vorliegenden Konzeptes an, das den potentiellen Kundenkreis des Instituts erheblich erweitern sollte, und er war in der anberaumten Sondersitzung vom Juli 1991 nicht bereit, die wenig veränderte Fassung zu akzeptieren: Während eine Minderheit die regionalpolitischen und handelsstrategischen Argumente ins Feld führte, drängten die Mehrheit der Senatoren und vor allem das BMFT auf eine größere Bedarfsorientierung des künftigen Instituts und eine bessere Abstimmung mit den vorhandenen Einrichtungen der Mikroelektronik-Forschung. Aus dem zu einer Großforschungseinrichtung tendierenden ISIT sollte nun ein „normales" Fraunhofer-Institut werden. Trotz der erneut entflammten Diskussion um dessen Nachteile wurde Itzehoe als Standort aber beibehalten.[39]

Das veränderte industrielle Umfeld und mehr noch die Mittelknappheit des BMFT infolge der Wiedervereinigung bestimmten das überarbeitete ISIT-Konzept, das der Senat im Oktober 1991 genehmigte. Raumbedarf, Personalstärke und Betriebskosten wurden um jeweils nahezu die Hälfte reduziert. Aus der Sicht der Planer lag damit ein nicht mehr zu unterschreitendes „Minimalkonzept" vor. Die thematischen Schwerpunkte verschoben sich von den Technologien der Höchstintegration und der langfristigen Vorlaufforschung in Richtung der Erforschung neuer Prozesse und Bauelementkonzepte sowie angepaßter Herstellungsverfahren. Dazu zählte etwa die Entwicklung von ASICs mit Strukturgrößen unter 0,5 µm und deren Ausbau zu kompletten Mikrosystemen mit integrierter Sensorik oder Aktuatorik. Im Vergleich zu den anderen Mikroelektronik-Instituten der Fraunhofer-Gesellschaft sollte beim ISIT vor allem die Optimierung von Prozessen und Systemen in ihrer Gesamtheit im Vordergrund stehen. Stärker als zuvor wurde mit diesem Konzept auch an das Arbeitsprogramm des Fraunhofer-Instituts für Mikrostrukturtechnik (IMT) angeknüpft, dessen „abgeforschte" Geräteausstattung ohnehin eine grundlegende Erneuerung erforderte.[40]

Mit nur etwa zehn Unternehmen blieb der Kern des potentiellen Kundenkreises im Vergleich zu einem durchschnittlichen Fraunhofer-Institut immer noch relativ klein. Um dennoch international konkurrenzfähig zu bleiben, sah man das ISIT vor die Notwendigkeit gestellt, zumindest in Teilbereichen Forschungsaufträge auf dem internationalen Markt zu akquirieren. Daß auch die regionale

Wirtschaft nicht auf das ISIT verzichten wollte, zeigte sich in der Gründung eines Fördervereins bei der IHK Kiel im Herbst 1991. Zum Januar 1993 nahm das ISIT offiziell seine Arbeit auf, zunächst allerdings am IMT in Berlin. Der Neubau in Itzehoe wurde 1995 bezogen. Die Finanzierungsprobleme konnten durch die Kooperation mit dem zum Daimler-Konzern gehörenden Unternehmen TEMIC mittlerweile weitgehend gelöst werden. TEMIC hat die Fertigungslinie des ISIT teilweise gemietet und betreibt sie nach dem Muster der industriellen Forschungsbrückenköpfe in eigener Regie.

Fassen wir die hier auf das Wesentliche verkürzte Gründungsgeschichte des ISIT nochmals zusammen: Nach Nordrhein-Westfalen, Baden-Württemberg, Berlin und Bayern erhielt Schleswig-Holstein ebenfalls ein Forschungsinstitut für Mikroelektronik. Diese Chance eröffnete sich dem norddeutschen Küstenstaat weniger durch eine langfristige Strategie regionaler Strukturpolitik. Sie war vielmehr Folge eines Projekts der beiden führenden europäischen Halbleiterhersteller. Um das von Philips und Siemens initiierte JESSI-Projekt ordnungspolitisch verträglich fördern zu können, plante das BMFT den Aufbau eines nationalen Forschungsinstituts. Daß dabei ein Standort in Schleswig-Holstein in die engere Wahl kam, war wohl zunächst kontingenten Umständen zuzuschreiben. Doch die Entscheidung, das JESSI-Planungsteam in Itzehoe anzusiedeln, entwickelte sich – nicht zuletzt durch den persönlichen Einsatz des Bundestagsabgeordneten Austermann – bald zur Vorentscheidung für den späteren Standort des Instituts. Der umstrittene Gründungsbeschluß für das ISIT vom Oktober 1989 fiel dann mit großer Wahrscheinlichkeit zum letztmöglichen Zeitpunkt. Schon auf seiner nächsten Sitzung im Frühjahr 1990 hätte der Senat im Zuge der bevorstehenden Wiedervereinigung zugunsten drängenderer Aufgaben in den neuen Bundesländern vermutlich gegen den Aufbau des ISIT gestimmt.

Stärker als bei den vorangegangenen Institutsgründungen im Bereich Mikroelektronik war für den Fraunhofer-Vorstand die Binnenperspektive auf die deutsche Forschungslandschaft handlungsleitend. Mit der Maxime „Förderung von Synergieeffekten" und „Vermeidung von Zersplitterung in der Halbleiterforschung" wurde eine Politik der Terrainsicherung betrieben. Der Aufbau konkurrierender Kapazitäten mikroelektronischer Forschung sollte verhindert werden. Dafür nahm man Institutsstrukturen und Forschungsgebiete in Kauf, die dem Fraunhofer-Modell nicht nur in ihren Dimensionen zuwiderliefen, sondern die auch den Kreis späterer Auftraggeber erheblich einschränkten. Zugleich handelte sich Fraunhofer die Abhängigkeit von wenigen großen Halbleiterherstellern ein. Daß damit ein erhebliches Risiko verbunden gewesen war, zeigte sich, als die beteiligten Unternehmen ihre Strategie änderten und ihr Interesse am ISIT nachließ. Das veränderte technisch-industrielle Umfeld zwang die Fraunhofer-Führung zu einer letztlich heilsamen Überarbeitung der Pläne: Ein großforschungsähnliches Institut mikroelektronischer Grundlagenforschung mußte auf die Strukturen eines „normalen" Fraunhofer-Instituts reduziert werden. Die enge Zusammenarbeit mit dem Halbleiterhersteller TEMIC löste schließlich nicht nur die Finanzierungskrise des ISIT, sondern eröffnete auch neue Perspektiven für die künftige Kooperation der Fraunhofer-Gesellschaft mit der Wirtschaft.

Strategien der neunziger Jahre: der Fraunhofer-Verbund Mikroelektronik

Mitte des Jahres 1983 tauchte in der Fraunhofer-Gesellschaft erstmals der Gedanke auf, die eigenen Forschungsaktivitäten auf dem Gebiet der Mikroelektronik zusammenzufassen. Die neue Initiative war zum einen das Ergebnis der Bonner „Wende", setzte doch Riesenhuber mehr auf die Selbstorganisation als auf staatliche Steuerung der Forschung. Zum anderen entsprang sie der Fraunhofer-Politik der Terrainsicherung im Bereich Mikroelektronik. Durch eine erhöhte Sichtbarkeit im Außenraum hoffte die Fraunhofer-Führung, das sich dynamisch entwickelnde Forschungsgebiet im nichtindustriellen Bereich möglichst weitgehend dominieren zu können.

Die ursprüngliche Überlegung des Vorstandes und des Wissenschaftlich-Technischen Rats, das Institut für Mikroelektronische Schaltungen und Systeme (IMS) in Duisburg, das Münchner Institut für Festkörpertechnologie (IFT) und die Berliner Abteilung für Mikrostrukturtechnik (AMT) zu einem Fraunhofer-Institut für Mikroelektronik zusammenzulegen, war weder im Binnen- noch im Außenraum der Gesellschaft durchsetzbar. Ein solches Institut hätte mit geplanten 400 Mitarbeitern nicht nur die übliche Größenordnung und das geltende Prinzip der dezentralen Verantwortlichkeit gesprengt. Es wäre auch nicht mehr offen für die Integration sich bereits abzeichnender Gründungsinitiativen gewesen und hätte zudem durch den Ausschluß des Instituts für Angewandte Festkörperphysik (IAF) sein Hauptziel einer fachlichen Koordination des gesamten Fraunhofer-Mikroelektronikbereichs verfehlt. Anknüpfend an erste Erfahrungen der inhaltlichen Kooperation im Verbundprojekt „Sub-Mikron", wurde statt dessen das Modell eines lockeren Verbundes gewählt.

Nach außen hin hatte der im April 1984 vom Senat abgesegnete „Fraunhofer-Verbund Mikroelektronik" (FhV-μE) die Funktion, Wirtschaft und Politik zu demonstrieren, daß die Fraunhofer-Gesellschaft von sich aus in der Lage war, thematische Überschneidungen und Doppelarbeit zu vermeiden und die FuE-Tätigkeit auf die Bedürfnisse der Elektronikindustrie abzustellen. Um Industrie und Staat in die Mitverantwortung zu nehmen, wurde dem Verbund ein Beirat an die Seite gegeben, in dem Vertreter der führenden Unternehmen und der Bonner Ministerialbürokratie saßen. Der Beirat sollte die Koordinationstätigkeit des Verbundes und dessen Suche nach neuen Aufgabenfeldern unterstützen. Daß der quer zur gewachsenen Organisationsstruktur liegende Verbund im ersten Anlauf, gemessen an seiner selbstgewählten Aufgabenstellung, wenig erfolgreich war, kann kaum verwundern. Die vier Arbeitskreise zu den Querschnittsfeldern Sensorik, Computer Aided Design (CAD), Process-Modelling und SOI-Bauelemente[41] schliefen allmählich ein. Dem Sprecher des Verbundes fehlte es an Macht und Sanktionsmöglichkeiten, in die Autonomie der Institute einzugreifen, von Mitteln zur Ingangsetzung übergreifender Vorhaben ganz zu schweigen. Die ausgeprägte Furcht vor dem Präzedenzfall eines „Ober-Institutsleiters" stand einer effektiven Koordinationstätigkeit von Beginn an im Wege. Bezeichnenderweise war es bis Ende der 80er Jahre nicht gelungen, ein gemeinsames Projekt aller Verbundsinstitute zustande zu bringen. Ryssel schlußfolgerte denn auch, daß ohne „eine deutliche Verbesserung der Arbeitsweise" der Verbund seinen Steuerungs- und Koordinierungsanspruch nicht erfüllen könne.[42]

Mit der Gründung des ISIT war der Mikroelektroniksektor zu einem Brocken geworden, den die Fraunhofer-Gesellschaft nur mehr schwer verdauen konnte. Die Wiedervereinigung machte das bisher latente Problem zu einem akuten. Zum einen bemühten sich auch die neuen Bundesländer um den Aufbau mikroelektronischer Forschungseinrichtungen und verschärften damit die Konkurrenz unter den einzelnen Instituten um öffentliche und industrielle Aufträge. Zum anderen traf der Einbruch der direkten Projektförderung des Bundesforschungsministeriums die Mikroelektronikinstitute in besonderem Maße, hatten diese doch bis dahin in überdurchschnittlichem Maße von der öffentlichen Hand gelebt. In dieser Krisenphase begann die Fraunhofer-Gesellschaft daher, ihre Strategie des technologischen Angebots ernsthaft in Frage zu stellen. Zudem zeigte sich auch in der Mikroelektronik, daß die Gleichung, derzufolge neue Prozeßtechnologien Produktinnovationen ermöglichen, die ihrerseits den Markt stimulieren, nicht mehr aufging. Die Stabilisierung der Hauptlinien des Technologiepfades machte die Halbleiterindustrie unabhängiger von externer Forschungsunterstützung. Um ihre führende Stellung in der nichtindustriellen Mikroelektronikforschung zu untermauern, orientierte sich Fraunhofer vermehrt in Richtung der Anwendungsmöglichkeiten mikroelektronischer Produkte. Branchenstrukturell gesehen, führte dieser Weg die Institute des Fraunhofer-Verbundes Mikroelektronik tendenziell weg von den Großunternehmen der Halbleiterindustrie hin zu den mittelständisch strukturierten Anwenderbranchen.

Heute sehen die Mikroelektronikinstitute der Fraunhofer-Gesellschaft ihre Hauptaufgabe darin, die von der Großindustrie geschaffene Technologiebasis weiterzuentwickeln und zu modifizieren, um sie schließlich in kundenspezifische Speziallösungen für die Anwenderindustrie zu transferieren.[43] Aufbauend auf der in den 80er Jahren gewonnenen Erfahrung, daß die Technologieentwicklung in der Mikroelektronik nur unter hohem, stetig wachsendem Einsatz von Investitionen möglich ist, denen vergleichsweise niedrige Industrieerträge gegenüberstehen, hat sich die Fraunhofer-Gesellschaft auch in der Mikroelektronik auf ihre eigentliche Stärke rückbesonnen: durch die Entwicklung von bedarfsorientierten Lösungen den Transfer von technischen Innovationen in den Markt zu stimulieren. Als Folge dieses in einem Teil der Institute bereits vollzogenen, teils noch laufenden Prozesses der Umorientierung sind die Wirtschaftserträge des Verbundes vor allem seit 1994 absolut wie auch prozentual stark angestiegen und haben jüngst die magische Grenze von 40% erreicht.

Tabelle 12: Ertragsentwicklung der Mikroelektronik-Institute 1982–1997

	Betriebshaushalt (BHH) (TDM)	Bund/ Länder (TDM)	% vom BHH	Wirtschaft (TDM)	% vom BHH	Grundfinanzierung (TDM)	% vom BHH	restliche Erträge (TDM)	% vom BHH
1982	11619	9271	79,8	640	5,5	708	6,1	1000	8,6
1983	14201	9469	66,7	1689	11,9	1518	10,7	1525	10,7
1984	17657	11450	64,8	2777	15,7	1827	10,3	1603	9,1
1985	22869	13575	59,4	4381	19,2	2021	8,8	2892	12,6
1986	33833	21110	62,4	7634	22,6	1614	4,8	3475	10,3
1987	40644	22712	55,9	10262	25,2	2314	5,7	5356	13,2
1988	52565	32931	62,6	12620	24	2310	4,4	4704	8,9
1989	63477	37968	59,8	17033	26,8	4140	6,5	4336	6,8
1990	70011	42968	61,4	17524	25	6449	9,2	3070	4,4
1991	79213	51144	64,6	17402	22	6773	8,6	3894	4,9
1992	98738	33377	33,8	21295	21,6	34773	35,2	9292	9,4
1993	105748	35150	33,2	28360	26,8	28997	27,4	13242	12,5
1994	122984	42932	34,9	31001	25,2	33284	27,1	15766	12,8
1995	147367	45239	30,7	45573	30,9	39303	26,7	17251	11,7
1996	169130	45840	27,1	60357	35,7	46821	27,7	16112	9,5
1997	191715	48934	25,5	78554	41	45986	24	18259	9,5

Quelle: FhG, intern.

Der programmatischen Umorientierung entspricht die institutionelle Reform des Bereiches Mikroelektronik. Der Fraunhofer-Verbund präsentiert sich seit 1996 als ein an Haupt und Gliedern gestärktes Gremium, in dem die mittlerweile sieben einschlägigen Institute nicht nur übergreifende Strategien entwickeln, sondern auch ihre Großinvestitionen aufeinander abstimmen. Wie bereits bei der Gründung des ersten Verbundes 1983/84 reagierte die Fraunhofer-Gesellschaft mit dieser institutionellen Innovation auf externen Druck. Das seinerseits durch die Lasten der Wiedervereinigung unter hohem finanziellen Druck stehende Bundesforschungsministerium mahnte ab Ende der 80er Jahre immer wieder die straffere Koordinierung der Mikroelektronikaktivitäten an. Die Fraunhofer-Gesellschaft konnte den sich in Bonn verdichtenden Eindruck von thematischen Überschneidungen und Doppelinvestitionen bei den Reinräumen und Fertigungslinien der Institute nicht ausräumen. Im Gegenteil, Bonn erhielt argumentative Schützenhilfe von der Industrie. Als der Zentralverband Elektrotechnik und Elektronikindustrie (ZVEI) im September 1993 die staatlich geförderten Forschungseinrichtungen im Bereich der Informationstechnik in ihrer Industrierelevanz bewertete, stellte auch er inhaltliche und investive Überschneidungen fest und leitete daraus die nachdrückliche Empfehlung ab, „die Mikroelektronik-Arbeitsgebiete der FhG organisatorisch wesentlich effektiver als bisher unter einer Führung" zusammenzufassen.[44] Statt der eine Zeitlang ventilierten Alternative, einen eigenen Vorstandsbereich für die Mikroelektronik zu schaffen, entschied sich die Gesellschaft für die Stärkung der Selbstorganisationskräfte auf der dezentralen Ebene. Da der Vorstand seinerseits Entscheidungskompetenzen an das Direktorium des Verbundes delegierte, verfügt das Gremium im Unterschied zu seinem Vorgänger durchaus über die Möglichkeit, seiner Koordinierungsfunktion gerecht zu werden. Wichtiger noch für die Effizienz des Verbundes ist die Bereitschaft der beteiligten Institutsleiter, auf ihre Autonomie zumindest partiell zu verzichten, und diese scheint sich nach mehrfachem Bekunden als Ergebnis eines Lernprozesses mittlerweile herausgebildet zu haben. Da der Verbund deklariertermaßen Modellcharakter für die gesamte Fraunhofer-Gesellschaft hat, steht er heute in besonderem Maße unter Erfolgsdruck.[45]

Abgesehen von der Kritik an den genannten Überschneidungen, hat die Elektronikindustrie der Fraunhofer-Gesellschaft 1993 im nationalen Vergleichsrahmen gute Zensuren erteilt. Die deutliche Zunahme der Wirtschaftserträge in den letzten Jahren zeige die hohe Industrierelevanz der Fraunhofer-Institute. Die „Notwendigkeit kontinuierlicher Mittelakquisition" motiviere die Institute, sich am kurz- und mittelfristigen Bedarf der Industrie und des Marktes zu orientieren. Im Unterschied dazu werden die untersuchten Großforschungseinrichtungen (Gesellschaft für Mathematik und Datenverarbeitung, Forschungszentrum Jülich und Kernforschungszentrum Karlsruhe) sowie das Heinrich-Hertz-Institut für Nachrichtentechnik als defizitär eingestuft. Und eine umfassend angelegte wissenschaftssoziologische Studie kam jüngst zu einem noch pointierteren Urteil. Ihr zufolge ist die Fraunhofer-Gesellschaft mit ihrem Modell der variablen Anreizfinanzierung „der ungewissen Entwicklungsdynamik der Informationstechnik besser angepaßt [...] als die Großforschung und schafft zugleich eine enge Koppelung zwischen den Produzenten und Anwendern".[46]

Die Fraunhofer-Gesellschaft hat durch die Konzentration der nichtindustriellen Forschung in der Schlüsseltechnologie Mikroelektronik in ihren Instituten eine hohe gesellschaftliche Verantwortung übernommen. In den technologisch turbulenten 80er Jahren ging die Fraunhofer-Gesellschaft zwei grundverschiedene Wege, um ihrer Verantwortung gerecht zu werden. Während ein Teil der Institute des Verbundes Mikroelektronik nach grundlegenden Innovationen im Bereich der Halbleitertechnik suchte, konzentrierte sich der andere Teil überwiegend auf die Umsetzung des technischen Wissens in marktfähige Produkte. In den 90er Jahren hat sich der mikroelektronische Technologiepfad gefestigt, und die Mikroelektronik ist näher an den Markt gerückt. Mit dieser Veränderung des technologischen Umfeldes hat sich der zweite Weg für die Institute als ertragreicher erwiesen. Es verwundert daher nicht, daß die Zukunft der Fraunhofer-Gesellschaft in der Selbst- und Fremdeinschätzung am Ende des 20. Jahrhunderts primär darin gesehen wird, das technische Wissen in den rasch expandierenden Anwendermarkt zu transferieren.

2. Zwischen Ökologie und Wirtschaftlichkeit: Wege, Konzepte und Probleme marktorientierter Umweltforschung

Das Nachdenken über die Natur als endliche Ressource hat gerade in Deutschland eine lange Tradition. Die jugendbewegte Jahrhundertwende entdeckte die Natur als schützenswertes Gut, und die Formulierung des zweiten Hauptsatzes der Thermodynamik (Gesetz der wachsenden Entropie bei irreversiblen Prozessen) hob die Diskussion um die Bedeutung der regenerativen Energien auf eine neue Ebene. In der Weimarer Republik wurde der Landschaftsschutz institutionalisiert und in den 30er Jahren als Heimatschutz nationalistisch überhöht, zugleich freilich ein enormer Raubbau an Ressourcen betrieben. Die „Grüne Charta von der Mainau“ (1961) läutete die Wende vom konservierenden Naturschutz zum politisierten Umweltschutz ein. Rachel Carson mit ihrem Bestseller „Der Stumme Frühling“ und der Club of Rome mit seiner Studie „Grenzen des Wachstums“ sensibilisierten die Öffentlichkeit für Umweltfragen. Die Medien wirkten als Multiplikator.[47]

Erst in den späten 60er Jahren definierte die Bundesrepublik wie viele andere Industriestaaten den Umweltschutz als höchstrangige politische Aufgabe. Die vor dem Hintergrund einer langen Tradition von Naturschutz, Landschaftspflege und technischem Umweltschutz so erstaunlich sprunghafte Politisierung des Umweltproblems um 1969/70 erklärt sich in erster Linie als Konsequenz der Aktivititäten supranationaler Gremien. Der Europarat hatte bereits 1967 ein Umweltforschungsprogramm aufgelegt; 1970 wurde zum „Europäischen Naturschutzjahr“ erklärt, und für 1972 war die erste UNO-Umweltkonferenz in Stockholm geplant. Wie so häufig setzten internationale Aktivitäten die Bundesrepublik unter akuten Handlungsdruck.

1971 legte die sozialliberale Koalition ihr Umweltprogramm auf. Die staatlichen Ausgaben für Umweltforschung stiegen sukzessive an, geradezu sprunghaft von 1971 auf 1972. Die Regierung Brandt dokumentierte damit auch die Ernsthaftigkeit ihrer Bemühungen um die Rückbindung der Forschung an soziale und ökologische Ziele. Man kann darüber spekulieren, in welchem Maße der Aufschwung der Umweltforschung sich der Umetikettierung traditioneller Forschungslinien in Richtung Ökologie verdankt und in welchem Maße er tatsächlich neue Fragestellungen und Methoden hervorbrachte. Daß es Umetikettierungen gegeben hat, steht außer Frage; sie sind Teil des Vergesellschaftungsprozesses der Forschung. Wissenschaftler müssen ihre Forschungsprojekte stets von neuem rechtfertigen. Da ist es nur konsequent, die Relevanz der Arbeiten durch den Rückgriff auf die jeweils vorrangigen Ziele einer Gesellschaft nachzuweisen. Unbestreitbar ist aber auch die neue wissenschaftliche Qualität der Umweltforschung der 70er Jahre. Sie beruht auf dem ökologischen Ansatz der Ökosystemforschung und auf der Vereinigung unterschiedlicher Zugänge zu einem multidisziplinären Arbeitsfeld.[48]

Forschungslinien, die später als Umweltforschung firmierten, gehen weit hinter das Zeitalter der politischen Entdeckung der Umwelt zurück. Die Deutsche Forschungsgemeinschaft, die 1971 einen eigenen Senatsausschuß für Umweltforschung einsetzte, listete in der Rückschau auf die 50er und 60er Jahre in selbstlegitimierender Absicht nicht weniger als 17 umweltrelevante Kommissionen und 4 Schwerpunkte auf.[49] Während die Kommissionen für Wasserforschung oder Ozeanographie sich noch weitgehend in die klassischen einzeldisziplinären Bahnen einordneten, verwies der 1965 eingerichtete Schwerpunkt „Experimentelle Ökologie" auf die transdisziplinäre Qualität der „neuen" Umweltforschung, die in der Verknüpfung von experimentellen und kausalanalytischen Methoden ihr Profil fand.

Auch in der Fraunhofer-Gesellschaft lassen sich umweltrelevante Forschungen bereits vor den 70er Jahren hier und da nachweisen: Die umwelthygienischen Arbeiten des Instituts für hygienisch-bakteriologische Arbeitsverfahren in München und die atmosphärischen Untersuchungen der Physikalisch-Bioklimatischen Forschungsstelle in Garmisch-Partenkirchen gehören ebenso dazu wie die Arbeiten des Instituts für Radiometeorologie und Maritime Meteorologie in Hamburg. Als signifikant für die eingeschränkten Entwicklungschancen dieser Arbeitsrichtung in einer dezidiert der angewandten Forschung verpflichteten Gesellschaft kann der Fachausschuß für Aerosolfragen gelten.

Aerosole sind Schwebstoffe in der Luft. In der Medizin werden sie einerseits therapeutisch eingesetzt, als atmosphärische Aerosole und Industriestäube wirken sie andererseits schädigend auf den menschlichen, tierischen und pflanzlichen Organismus ein. Zur Koordinierung der in vielen verschiedenen Disziplinen durchgeführten Arbeiten wurde 1951 das Deutsche Kuratorium für Aerosol-Forschung gegründet. Die gemeinnützige Gesellschaft erfüllte ihre Aufgabe – nicht zuletzt aufgrund fehlender Eigenmittel – mehr schlecht als recht. 1957 betrachtete der amtierende Vorstand ihre Aufgaben als erledigt und beschloß, sie aufzulösen. Nicht alle Mitglieder waren damit einverstanden, darunter Karl Bisa, der Direktor des von der Fraunhofer-Gesellschaft betreuten Instituts für Aerobiologie (IAe) – ab 1959 firmierte es offiziell als Fraunhofer-Institut. Auf Vermittlung von Bisa kam der Kontakt zur Fraunhofer-Gesellschaft zustande. Epp und Vizepräsident Maucher sahen eine hochwillkommene Chance, die Forschungsbasis der Gesellschaft zu stärken; ja sie hofften gar auf ein späteres Institut für Aerosolforschung. Das Kalkül ging nicht auf, im Gegenteil: Der 1958 gegründete Fachausschuß für Aerosolfragen untermauerte das „Lumpensammler"-Image der Fraunhofer-Gesellschaft. Der Ausschuß konnte weder der VDI-Kommission „Reinhaltung der Luft" noch der „Interessengemeinschaft Aerosole" der Industrie den Rang ablaufen. Sein weitgespanntes, durchaus wohldurchdachtes Arbeitsprogramm fand nicht die Zustimmung bzw. das Interesse der Wissenschaft. Offensichtlich war auf diesem bereits besetzten Feld kein Platz für das von Fraunhofer vertretene Konzept einer angewandten Aerosolforschung. Selbst das Verteidigungsministerium winkte ab. Der Fachausschuß vegetierte ebenso vor sich hin wie die von ihm herausgegebene Zeitschrift. 1972, nach dem Tod des ebenso rührigen wie erfolglosen Leiters Heinrich Nückel, wurde der Ausschuß aufgelöst.[50]

Trotz dieser vereinzelten Traditionen umweltrelevanter Forschung ist es nicht verkehrt, den Beginn der Umweltforschung in der Fraunhofer-Gesellschaft auf die frühen 70er Jahre zu datieren. Wir haben gesehen, daß sich die Gesellschaft in diesen Jahren als *die* bundesdeutsche Einrichtung für Vertragsforschung eine neue Identität gab. Die Suche nach zukunftsträchtigen Arbeitsfeldern führte sie, unter beispiellosem Erfolgsdruck stehend, gleichsam zwangsläufig in die stürmisch expandierende Umweltforschung hinein. Präziser formuliert: Mit der Neugliederung der Arbeitsfelder nach Sektionen, die auch eine eigene Sektion Umweltforschung beinhaltete, reklamierte die Fraunhofer-Gesellschaft für sich den Status, das neue multidisziplinäre Gebiet in großer Breite abzudecken.

Aus der Rückschau wirkt dieser Plazierungsversuch reichlich bemüht. Alles, was nur im entferntesten nach Umwelt klang, wurde in die Sektion gepackt, darunter auch der gesamte Baubereich, anfänglich gar unter der Parole „Schutz gegenüber Explosionen" das Ernst-Mach-Institut und das Institut für Chemische Treibstoffe.[51] Das Schnüren des Paketes kostete die meinungsführenden Planer viel Überzeugungsarbeit. So mancher „Umweltforscher" fühlte sich unter dem ihm zugewiesenen Dach sichtlich unwohl.

Die erste Bestandsaufnahme umweltrelevanter Arbeiten ergab einen „Fleckerlteppich", wie Präsident Mohr selbstkritisch einräumte.[52] Nicht zuletzt um dem immer wieder der gesamten Fraunhofer-Gesellschaft gemachten Vorwurf der forschungskonzeptionellen Zersplitterung entgegenzusteuern, dachten die Planer um Syrbe an eine räumliche Konzentration der Umweltforschung in drei regionalen Zentren: Klimaforschung in Garmisch-Partenkirchen, Ozeanographie und Meteorologie in Hamburg und Umweltschutz in einem Zentrum Schmallenberg-Grafschaft/Köln bzw. Schmallenberg-Grafschaft/Münster. Letzteres stand für die Chancen, die die Konjunktur der Umweltforschung der Fraunhofer-Gesellschaft kurzzeitig eröffnete. Das vom Verteidigungsministerium finanzierte Fraunhofer-Institut für Aerobiologie im westfälischen Schmallenberg-Grafschaft war nicht nur forschungskonzeptionell, sondern auch räumlich abgelegen. Die Neudefinition als Zentrum für Umweltforschung unter Erweiterung auf Probleme der Luft- und Wasserreinhaltung sowie der Toxikologie hätte dem Institut bereits in den frühen 70er Jahren die Möglichkeit geboten, in der zivilen Vertragsforschung Fuß zu fassen. Durch die ebenfalls vorgesehene Anbindung an die Universität Münster oder Köln wäre es zugleich aus seiner wissenschaftlichen Isolation in der westfälischen Diaspora herausgelöst worden.

Die hochfliegenden Pläne wurden mit Beginn der Konsolidierungsphase zu den Akten gelegt. Das Zentrum für Umweltforschung wurde ebensowenig realisiert wie der Ausbau von Garmisch-Partenkirchen und Hamburg. Es blieb bei den vorhandenen Instituten, mit Ausnahme der Dokumentationszentrale Wasser, deren Trägerschaft Fraunhofer ab 1971 für ein gutes Jahrzehnt übernahm. Das

Hamburger Institut wurde gar in verkleinerter Form an die Max-Planck-Gesellschaft abgetreten. Eines der Konzepte wurde – wie wir gesehen haben – gegen Ende der 70er Jahre wieder aus der Schublade geholt: die Umwandlung des BMVg-orientierten Instituts für Aerobiologie in ein ziviles Fraunhofer-Institut für Toxikologie (und Aerosolforschung) in Hannover.

Die Umweltforschung hatte in der Bundesrepublik eine langlebige Konjunktur. Bis Anfang der 90er Jahre wuchsen die staatlichen Ausgaben für Umweltforschung und -technik kontinuierlich an. Die Umweltforschung wurde zu einem etablierten Arbeitsfeld, das seinen Platz in der Wissenschaftslandschaft gefunden hatte. Dagegen war ihre Hochkonjunktur in der Fraunhofer-Gesellschaft kurzlebig und spielte sich zudem fast ausschließlich in den Köpfen der Planer ab. Wir wollen versuchen, eine kurze Begründung für den spezifischen Weg der Fraunhofer-Gesellschaft zu liefern.

Die neue Fraunhofer-Gesellschaft stand ab 1974 unter dem Primat der Konsolidierung, und Konsolidierung hieß Ausrichtung der Institute auf Vertragsforschung. Die Umweltforschung hing in dieser Phase fast völlig am Tropf des Staates. Die Chancen einer wirtschaftlichen Verwertung der Ergebnisse waren aufgrund der unentwickelten Märkte der Umwelttechnik gering. Erfolge in der Vertragsforschung waren allenfalls denkbar als Akquisition in öffentlich finanzierten Forschungsprogrammen, das anvisierte Drittel Wirtschaftserlöse war vorläufig ein unerreichbares Ziel. Die Pläne zum Ausbau der „Umweltinstitute" hätten das Konsolidierungskonzept gefährdet. Dieses Risiko wollte und konnte Keller einstweilen nicht eingehen.

Die Umweltforschung der Fraunhofer-Gesellschaft richtete sich an den staatlichen Programmstrukturen aus. Diese sind mittel- bis langfristig ausgelegt, gerade im Umweltbereich, in dem es wie in der Klima- und Atmosphärenforschung um die Langzeitanalyse von Veränderungsprozessen geht. In der Methodik ist der Umweltbereich eher der Grundlagen- als der angewandten Forschung zuzurechnen. Nicht von ungefähr kam der Widerstand gegen das Modell der erfolgsabhängigen Grundfinanzierung auch und gerade aus den Reihen der „Umweltforscher", die in der neuen Fraunhofer-Gesellschaft ihr Selbstverständnis als autonome Wissenschaftler massiv bedroht sahen. Dieses spezifische Selbstverständnis war ein individuelles Problem eines Gutteiles der in jenen Jahren aktiven Wissenschaftler. Daß es aber mehr als ein generationelles Problem ist, zeigt die Langzeitbetrachtung. Die Konzeptionen, die strukturellen Einpassungsprobleme und den Entfaltungsspielraum umweltrelevanter Forschung innerhalb der sich verändernden Rahmenbedingungen und Ziele von marktorientierter Vertragsforschung wollen wir exemplarisch anhand des Fraunhofer-Instituts für Solare Energiesysteme (ISE) und des Instituts für Atmosphärische Umweltforschung (IFU) ausloten.

Solarenergieforschung – Probleme und Chancen marktgesteuerter Umweltforschung

Wissenschaftliche Arbeiten zu regenerativen Energieformen wie Wind oder Sonneneinstrahlung lassen sich bis in die zweite Hälfte des 19. Jahrhunderts zurückverfolgen. Die Dominanz von Kohle und Öl und der euphorische Glaube an die Lösung aller Energieprobleme durch die Kerntechnik hatten sie nach dem Zweiten Weltkrieg für einige Jahrzehnte in ein Nischendasein abgedrängt.

Die umweltpolitische Aufbruchstimmung der frühen 70er Jahre löste an Universitäten, außeruniversitären Forschungseinrichtungen und FuE-Abteilungen der Industrie einen wahren Boom in der Beschäftigung mit alternativen Energieformen aus. Die Ölpreiskrise von 1973, die Politik, Wirtschaft und Gesellschaft buchstäblich schockierte, wirkte als Katalysator. Auch der Staat begann sich nun verstärkt um die Förderung alternativer Energietechniken zu kümmern. Die Förderung der Sonnenenergienutzung war Teil des im Januar 1974 verabschiedeten Rahmenprogramms Energieforschung 1974–1977.[53] Im Folgeprogramm 1977–1980 waren die regenerativen Energien bereits mit 161 Mio. DM bedacht. In dessen Rahmen formulierte das BMFT gar ein eigenes Forschungsprogramm „Sonnenenergietechnologien" für die Jahre 1977–1980.[54]

Die Konjunktur öffentlich finanzierter Energieforschung war der forschungspolitische Humus, auf dem das ISE wachsen konnte. Noch 1975 hatte Keller die Gründung eines Instituts für Forschungen zur Solarenergie abgelehnt.[55] Fünf Jahre später wurde zunächst eine Arbeitsgruppe, 1981 dann das Institut gegründet. Ein ganzes Bündel von Ursachen erklärt diesen Umschwung. Wir haben gesehen, daß dem Primat der Konsolidierung der gewachsenen Institutslandschaft Ende der 70er Jahre eine Phase des Ausgreifens auf neue Tätigkeitsfelder folgte. Im Verlauf dieses gezielten Ausbauprozesses setzte die Fraunhofer-Gesellschaft stärker eigene Akzente und expandierte in umweltrelevante Arbeitsfelder, die jedoch nicht in den enggesteckten Rahmen der staatlichen Forschungsfelder eingezwängt waren. Der Ausbau der öffentlichen Förderung und die zweite Ölkrise von 1979 ließen die Fraunhofer-Gesellschaft auf eine langfristig stabile Nachfrage nach angewandter Solarenergieforschung hoffen.

Die wissenschaftliche Grundlage waren die Arbeiten Adolf Goetzbergers zur Sonnenenergie im Institut für angewandte Festkörperphysik (IAF). Goetzberger war 1958 von Siemens in die USA – das Mekka der Halbleiterforschung – gegangen und hatte unter anderem bei William Shockley und in den Bell Laboratories gearbeitet. 1968 war Goetzberger nach Deutschland zurückgekehrt und hatte die Leitung des vom Bundesverteidigungsministerium finanzierten IAF übernommen. Die Arbeiten seiner Solarforschungsgruppe hatten Ende der 70er Jahre eine kritische Masse erreicht, die den Institutsrahmen der Verteidigungsforschung sprengten. Er drängte daher darauf, ein eigenständiges Institut zur Solarenergienutzung zu gründen.[56] Als Baden-Württemberg Anfang 1979 zusagte, sich bei einer Gründung im Südweststaat an der Finanzierung zu beteiligen, stand der

Adolf Goetzberger, der Leiter des Fraunhofer-Instituts für Solare Energiesysteme (ISE), an seinem Schreibtisch.

Der promovierte Physiker ging 1958 von Siemens in das kalifornische „Silicon Valley", das aufstrebende Zentrum der Mikroelektronik, wo er unter anderem mit William Shockley zusammenarbeitete, dem Erfinder des Transistors. Ende der 60er Jahre kehrte Goetzberger nach Deutschland zurück und übernahm die Leitung des Instituts für Elektrowerkstoffe (IEW), das er 1970 in Institut für angewandte Festkörperphysik (IAF) umbenannte und auf die rasch expandierende Halbleiterphysik ausrichtete. Parallel dazu baute er eine Gruppe für Solarforschung auf, die Ende der 70er Jahre den Rahmen seines zum Verteidigungsbereich gehörenden Instituts sprengte. Die Gründung des Instituts für Solare Energiesysteme (ISE) zog sich schließlich bis 1981 hin, vor allem weil Bonn erhebliche Zweifel daran hatte, daß ein Solarforschungsinstitut den gewünschten Industrieanteil von einem Drittel des Institutshaushalts einwerben könne. Der gering entwickelte Markt für regenerative Energien bereitete dem Institut in der Tat erhebliche Schwierigkeiten, die auf die Chancen und Grenzen der von den Wechsellagen der politischen Konjunktur beeinflußten Umweltforschung im Fraunhofer-Modell verweisen. Die hohe Qualität der Forschungsarbeiten des Instituts zeigt sich unter anderem an einer Reihe international bedeutender Preise, die Goetzberger verliehen worden sind.

Standort Freiburg fest. Bayerns Versuche vom Dezember 1979, ein Max-Planck-Institut für Solarforschung zu gründen bzw. das Fraunhofer-Institut für den Freistaat zu gewinnen, kamen zu spät.[57]

Gleichwohl verzögerte sich die vom Vorstand bereits für 1979 geplante Gründung. Keller hat sie nicht zu Unrecht als die konfliktreichste seiner Präsidentschaft bezeichnet.[58] Widerstände gab es zum einen im Bundesforschungsministerium. Die fachlich zuständigen Beamten hatten erhebliche Zweifel daran, daß das Institut aufgrund des fehlenden Marktes die im Fraunhofer-Modell geforderten Industrieanteile einwerben könne.[59] Nicht weniger massiv waren die fachlichen Bedenken der Wissenschaftler, sogar innerhalb der Hauptkommission des Wissenschaftlich-Technischen Rats der Gesellschaft. Man glaubte, es gebe bereits genügend Einrichtungen, die das von Goetzberger geplante Forschungsspektrum, insbesondere die Arbeiten auf dem Gebiet der Speicher- und Regeltechnik für Solaranlagen, abdecken würden. Die Projektträgerleitung Energieforschung der Kernforschungsanlage Jülich meinte gar, eine fast geschlossene Abwehrfront der Fachwissenschaft, die das Institut schlichtweg für „überflüssig" halte, ausmachen zu können.[60] Baden-Württemberg, das Referat für Nachrichtentechnik und Elektronik im BMFT und der Parlamentarische Staatssekretär im Finanzministerium und spätere Freiburger Oberbürgermeister Rolf Böhme bildeten ein einflußreiches Gegengewicht. Im April 1981 faßte der Senat der Fraunhofer-Gesellschaft den Beschluß, die zunächst gegründete Befristete Wissenschaftliche Arbeitsgruppe von Goetzberger in ein Vollinstitut für Solare Energiesysteme umzuwandeln.[61]

In den ersten Jahren war der bereits am IAF entwickelte Fluoreszenzkollektor das wissenschaftliche Aushängeschild des Instituts. Bei dieser neuartigen Technik wurden Kunststoffplatten mit langlebigen Farbstoffen versehen, um den in europäischen Breiten dominierenden diffusen Strahlungsanteil des Sonnenlichts auf Sonnenzellen zu konzentrieren. Auch die Entwicklung der Solarzellen war auf den Fluoreszenzkollektor ausgerichtet. Goetzberger legte den Schwerpunkt nicht auf Silizium-Zellen, sondern auf Solarzellen aus Verbindungshalbleitern, von denen er sich eine Erhöhung des Wirkungsgrades versprach.[62]

Obwohl Präsident Keller in der Gründungsdebatte den Fluoreszenzkollektor immer wieder als Paradepferd des ISE in den Vordergrund rückte, mußten sich die Freiburger noch bis 1984 darauf konzentrieren, die Langzeitstabilität der Farbstoffe in den Kunststoffplatten zu verbessern, ehe man ein System aus Fluoreszenzkollektor und Sonnenzellen entwickeln konnte. In der anschließenden Vermarktung beschränkte man sich auf netzferne Kleinanwendungen mit geringem Strombedarf, wie etwa Uhren, und arbeitete daran, die Stabilität der Farbstoffe weiter zu erhöhen.

Parallel dazu arbeitete das Institut in der photovoltaischen Systemtechnik. Ein erster Ansatz des ISE bestand darin, einzelne Komponenten zur Umwandlung der photovoltaisch erzeugten Elektrizität weiterzuentwickeln – ein in der übrigen Forschungslandschaft vernachlässigtes Gebiet. Schon auf der ersten Sitzung des Institutskuratoriums stellte Goetzberger das Modell eines netzgeführten Wechselrichters vor, bei dem einzelne Teile des Generators elektronisch so in Serie geschaltet wurden, daß ohne Zeitverzögerung und mit einem Wirkungsgrad von über 90% die erforderliche Netzspannung geliefert wurde – beides Vorteile gegenüber den damals am Markt verfügbaren Invertern. Anfang der 80er Jahre scheiterte man aber noch mit der Vermarktung, da die Industrie sich noch nicht sicher war, welche Anforderungen die netzbetreibenden Energieversorgungsunternehmen an die Wechselrichter für Photovoltaikgeneratoren stellen würden.

Wie schwierig die Abschätzung der Marktfähigkeit technologischer Entwicklungspfade in den 70er Jahren war, zeigen die Arbeiten zu netzgekoppelten Photovoltaikgeneratoren. Goetzberger hielt dies anfänglich für ein vielversprechenderes Arbeitsgebiet als die netzfernen Anlagen. Ein gescheiterter Kooperationsversuch mit dem Badenwerk, die kritische Haltung des RWE-Vertreters im Kuratorium des ISE und Betriebserfahrungen mit der 1983 in München eingeweihten Pilotanlage eines netzgekoppelten Photovoltaikgenerators von 6 KW legten den Schluß nahe, daß diese Technik vorläufig noch zu unwirtschaftlich war.

Hauptziel der Freiburger Arbeiten an Photovoltaikgeneratoren zur Versorgung netzferner Stromverbraucher war es, das Zusammenwirken der Untersysteme im kontinuierlichen Betrieb und die mannigfaltigen Anforderungen des praktischen Gebrauchs kennenzulernen. Das Institut durchlief in der Auseinandersetzung mit den praktischen Anforderungen einen Lernprozeß. Um im kontinuierlichen Betrieb zu bestehen, mußten vor allem die Untersysteme (Ladegeräte, Batterien, Wechselrichter) weiterentwickelt und baurechtliche Anforderungen in die Planung integriert werden.

Das Freiburger Institut war auch ein wesentlicher Träger der Anfang der 80er Jahre intensivierten Forschungen zur passiven Sonnenenergienutzung. Diesen Ansatz hatte die Forschung bis dato im Zusammenhang mit Demonstrationsprojekten berücksichtigt und in bauphysikalischen Forschungseinrichtungen aufgegriffen – auch am Fraunhofer-Institut für Bauphysik (IBP), das an Arbeiten aus den 60er Jahren anknüpfte. Damals hatte man Materialien als Sonnenschutz verwendet, deren Transmission für Sonnenstrahlung sich mit zunehmender Temperatur verringert. Das IBP hoffte, diese Wirkung mit Maßnahmen zur Wärmedämmung koppeln zu können.

Auch das ISE stieg bereits 1981 in dieses Forschungsfeld ein. Man suchte zunächst nach Materialien, die eine möglichst hohe Durchlässigkeit für sichtbare Sonnenstrahlung, für die längerwellige Wärmestrahlung jedoch einen möglichst niedrigen Transmissionsgrad besaßen. Auf Drängen von Kuratorium und Zentralverwaltung wurde trotz einer kurzzeitigen Kontroverse zwischen ISE und IBP über thermische Effekte bei den Materialien, die sich durch die Absorption der Sonnenstrahlung ergaben, ein gemeinsames Projekt beim Bundesforschungsministerium beantragt. Während der Laufzeit des Projekts LEGIS 1984–1986 konzentrierten sich die beiden Institute vorrangig auf die Charakterisierung der einzelnen Materialien und der daraus hergestellten Elemente zur Wärmedämmung.[63]

Bis Mitte der 80er Jahre konnte sich das ISE in Forschungsfeldern der Photovoltaik und der passiven Sonnenenergienutzung mit innovativen, praxisorientierten Ansätzen etablieren. Die Vielfalt der Forschungsansätze brachte das Institut jedoch in eine prekäre Finanzlage. Im Haushaltsjahr 1983 überschritt das ISE seinen Grundfinanzierungsrahmen um nicht weniger als 47%. Die Zentralverwaltung drängte energisch auf Gegenmaßnahmen.[64]

Große Photovoltaikprojekte der Industrie bewahrten das Institut vor einer ernsthaften Finanzkrise. Goetzberger und seine Mitarbeiter hatten bereits am Institut für angewandte Festkörperphysik die Wacker-Tochterfirma Heliotronic durch massenspektrometrische Untersuchungen bei der Entwicklung von multikristallinem Silizium für Solarzellen unterstützt und diese Arbeiten am ISE weitergeführt. Der Forschungsbereich von Siemens benötigte 1983 infolge von konzerninternen Umstrukturierungen Unterstützung aus Freiburg bei der Entwicklung von Herstellungsverfahren für großflächiges Silizium. Beim SSP-Verfahren wurde eine Schicht Siliziumpuder zu einer Siliziumfolie rekristallisiert; im S-Web-Verfahren zog man Silizium an einem Graphitnetz aus der Siliziumschmelze. Das ISE übernahm in einem Unterauftrag von Siemens die Weiterentwicklung dieser vom BMFT geförderten Projekte und ging dabei mit Erfolg neue technische Wege.

Mitte der 80er Jahre liefen die großen industriellen Photovoltaikprojekte von Siemens, Wacker und der AEG aus und wurden nur mit verringerter Ausstattung weitergeführt. Das Bundesforschungsministerium erhöhte daraufhin den Etat zur Unterstützung der Photovoltaikforschung ganz beträchtlich, von 62 Mio. DM 1985 auf 86,5 Mio. DM 1988. Wie schon seine sozialdemokratischen Vorgänger setzte Bundesforschungsminister Riesenhuber auf die Photovoltaik. Die öffentliche Reaktion auf den Störfall in Tschernobyl und die Debatte um den Treibhauseffekt stimulierten ihrerseits den Ausbau regenerativer Energietechnologien.

Das zuständige BMFT-Referat hatte dem ISE bis dato zurückhaltend gegenübergestanden. Nun machte es eine volle Kehrtwendung und bedrängte das Institut nachgerade, seine Beschäftigung mit Galliumarsenidzellen und mit photovoltaischen Systemen zu verstärken.[65] In Freiburg nahm man diese Chance wahr und intensivierte die Photovoltaikforschung. Die Optimierung der Wirkungsgrade von Siliziumsonnenzellen wurde zu einem Arbeitsschwerpunkt, der in ein Verbundprojekt von Siemens, Wacker und Telefunken integriert war. Daneben baute Goetzberger die Systemtechnik für Kleinanwendungen aus. Dieser Ausbau war Teil seiner Strategie, über netzferne Anwendungen ein zusätzliches Marktpotential zu erschließen und damit die Kosten bei der Photovoltaikherstellung zu reduzieren. Diese Arbeiten fanden Interesse am Markt. Bis 1990 konnte man 28 Kooperationsverträge mit Industrieunternehmen abschließen.

In diese Strategie paßte nun auch das seit Anfang der 80er Jahre Jahre laufende Vorhaben eines energieautarken Solarhauses. Hier lassen sich die durch Tschernobyl veränderten Rahmenbedingungen für die Umweltforschung besonders deutlich ablesen. Goetzberger wollte ein Haus entwickeln, dessen Energieversorgung allein auf Sonnenenergienutzung und solar erzeugtem Wasserstoff beruhte. Erst nach Tschernobyl gelang es ihm, Gelder für das Projekt zu erhalten. 1992 konnte mit dem energieautarken Solarhaus in Freiburg einer der spektakulärsten Erfolge in der Geschichte der bundesdeutschen Solarforschung eingeweiht werden. Der Einfluß Tschernobyls läßt sich auch im Arbeitsbereich „transparente Wärmedämmung" mit Händen greifen. Freiburg bemühte sich seit 1984, die im Projekt LEGIS gewonnenen Kenntnisse in Folgeprojekte zu überführen. Jedoch erst Ende 1986 wurde das Projekt „Solarapertur" genehmigt, bei dem ISE und IBP gemeinsam mit Industriepartnern daran arbeiteten, den Wärmestrom bei der thermischen Sonnenenergienutzung zu optimieren.

Wachsende Märkte bedeuten wachsende Konkurrenz. Der staatlich induzierte Boom der Solarforschung zog ein vergrößertes Angebot an Forschungsleistungen nach sich. Einen Rückschlag erlitt das ISE 1986, als es anders als geplant zeitweilig nicht an dem Projekt HYSOLAR beteiligt wurde. Bei diesem Kooperationsprojekt zwischen Saudi-Arabien und Baden-Württemberg sollte die Entwicklung der Wasserstofftechnik zur Sonnenenergienutzung vorangetrieben werden. Der Unterauftrag für das ISE wurde infolge einer Mittelkürzung zunächst ganz gestrichen. Goetzberger machte in der Presse seiner Verärgerung Luft, sehr zum Mißfallen seines Kuratoriumsmitglieds Carl-Jochen Winter, der bei der Großforschungseinrichtung DFVLR die Projektverantwortung innehatte.[66]

Alles in allem konnte das Institut in der zweiten Hälfte der 80er Jahre jedoch nicht nur im wissenschaftlich-technischen, sondern auch im finanziellen Bereich Erfolge vorweisen. Die Zentrale in München freute sich 1986 über die „erfreulich gesunde Weiterentwicklung des ISE". Mit rund 80% eigenen Erträgen lagen die Freiburger deutlich über dem Fraunhofer-Mittelwert und mit fast 40% Industrieerträgen in der oberen Hälfte aller Fraunhofer-Institute. Für kurze Zeit mauserte sich das ISE zu einem Musterinstitut für die Politik des Fraunhofer-Vorstandes, die Wirtschaftserträge zu erhöhen. Die „gesunde Erlösstruktur", von der Goetzberger seinem Kuratorium noch 1987 mit Stolz berichten konnte, wich infolge der Akquisitionserfolge beim Bundesforschungsministerium bald wieder einem deutlichen Übergewicht der im staatlichen Bereich erzielten Erträge. Ab 1987 lief zudem eine Reihe von großen Verbundprojekten des ISE mit der Industrie aus. Das Institut übernahm von Wacker Chemitronic die Weiterentwicklung des Silso-Verfahrens und des Folienziehverfahrens zur Herstellung von großflächigem Silizium für Sonnenzellen. Die bis dahin unter Industrieerträge verbuchbaren Vorhaben wurden nun nur noch vom BMFT finanziert und mutierten damit zu haushaltstechnisch „zweitrangigen" Projekten.

Schaubild 13: Betriebshaushalt des Instituts für Solare Energiesysteme 1980–1997

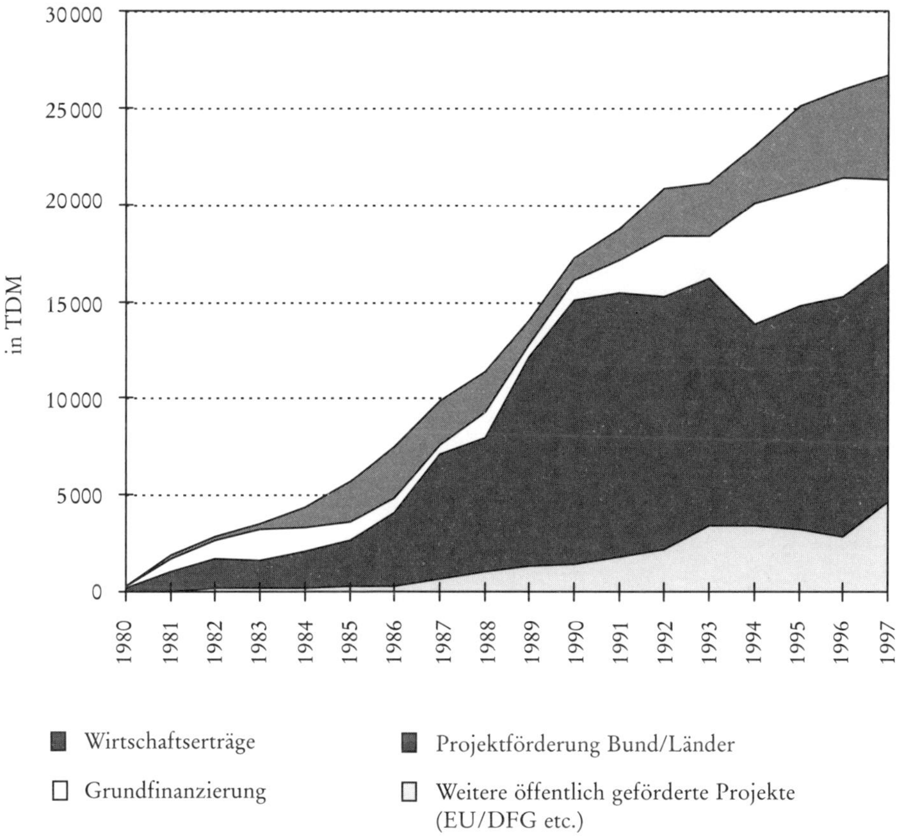

Quelle: Fraunhofer-Erstellung, Institutsbetreuer ISE.

Just in der Phase, in der der Fraunhofer-Vorstand darauf hinarbeitete, die Wirtschaftserträge der Institute auf das im Fraunhofer-Modell vorgesehene Drittel zu steigern, fiel das ISE also massiv zurück. Im Kuratorium des Instituts wies man die Fraunhofer-Gesellschaft mit Recht auf „die Problematik der Unteraufträge der Industrie“ hin, die sich einen „Teil des Geldes durch BMFT-Vorhaben wieder“ hereinhole. Ohnehin sei das Anlegen der Meßlatte „Industrie-Erträge“ für das ISE „etwas unverständlich, da z.Zt. noch kein echter Markt für die Photovoltaik vorhanden sei. Somit wäre es eine Forschung und Entwicklung für den Staat, und erst in zweiter Linie ein Technologietransfer in die Wirtschaft.“ Das Kuratorium stellte zudem klar, „daß die Förderung der Solarenergienutzung deutlich politisch motiviert sei“ und demzufolge das Anlegen der Meßlatte Industrie-Erträge das ISE „in eine ungunstige Position gegenüber den Neugründungen bringen“ könne.[67]

Während die zuständigen BMFT-Ministerialen in dieser Phase – im Gegensatz zur Gesamtpolitik des BMFT und zu Riesenhubers rigidem Beharren auf einer flächendeckenden Steigerung der Industrieerträge zu Beginn der 90er Jahre – wegen der politisch gewollten Förderung der Erforschung und Entwicklung regenerativer Energietechniken in Kauf nahmen, daß sich das ISE außerhalb der Grenzen des Fraunhofer-Modells bewegte, hielt die Fraunhofer-Gesellschaft an ihrem Modell fest. Vorstand und Zentralverwaltung drängten Goetzberger bei aller Anerkennung seiner Leistungen dazu, die Industrieakquisition massiv zu verstärken, und Goetzberger mußte selbstkritisch konzedieren, daß sein Institut „nicht mehr in das Gesamtbild" passe. Das Recht zur Bewilligung neuer Stellen, die das ISE zur Durchführung seiner eingeworbenen Projekte dringend benötigte, gab dem Vorstand die nötigen Druckmittel in die Hand.[68] Die Zentralverwaltung blieb bei dem Kriterium, an dem die Fraunhofer-Gesellschaft vom BMFT gemessen wurde, und koppelte den Stellenausbau des Instituts an einen Anstieg der Industrieerträge. Um sich aus dieser Umklammerung zu befreien, präsentierte Goetzberger die Idee, eine GmbH zu gründen und die anstehenden öffentlichen Forschungsprojekte über diese abzuwickeln. Zugleich versicherte er seinem Vorstand, sich intensiv um weitere Industrieaufträge zu bemühen. Die Zentrale genehmigte daraufhin einen moderaten Personalaufwuchs, der es Goetzberger ermöglichte, seine Projekte durchzuführen.[69]

Nach der Wiedervereinigung schraubte die Bundesregierung die Förderung regenerativer Energien kräftig zurück. Zugleich liefen einige größere Projekte des ISE aus. Riesenhubers Drängen, überwiegend von der öffentlichen Hand finanzierte Institute stärker an die Industrie heranzuführen oder sie aus dem Fraunhofer-Verband auszugliedern, verstärkte den Druck auf den gesamten Umweltforschungsbereich der Gesellschaft. Das ISE begegnete ihm mit einer an die Öffentlichkeit herangetragenen Warnung, der Abbau der öffentlichen Förderung gefährde die Existenz des Instituts, sowie mit einer Steigerung seiner industriellen Akquisition. Goetzbergers Nachfolger Joachim Luther setzte letztere Politik fort. Der sich in den 90er Jahren allmählich entwickelnde Markt für thermische Sonnenenergienutzung erlaubte es dem ISE, die Industrieerträge zu steigern. Die zurückgehenden Erträge aus der Auftragsforschung für den Staat konnten durch vermehrte Industrieaufträge und eine erhöhte Grundfinanzierung weitgehend ausgeglichen werden. Mit 20,5% Wirtschaftserträgen liegt das ISE zur Zeit (1997) jedoch noch weit unter der für überwiegend öffentlich finanzierte Institute geforderten Zielmarge von einem Drittel.

Bislang ist es dem ISE gelungen, dem Druck, die eigenen Forschungsaktivitäten zurückzuschrauben, standzuhalten. Der Personalaufwuchs auf über 100 Planstellen erfolgte sogar zügiger, als die Optimisten zu Beginn erwartet haben. Selbst in der Krise der frühen 90er Jahre mußte das Institut nur einige wenige Stellen abgeben. Allerdings entwickelten sich die Märkte für regenerative Energien bei weitem nicht so schnell wie ursprünglich erwartet. In den 70er und 80er Jahren konnte sich kein stabiler Absatzmarkt herausbilden, weder für Kollektoren zur thermischen Nutzung der Sonnenenergie noch für Photovoltaikgeneratoren. Die Zahl der verkauften Kollektoren erreichte 1979 einen ersten Höhepunkt mit 40000 m installierter Kollektorfläche pro Jahr, um im Folgejahrzehnt zwischen 14000 und 38000 m pro Jahr zu schwanken.[70] Die Industrie hielt sich daher mit Eigenforschung zurück, ja sie zog sich vom Markt zurück, und das ISE übernahm auf politischen Druck hin deren Forschungsvorhaben.

Die anhaltende Umweltsensibilität der Konsumenten, das Leitbild der „nachhaltigen Entwicklung" und die sich abzeichnende Konjunktur der Solarenergie am Markt haben in den letzten Jahren die Entwicklungschancen des Instituts verbessert. Die mittelfristige Zukunft des Fraunhofer-Instituts für Solare Energiesysteme ist offen, weit offener als die anderer Fraunhofer-Institute – ein Befund, der sich auch in der Schließung der Leipziger Außenstelle des ISE zum Jahresende 1996 zeigt. Die Zukunft des Instituts hängt davon ab, ob sich der allmählich entwickelnde Markt für regenerative Energien stabilisieren kann; auch davon, ob die Marktorientierung der Fraunhofer-Gesellschaft weiterhin ausschließlich an Kriterien der exakt quantifizierten Industrieanteile gemessen werden wird; schließlich davon, ob das Freiburger Institut die ihm von der Fachwissenschaft durchgängig bescheinigte „exzellente" Qualität seiner anwendungsorientierten Forschungsarbeiten aufrechterhalten kann. Wissenschaft, Industrie und Politik sind sich derzeit jedenfalls darüber einig, daß „die Richtung [des ISE] stimmt".[71]

Atmosphärenforschung – die Grenzen des Fraunhofer-Modells

Daß die Qualität der Forschungsleistungen und die Wertschätzung in der *scientific community* keine hinreichenden Kriterien für die Leistungsbewertung eines Fraunhofer-Instituts sind, zeigt vor allem die Geschichte des Fraunhofer-Instituts für Atmosphärische Umweltforschung (IFU). Die 1950 von Reinhold Reiter in München gegründete Keimzelle des IFU siedelte 1954 nach Garmisch-Partenkirchen um, wo sie 1962 als Physikalisch-Bioklimatische Forschungsstelle an die Fraunhofer-Gesellschaft überging. Sie gehört zu jenen Instituten, die Umweltforschung betrieben hatten, lange bevor der Begriff in Mode kam. Im Zuge der ökologischen Aufbruchsstimmung erhielt das IFU 1973 seinen heutigen Namen.

Reiter stand Anfang der 70er Jahre an der Spitze derjenigen Institutsleiter, die vehement gegen die Umdefinition der Fraunhofer-Gesellschaft in eine Vertragsforschungseinrichtung opponierten. Er befürchtete nicht zu Unrecht, daß sein „in höchstem Sinne gesellschaftspolitisch relevant[es]" Institut in einem marktorientierten Forschungsverbund ein Exotendasein führen würde. Ohne einen Grundzuschuß von rund 50% sei angewandte Umweltforschung nicht lebensfähig.[72] Reiter verfolgte in den 70er Jahren eine meßorientierte Forschungslinie, die darauf abzielte, physikalische und chemische Parameter der Atmosphäre und Troposphäre zu erfassen und diese für Klimamodellbildungen zur Verfügung zu stellen. Industrielle Auftraggeber ließen sich für die mittel- bis langfristig ausgerichteten Forschungsarbeiten kaum finden. Das Institut befand sich deshalb durchgängig in einer kritischen Ertragssituation und in einem Dauerkonflikt mit der Zentralverwaltung, die des Löcherstopfens im Institutsetat überdrüssig wurde. 1979 startete Präsident Keller unter den Kuratoren des Instituts eine schriftliche Umfrage, in der er um ein Qualitätsurteil und um Vorschläge zur künftigen wissenschaftlichen Positionierung der Forschungseinrichtung bat.[73]

Die Kuratoren bescheinigten Reiter und seinen Leuten durchwegs ausgezeichnete wissenschaftliche Leistungen von internationalem Rang und weltweit einmalige Forschungseinrichtungen, ein Urteil, dem sich auch das Bayerische Umweltministerium mit besonderem Blick auf die Arbeiten zur Ozonproblematik anschloß. Mit seiner Frage nach dem mittelfristigen Anwendungsbezug und nach Möglichkeiten der Zusammenarbeit mit der Industrie erntete Keller nicht nur beim Leiter des Instituts für Anorganische Chemie der Universität Frankfurt „verständnisloses Kopfschütteln". Industrierelevanz in der Umweltforschung als Steuerungskriterium anlegen zu wollen, erschien den Kuratoren ebenso widersinnig wie eine Steigerung der Eigenerträge gemäß der im Fraunhofer-Modell vorgesehenen Zwei-Drittel-Regelung. Keller waren angesichts dieses einmütigen Urteils der Wissenschaftlergemeinschaft die Hände gebunden. Sein Versuch, das wegen „Unrentabilität" als „Problemfall" geltende IFU zugunsten eines vergrößerten Fraunhofer-Instituts für Aerobiologie aufzulösen, blieb im Ansatz stecken.[74]

Die größten Eingriffsmöglichkeiten in die Institute hat der Fraunhofer-Vorstand stets beim Wechsel eines Institutsleiters. Als Reiter Mitte der 80er Jahre ausschied, bemühte sich der Vorstand um einen Nachfolger, der das Institut weg von den langfristigen Meßreihen für Luftinhaltsstoffe hin zur „Bearbeitung konkreter umweltrelevanter Fragestellungen" führen sollte. Wolfgang Seiler, vormals am Max-Planck-Institut für Chemie tätig, brachte nicht nur eine herausragende wissenschaftliche Reputation und eigene Mitarbeiter, sondern auch neue Projekte mit. Bezeichnenderweise legte er keinen Wert mehr auf den Standort Garmisch-Partenkirchen mit den hoch gelegenen Meßstationen auf dem Wank und der Zugspitze. Er hätte sein Institut sehr viel lieber in der Universitätsstadt München gesehen. Der Freistaat machte sich aus strukturpolitischen Gründen für den Verbleib im Werdenfelser Land stark und bekräftigte seinen Willen durch eine Sonderfinanzierung des Institutsausbaus in Höhe von 20 Mio. DM.[75]

Wie jeder neue Institutsleiter hat Seiler frischen Wind in sein Institut gebracht. Die Forschungsarbeit des IFU ist auf breitere Basis gestellt worden; Projektorientierung und Internationalität sind gewachsen. Im Grunde aber ist der erkenntnisorientierte Forschungsstil beibehalten worden. Zum wissenschaftlichen Erfolgsschlager mit Langzeitwirkung hat sich das seit 1986 laufende EUREKA-Projekt EUROTRAC entwickelt, bei dem 17 europäische Staaten den Transport und die Umwandlung umweltrelevanter Spurenstoffe in der Troposphäre erforschen. Das Institut koordiniert nicht nur dieses wissenschaftliche Großvorhaben, sondern auch weitere nationale und internationale Projekte und wirkt als Qualitätssicherungszentrum bei diversen experimentellen Verbundvorhaben mit.

Ein Vierteljahrhundert atmosphärische Umweltforschung des Garmischer Instituts zeigt, daß der „Markt" für die Vertragsforschung fast ausschließlich von der staatlichen Nachfrage getragen wurde und unbeschadet des ökonomischen Leitbilds der „nachhaltigen Entwicklung" am Ende des 20. Jahrhunderts immer noch wird. Das Ziel, ein dem Fraunhofer-Modell entsprechendes Interesse der Wirtschaft an den Ergebnissen atmosphärischer Umweltforschung zu erzeugen, hat sich bislang als nicht realisierbar erwiesen. Das IFU ist in der Tabelle der Industrieerträge seit Jahr und Tag das Schlußlicht der Gesellschaft. Seit langem geht daher das Bestreben der Fraunhofer-Spitze dahin, das Institut in eine seinem Charakter als staatsnahe Forschungseinrichtung entsprechende Trägerschaft zu überführen. Die 1996 von Zukunftsminister Rüttgers verkündete Initiative, die Durchlässigkeit des bundesdeutschen Wissenschaftssystems zu steigern, läßt die Fraunhofer-Führung auf eine baldige Lösung hoffen.

Umweltforschung in der Fraunhofer-Gesellschaft: ein problemorientiertes Fazit

Im ökologischen Überschwang der frühen 70er Jahre definierte die Fraunhofer-Gesellschaft die Umweltforschung zu einem Schwerpunkt ihres Wirkens. Je mehr die Industrierelevanz zum Leitparameter ihres forschungspolitischen Wirkens wurde, desto geringer wurden ihre Handlungsspielräume, diesen Schwerpunkt zu entwickeln.

Spätestens Mitte der 80er Jahre war die ökologische Euphorie in der Fraunhofer-Gesellschaft abgeklungen und einer Politik der Zurückhaltung gewichen. Den Wandel in Strategie und Zielrichtung verdeutlicht ihre Reaktion auf das konkurrierende Bestreben einiger Bundesländer, Fraunhofer als Motor der Einebnung des Süd-Nord-Gefälles zu nutzen. Die Umweltforschung wurde in dieser Phase neben der Mikroelektronik zum begehrtesten Objekt im Wettlauf um die Gründung neuer Forschungsinstitute.[76] So sehr sich die Küstenländer Bremen, Hamburg, Schleswig-Holstein und Niedersachsen darin einig waren, das Süd-Nord-Gefälle in der Fraunhofer-Gesellschaft müsse abgebaut werden, so wenig zogen sie an einem Strang. Der Fraunhofer-Vorstand sah sich 1984/85 mit einer Handvoll von Initiativen zur Gründung von Umweltforschungseinrichtungen konfrontiert, die samt und sonders mit hohem politischen Druck vorgetragen wurden. Niedersachsen hoffte auf Institute für „Entsorgungs- und Wiederverwertungstechnik disperser Feststoffe" und für „rohstofforientierte Meerestechnik" in Clausthal sowie für „Abwassertechnologie" in Hannover. Hamburg machte seine Standortvorteile für ein Institut für „Altlastensanierung und Recycling" geltend. Schleswig-Holstein arbeitete auf ein Institut für „regenerative Energien" auf der Insel Pellworm hin. Als der Süden Wind von diesen Überlegungen bekam, machte auch er mobil. Baden-Württembergs Ministerpräsident Lothar Späth betrachtete die forschungspolitischen Überlegungen der Konkurrenten im Norden gar als „Kriegserklärung“ und ließ seinen Wirtschaftsminister Martin Herzog versichern, der Südweststaat werde „alles daran setzen“, Standort eines neuen Instituts für Umwelttechnik zu werden. Bayern schließlich wartete 1988 mit der Idee eines Fraunhofer-Instituts für Umweltforschung im oberpfälzischen Schwandorf auf.[77]

Die Fraunhofer-Gesellschaft legte Mitte 1985 alle Neuvorhaben im Bereich Umweltforschung zu den Akten. Die Konsolidierung der Aufwuchsinstitute und die Verwirklichung der seit längerem geplanten Vorhaben bekamen eindeutigen Vorrang. Die Münchner Zentrale kam vor dem Hintergrund der Erfahrungen mit den dem Fachbereich Umwelt und Gesundheit angehörenden Instituten in Garmisch-Partenkirchen, Schmallenberg-Grafschaft und Hannover – und von Bonn dazu gedrängt – zu dem Schluß, Neugründungen in diesem marktfernen Bereich seien ein zu riskantes Abenteuer. Nur „wenn die Wirtschaft selbst mit konkreten Finanzierungsangeboten“ auf ihn zukäme, so Präsident Syrbe, ließe er mit sich über eine Ausweitung der Umweltforschung reden.[78]

Die Fraunhofer-Gesellschaft ist dieser restriktiven Linie bis vor kurzem treu geblieben und hat keine weiteren Umweltinstitute gegründet. Wie vorsichtig Fraunhofer auf dem Sektor Umweltforschung agiert, zeigt die Geschichte des jüngsten Fraunhofer-Kindes, des „Instituts für Umwelt-, Sicherheits- und Energietechnik UMSICHT“ in Oberhausen. Das Institut wurde 1990 mit Unterstützung der Landes Nordrhein-Westfalen ins Leben gerufen. Fraunhofer wirkte bereits im Vorfeld der Gründung beratend mit, und die Fraunhofer-Management-Gesellschaft übernahm die verwaltungstechnische Betreuung des Oberhausener Instituts. Sitzland und Fraunhofer-Gesellschaft vereinbarten, das Institut mittelfristig in die Fraunhofer-Gesellschaft zu überführen, sofern der Nachweis der Marktnachfrage durch dem Fraunhofer-Modell entsprechende Finanzrelationen erbracht und eine frühzeitige Nachfolgeregelung für den Institutsleiter, Paul-Michael Weinspach, getroffen werden könnte. Diese Voraussetzungen waren 1997 hinreichend erfüllt. Die Ertragsquote des rund 100 Mitarbeiter starken Instituts war auf 72% des Aufwandes gestiegen; der Wirtschaftsanteil lag bei 38%. Mit Hans Fahlenkamp war ein designierter Nachfolger für Weinspach gefunden worden, der über langjährige Industrieerfahrung verfügte und auch bereits einen Ruf auf einen Lehrstuhl an der Universität Dortmund erhalten hatte. Da Nordrhein-Westfalen die gewünschte Sonderfinanzierung im Umfang von 31,9 Mio. DM leistete, stand der Übernahme des Instituts nichts mehr im Wege. Fraunhofer verspricht sich von dem neuen Institut die Entwicklung von marktfähigen Verfahren und Produkten in den Bereichen Umwelt-, Sicherheits- und Energietechnik. Nach einer fast zehnjährigen, erfolgreich absolvierten „Bewährungsfrist“ erhofft sich die Fraunhofer-Gesellschaft von dem umwelt- und verfahrens*technisch* ausgerichteten UMSICHT eine attraktive Ausweitung ihres Forschungsprofils und den Nachweis, daß angewandte Umweltforschung durchaus auch in eine wirtschaftsorientierte Fraunhofer-Gesellschaft paßt.[79]

Die Umweltforschung firmiert heute gemeinsam mit der Gesundheitsforschung und der Energie- und Bautechnik als eines von acht Forschungsgebieten. Einer der Leistungsträger dieses Verbundes ist das Institut für Bauphysik (IBP) in Stuttgart mit einer Außenstelle in Holzkirchen bei München unter der Leitung des international renommierten Bauphysikers Karl Gertis. Das Konzept des seit 1984 amtierenden Institutsleiters, die Forschungsarbeiten zur wärmetechnischen Energieeinsparung und zur passiven Sonnenenergienutzung voranzutreiben und dem Bauwesen anwendungsorientierte Lösungen anzubieten, ging im Sinne des Fraunhofer-Modells auf. Die Arbeiten des Instituts werden am Markt nachgefragt. Der Industrieanteil ist in den letzten Jahren überdurchschnittlich stark auf mittlerweile 56% (1996) angestiegen. Die Entwicklung der Finanzrelationen des IBP zeigt in seltener Deutlichkeit die Reaktion der Institutsleitung auf das von der Politik vorgegebene Ziel, unmittelbar industrierelevante Leistungen vorzuweisen. Bei einer mit rund 100 Mitarbeitern gleichbleibenden Institutsgröße wurden die öffentlich finanzierten Projekte sukzessive heruntergefahren und die freiwerdenden Kapazitäten für industriefinanzierte Aufträge genutzt. Nicht zuletzt seine hervorragenden Versuchseinrichtungen und Labors machen das IBP zu einem für die Industrie attraktiven Partner. Jüngst gelang der Durchbruch zum sogenannten „Nullheizenergiehaus", der Reputation und Marktposition des Instituts weiter stärkte. Die Rezession, von der die Bauindustrie nach der wiedervereinigungsbedingten Sonderkonjunktur in der zweiten Hälfte der 90er Jahre erfaßt wurde, schlägt auf das IBP nicht durch, im Gegenteil. Offensichtlich verhalten sich die Unternehmen antizyklisch und versuchen, sich in der Krise durch erhöhte FuE-Aufwendungen eine günstigere Marktposition zu verschaffen.[80]

Die Eingliederung von UMSICHT in den Fraunhofer-Verbund verweist darauf, daß die Fraunhofer-Gesellschaft als anwendungsorientierte Säule des bundesdeutschen Innovationssystems vor allem die forschungsgestützte Umwelt-*technik* im Blick hat. Eine Vielzahl von Innovationen, die in den letzten Jahren nicht nur in den Instituten des Forschungsgebietes Umwelt und Gesundheit erarbeitet worden sind, zeigt die Breite des umweltrelevanten Technologieangebotes der Fraunhofer-Gesellschaft auf. Der Institutsverbund zur Weiterentwicklung von Technologien der industriellen Kreislaufwirtschaft ist hier ebenso zu nennen wie die Lysimetrie als technische Innovation, mit der sich das Sickerverhalten von Pflanzenschutzmittel im Boden bestimmen läßt. Die am Fraunhofer-Institut für Umweltchemie und Ökotoxikologie (IUCT) in Schmallenberg-Grafschaft entwickelten Lysimetergeräte für den Einsatz im Freiland haben sich mittlerweile nicht nur national, sondern auch international am Markt durchgesetzt.

Die rückblickende Betrachtung des Umweltforschungsbereichs verweist auf Chancen, aber auch auf Grenzen des Erfolgsmodells Fraunhofer. Die historische Analyse wirft vor allem folgende Frage auf: Was geschieht, wenn die bundesrepublikanische Gesellschaft eine Nachfrage nach anwendungsorientierter Forschung entwickelt und die Fraunhofer-Gesellschaft als Trägereinrichtung der angewandten Forschung tätig wird, ein Engagement industrieller Auftraggeber aber ausbleibt oder nicht in der erwarteten Größenordnung eintritt? Als Antwort läßt sich formulieren: Entweder sieht sich der Staat in seiner Verantwortung für die Zukunftsvorsorge gefordert, oder die Fraunhofer-Gesellschaft gerät unter Druck, sich aus dem Aufgabengebiet zurückzuziehen. Genau in diesem Dilemma befindet sich die Fraunhofer-Gesellschaft seit den 70er Jahren, vor allem in der Solarforschung. Eine Nachfrage nach ihren Leistungen ist vorhanden, der Markt jedoch hat sich langsamer entwickelt als angenommen. Fraunhofer hat trotz erheblicher Selbstzweifel einen langen Atem bewiesen und sich in der Hoffnung auf eine künftige Marktfähigkeit der Solartechnik nicht aus der Forschung verabschiedet. Welche Forschungsgebiete sind aber mittel- bzw. langfristig marktfähig und welche nicht? Auf diese Frage gibt es keine eindeutige Antwort. Die Fraunhofer-Gesellschaft wird daher auch künftig mit einem Unsicherheitsfaktor leben müssen, der ihrem Erfolgsmodell Grenzen setzt.

3. Veränderung des Arbeitslebens – das Beispiel der Produktionstechnologie

Wandlungen in der industriellen Welt

Wir leben in einer modernen Produktions- und Dienstleistungsgesellschaft, die sich aus der industriellen Welt des späten 18. und des 19. Jahrhunderts herausgebildet hat. Jene industrielle Welt ist nicht mehr die unsere. Aber sie hat neue Maßstäbe in einem eng geknüpften Beziehungsgeflecht zwischen arbeitsteiliger Mechanisierung der Gütererzeugung, wachsender ökonomischer Wertschöpfung und Veränderungen der Sozialverfassung ausgebildet, die unseren Weg der Moderne prägten. Auf diesem gehen wir noch immer, auch wenn wir die Fragen von damals hinter uns gelassen haben und uns dieser Wurzeln angesichts des zunehmend beschleunigten Wandels in unserer Zeit oft kaum mehr bewußt sind.

In manchen Geschichtsbüchern ist noch von *der* Industriellen Revolution des späten 18. und frühen 19. Jahrhunderts zu lesen, geformt durch dampfkraftbetriebene Maschinen und die Durchsetzung des Fabriksystems. Doch die neuere Technikgeschichte hat neben der Dampfmaschine zahlreiche weitere Technologien als Impulsgeber für grundlegend neue Produktionsverfahren herausgestellt. In einer Zusammenschau der Ergebnisse von Technik-, Wirtschafts- und Sozialhistorikern wird man von einer Abfolge industrieller wie industriegesellschaftlicher Umwälzungen zu sprechen haben. Diese gaben Anlaß, auf neuartige Austarierungen von Arbeitswelt und Lebenswelt zu achten, die Produktions- und Humanfaktoren in einer je gegebenen historischen Konstellation immer wieder neu in Beziehung setzten.

Spannungen und Interaktionen zwischen Maschinenwelt und Arbeitsleben

Umwelttechnik: Reinigung von Abwässern durch überkritische Fluide im Fraunhofer-Institut für Chemische Technologie (ICT).

Auch das jüngste Kind der Fraunhofer-Gesellschaft, das 1998 gegründete Fraunhofer-Institut für Umwelt-, Sicherheits- und Energietechnik (UMSICHT), arbeitet an biotechnischen Verfahren für den industriellen Einsatz. Hier wird Kohlendioxid als Lösungsmittel verwendet, das sich bereits bei 31 Grad und relativ niedrigem Druck in ein „überkritisches Fluid“ verwandelt. Wasserstoff wird dagegen erst bei 374 Grad und 221 bar überkritisch.

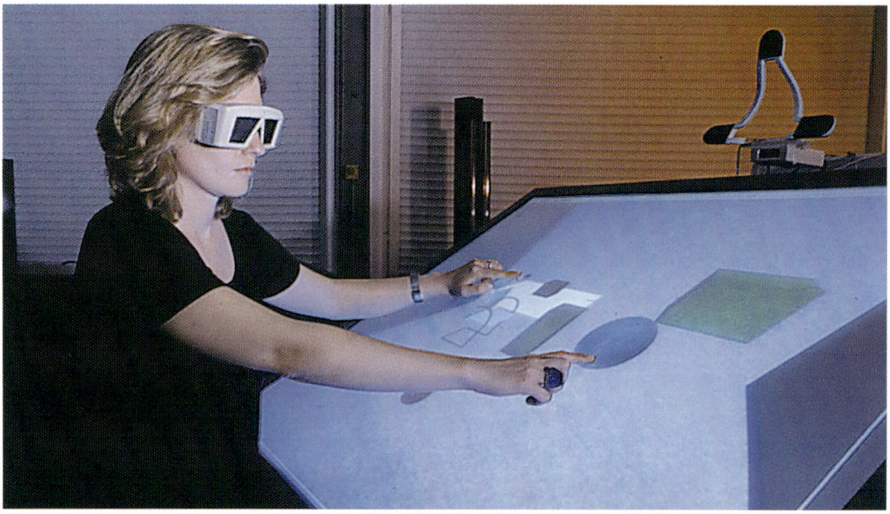

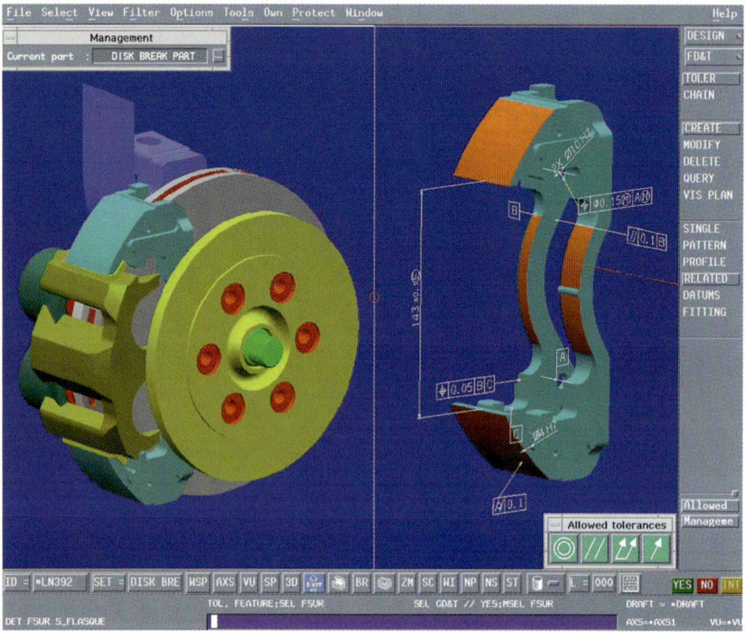

Zukunftstechnologien für den Produktionsprozeß.

Am dreidimensionalen Zeichenbrett können im Fraunhofer-Institut für Arbeitswirtschaft und Organisation (IAO) virtuelle Prototypen gestaltet werden (oben).

Neue Produkte entstehen von der Idee bis zum Fertigungsbeginn am Rechner. Das Fraunhofer-Institut für Produktionsanlagen und Konstruktionstechnik (IPK) koordiniert das Leitprojekt des Bundesforschungsministeriums (BMBF) „Innovative Technologien und Systeme für die virtuelle Produktentstehung“, an dem die Volkswagen AG und Siemens Business Services beteiligt sind (unten).

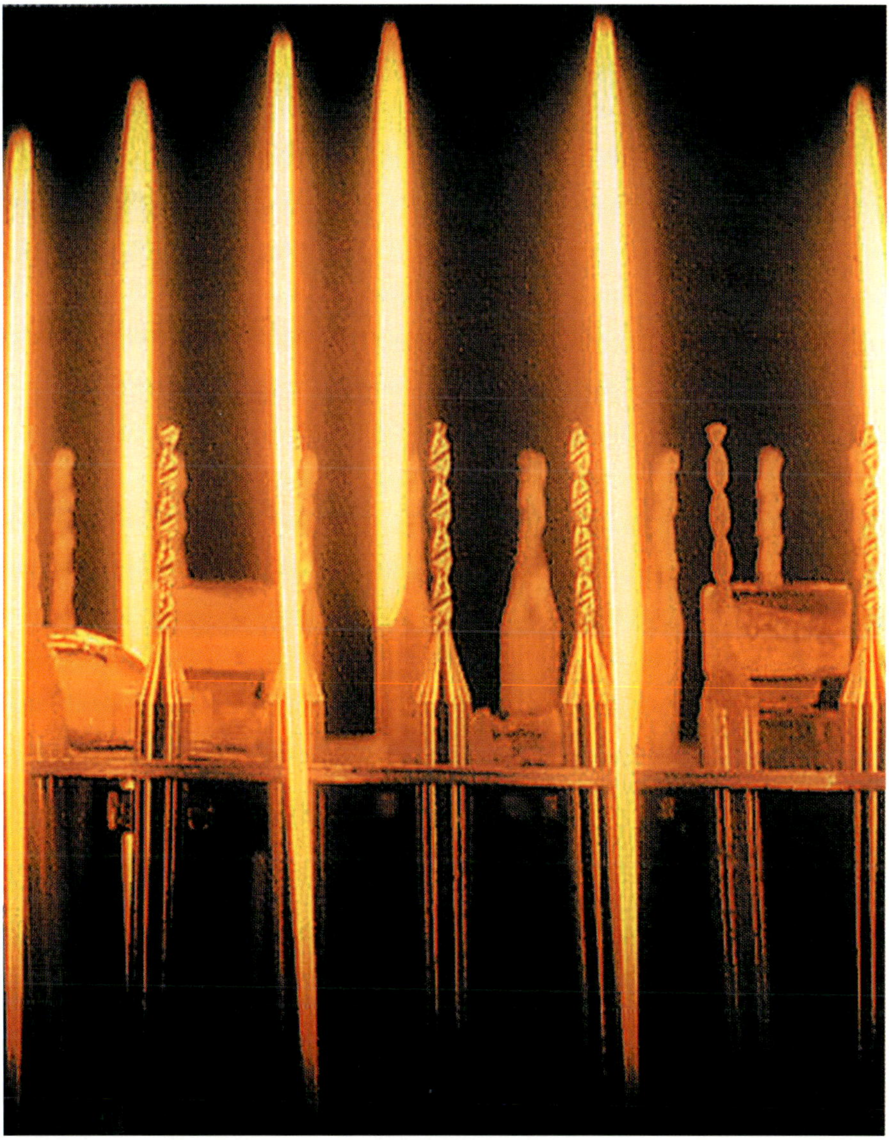

Neue Werkstoffe für Hochleistungswerkzeuge.

Mit dem 1990 gegründeten Fraunhofer-Institut für Schicht- und Oberflächentechnik (IST) konnte die Fraunhofer-Gesellschaft ihre Kompetenz im Werkstoffbereich um neue Hochtechnologien erweitern: Eine Beschichtung mit dem Werkstoff Diamant sorgt bei Bohr- und Schneidwerkzeugen für eine deutlich höhere Belastbarkeit.

Neue Werkstoffe für den Automobilbau.

Das niedrige Gewicht, der damit verbundene geringere Benzinverbrauch und die hervorragenden Eigenschaften als Crash-Energieabsorber werden Aluminiumschaum zum Werkstoff der Zukunft im Karosseriebau machen. Das Unternehmen Wilhelm Karmann in Osnabrück testet bereits einen Prototypen. Das mehrstufige Herstellungsverfahren der Aluminiumschaum-Sandwiches wurde in Zusammenarbeit mit dem Fraunhofer-Institut für Fertigungstechnik und Angewandte Materialforschung (IFAM) entwickelt.

greifen also nur einen Ausschnitt aus der Geschichte der sich ständig verändernden industriellen und nachindustriellen Welt heraus. Doch indem wir uns im Rahmen der Geschichte der Fraunhofer-Gesellschaft auf Forschungen und Entwicklungen in automations- und informationstechnologisch gesteuerten Produktionsverfahren und Arbeitsabläufen konzentrieren, gelangen vier Jahrzehnte dramatisch dichter Abfolgen von Zukunftshoffnungen und überzogenen Erwartungen, von Kurskorrekturen und neuen Perspektiven unter den Bedingungen einer nicht minder dramatisch zu neuen Ufern drängenden Produktions- und Informationsgesellschaft in den Blick.

Neuerungen in der Produktionstechnik betrafen zu Beginn der Industriellen Revolution vor allem die Entwicklung und den Bau von Maschinen. Die Forscher-Konstrukteure wandten in der Regel ihre Entdeckungen und Entwicklungen selber an. Doch mit der fortschreitenden Komplexität und Spezialisierung setzte in der Produktionstechnik eine insbesondere auf die Mathematik gestützte Verwissenschaftlichung ein. Gleichzeitig wurde in Deutschland die Welt der Ingenieure von jenem Wissenschaftsgeist durchdrungen, der seit der Gründung der Berliner Universität 1810 einen besonderen Typus der Forschungsuniversität in der Einheit von Lehre und Forschung ausgebildet hatte. Vormalige Spezialhochschulen und Polytechnika wandelten sich zu Technischen Hochschulen, die praxisnah ausbildeten und forschten und sich zugleich in ihrem Wissenschaftscharakter als den Universitäten ebenbürtig empfanden. An diesen wissenschaftlich „emanzipierten" Technischen Hochschulen etablierten sich denn auch im späteren 19. Jahrhundert die ersten Institute für Maschinenbau.[81]

Weiterentwicklungen in der Produktionstechnik erforderten einen zunehmenden und zugleich arbeitsteiligen Forschungsaufwand; das galt für alle modernen Industrienationen, die aber jeweils eigene Wege beschritten. Während in den Vereinigten Staaten zwar mit dem 1861 gegründeten Massachusetts Institute of Technology in Cambridge bei Boston (MIT) eine bedeutende und international berühmte Lehr- und Forschungsstätte existierte, aber insgesamt vor 1900 vor allem große Industrielabore entstanden und damit College-Lehre und privatwirtschaftlich organisierte Forschung eher auseinanderdrifteten, blieb in Deutschland die (produktions-)technische Forschung an den Technischen Hochschulen verankert. Die Ausprägung nationalkultureller Forschungsstile korrespondierte mit einer sehr genauen Beobachtung der anderen Wege und schloß Lernbereitschaft ein. So staunten deutsche Ingenieure 1893 auf der Weltausstellung in Chicago über die ihnen zuvor kaum bekannte Leistungsfähigkeit der amerikanischen Laborforschung, während umgekehrt nach 1900 in der angelsächsischen Welt nicht mehr so sehr die deutschen Universitäten als vielmehr die leistungsstarken Technischen Hochschulen Bewunderung hervorriefen und zu Nachahmung anstachelten. Um 1905 wurde das Imperial College in London nach dem Vorbild der TH Charlottenburg gegründet, und 1908 kommentierte ein amerikanischer Beobachter: „Die Deutschen sind langsam, zielbewußt, sorgfältig, methodisch und gründlich in ihrer Arbeit ... Sie sind kein unternehmendes und abenteuerliches Volk ... Aber sie haben eine unerreichte Fähigkeit darin, den richtigen Weg herauszufinden und ihn unbeirrt zu verfolgen."[82]

Der deutsche Weg begünstigte mit der institutionellen Konzentration von Forschung an den Hochschulen eine konsequente (an den THs selbst freilich nicht unumstrittene) Verwissenschaftlichung von Technik, forderte aber seinen Preis: Forschung wurde zunehmend von industrieller Anwendung abgekoppelt. Das erschien zunächst wenig problematisch und wurde auch nur vereinzelt registriert, weil die Hochschulen mit industriellen Anwendern eng kooperierten und praktische Erfahrung in der Industrie vielfach als erwünschte Voraussetzung für eine Hochschulkarriere galt. Da aber im Wettstreit mit den Universitäten das Prestigekriterium „strenge" bzw. „Grundlagenforschung" die Rangordnung in der Welt der gelehrten „Mandarine" und damit auch die Aufholjagd der Technischen Hochschulen bestimmte, entkoppelten sich tendenziell Forschungsprämierung und industrieller Praxisbezug im Vergleich zur englisch-amerikanischen Entwicklung.

Eine soziokulturell fixierte Ausrichtung an nationalen Prestigehierarchien geriet in der Welt der Technikwissenschaftler häufig mit der selbstverständlichen Einsicht in Konflikt, daß nur eine praxisnahe und zugleich grundlagenorientierte wissenschaftliche Forschung die industrielle Wettbewerbsfähigkeit der Nationalstaaten zu sichern vermöge. Was zunächst etwas abstrakt formuliert wirkt, fand sehr konkreten Niederschlag in der von der Fraunhofer-Gesellschaft in den späten 50er Jahren eingeleiteten produktionstechnologischen Forschung. In welcher Weise ließ sich die industrielle Produktionstechnologie durch wissenschaftlich generierte Innovationen auch im deutschen, auf die angewandte Forschung ausgeweiteten Modell institutioneller Forschungsförderung modernisieren?

Produktionstechnik und Automatisierung als Programm

Wandel in der Produktion zielte immer schon auf eine Verbesserung von Fertigungsverfahren ab, wobei Verbesserung sowohl die Wirtschaftlichkeit als auch die Qualität der Fertigung meint. Das war nach dem Zweiten Weltkrieg nicht anders, aber die Gewichte verschoben sich mehr und mehr zugunsten der Fertigungsgenauigkeit. Denn die Grundlagen für wirtschaftlich erfolgreiche Produktionstechniken standen lange schon bereit und sind mit Begriffen wie Automatisierung und Rationalisierung verknüpft. Bereits seit dem späten 19. Jahrhundert kannte man etwa mit den mechanisch gesteuerten Mehrspindeldrehmaschinen anschlußfähige Automatisierungstechniken. Auch das Prinzip einer Rationalisierung in der Produktion war etwa seit dem Ersten Weltkrieg durch Serien- und Fließtechnik umgesetzt worden.[83]

Die zweite Hälfte unseres Jahrhunderts stand im Zeichen einer rechnergestützten Qualitätssicherung. Die Produktion wurde von Mikroelektronik und elektronischer Datenverarbeitung durchdrungen. Überkommene Produktionstechnologien verschmolzen mit neuen Informations- und Kommunikationstechniken. Die Produktionsgesellschaft wurde nicht etwa durch eine Informations- und Kommunikationsgesellschaft abgelöst; beide haben sich in einer Weise durchdrungen, daß die bekannten griffigen Etikettierungen nicht hinreichen und eine zutreffende begriffliche Kennzeichnung für die Veränderung des Arbeitslebens noch aussteht. Genau in diesem Spannungsfeld sind die in der Fraunhofer-Gesellschaft betriebenen produktions- und informationstechnologischen Forschungen anzusiedeln, die frühzeitig auf neue Herausforderungen reagierten. In ihnen spiegeln sich neben innovativen Durchbrüchen auch überschätzte und letzlich gescheiterte Erwartungen symptomatisch wider.

Entscheidende Impulse für eine rechnergestützte Produktionstechnologie gingen in den frühen 60er Jahren von den USA aus, wo mit den numerisch gesteuerten Werkzeugmaschinen (NC-Werkzeugmaschinen) die hohen Anforderungen an die Herstellung aerodynamischer Profile bewältigt worden waren. Vor allem in der Kleinserienfertigung erwiesen sich NC-Maschinen als besonders anpassungsfähig und wirtschaftlich. Die hohen Investitionskosten traten dabei hinter die in dieser Zeit stark steigenden Lohnkosten völlig zurück. Da die Unternehmen zudem einen Mangel an Facharbeitern beklagten, schien mit der Reduktion des Bedienungspersonals für NC-Maschinen und der Vision einer automatisierten Fabrik das Tor zu einer wünschenswerten Zukunft weit geöffnet. Dies war denn auch das zentrale Thema in den entsprechenden Fraunhofer-Instituten im Verlauf der 60er und 70er Jahre. Doch wurde nicht nur auf nordamerikanische Vorgaben reagiert. Die Anfänge der modernen NC-Maschinen lagen in Deutschland, sie gingen auf Konrad Zuses Spezialrechner für die Henschel-Flugzeugwerke in den Jahren 1942–1944 zurück. Zum anderen wurde bereits seit den späten 50er Jahren unter dem Leitbegriff „Flexibilisierung“ eine neuartige Automatisierung der Produktionstechnologie in der Bundesrepublik vorangetrieben, an der frühe Fraunhofer-Institute maßgeblich beteiligt waren. Wir wollen daher in historischer Rekonstruktion den Weg dieser Institute verfolgen, Problemgeschichten im Kontext institutioneller, personaler und politischer Verflechtungen sichtbar machen.

Am Beginn der produktionstechnischen Forschung in der Fraunhofer-Gesellschaft stand die enge Zusammenarbeit mit dem Wirtschaftsministerium in Baden-Württemberg, aus der die ersten Fraunhofer-Institutsgründungen Mitte der 50er Jahre in Mannheim, Freiburg und Stuttgart hervorgegangen waren. Als im Wirtschaftsministerium Pläne des Hochschulprofessors Carl Martin Dolezalek am Stuttgarter Institut für Fertigungstechnik und Fabrikbetrieb bekannt wurden, einen eigenen Förderkreis zur Bearbeitung industrieller Forschungsaufträge zu gründen, regte man dort an, „anstelle eines ‚eingetragenen Vereins‘ die Angliederung des Förderkreises an die Fraunhofer-Gesellschaft zu erwägen“. Dolezalek, der bereits seit längerem aufgrund seiner intensiven industriellen Kontakte die engen Grenzen seines Hochschulinstituts für eine angemessene Bearbeitung von Forschungsaufträgen aus der Wirtschaft gesehen hatte, zog Erkundungen über die Fraunhofer-Gesellschaft ein. Innerhalb von nur vier

Monaten fiel die Entscheidung, das neue Institut für Produktionstechnik und Automatisierung (IPA) in die Verwaltungshilfe der Fraunhofer-Gesellschaft aufzunehmen – die endgültige Eingliederung erfolgte dann 1970. In München war man davon überzeugt, „daß das Institut nach Aufgaben und Struktur sehr gut in die Reihe der Institute passen würde", und im Stuttgarter Ministerium nannte man „die Gründung eines eigenen Instituts aufgrund des vorhandenen Interesses nicht nur berechtigt, sondern unbedingt notwendig".[84]

Das IPA nahm am 1. April 1959 offiziell seine Arbeit auf und erwies sich schon in den ersten Jahren seines Bestehens in der Einwerbung von Industrieaufträgen als höchst erfolgreich. Es steigerte seinen Jahresumsatz von ca. 200000 DM 1960 kontinuierlich auf knapp 1 Mio. DM 1970. Die Industrieaufträge machten dabei durchgängig etwa 50% des Institutsumsatzes aus. Das IPA zählte in seiner dynamischen Mischfinanzierung zu den bestfinanzierten Fraunhofer-Instituten. Es sollte bezüglich seiner wirtschaftlichen Stärke auch künftig ein „Flaggschiff" bleiben.[85]

Der Standort war gut gewählt, denn neben den großen Industriefirmen des Stuttgarter Raumes wie Daimler-Benz, Standard Elektrik Lorenz (SEL), WMF und etwa der deutschen Niederlassung von IBM prägten vor allem kleine und mittelständische Unternehmen in Maschinenbau und Elektrotechnik die Wirtschaftslandschaft Baden-Württembergs. Insbesondere sie profitierten von einem leistungsfähig-praxisnahen Forschungsinstitut. Der Name „Institut für Produktionstechnik und Automatisierung" zielte auf ein wegweisendes Programm, denn die Bezeichnung „Produktionstechnik" war Ende der 50er Jahre ebenso neuartig wie der nun als Schlagwort in Wirtschaft und Forschung aufgegriffene Begriff „Automatisierung". Die überkommene Kennzeichnung „Fertigungstechnik" entsprach nicht mehr den hochkomplexen Produktionsabläufen; mit dem Konzept „Automatisierung" wurde ein neuer Weg in der Gestaltung von bisher überwiegend mechanisierten Prozeßabläufen vorgegeben.[86]

Die „Flexible Fertigungslinie"

Gerade die Produktionstechnik verlangte in den Bearbeitungs- und Verfahrensschritten nach gezielten und individuellen Forschungsleistungen, denn es „ist eben das Schwierige der Fertigungstechnik, daß die Vielzahl der Formen eine Behandlung von Einzelfragen erforderlich macht und daß man sich nicht auf theoretische Grundprobleme zurückziehen kann, die mit mehr oder weniger Allgemeingültigkeit anwendbar sind".[87] Im IPA ging man bereits einen Schritt über den Zeittrend hinaus. Während wichtige Neuerungen im Maschinenbau seit etwa Mitte der 60er Jahre mit der bereits erwähnten numerischen Steuerung von Werkzeugmaschinen betrieben wurden,[88] einer Technologie, die während der 50er und 60er Jahre in den USA, Japan und Deutschland simultan erforscht, zuerst aber in den Vereinigten Staaten realisiert wurde,[89] richtete das IPA seine Arbeit schwerpunktmäßig auf übergeordnete Prozeßabläufe aus. Dolezalek wies auf eine notwendige Verzahnung der Produktionstechnik mit der Fabrikorganisation hin und monierte, daß etwa die „Fabrikplanung an wenigen Technischen Hochschulen gepflegt wird, obwohl sie für die zukünftige Entwicklung der Bundesrepublik in der Welt von entscheidender Bedeutung" sei.[90] Ein frühes Institutsprojekt zeigt die Bedeutung, aber auch die Schwierigkeiten dieser Konzeption in den 60er Jahren.

Gemeint ist die Entwicklung einer „Flexiblen Fertigungslinie", für die eine eigene „Industriekonstruktionsgruppe" am Institut eingerichtet werden sollte, um „alle Faktoren des Werkstücktransportes und der Steuerung der Energiebereitstellung" zusammenzufassen.[91] Was 1962 programmatisch vorgestellt wurde und bereits mit einer hohen Industriefinanzierung rechnen konnte, erwies sich in der Durchführung als schwierig, nicht zuletzt wegen einer zu dünnen personellen Infrastruktur. Dolezalek regte eine eigene Entwicklungsgesellschaft jenseits des mit diesem Projekt überforderten IPA an, stieß dabei aber auf eher geringe Industrieresonanz, auch als sich 1968 die VW-Stiftung in diesem Projekt engagierte. Es war ein Lehrstück für praktische Umsetzungsprobleme zwischen Forschungsinstitut, Forschungsförderungsorganisationen und nachfragender Wirtschaft in diesem von Planungs- und Steuerungseuphorie geprägten Jahrzehnt.[92] Das IPA bewies mit diesem Projekt vorausschauende Kraft, denn die Entwicklung flexibler Fertigungssysteme wurde unter dem Einfluß der Informationstechnik als „computerunterstützes" Automatisierungskonzept eines maschinenübergreifenden Produktionsprozesses, der die Vor- und Weiterbearbeitung der verwendeten Werkstücke miteinschloß, zu einem wesentlichen Forschungsschwerpunkt in der Produktionstechnik seit den 70er Jahren.[93] Nach seiner Emeritierung mahnte Dolezalek 1968 die „Weiterführung der Institutsarbeit zur Schaffung eines Produktionssystems, mit dessen Hilfe verschiedenartige kleinere Werkstücke [...] mit kurzer Durchlaufzeit und geringem Kapitaleinsatz hergestellt oder montiert werden können", als Zukunftsaufgabe an.[94] Der als Nachfolger auf den Lehrstuhl und an das Fraunhofer-Institut berufene Hans-Jürgen Warnecke führte diese Ansätze in neuer Akzentsetzung fort. Mit der Entwicklung flexibler Fertigungssysteme wurde die bisher „höchste Automatisierungsstufe der Klein- und Mittelserienfertigung" angestrebt. Durch die Automatisierung und Integration von Material- und Informationsfluß sollte ein wechselndes Auftragsspektrum „möglichst ohne den Eingriff des Menschen gefertigt werden".[95]

Damit war eine der Grundlagen für die seit etwa Mitte der 70er Jahre unter dem Stichwort der computerunterstützten Fertigung (CAM – Computer *A*dvanced *M*anufacturing) betriebenen produktionstechnischen Forschung gelegt. Nun gewann die Informationstechnik maßgeblichen Einfluß auf die produktionstechnische Forschung, welche in der zweiten Hälfte der 70er Jahre in Bewegung geriet.

Produktionsforschung im Schnittfeld von Interessenpolitik, Produktions- und Arbeitsgesellschaft

Externe und interne Entwicklungslinien trafen hierbei zusammen. Die Sogwirkung des mittlerweile erfolgreich installierten Fraunhofer-Modells löste einen Wettlauf der Länder um die Ansiedlung von Fraunhofer-Instituten aus, und neue Weichenstellungen in der Produktionstechnik wurden forschungsstrategisch mit einer wissenschaftlichen Untersuchung und Neubewertung der Arbeitsorganisation verknüpft.

Erweitert wurde das produktionstechnische Fraunhofer-Institutsprofil erstmals mit der ab 1974 in Berlin geplanten Arbeitsgruppe für Produktionsanlagen und Konstruktionstechnik. Zur Verbesserung der Standortbedingungen in der geteilten Stadt bot sich die Erweiterung des Maschinenbauinstituts an der Technischen Universität unter Leitung von Günter Spur an. Aus sachlichen und politischen Gründen strebe das BMFT eine Lösung an, „in der das Berliner Institut eine Abteilung des Stuttgarter Instituts für Produktionstechnik und Automation der Fraunhofer-Gesellschaft (IPA) wird", hieß es auf einer Sitzung der Expertengruppe „Forschung und Entwicklung".[96] Die „Außenstelle des IPA" in Berlin wurde 1978 zum Institut für Produktionsanlagen und Konstruktionstechnik (IPK) ausgebaut. Die Berliner Gründung war ein politisch motivierter und anfangs in der angespannten Situation der Viermächtestadt heikler Sonderfall, fügte sich aber in ein forciertes Interesse insbesondere norddeutscher Länder an modernen Fraunhofer-Instituten in der Produktionstechnik ein. 1979 nahm das Institut für Produktionstechnologie (IPT) seine Arbeit auf.

Über die Automatisierung von Konstruktions- und Fertigungsprozessen gelangten auch andere, zuvor kaum beachete Produktionsprobleme in das Blickfeld der Forschung. Bereits Ende der 60er Jahre hatte Dolezalek darauf hingewiesen, daß dem Institut weitere Aufträge zu den Themen Fabrikplanung und Materialflußplanung vorlägen. Hier gebe es noch viele Möglichkeiten, Einsparungen zu erzielen, von denen in der Bundesrepublik immer noch viel zu wenig Gebrauch gemacht werde.[97] Fragen des Materialflusses, der räumlichen Gestaltung von Produktionsbereichen und der Lagerung von Werkstoffen waren bislang eher punktuell, nicht systematisch untersucht worden. Eben dies nahm das in Verbindung mit dem Land Nordrhein-Westfalen und der TU Dortmund in Personalunion mit dem dort ansässigen Maschinenbauinstitut für Fördertechnik gegründete Fraunhofer-Institut für Transporttechnik und Warendistribution (ITW) in Angriff. Innovative Forschungsschwerpunkte waren nicht nur auf regionale Länderinteressen, sondern auch auf einen, am produktionstechnologischen Standort Bundesrepublik, wesentlich mittelständisch geprägten Kundenbedarf abzustimmen, wie die Technologie-Entwicklungsgruppe (TEG) als eine weitere Ausgründung 1980 aus dem IPA zeigt.

Neue Perspektiven und Herausforderungen der Produktionsgesellschaft lassen sich nicht von der säkularen Trendwende zur Dienstleistungsgesellschaft abkoppeln. Waren noch 1960 nur ca. 30% aller Beschäftigten im Dienstleistungssektor tätig, so erhöhte sich dieser Anteil bis 1980 auf knapp 50% und überschritt 1995 sogar die 60%-Marke.[98] Arbeitsprozesse in Büros, Verwaltungen und Handel gewannen neben der Industriearbeit erhöhte Bedeutung. Diesem neuen Forschungsfeld widmete sich die Abteilung Arbeitswirtschaft des Stuttgarter IPA, angestoßen durch den Fraunhofer-Vorstand. Dieser hatte 1979 das IPA beauftragt, eine Studie für die „Organisation im Bürobereich – Perspektiven für eine Forschungsplanung" zu erstellen. Als Ausgangspunkt diente eine „von verschiedenen Stellen hypothetisch geäußerte Aussage", nach der „der Bürobereich bevorzugtes Objekt neuer Arbeitsgestaltungen und Rationalisierungsmaßnahmen in naher Zukunft" werde.[99]

Die Studie bestätigte einen extensiven Forschungsbedarf. Weder seien „im Bürobereich interdisziplinär arbeitende Institute" vorhanden, noch stelle „die Büroorganisation einen wesentlichen Schwerpunkt bei der Mehrzahl der vorhandenen Institute dar".[100] Mit der Gründung des Instituts für Arbeitswirtschaft und Organisation (IAO) 1980/81 reagierte die Fraunhofer-Gesellschaft frühzeitig auf eine gesamtgesellschaftliche Herausforderung, die in den 80er Jahren in den Mittelpunkt rückte, denn „auch im technischen und administrativen Bürobereich [werde] der Zwang zur Steigerung der Produktivität der Arbeitsprozesse immer stärker". Da auch der Arbeitsplatz Büro in steigendem Maße von den neuen Informations- und Kommunikationstechniken bestimmt werde,

Schaubild 14: Betriebshaushalte einzelner Fraunhofer-Institute 1974–1997

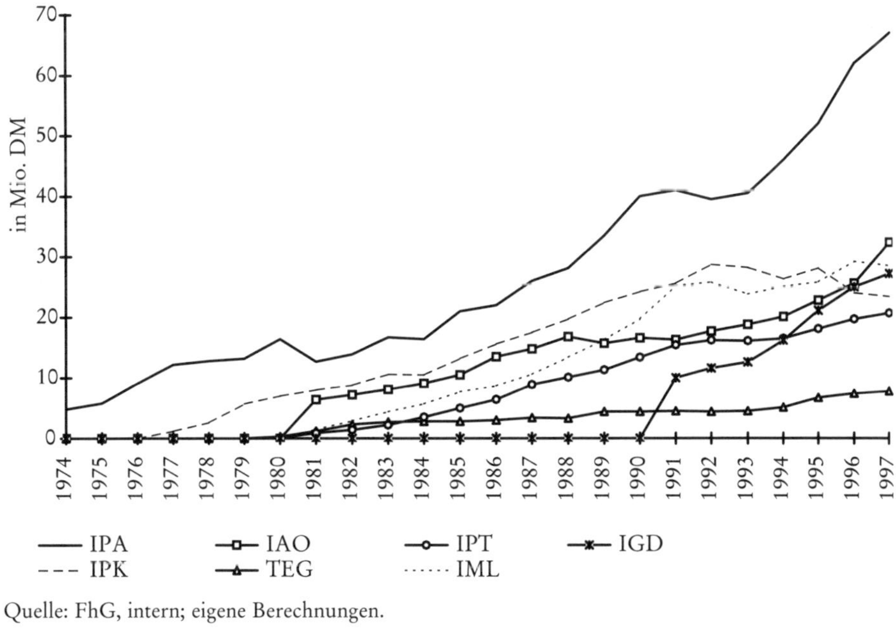

Quelle: FhG, intern; eigene Berechnungen.

sei sowohl „durch Rationalisierung der Büroarbeit die Produktivität“ zu erhöhen, als auch im Interesse der Mitarbeiter die „Arbeitszufriedenheit durch Einblick in die Bedeutung der eigenen Arbeit“ zu berücksichtigen“.[101]

Ausgründungen der „Mutter“ IPA wie die Technologieentwicklungsgruppe und das Institut für Arbeitswirtschaft und Organiation bestätigen auch organisatorisch das synergetische Potential einer gesamtgesellschaftlich ausgerichteten Forschungsperspektive, die Innovationschancen der Produktionsgesellschaft auf strukturelle Veränderungen der Arbeitsgesellschaft zurückbezieht. Die institutionelle Differenzierung bewirkte zwar eine zuvor ungewohnte Konkurrenzsituation innerhalb der Fraunhofer-Institutslandschaft und Umsatzeinbußen im IPA selbst, die Gewichte zwischen Produktions- und Dienstleistungsbezug verschoben sich, gleichzeitig aber bewirkte der Synergieeffekt einen die Institutshaushalte insgesamt stimulierenden Nachfrageschub.

Industrie- und Service-Robotik

Eine 1969 am IPA im Auftrage des Rationalisierungskuratoriums der deutschen Wirtschaft erarbeitete Studie über die „Fertigungssteuerung mit elektronischer Datenverabeitung“ benannte eine Zukunftsaufgabe der Fertigungstechnik.[102] Für die produktionstechnische Fraunhofer-Forschung bezeichnete dies Schwerpunkte vor allem in der computerunterstützten Prozeß- und Verfahrenssteuerung und in der Erforschung und Entwicklung automatischer Handhabungsgeräte zunächst in der Industrie-, seit etwa 1990 auch in der Servicerobotik.

Der erste funktionsfähige Industrieroboter wurde Ende der 50er Jahre in den Vereinigten Staaten nach den Entwicklungsarbeiten von George C. Devol gebaut. Den Namen „Roboter“ hatte der tschechische Schriftsteller Karel Capek 1920 für rastlos arbeitende „künstliche Menschen“ (*robota* = Fronarbeit) eingeführt. Heute versteht man unter Robotern ein programmiertes Gerät, das bestimmte Aufgaben wie Bewegen oder Handhaben geregelt durchführen kann.[103] Der Einsatz von Computertechnologien für die Automatisierung im Produktionsprozeß beschränkte sich daher nicht nur auf die Fertigung, er wurde auch auf Forschungen zur Handhabungstechnik bzw. Industrierobotik ausgedehnt. Es ging zunächst um Vereinfachung. Da eine Rationalisierung durch Industrieroboter von einer Reduktion des Bearbeitungprozesses auf möglichst einfache Handhabungsschritte abhängig war, wollte man am IPA zunächst „untersuchen, ob es mit nur wenigen verschiedenen Industrie-Roboter-Typen möglich ist, einen Großteil der infrage kommenden Handhabungsvorgänge zu automatisieren“. Auf eine Optimierung der Handhabungstechnik konzentrierte sich seit 1976 neben dem IPA auch die neugegründete Berliner Abteilung des Stuttgarter Instituts unter Günter Spur. In der Abteilung für Fertigungsanlagen und Konstruktionstechnik ging es vor allem darum, Mikroprozessoren und Minicomputer in die Maschinenindustrie zu überführen.[104]

Den hohen Erwartungen an die Einsatzchancen der Industrierobotik stand eine zögerliche Einführung in die industrielle Praxis entgegen. Die finanziell aufwendigen peripheren Einrichtungen einer Industrie-Roboter-Anwendung stellten deren Einsatz deshalb oftmals „wirtschaftlich in Frage". Das IPA führte 1978 als Grund an, daß „die vorhandene Peripherie das hohe Niveau an Flexibilität, das ein Industrieroboter heute aufweisen kann", nicht erreiche. Daher zielte man künftig „schwerpunktmäßig auf die weitere ‚Flexibilisierung' dieser Vorgänge".[105] Tatsächlich erlaubten erst die Entwicklungssprünge in der Mikroelektronik den Ausbau einer Steuerungs- und Sensortechnik für den wirtschaftlichen Einsatz von Industrierobotern. Vorreiter dieser Entwicklung war vor allem Japan. Schaubild 15 verdeutlicht den Industrierobotereinsatz in Japan, den Vereinigten Staaten und der Bundesrepublik.

Der zögerliche Einsatz in der bundesdeutschen Wirtschaft konnte ab der Mitte der 80er Jahre zugunsten einer breiteren Akzeptanz mit relativ rasch steigenden Zahlen von Industrierobotern überwunden werden. Dafür waren allerdings intensive Forschungs- und Entwicklungsleistungen notwendig.

Während das Stuttgarter IPA die Industrieaufträge überwiegend aus dem regionalen Fahrzeug- und Maschinenbau bezieht, machen solche Auftraggeber in Berlin nur einen in etwa konstanten Beitrag von durchschnittlich 30% aus. Allerdings illustriert der seit 1990 gesondert ausgewiesene Sektor Kommunikationstechnik die wachsende Bedeutung dieses Forschungsbereiches für die Produktionstechnik. Die Auswirkungen des Industrierobotereinsatzes auf den Arbeitsmarkt lassen sich hingegen nur schwer einschätzen. Die Prognosen hinsichtlich der Arbeitsplätze, die durch Industrieroboter eingespart werden könnten, schwanken: Genannt werden Zahlen zwischen 0,8 und 6,0 Arbeitsplätzen je

Schaubild 15: Eingesetzte Industrieroboter weltweit

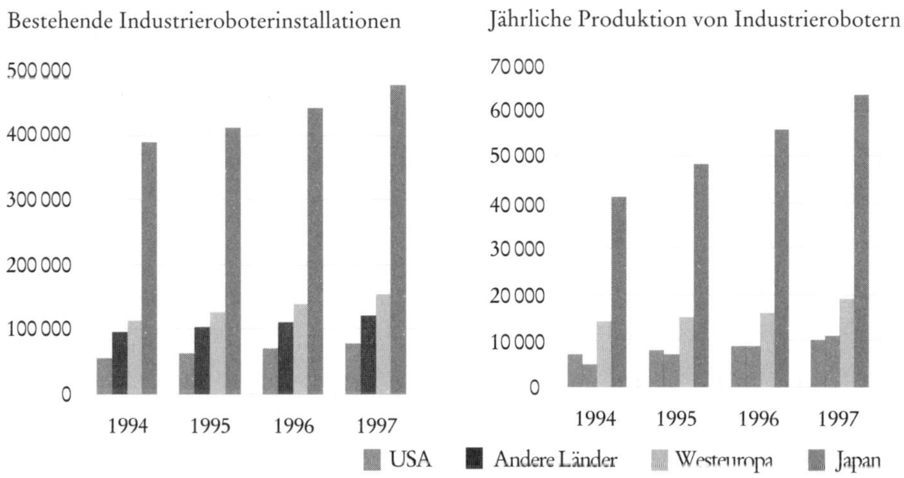

Quelle: Fraunhofer-Institut für Produktionstechnik und Automatisierung (IPA).

eingesetztem Gerät. Da die Unternehmen, um die Akzeptanz dieser neuen Technologie nicht zu gefährden, auf Kündigungen verzichten und die eingesparten Arbeitsplätze über eine natürliche Fluktuation ausgleichen, sind genaue Aussagen sehr schwierig. Die Unternehmen selbst nennen als Gründe für den Industrierobotereinsatz vorrangig Rationalisierungsmaßnahmen.[106] Vor allem lassen sich monotone und einseitig belastende Arbeiten automatisieren. Die Verteilung der Industrieroboter nach Anwendungsgebieten verdeutlicht, daß insbesondere im Bereich des Punkt- und Bahnschweißens wie auch in der Montage und Werkstückhandhabung die vorrangigen Einsatzgebiete der Industrieroboter liegen.

Schaubild 16: Eingesetzte Industrieroboter in der Bundesrepublik Deutschland

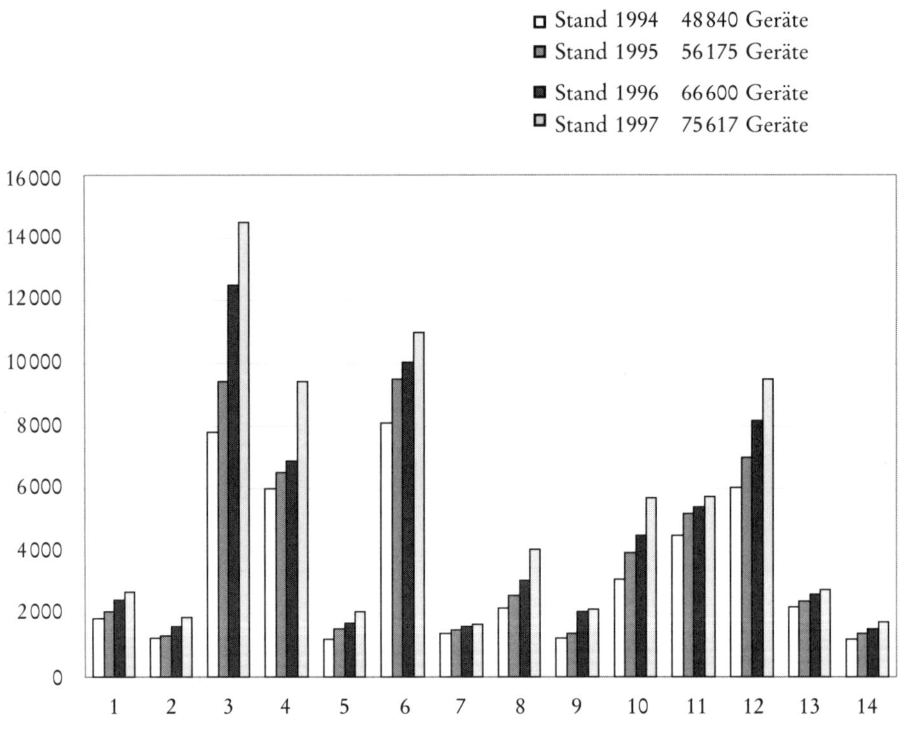

Anwendungsgebiete:

1 Beschichten
2 Klebe- und Dichtmittelauftrag
3 Punktschweißen
4 Bahnschweißen
5 Bearbeiten
6 Montage
7 Messen und Prüfen
8 Kommissionieren und Palettieren
9 Pressen und Schmieden
10 Druck-/Spritzguß
11 spanende Werkzeugmaschinen
12 sonstige Werkstückhandhabung
13 Forschung und Ausbildung
14 Sonstige

Quelle: Fraunhofer-Institut für Produktionstechnik und Automatisierung (IPA); VDMA.

Inwieweit die Forschungen der Fraunhofer-Gesellschaft im Bereich der Industrierobotik mit der Arbeitsmarktentwicklung korrelieren, läßt sich aufgrund der zahlreichen Umgebungseinflüsse nur sehr eingeschränkt zeigen. Die industrielle Auftragsstruktur der produktionstechnischen Institute der Fraunhofer-Gesellschaft ist von gesamtwirtschaftlichen Entwicklungen nicht abzukoppeln. Ein Blick auf die Entwicklung der Industrieumsätze in der produktionstechnischen Fraunhofer-Forschung dokumentiert, daß in gesamtwirtschaftlichen Krisen wie teilweise zu Beginn der 80er und deutlicher zu Beginn der 90er Jahre auch die industriellen Aufträge der Fraunhofer-Gesellschaft zurückgehen. In forschungspolitischer Sicht erweist sich dieses prozyklische FuE-Verhalten als eine Schwäche des bundesdeutschen Innovationssystems.

Der mit ca. 50% relativ hohe Industrieanteil der in Schaubild 17 dargestellten Institute IPA, IPK, IML, TEG, IAO, IGD (seit 1992) und IPT belegt deren hohe Industriewirksamkeit. Über die Entwicklung der Industrierobotertechnik eröffneten sich seit dem Beginn der 90er Jahre allerdings weitere Einsatzgebiete für diese Technologien.

Massive Veränderungen im Dienstleistungssektor führten zu grundsätzlichen Überlegungen, ob nicht auch hier Rationalisierungspotentiale durch die Automatisierung von Dienstleistungen erzielt werden könnten.[107] 1994 evaluierte eine Studie des IPA im Auftrag des Bundesforschungsministeriums die Einsatzmöglichkeiten von Servicerobotern. Demnach ist etwa in der Medizin, der Rehabili-

Schaubild 17: Industrieerträge einzelner Fraunhofer-Institute 1974–1997

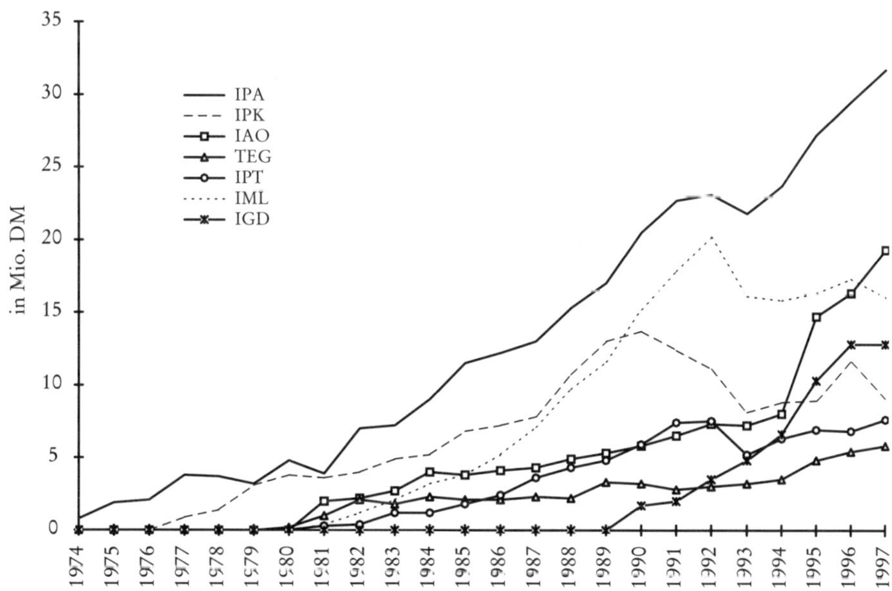

Quelle: Fraunhofer, intern; eigene Berechnungen.

tation, in Handel, Transport und Verkehr oder im Baugewerbe ein Marktpotential zwischen 15 und 40 Mrd. DM in den nächsten 15 Jahren zu erwarten.[108] Eine erste Serviceroboteranwendung wurde zu Beginn der 90er Jahre am IPA mit einem mobilen automatischen Flugzeugreinigungsroboter (Skywash) entwickelt. Das seit 1991 übernommene Institut für Fertigungsanlagen und Fabrikbetrieb (IFF) in Magdeburg steht in diesem Entwicklungsfeld dem „großen Bruder“ IPA kaum nach. Servicerobotik zählt zu den Schwerpunkten des jüngsten produktionstechnischen Instituts in der Fraunhofer-Gesellschaft; auch personelle Kontinuitäten zum Stuttgarter Institut kommen hierbei zum Tragen, war doch der derzeitige Institutsleiter in Magdeburg zuvor Hauptabteilungsleiter in Stuttgart.

Für die Vertiefung dieser ersten Erkenntnisse in der Servicerobotik wendete das IPA 1991–1993 insgesamt die Arbeitsleistungen von 30 Mannjahren und 800000 DM an Investitionen auf, konnte aber im gleichen Zeitraum aus dem zur Verfügung gestellten Know-how aus den Branchen Baugewerbe, Medizin, Maschinenbau, Verkehr und anderen Bereichen insgesamt Industrieaufträge in Höhe von 2,6 Mio. DM sowie weiterhin öffentliche Forschungsaufträge von insgesamt 2,4 Mio. DM durchführen und damit die eingesetzten Mittel mehr als versechsfachen. Selbst bei vorsichtigen Schätzungen bietet die Service-Robotik gute Wachstumschancen.

Informationstechnik in Prozeßsteuerung und Produktionsplanung: von CAM zu CIM

„Die Integration der Informationstechnik in die industrielle Fertigung ist ein weltweiter Innovationsprozeß, der [...] für die Konkurrenzfähigkeit der Produktionstechnik in der Bundesrepublik Deutschland von existentieller Bedeutung ist.“ So begründete 1988 eine Darstellung des Stuttgarter IPA die Aktivitäten des Instituts auf diesem Forschungsfeld.[109]

Bereits in den frühen 80er Jahren wurden Computer über die Unterstützung von direkten Produktions- und Konstruktionsprozessen (CAD/CAM) hinaus auch für die Planung (CAP), die Qualitätskontrolle (CAQ) und weitere Teilbereiche des Produktionsprozesses eingesetzt. Man sprach dann nur noch von CA*x*-Komponenten, um die vielfältigen Einsatzbereiche des Computers zusammenzufassen. „Wir befinden uns durch die Entwicklung der elektronischen Datenverarbeitung derzeit mitten in einem Schub der Innovation unserer Industriegesellschaft, nur daß die gegenwärtige informationstechnische Innovation in ihren gesellschaftlichen Auswirkungen die vorhergehenden Innovationen überragt“, kommentierte 1983 der Leiter des Instituts für Produktionsanlagen und Konstruktionstechnik, Günter Spur.[110] Insbesondere wollte er durch Computereinsatz zunehmend komplexere Bereiche von bereits automatisierten Produktionsprozessen vernetzen. An seinem Berliner Institut wurde seit 1983 in diesem Bereich intensiv gearbeitet, unterstützt durch das Europäische ESPRIT-Programm, das Forschungszentrum Karlsruhe und Industriefirmen, etwa zeitgleich oder wenig später auch am Stuttgarter IPA.[111]

CIM, die computer*integrierte* Fertigung (CIM – *C*omputer *I*ntegrated *M*anufacturing), avancierte Mitte der 80er Jahre zum Zentralbegriff und Schlagwort. Von CAM zu CIM, von der computerunterstützten zur computerintegrierten Fertigung, das war nicht nur Weiterentwicklung, das war ein Sprung, der den arbeitenden Menschen in der Produktion zur Disposition stellte, der vertraute Begriffe aus der menschlichen Erfahrungswelt wie Information und Kommunikation neuartig einsetzte. Denn „Integration" meinte komplizierte Abstimmungs- und Vernetzungsprozesse verschiedener Computer- und Steuerungssysteme untereinander, „Kommunikation" zielte neben der Verständigung von Mensch zu Mensch oder auch zwischen Mensch und Maschine auf eine maschineninterne Kommunikation.[112] Insbesondere das ursprünglich 1967 in Tübingen gegründete, im Folgejahr nach Karlsruhe übergesiedelte Institut für Schwingungsforschung (ISf), das gemäß variierten Schwerpunktsetzungen 1970–1979 als Institut für Informationsverarbeitung in Technik und Biologie (ITB) firmierte und seitdem Fraunhofer-Institut für Informations- und Datenverarbeitung (IITB) heißt, entwickelte mit der „Leitstandstechnik" durch die Vermittlung zwischen verschiedenen Computersystemen übergreifende Kommunikationsstrukturen im Produktionsprozeß. Damit will das Institut den komplexen Anforderungen von Produktionsvorgängen in unterschiedlichen Auftragsspektren Rechnung tragen; denn Ausfall von Maschinen und spezifische Qualitätsansprüche erfordern immer wieder Korrekturen noch während des Produktionslaufs, um eine termingerechte Lieferung zu gewährleisten.

Das Stuttgarter IPA organisierte sich neu, um den Anforderungen der neuen Technologie Rechnung zu tragen, und faßte alle an der CIM-Entwicklung beteiligten Forscher in einer Abteilung zusammen.[113] Diese Umorientierung war forschungsstrategisch innovativ, entsprach aber kaum den Realitäten der bundesdeutschen Produktionslandschaft. Teilautomatisierungsschritte, die für eine computerintegrierte Fertigung erforderlich sind, wie computerunterstützte Konstruktion (CAD), Planung (CAP) oder Qualitätskontrolle (CAQ), sowie teilautomatisierte Fertigungssteuerungen wie flexible Fertigungszellen oder Fertigungssysteme, nahmen 1987 in der Investitionsgüterindustrie nur einen Anteil von kaum mehr als 10% ein.[114] Auch in Transport und Montage waren die Voraussetzungen für die Einführung derart hochautomatisierter Produktionskonzepte kaum vorhanden. Gleichwohl gelang es, die entsprechenden Forschungen sogar noch zu intensivieren. Erst die Probleme, die mit der Einführung von CIM-Technologien in verschiedenen Unternehmen auftraten, wie Störungsanfälligkeit der hochtechnisierten Systeme, hohe Kosten und Kapazitätsausfälle,[115] leiteten ein Umdenken ein. Mit wachsenden Anforderungen an die Flexibilität der Produktionsprozesse wurde der Mensch als „flexible" Arbeitskraft wiederentdeckt. Es galt, „Integration" wieder auf Arbeitsleben und Produktionsprozeß zu beziehen und hier nach neuen Formen zu suchen.[116]

Informations- und Kommunikationstechnik in Arbeitswelt und Produktion

Der mit der CIM-Technologie beschrittene Weg einer weitgehenden Vollautomatisierung betrieblicher Produktionsabläufe führte zu einem *over-engineering* in der Entwicklung von computergestützten Fertigungsverfahren.[117] Auch am IPA war man bereits Mitte der 80er Jahre überzeugt, daß Automatisierung „in keinem Fall das ausschließliche Ersetzen des Menschen durch Mechanik bedeuten" könne, und untersuchte daher Fragen einer rationell organisierten betrieblichen Arbeitsgestaltung. So betonte der damalige Institutsleiter Warnecke 1985, daß herkömmliche, vor allem tayloristisch geprägte Arbeitsorganisationen mit einem hohen Maß an Arbeitsteilung und Unselbständigkeit den aktuellen Anforderungen an Flexibilität und Informationsverarbeitung nicht mehr gerecht würden.[118] Die Prioritäten verschoben sich von vollautomatisierten Systemen zu einer Vernetzung moderner Technologiesysteme mit einer flexiblen Arbeitsorganisation.

Diesen Prozeß des Umdenkens bestärkte eine 1990 veröffentlichte vergleichende Studie zur Automobilindustrie des Massachusetts Institute for Technology („MIT-Studie").[119] Dabei überzeugten die elastischen Arbeitsorganisationen der bereits in den 50er Jahren im japanischen Toyota-Werk entwickelten *lean production* (auch: „Toyotismus") durch eine Einbindung von Mitarbeitern in den Produktionsprozeß und durch die Straffung der Produktionsabläufe. In die gleiche Richtung war bereits bei Fraunhofer gedacht worden. „Zum Erhalt und Ausbau von Facharbeit in der Produktion werden Teile indirekter Aufgaben künftig auf eine Arbeitsgruppe eigenverantwortlich übertragen", hieß es 1989 im Jahresbericht des IAO.[120]

Im IPA wurden diese Linien nicht nur zusammengeführt und weiterentwickelt; mit einem griffigen, vieldiskutierten Titel präsentierte man 1992 der Öffentlichkeit einen neuen Leitbegriff: die „Fraktale Fabrik". Der aus der Chaostheorie entliehene Terminus Fraktal charakterisiert eine Unternehmenskonzeption, die auf „selbst-ähnliche" organisatorische Einheiten abzielt, welche im Kleinen die Strukturen des Großen abbilden.[121] Aspekte der japanischen *lean production* werden mit gewachsenen Bedingungen der deutschen Industriekultur verknüpft. 1991–1993 wurden für die Entwicklung dieses Konzeptes 1,5 Mio. DM benötigt, reichlich aufgewogen durch Industrieaufträge in Höhe von ca. 11 Mio. DM im gleichen Zeitraum. Worauf gründet die erfolgreiche Vermarktung des Projekts? Neben einer Motivationssteigerung der Mitarbeiter und einer Reduzierung der Durchlaufzeiten sowie der Lagerbestände wird ein insgesamt besseres Betriebsklima angeführt.[122]

Unerläßliche Abstimmungen zwischen Forschung, Staat und Wirtschaft werden nicht zuletzt durch die technologiepolitischen Evaluationsstudien des Instituts für Systemtechnik und Innovationsforschung (ISI) kritisch begleitet. Gerade die zahlreichen Studien zur CAM- und CIM-Problematik im Spannungsverhältnis von Automatisierungsdruck, Arbeitsplatzersparnis und gleichzeitiger Humanisierung im Produktionsprozeß unterstreichen die interdisziplinär angelegten Kompetenzen des Karlsruher Instituts.

Neue Entwicklungsfelder: virtuelle Realität, Multimedia und Logistik

Virtuelle Realität. Was genau ist virtuelle Realität? Eine eindeutige Definition steht noch aus. Vorläufig bezeichnet sie „die audiovisuelle und taktile Ausgestaltung scheinbarer Welten und die Generierung dieser Welten unter unmittelbarer Einbeziehung des Benutzers und der zugrundeliegenden (häufig physikalischen) Gesetzmäßigkeiten".[123] Die mögliche Anwendungsbreite ist indes so groß, daß von einer Basistechnologie gesprochen wird. Einige Beispiele nur: Simulation von Fabrikationsabläufen, Training von Medizinstudenten an virtuellen Körpern oder die virtuelle Begehung von Häusern und Städten.

In der Fraunhofer-Gesellschaft wurde dieser Schwerpunkt zunächst am Institut für Graphische Datenverarbeitung bearbeitet, seit den frühen 90er Jahren setzte sich die VR-Technologie (*Virtual Reality*) auch in anderen etablierten Forschungsfeldern durch. Vor allem das seit 1991 gemeinsame „Demonstrationszentrum Virtuelle Realität" der Stuttgarter Institute IAO und IPA sowie des Darmstädter IGD eröffnet einem breiten Kreis potentieller Kunden neue Anwendungen und Entwicklungen. Nach Einschätzung des Beraterkreises hat binnen dreier Jahre „das Demonstrationszentrum Virtuelle Realität mittlerweile eine führende Position in der VR-Landschaft in Deutschland und Europa eingenommen".[124] Die bis 1995 eingesetzten Aufbauinvestitionen wurden durch nachfolgende Industrieaufträge um einiges übertroffen, woraufhin im November 1995 eine Verlängerung dieses zukunftsträchtigen Projektes beschlossen wurde.[125]

Das außerordentlich breite und sich ständig öffnende Anwendungsspektrum der VR-Technologie erfordert und ermöglicht in den Fraunhofer-Instituten eine Vernetzung von Forschung mit weitreichenden Zukunftsperspektiven. Einige Beispiele mögen dies illustrieren. So kann etwa ein am Institut für Graphische Datenverarbeitung entwickeltes Programm zur Abbildung innerer Organe in Therapie und Diagnostik (InViVo) Tumore und Gefäßerkrankungen dreidimensional sichtbar machen. Bei entsprechender Vernetzung lassen sich ferner Expertisen, zum Beispiel bei Operationen und heiklen Diagnosen, über große Distanzen einholen. Ein weiteres Hauptanwendungsgebiet virtueller Realität liegt in der Simulation,[126] etwa bei der Erprobung von Produktionsabläufen, aber auch als Training für Gefahrensituationen. So dient ein Programm des Demonstrationszentrums VR am Stuttgarter IPA dazu, durch die Simulation einer Arbeitsumgebung mögliche Gefahren am Arbeitsplatz zu evaluieren. Ferner können Fertigungsanlagen bereits in einem frühen Planungsstadium verbessert werden.[127] Die individuelle Simulation von Produktionsumgebungen bearbeitet ein eigenes Demonstrationszentrum „Simulation in Produktion und Logistik", wo Unternehmen Betriebsabläufe nachbilden, Änderungen simulieren und deren

Ergebnisse in die Praxis transferieren können. Bei allen diesen Veränderungen des Arbeitslebens werden vor allem computerbasierte Systeme des vernetzten Arbeitens und die Erforschung der Möglichkeiten von Telearbeit in der zukünftigen Forschung im Vordergrund stehen.

Multimedia. Multimediale System-Dienste wie „Teleshopping", „Homebanking" oder insgesamt „Online Services" beeinflussen spätestens seit Mitte der 90er Jahre den Alltag der Menschen oder sind ihnen zumindest bekannt. Veränderungen der Lebenswelt durch den „Informations-Highway" und multimediale Dienste gelten als ein Schlüssel zur Informationsgesellschaft. Damit gewinnt die seit längerem schon sich herausbildende moderne Dienstleistungsgesellschaft eine neue wirtschaftliche Dimension. „Service und Dienstleistung rund um ein Produkt oder als Produkt selbst bestimmen zunehmend den Wettbewerb."[128] Die Konsequenzen für die Arbeits- und Kooperationsbeziehungen in Unternehmen und darüber hinaus sind erheblich, etwa aufgrund von Rationalisierungspotentialen, die unter Einsatz der neuen Medien erschlossen werden können. War schon das Druckgewerbe mit der Verbreitung von Textverarbeitungs- und Layoutprogrammen einem erheblichen Wandel unterlegen, so ändert sich die Situation nochmals durch „Online publishing". Banken und Handel erschließen sich durch neue Kundensysteme wie Home- und Directbanking bzw. Online-Bestellungen strukturelle und personelle Rationalisierungsreserven.

In der Fraunhofer-Gesellschaft wurde diese Entwicklung aufmerksam verfolgt und begleitet. So mahnte der Leiter des Instituts für Arbeitswirtschaft und Organisation (IAO), Hans-Jörg Bullinger, auf der Jahresversammlung der Fraunhofer-Gesellschaft 1996, Defizite in deutschen Dienstleistungsangeboten abzubauen. Kundenorientierung und eine sozialverträgliche Gestaltung dieser Prozesse seien eine vorrangige wirtschaftliche und politische Aufgabe.[129] Institutionell reagierte das IAO mit dem Aufbau eines Medienzentrums.[130] Vor allem im Bereich der Druckindustrie und der Unternehmenskooperation konnten so Aufträge aus der Wirtschaft eingeworben werden.

Logistik in Freizeit und Verkehr. Auch gesellschaftliche Veränderungen im Arbeits- und Freizeitverhalten fordern eine einschlägige Forschung heraus. Sank die durchschnittliche Wochenarbeitszeit von 1975 mit circa 40 Stunden auf 38 Stunden 1995, so stieg die durchschnittliche Urlaubszeit von 1960 bis 1995 von zunächst 13 auf 29,5 Tage. Der prozentuale Anteil von privaten Ausgaben für Freizeitgüter und Urlaub am Einkommen hat sich im gleichen Zeitraum um mehr als 50% erhöht. Nicht zuletzt erhöhte Anforderungen an Verkehrssysteme und Freizeitlogistik sind die Folge: Das alljährliche Chaos auf deutschen Straßen und die Überfüllung von Zügen und Flugzeugen zu Beginn und Ende der Urlaubszeiten, im langfristigen Trend die Vervierfachung des Personenverkehrs seit 1950 und der durch Internationalisierung um das Fünffache angewachsene Güterverkehr erfordern wissenschaftlich gestützte Planung.[131]

Hier sieht sich das Dortmunder Institut für Materialfluß und Logistik (IML) gefordert, Konzepte für Verkehr und Umwelt zu entwickeln. Das Institut will mittels einer möglichst dezentralen Organisationsstruktur in den jeweiligen Märkten auf deutschen und europäischen Stützpunkten durch logistische Kompetenz präsent sein, etwa durch das Tourismuszentrum Prien am Chiemsee oder durch ein eigenes Anwenderzentrum bei Berlin mit dem Ziel, Potentiale des ostdeutschen Marktes auszuschöpfen.[132]

Nachbemerkung

Das Beispiel veranschaulicht die enorme Bandbreite der Fraunhofer-Forschung zu Veränderungen des Arbeitslebens und greift in Randbereiche aus. Inwieweit die jeweiligen Einschätzungen und Zukunftsszenarien zutreffend, umsetzungsfähig und auch wünschenswert sind, das kann erst in einem künftigen Rückblick beurteilt werden. Da Fraunhofer über eine breite Forschungspalette verfügt, die spezialisierte Institutskompetenzen in synergetisch-elastischen Verbünden nutzt, wie vor allem in der Interdependenz von Produktionsautomatisierung und neuen Formen der Arbeitsorganisation sichtbar wird, lassen sich Einbahnstraßen, die zu Sackgassen werden, wohl vermeiden. Technologische Prognostik bleibt aber in einen gesamtgesellschaftlichen Diskurs eingebunden, in dem um brisante Themen wie Globalisierung und sozialstaatliche Identität, Informationsgesellschaft, Zwei-Drittel-Gesellschaft, Risiko-Gesellschaft oder Erlebnis-Gesellschaft gestritten wird. Die Fraunhofer-Gesellschaft hat Veränderungen des Arbeitslebens erforschend begleitet und selbst vorangetrieben. Sie ist zugleich in diese Veränderungen selbst eingebunden.

Veränderungen des Arbeitslebens betreffen auch eine veränderte Wahrnehmung von Arbeit selbst. Arbeitsvereinfachung und Arbeitserleichterung helfen den arbeitenden Menschen und entlasten Unternehmenskosten, bewirken aber auch oft nicht intendierte Bumerang-Effekte.[133] Rationalisierung und technologische Offensive sollen den Wirtschaftsstandort Deutschland im globalen Wettbewerb stärken, doch bleibt offen, inwieweit die Vernichtung von Arbeitsplätzen mit einer ungünstigen Kosten-Nutzen-Relation durch Arbeitsplätze in Zukunftstechnologien ausgeglichen wird. Gearbeitet wird weiterhin, aber der Begriff Arbeitsgesellschaft verschwindet. Aus Arbeitern werden Beschäftigte mit neuen Qualifikationsmerkmalen. Wer aus dem Arbeitsleben ausscheiden muß, wird Arbeit als ein kostbares Privileg empfinden. Sozialromantik ist in nüchterner Zukunftsplanung fehl am Platz, doch die künftigen und bereits eingeleiteten Veränderungen des Arbeitslebens erfordern einen nachdenklichen Dialog, der technologisch Machbares und global Unabweisbares an sozialethische Argumente unserer historisch gewachsenen politischen Kultur anbindet. Das kann nicht vorrangig die Aufgabe der auf Zukunftssicherung konzentrierten Fraunhofer-Gesellschaft sein, aber sie wird sich in diesen Diskurs einzuschalten haben.

4. Von der Zukunftstechnologie zur Basisinnovation in der Fertigung: die Lasertechnik

Bewährte Technologien lassen sich oftmals durch Weiterentwicklungen verbessern, sie werden dann effizienter und wirtschaftlicher. Das erfolgt in vertrauten Bahnen, und nicht selten werden diese als „ausgereizt" erfahren. Anders verhält es sich, wenn neuartige Technologien, die auf ganz anderen Prinzipien beruhen, in einer Art „Quantensprung" an die Stelle älterer Technologien treten, deren Aufgaben in zuvor unvorstellbarer Präzision schnell, verschleißfrei und damit wirtschaftlich lösen und zugleich ganz neue Anwendungschancen eröffnen. Eben dies gilt für die Lasertechnik, eine hochkomplizierte Spitzentechnologie. Im Showbusineß und in der Unterhaltungselektronik gehört sie mittlerweile zum vertrauten Alltag. Wer, mit Rücksicht auf eine oft über lange Zeit hinweg kostspielig erworbene Schallplattensammlung, an der ständig verbesserten Abtastnadel festhielt, baut dennoch irgendwann eine CD-Sammlung auf, teilweise mit den gleichen Einspielungen, weil der CD-Player hinsichtlich Hörgenuß, Verschleiß und Bedienungskomfort völlig neue Standards setzte.

Weniger bekannt dürfte sein, daß die Lasertechnik auch die industrielle Fertigung revolutionierte und daß dieser Durchbruch von Deutschland aus erfolgte. Möglich wurde dieser Erfolg, weil von Anfang an Wirtschaft und Forschung Hand in Hand arbeiteten, gebündelt dann in der Fraunhofer-Forschung. Möglich wurde dieser Erfolg jedoch auch, weil Land und Bund als öffentliche Zuwendungsgeber diese Partnerschaft durch massive Anschubfinanzierung begünstigten und vorantrieben, womit sich das Fraunhofer-Modell in nachgerade idealer Weise bewährte. Dieses Modell für sich reicht allerdings zur Erklärung des Erfolgs nicht hin, wie zuvor die Kapitel zu drei anderen Technologien zeigten. Wir haben also zu fragen, warum gerade die Lasertechnik einen wirtschaftlich erfolgreichen Technologiedurchbruch im Rahmen des Fraunhofer-Modells erfuhr. Wir haben die für diesen Erfolg maßgeblichen Faktoren zu gewichten. Warum wurde der Laser auf die industrielle Fertigung konzentriert? In welcher Form wurden neuartige Kooperationsmodelle des Fraunhofer-Instituts für Lasertechnik (ILT) mit der Industrie an die an der RWTH Aachen betriebene Grundlagenforschung angekoppelt? In welcher Weise kam öffentlicher Forschungsförderung eine Schrittmacherrolle zu; wie ist einerseits das regionale industrielle Umfeld, eingebunden in landespolitische Strukturförderung, zu gewichten, wie sind andererseits internationale Vorposten, Beobachtungsstationen und Transfer- wie Export-Brückenköpfe insbesondere in den USA einzuschätzen? Darum geht es in diesem Kapitel, zunächst aber sollen einige zentrale Entwicklungsstationen der Lasertechnik selbst knapp skizziert werden.

Revolution durch Lichtstrahlen

Als Theodore Maiman der amerikanischen Öffentlichkeit im Juli 1960 den ersten funktionierenden Laser präsentierte, war es ihm gelungen, den von Albert Einstein bereits 1917 theoretisch vorhergesagten Effekt der „stimulierten Emission" mit gerichteter Abstrahlung in der Wechselwirkung von Licht und Materie mit einem Rubinlaser experimentell nachzuweisen. Bis zum Ende der 60er Jahre wurden die wichtigsten Lasertypen in den großen Forschungslaboratorien der amerikanischen Industrie wie den Bell Laboratories entwickelt.[134] Mögliche Einsatzgebiete des Lasers in der Medizin, der Kommunikationstechnik, im militärischen Sektor, in der Kernfusion oder auch in der Fertigungstechnik wurden in den bald erscheinenden Fachzeitschriften ausführlich diskutiert. Dennoch galt der Laser lange Zeit als eine Erfindung auf der Suche nach ihrer Anwendung, denn auch die Vielfalt der Ideen konnte über eines nicht hinwegtäuschen: Viele Laser befanden sich noch im Laborstadium.

Ende der 70er Jahre geriet die internationale Forschungslandschaft in Bewegung. In Japan hatte eine Allianz großer Unternehmen, darunter NEC und Mitsubishi, ihre Forschungs- und Entwicklungsaktivitäten in einem 150-Millionen-Mark-Programm des japanischen Industrieministeriums MITI verstärkt. Diese strategisch angelegte Forschungsförderung setzte sich unter anderem zum Ziel, den Diodenlaser mit geringer Leistung zu einem breiten Einsatz in der Kommunikations- und Unterhaltungstechnik zu führen. In diesem wichtigen Teil des Weltmarktes mit Anwendungen zum Beispiel im Laserdrucker oder im CD-Player errangen die Japaner bald die Marktführerschaft.

Die amerikanische Forschung erhielt in den frühen 80er Jahren neue Impulse durch das „SDI-Programm" der Regierung Reagan. Zugleich wurden die Forschungsarbeiten für einen Einsatz des Laserstrahls in der Kernfusion verstärkt, insgesamt standen 1984 für beide Bereiche etwa 1,4 Mrd. US-$ an staatlicher Forschungsförderung zur Verfügung.

Die deutsche Laserforschung verstand den Laser bis in die 80er Jahre hinein als einen interessanten Forschungsgegenstand, dessen Anwendungsmöglichkeiten vor allem in der chemischen Spektroskopie zum Sichtbarmachen ultrakurzer chemischer Prozesse, in der Meßtechnik oder auch in der Grundlagenforschung zur Kernfusion lagen. Auch die im internationalen Vergleich bescheidene staatliche Förderung von 12–15 Mio. DM pro Jahr zu Beginn der 80er Jahre konzentrierte sich auf Bereiche der Grundlagenforschung. Daß der Laser sich zu einer Schlüsseltechnologie entwickeln könnte, wurde in der Bundesrepublik von der Öffentlichkeit und von der Politik erst allmählich wahrgenommen. Die Weiterentwicklung der Basisinnovation der ersten Lichtquellen in den 60er Jahren hatte für die Lasertechnik nicht nur in der Unterhaltungs- und Kommunikationstechnik neue Produkte und Produktionsverfahren in greifbare Nähe rücken lassen.

Auch in der Fertigungstechnik ermöglichte der Laserstrahl als Universalwerkzeug vielfältige Produkt- und Prozeßinnovationen, etwa beim Bohren, Schneiden oder Schweißen. Lasersysteme erwiesen sich in Leistung, Qualität und in den Kosten klassischen Verfahren der Material- und Werkstoffbearbeitung als überlegen. Der punktgenau geführte und in der Wärmeleistung exakt gesteuerte Laser liefert Hochpräzision bei zugleich großer Flexibilität und geringem Werkzeugverschleiß. Aufgrund seiner hohen Energiedichte löst das High-Tech-Werkzeug Laser auf dem Werkstoff in kürzester Zeit Schmelz- oder Verdampfungsprozesse aus. Abhängig von Intensität und Dauer der Strahlung bohren Laserimpulse Löcher in das Bauteil, sie schweißen oder schneiden das vom Lichtstrahl erfaßte Material, sie tragen genau definierte Schichten ab, und das bei nur geringer mechanischer oder thermischer Belastung des restlichen Werkstücks.

Mit Laserkomponenten ausgestattete Bearbeitungsmaschinen steigern daher die Produktivität des Arbeitsplatzes und führen – trotz höherer Investitionskosten in die Systemtechnik – zu einer wirtschaftlicheren Fertigung. Weltweit werden heute mehr als 40000 Lasersysteme im industriellen Fertigungsprozeß eingesetzt, der Markt für Laserquellen, -maschinen und -systeme wächst ständig. In der Bundesrepublik setzen etwa Automobil-Unternehmen wie BMW, Daimler-Benz, Opel oder Audi Laserschweiß- und Laserschneidemaschinen in der Serienproduktion ein; Stahlkonzerne wie Thyssen und Hoesch verschweißen und beschriften Stahlrohre mit Licht; die papierverarbeitende Industrie beschleunigt mit Lasertechnik das Querteilen von Papierbahnen.

Doch bis in die frühen 80er Jahre bearbeiteten in der Bundesrepublik erst wenige Forschungseinrichtungen und etwa zehn Industrieunternehmen anwendungsnahe Forschungsfragen zur Lasertechnologie. Es fehlte geeignetes Laserwerkzeug für bestimmte Anwendungen, was wiederum Vorlaufforschung voraussetzte, um dann einen Markt erschließen zu können. Bis zum Ende der 70er Jahre blieb man in der Bundesrepublik stark auf amerikanische Importlaserquellen angewiesen, diese erwiesen sich aber für die Anforderungen der Fertigungstechnik als wenig geeignet. Und eben dieser in der internationalen Forschung weitgehend vernachlässigte Entwicklungsansatz rückte in den Mittelpunkt der deutschen Überlegungen.

Eines der wenigen wissenschaftlichen Zentren auf diesem Gebiet war am Institut für angewandte Physik der TH Darmstadt entstanden. Hier bearbeitete Gerd Herziger mit etwa 50 Mitarbeitern Forschungsaufträge verschiedener Unternehmen, darunter Siemens und Messer-Griesheim. Das Ziel war die Entwicklung neuer Verfahren der lasertechnischen Oberflächen- und Materialbearbeitung. Die steigende Nachfrage nach besseren und leistungsstärkeren Lasertypen führte schließlich im März 1984 zur Gründung des Fraunhofer-Instituts für Lasertechnik in Aachen durch Herziger, mit dem Schwerpunkt Lasertechnik in der Materialbearbeitung.[135] Dabei ging es um die Weiterentwicklung von Strahlquellen und neue Anwendungen für den Laserstrahl. Gemäß dieser Verbindung von Grundlagenforschung und Anwendungsorientierung wurde parallel an der RWTH Aachen ein Lehrstuhl für Lasertechnik eingerichtet.

Die RWTH Aachen, eine der größten Technischen Hochschulen Europas, hatte sich bereits durch ihre Kooperationsbereitschaft mit dem 1980 in Aachen entstandenen Fraunhofer-Institut für Produktionstechnologie (IPT) als verläßlicher Partner bewährt; und das Muster Doppelinstitut in Kooperation mit der Hochschule war in der Fraunhofer-Gesellschaft schon seit Mitte der 70er Jahre erprobt. Nachdrücklich förderte die nordrhein-westfälische Landesregierung die Lehrstuhlgründung und beteiligte sich anteilig an der Finanzierung eines Institutsneubaus auf dem Erweiterungsgelände der RWTH, nicht zuletzt mit Blick auf die Wettbewerbsfähigkeit der heimischen stahl- und metallverarbeitenden Industrie. Gute Kontakte des designierten Institutsleiters Herziger zu potentiellen Auftraggebern aus der Wirtschaft spiegelte ein Memorandum von sechs großen und mittleren Unternehmen im Juli 1984 wider, das bei Forschungsminister Heinz Riesenhuber um eine verstärkte Forschungsförderung für den Laser in der Materialbearbeitung warb. In einem Anhang wies Herziger auf die vielfältigen Anwendungsmöglichkeiten der neuen Schlüsseltechnologie Lasertechnik in den traditionell starken Zweigen der deutschen Industrie wie Werkzeugmaschinenbau, Fahrzeugbau sowie weiteren Bereichen der metall- und blechverarbeitenden Industrie hin.[136]

Der Vorstoß war erfolgreich. Auf der Hannover-Messe 1985 initiierte das Bundesforschungsministerium erstmals einen Gemeinschaftsstand der deutschen Forschungs- und Anwendungseinrichtungen in der Lasertechnik, und im „Laser-Magazin“ kündigte der Minister ein dreijähriges Förderprogramm in Höhe von 140 Mio. DM für den neuen Schwerpunkt Laser in der Materialbearbeitung an.[137] Ein derart starker Rückenwind begünstigte das Fraunhofer-Institut für Lasertechnik bis in die 90er Jahre hinein und erleichterte den Aufbau eines Netzwerkes wechselseitiger Transferbeziehungen zwischen Wissenschaft, Wirtschaft und Institut.

Die Grundidee des in Personalunion geführten Doppelinstituts – synergetische Verknüpfung von Grundlagenforschung und Anwendungsorientierung – erwies sich für die Aachener Lasertechnologie als maßgeschneidert.[138] Für die auftragsbezogene Laserforschung war von entscheidender Bedeutung, daß die Erwartungen der Anwenderfirmen erfüllt wurden, die den Laser in bestehende Produktionsabläufe integrieren wollten und vor allem an Systemlösungen für den Lasereinsatz im Maschinenbau und in der Werkstoffbearbeitung interessiert waren. Hierauf zielte die interdisziplinäre Zusammenarbeit mit anderen RWTH-Instituten wie dem Werkzeugmaschinenlaboratorium (WZL) oder dem Institut für schweißtechnische Fertigungsverfahren (ISF) ab. Bereits 1987 schlossen sich die beiden Aachener Fraunhofer-Institute IPT und ILT mit jenen RWTH-Instituten zum Aachener Institutsverbund Laser zusammen. Auch mit dem Fraunhofer-Institut für Silicatforschung (ISC) in Würzburg, der Universität Göttingen, sowie mit Forschungseinrichtungen in den Niederlanden und Großbritannien fanden Kooperationen statt.

Um den produktionstechnischen Wissensstand zu optimieren, achtete das ILT

Schaubild 18: Personalentwicklung des Instituts für Lasertechnik 1986–1997

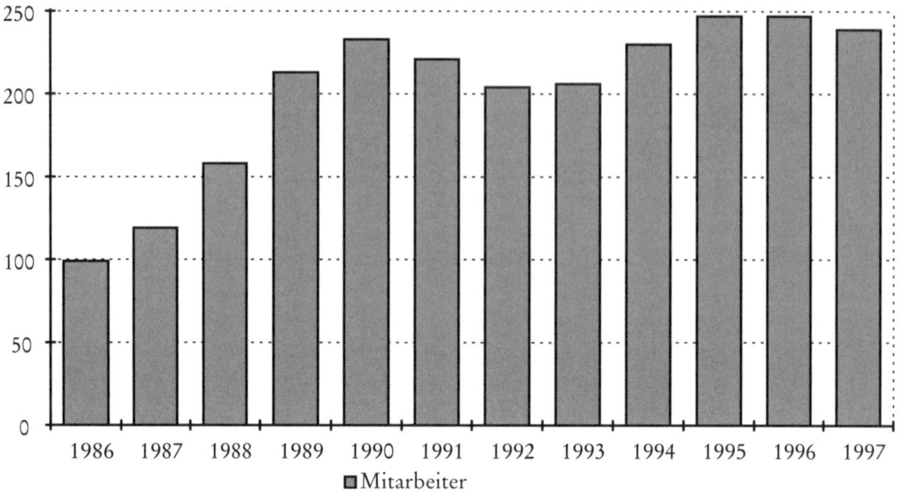

Quelle: ILT-Jahresberichte.

bei der Durchführung von Forschungsaufträgen stets auf einen wechselseitigen Know-how-Transfer. Denn je besser das Institut auf die kundenspezifischen Forschungsaufgaben eingehen kann, um so größer wird auch der potentielle Kundenkreis. Die – gemessen an den ständig wachsenden Auftragsleistungen für die Industrie – erfolgreiche Doppelstrategie aus Auftragsbearbeitung und Kompetenzaneignung entsprach dabei dem Fraunhofer-spezifischen Verständnis von Technologietransfer als einem Netzwerk von Austauschbeziehungen zwischen Universität, Fraunhofer-Institut und Auftraggebern.[139] Ein Beispiel: Bessere Ergebnisse in der Materialbearbeitung mit Laserstrahlen lassen sich oft nur durch eine Optimierung der Strahlqualität der eingesetzten Laserquelle erreichen. Hier legte die Konstruktion eines Meßgerätes zur Verbesserung der Laserstrahldiagnostik 1987 einen technischen Grundstein. Die erfolgreiche Kundenorientierung schlug sich im Betriebshaushalt nieder, der in den 80er Jahren von etwa 1,5 Mio. auf knapp 19 Mio. DM anstieg, wobei der Anteil der reinen Industrieerträge bis zu 55% erreichte. Die Zahl der Mitarbeiter verdreifachte sich bis 1990 auf über 230.[140] Binnen weniger Jahre entwickelte sich das ILT zu einem der größten Fraunhofer-Institute.

Auf dem Weg zum industriellen Einsatz

Das Spektrum der Auftraggeber des Fraunhofer-Instituts für Lasertechnik umfaßt kleine und mittelständische Unternehmen, aber auch große Stahlkonzerne wie Thyssen und Hoesch. Diese sind an der Lasertechnik vor allem als einer wirtschaftlichen Alternative zu herkömmlichen Bearbeitungsverfahren interessiert. So erlaubte etwa 1988 die Installation eines 22-Kilowatt-Hochleistungslasers dem ILT gemeinsam mit dem Fraunhofer-Institut für Produktionstechnik (IPT) neue Forschungsaktivitäten zur Bearbeitung von Blechen mit einer Dicke bis zu 30 Millimetern. Eingesetzt wurden solche Systeme zunächst im Schiffbau und im Anlagenbau. Schon nach kurzer Zeit folgten weitere Kooperationen mit der stahl- und metallverarbeitenden Industrie, die wegen des wirtschaftlichen Strukturwandels der Altindustrieregion Ruhrgebiet intensiv neue wettbewerbsfähige Produktionsmethoden suchte. Nach zweieinhalbjähriger Tätigkeit konnte Herziger dem Nordrhein-Westfälischen Wirtschaftsminister Reimut Jochimsen bereits über 50 Projektstudien und knapp 30 Forschungsprojekte mit Unternehmen in seinem Bundesland vorweisen, die neue Einsatzmöglichkeiten des Lasers im Maschinenbau und anderen stahlverarbeitenden Industriezweigen erarbeitet hatten.[141]

Neuland betrat das ILT 1988 in Verbindung mit dem Thyssen-Konzern. Die Fraunhofer-Wissenschaftler räumten im Rahmen mittel- und langfristiger Zusammenarbeit externen Auftraggebern aus der Industrie einen Gaststatus am Institut ein. Thyssen griff diese Idee eines sogenannten „Forschungsbrückenkopfes" gerne auf, denn eine gemeinsame Vorstudie zeigte auf Anhieb mehr als hundert mögliche Einsatzgebiete für Lasersysteme innerhalb verschiedener Unternehmen des Stahlkonzerns. Die Zusammenarbeit mündete schließlich in die Entwicklung einer Anlage zum Hochgeschwindigkeitsschneiden von Blechen mit Laserstrahl; hier wurden Bearbeitungsgeschwindigkeiten von bis zu 300 Metern in der Minute erreicht. In zusätzlicher Kooperation mit einem mittelständischen Unternehmen entstand hieraus die weltweit erste Laserstrahl-Längsteilanlage.

Aus der engen Zusammenarbeit zwischen Wissenschaftlern und industriellen Entwicklern resultierte am ILT die „Thyssen Lasertechnik GmbH". Das Modell machte Schule. Weitere Firmen strebten eine Kooperation mit den Laserexperten der Fraunhofer-Gesellschaft an.

Entsprechend wuchs der Raumbedarf. Mit Hilfe von Bund und Land wurden mehrfach die Institutsgebäude erweitert, um insbesondere den regional wirksamen Technologietransfer in kleine und mittlere Unternehmen zu ermöglichen. Damit entsprach das ILT den Vorschlägen regionaler Wirtschaftsverbände wie der Aachener Industrie- und Handelskammer: 1988 entfielen rund 50% der ILT-Aufträge auf kleine und mittlere Unternehmen. Deren Spektrum reichte vom Marmeladenhersteller, der das Schweißen seiner Plastikbehälter mit dem Laserstrahl testen wollte, über verschiedene Zulieferbetriebe des Automobil- und Fahrzeugbaus, wo sich der Laser eines seiner wichtigsten fertigungstechnischen Anwendungsgebiete eroberte, bis hin zu Handwerksbetrieben oder Umweltinstituten.

Eine intelligent-flexible Marktorientierung, die die Kunden in das Forschungsinstitut einbezog, warf freilich auch Probleme auf, insbesondere die

Gefahr von Wettbewerbsverzerrungen infolge des fehlenden Schutzes von Betriebsgeheimnissen. Mit der Einführung eines Chip-Kartensystems, das den Kunden ausschließlich den Weg in „ihren“ Laborbereich ermöglichte, wurde dieses Problem am ILT gelöst.

Ein rasch wachsender Markt mit hohen Zukunftschancen, das ist die eine Seite. Auf der anderen Seite ließen sich gerade bei kleineren und mittleren Unternehmen Akzeptanzprobleme in den späten 80er Jahren nicht übersehen. Der „Wissenschaftliche Arbeitskreis Lasertechnik“ bemängelte zusammen mit der 1988 entstandenen „Arbeitsgemeinschaft Laser für die Materialbearbeitung“ im Verband der Deutschen Maschinen- und Anlagenbauer (VDMA), welche die Interessen von 22 laserherstellenden und anwendenden Maschinenbauunternehmen vertrat, eine noch unzureichende Förderung in diesem Sektor.[142] 1989 stellte das Münchner Ifo-Institut fest, daß die Diffusionsquote der Lasertechnik in die betriebliche Anwendung erst gut 20% der rund 5700 möglichen Anwender betrug, der Markt also durchaus noch einiges Potential bot. Die Chancen einer Ersetzung bisheriger Produktionsmethoden durch den Laser wogen offenbar in der Sicht vieler Unternehmer die Risiken einer vergleichsweise jungen und systemintensiven Technologie nur begrenzt auf.[143]

Das ILT intensivierte daraufhin sein Angebotsprofil gerade für kleine und mittlere Unternehmen. Aus dem „Forschungsbrückenkopf“ der Thyssen-Lasertechnik entwickelte sich am Institut ein Anwenderzentrum mit einem breiten Spektrum von insgesamt zehn Kooperationspartnern. Zehn Unternehmensausgründungen von vormaligen Institutsmitarbeitern, die etwa Forschungsergebnisse der Oberflächenbearbeitung zu innovativen Produkten entwickelten, runden das Profil des Anwendungszentrums ab. Allein in der Aachener Region setzen mittlerweile etwa 20 überwiegend kleine und mittlere Unternehmen Lasertechnik ein.

Neben Laseranwendern zeigten sich vor allem die wichtigsten deutschen Strahlquellenhersteller an einer Zusammenarbeit mit dem Aachener Forschungsinstitut interessiert. Das war zum einen der schwäbische Maschinenhersteller Trumpf, der gemeinsam mit dem ILT einen kompakten 12-KW-CO_2-Laser entwickelte und bei dem mit Unterstützung der Fraunhofer-Wissenschaftler die erste Laserschweißanlage für den Maschinenbau entstand. Zum anderen führten mehrere Projekte mit dem Laserhersteller Rofin-Sinar zu einer engen Partnerschaft zwischen dieser Siemens-Tochter und dem ILT auf dem Gebiet der Strahlquellenforschung. Beide Firmen gründeten nach dem Thyssen-Modell eigene Entwicklungsgesellschaften am Institut.

In enger Zusammenarbeit mit den beiden führenden deutschen Laserherstellern und gefördert durch umfangreiche Projektmittel des Sitzlandes sowie insbesondere durch das 1994 neu aufgelegte Förderprogramm des Bundes „Laser 2000“, beschritt das Aachener Fraunhofer-Institut neue Wege in der Grundlagenforschung. In der jüngsten wissenschaftlichen Weiterentwicklung der Lasertechnologie lassen sich insbesondere zwei Hauptrichtungen unterscheiden:

Erstens entwickelte das Institut gemeinsam mit seinem langjährigen Kooperationspartner Trumpf einen Hochleistungsgaslaser (CO_2) der dritten Generation mit einer Leistung von bis zu 40 KW. Das eröffnete breitere Anwendungsmöglichkeiten in der Stahlverarbeitung, etwa im Schiffbau oder in der *Off-Shore*-Technik. Zum zweiten entwickelte das Institut neue Anwendungen zum Härten von besonders verschleißfesten Maschinenteilen und zur schonenden Reinigung von Oberflächen mit einem Laserstrahl unterschiedlicher Leistung. Je nach Anwendung werden dabei sowohl CO_2-, Festkörper- als auch Excimerlaser eingesetzt. So können mit einem Festkörperlaser im mobilen *Clean*-System einzelne Farbschichten rückstandslos abgetragen werden. Neu entwickelte Festkörperlaser wie Nd:YAG-Laser mit ihrer relativ niedrigen Energieleistung haben dabei den Vorteil, daß der Lichtstrahl durch Lichtwellenleiter übertragen und durch Teilung zur Bearbeitung mehrerer Punkte gleichzeitig genutzt werden kann. So entstehen am ILT Festkörperlaser, die sich für sehr unterschiedliche Aufgaben eignen. Die durch Frequenzverdoppelung von Nd:YAG-Lasern erzeugte grüne Laserstrahlung wird unter anderem in der Augenheilkunde, in der Chirurgie, in der Spektroskopie, aber auch in der Unterhaltungselektronik eingesetzt.

Die deutsche Lasertechnologie – konkurrenzfähiger Wettbewerber auf dem Weltmarkt

Spitzenforschung im Labor garantiert noch keine marktreifen Anwendungen. Im Bereich der industriellen Material- und Oberflächenbearbeitung erwiesen sich die Fraunhofer-Forscher indes als erfolgreich. Das zeigt sich nicht zuletzt daran, daß in den USA als dem Heimatland der Lasertechnologie deutsches Laser-Know-how zunehmend auf Interesse stößt. Doch Spitzentechnologien – oder Schlüsseltechnologien – setzen ohnehin internationale Kommunikation und Aktionsräume voraus, wie dies in der Entwicklung des ILT von Anfang an deutlich wurde. Nach der Analyse einer neuerlichen „technologischen Lücke" gegenüber den USA und Japan auf dem Gebiet der angewandten Laserforschung wurde in den Konzentrationsprozessen der deutschen Laserindustrie und in dem Aufbau von *joint ventures* in den USA und in Japan am Ende der 80er Jahre eine steigende Wettbewerbsfähigkeit der industriellen Kooperationspartner des ILT sichtbar. So avancierte das Siemens-Unternehmen „Kraftwerksunion" (KWU) zwischen 1987 und 1991 zum Weltmarktführer in der Strahlquellenherstellung. Die KWU hatte neben dem Strahlquellenhersteller Rofin-Sinar auch eine Tochterfirma des amerikanischen Laserherstellers „Spectra Physics" aufgekauft. Damit verfügte Rofin-Sinar/KWU über Produktionsstätten in den USA, in Japan und in Europa. Auch das Unternehmen „Trumpf Laser" hatte sich zunächst in Japan, später auch in den USA engagiert.[144] Die Spitzenpositionen der beiden wichtigsten deutschen Laserfirmen Trumpf und Rofin-Sinar verdanken sich auch der Kooperation mit den ILT-Forschern.

Schaubild 19: Industrielle Materialbearbeitung mit Lasern 1988–1998

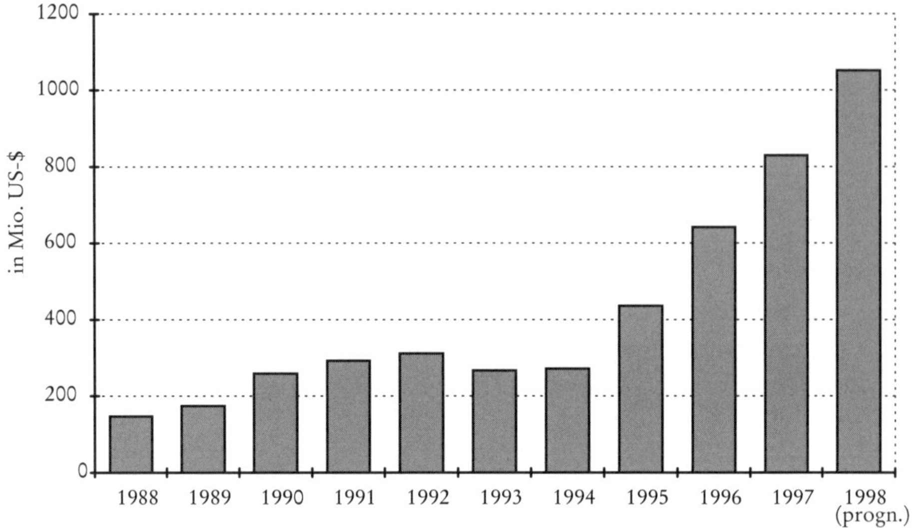

Quelle: Laser Report.

Schaubild 20: Umsatz Rofin-Sinar 1988–1997

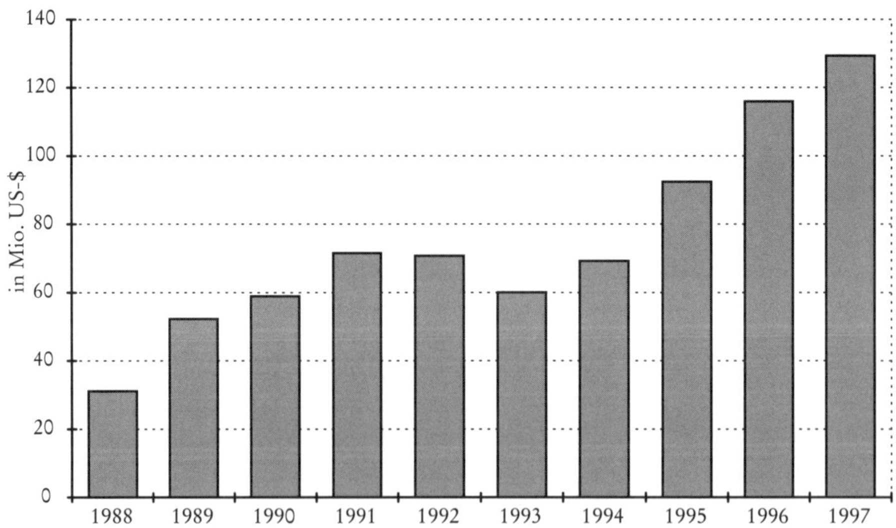

Quelle: Rofin-Sinar Laser GmbH.

Die internationale Konkurrenzfähigkeit der deutschen Industrie zeigte sich nicht zuletzt in einem Exportanteil von bis zu 60% im Bereich der CO_2-Lasersysteme zu Beginn der 90er Jahre.[145] Insgesamt hatten die Unternehmen am Ende der 80er Jahre Weltmarktanteile von rund 28% im Bereich der Strahlquellen und rund 14% im Bereich der Lasersysteme erreicht. Ihre Konkurrenzfähigkeit war damit in eben den Feldern gewachsen, in denen die Industrie in den 80er Jahren staatliche Forschungsförderung gefordert hatte. So schrieb 1990 Peter Wirth, Vorsitzender der „AG Laser“ im VDMA: „Maßgeblich zur heute erreichten Position der deutschen Laserfirmen auf dem Weltmarkt hat die in den letzten Jahren geschaffene Instituts- und Forschungslandschaft beigetragen.“ Bis 1996 hatte sich das Marktvolumen etwa verdoppelt und stieg im Bereich der Strahlquellen auf rund 1 Mrd. DM, im Segment der Lasersysteme auf rund 3,4 Mrd. DM an. Die deutschen Marktanteile sind nach den Berechnungen des VDMA in den 90er Jahren weiter gestiegen. Berücksichtigt man auch die Produktionsstätten deutscher Firmen im Ausland, so erreichen diese Weltmarktanteile von 40% am Markt für Strahlquellen bzw. 20% im Bereich der Lasersysteme.[146]

Die zunehmende Internationalisierung des Lasermarktes ließ die allmähliche Herausbildung von „Kompetenzzentren“ erkennen. Während die Bundesrepublik Deutschland als führende Nation im Bereich der Lasermaterialbearbeitung galt, erreichte die japanische Industrie vor allem im Einsatz der Halbleiterdiodenlaser in der Unterhaltungs- und Kommunikationstechnik eine starke Position. US-Firmen dominierten den Bereich der Lasermedizintechnik, einzelne Forschungseinrichtungen widmeten sich mit großem Aufwand der Grundlagenforschung im Bereich der Hochleistungsdiodenlaser.[147] Seit 1995 erhielt die Internationalisierung der Laserforschung weitere Impulse. Mit der Gründung des Fraunhofer Resource Center (FRC) in Ann Arbor am Sitz von Fraunhofer USA Inc. reagierten die Fraunhofer-Zentrale und das ILT auf die zunehmende Globalisierung von Forschung und Entwicklung gemäß den parallelen Entwicklungen in der Wirtschaft.

Die Pläne des ILT für ein USA-Engagement gingen auf die Wahrnehmung solcher Kompetenzzentren zurück. Das vorhandene Know-how in der Lasermaterialbearbeitung ließ vor allem Forschungsaufträge im Fahrzeugbau erwarten. Nach den Exporterfolgen deutscher Strahlquellenhersteller setzte man im Vorfeld der Gründung auf Forschungsaufträge aus dem Kreise der „Big Three“ (General Motors, Ford, Chrysler) der amerikanischen Automobilindustrie, die sich von der deutschen Fachkompetenz beim Laserschweißen von Aluminium und unterschiedlichen Stahlsorten mit Hilfe der sogenannten Tailored-Welded-Blanks-Technologie beeindruckt zeigte und erste Versuchsanlagen gemeinsam mit dem FRC erprobte. Im Gegenzug erhofften das FRC und das ILT den Zugang zu Forschungsergebnissen im Bereich der Hochleistungsdiodenlaser.[148] Das deutsche Laser-Know-how erschloß der US-Automobilindustrie neue Rationalisierungspotentiale und verhalf ihr zu Wettbewerbsvorteilen. Aber natürlich dient die Ausrüstung des FRC mit Systemen deutscher Laserfirmen auch der deutschen Exportförderung. Die enge fachliche Kooperation im Bereich der Blechbearbeitung verstärkte diesen Effekt, so eröffnete etwa die Firma Trumpf nur wenige Kilometer vom FRC entfernt eines ihrer USA-Vertriebsbüros.

Mit Blick auf eine drohende „technologische Lücke“ für die deutsche Industrie hat die deutsche Laser-Technologie sich offensichtlich als konkurrenzfähiger Wettbewerber auf dem Weltmarkt erwiesen und damit einen erfolgreichen Innovationspfad gelegt. Eine Kennzeichnung als „Schlüsseltechnologie“ erscheint aufgrund der Revolutionierung herkömmlicher Produktionsmethoden und aufgrund neuartiger Anwendungschancen gerechtfertigt. Der hohe und weiter wachsende Weltmarktanteil deutscher Unternehmen auf diesem Sektor wurzelt wesentlich in der globalen Marktführerschaft der beiden wichtigsten deutschen Laserhersteller Trumpf und Rofin-Sinar, die frühzeitig und eng mit den Laser-Experten der Fraunhofer-Gesellschaft zusammenarbeiteten, welche mit den „Brückenköpfen“ einen neuartigen Typus integrierender Grundlagen- und Anwendungsforschung bereitstellte. Neben dem Aachener ILT hat sich in den letzten Jahren das Dresdener Fraunhofer-Institut für Werkstoffphysik und Schichttechnologie (IWS) als Ansprechpartner etabliert, das sich unter anderem auf das Laserhärten und Laserschweißen formkomplizierter oder materialproblematischer Bauteile konzentriert.

Projektbezogene Landesförderung und insbesondere einschlägige Förderungsprogramme des Bundes erwiesen sich dabei als richtungsweisend. In den letzten Jahren wurde die staatliche Projektförderung wie in anderen Bereichen auch hier drastisch abgesenkt; das zwingt die Fraunhofer-Gesellschaft zur konzeptionellen Revision. In der Lasertechnologie wurde indes die rückläufige Projektförderung durch ein wachsendes Industrieinteresse aufgefangen. Vor allem die Laserhersteller erhöhten ihre Investitionen. Auch unter den Bedingungen einer Globalisierung mit begrenzten Ressourcen der Forschungsförderung kann bei einer flexiblen Vernetzung der wissenschaftlichen und wirtschaftlichen Ressourcen eines Landes und einer Region die Innovationsfähigkeit im Wettlauf von Zukunftstechnologien optimiert werden. Neben Netzwerken des Know-how-Transfers bilden gut funktionierende Kommunikationsstrukturen zwischen den Entscheidungsträgern in Wissenschaft, Wirtschaft und Staat eine wichtige Grundlage für eine sinnvolle Selbstbeschränkung der angewandten Forschung auf begrenzte und abgestimmte Ziele mittlerer Reichweite.

Schluß

Journalistisch formuliert liest sich die Geschichte der Fraunhofer-Gesellschaft wie folgt: „In ihrem ersten Jahrzehnt förderte die 1949 gegründete Gesellschaft Forschung, statt sie selbst zu betreiben, und war lange noch von Rüstungsaufträgen abhängig. In den siebziger Jahren, im sozialdemokratischen Jahrzehnt, hat eine Gruppe von Reformern dann aus der etwas behäbigen Fraunhofer-Gesellschaft ein Instrument für innovative Industriepolitik gemacht".[1]

Zu solcher Kürze und Prägnanz der Darstellung fehlt dem auf Multikausalität der Argumentation und Differenziertheit der Urteilsbildung bedachten Historiker üblicherweise der Mut, ein Verhalten, das durchaus rational ist. Denn wie soll eine derart geraffte Kurzfassung der Komplexität eines Entwicklungsprozesses gerecht werden, der ein halbes Jahrhundert umspannt, ihn gar erklären können? Unser eigener Versuch, die Geschichte der Fraunhofer-Gesellschaft nochmals zu resümieren, ist freilich in seiner Kürze kaum weniger gewagt:

Am Anfang war viel guter Wille, einen Aufschwung der bundesdeutschen Wirtschaft durch Förderung der angewandten Forschung zu unterstützen, aber widerstrebende Interessen und unklare Konzepte verhinderten einen kraftvollen Start. Bayerische Ziele motivierten 1949 die Gründung der Gesellschaft und bestätigen über viele Jahre hinweg die Einschätzung, es handle sich um eine „bayerische Extrawurst", auch wenn von Beginn an eine gesamtstaatliche Betätigung angestrebt, mit der Patentstelle (freilich zögerlich und widerstandsreich) in Angriff genommen und insbesondere mit der Verteilung von Marshall-Plan-Mitteln im Auftrag des Bundeswirtschaftsministeriums für einige Zeit realisiert wurde. Bis Mitte der 50er Jahre blieb Fraunhofer wesentlich auf die „Südschiene" Bayern und zunehmend Baden-Württemberg begrenzt. Zunächst als Gegengewicht zum Frankfurter Battelle-Institut gedacht, leiteten die südwestlichen Standorte seit 1955/56 in der Zusammenarbeit mit dem Bundesverteidigungsministerium eine finanziell elastische Verdichtung der Fraunhofer-Infrastruktur ein, die sich als wesentliche Voraussetzung für eine leistungsfähige zivile Vertragsforschung erwies. Doch das war ein langwieriger Prozeß; innerhalb der Fraunhofer-Gesellschaft selbst gewannen selbstbewußt gestaltende Konzepte nur langsam Raum, und das verweist zugleich auf die schwierigen äußeren Rahmenbedingungen einer Wissenschaftslandschaft, in der sich die noch junge Organisation gegen die Interessen der etablierten Forschungseinrichtungen durchsetzen mußte.

Das allgemeine, von den großen Forschungs- und Forschungsförderungsorganisationen geprägte Klima bot wenig Rückenwind für die angewandte Forschung. Merkwürdigerweise stellte sich mit Walther Gerlach ein anerkannter Atomphysiker und engagierter Verfechter der Grundlagenforschung für die erste

Fraunhofer-Präsidentschaft zur Verfügung, der schließlich jedoch jenes vom Stifterverband für die deutsche Wissenschaft in den folgenden Jahren mehrfach proklamierte „Begräbnis erster Klasse“ für die von ihm zwei Jahre lang geleitete Organisation favorisierte. Ein eigenständiges Profil war unter diesen Voraussetzungen schwer zu gewinnen. Die Konkurrenten suchten die Münchner Organisation zu marginalisieren, welche in ihrem Bemühen, nicht nur Forschungsmittel einzuwerben und zu verteilen, sondern seit 1954 auch Forschungsinstitute, wo immer dies möglich war, an sich zu binden, als „Lumpensammler“ der deutschen Forschung etikettiert wurde.

Die Zusammenarbeit mit dem Verteidigungsministerium war eine wichtige Voraussetzung für eine künftige attraktive Vertragsforschung für den zivilen Markt. Allerdings wurden innerhalb der Fraunhofer-Führung Chancen und Risiken der Verteidigungsbindung ab 1960 sehr kontrovers diskutiert. Im Mittelpunkt standen von nun an der Aufbau einer zivilen Vertragsforschung und damit verbunden die Frage einer institutionellen Grundförderung, also die Anbindung an das neue Bundesministerium für wissenschaftliche Forschung und die Akzeptanz des mächtigen neuen Steuerungsinstruments Wissenschaftsrat im Rahmen gesamtstaatlicher Wissenschaftsförderung.

Das waren die Schlachten der 60er Jahre. Nunmehr galt nicht die angewandte Forschung an sich als strittig, sondern die Relation zwischen öffentlichem Forschungsdiskurs und verteidigungsbezogenen Geheimhaltungserfordernissen. Diese Auseinandersetzungen überschatten auch noch die folgenden Jahrzehnte, doch die entscheidenden Weichen waren bereits gestellt worden. Nachdem die Fraunhofer-Gesellschaft 1968 in das Modell der institutionellen Grundförderung einbezogen und damit den anderen großen Forschungsorganisationen gleichgestellt worden war, schälte sich in den folgenden Jahren das Fraunhofer-Modell der erfolgsabhängigen Grundfinanzierung heraus, das 1973 bzw. 1975 politisch sanktioniert wurde. Forschungsförderung trat aus dem Schatten kameralistischer Finanzierung heraus und prämierte Markterfolge. Ein, idealerweise gleichseitiges, Dreieck von staatlich grundfinanzierter Vorlauf- und Eigenforschung, vorrangig öffentlich finanzierter Projektforschung und privatwirtschaftlich eingeworbener Auftragsforschung sollte das Fraunhofer-Modell kennzeichnen, mit einer zunehmend regionalpolitisch, dann auch international wirksamen Sogkraft, mit einem öffentlich wie privatwirtschaftlich nachgefragten, unverwechselbaren Profil innerhalb des bundesdeutschen Innovationssystems.

Wiederum war der Anfang schwer. Aber die konsequente Ausrichtung am Markt ermöglichte es der Fraunhofer-Führung in Verbindung mit der Unterstützung durch Bund und Länder, aus einem fremdbestimmten, innerlich zerrissenen Konglomerat von Instituten unterschiedlicher wissenschaftlicher Qualität eine leistungsfähige Forschungsgesellschaft zu formen. Das erste Jahrzehnt wurde in der Geschichte der neuen Fraunhofer-Gesellschaft mit hohen Wachstumsraten auf allen Ebenen zu den „goldenen 70er Jahren“, und obwohl gegen Ende der 80er Jahre Fraunhofer-intern wie extern von einer Begrenzung des Wachstums zugunsten der inneren Konsolidierung gesprochen wurde, setzte die Gesellschaft ihren Expansionskurs fort, wenn auch mit vermindertem Tempo. Als Triebfedern des Wachstums erwiesen sich die Nachfrage am zivilen Markt, das regionalpolitische Interesse der Bundesländer an der Modernisierung ihrer Wirtschaftsstrukturen, zunehmend auch die Globalisierung von Wirtschaft und Forschung und schließlich die deutsche Wiedervereinigung. Früher und kraftvoller als die anderen Forschungsorganisationen engagierte sich Fraunhofer in den neuen Bundesländern. Gleiches gilt auch für die USA, wo sich die Gesellschaft – anknüpfend an erste, tastende Erfahrungen des Ausgreifens über das nationale Innovationssystem hinaus – in den 90er Jahren im Windschatten der bundesdeutschen Industrie ein weiteres Standbein aufbaute.

Die wiedervereinigungsbedingte Krise der öffentlichen Haushalte setzte die Fraunhofer-Gesellschaft unter Druck, ihre Anstrengungen am Markt der Auftragsforschung zu verstärken. Die Flexibilisierung und privatwirtschaftliche Ergänzung des Fraunhofer-Modells ist eine der beiden Strategien, die Fraunhofer am Ende des 20. Jahrhunderts in Anpassung an den sich beschleunigenden wissenschaftlich-technischen und wirtschaftlichen Wandel entwickelt hat. Die zweite ist die Einführung einer Fülle neuer Instrumente synergetischen Zusammenwirkens der Institute, mit denen die Effizienz der Forschungsarbeit und des Technologietransfers in die Wirtschaft gesteigert werden soll.

In- und ausländische Kenner sind sich darin einig, daß die Fraunhofer-Gesellschaft heute eine Schlüsselfunktion innerhalb des bundesdeutschen Innovationssystems einnimmt. Sie gilt als leistungsstarker Transmissionsriemen zwischen Wissenschaft und Wirtschaft, als Speerspitze der Innovationsoffensive Deutschlands im ausgehenden Jahrzehnt, als Vorbild für die intendierte Steigerung der Flexibilität und der Wettbewerbsorientierung der Forschungslandschaft, als „model of a highly successful industry-state-university research and development institute system", als dem wirtschaftlich-technischen Wandel überaus anpassungsfähiger Forschungsverbund, dessen Institute sich „unmittelbar am Bedarf der Industrie" orientieren. Die konsequente Ausrichtung der Forschungs- und Entwicklungstätigkeit am Markt habe in Verbindung mit einer dezentralen Entscheidungsautonomie über die Themenfindung und einem hohen Maß an personeller Fluktuation – so die Argumentation im ganzen – eine einzigartig flexible und hocheffiziente Forschungsgesellschaft geschaffen.[2]

Diesem Urteil wird man schwerlich widersprechen können. Die anhaltend imposanten Wachstumsraten, die nachhaltige Steigerung der Wirtschaftserträge zumal, die im Vergleich zu den übrigen Forschungsorganisationen ebenso rasche wie überdurchschnittlich breite Ausweitung des Institutsverbunds auf die neuen Bundesländer, der expandierende, in starkem Maße auf den industriellen Mittelstand abgestützte Kundenkreis, die Mobilisierung binnenorganisatorischer Synergieeffekte durch institutsübergreifende Forschungskooperationen und die Einführung neuer Instrumente des Technologietransfers von der Forschung in die Wirtschaft sind überzeugende Belege für die Dynamik und Flexibilität, die der Fraunhofer-Gesellschaft allenthalben attestiert werden. Die Bewährung in einem wissenschaftlich-technologisch, wirtschaftlich und politisch „turbulenten Umfeld“, das Fraunhofer-Präsident Hans-Jürgen Warnecke nicht müde wird hervorzuheben, ist vorderhand geglückt, welche Meßlatte für Erfolg man auch immer anlegen mag. Kurzum, Fraunhofer scheint gut präpariert für die Herausforderungen des 21. Jahrhunderts zu sein und gelassen der Zukunft entgegenblicken zu können.

In historischer Perspektive wird man dem forschungspolitischen Kontext einen gewichtigen Anteil an dieser Erfolgsgeschichte zuschreiben können. Forschung ist eine Investition in die Zukunft, die ein hohes Maß an Unsicherheit in sich birgt, und diese Unsicherheit liefert aus volkswirtschaftstheoretischer Sicht erst die Begründung für das staatliche Engagement im Bereich der Wissenschaft.[3] Mit dem Fraunhofer-Modell der erfolgsabhängigen Grundfinanzierung ist es der bundesdeutschen Forschungspolitik gelungen, den Unsicherheitsfaktor zu minimieren. Der Staat reduziert seine Aufgabe darauf, den forschungspolitischen Kontext zu steuern. Er vertraut auf die Selbststeuerungsfähigkeit der Wissenschaft und verzichtet bewußt darauf, inhaltliche Ziele vorzugeben. Das Erfolgsgeheimnis der Fraunhofer-Gesellschaft besteht denn auch darin, daß ihre Institute im Unterschied etwa zu den Großforschungseinrichtungen nicht nach den großen integrativen Aufgaben suchen, sondern in enger Kooperation mit privatwirtschaftlichen und öffentlichen Auftraggebern ihre Forschungsarbeiten an den Bedürfnissen von Wirtschaft, Politik und Gesellschaft ausrichten. Die Korrektivfunktion des Marktes kommt mithin auch in dem üblicherweise als marktfern geltenden Bereich der Wissenschaft zum Tragen. Zumindest baut sie einem der forschungspolitischen Kardinalprobleme vor: dem Problem, daß die Wissenschaft an Themenfeldern und Projekten festhält, deren gesellschaftliche Relevanz im Strom der Zeit verloren zu gehen droht. Das Erfolgsmodell der Anreizfinanzierung ist gewiß nicht auf alle Teile des Innovationssystems der Bundesrepublik Deutschland übertragbar. Für das Segment der staatlich finanzierten Forschung, dessen Auftrag die Entwicklung von innovativen Produkten und Verfahren und die Durchsetzung von technischen Innovationen am Markt ist, hat es sich jedoch als forschungspolitischer Königsweg erwiesen.

Für eine Festschrift üblichen Stiles ließe sich kein besserer Schlußpunkt denken. Wir haben eingangs darauf hingewiesen, daß dieses Buch jedoch gerade nicht auf eine Jubiläumsschrift zielt, sondern den Anspruch erhebt, eine der tragenden Säulen des bundesdeutschen Wissenschafts- und Innovationssystems in historischer Sicht kritisch zu untersuchen. Und zu dieser Aufgabe gehört es, am Ende des Untersuchungszeitraums auf Problemzonen hinzuweisen, die sich unter dem glänzenden Mantel des Erfolges verbergen; Problemzonen, die teils struktureller Natur sind, teils situativer Art, also aus der gegenwärtigen wirtschaftlichen, politischen und gesellschaftlichen Lage resultieren. Ohne Anspruch auf Vollständigkeit wollen wir abschließend sechs, teils ineinander verschränkte Problemfelder skizzieren.

1. „Mit einem Bein im wissenschaftlichen Elfenbeinturm, mit dem anderen in der Fabrikhalle", ist kürzlich der Spagat umschrieben worden, der den Fraunhofer-Wissenschaftlern abverlangt wird.[4] In der Tat kommt das Wirken der Fraunhofer-Gesellschaft einem Lavieren zwischen zwei Zielen gleich, die üblicherweise nur schwer zu vereinbaren sind: der Erarbeitung neuer wissenschaftlicher Erkenntnisse und technologischer Innovationen von grundlegender Bedeutung und der Lösung handfester technischer Probleme in einem hinsichtlich Dauer, Ergebnis und Kostenrahmen klar definierten Vertragsrahmen. Daß ersteres mit letzterem verklammert ist, gibt diesem funktionalen Spagat eine besondere Brisanz. Je mehr Anteile seiner Arbeitskapazität ein Institut für die Auftragsforschung verwendet, desto geringer wird der Freiraum für wissenschaftlich-technische Kreativität, die in mittel- und langfristiger Perspektive unabdingbar ist, um am Markt ein attraktiver Anbieter von Leistungen zu bleiben. Hohe Erfolgsraten in der Auftragsforschung bergen die Gefahr in sich, ein Institut wissenschaftlich auszutrocknen. Ein Fraunhofer-Institut durch die enge Fahrrinne zwischen der Scylla unterdurchschnittlicher Wirtschaftserlöse und der Charybdis, an wissenschaftlicher Attraktivität zu verlieren, hindurchzusteuern, ist die hohe Kunst der Führung von Institut und Gesellschaft. Erschwert wird diese Aufgabe durch den forschungspolitischen Wind, der den Institutsleitern und dem Fraunhofer-Vorstand mit wechselnder Richtung und Intensität um die Ohren bläst. Die Geschichte der Gesellschaft ist der permanente Versuch, den „richtigen Kurs" einzuschlagen, letztlich ohne wissen zu können, welches der richtige Kurs denn ist.
2. Mit Recht ist darauf hingewiesen worden, daß die Fraunhofer-Gesellschaft ihre Erfolgsgeschichte zum Gutteil ihrer dezentralen Struktur verdankt.[5] Forschungsziele werden nicht von oben (*top down*) vorgegeben, sondern sie entstehen an der Basis der Institute (*bottom up*). Die Verantwortung für die Entwicklung der Institute liegt in hohem Maße bei diesen selbst. In der Alltagsarbeit ist die Münchner Zentrale weit weg und tangiert die Arbeit vor Ort kaum. Und dennoch ist die Zentrale präsent. Sie kontrolliert und verwaltet. Vor allem aber trifft sie Entscheidungen über die Höhe und Vergabemodalitäten von Grundfinanzierung und Verstärkungsfonds sowie über die Stellenpläne und wirkt damit steuernd auf die Institute ein. Wissenschaftliche Mitwirkung und betriebliche Mitbestimmung sind zwar satzungsgemäß verankert und werden auch praktiziert. In der Praxis aber hat die Münchner Zentrale eine hohe Autonomie in der Festlegung der generellen Richtlinien der Fraunhofer-Tätigkeit und in der Entscheidung über die Neugründung oder Schließung von Instituten. Diese Autonomie speist sich vor allem aus ihrem Informationsvorsprung in der direkten Kommunikation mit der Politik in Bonn und in den Ländern. Die historische Analyse zeigt, daß aus der Polarität von Zentralität und Dezentralität ein latentes Konfliktpotential resultiert, das immer wieder zum Ausbruch kommt und die Gesellschaft binnenklimatisch unter Spannung hält. Diese Spannung kann fruchtbar sein, indem sie kreative

Lösungen hervorbringt. Sie absorbiert aber auch Energien und schmälert die Effizienz der Tätigkeit.

3. Eng mit dem Spannungsfeld von Zentralität und Dezentralität verbunden ist ein Spezifikum, das die Fraunhofer-Gesellschaft seit den frühen 70er Jahren auszeichnet und ihre Sonderrolle im Konzert der Wissenschaftsorganisationen mitbegründet: ihre Planungskompetenz. Als marktorientierte Einrichtung hat sie es sich zur Grundlage gemacht, ihre „Umwelt" genau zu beobachten, um auf Veränderungen flexibel reagieren und ihre Forschungsaktivitäten an der aktuellen und künftigen Nachfrage orientieren zu können. Planung bedeutete immer auch, den eigenen Mitarbeitern und der Öffentlichkeit zu verdeutlichen, daß die Fraunhofer-Gesellschaft mehr ist und zu leisten vermag als die Summe ihrer Einzeleinrichtungen. Ein Gutteil der Planungsaktivitäten gilt daher den Bemühungen, Fraunhofer-interne Brücken zu schlagen, neudeutsch: Synergieeffekte zu mobilisieren und den Kunden Problemlösungen anzubieten, die Kompetenz und Leistungsfähigkeit der Einzelinstitute übersteigen. Brücken verbinden, bringen unterschiedliche Welten zusammen, erweitern den Horizont und ermöglichen auf diese Weise eine größere Leistungsfähigkeit. Brücken zu bauen kostet jedoch auch Zeit und Geld, und es läßt sich kaum voraussagen, welche Brücken sich später als notwendig erweisen und welche ungenutzt in der Landschaft stehen bleiben werden und damit Ressourcen absorbieren, die andernorts fehlen.

4. In historischer Sicht hat die Fraunhofer-Gesellschaft seit den 70er Jahren eine bemerkenswerte Fähigkeit an den Tag gelegt, sich dem in Tempo und Intensität zunehmenden wissenschaftlich-technischen Wandel anzupassen. Sie hat im zweiten Vierteljahrhundert ihres Bestehens nicht nur eine Fülle von neuen Instituten gegründet. Sie hat auch eine ganze Reihe von Einrichtungen geschlossen oder in ihrer Arbeitsrichtung neu justiert und der veränderten Nachfrage von Wirtschaft und Staat angepaßt. Diese Anpassungsfähigkeit hat bisweilen binnenorganisatorische Konflikte hervorgerufen, die im Zusammenwirken von Gesamtbetriebsrat und Leitung meist jedoch recht rasch und sozialverträglich gelöst worden sind. Die Handlungsfähigkeit der Gesellschaft wird jüngst weniger von innen als vielmehr von außen in Frage gestellt. Die Bundesländer haben die Fraunhofer-Institute als Hoffnungsträger der wirtschaftlich-technischen Modernisierung regionaler Räume und als Zugpferde regionaler Strukturpolitik entdeckt. Im Wettlauf um die Ansiedlung neuzugründender Institute überbieten sie sich mit attraktiven Finanzierungsangeboten. Die Kehrseite dieser Medaille ist jedoch das eifersüchtige Beharren der rivalisierenden Länder auf dem Fortbestand „ihrer" Institute. Weit mehr als Neugründungen werden Schließungen als Eingriffe in das historisch gewachsene Gleichgewicht angesehen, die nur um den Preis von Kompensationsleistungen akzeptiert werden. An der für die Zukunft der Fraunhofer-Gesellschaft so wichtigen Frage ihrer institutionellen Anpassungsfähigkeit an den wissenschaftlich-technischen Wandel werden die Grenzen ihres Gestaltungsspielraumes deutlich.

5. Aus der Sicht der Bonner Forschungspolitik ist der Erfolgsweg der Fraunhofer-Gesellschaft in der wirtschaftsorientierten Auftragsforschung ein überzeugender Beweis, daß Marktorientierung und Wettbewerbsdenken auch in der Forschungslandschaft nicht nur erstrebenswert, sondern auch möglich und durchsetzbar sind. Die Fraunhofer-Gesellschaft gilt als Vorbild, das den übrigen technologieorientierten Forschungsinstitutionen, den Großforschungseinrichtungen zumal, als Spiegel vorgehalten wird. Anders formuliert: Die starke Stellung der Fraunhofer-Gesellschaft am Markt der Vertragsforschung wendet sich gegen sie, indem die „Konkurrenz" auf den Erfolgsweg aufmerksam wird, ihn auf Druck des Staates nachzuahmen versucht und damit einen verschärften Wettbewerb einläutet. In einem gebundenen, staatsinterventionistisch geprägten Markt herrschen jedoch ungleiche Bedingungen. Als Forschungseinrichtung mit einer vergleichsweise niedrigen staatlichen Grundfinanzierung sehen sich die Fraunhofer-Institute mit dem Problem konfrontiert, in der Vertragsforschung kostendeckende Preise durchsetzen und wettbewerbsfähig bleiben zu können.
6. Als staatlich finanzierte Institution ist die Fraunhofer-Gesellschaft in das Bett des öffentlichen Dienstes eingebunden, das sich für die Vertragsforschung häufig als Prokrustesbett erweist. Die Grundfinanzierung ist einerseits eine notwendige und unverzichtbare Voraussetzung für die Funktionsfähigkeit des Fraunhofer-Modells. Andererseits behindert sie die Gesellschaft in ihren Entfaltungsmöglichkeiten, sowohl auf dem Personalsektor als auch in der Umsetzung neuer Konzepte der Vertragsforschung. Die Politikverflechtungsfalle (Fritz Scharpf) schnappt immer wieder zu. Fraunhofer ist in den letzten Jahren dazu übergegangen, privatwirtschaftliche Auswege aus dieser Falle zu suchen. Während die Fraunhofer-Management-Gesellschaft und jüngst die Innovationszentren realisiert worden sind, sind weitere Versuche der privatwirtschaftlichen Ergänzung am Einspruch der öffentlichen Zuwendungsgeber gescheitert. Wie die mittlerweile abgewendeten Bestrebungen des Bundesfinanzministers beispielhaft zeigen, die Gemeinnützigkeit der Auftragsforschung in Frage zu stellen, birgt die Abhängigkeit von der öffentlichen Hand Chancen und Gefahren gleichermaßen. Diese Abhängigkeit durch privatwirtschaftliche Formen des Agierens zu minimieren, ohne den Staat aus seiner finanziellen Pflicht zu entlassen, gleicht einer Gratwanderung. Der Absturz aus dem förderpolitischen Raum des Staates droht jedoch wohl kaum. Vielmehr stellt sich die Frage, wieviel Privatwirtschaftlichkeit das Fraunhofer-Modell verträgt, ohne aus dem Gleichgewicht zu geraten.

Diese Problemfelder werden die Fraunhofer-Gesellschaft auch im 21. Jahrhundert noch beschäftigen und unter Druck halten. Andere, die sich heute noch nicht abzeichnen, werden hinzukommen. Ob sie die Gesellschaft von ihrem Erfolgskurs abbringen werden, muß dahingestellt bleiben. Aus historischer Sicht darf man daran zweifeln. Bislang hat die Fraunhofer-Gesellschaft aufgrund ihrer ureigenen Stärke der Orientierung ihrer Forschungstätigkeit am Markt stets flexibel auf die wirtschaftlichen, politischen und gesellschaftlichen Veränderungen zu reagieren vermocht, und wenig spricht dafür, daß sie auf die Herausforderungen der Zukunft nicht hinreichend vorbereitet sein könnte.

Chronik der Fraunhofer-Gesellschaft 1949–1998

	Gründungen/ Eingliederungen	Schließungen/ Ausgliederungen	Präsidenten
1949			Walther Gerlach 26.3.1949 bis 21.12.1951
1950			
1951			Wilhelm Roelen 21.12.1951 bis 11.2.1955
1952			
1953			
1954	IMPK – Fraunhofer-Institut für angewandte Mikroskopie, Photographie und Kinematographie, Mannheim, *ab 1964:* Karlsruhe		
1955	PST – Patentstelle für die Deutsche Forschung der Fraunhofer-Gesellschaft, München		Hermann von Siemens 11.2.1955 bis 4.2.1964
1956	IfS/ISF – Fraunhofer-Institut für Steinholzforschung, Bonn, *ab 1962:* IFm IhbA – Fraunhofer-Institut für hygienisch-bakteriologische Arbeitsverfahren, München, *ab 1974*: IaH		
1957	IEW – Fraunhofer-Institut für Elektrowerkstoffe, Freiburg, *ab 1970:* IaFP, *ab 1978:* IAF Ish – Prüf- und Forschungsinstitut für Schuhherstellung, Pirmasens		
1958	ITP – Fraunhofer-Institut für Technische Physik, Stuttgart, *ab 1972:* IBP DRc – Dokumentationsstelle für Radiochemie, München FAe – Fachausschuß für Aerosolfragen, Bad Lippspringe, *ab 1964:* integriert in IAe	Ish – Prüf- und Forschungsinstitut für Schuhherstellung, Pirmasens	

	Gründungen/ Eingliederungen	Schließungen/ Ausgliederungen	Präsidenten
1959	IPA – Institut für Produktionstechnik und Automatisierung, Stuttgart, unter Verwaltungshilfe, ab 1971 voll integriert IAe – Fraunhofer-Institut für Aerobiologie, Grafschaft/ Schmallenberg, *ab 1974:* ITA EMI – Fraunhofer-Institut für Kurzzeitdynamik, Ernst-Mach-Institut, Freiburg ICT – Fraunhofer-Institut für Chemie der Treib- und Explosivstoffe, Pfinztal-Berghausen		
1960	DTB – Dokumentationsstelle für Betriebsfestigkeit, Stuttgart, *ab 1977:* Informationsverbundzentrum Raum und Bau, *ab 1981:* Informationszentrum Raum und Bau der Fraunhofer-Gesellschaft, *ab 1994:* IRB – Fraunhofer-Informationszentrum Raum und Bau		
1961			
1962	LBF – Laboratorium für Betriebsfestigkeit, Darmstadt IGf – Fraunhofer-Institut für Physik und Chemie der Grenzflächen, Kirchheimbolanden, *ab 1969:* Stuttgart, *ab 1974:* IGB TES – Technische Entwicklungsstelle Lindau PBF – Physikalisch-Bioklimatische Forschungsstelle, Garmisch-Partenkirchen, *ab 1973:* IAU, *ab 1986:* IFU AGD – Arbeitsgruppe für Physik der Hochdruckplasmen und Impulsentladungen, Erkrath		

	Gründungen/ Eingliederungen	Schließungen/ Ausgliederungen	Präsidenten
1963	IRM – Fraunhofer-Institut für Radiometeorologie und Maritime Meteorologie, Hamburg, *ab 1975:* Forschungsgruppe für Radiometeorologie		
1964		FAe – Fachausschuß für Aerosolfragen, Bad Lippspringe	Franz Kollmann 4. 12. 1964 bis 30. 9. 1968
1965	FgHA – Forschungsgruppe für Hydroakustik, Ottobrunn, *ab 1975:* IHAK, *ab 1985:* FHAK		

1965 hatte die ehrenamtlich geführte Fraunhofer-Gesellschaft 13 (mit IPA 14) Institute und 3 Sonstige Einrichtungen mit 1000 Beschäftigten und einen Gesamthaushalt von 38,5 Mio. DM.

1966			
1967	IsF – Fraunhofer-Institut für Schwingungsforschung, Karlsruhe, *ab 1968:* Tübingen, *ab 1979:* IITB		
1968		IFM – Fraunhofer-Institut für Fußbodenforschung und Materialprüfung, vormals IfS/ISF, Ausgliederung	Otto Mohr 1. 10. 1968 bis 30. 9. 1974
1969	APW – Arbeitsgruppe für Physikalische Weltraumforschung, Freiburg, *ab 1973:* IPW, *ab 1979:* IPM	DRc – Dokumentationsstelle für Radiochemie, München	
1970	AFAM – Arbeitsgruppe für Angewandte Materialforschung, Bremen, *ab 1974:* IFAM, Eingliederung		
1971	IPA – Fraunhofer-Institut für Produktionstechnik und Automatisation, Stuttgart, Eingliederung IFKM – Fraunhofer-Institut für Festkörpermechanik, Freiburg, *ab 1979:* IWM ISC – Fraunhofer-Institut für Silicatforschung, Würzburg DZW – Dokumentationszentrale Wasser, Düsseldorf		

	Gründungen/ Eingliederungen	Schließungen/ Ausgliederungen	Präsidenten
1972	IZFP – Fraunhofer-Institut für Zerstörungsfreie Prüfverfahren, Saarbrücken ISI – Fraunhofer-Institut für Systemtechnik und Innovationsforschung, Karlsruhe WKI – Fraunhofer-Institut für Holzforschung, Wilhelm-Klauditz-Institut, Braunschweig, *1988–1995:* Arbeitsgruppe IHEM – Fraunhofer-Institut für Höchstspannungs-Elektronenmikroskopie, Karlsruhe	TES – Technische Entwicklungsstelle Lindau IHEM – Fraunhofer-Institut für Höchstspannungs-Elektronenmikroskopie, Karlsruhe	
1973	ILV – Fraunhofer-Institut für Lebensmitteltechnologie und Verpackung, München/ Dresden, *ab 1998:* IVV Angliederung		
1974	IFT – Fraunhofer-Institut für Festkörpertechnologie, München INT – Fraunhofer-Institut für Naturwissenschaftlich-Technische Trendanalysen, Euskirchen		Heinz Keller 1. 10. 1974 bis 30. 9. 1983
1975			
1976	IPK – Fraunhofer-Institut für Produktionsanlagen und Konstruktionstechnik, Berlin, *bis 1979:* Abteilung für Fertigungsanlagen und Konstruktionstechnik des IPA	IRM – Forschungsgruppe für Radiometeorologie, Hamburg IaH – Fraunhofer-Institut für angewandte Hygiene, München, vormals IhbA	
1977			
1978	TEG – Technologie-Entwicklungsgruppe Stuttgart		
1979			
1980	ASE – Arbeitsgruppe für Solare Energiesysteme, Freiburg, *ab 1981:* ISE	IMPK – Fraunhofer-Institut für angewandte Mikroskopie, Photographie und Kinematographie, Karlsruhe	

	Gründungen/ Eingliederungen	Schließungen/ Ausgliederungen	Präsidenten
	IPT – Fraunhofer-Institut für Produktionstechnologie, Aachen		
1981	ITW– Fraunhofer-Institut für Transporttechnik und Warendistribution, Dortmund, *ab 1989:* IML IAO – Fraunhofer-Institut für Arbeitswirtschaft und Organisation, Stuttgart		
1982	IMS – Fraunhofer-Institut für Mikroelektronische Schaltungen und Systeme, Duisburg AMT – Abteilung für Mikrostrukturtechnik des IFT, München, *ab 1986:* IMT, Berlin, *ab 1994:* ISIT, Itzehoe		

Am Ende der „langen 70er Jahre" (1982) hatte die von einem nun dreiköpfigen Vorstand geführte Fraunhofer-Gesellschaft 27 Institute und 5 Sonstige Einrichtungen mit 2541 Beschäftigten und einen Gesamthaushalt von 289 Mio. DM. Der Anteil der Vertragsforschung betrug 192 Mio. DM, 52 Mio. DM (27%) wurden durch Auftragsforschung für die Wirtschaft erwirtschaftet.

1983		DZW – Dokumentationszentrale Wasser, Düsseldorf	Max Syrbe 1.10.1983 bis 30.9.1993
1984	ILT – Fraunhofer-Institut für Lasertechnik, Aachen		
1985	AIS-A – Arbeitsgruppe für Integrierte Schaltungen, Angewandte Elektronik, Erlangen, *ab 1990:* IIS-A AIS-B – Arbeitsgruppe für Integrierte Schaltungen, Erlangen, *ab 1992:* IIS-B IUCT – Fraunhofer-Institut für Umweltchemie und Ökotoxikologie, Grafschaft/Schmallenberg		
1986			
1987	AGD – Arbeitsgruppe für Graphische Datenverarbeitung, Darmstadt, *ab 1991:* IGD		

	Gründungen/ Eingliederungen	Schließungen/ Ausgliederungen	Präsidenten
1988			
1989			

Am Ende der „kurzen 80er Jahre“ (1989) hatte die Fraunhofer-Gesellschaft 32 Institute und 4 Sonstige Einrichtungen mit 5806 Mitarbeitern und einen Gesamthaushalt von 613 Mio. DM. Der Anteil der Vertragsforschung betrug 492 Mio. DM, 140 Mio. DM (28,5%) wurden durch Auftragsforschung für die Wirtschaft erwirtschaftet.

1990	IST – Fraunhofer-Institut für Schicht- und Oberflächentechnik, Braunschweig		
1991	IBMT – Fraunhofer-Institut für Biomedizinische Technik, St. Ingbert ISST – Fraunhofer-Institut für Software- und Systemtechnik, Berlin IAP – Fraunhofer-Institut für Angewandte Polymerforschung, Teltow IMS – Fraunhofer-Institut für Mikroelektronische Schaltungen und Systeme, Dresden FEP – Fraunhofer-Institut für Elektronenstrahl- und Plasmatechnik, Dresden IWS – Fraunhofer-Institut für Werkstoffphysik und Schichttechnologie, Dresden, *ab 1996:* Fraunhofer-Institut für Werkstoff- und Strahltechnik IKTS – Fraunhofer-Institut für Keramische Technologien und Sinterwerkstoffe, Dresden IUW – Fraunhofer-Institut für Umformtechnik und Werkzeugmaschinen, Chemnitz, *ab 1994:* IWU IFF – Fraunhofer-Institut für Fabrikbetrieb und -automatisierung, Magdeburg IOF – Fraunhofer-Institut für Angewandte Optik und Feinmechanik, Jena	AGD – Arbeitsgruppe für Physik der Hochdruckplasmen und Impulsentladungen, Erkrath	

	Gründungen/ Eingliederungen	Schließungen/ Ausgliederungen	Präsidenten
	IZM – Fraunhofer-Institut für Zuverlässigkeit und Mikorintegration, Berlin		
1992		FHAK – Forschungsgruppe für Hydroakustik, Ottobrunn	
1993	Fraunhofer Center for Research in Computer Graphics, Inc., Providence, RI (USA)		Hans-Jürgen Warnecke seit 1. 10. 1993
1994	AEV – Fraunhofer-Anwendungszentrum für Entsorgungs- und Verkehrslogistik, Cottbus/Wildau, Außenstelle des IML, *ab 1998:* ALI – Fraunhofer-Anwendungszentrum für Logistiksystemplanung und Informationssysteme AVK – Fraunhofer-Anwendungszentrum für Verkehrslogistik und Kommunikationstechnik, Nürnberg, Außenstelle des IIS-A AST– Fraunhofer-Anwendungszentrum für Systemtechnik, Ilmenau, Außenstelle des IITB AVV – Fraunhofer-Anwendungszentrum für Verarbeitungsmaschinen und Verpackungstechnik, Dresden, Außenstelle des IVV AMP – Fraunhofer-Anwendungszentrum für Metallpulvererzeugung, Clausthal, Außenstelle des IFAM Principal Office Michigan, Ann Arbor, MI (USA) Fraunhofer Resource Center Massachusetts, Boston, MA (USA)		
1995	ATU – Fraunhofer-Arbeitsgruppe für Toxikologie und Umweltmedizin, Hamburg		

	Gründungen/ Eingliederungen	Schließungen/ Ausgliederungen	Präsidenten
	Fraunhofer Resource Center Michigan, Ann Arbor, MI (USA)		
1996	IESE – Fraunhofer-Institut für Experimentelles Software-Engineering, Kaiserslautern ADTM – Arbeitsgruppe für Drahtlose Telekommunikations- und Multimediatechnik des IIS-A, Erlangen Fraunhofer Resource Center Delaware, Newark, DE (USA) Fraunhofer Technology Center Hialeah, FL (USA) Representative Office Malaysia, Kuala Lumpur Representative Office Singapore, Singapur Representative Office Beijing Peking, China Projektgruppe Schweiz, Tägerwilen, CH	AMP – Fraunhofer-Anwendungszentrum für Metallpulvererzeugung, Clausthal, Außenstelle des IFAM	
1997	ALB – Fraunhofer-Anwendungszentrum für Logistikorientierte Betriebswirtschaft, Paderborn, Außenstelle des IML Verbindungsbüro Frankreich CLFA, Paris, F Carinthian Tech Research GmbH, Projektgruppe Österreich, Villach, A		
1998	IUSE/UMSICHT – Fraunhofer-Institut für Umwelt-, Sicherheits- und Energietechnik, Oberhausen Fraunhofer Technology Center Maryland, College Park, MD (USA)		

Die Fraunhofer-Gesellschaft umfaßte 1997 47 Institute, 5 Anwendungszentren und 16 Sonstige Einrichtungen mit 8886 Mitarbeitern und einen Gesamthaushalt von 1313 Mio. DM. Der Anteil der Vertragsforschung betrug 1083 Mio. DM, 368 Mio. DM (33%) wurden durch Auftragsforschung für die Wirtschaft erwirtschaftet.

Anhang

Abkürzungsverzeichnis

AdW	Akademie der Wissenschaften der DDR
AfaF	Ausschuß für angewandte Forschung der Deutschen Forschungsgemeinschaft
AGD	Arbeitsgruppe für Graphische Datenverarbeitung, ab 1993: IGD
AGF	Arbeitsgemeinschaft der Großforschungseinrichtungen
AiF	Arbeitsgemeinschaft industrieller Forschungsvereinigungen „Otto von Guericke" e.V.
AIS	Arbeitsgruppe für Integrierte Schaltungen
AMT	Abteilung für Mikrostrukturtechnik
ANVAR	Agence Nationale de Valorisation de la Recherche
APO	Außerparlamentarische Opposition
APW	Arbeitsgruppe für Physikalische Weltraumforschung, ab 1973: IPW
ArbEG	Arbeitnehmererfindungsgesetz
ARO	Applied Research Organization
ARPA	Advanced Research Projects Agency
Art.	Artikel
ASIC	Application Specific Integrated Circuit
ATP	Advanced Technology Program
AZ	Aktenzeichen
BA	Bundesarchiv Koblenz
BAM	Bundesanstalt für Materialprüfung
BA-MA	Bundesarchiv Freiburg
BAT	Bundesangestelltentarif
BayHStA	Bayerisches Hauptstaatsarchiv
BBC	Brown, Boveri & Cie.
BDA	Bundesvereinigung der Deutschen Arbeitgeberverbände
BDI	Bundesverband der deutschen Industrie
BESSY	Berliner Elektronen-Speicherring für Synchrotronstrahlung
BMBF	Bundesministerium für Bildung, Wissenschaft, Forschung und Technologie
BMBW	Bundesministerium für Bildung und Wissenschaft
BMF	Bundesministerium der Finanzen
BMFT	Bundesministerium für Forschung und Technologie
BMI	Bundesministerium des Inneren
BMV	Bundesministerium für Verkehr
BMVg	Bundesministerium für Verteidigung
BMwF	Bundesministerium für wissenschaftliche Forschung
BMWi	Bundesministerium für Wirtschaft
BMZ	Bundesministerium für wirtschaftliche Zusammenarbeit
BND	Bundesnachrichtendienst
BNL	Brookhaven National Laboratory
BStMWV	Bayerisches Staatsministerium für Wirtschaft und Verkehr
BT	Bundestag
BWA	Befristete Wissenschaftliche Arbeitsgruppe
BWHStA	Baden-Württembergisches Hauptstaatsarchiv Stuttgart
BWMWi	Baden-Württembergisches Wirtschaftsministerium, mit wechselnden Zusätzen: Mittelstand, Verkehr und Technologie

CAD	Computer Aided Design
CAM	Computer Aided Manufacturing
CAP	Computer Aided Planning
CAQ	Computer Aided Quality Control
CERN	Conseil Européen pour la Recherche Nucléaire
CIM	Computer Integrated Manufacturing
CNRS	Centre National de la Recherche Scientifique
COSY	Kompakt-Speicherring für Synchrotronstrahlung
DESY	Stiftung Deutsches Elektronen-Synchronoton
DFG	Deutsche Forschungsgemeinschaft
DFVLR	Deutsche Forschungs- und Versuchsanstalt für Luft- und Raumfahrt
DGB	Deutscher Gewerkschaftsbund
DLR	Deutsche Forschungsanstalt für Luft- und Raumfahrt e.V.
DRc	Dokumentationsstelle für Radiochemie
DVL	Deutsche Versuchsanstalt für Luftfahrt
DZW	Dokumentationszentrale Wasser
EACRO	European Association of Contract Research Organizations
ED	Edition
EG	Europäische Gemeinschaft
EMI	Fraunhofer-Institut für Kurzzeitdynamik, Ernst-Mach-Institut
ERP	European Recovery Program
ESPRIT	European Scientific Research in Information Technology
EU	Europäische Union
EUREKA	European Research Coordination Agency / European Research Initiative
EVG	Europäische Verteidigungsgemeinschaft
EVU	Europäische Verteidigungs-Union
FAZ	Frankfurter Allgemeine Zeitung
FEICRO	Federation of European Industrial Co-operative Research Organizations
FG	Fraunhofer-Gesellschaft zu Förderung der angewandten Forschung e.V., ab 1953: FhG
FgHA	Forschungsgruppe für Hydroakustik, ab 1975: IHAK
FHAK	Forschungsgruppe für Hydroakustik
FhG	Fraunhofer-Gesellschaft zu Förderung der angewandten Forschung e.V.
FhI	Fraunhofer-Institut
FhM	Fraunhofer-Management-Gesellschaft
FhV-µE	Fraunhofer-Verbund Mikroelektronik
FuE	Forschung und Entwicklung
GaAs	Galliumarsenid
GBR	Gesamtbetriebsrat
GFE	Großforschungseinrichtungen
GfW	Gesellschaft für Weltraumforschung
GK	Gemeinsame Kommission zum Ausbau der Fraunhofer-Gesellschaft
GKSS	Gesellschaft für Kernenergieverwertung in Schiffbau und Schiffahrt
GMD	GMD-Forschungszentrum Informationstechnik mbH
GSF	Gesellschaft für Strahlenforschung mbH
GTZ	Gesellschaft für technische Zusammenarbeit
HGF	Hermann von Helmholtz-Gemeinschaft Deutscher Forschungszentren
HK	Hauptkommission
HL	Halbleiter
HMI	Hahn-Meitner Institut Berlin GmbH
IAe	Fraunhofer-Institut für Aerobiologie, ab 1974: ITA
IAF/IaFP	Fraunhofer-Institut für Angewandte Festkörperphysik

IAM	Fraunhofer-Institut für angewandte Mikroelektronik
IAO	Fraunhofer-Institut für Arbeitswirtschaft und Organisation
IAP	Fraunhofer-Institut für Angewandte Polymerforschung
IBP	Fraunhofer-Institut für Bauphysik
ICT	Fraunhofer-Institut für die Chemie der Treib- und Explosivstoffe, ab 1988: Fraunhofer-Institut für Chemische Technologie
IESE	Fraunhofer-Institut für Experimentelles Software-Engineering
IEW	Fraunhofer-Institut für Elektrowerkstoffe, ab 1970: IaFP
IFAM	Fraunhofer-Institut für Angewandte Materialforschung, ab 1999: Fraunhofer-Institut für Fertigungstechnik und Angewandte Materialforschung
IFF	Fraunhofer-Institut für Fertigungsanlagen und Fabrikbetrieb, ab 1970: IPA
IFKM	Fraunhofer-Institut für Festkörpermechanik, ab 1979: IWM
IFm	Fraunhofer-Institut für Fußbodenforschung und -materialprüfung
IfS	Fraunhofer-Institut für Steinholzforschung, ab 1962: IFm
IFT	Fraunhofer-Institut für Festkörpertechnologie
IFU	Fraunhofer-Institut für Atmosphärische Umweltforschung
IfZ	Institut für Zeitgeschichte
IGB	Fraunhofer-Institut für Grenzflächen und Bioverfahrenstechnik
IGD	Fraunhofer-Institut für Graphische Datenverarbeitung
IGF	Fraunhofer-Institut für Physik und Chemie der Grenzflächen, ab 1974: IGB
IHAK	Fraunhofer-Institut für Hydroakustik, ab 1985: FHAK
IhbA	Fraunhofer-Institut für hygienisch-bakteriologische Arbeitsverfahren
IHEM	Institut für Höchstspannungs-Elektronenmikroskopie
IIS	Fraunhofer-Institut für Integrierte Schaltungen
IITB	Fraunhofer-Institut für Informations- und Datenverarbeitung
IITRI	Illinois Institute of Technology Research Institute
IKTS	Fraunhofer-Institut für Keramische Technologien und Sinterwerkstoffe
ILA	Institutsleitungsausschuß
ILT	Fraunhofer-Institut für Lasertechnik
ILV	Fraunhofer-Institut für Lebensmitteltechnologie und Verpackung, ab 1998: IVV
IML	Fraunhofer-Institut für Materialfluß und Logistik
IMM	Institut für Mikro- und Meßelektronik
IMPK	Fraunhofer-Institut für angewandte Mikroskopie, Photographie und Kinematographie
IMS	Fraunhofer-Institut für Mikroelektronische Schaltungen und Systeme
IMT	Fraunhofer-Institut für Mikrostrukturtechnik
INT	Fraunhofer-Institut für Naturwissenschaftlich-Technische Trendanalysen
IPA	Fraunhofer-Institut für Produktionstechnik und Automatisierung
IPK	Fraunhofer-Institut für Produktionsanlagen und Konstruktionstechnik
IPM	Fraunhofer-Institut für Physikalische Meßtechnik
IPP	Max-Planck-Institut für Plasmaphysik
IPT	Fraunhofer-Institut für Produktionstechnologie
IPW	Fraunhofer-Institut für Physikalische Weltraumforschung, ab 1979: IPM
IRB	Fraunhofer-Informationszentrum Raum und Bau
ISC	Fraunhofer-Institut für Silicatforschung
ISE	Fraunhofer-Institut für Solare Energiesysteme
ISf	Fraunhofer-Institut für Schwingungsforschung, ab 1979: IITB
ISF	Institut für schweißtechnische Fertigungsverfahren
ISI	Fraunhofer-Institut für Systemtechnik und Innovationsforschung
ISIT	Fraunhofer-Institut für Siliziumtechnologie
IST	Fraunhofer-Institut für Schicht- und Oberflächentechnik
ITA	Fraunhofer-Institut für Toxikologie und Aerosolforschung

ITP	Fraunhofer-Institut für Technische Physik, ab 1973: IBP
ITW	Fraunhofer-Institut für Transporttechnik und Warendistribution, ab 1986: IML
IUCT	Fraunhofer-Institut für Umweltchemie und Ökotoxikologie
IUSE	Fraunhofer-Institut für Umwelt-, Sicherheits- und Energietechnik (vorher: UMSICHT)
IWM	Fraunhofer-Institut für Werkstoffmechanik
IZFP	Fraunhofer-Institut für Zerstörungsfreie Prüfverfahren
IZM	Fraunhofer-Institut für Zuverlässigkeit und Mikrointegration
JESSI	Joint European Submicron Silicon Initiative
k.A.	keine Angabe
KFA/FZJ	Forschungszentrum Jülich GmbH
KIS	Kiepenheuer Institut für Sonnenphysik
KIST	Korean Institute for Science and Technology
KMU	kleine und mittlere Unternehmen
KWG	Kaiser-Wilhelm-Gesellschaft zur Förderung der Wissenschaften e.V.
LBF	Fraunhofer-Institut für Betriebsfestigkeit
LGA	Landesgewerbeamt
LSI	Large Scale Integration
MdB	Mitglied des Bundestags
MEZ	Masken- und Entwurfszentrum
MinDir.	Ministerialdirektor
MinDirig.	Ministerialdirigent
MinR	Ministerialrat
MIT	Massachusetts Institute of Technology
MITI	Ministry for International Trade and Industry
MPG	Max-Planck-Gesellschaft zur Förderung der Wissenschaften e.V.
MPI	Max-Planck-Institut
MWF	Nordrhein-Westfälisches Ministerium für Wissenschaft und Forschung
NACA	National Advisory Committee for Aeronautics
NATO	Northern Atlantic Treaty Organization
NC	Numeric Control
NCB	Naval Consulting Board
NG	Notgemeinschaft
NIST	National Institute for Standards and Technology
NRC	National Research Council
NRDC	National Research Development Corporation
NRW	Nordrhein-Westfalen
NSF	National Science Foundation
NWO	Nederlandse Organisatie voor Wetenschappelijk Onderzoek (Organisation für Wissenschaftliche Forschung der Niederlande)
OECD	Organization for Economic Cooperation and Development
OEEC	Organization for European Economic Cooperation
OMBG	Office of Military Government for Bavaria
OSRD	Office of Scientific Research and Development
PBF	Physikalisch-Bioklimatische Forschungsstelle
PNP	Private non-profit institutions
PROFIL	Programm Fraunhofer in fremden Ländern
PST	Fraunhofer-Patentstelle für die Deutsche Forschung
PSt	Parlamentarischer Staatssekretär
PTR	Physikalisch-Technische Reichsanstalt
RD	Regierungsdirektor
RLM	Reichsluftfahrtsministerium

RWTH	Rheinisch-Westfälische Technische Hochschule in Aachen
SBZ	Sowjetische Besatzungszone
SDI	Strategic Defense Initiative
SEL	Standard Elektrik Lorenz AG
SEMATECH	Semiconductor Manufacturing Technology
SINTEF	Stiftelsen for industriell og teknisk forskning ved Norges tekniske jogskole (Stiftung für industrielle und technische Forschung Norwegens)
SPRINT	Strategic Programme for Innovation and Technology Transfer
SRI	Stanford Research International
STA	Science and Technology Agency (Japan)
StS	Staatssekretär
STW	Technologiestichting (Stiftung Technischer Wissenschaften der Niederlande)
SV	Stifterverband
TDM	Tausend D-Mark
TEG	Technologie-Entwicklungsgruppe Stuttgart
TES	Technische Entwicklungsstelle Lindau
TH	Technische Hochschule
TNO	Nederlandse Organisatie voor toegepast-natuurwetenschapelijk onderzoek (Organisation für angewandte naturwissenschaftliche Forschung der Niederlande)
TRP	Technology Reinvestment Project
TTL	Technologietransferleitstelle
TU	Technische Universität
UIRC	University-Industry Research Center
UMSICHT	Institut für Umwelt-, Sicherheits- und Energietechnik, ab 1998: IUSE
UNIDO	United Nations Industrial Development Organization
UNDP	United Nations Development Programme
UoM	University of Michigan
VB	Verbindungsbüro
VCI	Verband der Chemischen Industrie
VDI	Verein Deutscher Ingenieure
VDMA	Verband der Deutschen Maschinen- und Anlagenbauer
VfV	Vermittlungsstelle für Vertragsforschung e.V.
VLSI	Very Large Scale Integration
VR	Virtual Reality
VS	Verschlußsache
VSt	Verbindungsstelle
VWF	Verband der Wissenschaftler an Forschungsinstituten
WAP	Wissenschaftler-Arbeitsplatz
WAZ	Westdeutsche Allgemeine Zeitung
WBL/WGL	Wissenschaftseinrichtungen Blaue Liste, jetzt: Wissenschaftsgemeinschaft Gottfried Wilhelm Leibniz
WGL	Wissenschaftliche Gesellschaft für Luftfahrt
WISA	Wirtschaftsorientierte Strategische Allianzen
WKI	Fraunhofer-Institut für Holzforschung, Wilhelm-Klauditz-Institut
WTR	Wissenschaftlich-Technischer Rat
WZL	Werkzeugmaschinenlaboratorium
ZA	Zwischenarchiv
ZMI	Zentrum für Mikroelektronik und Informationstechnik
ZVEI	Zentralverband der Elektrotechnik- und Elektronikindustrie e.V.
ZWO	Nederlandse Organisatie voor Zuiver Wetenschappelijk Onderzoek (Organisation für reine wissenschaftliche Forschung der Niederlande)

Quellen- und Literaturverzeichnis

1. Ungedruckte Quellen

1. Baden-Württembergisches Ministerium für Wirtschaft (BWMWi)
   Registratur, Bände zur Fraunhofer-Gesellschaft
2. Baden-Württembergisches Hauptstaatsarchiv Stuttgart (BWHStA)
   EA 6/103, Wirtschaftsministerium
3. Bayerisches Staatsministerium für Wirtschaft und Verkehr (BStMWV)
   Registratur, Bände zur Fraunhofer-Gesellschaft
4. Bayerisches Hauptstaatsarchiv (BayHStA)
   MWi, Wirtschaftsministerium
5. Bundesarchiv Koblenz und Zwischenarchiv Hangelar (BA)
   B 138, Bundesministerium für Bildung und Wissenschaft
   B 196, Bundesministerium für Forschung und Technologie
6. Bundesarchiv Freiburg (BA-MA)
   Bestände des Bundesministeriums für Verteidigung (BMVg) und des „Amt Blank"
7. Bundesministerium für Bildung, Wissenschaft, Forschung und Technologie – und Vorläufer (BMBW)
   Registratur, Bände zum Aktenzeichen 36- : Fraunhofer-Gesellschaft, mit Sonderbänden
8. Institut für Zeitgeschichte, Archiv (IfZ)
   Edition (ED) 721: Akten der Fraunhofer-Gesellschaft, Bd. 1-648, 1949–1977
9. Laufende Vorgänge der Fraunhofer-Gesellschaft (FhG, intern)
   ab 1990
10. Ministerium für Wissenschaft und Forschung des Landes Nordrhein-Westfalen
    Registratur, Bände zur Fraunhofer-Gesellschaft
11. Zwischenarchiv der Fraunhofer-Gesellschaft (FhG, ZA)
    Akten der Fraunhofer-Gesellschaft 1977–1995

2. Interviews

Ernst W. Bergner, stellvertretender WTR-Vorsitzender und Senatsmitglied der Fraunhofer-Gesellschaft, am 17.9.1996
Andreas von Bülow, Bundesminister für Forschung und Technologie von 1980 bis 1982, am 19.3.1996
August Epp, ehemaliger Generalsekretär der Fraunhofer-Gesellschaft, am 24.5.1997
Adolf Goetzberger, ehemaliger Leiter des ISE, am 29.8.1995
Gerd Herziger, ehemaliger Leiter des ILT, am 14.3.1997
Alexander Imbusch, Leiter der Zentralabteilung Planung der Fraunhofer-Gesellschaft, am 20.8.1996
Reinhardt Jünemann, Leiter des IML, am 4.6.1997
Heinz Keller, Präsident der Fraunhofer-Gesellschaft von 1974 bis 1983, am 19.7.1996
Peter Kern, Stellvertretender Leiter des IAO, am 5.10.1996
Helmut Klein, ehemaliger Referatsleiter des BMFT, am 19.3.1996
Helmar Krupp, ehemaliger Leiter des ISI, am 22.1.1997
Frank Kuepper, Leiter des Fraunhofer Resource Center Ann Arbor MI, am 15.4.1997
Günter Lehr, Ministerialdirektor a.D. im Bundesforschungsministerium, am 5.3.1996
Hans-Peter Lorenzen, Ministerialrat im Bundesforschungsministerium, am 3.5.1996

Hans Matthöfer, Bundesminister für Forschung und Technologie von 1974 bis 1978, am 24.5.1996
Dietrich Munz, Ministerialdirigent a.D. im Baden-Württembergischen Ministerium für Wirtschaft, am 19.3.1996
Manfred Paulus, Leiter der Patentstelle für die Deutsche Forschung, am 5.3.1997
Herbert Reichl, Leiter des IZM, am 2.4.1997
Ingolf Ruge, Leiter des IFT, am 7.5.1997
Helmut Schillalies, Institutsbetreuer für Mikroelektronik und für die Patentstelle für die Deutsche Forschung in der Fraunhofer-Gesellschaft, am 21.2.1997
Eberhard Schlephorst, ehemaliges Vorstandsmitglied der Fraunhofer-Gesellschaft, am 17.7. und 20.9.1996
Rolf D. Schraft, Leiter des IPA, am 4.11.1996
Rainer Schmitt, Leiter des Fraunhofer Technology Center Hialeah FL, am 11.4.1997
Hiltmar Schubert, ehemaliger Leiter des ICT, am 30.9.1997
Kurt Seelmann, Ministerialrat im Ministerium für Wissenschaft und Forschung des Landes Nordrhein-Westfalen, am 23.2.1996
Günter Spur, Leiter des IPK, am 19.6.1996
Max Syrbe, Präsident der Fraunhofer-Gesellschaft von 1983 bis 1993, am 1.10.1996
Frank Treppe, Leiter von Fraunhofer USA, am 14.4.1997
Hans-Jürgen Warnecke, Präsident der Fraunhofer-Gesellschaft seit 1993, am 23.5.1997
Rudolf Zapp, ehemaliger Vorsitzender des Gesamtbetriebsrats der Fraunhofer-Gesellschaft, am 20.1.1997
Günter Zimmer, Leiter des IMS, am 3.3.1997

3. Literatur

Abelshauser, Werner (1987), Die Langen Fünfziger Jahre. Wirtschaft und Gesellschaft der Bundesrepublik Deutschland 1949–1966, Düsseldorf

Ders./Schwengler, Walter (1997), Rüstung und Wirtschaft. Souveränität und Sicherheit (= Anfänge westdeutscher Sicherheitspolitik, hgg. vom Militärgeschichtlichen Forschungsamt, Bd. 4), München

Abramson, Norman H./Encarnação, José/Reid, Proctor P./Schmoch, Ulrich (Hg.), (1997), Technology Transfer Systems in the United States and Germany. Lessons and Perspectives (= Binational Panel on Technology Transfer in the United States and Germany, held by the Fraunhofer Institute for Systems and Innovation Research and the National Academy of Engineering), Washington D.C

Achinger, Hans (1970), Richard Merton, Frankfurt a.M.

Albach, Horst (Hg.), (1994), Culture and Technical Innovation. A Cross-Cultural Analysis and Policy Recommendations (= Akademie der Wissenschaften zu Berlin, Research Report 9), Berlin/New York

Albrecht, Ulrich/Heinemann-Grüder, Andreas/Wellmann, Arend (1992), Die Spezialisten. Deutsche Naturwissenschaftler und Techniker in der Sowjetunion nach 1945, Berlin

Ambrosius, Gerold (1993), Wirtschaftlicher Strukturwandel und Technikentwicklung, in: Schildt, Axel/Sywottek, Arnold (Hg.), Modernisierung im Wiederaufbau. Die westdeutsche Gesellschaft der 50er Jahre, Bonn, S. 107–128

ANVAR – Agence National de Valorisation de la Recherche (Hg.), (1994), Rapport d'activité, Paris

Archibugi, Daniele/Michie, Jonathan (1997), The Globalisation of Technology: A New Taxonomy, in: Dies. (Hg.), Technology, Globalisation and Economic Performance, Cambridge, S. 172–197

Bachmann, Hans-Reinhard/Rechenberg, Helmut (Hg.), (1989), Walther Gerlach. Eine Auswahl aus seinen Schriften und Briefen, Berlin

Bähr, Johannes (1995), Die „amerikanische Herausforderung". Anfänge der Technologiepolitik in der Bundesrepublik Deutschland, in: Archiv für Sozialgeschichte 35, S. 115–130

Ders./Petzina, Dietmar (Hg.), (1996), Innovationsverhalten und Entscheidungsstrukturen, Berlin

Baring, Arnulf (1982), Machtwechsel. Die Ära Brandt-Scheel, Stuttgart

Bartenbach, Kurt (1975), Entwicklungstendenzen im gewerblichen Rechtsschutz, Köln

Bentley, Raymond (1992), Research and Technology in the Former German Democratic Republic, Boulder

Benz, Wolfgang (1986), Potsdam 1945. Besatzungsherrschaft und Neuaufbau im Vier-Zonen-Deutschland, München

Berger, Rolf (1974), Zur Stellung des Wissenschaftsrates bei der wissenschaftspolitischen Beratung von Bund und Ländern, Baden-Baden

Berghahn, Volker R. (1986), The Americanisation of West German Industry, 1945–1973, Oxford

Ders. (1995), Reconstruction and American Industrial Culture, 1945–1960, in: Pommerin, Reiner (Hg.), The American Impact on Postwar Germany, Providence/Oxford, S. 65–81

Berghoff, Hartmut (1998), Die bundesdeutsche Gesellschaft und ihre nationalsozialistische Vergangenheit in den Fünfziger Jahren, in: Geschichte in Wissenschaft und Unterricht GWU 49, S. 96–114

Bierwisch, Manfred (1998), Wissenschaften im Vereinigungsprozeß – Versuch einer Bilanz, in: Kocka, Jürgen/Mayntz, Renate (Hg.), Wissenschaft und Wiedervereinigung. Disziplinen im Umbruch (= Interdisziplinäre Arbeitsgruppen, Forschungsberichte, hgg. von der Berlin-Brandenburgischen Akademie der Wissenschaften, Bd. 6), Berlin, S. 485–507

Boehm, George A. W./Groner, Alex (1986), The Battelle Story. Science in the Service of Mankind, Columbus

Boelcke, Willi A. (1992), „Glück für das Land". Die Erfolgsgeschichte der Wirtschaftsförderung von Steinbeis bis heute, Stuttgart

Boenke, Susan (1991), Entstehung und Entwicklung des Max-Planck-Institutes für Plasmaphysik 1955–1971, Frankfurt a. M./New York

Boese, Paul (1964), Der praktische Einsatz numerisch gesteuerter Werkzeugmaschinen im Betrieb, in: Numerische Steuerung von Werkzeugmaschinen. RKW Berichtsreihe Auslandsdienst, Köln/Frankfurt, S. 283–290

Böttger, Joachim (1993), Forschung für den Mittelstand. Die Geschichte der Arbeitsgemeinschaft industrieller Forschungsvereinigungen „Otto von Guericke" e.V. (AiF) im wirtschaftspolitischen Kontext, Köln

Bramwell, Anna (1989), Ecology in the 20th Century. A History, New Haven/London

Braun, Christoph-Friedrich von (1994), Der Innovationskrieg. Ziele und Grenzen der industriellen Forschung und Entwicklung, München/Wien

Brautmeier, Jürgen (1983), Forschungspolitik in Nordrhein-Westfalen 1945–1961, Düsseldorf

Bravermann, Harry (1977), Die Arbeit im modernen Produktionsprozeß, Frankfurt a. M

Brocke, Bernhard vom (Hg.), (1991), Wissenschaftsgeschichte und Wissenschaftspolitik im Industriezeitalter. Das „System Althoff" in historischer Perspektive, Hildesheim

Ders./Laitko, Hubert (Hg.), (1996), Die Kaiser-Wilhelm-/Max-Planck-Gesellschaft und ihre Institute. Das Harnack-Prinzip, Berlin

Bromberg, Lisa (1991), The Laser in America, Cambridge, Mass.

Bruch, Rüdiger vom/Müller, Rainer A. (Hg.), (1990), Formen außerstaatlicher Wissenschaftsförderung im 19. und 20. Jahrhundert. Deutschland im europäischen Vergleich, Stuttgart

Ders. (1992), Kommunalisierung als moderne Antwort auf Durchstaatlichung? Städtische Hochschulgründungen im späten Kaiserreich: Das Beispiel Frankfurt am Main, in: Berichte zur Wissenschaftsgeschichte 15, S. 163–175

Ders. (1994), Wissenschaftspolitik, Kulturpolitik, Weltpolitik. Hochschule und Forschungsinstitute auf dem Deutschen Hochschullehrertag in Dresden 1911, in: Blanke, Horst Walter (Hg.), Transformation des Historismus. Wissenschaftsorganisation und Bildungspolitik vor dem Ersten Weltkrieg, Waltrop, S. 32–63

Bruder, Wolfgang/Ellwein, Thomas (1982), Innovationsorientierte Regionalpolitik (= Beiträge zur sozialwissenschaftlichen Forschung 31), Opladen

Ders. (Hg.), (1986), Forschungs- und Technologiepolitik in der Bundesrepublik Deutschland, Opladen

Bührer, Werner (Hg.), (1993), Die Adenauer-Ära. Die Bundesrepublik Deutschland 1949 bis 1963, München

Ders. (1995), Technologischer Wandel, Industrie- und Beschäftigungsstruktur in der Bundesrepublik Deutschland, in: Archiv für Sozialgeschichte 35, S. 91–113

Ders. (1997), Westdeutschland in der OEEC. Eingliederung, Krise, Bewährung 1947–1961 (= Quellen und Darstellungen zur Zeitgeschichte, Bd. 32), München

Ders. (1997a), Ökonomische Entwicklung der Bundesrepublik 1945 bis 1961, in: Informationen zur politischen Bildung, Nr. 256, S. 37

Bullinger, Hans-Jörg (Hg.), (1995), Neue Medien – Die Chancen nutzen. Eröffnungsforum des Medienzentrums Stuttgart, Stuttgart

Bulmahn, Edelgard (Hg.), (1997), Vereinheitlicht? Die deutsch-deutsche Wissenschaftslandschaft – Chancen und Herausforderungen, Münster

Bund-Länder-Kommission für Bildungsplanung und Forschungsförderung (Hg.), (1997), Förderung von Erfindungen und Patenten im Forschungsbereich (= Materialien, Heft 56), Bonn

BMBF – Bundesministerium für Bildung, Wissenschaft, Forschung und Technologie (Hg.), (1996), Bundesbericht Forschung 1996, Bonn

Dass. (Hg.), (1996a) Innovationen durch mehr Flexibilität und Wettbewerb. Leitlinien zur strategischen Orientierung der deutschen Forschungslandschaft, vorgelegt vom Bundesminister für Bildung, Wissenschaft, Forschung und Technologie Dr. Jürgen Rüttgers am 11. Juli 1996, http://www.bmbf.de/pressedokumentationen, Bonn

Dass. (Hg.), (1996b), Patente schützen Ideen – Ideen schaffen Arbeit, Bonn

BMFT – Bundesministerium für Forschung und Technologie (Hg.), (1977), Programm Energieforschung und Energietechnologien 1977–1980, Bonn

Dass. (Hg.), (1984), Bundesbericht Forschung 1984, Bonn

Dass. (Hg.), (1994), Laser 2000, Bonn 1994

Bundesregierung (Hg.), (1971), Bulletin der Bundesregierung vom 17. 7. 1971, Nr. 110, Bonn, S. 1210–1214

Burchardt, Lothar (1990), Die Kaiser-Wilhelm-Gesellschaft im Ersten Weltkrieg (1914–1918), in: Vierhaus, Rudolf/vom Brocke, Bernhard (Hg.), Forschung im Spannungsfeld von Politik und Gesellschaft. Geschichte und Struktur der Kaiser-Wilhelm-/Max-Planck-Gesellschaft, Stuttgart, S. 163–196

Burghardt, Uwe (1998), Wilhelm Roelen, in: Weber, Wolfhard (Hg.), Rheinisch-Westfälische Wirtschaftsbiographien Bd. 17, Dortmund

Caron, François (1979), An Economic History of Modern France, New York

Carson, Rachel (1990), Der stumme Frühling, München

Cartellieri, Wolfgang (1967), Die Großforschung und der Staat. Gutachten über die zweckmäßige rechtliche und organisatorische Ausgestaltung der Institutionen für die Großforschung, 2 Teile, München

Chanaron, J.J. (1989), French Science Policy and Local High-Tech Industries, in: Science and Public Policy 16, S. 19–26

Chandler, Alfred D. (1962), Strategy and Structure. Chapters in the History of Industrial Enterprise, Cambridge, Mass.

Ders. (1990), Scale and Scope. The Dynamics of Industrial Capitalism, Cambridge, Mass.
Chesnais, François (1993), The French System of Innovation, in: Nelson, Richard R. (Hg.), National Innovation Systems. A Comparative Analysis, New York/Oxford, S. 192–229
Cohen, Wesley/Florida, Richard/Goe, Richard (1994), University-Industry Research Centers in the United States, Pittsburgh
Colletis, Gabriel (1990), Approche sectorielle des politiques d'aides à l'industrie. Une comparaison France – Allemagne, Bern
Crawford Elisabeth/Shinn, Terry/Sörlin, Sverker (Hg.), (1993), Denationalizing Science. The Contexts of International Scientific Practice, Dordrecht
Crozzens, S.E. u.a. (Hg.), (1990), The Research System in Transition, Dordrecht

Danhof, Clarence (1968), Government Contracting and Technological Change, Washington D.C.
Danielmeyer, Hans Günter (1983), Die Fraunhofer-Gesellschaft: Hilfreicher Partner für die Industrie, in: Fraunhofer-Gesellschaft (Hg.), Max Syrbe: Denker und Lenker, München
Deutinger, Stephan (1998), Vom Agrarland zum High-Tech-Staat. Zur Geschichte des Forschungsstandortes Bayern 1945–1980, Univ. Diss. München
DFG – Deutsche Forschungsgemeinschaft (Hg.), (1964), Stand und Rückstand der Forschung in der Bundesrepublik Deutschland, Bonn
Dies. (Hg.), (1971), Kolloquium über Forschungsplanung, Wiesbaden
Dies. (1971a), Umweltforschung. Aufgaben und Aktivitäten der DFG 1950–1970, Bonn-Bad Godesberg 1971
DFVLR – Deutsche Forschungs- und Versuchsanstalt für Luft- und Raumfahrt (Hg.), (1973), Forschungsförderung und wissenschaftliche Selbstverwaltung. Zum Ausscheiden von Horst Niemeyer aus der Deutschen Forschungs- und Versuchsanstalt für Luft- und Raumfahrt e.V. am 30. September 1973, Mülheim
DPA – Deutsches Patentamt (Hg.), (1997), Jahresbericht des Deutschen Patentamtes 1996, München
Dienel, Hans-Liudger (1995), Techniktüftler? Forschung und Technik in der mittelständischen Industrie, in: Frieß, Peter/Steiner, Peter M. (Hg.), Forschung und Technik in Deutschland nach 1945, München, S. 171–184
Dierkes, Meinolf/Hoffmann, Ute/Marz, Lutz (1992), Leitbild und Technik. Zur Entstehung und Steuerung technischer Innovationen, Berlin
Dieterle, Hans (1991), Die Aufholjagd im Kampf um den Chip. Technologiepolitik als Antwort auf die japanische Herausforderung?, Konstanz
Doering-Manteuffel, Anselm (1995), Dimensionen von Amerikanisierung in der deutschen Gesellschaft, in: Archiv für Sozialgeschichte 35, S. 1–34
Dolezalek, Carl Martin (1956), Automatisierung – Automation. Ein Beitrag zur Klärung der Begriffe. Grundlagen und Grenzen der Automatisierung, in: VDI Zeitung 98/Heft 12, S. 564–569
Ders. (1960), Quellen der Produktion. Ein Versuch zur Klärung der Begriffe, in: Werkstatttechnik 50/5, S. 244–246
Dosi, Giovanni (1984), Technical Change and Industrial Performance: The Theory and an Application to the Semiconductor Industry, London
Duckworth, William E. (Hg.), (1991), Contract Research. Proceedings of the First Conference of the European Association of Contract Research Organizations, Amsterdam, The Netherlands, February, 26–27, 1990, Dordrecht/Boston/London

Eckert, Michael/Osietzki, Maria (1989), Wissenschaft für Macht und Markt. Kernforschung und Mikroelektronik in der Bundesrepublik Deutschland, München
Eger, Thomas/Weise, Peter (1990), Innovation, Imitation und Patentrecht im Systemvergleich, in: Gramatzki, Hans-Erich/Klinger, Fred/Nutzinger, Hans G. (Hg.), Wissenschaft, Technik und Arbeit: Innovationen in Ost und West, Kassel, S. 107–133

Eisenrith, Eduard (1981), Das Patentwesen als Informationsquelle für Innovationen, Düsseldorf
Erker, Paul (1990), Die Verwissenschaftlichung der Industrie. Zur Geschichte der Industrieforschung in den europäischen und amerikanischen Elektrokonzernen 1890–1930, in: Zeitschrift für Unternehmensgeschichte 35, S. 73–94
Ders. (1991), Keine Sehnsucht nach der Ruhr. Grundzüge der Industrialisierung in Bayern 1900–1970, in: Geschichte und Gesellschaft 17, S. 480–511
Ders. (1997), „Amerikanisierung" der westdeutschen Wirtschaft? Stand und Perspektiven der Forschung, in: Jarausch, Konrad/Siegrist, Hannes (Hg.), Amerikanisierung und Sowjetisierung in Deutschland 1945–1970, Frankfurt a.M./New York, S. 137–145
Empfehlungen der Kommission des Bundesministeriums für Bildung und Wissenschaft zur Förderung des Ausbaus der Fraunhofer-Gesellschaft (1971), München
Epp, August (1984), Die ersten 25 Jahre der Fraunhofer-Gesellschaft 1949–1975, Bd. I und II, Ms., Wörthsee, Steinebach

Feldenkirchen, Wilfried (1995), Siemens 1918–1945, München
Felder, Michael (1992), Forschungs- und Technologiepolitik zwischen Internationalisierung und Regionalisierung (= Studien der Forschungsgruppe Europäische Gemeinschaften 1), Marburg
Ders. (1993), Die Problematik europäischer Industriepolitik am Beispiel JESSI (= Arbeitspapier der Forschungsgruppe Europäische Gemeinschaften 8), Marburg
Feldman, Gerald D. (1997), The Great Disorder. Politics, Economics, and Society in the German Inflation 1914–1924, Oxford/New York
Flamm, Kenneth (1990), Semiconductors, in: Hufbauer, Gary C. (Hg.), Europe 1992. An American Perspective, Washington D.C., S. 225–292
Fleischmann, Gerd (1977), Forschungs- und Technologiepolitik als Strukturpolitik, in: Bombach, Gottfried/Gahlen, Bernhard/Ott, Alfred E. (Hg.), Probleme des Strukturwandels und der Strukturpolitik, Tübingen, S. 461–494
Fox, Robert/Weisz, George (Hg.), (1980), The Organisation of Science and Technology in France 1808–1914, Cambridge/UK
Fraunhofer-Gesellschaft (Hg.), (1972), Verwaltungsbericht der FhG 1971, München
Dies. (Hg.), (1980), Modell Fraunhofer-Gesellschaft. Stand und Fortschreibung der Maßnahmen des Kabinettsausschußbeschlusses von 1973, München
Dies. (Hg.), (1983), Fraunhofer-Gesellschaft 1974–1982. Ein Überblick, München
Dies. (Hg.), (1990), Entwicklung der Fraunhofer-Gesellschaft. Strukturen, Leistungen, Rahmenbedingungen, Maßnahmen, München
Dies. (Hg.), (1990a), Entwicklung der FhG. Leistung und Förderung im Fraunhofer-Modell, München
Dies. (Hg.), (1993), Leitbild 2000. Grundsätze, Rahmenbedingungen, Strategien und Wege, München
Dies. (Hg.), (1995), Fünf-Jahres-Bericht zur Überprüfung des Fraunhofer-Modells 1995, München
Dies. (Hg.), (1996), Entwicklung der Fraunhofer-Gesellschaft. Leistung und Förderung im Fraunhofer-Modell, München
Dies. (Hg.), (1996a), Jahresbericht, München
Dies. (Hg.), (1996b), Ziele und Aufgaben der Personalpolitik, München
Fraunhofer-Verbund Mikroelektronik (Hg.), (1996), Strategie und Leitbild 1997, Berlin
Freeman, Christopher (1997), The „National System of Innovation" in Historical Perspective, in: Archibugi, Daniele/Michie, Jonathan (Hg.), Technology, Globalisation and Economic Performance, Cambridge, UK, S. 24–49
Friedrichs, Jürgen/Häußermann, Hartmut/Siebel, Walter (Hg.), (1986), Süd-Nord-Gefälle in der Bundesrepublik? Sozialwissenschaftliche Analysen, Opladen

Fuchs, Dieter (1997), Das internationale Engagement der Fraunhofer-Gesellschaft – Eine Stärkung für den Standort Deutschland, in: Fraunhofer-Gesellschaft (Hg.), Jahresbericht 1996, München, S. 16–21

Fukuyama, Francis (1992), Das Ende der Geschichte: Wo stehen wir?, München

Furet, François (1996), Das Ende der Illusion. Der Kommunismus im 20. Jahrhundert, Stuttgart

Galison, Peter/Hevly, Bruce (Hg.), (1992), Big Science: The Growth of Large-Scale Research, Stanford

Gall, Alexander (1999), Von „IBM" zu „Silicon Valley". Leitbilder der Forschungspolitik zur Mikroelektronik in den 1970er und 1980er Jahren, in: Szöllösi-Janze, Margit/Trischler, Helmuth (Hg.), Antworten auf die amerikanische Herausforderung. Forschung in der Bundesrepublik Deutschland und der DDR in den „langen" siebziger Jahren, Frankfurt a. M./New York

Gehrke, Birgit/Grupp, Hariolf (1994), Innovationspotential und Hochtechnologie. Technologische Position Deutschlands im internationalen Wettbewerb, Heidelberg

Geiger, Roger L. (1986), To Advance Knowledge: The Growth of American Research Universities, 1900–1940, New York

Geimer, Hildegard und Reinhold (1995), Das deutsche Bildungs- und Forschungssystem. Grundstruktur und Entwicklung seit 1945, in: Frieß, Peter/Steiner, Peter (Hg.), Forschung und Technik in Deutschland nach 1945, München, S. 145–158

Gesamtbetriebsrat der Fraunhofer-Gesellschaft (Hg.), (1991), Die Fraunhofer-Gesellschaft auf dem Weg in die 90er Jahre, Pfinztal-Berghausen

Gibson, Weldon B. (1980), SRI – The Founding Years, SRI – The Take-Off Days, 2 Bde., Los Altos

Gilpin, Robert (1968), France in the Age of the Scientific State, Princeton

Gimbel, John (1990), Science, Technology, and Reparations. Exploitation and Plunder in Postwar Germany, Stanford

Glaser, Hermann (1986), Kulturgeschichte der Bundesrepublik Deutschland, Bd. 2 (1949 bis 1967), München

Grabher, Gernot (1989), Industrielle Innovation ohne institutionelle Innovation: Der Umbau des Montankomplexes im Ruhrgebiet, Berlin

Grande, Edgar/Häusler, Jürgen (1994), Industrieforschung und Forschungspolitik. Staatliche Steuerungspotentiale in der Informationstechnik, Frankfurt a. M./New York

Greffrath, Mathias/Ernsting, Thomas (1998), Die Elite der Tüftler, in: GEO 5, S. 90–111

Greipl, Erich/Träger, Uwe (1982), Wettbewerbswirkungen der unternehmerischen Patent- und Lizenzpolitik unter besonderer Berücksichtigung kleiner und mittlerer Unternehmen, Berlin

Grupp, Hariolf/Fraunhofer-Institut für Systemtechnik und Innovationsforschung (ISI) (1987), Technometrie. Die Bewertung des technisch-wirtschaftlichen Leistungsstandes. Enzyme, gentechnisch hergestellte Arzneimittel, Solargeneratoren, Laser, Sensoren, Industrieroboter in der Bundesrepublik Deutschland, Japan und den Vereinigten Staaten (= Schriftenreihe Zukunft der Technik), Köln

Ders. (1994), The Measurement of Technological Performance of Innovations by Technometrics and its Impact on Established Technology Indicators, in: Research Policy 23, S. 175–193

Ders. (Hg.), (1995), Technologie am Beginn des 21. Jahrhunderts, Heidelberg

Guston, David/Keniston, Kenneth (Hg.), (1994), The Fragile Contract. University Science and the Federal Government, Cambridge, Mass./London

Haftendorn, Helga (1983), Sicherheit und Entspannung. Zur Außenpolitik der Bundesrepublik Deutschland 1955–1982, Baden-Baden

Harnack, Adolf (1905), Vom Großbetrieb der Wissenschaft, in: Preußische Jahrbücher 119, S. 194

Hartmann, Heinz (1963), Amerikanische Firmen in Deutschland, Köln 1963
Hauff, Volker/Scharpf, Fritz W. (1975), Modernisierung der Volkswirtschaft. Technologiepolitik als Strukturpolitik, Frankfurt a.M./Köln
Heggen, Alfred (1975), Erfindungsschutz und Industrialisierung in Preußen 1793–1877, Göttingen
Heiss, Rudolf (1984), Lebensmitteltechnologie und Verpackung. Aufbau und Entwicklung eines Institutes der anwendungsorientierten Forschung und Organisation des Wissenstransfers, München
Henke, Klaus (1995), Die amerikanische Besetzung Deutschlands, München
Henn, Rudolf (Hg.), (1987), Technologie, Wachstum und Beschäftigung. Festschrift für Lothar Späth, Berlin
Herbst, Ludolf (1993), Der Marshallplan als Herrschaftsinstrument? Überlegungen zur Struktur amerikanischer Nachkriegspolitik, Berlin
Hermand, Jost (1986), Kultur im Wiederaufbau. Die Bundesrepublik Deutschland 1945 bis 1965, München
Hermann, Jörg (1997), Technologietransfer durch Patente. Die Geschichte der Patentstelle für die deutsche Forschung, Magisterarbeit (Ms.), München
Herrigel, Gary (1996), Industrial Constructions: the Sources of German Industrial Power, Cambridge, Mass.
Herrmann, Dieter P. (1990), Wirtschaft, Staat und Wissenschaft. Der Ausbau der privaten Hochschul- und Wissenschaftsförderung im Kaiserreich, in: Vierteljahrschrift für Sozial- und Wirtschaftsgeschichte 77, S. 350–368
Heymann, Matthias (1995), Die Geschichte der Windenergienutzung 1890–1990, Frankfurt a.M./New York 1995
Hirsch-Kreinsen, Hartmut (1990), Einstieg in die rechnerintegrierte Fertigung. Alternative Entwicklungspfade der Industriearbeit im Maschinenbau, Frankfurt a.M.
Ders. (1993), NC-Entwicklung als gesellschaftlicher Prozeß – amerikanische und deutsche Innovationsmuster der Fertigungstechnik, Frankfurt a.M.
Ders. (1995), Institutionelle und personelle Innovationsvoraussetzungen des Werkzeugmaschinenbaus, in: Rose, Helmuth (Hg.), Nutzerorientierung im Innovationsmanagement, Frankfurt a.M., S. 11–38
Hoffmann, Dieter (Hg.), (1993), Operation Epsilon oder die Angst der Alliierten vor der deutschen Atombombe, Berlin
Ders./Macrakis, Kristie (Hg.), (1997), Naturwissenschaft und Technik in der DDR, Berlin 1997
Hohensee, Jens (1996), Der erste Ölpreisschock 1973/74. Die politischen und gesellschaftlichen Auswirkungen der arabischen Erdölpolitik auf die Bundesrepublik Deutschland und Westeuropa, Stuttgart
Hohn, Hans-Willy/Schimank, Uwe (1990), Konflikte und Gleichgewichte im Forschungssystem. Akteurkonstellationen und Entwicklungspfade in der staatlich finanzierten außeruniversitären Forschung, Frankfurt a.M./New York
Ders. (1997), Steuerungsprobleme und kognitive Strukturen der Forschung. Kernphysik und Informatik im Vergleich, Habil.Univ. (Ms.), Bielefeld
Ders. (1999), Big Science als angewandte Grundlagenforschung. Probleme der informationstechnischen Großforschung im Innovationssystem der „Langen Siebziger Jahre“, in: Szöllösi-Janze, Margit/Trischler, Helmuth (Hg.), (1990), Antworten auf die amerikanische Herausforderung. Forschung in der Bundesrepublik Deutschland und der DDR in den „langen“ siebziger Jahren, Frankfurt a.M./New York
Hounshell, David A. (1984), From the American System to Mass Production 1800–1932. The Development of Manufacturing Technology in the United States, Baltimore
Ders./Smith, John K. (1988); Science and Corporate Strategy: Du Pont R&D, 1902–1980, Cambridge, Mass.
Ders. (1996), The Evolution of Industrial Research in the United States, in: Rosenbloom, Ri-

chard S./Spencer, William J. (Hg.), Engines of Innovation. U.S. Industrial Research at the End of an Era, Boston, S. 13–85

Hughes, Thomas P. (1991), Die Erfindung Amerikas. Der technologische Aufstieg der USA seit 1870, München

Imbusch, Alexander (1991), Commercial and Contractual Aspects of Contract Research, in: Duckworth, William E. (Hg.), Contract Research. Proceedings of the First Conference of the European Association of Contract Research Organizations, Amsterdam, The Netherlands, February, 26–27, 1990, Dordrecht/Boston/London, S. 49–52

Ders./Buller, Ulrich (1990), Die Funktionen der Fraunhofer-Gesellschaft im Innovationsprozeß, in: Schuster, Hermann (Hg.), Handbuch des Wissenschaftstransfers, Berlin/New York, S. 373–388

IBP – Fraunhofer-Institut für Bauphysik (Hg.), (1981–96), Tätigkeitsberichte, Stuttgart

IGD – Fraunhofer-Institut für Graphische Datenverarbeitung (1994), Jahresbericht, Darmstadt

IIS – Fraunhofer-Institut für Integrierte Schaltungen (Hg.), (1995), 10 Jahre IIS in Erlangen – Erinnerungen, Ergebnisse, Erfolge, München

ILT – Fraunhofer-Institut für Lasertechnik (Hg.), (1987), Institutsbericht, Aachen

Dass. (Hg.), (1989), Institutsbericht, Aachen

IPA – Fraunhofer-Institut für Produktionstechnik und Automatisierung (Hg.), (1972), Jahresbericht, Stuttgart

Dass. (Hg.), (1974), Jahresbericht, Stuttgart

Dass. (Hg.), (1992), Jahresbericht, Stuttgart

Dass. (Hg.), (1994), Serviceroboter – ein Beitrag zur Innovation im Dienstleistungswesen. Eine Untersuchung des Fraunhofer-Instituts für Produktionstechnik und Automatisierung, Stuttgart

IPK – Fraunhofer-Institut für Produktionsanlagen und Konstruktionstechnik (Hg.), (1983), Jahresbericht, Berlin

Jäger, Wolfgang/Link, Werner (1987), Republik im Wandel 1974–1982. Die Ära Schmidt, Stuttgart/Mannheim

Jarausch, Konrad/Siegrist, Hannes (Hg.), (1997), Amerikanisierung und Sowjetisierung in Deutschland 1945–1970, Frankfurt a. M./New York

Jones, Geoffrey/Schröter, Harm G. (Hg.), (1993), The Rise of Multinationals in Continental Europe, 1850–1992, Aldershot

Judt, Matthias/Ciesla, Burghard (Hg.), (1996), Technology Transfer Out of Germany After 1945, Amsterdam

Kaelbe, Hartmut (Hg.), (1992), Der Boom 1948–1973. Gesellschaftliche und wirtschaftliche Folgen in der Bundesrepublik Deutschland und in Europa, Opladen

Kahn, E.J. (1986), The Problem Solvers: A History of Arthur D. Little, Inc., Boston

Kaiser, Walter (1992), Die Technisierung des Lebens nach 1945, in: Braun, Hans-Joachim/Ders., Energiewirtschaft, Automatisierung, Information seit 1914 (= Propyläen Technikgeschichte Bd. 5), Berlin, S. 345–347

Ders. (1996), Mikroelektronik, die verspätete Basisinnovation, in: Schinzinger, Francesca (Hg.), Unternehmer und technischer Fortschritt, München, S. 127–153

Keck, Otto (1993), The National System of Technical Innovation in Germany, in: Nelson, Richard R. (Hg.), National Innovation System. A Comparative Analysis, New York/Oxford, S. 115–157

Keuren, David K. van (1992), Science, Progressivism, and the Military Preparedness. The Case of the Naval Research Laboratory, 1915–1923, in: Technology and Culture 33, S. 710–736

Kieser, Alfred/Kubicek, Herbert (1983), Organisation, Berlin

Kiesewetter, Hubert (1996), Raum und Region, in: Ambrosius, Gerold/Petzina,

Dietmar/Plumpe, Werner (Hg.), Moderne Wirtschaftsgeschichte. Eine Einführung für Historiker und Ökonomen, München, S. 105–118

Kilper, Heiderose (1989), Forschungs- und Technologiepolitik in der Bundesrepublik Deutschland, Kurseinheit 2: Die Modelle Baden-Württemberg und Nordrhein-Westfalen, Hagen

Kim, S. Ran (1997), Vom Schwellenland zur Spitzennation. Entwicklungsbedingungen und -prozesse der Halbleiterindustrie Südkoreas, Berlin

Kleinman, Daniel Lee (1995), Politics on the Endless Frontier. Postwar Research Policy in the United States, Durham/London

Klodt, Henning (1995), Grundlagen der Forschungs- und Technologiepolitik, München

Ko, Jae-Sung (1994), Entwicklung von Umweltbewußtsein in Deutschland seit den 70er Jahren. Eine wissenssoziologische Untersuchung, Univ.Diss. Tübingen

Kocka, Jürgen/Mayntz, Renate (Hg.), (1998), Wissenschaft und Wiedervereinigung. Disziplinen im Umbruch (= Interdisziplinäre Arbeitsgruppen, Forschungsberichte, hgg. von der Berlin-Brandenburgischen Akademie der Wissenschaften, Bd. 6), Berlin

Ders. (1998a), Wissenschaft und Politik in der DDR, in: Ders./Mayntz, Renate (Hg.), Wissenschaft und Wiedervereinigung. Disziplinen im Umbruch (= Interdisziplinäre Arbeitsgruppen, Forschungsberichte, hgg. von der Berlin-Brandenburgischen Akademie der Wissenschaften, Bd. 6), Berlin, S. 435–459

Köllner, Lutz (1990), Die EVG-Phase 1950–1953 (= Anfänge westdeutscher Sicherheitspolitik, hgg. vom Militärgeschichtlichen Forschungsamt, Bd. 2), München

Krüger, Dieter (1993), Das Amt Blank. Die schwierige Gründung des Bundesministeriums für Verteidigung (= Einzelschriften zur Militärgeschichte 38), Freiburg

Krull, Wilhelm/Meyer-Krahmer, Frieder (Hg.), (1996), Science, Technology and Innovation in Germany. Changes and Challenges in the 1990s, in: Dies. (Hg.), Science and Technology in Germany, London, S. 3–29

Krummacher, Michael (1985), Regionalentwicklung zwischen Technologieboom und Resteverwertung. Die Beispiele Ruhrgebiet und München, Bochum

Küppers, Günter/Lundgreen, Peter/Weingart, Peter (1978), Umweltforschung – die gesteuerte Wissenschaft? Eine empirische Untersuchung zum Verhältnis von Wissenschaftsentwicklung und Wissenschaftspolitik, Frankfurt a. M.

Dies. (Hg.), (1979), Umweltprogramm und Umweltforschung. Zum Versuch der politischen Integration eines Forschungsfeldes, in: Daele, Wolfgang van den u. a. (Hg.), Geplante Forschung. Vergleichende Studien über den Einfluß politischer Programme auf die Wissenschaftsentwicklung, Frankfurt a. M., S. 239–286

Landeszentrale für politische Bildung in Baden-Württemberg (Hg.), (1987), Nord-Süd Gefälle in Deutschland? Vorurteile und Tatsachen, Stuttgart

Lenz, Hans (1965), Die Aufgaben des Forschungsministeriums, in: FAZ vom 21. 9. 1965

Leslie, Stuart W. (1993), The Cold War and American Science, New York

Ders./Kargon, Robert W. (1994), Electronics and the Geography of Innovation in Post-War America, in: History and Technology 11, S. 217–231

Lieske, Jürgen (1999) Zwischen Brüssel, Bonn und München: Angewandte Forschung im Spannungsfeld europäischer Forschungs- und Technologiepolitik am Beispiel der Fraunhofer-Gesellschaft, in: Szöllösi-Janze, Margit/Trischler, Helmuth (Hg.), Antworten auf die amerikanische Herausforderung. Forschung in der Bundesrepublik Deutschland und der DDR in den „langen" siebziger Jahren, Frankfurt a. M. New York

Ders. (1999a), „Research as Business – Forschung als Geschäft". Die Entwicklung von Vertragsforschung in den USA und Deutschland, Univ.Diss. München

Lindner, Stephan H./Pèstre, Dominique (Hg.), (1996), Innover dans la régression. Régions et industries menacées de declin, Paris

Lüde, Rolf von (1996), Die Reorganisation der Fabrik und die Wiederentdeckung der Arbeit, Opladen

Lütz, Susanne (1993), Steuerung industrieller Forschungskooperation. Funktionsweise und Erfolgsbedingungen des staatlichen Förderinstruments Verbundforschung, Frankfurt a.M./New York

Lundgreen, Peter (Hg.), (1986), Staatliche Forschung in Deutschland 1870–1980, Frankfurt a.M.

Lundvall, Bengt-Åke (Hg.), National Systems of Innovation. Towards a Theory of Innovation and Interactive Learning, London 1992

Machlup, Fritz (1962), Die wirtschaftliche Grundlage des Patentrechts, Weinheim

Macrakis, Kristie (1993), Surviving the Swastika. Scientific Research in Nazi Germany, Oxford

Maier, Hans E. (1987), Das Modell Baden-Württemberg. Eine Skizze, Berlin

Marsch, Ulrich (1994), Notgemeinschaft der Deutschen Wissenschaft. Gründung und frühe Geschichte, 1920–1925, Frankfurt a.M.

Ders. (1996), Industrieforschung in Deutschland und Großbritannien. Firmeninterne und Gemeinschaftsforschungen bis 1936, Univ.Diss. München

Mayntz, Renate (1994), Deutsche Forschung im Einigungsprozeß. Die Transformation der Akademie der Wissenschaften der DDR 1989 bis 1992, Frankfurt a.M./New York

Dies./Schimank, Uwe/Weingart, Peter (Hg.), (1995), Transformation mitteleuropäischer und osteuropäischer Wissenschaftssysteme: Länderberichte zu den institutionellen, personellen und finanziellen Veränderungen der Forschung, Opladen

Dies. (1998), Die Folgen der Politik für die Wissenschaft in der DDR, in: Kocka, Jürgen/Dies. (Hg.), Wissenschaft und Wiedervereinigung. Disziplinen im Umbruch (= Interdisziplinäre Arbeitsgruppen, Forschungsberichte, hgg. von der Berlin-Brandenburgischen Akademie der Wissenschaften, Bd. 6), Berlin, S. 461–483

McDougall, Walter (1985), Space Age Europe. Gaullism, Eurogaullism, and the American Dilemma, in: Technology and Culture 26, S. 179–203

Meadows, Dennis (1972), Die Grenzen des Wachstums. Bericht des Club of Rome zur Lage der Menschheit, Stuttgart

Megerle, Klaus (1982), Württemberg im Industrialisierungsprozeß, Stuttgart

Meinel, Christoph/Voswinkel, Peter (Hg.), (1994), Medizin, Naturwissenschaft, Technik und Nationalsozialismus. Kontinuitäten und Diskontinuitäten, Stuttgart

Mener, Gerhard (1999), Zwischen Industrielabor und Vermarktung: Sonnenenergienutzung in Deutschland und den USA 1860–1990, Univ. Diss. München

Ders. (1999a), Grenzen des Erfolgsmodells. Angewandte Sonnenenergieforschung in der Fraunhofer-Gesellschaft 1977–1994, in: Szöllösi-Janze, Margit/Trischler, Helmuth (Hg.), Antworten auf die amerikanische Herausforderung. Forschung in der Bundesrepublik Deutschland und der DDR in den „langen" siebziger Jahren, Frankfurt a.M./New York

Mennicken, Jan-Baldem (1986), Die Forschungs- und Technologiepolitik der Bundesregierung, in: Bruder, Wolfgang (Hg.), Forschungspolitik in der Bundesrepublik Deutschland, Opladen, S. 76–104

Mittelstraß, Jürgen (1994), Die unzeitgemäße Universität, Frankfurt a.M.

Moore, Barrington (1982), Ungerechtigkeit. Die sozialen Ursachen von Unterordnung und Widerstand, Frankfurt a.M.

Morris, Peter R. (1990), History of the World Semiconductor Industry, London

Mowery, David/Rosenberg, Nathan (1991), Technology and the Pursuit of Economic Growth, Cambridge/New York

Dies. (1993), The U.S. National Innovation System, in: Nelson, Richard R. (Hg.), National Innovation Systems. A Comparative Analysis, New York/Oxford, S. 29–76

MPG – Max-Planck-Gesellschaft zur Förderung der Wissenschaften e.V. (Hg.), (1997), Internationalität der Forschung. Symposium der MPG, Schloß Ringberg, 20. bis 22. Mai 1996, München

Nelson, Richard R. (1993), A Retrospective, in: Ders. (Hg.), National Innovation Systems. A Comparative Analysis, New York/Oxford, S. 505–523
Niemeier, Joachim (1995), Produkte und Dienstleistungen auf dem Informations-Highway, in: Bullinger, Hans-Jörg (Hg.), Neue Medien – Die Chancen nutzen. Eröffnungsforum des Medienzentrums Stuttgart, Stuttgart
Nipperdey, Thomas/Schmugge, Ludwig (1970), 50 Jahre Forschungsförderung in Deutschland. Ein Abriß der Geschichte der Deutschen Forschungsgemeinschaft 1920–1970, Berlin
Noble, David F. (1984), Forces of Production: A Social History of Industrial Automation, New York
Nötzoldt, Peter (1998), Wolfgang Steinitz und die Deutsche Akademie der Wissenschaften zu Berlin. Zur politischen Geschichte der Institution 1945–1968, Diss. Berlin

OECD – Organization for Economic Cooperation and Development (Hg.), (1985), La politique d'innovation en France, Paris
ÖTV – Gewerkschaft Öffentliche Dienste, Transport und Verkehr (Hg.), (1989), Die Fraunhofer-Gesellschaft: Beschäftigte und ihre Gesellschaft. Entwicklungen – Perspektiven – Forderungen, Stuttgart
Osietzki, Maria (1984), Wissenschaftsorganisation und Restauration. Der Aufbau außeruniversitärer Forschungseinrichtungen und die Gründung des westdeutschen Staates 1945–1952, Köln/Wien

Petzina, Dietmar (1990), Wirtschaft und Arbeit im Ruhrgebiet 1945 bis 1985, in: Köllmann, Wolfgang (Hg.), Das Ruhrgebiet im Industriezeitalter. Geschichte und Entwicklung, Bd. 1, Düsseldorf, S. 491–567
Ders. (1994), Standortverschiebungen und regionale Wirtschaftskraft in der Bundesrepublik Deutschland seit den fünfziger Jahren, in: Abelshauser, Werner/Wysocki, Josef (Hg.), Wirtschaftliche Integration und Wandel der Raumstrukturen im 19. und 20. Jahrhundert, Berlin, S. 101–128
Plumpe, Werner (1996), Unternehmen, in: Ambrosius, Gerold/Petzina, Dietmar/Ders. (Hg.), Moderne Wirtschaftsgeschichte. Eine Einführung für Historiker und Ökonomen, München, S. 47–96
Pohl, Wolfgang/Scheifele, Manfred (1991), Fraunhofer-Gesellschaft. Eine Forschungsgesellschaft im Umbruch zum Konzern, in: Gesamtbetriebsrat der Fraunhofer-Gesellschaft (Hg.), Die Fraunhofer-Gesellschaft auf dem Weg in die 90er Jahre, Pfinztal-Berghausen, S. 124–135
Pollard, Sidney (Hg.), (1980), Region und Industrialisierung. Studien zur Rolle der Region in der Wirtschaftsgeschichte der letzten zwei Jahrhunderte, Göttingen
Ders. (1981), Peaceful Conquest. The Industrialization of Europe 1760–1870, Oxford
Porter, Michael (1990), The Competitive Advantage of Nations, London
Poser, Hans (1990), Wissen und Können. Zur Geschichte und Problematik des Wissenschaftstransfers, in: Schuster, Hermann (Hg.), Handbuch des Wissenschaftstransfers, Berlin/Heidelberg 1990, S. 13–27

Queisser, Hans-Joachim (1987), Kristallene Krisen: Mikroelektronik – Wege der Forschung, Kampf um Märkte, München

Radkau, Joachim (1993), „Wirtschaftswunder" ohne technologische Innovation? Technische Modernität in den 50er Jahren, in: Schildt, Axel/Sywottek, Arnold (Hg.), Modernisierung im Wiederaufbau. Die westdeutsche Gesellschaft der 50er Jahre, Bonn, S. 129–154
Rasch, Manfred (1991), Kommunalisierung, Regionalisierung und Konzentrierung: Aspekte preußischer Wissenschaftspolitik unter Friedrich Althoff und seinen Nachfolgern, in:

Brocke, Bernhard vom (Hg.), Wissenschaftsgeschichte und Wissenschaftspolitik im Industriezeitalter. Das „System Althoff" in historischer Perspektive, Hildesheim, S. 109–122

Rauh-Kühne, Cornelia (1995), Die Entnazifizierung und die deutsche Gesellschaft, in: Archiv für Sozialgeschichte 35, S. 35–70

Reger, Guido/Kuhlmann, Stefan (1995), European Technology Policy in Germany. The Impact of European Community Policies upon Science and Technology in Germany, Heidelberg

Reinhard, Michael (1990), Stand und wissenschaftliche Perspektiven der industriellen Lasertechnik in der Bundesrepublik Deutschland, München

Ders./Schmalholz, Heinz (1996), Technologietransfer in Deutschland. Stand und Reformbedarf (= Schriftenreihe des ifo-Instituts für Wirtschaftsforschung Nr. 140), Berlin/München

Rembser, Josef (1991), Der europäische Forschungsmarkt der 90er Jahre. Was bedeutet er für die Fraunhofer-Gesellschaft?, in: Gesamtbetriebsrat der Fraunhofer-Gesellschaft (Hg.), Die Fraunhofer-Gesellschaft auf dem Weg in die 90er Jahre, Pfinztal-Berghausen, S. 22–30

Renneberg, Monika/Walker, Mark (Hg.), (1994), Science, Technology, and National Socialism, Cambridge, Mass.

Rescher, Nicholas (1985), Die Grenzen der Wissenschaft, Stuttgart

Reuter-Boysen, Christiane (1992), Von der Strahlen- zur Umweltforschung. Geschichte der GSF 1957–1972, Frankfurt a.M./New York

Ridinger, Rudolf (1991), Technologiekooperation in Westeuropa: Die Suche nach grenzüberschreitenden Antworten auf technologiepolitische Herausforderungen, Hamburg

Rilling, Rainer (1969), Kriegsforschung und Wissenschaftspolitik in der BRD, in: Blätter für die deutsche und internationale Politik, Nr. 12, 14, S. 1272–1293

Ders. (1990), Forschungs- und Technologiepolitik in den 80er Jahren – Bilanz und Perspektiven I, Marburg

Ritter, Gerhard A./Niehuss, Merith (1991), Wahlen in Deutschland 1946–1991. Ein Handbuch, München

Ders. (1992), Großforschung und Staat in Deutschland. Ein historischer Überblick, München

Röhl, Hans-Christian (1994), Der Wissenschaftsrat. Kooperation zwischen Wissenschaft, Bund und Ländern und ihre rechtlichen Determinanten, Baden-Baden

Roobeek, Annemieke H.M. (1990), Beyond the Technology Race. An Analysis of Technology Policy in Seven Industrial Countries, Amsterdam

Sabel, Charles (1989), Regional Prosperities Compared: Massachusetts and Baden-Württemberg in the 1980s, in: Economy and Society 18, S. 374–404

Salomon, Jean-Jacques (1986), Le Gaulois, le Cowboy et le Samourai. La politique française de la technologie, Paris

Sapolsky, Harvey M. (1994), Financing Science after the Cold War, in: Guston, David H./Keniston, Kenneth (Hg.), The Fragile Contract. University Science and the Federal Government, Cambridge, Mass./London, S. 159–176

Saxenian, AnnaLee (1994), Regional Advantage. Culture and Competition in Silicon Valley and Route 128, Cambridge, Mass.

Scharpf, Fritz W. (1987), Sozialdemokratische Krisenpolitik in Europa. Das „Modell Deutschland" im Vergleich, Frankfurt a.M.

Scheifele, Manfred/Stather, Wolfgang (1989), Betriebsrätliche Gestaltungsversuche am Beispiel des Wissenschaftlerarbeitsplatzes der Fraunhofer-Gesellschaft, in: Paul, M. (Hg.), GI – 19. Jahrestagung II: Computergestützter Arbeitsplatz, Berlin/Heidelberg, S. 262–276

Schildt, Axel/Sywottek, Arnold (Hg.), (1993), Modernisierung im Wiederaufbau. Die westdeutsche Gesellschaft der 50er Jahre, Bonn

Schimank, Uwe/Stucke, Andreas (Hg.), (1994), Coping with Trouble. How Science Reacts to Political Disturbances of Research Conditions, Frankfurt a.M./New York

Schmoch, Ulrich (1995), Probleme der wirtschaftlichen Nutzung des Innovationspotentials von freien Erfindern sowie Vorschläge zu deren Lösung, Karlsruhe

Schneider, Christoffer/Siebke, Jürgen (1987), Technologieparks als Instrument der Wirtschaftspolitik, in: Henn, Rudolf (Hg.), Technologie, Wachstum und Beschäftigung. Festschrift für Lothar Späth, Berlin, S. 669–685

Schootbrugge, Gerard A. van de (1986), TNO, R&D between public services and private enterprise, Ms., Delft

Schröder, Hans-Jürgen (Hg.), (1990), Marshallplan und westdeutscher Wiederaufstieg, Stuttgart

Schubert, Klaus von (Hg.), (1978), Sicherheitspolitik der Bundesrepublik Deutschland 1945–1977. Eine Dokumentation. Teil 2 (= Schriften der Bundeszentrale für politische Bildung 116, II), Bonn

Schubring, Gert (Hg.), (1991), „Einsamkeit und Freiheit" neu besichtigt. Universitätsreformen und Disziplinenbildung in Preußen als Modell für Wissenschaftspolitik im Europa des 19. Jahrhunderts, Stuttgart

Schulze, Winfried (1995), Der Stifterverband für die Deutsche Wissenschaft 1920–1995, Berlin

Schwitalla, Beatrix (1993), Messung und Erklärung industrieller Innovationsaktivitäten mit einer empirischen Analyse für die westdeutsche Industrie, Heidelberg

Seidel, Robert W. (1986), A Home for Big Science: The Atomic Energy Commission's Laboratory Systems, in: Historical Studies in the Physical and Biological Sciences 16, S. 135–175

Semlinger, Klaus (1993), Economic Development, Small Firms in a Benevolent Environment and Industrial Policy in Baden-Württemberg, in: European Planning Studies 1, S. 435–463

Shadwell, A. (1908), England, Deutschland und Amerika. Eine vergleichende Studie ihrer industriellen Leistungsfähigkeit, Berlin

Shinn, Terry (1981), L'Ecole Polytechnique en France 1794–1914, Paris

Siemens, Werner von (1891), Wissenschaftliche und Technische Arbeiten, Berlin

Solla Price, Derek de (1961), Science Since Babylon, New Haven

Spur, Günter (1983), Die Zukunft der Fabrik. Eröffnungsvortrag zum Internationalen Produktionstechnischen Kolloquium 1983, in: IPK – Fraunhofer-Institut für Produktionsanlagen und Konstruktionstechnik (Hg.), Jahresbericht, Berlin, S. 20–42

Ders. (1991), Vom Wandel der industriellen Welt durch Werkzeugmaschinen, München

Stamm, Thomas (1981), Zwischen Staat und Selbstverwaltung. Die deutsche Forschung im Wiederaufbau 1945–1965, Köln

Stamm-Kuhlmann, Thomas (1991), Deutsche Forschung und internationale Integration 1945–1955, in: Vierhaus, Rudolf/Brocke, Bernhard vom (Hg.), Forschung im Spannungsfeld von Politik und Gesellschaft. Geschichte und Struktur der Kaiser-Wilhelm-/Max-Planck-Gesellschaft, Stuttgart, S. 886–909

Starbatty, Joachim/Vetterlein, Uwe (1990), Die Technologiepolitik der Europäischen Gemeinschaft. Entstehung, Praxis und ordnungspolitische Konformität, Baden-Baden

Stark, Isolde (1997), Der Runde Tisch der Akademie und die Reform der Akademie der Wissenschaften der DDR nach der Herbstrevolution. Ein gescheiterter Versuch der Selbsterneuerung, in: Geschichte und Gesellschaft 23, S. 423–445

Statistisches Bundesamt (Hg.), (1997), Datenreport 1997. Zahlen und Fakten über die Bundesrepublik, Bonn

Steiner, André (1995), Politische, wirtschaftliche und soziale Faktoren der Technikentwicklung in der DDR, in: Frieß, Peter/Steiner, Peter M. (Hg.), Forschung und Technik in Deutschland nach 1945, München, S. 133–144

Sternberg, Rolf (1995), Technologiepolitik und High-Tech-Regionen. Ein internationaler Vergleich, Münster/Hamburg

Stucke, Andreas (1993), Institutionalisierung der Forschungspolitik. Entstehung, Entwicklung und Steuerungsprobleme des Bundesforschungsministeriums, Frankfurt a. M./New York

Stumm, Ingrid von (1997), Historisches Projekt „Geschichte der Großforschungseinrichtungen in der Bundesrepublik Deutschland". Eine Zwischenbilanz, in: Winkler, Michael (Hg.), Festschrift für Ernst-Joachim Meusel, Baden-Baden, S. 263–285

Syrbe, Max (1991), Unternehmenspolitik der FhG in den 90er Jahren, in: Gesamtbetriebsrat der Fraunhofer-Gesellschaft (Hg.), Die FhG auf dem Weg in die 90er Jahre, Pfinztal-Berghausen, S. 17–21

Szöllösi-Janze, Margit/Trischler, Helmuth (Hg.), (1990), Großforschung in Deutschland, Frankfurt a.M./New York

Dies. (1990), Geschichte der Arbeitsgemeinschaft der Großforschungseinrichtungen 1958–1980, Frankfurt a.M./New York

Dies. (1996), Geschichte der außeruniversitären Forschung in Deutschland, in: Flämig, Christian (Hg.), Handbuch des Wissenschaftsrechts, Bd. 2, Berlin/Heidelberg, S. 1187–1218

Dies. (1998), Fritz Haber 1868–1934. Eine Biographie, München

Tandler, Agnes Charlotte (1997), Geplante Zukunft. Wissenschaftler und Wissenschaftspolitik in der DDR 1955–1971, Univ.Diss., Florenz

Tenfelde, Klaus (1982), Proletarische Provinz. Radikalisierung und Widerstand in Penzberg/Oberbayern 1900–1945, München/Wien

Ders. (1991), 1914 bis 1990. Die Einheit der Epoche, in: Hettling, Manfred u.a. (Hg.), Was ist Gesellschaftsgeschichte? Positionen, Themen, Analysen, München, S. 70–80

Tenner, Edward (1996), Why Things Bite Back. Technology and the Revenge of Unintended Consequences, New York

Thränhardt, Dietrich (1996), Geschichte der Bundesrepublik Deutschland, Frankfurt a.M.

TNO – Nederlandse Organisatie voor toegepast-natuurwetenschapelijk onderzoek (Hg.), (1994–1996), Annual Reports, Delft

Tomann, Horst (1990), Strukturpolitik in der Bundesrepublik Deutschland, in: Gramatzki, Hans-Erich/Klinger, Fred/Nutzinger, Hans G. (Hg.), Wissenschaft, Technik und Arbeit: Innovationen in Ost und West, Kassel, S. 141–161

Townsend, Miles/Gibson, John E./Knausenberger, George (1987), Industry – State – University Research Collaboration: The West German Fraunhofer Gesellschaft Model, in: Systems Research 4/3, S. 155–167

Trepl, Ludwig (1994), Geschichte der Ökologie. Vom 17. Jahrhundert bis zur Gegenwart, Weinheim

Trischler, Helmuth (1990), Planungseuphorie und Forschungssteuerung in den 1960er Jahren am Beispiel der Luft- und Raumfahrtforschung, in: Szöllösi-Janze, Margit/Ders. (Hg.), Großforschung in Deutschland, Frankfurt a.M./New York, S. 117–139

Ders. (1992), Luft- und Raumfahrtforschung in Deutschland 1900–1970. Politische Geschichte einer Wissenschaft, Frankfurt a.M./New York

Ders. (1995), Großforschung und Großforschungseinrichtungen, in: Frieß, Peter/Steiner, Peter M. (Hg.), Forschung und Technik in Deutschland nach 1945, München, S. 112–123

Ders. (1996), Die neue Räumlichkeit des Krieges. Wissenschaft und Technik im Ersten Weltkrieg, in: Berichte zur Wissenschaftsgeschichte 19, S. 95–103

Väth, Werner (1984), Konservative Modernisierungspolitik – ein Widerspruch in sich? Zur Neuausrichtung der Forschungs- und Technologiepolitik der Bundesregierung, in: Prokla. Zeitschrift für politische Ökonomie und sozialistische Politik Nr. 56, S. 83–103

Vierhaus, Rudolf/Brocke, Bernhard vom (Hg.), (1990), Forschung im Spannungsfeld von Politik und Gesellschaft. Geschichte und Struktur der Kaiser-Wilhelm-/Max-Planck-Gesellschaft, Stuttgart

Voelzkow, Helmut (1990), Mehr Technik in die Region. Neue Ansätze zur regionalen Technikförderung in Nordrhein-Westfalen, Wiesbaden 1990

Vogt, Wolfgang R. (1978), Theoretische und ideologische Konzepte zum Verhältnis von Militär und Gesellschaft. Eine konfliktanalytische Aufbereitung der Integrationsproblematik als Faktor der Sicherheitspolitik, in: Schwarz, Klaus-Dieter (Hg.), Sicherheitspolitik. Analysen zur politischen und militärischen Sicherheit, München, S. 545–591

Warnecke, Hans-Jürgen (1985), Von Taylor zur Fertigungstechnik von morgen, in: WT – Zeitschrift für industrielle Fertigung 75, S. 669–674

Ders./Schraft, Rolf D. (Hg.), (1990), Industrieroboter. Handbuch für Industrie und Wissenschaft, Berlin

Ders. (1996), Die fraktale Fabrik. Revolution der Unternehmenskultur, Reinbek

Ders. (1997), Internationale Produktion – internationale Verwertung des Wissens, in: MPG – Max-Planck-Gesellschaft zur Förderung der Wissenschaften e.V. (Hg.), Internationalität der Forschung. Symposium der MPG, Schloß Ringberg, 20. bis 22. Mai 1996, München, S. 99–109

Weißbach, Hans-Jürgen (1994), Technikrisiken als Kulturdefizite. Die Systemsicherheit in der hochautomatisierten Produktion, Berlin

Weitkamp, Rolf (1992), Forschungs- und Technologiepolitik der Bundesländer Nordrhein-Westfalen und Baden-Württemberg 1980–1988, Münster

Wengenroth, Ulrich (1995), Historische Aspekte des Forschungs- und Innovationsprozesses, in: Stifterverband für die Deutsche Wissenschaft (Hg.), Von der Hypothese zum Produkt. Verbesserung der Innovationsfähigkeit durch Neuorganisation der öffentlich finanzierten Forschung?, Essen, S. 25–33

Ders. (1997), Technischer Fortschritt, Deindustrialisierung und Konsum. Eine Herausforderung für die Technikgeschichte, in: Technikgeschichte 64, S. 1–18

Wetzel, Walter (1991), Naturwissenschaften und chemische Industrie in Deutschland. Voraussetzungen und Mechanismen ihres Aufstiegs im 19. Jahrhundert, Stuttgart

Wey, Klaus-Georg (1990), Umweltpolitik in Deutschland. Kurze Geschichte des Umweltschutzes in Deutschland seit 1900, Opladen

Wiegand, Josef (1994), Informatik und Großforschung. Geschichte der Gesellschaft für Mathematik und Datenverarbeitung, Frankfurt a. M./New York

Winkler, Michael (Hg.), (1997), Festschrift für Ernst-Joachim Meusel, Baden-Baden

Winter-Hoss, R. (1990), Soziale Aspekte des Industrierobotereinsatzes. Zusammenfassung in: Warnecke, Hans-Jürgen/Schraft, Rolf D. (Hg.), Industrieroboter. Handbuch für Industrie und Wissenschaft, Berlin, S. 301–318

Wissenschaftsrat (Hg.), (1992), Stellungnahme zu den außeruniversitären Forschungseinrichtungen in den neuen Ländern und in Berlin, Allgemeiner Teil: Charakteristika der Forschungssituation in der ehemaligen DDR und künftige Entwicklungsmöglichkeiten einzelner Fachgebiete, Köln

Wolff, Heimfried (1994), FuE-Kooperation von kleinen und mittleren Unternehmen. Bewertung der Fördermaßnahmen des Bundesforschungsministeriums, Heidelberg

Womack, James P./Jones, Daniel T./Roos, Daniel (1991), Die zweite Revolution in der Automobilindustrie, Frankfurt a. M./New York

Zachary, G. Pascal (1997), Endless Frontier. Vannevar Bush, Engineer of the American Century, New York

Zierold, Kurt (1968), Forschungsförderung in drei Epochen. Deutsche Forschungsgemeinschaft. Geschichte – Arbeitsweise – Kommentar, Wiesbaden

ZVEI – Zentralverband der Elektrotechnik- und Elektronikindustrie e.V. (Hg.), (1994), Bewertung der Industrierelevanz staatlich geförderter Forschungseinrichtungen im Bereich der Informationstechnik, Frankfurt a. M.

Anmerkungen

I. Vorgeschichte

1 Zum Gesamtkomplex vgl. Schubring (1991); Ritter (1992); Lundgreen (1986); vom Bruch/Müller (1990); Szöllösi-Janze (1996).
2 Vgl. von Siemens (1891: 578).
3 Vgl. Erker (1990); Wetzel (1991).
4 Harnack (1905: 194).
5 Vgl. vom Brocke (1991); Vierhaus/vom Brocke (1990); vom Brocke/Laitko (1996); Marsch (1998).
6 Vgl. vom Bruch (1994).
7 Vgl. Herrmann (1990); Rasch (1991); vom Bruch (1992); Szöllösi-Janze (1998).
8 Vgl. Burchardt (1990); Feldman (1997).
9 Vgl. Szöllösi-Janze (1996: 1205f.); Marsch (1994).
10 Vgl. Schulze (1995).
11 Vgl. Schulze (1995: 62).
12 Vgl. Marsch (1998).
13 Vgl. Macrakis (1993).
14 Vgl. hierzu vom Brocke/Laitko (1996); Meinel/Voswinkel (1994); Renneberg/Walker (1994).
15 Zierold (1968: 150f.).
16 Schulze (1995: 93).
17 Vgl. Stamm (1981); Osietzki (1984).
18 Vgl. Hoffmann/Macrakis (1997); Tandler (1997); Nötzoldt/Steinitz (1998).
19 Dieses und das vorige Zitat aus Nipperdey/Schmugge (1970: 75).
20 Schulze (1995: 96–146, Zitat S. 138).
21 Vgl. hierzu Thränhardt (1996: 22–78); Benz (1986); Henke (1995).
22 „Das Stiefkind Forschung“, November 1948 (IfZ, ED 721/136).
23 Albrecht/Heinemann-Grüder/Wellmann (1992).
24 Gimbel (1990).
25 So insbesondere Paul Erker bzw. Volker R. Berghahn in einem aus der Auseinandersetzung mit der Gimbel-These erwachsenen Tagungsband von Judt/Ciesla (1996).
26 So bei Hartmann (1963).
27 Vgl. die im folgenden Abschnitt erörterten Kreichgauer-Denkschriften bzw. die Intentionen Hugo Geigers.
28 Vgl. Szöllösi-Janze/Trischler (1990).

II. Die schwierige Frühgeschichte 1949–1965

1 Knoblauch an den Institutsleiter Weidert, 28.7.1947 (IfZ, ED 721/136).
2 Knoblauch an Staatssekretär Sedlmayr im Bayerischen Staatsministerium für Wirtschaft, 28.7.1947 (IfZ, ED 721/136).
3 Berghahn (1986).
4 Stamm (1981: 49–60, 70–85).
5 Protokoll der Besprechung im Bayerischen Staatsministerium für Wirtschaft bei Staatssekretär Geiger, 15.7.1948 (IfZ, ED 721/136). Unmittelbarer Ausgangspunkt war eine

Initiative des Bayerischen Geologischen Landesamtes zur Durchführung von Tiefensprengungen im bayerischen Voralpenland gewesen.

6 Memorandum „Gedanken zur Errichtung eines Instituts für Erdmessung" von Direktor Gigas in Bamberg, 2.5.1948 (IfZ, ED 721/136).

7 Aktennotiz OMGB. Vgl. Besprechung im Bayerischen Staatsministerium für Wirtschaft bei Staatssekretär Geiger, 15.7.1948 (IfZ, ED 721/136).

8 Protokoll der Besprechung, 15.7.1948 (IfZ, ED 721/136). Neben Friedrich Karl Drescher-Kaden nahmen daran der Atomphysiker Walther Gerlach, der Geologe Albert Maucher, der Mineraloge Steinmetz, sowie Regierungsdirektor Arndt vom Bayerischen Geologischen Landesamt und Präsident Nagelmann vom Oberbergamt in München teil.

9 Schulze (1995: 108f.).

10 Aktennotiz Drescher-Kaden, 20.7.1948 (IfZ, ED 721/136).

11 Aktenvermerk einer Besprechung im Bayerischen Staatsministerium für Wirtschaft, 29.10.1948 (IfZ, ED 721/136).

12 Waren auf den ersten beiden Besprechungen neben einigen Forschern nur Vertreter geologischer Ämter und des Wirtschaftsministeriums anwesend gewesen, so hatte sich das Spektrum der nunmehr 31 Teilnehmer an der dritten Vorbesprechung im Dezember um zahlreiche Vertreter der Industrie erweitert. Bereits hier wurde Gerlach als Präsident der neuen Gesellschaft vorgeschlagen. Aktenvermerke der Besprechungen, 29.10.1948 und 8.12.1948 (IfZ, ED 721/136).

13 In einer undatierten Vorschlagsliste für den Vorstand befand sich kein Vertreter der bayerischen Landesregierung; auch für den Senat wurden neben dem späteren Senatsvorsitzenden Hugo Geiger lediglich drei Repräsentanten staatlicher Behörden gegenüber mehr als 30 Vertretern aus Forschung und Industrie benannt. Beilage zum Protokoll der Besprechung, 4.2.1949 (IfZ, ED 721/61), in der Geiger einen sehr großen und einflußreichen Senat mit der Hauptaufgabe der Mittelbeschaffung forderte und die Gremienkonstruktion (Vorstand, Senatsausschuß, Senat, Mitgliederversammlung) analog zu einer Aktiengesellschaft charakterisierte. In den Listen finden sich Vorschläge für den achtköpfigen Vorstand, den siebenköpfigen Senatsausschuß und den Senat, gegliedert nach „Senat Wissenschaft" (vier Hochschulen), den „Senat Wirtschaft" (20 Industrieunternehmen und Banken) sowie den „Senat Behörden" (17 Positionen), durchweg auf Bayern begrenzt.

14 Aktenvermerk über die Sitzung, 8.12.1948 (IfZ, ED 721/136). Die Biographie Kreichgauers läßt sich nur rudimentär nachzeichnen. Nach eigener Angabe war er 15 Jahre Forschungsreferent und Laboratoriumsleiter eines großen Ministeriums und einige Jahre Mitleiter eines privaten Entwicklungsunternehmens. Daneben finden sich nur einzelne Belege über seine Tätigkeit an der TH Berlin-Charlottenburg als Dozent für Akustik und Tonpsychologie und seit 1941 für „Wehrakustik". 1949 reißt die Überlieferung ab, und es ist anzunehmen, daß Kreichgauer kurz nach der Abfassung der Denkschriften im Laufe des Jahres 1949 starb. Zu den Kontinuitäten und den personellen Netzwerken zwischen Drittem Reich und früher Bundesrepublik vgl. auch Berghahn (1986); Trischler (1992); Rauh-Kühne (1995); Berghoff (1998).

15 Memorandum Kreichgauer „Aufgaben einer ‚Fraunhofer-Gesellschaft'", 30.11.1948 (IfZ, ED 721/136). So könne die neue „Gesellschaft das werden, was unser armes deutsches Volk von ihr erwarten darf: Jenes so sehr fehlende Bindeglied zwischen Theorie und Praxis, zwischen Forschung und Wirtschaft, zu seinem Nutzen bei Wiederaufbau und Export, zur Linderung seiner Not, zu seiner neuen Ehre in der Welt".

16 Zweite Fassung der Satzung. Kreichgauer an Geiger Januar/Februar 1949 (IfZ, ED 721/136).

17 Protokoll der Sitzung, 4.2.1949 (IfZ, ED 721/136). Schulze (1995: 175) schreibt Kreichgauer „erhebliche interne Wirkungen" zu und vermerkt erstaunt, daß Geiger ihn in seiner Ansprache am 26.3.1949 nicht erwähnte. Dazu bestand kaum Anlaß, da Kreichgauer offensichtlich nach dem 8.12.1948 keinen aktiven Einfluß auf die Neugründung mehr nehmen konnte und der Zug ohne ihn (und entgegen seinen Vorstellungen) weiterfuhr.

18 Unterlagen zur Gründungsversammlung (IfZ, ED 721/61).
19 Sitzung des Senatsausschusses, 13.11.1950 (IfZ, ED 721/29). Zum Hintergrund vgl. Schröder (1990) und Bührer (1997).
20 Rundschreiben Franckes an die Senatsmitglieder, 7.9.1951 (IfZ, ED 721/19).
21 Niederschrift der 1. Senatssitzung, 6.5.1949 (IfZ, ED 721/29).
22 Niederschrift der Senatssitzung, 30.11.1950 (IfZ, ED 721/29).
23 Hoffmann (1993).
24 Bachmann/Rechenberg (1989).
25 Vgl. zur Präsidentschaft Gerlachs auch Schulze (1995: 187).
26 Zitiert aus Bachmann/Rechenberg (1989: 227–254, hier 242).
27 Heisenberg sah auch künftig in der Fraunhofer-Gesellschaft „die Gefahr, daß eine Spaltung zwischen Grundlagenforschung und angewandter Forschung eintritt, die ich für sehr verhängnisvoll halten würde", Brief an Luther, 5.3.1952 (IfZ, ED 721/29).
28 Gerlach an Gummert, 27.10.1949 (IfZ, ED 721/11).
29 Bungartz an Gummert, 20.2.1951 (IfZ, ED 721/160).
30 Francke an den stellvertretenden Senatsvorsitzenden Sörensen, 21.4.1951 (IfZ, ED 721/29).
31 Senatsausschuß an Gerlach, 27.4.1951 (IfZ, ED 721/29).
32 Zur Person Roelens vgl. Burghardt (1998).
33 Francke an Vorstandsmitglied Seeling, 20.9.1951 (IfZ, ED 721/24).
34 Luther an Roelen, 8.9.1951 (IfZ, ED 721/24).
35 Francke an Seeling, 20.9.1951 (IfZ, ED 721/24).
36 Mitgliederversammlung der Fraunhofer-Gesellschaft, 21.12.1951 (IfZ, ED 721/61).
37 „Auch auf seiten des Stifterverbandes ließ sich eine einheitliche Strategie hinsichtlich der FhG nur schwer ermitteln", Schulze (1995: 178).
38 Niederschrift der Besprechung zwischen dem Bundesministerium für Wirtschaft, dem Stifterverband und der Fraunhofer-Gesellschaft, 24.10.1951 (IfZ, ED 721/160).
39 Gedächtnisprotokoll Nord zur Besprechung, 24.10.1951 (IfZ, ED 721/160).
40 Eine der Forderungen der nachfolgenden Verhandlungen war, die Fraunhofer-Gesellschaft solle ihr bisheriges Kürzel FG in FhG umwandeln, „um Verwechslungen mit der DFG zu vermeiden", Stellungnahme Francke zum Gedächtnisprotokoll Nord, 13.11.1951 (IfZ, ED 721/160).
41 Francke an Roelen, 9.1.1952 (IfZ, ED 721/11). Gummert hatte kurz zuvor Hinsch im Bundesministerium für Wirtschaft über die strategische Festlegung des Senats informiert und sich überrascht, aber auch vom entschlossenen Vorgehen der Fraunhofer-Gesellschaft beeindruckt gezeigt.
42 Auf einer Besprechung mit dem Stifterverband im Juni 1952 hieß es rückblickend: „Als Dr. Gummert erfuhr, daß die F.G. im Dezember des Jahres 1951 die Bildung eines neuen Senats vorbereitete, hat er darin einen Vertrauensbruch des Dr. Roelen gesehen und die Wahl zunächst nicht angenommen. Er hat auch allen ihm bekannten Persönlichkeiten empfohlen, ihre Wahl in den Senat abzulehnen." (IfZ, ED 721/160). Das taten u.a. Werner Heisenberg, der spätere MPG-Präsident Adolf Butenandt und die RWE- bzw. BASF-Vorstandsmitglieder Schöller und Wurster.
43 Aktenvermerk über die Besprechung zwischen Stifterverband und Fraunhofer-Gesellschaft in Augsburg, 20.1.1952 (IfZ, ED 721/28). Die DFG war durch ihren Präsidenten Ludwig Raiser und daneben u.a. durch Gerlach vertreten, die Fraunhofer-Gesellschaft durch Luther, Meissner, Roelen und Sörensen.
44 Niederschrift der Besprechung mit der Forschungsgemeinschaft, 12.2.1952 (IfZ, ED 721/29).
45 Protokoll der Frankfurter Besprechung, 12.2.1952 (IfZ, ED 721/144).
46 Niederschrift der Besprechung zwischen Stifterverband, DFG und Fraunhofer-Gesellschaft in Königsstein, 5.5.1952 (IfZ, ED 721/144).

47 Reisebericht des stellvertretenden Geschäftsführers Heitz, 28.6.1952 (IfZ, ED 721/144).
48 Vgl. hierzu Stamm (1981: 141–150).
49 Vgl. das Schreiben Luthers an Hinsch, 27.11.1952 (IfZ, ED 721/19), über eine Besprechung in Frankfurt zu technischen Forschungsproblemen der mittelständischen Industrie, in dem es heißt: Es sei doch erschreckend, „wie sehr man in Kreisen der mittleren Industrie alle Hoffnung auf dieses Institut setzt".
50 Berghahn (1986). Zur Person von Merton vgl. Achinger (1970).
51 Wortprotokoll der Mitgliederversammlung, 21.12.1951 (IfZ, ED 721/61).
52 Zitiert aus Schulze (1995: 184).
53 Erhard an Merton, 3.1.1952 (IfZ, ED 721/112).
54 Merton an Williams im April 1952 (FhG, nicht archivierter Kellerbestand).
55 „Vertraulicher Vermerk betreffend der Eingliederung der Fraunhofer Forschungsgemeinschaft und Fraunhofer Gesellschaft", 5.5.1952 (IfZ, ED 721/144).
56 Reisebericht Heitz vom Juli 1952 (IfZ, ED 721/144).
57 Besprechung zwischen Stifterverband und Fraunhofer-Gesellschaft in Königsstein, 16.7.1952 (IfZ, ED 721/160).
58 Schulze (1995: 183–187).
59 Vgl. mit ähnlichem Tenor einen Artikel „Battelle in Deutschland" in der Deutschen Universitäts-Zeitung vom 7.3.1952 sowie als Anlage zu einem Brief Hederers an Sörensen vom 16.5.1953 (IfZ, ED 721/61). Zum Gesamtkomplex Amerikanisierung vgl. Radkau (1995); Doering-Manteuffel (1995); Berghahn (1995); Erker (1997).
60 Vgl. etwa Sörensens Bericht in der Fraunhofer-Mitgliederversammlung am 21.12.1951 über das Londoner OEEC-Symposium 1951 nach einer Inspektion aller Einrichtungen zur angewandten und industriellen Forschung in den europäischen Marshall-Plan-Ländern durch eine Expertenkommission, oder die Erläuterung von „Teamwork" durch den Fraunhofer-Vertreter Hans Piloty in der Königssteiner Besprechung mit DFG und Stifterverband, 5.5.1952. Auch hier diente der OEEC-Bericht Nr. 34 als Grundlage (IfZ, ED 721/144).
61 Vgl. hierzu vor allem vom Brocke/Laitko (1996).
62 Vgl. hierzu Stamm-Kuhlmann (1990: 903f.).
63 Denkschrift „Die Förderung der industrienahen Forschung in der Bundesrepublik Deutschland", 2.10.1951 (IfZ, ED 721/211).
64 Zur Reaktion auf diesen Vorstoß bei Fraunhofer vgl. das Schreiben des Geschäftsführers August Epp an das Senatsmitglied Eduard Schalfejew vom 10.8.1962 mit genauer Beschreibung der US-Expansionsinteressen und der vom Bundesministerium für Wirtschaft in Abstimmung mit einigen Ländern erarbeiteten neuen Konzeption für die Fraunhofer-Gesellschaft (IfZ, ED 721/28).
65 Nach dem Königssteiner Abkommen vom März 1949 stand die Forschungsförderung allein den Ländern zu. Obgleich der Bund seit etwa 1952 die Ausgaben der Länder hierin übertraf, hatte jene Regelung bis 1964 gesetzlichen Bestand. In einer Besprechung mit dem Bundesministerium für Wirtschaft wurde festgehalten, daß – gemäß dem Votum des Länderausschusses Forschung – Firmenunterstützung Ländersache sei, daß ferner Institute und Forschungsgemeinschaften ohne Einschaltung der Fraunhofer-Gesellschaft durch das BMWi direkt unterstützt würden. „Nach Ansicht von Dr. Pretsch würde daher, was die Bearbeitung von Forschungsanträgen betrifft, nicht mehr viel für die FhG übrig bleiben." Protokoll der Besprechung, 17.12.1953 (IfZ, ED 721/112).
66 Im darauffolgenden Halbjahr entspannten sich die Beziehungen zwischen Fraunhofer und Stifterverband vorübergehend. Vgl. Vermerk über die Besprechung zwischen Stifterverband und Fraunhofer-Gesellschaft, 27.10.1952; Merton an Roelen, 30.12.1952 (IfZ, ED 721/160).
67 Besprechung zwischen Stifterverband und Fraunhofer-Gesellschaft in Königsstein, 16.7.1952 (IfZ, ED 721/160).
68 Eine engere Verbindung mit Hessen, vertreten durch Regierungsdirektor Friedrich Fro-

wein aus dem hessischen Wirtschaftsministerium, erzielte Emil Sörensen in einem Gespräch in Wiesbaden am 20. 8. 1953 (IfZ, ED 721/144).

69 Maucher auf der Vorstandssitzung, 16. 7. 1954 (IfZ, ED 721/31). Vermerk über eine Besprechung zwischen Sörensen und Raiser, 1. 8. 1953 (IfZ, ED 721/144).

70 Protokoll der Senatssitzung, 16. 7. 1954 (IfZ, ED 721/31).

71 Vgl. hierzu Trischler (1992: 347). Briefwechsel zwischen Raiser und Fraunhofer-Geschäftsführer Hederer Februar/März 1953, ferner Briefwechsel zwischen Hederer und dem Bundesministerium für Verkehr sowie einschlägige Vermerke zur Senatssitzung, 23. und 26. 3. 1953 (IfZ, ED 721/144).

72 Vermerk, 4. 5. 1953 (IfZ, ED 721/144).

73 Vgl. hierzu Böttger (1993).

74 Hederer an Maucher, 18. 5. 1952 (IfZ, ED 721/112).

75 Böttger (1993: 283); Schulze (1995: 209).

76 Im Protokoll wurde der Satz dann gestrichen, Vorstandssitzung, 16. 7. 1954 (IfZ, ED 721/31).

77 Roelen an Raiser, 29. 10. 1953 (IfZ, ED 721/144).

78 Sörensen berichtete davon auf der Senatssitzung, 16. 7. 1954 (IfZ, ED 721/31).

79 Maucher auf der Vorstandssitzung, 16. 7. 1954 (IfZ, ED 721/31).

80 In der Senatssitzung am 16. 7. 1954 verwahrten sich Sörensen sowie Maucher, direkt an Pretsch gerichtet, gegen entsprechende Initiativen des Stifterverbandes und des BDI beim Bundesministerium für Wirtschaft, über das Finanzministerium die Mittelauszahlung zu blockieren (IfZ, ED 721/31).

81 Vgl. Abelshauser (1987); Schildt/Sywottek (1993).

82 Vgl. Jarausch/Siegrist (1997); Bähr/Petzina (1996); Bührer (1993); Glaser (1986); Hermand (1986).

83 Vgl. Feldenkirchen (1995).

84 Diesen aus den Akten sich ergebenden Eindruck bestätigte August Epp in einem Interview im Mai 1997. Von Siemens habe eindrucksvoll repräsentiert, sich aus der konkreten Vorstandsarbeit herausgehalten und der Geschäftsführung einen weiten Handlungsspielraum gelassen.

85 Herbst (1993: 18f.).

86 Vgl. Bührer (1997a).

87 Ritter/Niehuss (1991: 85).

88 Abelshauser (1987); Schildt/Sywottek (1993).

89 Vgl. Bührer (1995); Radkau (1993); Ambrosius (1993); Trischler (1992).

90 Vgl. dazu Hohn/Schimank (1990: 190f.).

91 Vermerk Heitz über eine Besprechung im LGA Baden-Württemberg, 15. 12. 1952 (IfZ, ED 721/133).

92 Vermerk über eine Besprechung im Bundesministerium für Wirtschaft, 10. 4. 1953 (IfZ, ED 721/112).

93 Besprechung mit dem Leiter des LGA Baden-Württemberg Hotz, 5. 3. 1954 (IfZ, ED 721/133).

94 Vgl. Protokoll der Vorstandssitzung, 11. 2. 1955 (IfZ, ED 721/32).

95 Zur Fraunhofer-Patentstelle siehe auch unten S. 325–329.

96 Vgl. Protokoll der Vorstands- und Senatssitzung, 11. 2. 1955 (IfZ, ED 721/32).

97 Vgl. Protokoll der Vorstands- und Senatssitzung, 16. 12. 1955 (IfZ, ED 721/32).

98 Jahresbericht der Fraunhofer-Gesellschaft 1955 (IfZ, ED 721/32).

99 Hohn/Schimank (1990: 196).

100 Protokoll der erweiterten Vorstandssitzung, 23. 8. 1956 (IfZ, ED 721/33).

101 Köllner (1990).

102 Interview mit Adenauer am 17. 8. 1950, zitiert aus: von Schubert (1978: 81).

103 Vgl. Krüger (1993); Abelshauser/Schwengler (1997).

104 Vgl. Vogt (1978); zur personellen Kontinuität vgl. auch den biographischen Anhang bei Krüger (1993).
105 Zitiert aus Krüger (1993: 100).
106 Zitiert aus Krüger (1993: 106).
107 Abelshauser/Schwengler (1997: 131f.); Krüger (1993: 108).
108 Abelshauser/Schwengler (1997: 138f.); Vogt (1978: 546).
109 Bungartz an Francke, 20.12.1950 (IfZ, ED 721/24); Protokoll der Senatssitzung, 27.3.1953 (IfZ, ED 721/30).
110 Hederer war Vorwald offensichtlich aus der Abteilung „Rüstungswirtschaft" des Reichsluftfahrtsministeriums bekannt. Hederer betonte, daß er „durch seine Tätigkeit im Ministerium an vielen Stellen der Luftfahrtindustrie mit Fragen, die seinerzeit in enger Zusammenarbeit mit der Führungsabteilung des Generalstabs bearbeitet wurden, zu tun hatte", Hederer an Schilken im Bundesministerium für Verteidigung, 27.1.1956 (IfZ, ED 721/102).
111 Hederer an Hipp, 15.6.1955 (IfZ, ED 721/102).
112 Hederer an Geiger, 21.7.1955 (IfZ, ED 721/102). Ob Hederer die Situation in den USA bewußt verzerrt darstellte oder falsch einschätzte, sei dahingestellt, in der Sache war das Argument aber auf jeden Fall falsch, vgl. dazu Seidel (1986).
113 Hederer an Hipp, 21.7.1955, Hederer an Sörensen, 19.11.1956 (IfZ, ED 721/102).
114 Protokoll der erweiterten Vorstandssitzung, 23.8.1956 (IfZ, ED 721/33).
115 Von Lützow an von Siemens, 29.6.1960 (IfZ, ED 721/103).
116 Protokoll der Vorstandssitzung, 8.12.1958 (IfZ, ED 721/35).
117 Vermerk Epp zur Betreuung von Forschungsarbeiten für das Verteidigungsministerium, 29.1.1959 (IfZ, ED 721/18).
118 Sörensen auf der Senatssitzung, 24.3.1959 (IfZ, ED 721/36).
119 Vgl. Hohn/Schimank (1990: 200f.).
120 Protokoll der Senatssitzung, 30.11.1959 (IfZ, ED 721/36).
121 Auszug Stenogramm der Vorstandssitzung, 25.3.1960 (IfZ, ED 721/37).
122 Auszug Stenogramm der Präsidiumsbesprechung, 5.9.1960 (IfZ, ED 721/37).
123 Vorstandssitzung, 11.12.1963 (IfZ, ED 721/40).
124 Vermerk neutraler Teil des IAe, 6.11.1963 (IfZ, ED 721/40).
125 Auszug Stenogramm der Vorstandssitzung, 3.5.1961 (IfZ, ED 721/38).
126 Protokoll der Senatssitzung, 8.5.1963 (IfZ, ED 721/40).
127 Protokoll der erweiterten Vorstandssitzung, 29.7.1963 (IfZ, ED 721/40).
128 Epp (1984: II, 49f.).
129 Vgl. Hohn/Schimank (1990: 200). Hier ist anzufügen, daß die amtlichen Angaben zum Rüstungsforschungsetat des BMVg Forschungs- und Entwicklungsausgaben zusammenfassen. An den reinen, allerdings nur 1962–1966 in den Bundesberichten Forschung gesondert ausgewiesenen Aufwendungen für explizite Forschungsaufgaben, die ca. 10% der FuE-Ausgaben umfaßten, partizipierte die Fraunhofer-Gesellschaft in sehr viel stärkerem Umfang.
130 So die These von Hohn/Schimank (1990: 197).
131 Vgl. Hohn/Schimank (1990: 202).
132 Protokoll der erweiterten Vorstandssitzung, 23.8.1956 (IfZ, ED 721/33); Hederer an Glupe im Bundesministerium für Verteidigung, 26.11.1956 (IfZ, ED 721/102).
133 Vermerk Finanzierungshilfe für Forschungsarbeiten, 27.9.1958 (IfZ, ED 721/102).
134 Vermerk Verwaltungshilfe BMVg, 29.6.1961 (IfZ, ED 721/103).
135 Meyer an Epp, 29.9.1961 (IfZ, ED 721/103).
136 Besprechung über das IAe im BMVg, 5.10.1961 (IfZ, ED 721/103).
137 Vermerk Verwaltungshilfe BMVg, 29.6.1961 (IfZ, ED 721/103).
138 Vgl. hierzu auch das Kapitel zur Verteidigungsforschung im Zweiten Teil.
139 Vgl. Epp (1984: I, 30), Hohn/Schimank (1990: 211f.); Stucke (1993: 56f.); Stamm (1981: 245f.).

140 Vermerk über einen Besuch bei Ministerialdirigent Hinsch in Bonn, 3.11.1959 (IfZ, ED 721/113). Hinsch stellte hierbei klar, daß die MPG diese Aufgabe in keinem Falle übernehmen sollte.
141 In einer Besprechung mit Hinsch gewann Epp „den Eindruck, daß Herr Hinsch den Belangen unserer Gesellschaft durchaus freundlich gegenübersteht [...], daß ihm jedoch von anderen Seiten manche Schwierigkeit bereitet wird und ihm somit jede Unterstützung seitens unserer Gesellschaft willkommen ist“. Zu den „anderen Seiten“ zählten im BMWi selbst der AiF-Protagonist MR Hennenhöfer sowie „von außen“ das Bundesinnenministerium und die DFG, die erneut eine Konkurrenzsituation befürchteten. Vermerk der Besprechung Epp mit Hinsch in Bonn, 2.2.1962 (IfZ, ED 721/113).
142 Besprechung mit Hinsch in München über die Stellung des BMWi zur Fraunhofer-Gesellschaft, 16.4.1962 (IfZ, ED 721/114).
143 Protokoll der Vorstandssitzung, 7.11.1962; Protokoll der Senatssitzung, 27.11.1962 (IfZ, ED 721/39).
144 Vgl. Erlaß des Bundeskanzlers zum Geschäftsbereich des Bundesministeriums für wissenschaftliche Forschung, 10.5.1963, abgedruckt bei Stamm (1981: 330).
145 Vgl dazu ausführlich Stucke (1993: 61f.).
146 Bericht der erweiterten Vorstandssitzung, 29.7.1963 (IfZ, ED 721/40).
147 Hohn/Schimank (1990: 56); Berger (1974).
148 Protokoll der Sitzung, 28.2.1963 (IfZ, ED 721/162); Aktenvermerk Epp, 1.3.1963, nachfolgende Korrespondenz mit Sörensen (IfZ, ED 721/163).
149 Aktenvermerk Sörensen, 24.1.1963 (IfZ, ED 721/129).
150 Siehe dazu die Einigung über notwendige „Sanierungsmaßnahmen“ zwischen Bundesministerium für Verteidigung (MinDir. Klinker) und Fraunhofer-Präsidium, 16.1.1964 (BA, B 138/6668); vgl. auch das Protokoll der Senatssitzung, 3.12.1964 (IfZ, ED 721/42).
151 Vgl. Auszug aus den Empfehlungen des Wissenschaftsrats, 4. Entwurf, 14.10.1964. Dieser Entwurf entspricht der 1965 veröffentlichten Fassung (IfZ, ED 721/41).

III. Die langen siebziger Jahre: Gestaltung und Erprobung des Fraunhofer-Modells

1 Vgl. allgemein mit weiterführenden Hinweisen Thränhardt (1996); Baring (1982).
2 Vgl. Stucke (1993: 97f.); Bruder (1986: 22f.).
3 Hauff/Scharpf (1975); Kaelble (1992); Scharpf (1987).
4 Hohn/Schimank (1990: 344f.).
5 Zur Rezeption des Seitzschen Berichtes siehe DFG (1964); Szöllösi-Janze (1990: 178f.).
6 Notizen von Epp, 7.10.1963; Aktenvermerk über die Besprechung des Fraunhofer-Präsidiums mit Forschungsminister Lenz und StS Cartellieri, 10.10.1963 (IfZ, ED 721/118); Fraunhofer-Präsident an Forschungsminister Lenz, 24.3.1964 (BA, B 138/6668); Zwischenbescheid, 31.7.1964, und Ablehnungsschreiben des BMwF, 13.4.1965 (IfZ, ED 721/119); vgl. Epp (1984: I, 27f.).
7 Protokoll der Sitzung im BMwF, 29.6.1965 (IfZ, ED 721/119). Zum Folgenden vgl. den BMwF-internen Schriftwechsel in BA, B 138/6668.
8 Hans Lenz, Die Aufgaben des Forschungsministeriums, in: FAZ vom 21.9.1965. Zur Wahrnehmung innerhalb der Fraunhofer-Gesellschaft: Aktennotiz von Epp, 4.10.1965 (IfZ, ED 721/119).
9 Vgl. Stamm (1981: 252); Hohn/Schimank (1990: 215f.).
10 Die Fraunhofer-Gesellschaft hatte geplant, mit Hilfe des eigenen Forschungsbeirats selbst ein Gutachten zu erstellen, war damit aber beim BMwF nicht durchgedrungen; hierzu Epp (1984: I, 33).
11 Protokoll der Sitzung, 13.10.1965 (IfZ, ED 721/119 bzw. 187); Speer (DFG) an MinDi-

rig. Scheidemann (BMwF), 25.5.1966 (BA, B 138/6669). Zum Verlauf der Beratungen siehe die Sitzungsprotokolle (ebd.) sowie Epp (1984: I, 49).

12 Stoltenberg an Kollmann, 14.9.1966 (BA, B 138/6669). Vgl. Deutinger (1998: 247f.).

13 Schneider an Stoltenberg, 5.10.1966; Aktenvermerk Stoltenbergs, 6.10.1966 (BA, B 138/6669).

14 Vertraulicher Vermerk von Epp, 13.12.1966 (IfZ, ED 721/187).

15 Vermerk, 28.4.1967 (BA, B 138/6669).

16 Vermerk von Böning (BMwF) über Telefonat mit Klinker (BMVg), 27.7.1967; Vermerk von StS von Heppe über Besprechung, 30.8.1967 (BA, B 138/6669).

17 Interview mit Lehr am 5.3.1996.

18 So Hohn/Schimank (1990: 210). Als „genialen Pragmatiker" hat Helmar Krupp den Fraunhofer-Generalsekretär charakterisiert, Interview mit Krupp am 22.1.1997.

19 Mecke an Kollmann, 22.11.1965, Gaßner an Kollmann, 14.12.1965, weitere Schreiben (IfZ, ED 721/13).

20 Protokolle der Institutsleitertreffen 1959–1969 (IfZ, ED 721/87f.).

21 Müller an Jebsen-Marwedel, 15.7.1968 (IfZ, ED 721/88).

22 Madelung an Sörensen, 26.11.1964 (IfZ, ED 721/27).

23 Protokoll der Vorstandssitzungen, 30.6.1964, 30.11.1964 und 28.1.1965 (IfZ, ED 721/41–43); Protokoll der Senatssitzung, 14.6.1965 (IfZ, ED 721/43). Zum Folgenden Sitzungsprotokolle des Forschungsbeirats 1965/66 (IfZ, ED 721/73–76).

24 Heiss an Schwab, 10.11.1970 (IfZ, ED 721/76).

25 Zur Ausbaukommission siehe auch S. 98f.

26 Hölzer an Berg, 14.6.1971 (IfZ, ED 721/73).

27 Der Abschlußbericht vom April 1970 wurde 1971 von der Fraunhofer-Gesellschaft in der Broschüre „Empfehlungen der Kommission des Bundesministeriums für Bildung und Wissenschaft zur Förderung des Ausbaus der Fraunhofer-Gesellschaft" veröffentlicht. Protokolle der zwölf Sitzungen in IfZ, ED 721/190.

28 Ursprünglich war die Fraunhofer-Gesellschaft gar nicht glücklich über die Nachricht gewesen, daß gerade Schneider, der ihre Anliegen „nie positiv vertreten" habe, den Vorsitz übernehmen sollte; Aktenvermerk von Epp über eine Besprechung mit Lehr, 11.9.1968 (IfZ, ED 721/120). Diese Skepsis wich jedoch bald schon einer hohen Anerkennung der Umsichtigkeit und Souveränität von Schneider.

29 Heiss an Mohr, 2.2.1970 (IfZ, ED 721/189).

30 Aktenvermerk von Lehr, 22.10.1970 (IfZ, ED 721/189).

31 Aktenvermerk von Epp über die Besprechung, 11.11.1970 (IfZ, ED 721/121); Berg an die Senatsmitglieder, 18.11.1970, und deren Antwortschreiben sowie undatierter Entwurf der Vereinbarung (IfZ, ED 721/50); Aktenvermerk über eine Besprechung von Mohr, Epp, Berg, Gaßner und Syrbe, 16.12.1970 (IfZ, ED 721/189); Version für den Fraunhofer-Senat vom 16.12.1970 (IfZ, ED 721/195).

32 Protokoll der Senatssitzung, 18.12.1970 (IfZ, ED 721/50). Siehe auch Interview mit Lehr am 5.3.1996. Bereits im Vorfeld der Sitzung hatte Minister Schedl gegen diesen „Verstoß gegen das Vereinsrecht" protestiert; Schedl an Leussink, 4.12.1970 (IfZ, ED 721/50).

33 Protokoll der Sitzung der Gemeinsamen Kommission, 17.10.1973 (IfZ, ED 721/196).

34 Rede Leussinks auf der Mitgliederversammlung der Fraunhofer-Gesellschaft, 15.7.1971, gedruckt in: Bulletin der Bundesregierung vom 17.7.1971, Nr. 110, S. 1210–1214. Zum Folgenden Satzung der Fraunhofer-Gesellschaft vom 14.9.1971 und Schreiben von Berg an den Senat, 5.5.1971 (IfZ, ED 721/5).

35 Goetzberger an Schubert, 20.7.1979 (FhG, ZA 1).

36 BStMWV an die Fraunhofer-Gesellschaft, 1.4.1969 (IfZ, ED 721/4).

37 Memorandum zu einer Änderung der Satzung der Fraunhofer-Gesellschaft, 7.5.1975 (FhG, ZA 1).

38 Vgl. Cartellieri (1967).
39 Balke an Berg, 4.5.1971 (IfZ, ED 721/52). Im Tenor gleichlautend auch das Protokoll der Vorstandssitzung, 11.1.1971 (IfZ, ED 721/51).
40 VWF an die Fraunhofer-Gesellschaft, 2.7.1971 (IfZ, ED 721/5).
41 VWF, Interne Informationen Nr. 34 (Mai 1970); vgl. Szöllösi-Janze (1990: 189f.). Besonderen Wert legte der Verband auf die Satzungsautonomie der Institute, die substantielle Mitbestimmung in allen Sach- und Organisationsfragen durch gewählte Gremien und die Nichtbefristung der Verträge.
42 Zapp und 13 weitere Mitarbeiter des ICT an Mohr, 13.5.1971 (IfZ, ED 721/5); Heiss an Mohr, 2.2.1970 (IfZ, ED 721/189).
43 Siehe dazu den Bericht über die Erfahrungen mit den Leitlinien innerhalb der Fraunhofer-Gesellschaft, Entwurf von Schubert, 27.7.1973 (IfZ, ED 721/122). Die Vorlage floß in die Veröffentlichung des BMFT-Berichts über die Erfahrungen mit den Leitlinien zu Grundsatz-, Struktur- und Organisationsfragen von rechtlich selbständigen Forschungseinrichtungen, 18.2.1974 (Druckfassung: Bonn 1974), ein. Hierzu und zum Folgenden auch Interview mit Zapp am 20.1.1997.
44 Betriebsrat des ICT an die Betriebsräte, 27.1.1972; GBR an den Vorstand der Fraunhofer-Gesellschaft, 17.2.1972 (FhG, ZA 319).
45 Der auf Harmonie bedachte Epp war vom Klima im GBR überaus angetan. In erfreulichem Maße zeige sich ein neues „Gemeinschaftsgefühl" in der Fraunhofer-Gesellschaft; Aktenvermerk über die Sitzung des GBR, 3.10.1972 (FhG, ZA 319).
46 Die beiden anderen waren das Max-Planck-Institut für Eisenforschung und das 1976 geschlossene Max-Planck-Institut für Landarbeit und Landtechnik; vgl. hierzu und zum Folgenden Hohn/Schimank (1990: 228f.); Deutinger (1998: 43f.); Heiss (1984).
47 Siehe dazu auch Heiss (1984); Deutinger (1998: 241f.).
48 Vermerk von Mohr für den Verwaltungsrat, 11.7.1972 (IfZ, ED 721/15); Ergebnisprotokoll einer Besprechung im Bundesministerium für Bildung und Wissenschaft, 24.10.1972 (IfZ, ED 721/121); Bericht des Vorstandes vor dem Senat, 13.11.1972 (IfZ, ED 721/53). Neben den im folgenden genannten Projekten waren dies: Arbeitsgruppe Biophysikalische Raumforschung, Frankfurt a.M.; Deutsches Kunststoffinstitut, Darmstadt; Forschungsgruppe für Brandschutztechnik, Karlsruhe, Aachen; Forschungszentrum Umweltschutz als „IAe II" in Münster oder Köln; Institut für angewandte Datenverarbeitung, Karlsruhe; Institut für Bauforschung, Hannover; Institut für technologische Entwicklungslinien, Hamburg; Institut für Oberflächenbeschichtung, Stuttgart; Institut für textile Meßtechnik, Mönchengladbach; Laboratorium für Ultraschall, Aachen; Staatliches Forschungsinstitut für Geochemie, Bamberg; Versuchsstation für Technische Strahlenchemie; Deutsche Forschungsanstalt für Lebensmittelchemie, München; Institut für Filtertechnik, Stuttgart.
49 Birkhofer hatte zuvor vergeblich versucht, sich der GSF anzuschließen; siehe Reuter-Boysen (1992: 212f.).
50 Protokoll der Besprechungen zwischen BMFT und BMVg, 27.2. und 13.3.1973 (IfZ, ED 721/81).
51 Protokoll der Sitzung der AG II des Wissenschaftsrats, 20.10.1971 (IfZ, ED 721/179).
52 Empfehlungen (1971: 80f.).
53 Protokoll der Senatssitzung, 13.11.1972 (IfZ, ED 721/53).
54 Senatsvorlage zur Gründung des Instituts für Systemtechnik und Innovationsforschung, 19.4.1972; Protokoll der Senatssitzungen, 24.9.1971 und 19.4.1972 (IfZ, ED 721/52).
55 DFG (1971); mit weiterführenden Hinweisen Trischler (1990a).
56 Aktenvermerk von Syrbe über die Senatssitzung, 25.6.1970, mit Randbemerkungen von Epp und Rechtfertigungsschreiben von Epp an Syrbe, 14.8.1970 (IfZ, ED 721/200). Zum Folgenden siehe die Akten IfZ, ED 721/200–204.
57 Reiter an Stöber, 2.3.1971 (IfZ, ED 721/203).

58 Reiter ärgerte sich denn auch maßlos über den „in jeder Hinsicht enttäuschend[en]“ und „so unglückliche[n] Rohentwurf des Herrn Syrbe“; Reiter an Mohr, 29.3.1971 (IfZ, ED 721/203).

59 Hohn/Schimank (1990: 221f.) ziehen aus der Staat und Fraunhofer-Gesellschaft vernetzenden Zusammensetzung des Ausschusses weitreichende Schlüsse, die durch den Quellenbefund nicht abgedeckt sind. Ihre systemtheoretische Betrachtungsweise verfällt an dieser Stelle genau in den Fehler einer „retrospektiven Rationalisierung“ des Verhaltens des Akteurs BMFT, den sie selbst kurz darauf als Kennzeichen des Prozesses der Implementation des Fraunhofer-Modells herausarbeiten.

60 Entwurf vom 26.6.1972 (IfZ, ED 721/204), Zitat S. 5.

61 Entwurf vom 26.6.1972 (IfZ, ED 721/204), S. 80.

62 Reiter an Heiss, 11.9.1972 (IfZ, ED 721/201).

63 Stellungnahme von Goesele, Goetzberger, Heiss, Kanz, Reiter und Hlawaczeck, 27.7.1972, mit Erinnerungsvermerk von Mohr über ein Gespräch mit den Genannten, 27.7.1972 (IfZ, ED 721/201).

64 Heiss an die Mitglieder des WTR, 8.9.1972; Gaßner an Gösele u.a., 10.8.1972; Gaßner an die Mitglieder des WTR, 21.8.1972 (IfZ, ED 721/201).

65 Syrbe an Gösele u.a., 8.9.1972; siehe auch die Antwort von Reiter, 18.9.1972 (IfZ, ED 721/201).

66 Epp (1984: I, 65) führt in seiner Retrospektive die langanhaltenden verwaltungsinternen Spannungen zwischen altem und neuem Personal in euphemistischer Umschreibung auf den Gegensatz zwischen „Theorie und Praxis“ zurück.

67 Aktenvermerk von Mohr, 6.5.1971; Organisationsanordnung Nr. 1 vom 20.4.1972 (IfZ, ED 721/15); Organisationsplan der Zentralverwaltung, in: Fraunhofer-Gesellschaft (1972); Epp (1984: II, Anlage); Protokoll der 11. Sitzung der Gemeinsamen Kommission, 10.1.1973 (IfZ, ED 721/196).

68 Protokoll der Vorstandssitzung, 28.12.1972; Organisationsanordnung Nr. 2 vom 18.1.1973 (IfZ, ED 721/196).

69 Resolution des WTR anläßlich seiner Sitzung, 13.7.1973 (IfZ, ED 721/78); Protokoll der Sitzung der Interimskommission, 9.8.1973 (IfZ, ED 721/196).

70 Ebd.

71 Epp (1984: I, 65).

72 Präsidentenbericht vor dem WTR, 13.7.1973; Vermerke von Mohr und Rawer über ihre Besprechung mit Berg, 23.8.1973 (IfZ, ED 721/78).

73 Epp an Heiss, 28.1.1974; Heiss an Epp, 30.1.1974 (IfZ, ED 721/77).

74 Empfehlungen (1971: 35f.); Schubert an den Vorstand der Fraunhofer-Gesellschaft, 8.10.1971 (IfZ, ED 721/198); siehe auch das Protokoll der Verwaltungsratssitzung, 22.11.1971 (IfZ, ED 721/91).

75 Siehe dazu die Protokolle des Vergütungsausschusses des WTR ab 1972, besonders dessen Empfehlungen vom 13.9.1973 (IfZ, ED 721/86). Dem Ausschuß gehörten Becker, Gertis, Heiss und Schubert an.

76 Epp an Gaßner, 17.4.1973 (IfZ, ED 721/81).

77 Rusinek (1996); zusammenfassend Szöllösi-Janze (1990: 178–207).

78 Auszug aus dem Protokoll der 5. Verwaltungsratssitzung, 26./27.7.1972 (IfZ, ED 721/201). Zur Debatte über die revidierte Fassung siehe das Protokoll der HK-Sitzung des WTR, 21./22.9.1972 (IfZ, ED 721/80).

79 Vermerk über die Sitzung des Ad-hoc-Ausschusses, 2./3.10.1973 (IfZ, ED 721/201); Entwurf der „Grundzüge“, 3.10.1972; Protokoll der Senatssitzung, 13.11.1972 (IfZ, ED 721/53).

80 Siehe dazu die Briefe von Mohr vom 7.10. und Reiter vom 9.10.1972 an Scheidwimmer (IfZ, ED 721/201).

81 Kabinettsausschußsache, 12.9.1973 (IfZ, ED 721/122).

82 Gaßner an Ehmke, 7.5.1973 (IfZ, ED 721/122); Protokoll der Besprechung bei Ehmke und Haunschild, 26.6.1973 (IfZ, ED 721/16).
83 Protokoll der Besprechung im BMFT, 25.10.1973 (IfZ, ED 721/207).
84 Czermak (BMFT) an die Fraunhofer-Gesellschaft, 6.12.1973 (IfZ, ED 721/207).
85 WTR (Rawer und Schubert) an den Vorstand der Fraunhofer-Gesellschaft, 10.1.1974; Vermerk über Besprechung im BMFT, 22.11.1973 (IfZ, ED 721/207).
86 Zum Fraunhofer-internen Diskussionsprozeß und zum Folgenden siehe ausführlich IfZ, ED 721/207f.; die Argumente zusammen faßt das Schreiben von Epp an Czermak (BMFT), 8.3.1974 (IfZ, ED 721/208).
87 Protokoll der HK-Sitzung des WTR, 9.7.1974 (IfZ, ED 721/82).
88 Rahmenvereinbarung, 28.11.1975 (IfZ, ED 721/208).
89 Siehe etwa Hohn/Schimank (1990: 210f.).
90 Vgl. Hohn/Schimank (1990: 209f.).
91 Berger (BMFT) an die Kultus- und Finanzminister der an der Fraunhofer-Gesellschaft beteiligten Länder, 28.10.1976 (FhG, ZA 257); Keller an Jaumann (BStMWV), 4.7.1977, und Antwortschreiben von Jaumann, 25.7.1977 (FhG, ZA 87); siehe bereits das Schreiben von Keller an die Ministerpräsidenten der beteiligten Länder, 7.4.1977 (FhG, ZA 84) und Protokoll der Senatssitzung, 14.12.1976 (FhG, ZA 31).
92 Ebd.
93 Keller in einer Retrospektive, Protokoll der Senatssitzung, 4.4.1979 (FhG, ZA 32), und Protokoll der 7. Sitzung des Ausschusses Fraunhofer-Gesellschaft, 26.3.1979 (FhG, ZA 243). Siehe dagegen noch seine vehemente Kritik an den Ländern im Entwurf eines Schreibens, 31.8.1978 (FhG, ZA 257).
94 Memorandum zur Satzungsänderung, 7.5.1975 (FhG, ZA 1); Protokoll der Senats- und Verwaltungsratssitzungen, 25.5.1975 (IfZ, ED 721/58). Zum Folgenden Protokoll der Senatssitzungen, 20.11.1975 und 14.12.1976 (FhG, ZA 31); Senatsvorlage des Vorstandes zu einer Satzungsänderung, 15.7.1977 (FhG, ZA 1).
95 Vermerk von Schlephorst über eine Besprechung mit dem BMFT und dem BMVg, 21.7.1977; Protokoll der Senatsausschußsitzung, 2.8.1977 (FhG, ZA 1); Protokoll der Verwaltungsratssitzung, 20.9.1977 (IfZ, ED 721/96).
96 Das Folgende beruht auf einer Auswertung der Protokolle der Sitzungen des Ausschusses Fraunhofer-Gesellschaft, Zitat aus dem Protokoll der 4. Sitzung, 3.3.1978 (FhG, ZA 243), sowie aus diversen Interviews.
97 Dieser aus der Quellenanalyse gewonnene Befund deckt sich mit der Einschätzung der Beteiligten, wie aus den Interviews mit Lehr, Munz, Lorenzen, Keller, Syrbe und Schlephorst hervorgeht.
98 Protokoll der 6. und 10. Sitzung der Ausbaukommission, 21.5. und 19.12.1969 (IfZ, ED 721/190); Empfehlungen (1971: 10, 22).
99 Siehe dazu ausführlich S. 293–306.
100 Protokoll der 4. Sitzung des Ausschusses Fraunhofer-Gesellschaft, 3.3.1978 (FhG, ZA 243). Zu Leo Brandt vgl. auch Rusinek (1996: 120–153).
101 Protokoll der 5. und 6. Sitzung des Ausschusses Fraunhofer-Gesellschaft, 22.6. und 28.11.1976 (FhG, ZA 243).
102 Hierzu und zum Folgenden BStMWV an BMFT, BMF, Länderfach- und Länderfinanzministerien, 1.8.1979; Protokoll der Sitzung auf Amtschefebene, 2.11.1979 (FhG, ZA 243).
103 Zum Folgenden die Protokolle der Sitzungen des Senatsausschusses, 11.1., 7.3. und 30.3.1973 (IfZ, ED 721/54). Hohn/Schimank (1990: 226) zeichnen das Bild einer völligen Dominanz des BMFT bei der personellen Neubesetzung von Vorstand und Senat; in Wirklichkeit gestaltete sich der Entscheidungsprozeß vielmehr als komplexer Aushandlungsprozeß im Spannungsfeld von Autonomie und Steuerung.
104 Zur Person Schulze (1995: 275) sowie DFVLR (1973).

105 Siehe Szöllösi-Janze (1990: 120); Boenke (1991: 205); Winkler (1997).
106 Protokoll der Sitzung des Senatsausschusses, 7.3.1973 (IfZ, ED 721/54).
107 Protokoll der Senatssitzung, 4.4.1974 (IfZ, ED 721/36).
108 Ebd.; siehe auch Berg an StS Haunschild, 9.1.1974 (IfZ, ED 721/16).
109 Berger an Gaßner, 23.5.1973 (IfZ, ED 721/16).
110 Interview mit Keller am 19.7.1996.
111 Balke an Epp, 3.4.1974 (IfZ, ED 721/56). Zum Folgenden Protokoll der Sitzungen des Senatswahlausschusses, 12.11.1973, 20.12.1973 und 4.4.1974 (ebd. und IfZ, ED 721/55).
112 So WTR-Vorsitzender Rawer laut Protokoll der Mitgliederversammlung, 27.7.1974 (IfZ, ED 721/70).
113 Siehe dazu die Protokolle des WTR und seiner HK 1974/75 (IfZ, ED 721/79 und 83).
114 Rundschreiben von Keller, 14.10.1974 (FhG, ZA 62); Schriftwechsel von Keller mit Heiss und Reiter, Oktober und November 1974 (IfZ, ED 721/82).
115 Die Beschwerden der Institute über die in ihre Belange eingreifenden Institutsbetreuer sind Legion. Einmal mehr markieren sie das bis heute spannungsgeladene Konfliktfeld zwischen Zentrale und Peripherie; siehe dazu auch die Grundsatzdebatte in der Hauptkommission, Protokoll der HK-Sitzung des WTR, 6.7.1979 (FhG, ZA 46).
116 Vgl. Szöllösi-Janze/Trischler (1990); Ritter (1992); Hevly/Galison (1992).
117 Fraunhofer-Gesellschaft (1983: 71).
118 Protokoll der HK-Sitzung des WTR, 22.10.1980 (FhG, ZA 46).
119 Protokoll der Senatssitzungen, 20.9.1977 und 21.10.1981 (FhG, ZA 31).
120 F+E-Programm 1973/74, undatiert, ca. Oktober 1973 (IfZ, ED 721/54).
121 Hierzu und zum Folgenden Protokolle der Senatssitzungen und der HK-Sitzungen des WTR ab 1974; siehe besonders die Protokolle der HK-Sitzung des WTR, 9.7.1974 (IfZ, ED 721/82) und 4.9.1975 (IfZ, ED 721/83).
122 Siehe auch Fraunhofer-Gesellschaft an Matthöfer, 25.7.1974; Vermerk über ein Gespräch mit der Gesellschaft für Weltraumforschung betreffend Projektträgerschaft für Humanisierung des Arbeitslebens, 3.10.1974 (IfZ, ED 721/131), darin u.a. ein Themenkatalog der Fraunhofer-Gesellschaft zu diesem Programm.
123 Interview mit Keller am 19.7.1996. Gegenüber StS Haunschild gebrauchte er die vorsichtigere und wohl auch treffendere Formulierung, daß die Hälfte der zivilen Institute „in baulicher, personeller und investitionsmäßiger Hinsicht" gut sei, bei der anderen Hälfte gäbe es Probleme, „wobei mit Geduld und Erziehungsarbeit eine Umstellung auf innovationsträchtige Forschung" vorgenommen werden müsse; Vermerk über ein Gespräch, 5.11.1974 (IfZ, ED 721/122).
124 Protokoll der HK-Sitzung des WTR, 9.7.1974 (IfZ, ED 721/84).
125 Undatierte Aufstellung über die Entwicklung der Fachbereiche 1973–1977 (FhG, ZA 31).
126 Protokoll der HK-Sitzung des WTR, 6.7.1979 (FhG, ZA 50).
127 Protokoll der WTR-Sitzung, 22.9.1977 (FhG, ZA 45); Ergebnisbericht über ein Präsidentengespräch zur „Entwicklung der FhG", 31.10.1977 (IfZ, ED 721/85); Protokoll der HK-Sitzung des WTR, 29.11.1977 (FhG, ZA 49).
128 Protokoll der HK-Sitzung des WTR, 29.9.1978 (FhG, ZA 49).
129 Protokoll der Senatssitzung, 4.4.1979 (FhG, ZA 32).
130 Siehe unten S. 176–180.
131 Schulungsvorschläge des Akquisitionsausschusses, undatiert (IfZ, ED 721/201); siehe auch noch Vorträge von Syrbe zum Thema Akquisitionsseminar vor dem WTR; Protokoll der Sitzung, 24./25.6.1975 (IfZ, ED 721/79), und Protokoll der HK-Sitzung des WTR, 4.9.1975 (IfZ, ED 721/83).
132 Protokoll der Senatssitzung, 29.6.1976 (IfZ, ED 721/31); Interview mit Keller am 19.7.1996.
133 Ausführlich Böttger (1993: 172f.); instruktiv mit weiterführender Literatur Dienel (1995).
134 Berger an Keller, undatiert, wohl 16.1.1975. Zahlen nach einem Vermerk von Referat 21

des BMFT für Matthöfer, 30. 12. 1974. Zum Folgenden den Schriftwechsel in der Akte IfZ, ED 721/130.

135 Notizen von Keller zur WTR-Sitzung, 2./3. 12. 1976 (FhG, ZA 45). Zahlen nach Protokoll der Senatssitzung, 20. 9. 1977 (FhG, ZA 31).

136 Protokoll der HK-Sitzung des WTR, 13. 7. 1976 (FhG, ZA 49).

137 Protokoll der Senatssitzung, 21. 10. 1981 (FhG, ZA 34).

138 Zahlen nach einer internen Aufstellung vom 1. 11. 1977 (IfZ, ED 721/129).

139 Statusbericht zum Reaktorsicherheitsforschungsprogramm für den Zeitraum 1.5.1973–31.7.1974 (IfZ, ED 721/129).

140 Vermerk über ein Gespräch von Keller mit StS Haunschild, 5. 11. 1974 (IfZ, ED 721/122).

141 Vgl. Szöllösi-Janze (1990: 276f.).

142 Protokoll der Senatssitzung, 25. 6. 1975 (IfZ, ED 721/58). Zum Bedeutungsverlust des Wissenschaftsrats siehe Berger (1974) und Röhl (1994).

143 Schriftwechsel von Keller mit Hauff vom Oktober 1978 (FhG, ZA 77); hier Keller an Hauff, 6. 10. 1978.

144 Vermerk des BMFT über die Sitzung des Bundestagsausschusses, 15. 3. 1978 (FhG, ZA 77); Fraunhofer-Gesellschaft (1980).

145 Siehe dazu die Presseausschnittssammlung in FhG, ZA 323–330.

146 Fraunhofer-Gesellschaft (1983: 5).

147 Zum Folgenden siehe besonders die instruktive Selbstkritik in der HK-Sitzung des WTR, 28. 10. 1980 (FhG, ZA 50).

148 Siehe unten S. 248–251.

149 Protokoll der Senatssitzung, 5. 11. 1980 (FhG, ZA 33).

150 Vgl. allgemein die schöne Studie von Moore (1982). Zur Forschung siehe zum Beispiel Szöllösi-Janze (1990: 68f.); Rusinek (1996).

151 Fraunhofer-Gesellschaft (1980: 29).

152 Siehe dazu besonders die Debatte in der Senatssitzung, 20. 9. 1977 (FhG, ZA 31).

153 Fraunhofer-Gesellschaft (1980: 27f.).

154 Vorstandsbericht zur Senatssitzung, 20. 9. 1977 (FhG, ZA 22). Zum Folgenden Fraunhofer-Gesellschaft (1980: 28).

155 Zahlenangaben nach der Statistik in ÖTV (1989: 15). Siehe unten S. 310–313.

IV. Die kurzen achtziger Jahre: Expansion und Konsolidierung

1 Jäger/Link (1987: 193f.).

2 Mennicken (1986); Väth (1984); Rilling (1990).

3 BMFT (1984: 26).

4 Vgl. Stucke (1993: 170); Lütz (1993).

5 Hierzu und zum Folgenden die Protokolle der Senatssitzungen, 21.4., 20.10., 27. 11. 1982 (FhG, ZA 34), und 20. 4. 1983 (FhG, ZA 35), sowie das Strategiepapier „Perspektiven für die Entwicklung der FhG bis 1990" für die Vorstandsklausur am 23./24. 8. 1984 (FhG, ZA 30).

6 Protokoll der Senatssitzung, 27. 11. 1982 (FhG, ZA 34).

7 Protokoll der Senatssitzung, 20. 4. 1983 (FhG, ZA 35).

8 Danielmeyer (1983: 8).

9 Bericht des Vorstands und Protokoll der Senatssitzung, 26. 10. 1983 (FhG, ZA 35). Siehe unten S. 189–192.

10 Protokoll der WTR-Sitzung, 8. 6. 1983 (FhG, ZA 46).

11 Forschungspläne der Fraunhofer-Gesellschaft, 1980–1984; Protokoll der HK-Sitzung des WTR, 4. 3. 1983 (FhG, ZA 49).

12 Protokoll der HK-Sitzung des WTR, 30. 9. 1983 (FhG, ZA 52); Interview mit Imbusch am 20. 8. 1996.

13 Protokoll der HK-Sitzung des WTR, 8.3.1984 (FhG, ZA 52).
14 Protokoll der HK-Sitzung des WTR, 3.10.1986 (FhG, ZA 53).
15 Protokoll der HK-Sitzung des WTR, 13./14.9.1984 (FhG, ZA 52); Materialien der Seminare in der Akte FhG, ZA 56; Fraunhofer-Gesellschaft (1990: 50).
16 Protokoll der HK-Sitzung des WTR, 17.9.1986 (FhG, ZA 52). Zu den Zielen und zum Stand der Entwicklung des WAP siehe das Protokoll der WTR-Sitzung, 26.19.1984, mit Anlagen (FhG, ZA 46).
17 ÖTV (1989: 33); Scheifele/Stather (1989); Protokoll der HK-Sitzung des WTR, 9.10.1987 (FhG, ZA 52).
18 Pohl/Scheifele (1991).
19 Protokoll der WTR-Sitzung, 20.10.1989 (FhG, ZA 47). Siehe auch den Zwischenbericht des Ausschusses, 11.3.1991, als Anlage zum Protokoll der HK-Sitzung des WTR, 20.3.1991 (FhG, intern).
20 Vgl hierzu Moore (1982).
21 Protokoll der HK-Sitzung des WTR, 30.9.1983 (FhG, ZA 51).
22 Protokoll der HK-Sitzungen des WTR, 19.8.1986 und 9.10.1987 (FhG, ZA 53).
23 Beschlußvorlage des BMFT zur Überprüfung und Fortschreibung des FhG-Modells vom 20.1.1986 (FhG, ZA 244).
24 Aktenvermerke für Forschungsminister Riesenhuber, 25.6.1984, 13.5.1985 und 23.1.1986 (BMBF, Registratur, AZ 3630/9); Bericht des Präsidenten vor dem WTR, 24.10.1986 (FhG, ZA 46).
25 Protokoll der Senatssitzung, 26.10.1983 (FhG, ZA 35), und der HK-Sitzung des WTR, 30.9.1983 (FhG, ZA 52).
26 Aktenvermerk von BMFT Referat 214 für Minister Riesenhuber vom 25.6.1984 (BA, B 196/96829) mit Planungsunterlage der Fraunhofer-Gesellschaft vom 31.12.1983.
27 Protokoll der HK-Sitzungen des WTR, 12.1.1989 und 15.3.1989 (FhG, ZA 53).
28 Aktenvermerke von MinDirig. Munz (BWMWi) über Besprechungen mit Syrbe am 18.1., 9.2. und 10.4.1989 (BWMWi 8036/263 und 294).
29 Protokoll der Senatssitzung, 20.4.1989 (FhG, ZA 39).
30 Aktenvermerk von MR Maute (BWMWi) über die Sitzung des Ausschusses Fraunhofer am 10./11.5.1989 (BWMWi 8036/304).
31 Protokoll der Senatssitzung, 20.4.1989 (FhG, ZA 39). Siehe auch Interview mit Warnecke am 23.5.1997; ÖTV (1989: 29).
32 Vgl. Lindner/Pèstre (1996).
33 Vortrag von Roland Berger „Chancen und Grenzen der Kooperation von Unternehmensberatung und angewandter Forschung" als Anlage zum Protokoll der WTR-Sitzung, 21.10.1988 (FhG, ZA 47); Protokoll der Vorstandsklausuren, 23./24.9.1986 und 6./7.7.1988, dort Zitat (FhG, ZA 30).
34 MinDir. Jaspers (BStMWV) an Syrbe, 28.8.1987 (FhG, ZA 88). Hierzu und zum Folgenden auch Überlegungen zur Gründung einer Fraunhofer-Management-Gesellschaft als Tochtergesellschaft der Fraunhofer-Gesellschaft, 12.10.1988, und Protokoll der Senatssitzung, 20.4.1988 (FhG, ZA 38).
35 Protokoll der Senatssitzung, 18.10.1989 (FhG, ZA 39).
36 Protokoll der HK-Sitzung des WTR, 22.9.1989 (FhG, ZA 47); Protokoll der Senatssitzung, 27.10.1993 (FhG, intern); Interviews mit Bergner, Syrbe, Warnecke, Seelmann und Munz.
37 Szöllösi-Janze (1990: 329f.).
38 Zahlen nach der Statistik im Fünf-Jahres-Bericht der Fraunhofer-Gesellschaft (1990: 48).

V. Auf dem Weg in das 21. Jahrhundert: die Fraunhofer-Gesellschaft in den neunziger Jahren

1 Protokoll der Senatssitzungen, 20.4. und 18. 10. 1989 (FhG, ZA 39); Fraunhofer-Gesellschaft (1990); Syrbe (1991); Protokoll der WTR-Sitzungen, 19.4. und 20. 10. 1989 (FhG, ZA 47).
2 Siehe dazu von Brauns instruktive Studie (1994).
3 Riesenhuber an Syrbe, 28. 1. 1988 (FhG, ZA 80). Siehe oben S. 181f.
4 Syrbe (1991: 17); Furet (1996); Tenfelde (1991); Fukuyama (1992).
5 Siehe die Diskussion in der Senatssitzung am 18. 10. 1989 (FhG, ZA 39).
6 Zahlen nach Steiner (1995: 144).
7 AdW, Jahrbuch 1989, zitiert nach Ritter (1992: 120); Zahlen nach Mayntz (1994: 39f.); vgl. dies./Schimank/Weingart (1995); Bentley (1992); Stark (1997); Kocka/Mayntz (1998).
8 Zuletzt Bulmahn (1997); Bierwisch (1998).
9 Wissenschaftsrat (1992: 51); zur allgemeinen Thematik vgl. Kocka (1998a) und Mayntz (1998).
10 WTZ-Abkommen vom 8. 9. 1987. Noch im Oktober 1989 hatte die DDR dem BMFT eine Zusammenarbeit zum Thema Mikromechanik vorgeschlagen, an dem die Fraunhofer-Institute für Festkörpertechnologie und für Physikalische Meßtechnik mitwirken sollten; Böhringer (BMBF) an Polter, 3. 11. 1989 (FhG, intern).
11 Rembser (1991: 29).
12 Imbusch an Kaye (BMBF), 23. 11. 1989; Syrbe an Rembser und Knoerich (BMBF), 9. 1. 1990 (FhG, intern).
13 Kaye an Polter, 15. 1. 1990 (FhG, intern).
14 Positionspapier von Polter und Syrbe: „Verstärkung der Zusammenarbeit mit Forschungseinrichtungen in der DDR", 21. 2. 1990 (FhG, ZA 61); Protokoll der Besprechungen zwischen Budig und Syrbe, 23.1. und 13./14. 2. 1990 (FhG, intern); BMFT-Pressereferat: „Deutsche Forscher finden zueinander", Mitteilung 6/90 vom 14. 3. 1990. Zum Sofortprogramm siehe auch Fraunhofer-Gesellschaft (1990a: 68f.).
15 Protokoll der Sitzung des Präsidialarbeitskreises im BMFT, 5. 3. 1990; Positionspapier von Imbusch: „Analyse der DDR-Forschungslandschaft mit dem Ziel der Identifikation potentieller FhG-Arbeitsgruppen und Fh-Institute", 11. 7. 1990; Positionspapier, 20. 8. 1991 (FhG, intern). Zur Debatte in der HK des WTR siehe das Protokoll der HK-Sitzung, 26. 9. 1990, in der das Konzept ohne Einschränkungen angenommen wurde (FhG, intern).
16 Ergebnisvermerk über das Gespräch BMFT – Fraunhofer-Gesellschaft, 13. 9. 1990 (BMBF, Registratur, AZ 3630/10).
17 Positionspapier von Imbusch, 11. 7. 1990 (FhG, intern).
18 Übersicht über Fraunhofer-Einrichtungen in den neuen Ländern und in Berlin von Imbusch, 19. 3. 1991 (FhG, intern).
19 Mayntz (1994: 169) sieht den wichtigsten Grund für die Planungsdominanz der Fraunhofer-Gesellschaft darin, daß sich für den Wissenschaftsrat sehr schnell das Problem in den Vordergrund schob, „für Zuordnungsempfehlungen, die sachlich sinnvoll erschienen, bei den ins Auge gefaßten Trägern Zustimmung zu finden".
20 Ergebnisvermerk über eine Besprechung von Syrbe mit Riesenhuber, 20. 8. 1991 (BMBF, Registratur, AZ 3630/10 Sonderband II); Sprechzettel Riesenhubers für die Pressekonferenz, 2. 11. 1992 (ebd., Bd. I).
21 Fraunhofer-Gesellschaft (1996: 24).
22 Siehe hierzu auch unten S. 341–347.
23 Protokoll der Besprechung im BMFT, 18. 1. 1990 (BMBF, Registratur, AZ 3630/10 Sonderband II).
24 Protokoll der Besprechung im BMFT, 15. 2. 1990, mit vorbereitendem Schriftwechsel (BMBF, Registratur, AZ 3630/10 Sonderband II).

25 Ergebnisvermerk über eine Besprechung von Syrbe mit Riesenhuber, 20.8.1991 (ebd.); Protokoll der Senatssitzung, 23.10.1991 (FhG, intern).
26 Interner Vermerk von Riesenhuber, 4.9.1991 (BMBF, Registratur, AZ 3630/10 Sonderband II).
27 Vermerk von Riesenhuber zur Fortschreibung des Fraunhofer-Modells für den Zeitraum 1992–1995, 9.3.1992 (ebd.).
28 Ergebnisvermerk über das Treffen von Riesenhuber mit den Fraunhofer-Institutsleitern am 25.9.1992 (BMBF, Registratur, AZ 3630/10 Sonderband I).
29 Vermerk von MinDir. Strub für das Gespräch von Riesenhuber mit Warnecke am 8.10.1992 mit Randnotizen von Riesenhuber (BMBF, Registratur, AZ 3630/10 Sonderband I).
30 Vermerk von Referatsleiter 214 für Riesenhuber, 30.10.1992, Imbusch an König (BMBF), 27.10.1992, mit Datenmaterial und Zahlen (BMBF, Registratur, AZ 3630/10 Sonderband I).
31 Sprechzettel Riesenhubers für die Pressekonferenz am 2.11.1992 (ebd.).
32 Zum Folgenden interne Materialien der Fraunhofer-Gesellschaft.
33 Protokoll der Senatssitzung, 17.10.1990 (FhG, intern).
34 Fraunhofer-Gesellschaft (1996: 80).
35 Vgl. Szöllösi-Janze (1990: 276f.); Hohn/Schimank (1990: 280).
36 Siehe unten S. 282f.
37 Vorlage von Referat 214 für das Ministergespräch mit den Institutsleitern der Fraunhofer-Gesellschaft, 23.9.1992 (BMBF, Registratur, AZ 3630 Sonderband I); Fraunhofer-Gesellschaft (1996: 43).
38 Fraunhofer-Gesellschaft (1996: 88, 90).
39 Protokoll der Senatssitzung, 24.4.1996 (FhG, intern).
40 Fraunhofer-Gesellschaft (1996: 90f.); Protokoll der Senatssitzung, 16.4.1997 (FhG, intern). Handfeste Friktionen haben sich jüngst trotz eines bereits bestehenden Kooperations-Rahmenvertrags mit der TU Dresden über die Gründung des Fraunhofer-Anwendungszentrums für Verarbeitungsmaschinen und Verpackungstechnik des Instituts für Lebensmitteltechnologie und Verpackung ergeben; Schriftwechsel zwischen der Fraunhofer-Gesellschaft und der TU Dresden, Juni 1995 bis September 1996 (FhG, intern).
41 Interview mit Seelmann am 23.2.1996; Protokoll der 57. Sitzung des Ausschusses Fraunhofer-Gesellschaft, 3.5.1995 (FhG, intern).
42 Aktenvermerk für das Gespräch von StS Ziller mit Warnecke, 4.12.1995; Warnecke an Rüttgers, 30.5.1995 (beides BMBF, Registratur, AZ 3630/11).
43 Siehe etwa Kieser/Kubicek (1983). Zur Kritik Plumpe (1996).
44 Protokoll der HK-Sitzungen des WTR, 18.12.1991, 18.3. (Zitat) und 23.6.1992 (FhG, intern). Dem Arbeitskreis gehörten Imbusch (federfuhrend), Grupp, Herziger, Sommer und Warnecke an.
45 Protokoll der WTR-Sitzung, 23.10.1992 (FhG, ZA 47).
46 Fraunhofer-Gesellschaft (1993: 27, 31, 33).
47 Protokoll der HK-Sitzung des WTR, 16.9.1992 (FhG, intern). Zur Leitbildforschung vgl. allgemein Dierkes/Hoffmann/Marz (1992).
48 Siehe hierzu unten S. 347–350.
49 Protokoll der HK-Sitzung des WTR, 23.3.1994 (FhG, intern).
50 Protokoll der HK-Sitzung des WTR, 5.2.1996 (FhG, intern).
51 Fraunhofer-Gesellschaft (1993: 36).
52 Protokoll der HK-Sitzungen des WTR, 28./29.3.1993, 15.9.1994 und 22.3.1995 (FhG, intern).
53 Interview mit Imbusch am 20.8.1996.
54 Fraunhofer-Gesellschaft (1996: 51); siehe auch das Protokoll der Senatssitzung, 24.4.1996 (FhG, intern); BMBF (1996: 29).
55 Protokoll der HK-Sitzungen des WTR, 5.2.1996 (FhG, intern).

56 GBR (1991: 20); Fraunhofer-Gesellschaft (1993: 37f.).
57 Protokoll der HK-Sitzung des WTR, 15.9.1994 (FhG, intern).
58 Fraunhofer-Gesellschaft (1993: 39); Materialsammlungen zu den Führungsseminaren (FhG, ZA 60).
59 So Syrbe in seinem Bericht vor dem Senat am 21.10.1992 (FhG, intern).
60 Bericht des Vorstandes vor dem Senat am 21.4.1993 (FhG, intern). Siehe auch unten S. 321.
61 Protokoll der HK-Sitzung des WTR, 5.2.1996 (FhG, intern); zu den von Rüttgers formulierten Leitlinien vgl. BMBF (1996a).
62 Siehe dazu den Fragenkatalog des BMF und die Antwort des BMBF, 13.12.1996 (FhG, intern, Entwurf), und die Debatte in den Senatssitzungen am 24.4. und 31.10.1996 sowie im Ausschuß Fraunhofer-Gesellschaft am 20.9.1996 (FhG, intern); Fraunhofer-Gesellschaft (1996: 67f.). Gleicher Ressourceneinsatz insinuiert, daß im Erfolgsfall die institutionelle Förderung real unverändert belassen wird.
63 Protokoll der 55. Sitzung des Ausschusses Fraunhofer-Gesellschaft, 22.6.1994 (FhG, intern).
64 Protokoll der HK-Sitzung des WTR, 23.3.1994 (FhG, intern).
65 Zahlen und weiterführende Literatur nach Wengenroth (1997).
66 Zuletzt Fraunhofer-Gesellschaft (1996: 10, 56).
67 Bericht des Vorstands vor dem Senat, 25.10.1995 (FhG, intern); Grupp (1995).
68 Vgl. dazu vom Brocke/Laitko (1996).
69 Erste Erfahrungen mit einer Kommission für das Fraunhofer-Institut für Toxikologie und Aerosolforschung werden diskutiert im Protokoll der HK-Sitzung des WTR am 15.9.1994 (FhG, intern).
70 Chandler (1962; 1990).
71 Protokolle der WTR-Sitzungen, 23.6.1992, 23.10.1992 und 29.10.1993; Protokolle der HK-Sitzungen des WTR, 20.3.1991 und 19.9.1995 (alle FhG, intern).

VI. Ein Sonderweg – Verteidigungsforschung im Wandel

1 Vgl. Krüger (1993: 108).
2 Interne Mitteilung Dienststelle Blank: „Geldmittel für Forschung, Entwicklung und Musterherstellung", 13.2.1954 (BA-MA, BW 9/4079): „Beim Haushalt des BMWi für 1954 [...] sind 12 Mio. DM ‚für Forschungszwecke der Rüstung' vorgesehen. [...] In *erster Linie* müssen die bereits vorhandenen militärischen und rüstungswirtschaftlichen Forderungen befriedigt werden [...] Erst in zweiter Linie sind Sorgen einzelner Forscher, Konstrukteure oder Arbeitsgruppen zu beachten. [...] Parallel hierzu bitte ich eine Kopplung militärischer Entwicklungs- und Forschungswünsche mit zivilen [...] vermehrt ins Auge zu fassen."
3 Leitsätze für die Zusammenarbeit zwischen BMWi und dem Verteidigungsressort, 2.11.1954 (BA-MA, BW 9/3758).
4 Von Lützow, „Gedanken zur Notwendigkeit eines technisch-wissenschaftlichen Generalstabs", 19.10.1955; Vermerk Rentrop über Besprechung mit StS Rust, 20.10.1955 (BA-MA, BW 1/5713).
5 VDI-Vorschlag zur Organisation des Verteidigungsministeriums, 14.12.1955 (BA-MA, BV 3/5714); Memorandum des BDI über verteidigungswirtschaftliche Probleme, 16.1.1956 (BA-MA, BV 3/5713); ehemaliger MinDir. im RLM Steinmann an Bundesregierung, 1.5.1956 (BA-MA, BW 1/5714).
6 Vermerk: „Unterabt. X/B-Forschung wird mit Wirkung vom 1.1.1956 gebildet", 21.12.1955 (BA-MA, BW 1/5713).
7 Vgl. Hermand (1986: 534f.); Haftendorn (1986: 162f.).
8 Vgl. „Kampagne gegen Wehrforschung" (BA-MA, BW 1/234193); siehe auch Rilling (1969).

9 Vgl. Vermerk: „Öffentlichkeitsarbeit des BMVg, Maßnahmen gegen Presseangriffe auf die Wehrtechnische Forschung“, 6.4.1970; Brief des BND an das Verteidigungsministerium, 9.4.1970. Durch seine Enthüllungen „im DDR Fernsehen [...] hatte Petras international erhebliches Aufsehen erregt“ (BA-MA, BW 1/234193).

10 Vgl. auch Schreiben des IAe an die Fraunhofer-Zentralverwaltung, 13.1.1969 (IfZ, ED 721/218). „Wie aus allen Zeitungsmeldungen zu ersehen ist, kommt es Herrn Dr. Petras mehr oder weniger auf eine Verleumdung des Instituts an.“

11 Epp an den Senatsvorsitzenden Berg, 15.8.1969 (IfZ, ED 721/218).

12 Institutsleiter Möllenstedt an Epp, 12. und 15.6.1969, mit Flugblatt „Warum braucht Möllenstedt Bullen?“ (IfZ, ED 721/217).

13 Vgl. „Informationen über Institut für Aerobiologie“ von IAe-Mitarbeitern 1969; Vermerk vom 2.3.1970: „Die Verteidigungsforschung läuft [...] Gefahr, ihren Platz in der freien Forschung einzubüßen“ (IfZ, ED 721/218). Vgl. auch BMVg-Hausmitteilung, 30.6.1970: „Um eine sach- und fachgerechte Unterrichtung der Öffentlichkeit zu erreichen, schaltete das Informations- und Pressezentrum [des BMVg] in einer Gegenaktion u.a. auch das ‚Magazin‘ des Zweiten Deutschen Fernsehens ein.“ (BA-MA, BW 1/234194).

14 Vgl. oben S. 69–79, zur Vermögensfrage auch die Ausführungen von Piloty in der Senatssitzung am 5.5.1958 (IfZ, ED 721/35).

15 Aktenvermerk zum IEW beim Baden-Württembergischen Wirtschaftsminister, 4.8.1954 (BA-MA, BW 9/4079); zur Bedingung Baden-Württembergs, eigene Mittel nur unter Fraunhofer-Verwaltung bereitzustellen, rückblickend Hederer an Petters (Fraunhofer-Verbindungsmann zum BMVg in Bonn), 29.1.1959 (IfZ, ED 721/102).

16 Schreiben der Interessengemeinschaft Elektrowerkstoffe, 25.2.1955 (BA-MA, B 126/2029). Für Verteidigungsforschung wurden im BMWi für 1955 11 Mio. DM angemeldet, darunter 900000 DM für Schardins Institut in Heidelberg.

17 Zwei Schlüsseldokumente finden sich in IfZ, ED 721/102. Hederer an den Leiter des Referats TII4 im BMVg, 19.3.1956: „Die Fraunhofer Gesellschaft ist bereit, für Ihr Ministerium die Betreuung von Einzelforschern, vor allem in Richtung einer ordnungsgemäßen Verwaltung der Mittel zu übernehmen, oder bei Instituten in ähnlicher Weise in Funktion zu treten, wie dies im Fall Prof. Schardin geplant ist. [...] Die Fraunhofer Gesellschaft ist in der Lage, bestimmte Spezialfragen zu bearbeiten oder die Führung von Instituten zu übernehmen, die ausserhalb des Rahmens Ihres Ministeriums liegen, wenn bestimmte Gründe dafür sprechen, solche Aufgaben nicht direkt durch Ihr Ministerium zu behandeln.“ In einem weiteren Schreiben von Hederer vom 23.3.1956 heißt es, das positive Urteil Hennenhöfers und des Bayerischen Wirtschaftsministeriums habe dazu geführt, „daß unsere Gesellschaft offiziell vom Bundesverteidigungsministerium, vom Bundeswirtschaftsministerium und vom Wirtschaftsministerium des Landes Baden-Württemberg beauftragt worden ist, das Institut für angewandte Physik von Prof. Schardin in Freiburg aufzubauen und die gesamte Verwaltung zu übernehmen. [...] Wie Herr Lützow mitteilte, ist dies das größte Projekt, das das Verteidigungsministerium aufbauen will und es freut mich ganz besonders, daß diese Aufgabe unserer Gesellschaft gegeben worden ist, nachdem sich andere Verbände wie die AiF und die DFG sehr um diese Dinge bemüht hatten.“ Vgl. ferner Vermerk über Aufgaben des IEW, 21.3.1957, wonach die Aufgaben von Mecke aus den vorgesehenen BMVg-Zuschüssen finanziert würden, doch seien auch Zuschüsse aus dem BMWi und seitens der Industrie zu erwarten (IfZ, ED 721/461).

18 Petters an Epp, 27.6.1960 (IfZ, ED 721/102).

19 Siehe den Besprechungsvermerk vom 5.10.1961, wonach eine wissenschaftliche Werbung des IAe unerwünscht sei und die Arbeit des Instituts „im Stillen zu geschehen“ habe (IfZ, ED 721/103).

20 Vermerk zur Verwaltungshilfe, 29.6.1961 (IfZ, ED 721/103): „Während die Struktur und Aufgabenstellung der Freiburger Institute keine Schwierigkeiten bietet, hat sich dies in

gewissem Sinne bei den Instituten von Dr. Bisa und Dr. Meyer herausgestellt. Die Ursache hierfür dürfte vor allem darin liegen, daß die Themen, die von diesen Instituten im Auftrage des BMVtg bearbeitet werden, einer Geheimhaltung unterliegen. [...] Während Herr Bisa sich als Angehöriger unserer Gesellschaft betrachtet und unsere Interessen verfolgt, versucht Herr Dr. Meyer die ungeklärte Situation auszunützen. Er strebt anscheinend für sein Institut eine Bundesanstalt an außerhalb der FhG, wobei ihm [...] jedes Mittel recht ist. Außerdem versucht er, da er oft im Ministerium zu tun hat, immer wieder unsere Verwaltungshilfe dort schlecht zu machen."

21 Vermerk zur Verwaltungshilfe, 13.7.1960 (IfZ, ED 721/102); Schreiben der drei Präsidenten Leussink, Butenandt und Hesse im Juli 1962 wegen Verteidigungsforschung (BA-MA, BV 3/18906).

22 UAL T II Klinker an Staatssekretär, 29.6.1965 (BA-MA, BV 3/18836): „Dem BMVtg wurde die Bildung einer eigenen Trägergesellschaft für von ihm gebildete Spezialinstitute und für die Verwaltungshilfe gegenüber diesen und einzelnen Forschern anempfohlen, was mit hoher Wahrscheinlichkeit die Auflösung der restlichen FhG zur Folge gehabt hätte. Tatsächlich muss auch bei wohlwollender Betrachtung, wie sie unser Haus stets geübt hat, zugegeben werden, dass der Wert der FhG für das BMVtg ausschliesslich in einer relativ einfachen Verwaltungshilfe lag. [...] Das BMVtg stand damit Anfang 1964 vor der schwierigen Wahl, entweder eine eigene neue Trägergesellschaft zu gründen, oder die FhG Lösung gegen den zähen [...] Willen des Wissenschaftsrats durchzusetzen. [...] Die Gefahr der Isolierung und unrationeller Doppelarbeit schien aber unverantwortlich gross. So wurde der Versuch gewagt, die FhG zur Reformierung zu veranlassen. [...] Von den 31 Mio. DM, die die FhG in 1964 ausgegeben bzw. bei sich durchgeleitet hat, stammen zwei Drittel vom BMVtg [offiziell beim BMWi-Haushalt verbucht], weil das BMVtg wegen der noch bestehenden Ressentiments in der Wissenschaft gegen die Verteidigung daran interessiert ist, die FhG nicht als einseitig mit dem BMVtg verheiratet erscheinen zu lassen."

23 Entwurf Klinkers für eine Neuorganisation der Verteidigungsforschung, 15.11.1966 (BA-MA, BV 3/18906).

24 Siehe dazu die Akte BA, B 136/6669.

25 Hederer an Schardin, 5.4.1954, Schardin an Hederer, 18.4.19545; Niederschrift der Besprechung Fraunhofer-Gesellschaft – Schardin im Landesgewerbeamt Baden-Württemberg, 4.11.1955 (IfZ, ED 721/471); Vermerke, 4.6.1956 und 1.8.1960 (IfZ, ED 721/475).

26 „1966/67: I Festkörperphysik, II Halbleiter -> Gallium-Arsenid, III Kristallphysik, IV Luminiszenzphysik, V I[nfra]R[ot]-Strahlungsphysik, VI Mikrowellenphysik, VII Materialanalyse, Arbeitsgruppe Flüssige Kristalle -> Display." Hierzu Mecke an Epp, 3.11.1958 (IfZ, ED 721/461).

27 Epp an Mecke, 15.10.1963 (IfZ, ED 721/461). Besprechung mit BMVg, 22.9.1965, wegen Nachfolge Mecke: „Entsprechend dem Titel des Instituts muß der Nachfolger aus der Sicht des BMVtdg (von dem das IEW fast ausschließlich finanziert wird) Festkörperphysiker mit Schwergewicht auf dem Gebiet der Elektrowerkstoffe und mit ‚Infrarotintensionen' sein." (IfZ, ED 721/469).

28 Glupe an Bisa, 13.4.1964 (BA-MA, BV 3/18922).

29 Vermerk Vorwald, Technik, militärische Planung und Industrie, 18.6.1956 (BA-MA, BW 1/5714).

30 Unfallanzeige Helene Bisa an Berufsgenossenschaft, 3.1.1966 (BA-MA, BV 3/18922), deren schwere gesundheitliche Schädigungen „mit Sicherheit" auf das Unfallereignis im Januar 1962 zurückzuführen seien; ebd. auch Bericht der Univ.-Nervenklinik Marburg zur Berufserkrankung Dorl.

31 Prüfung IAe, 27.10.1966 (BA-MA, BV 3/18924); vgl. auch Vorschläge zur Neuordnung des IfA (IAe), 25.6.1964 (BA-MA, BV 3/18921). Zum Unfall auch Vermerk vom Januar 1966 (BA-MA, BV 3/18922). Vgl. auch StS Berkhan an MdB Gierenstein, 19.1.1971 (BA-MA, BW 1/234195).

32 Interview mit Schubert am 30.9.1997.
33 Meyer an BMVg, 8.7.1957 (BA-MA, BV 3/18805).
34 Meyer an Glupe wegen Beschädigungen im Institut durch Gasstöße, 19.4.1962 (BA-MA, BV 3/18912); Meyer an Glupe wegen Schwadenbelästigung der Anwohner, 31.8.1964 (BA-MA, BV 3/18910).
35 Schubert an Fraunhofer-Zentralverwaltung, 15.11.1972 (IfZ, ED 721/103).
36 Meyer an Glupe, 27.6.1962 (BA-MA, BV 3/18912); Meyer an Dieberg, 24.1.1964 (BA-MA, BV 3/18910).
37 Aktennotiz Gespräch Epp und Glupe, 29.5.1963 (IfZ, ED 721/104).
38 Interview mit Schubert am 30.9.1997.
39 Ministervorlage, 3.9.1963 (BA-MA, BV 3/18909).
40 Vermerk über Sitzung der AG Chemische Antriebe in der Kommission für Raumfahrttechnik in Frankfurt, 28.11.1961 (BA-MA, BV 3/18 1912). Vgl. Trischler (1992).
41 Beschwerde Meyers an Glupe über die Fraunhofer-Gesellschaft, 27.5.1961 (BA-MA, BV3/10126); Aktennotiz Epp, 29.6.1961 (IfZ, ED 721/103); Meyer an Epp, 2.9.1965 (IfZ, ED 721/104); vertrauliche Notiz Meyers für Dieberg, 27.4.1964 (BA-MA, BV 3/18909).
42 Aktennotiz Epp, 19.12.1960 (IfZ, ED 721/102). Meyer an Fraunhofer-Präsident Mohr, 31.10.1969: Zusätzlich zur Grundfinanzierung beziehe das ICT Aufträge aus der öffentlichen Hand mit 5% und aus der Privatindustrie mit 1% des Etats; Schubert an Mohr, 29.5.1972: Das BMVg genehmige erst seit 1970 Aufträge Dritter in Höhe von 15% des Wirtschaftsansatzes. Ferner Notiz Meyers für Dieberg, 27.4.1964 (FhG, ZA 369).
43 Kolloquiumsprotokoll, 5.6.1972 (FhG, ZA 369).
44 Vgl. Interview mit Schubert am 30.9.1997.
45 Schreiben des Ausschußvorsitzenden Aschoff mit Bericht an Minister Stoltenberg, 16.6.1969 (IfZ, ED 721/215).
46 Epp (1984: II, 56f.).
47 Forschungsminister Ehmke an Verteidigungsminister Leber, 14.2.1973 (FhG, ZA 369).
48 BMFT an den Fraunhofer-Vorstand, 17.12.1973; Abkommen als Anlage (FhG, ZA 369).
49 Vgl. hier die grundsätzlichen Überlegungen im BMVg, internes Schreiben des Abteilungsleiters Rüstungsforschung (Rüfo) 5 an Rüfo 1, 18.9.1984: „Durch die Grundfinanzierung [...] zu Lasten des Bundes [...] werden mit hoher Wahrscheinlichkeit dritte Auftraggeber klammheimlich und wettbewerbswidrig (!) aus der Bundeskasse ‚subventioniert'." Die Rechnungsprüfungsstelle sollte „diese ganze FhG-Praxis durchleuchten, damit öffentliche Gelder wirklich nur zweckbestimmt und nur im öffentlichen Interesse ausgegeben werden" (BA-MA, Rü T I,3, 71 01 05).
50 Brief Rüfo 1 an Keller/Epp, 16.5.1976 (FhG, ZA 369).
51 BMFT-Vermerk, 3.9.1979 (FhG, ZA 369).
52 Interview mit Keller am 19.7.1996.
53 Rüfo 1 an den Vorstand der Fraunhofer-Gesellschaft, 8.12.1981 (FhG, ZA 369).
54 Bericht des Vorstands vor dem Senat, 21.4.1982 (FhG, ZA 34).
55 Vgl. die Auseinandersetzungen zwischen Forschungsabteilungen Rüfo 2 und Rüfo 3, 18.7.1983 (BA-MA Rü T I,3, 71-01-05).
56 Memorandum zum Gespräch Leitung BMVg – Fraunhofer-Vorstand, 14.5.1984; Thesenpapier zur Verteidigungsforschung, 28.6.1983; Auflistung einzelner Forschungsvorhaben in Tischvorlage für Gespräch BMVg – Fraunhofer-Gesellschaft, 26.2.1982 (FhG, intern).
57 Vorlage an den Vorstand, 4.11.1986 (FhG, intern).
58 Protokoll der ICT-Kuratoriumssitzung, 16.11.1982 (FhG, intern).
59 Zusammenstellung Projektzugänge in den zivilen Abteilungen, 11.1984–4.1989 (FhG, intern).
60 Bewilligungsliste, Gesamtvorgang 1985–1989, 10.10.1988 (BA-MA, Rüfo 1 71-01-01).

61 „Beitrag zu einem Forschungsprogramm des BMVg", 20.8.1984; StS Timmermann an Präsident Syrbe, 7.2.1985 (FhG, intern).
62 Rüfo 3, Übersicht möglicher Forschungsaufgaben, 14.8.1987 (FhG, intern).
63 Mit Schreiben an Minister Wörner vom 5.5.1987 listete Präsident Syrbe nach einer Kontroverse mit StS Timmermann die zentralen Einwände der Fraunhofer-Gesellschaft gegen eine Rückführung der institutionellen Förderung auf; dazu auch Bericht des Vorstands vor dem Senat, 21.10.1987 (FhG, ZA 37).
64 IEW-Kuratoriumssitzung, 3.3.1967 (IfZ, ED 721/469).
65 Goetzberger an MR Schulze (BMVg), 15.5.1967 (IfZ, ED 721/467).
66 Schreiben eines Institutsmitarbeiters an den DFG-Präsidenten Speer, 8.6.1967 (IfZ, ED 721/467).
67 Goetzberger an Präsident Mohr, 28.10.1970 (IfZ, ED 721/467): „Wir erhalten die Finanzierung vom BMVtg mit einer sehr losen Zweckbestimmung, die uns weitgehend Freiheit in der Wahl unserer Projekte erlaubt. Wir sind in der Lage, wichtige Forschungsergebnisse sofort zu veröffentlichen. Gleichzeitig erfüllen wir durch unsere Gutachtertätigkeit für das BMVtg eine höchst wichtige Funktion. [...] Diese Tätigkeit bringt gleichzeitig einen engen Kontakt mit der Industrie auf sehr breiter Basis mit sich, der sich förderlich auf die Relevanz der Arbeiten im Institut auswirkt. Würde nun diese Gutachtertätigkeit als Folge der Übernahme in das BMBW wegfallen oder stark eingeschränkt werden, dann fiele für das BMVtg ein wesentlicher Grund fort, die finanzielle Unterstützung unseres Instituts aufrecht zu erhalten. [...] Durch Industrieverträge hätten wir eine wesentlich restriktivere Politik bezüglich Veröffentlichungen einzuschlagen und würden wahrscheinlich effektiv geringeren Kontakt zur Industrie haben als bisher, da wir uns dann auf einige wenige, aber intensiv bearbeitete Verträge konzentrieren müßten. [...] Ich verkenne andererseits nicht die großen Vorteile, die in einer engeren Bindung zum BMBW liegen. Diese sehe ich vor allem in besseren Beziehungen zu Universitäten und zur Öffentlichkeit im allgemeinen und in einer Erleichterung der Personalpolitik, wo uns der BAT schwer auf der Seele lastet."
68 Kuratoriumssitzung, 20.2.1970 (IfZ, ED 721/467).
69 Vermerk bei IaFP-Kuratoriumssitzung, 25.2.1972 (FhG, ZA 356). Vgl. Vermerk zur Überleitung in die BMBW-Grundfinanzierung, 24.2.1972 (FhG, ZA 356): „Während beim ICT in Anbetracht der fast ausschließlichen Wehrbezogenheit noch Überlegungen im Gange sind, hat sich das BMVg für die beiden anderen Institute schon auf eine Überleitung [der Grundfinanzierung] eingestellt."
70 Kuratoriumssitzung, 26.3.1974 (IfZ, ED 721/467).
71 Vortrag Keller: „Kritische Selbstdarstellung der FhG", 2.9.1975 (FhG, intern).
72 Keller an Strathmann im BMVg sowie an Goetzberger, jeweils 16.7.1976; Strathmann an Keller, 5.8.1976 (FhG, intern).
73 Runge (BMVg) an Keller, 13.8.1982 (FhG, intern).
74 StS BMVg an StS BMFT, 26.10.1982 (FhG, ZA 69).
75 Vgl. Schreiben von Fraunhofer-Präsident Syrbe an den Baden-Württembergischen Finanzminister, 20.3.1984 (FhG, intern).
76 Protokoll der Senatssitzung, 25.4.1990 (FhG, intern).
77 Leitpunkte für IL-Tagung im BMVg, 8.5.1991 (FhG, intern).
78 Protokoll der Senatssitzung, 27.10.1993 (FhG, intern).
79 Senatssitzung, 26.–28.10.1994 (FhG, intern).
80 Diskussionsbeitrag Heyden im Senat, 17.10.1990 (FhG, intern).
81 Jahresrückblick ICT 1990/91 (FhG, intern).
82 Heyden auf der Senatssitzung, 29.4.1992 (FhG, intern).
83 Fraunhofer-Gesellschaft (1995: 39f.).
84 Bericht des Vorstands vor dem Senat, 24.4.1996 (FhG, intern).
85 Interview mit Warnecke am 23.5.1997.

VII. Vertragsforschung im internationalen Vergleich

1 Vgl. Wengenroth (1995). Siehe auch oben S. 20f.
2 Nelson (1993); Freeman (1997); Porter (1990); Lundvall (1992).
3 Es ist kaum mehr möglich, ein vollständiges Bild der deutschen Forschungslandschaft zu zeichnen; neben der bereits erwähnten Literatur sei hier im speziellen auf Geimer (1995); Krull/Meyer-Krahmer (1996); Keck (1993); Hohn/Schimank (1990) und Lundgreen (1986) verwiesen.
4 Aus der Fülle der Literatur besonders Fox/Weisz (1980); Shinn (1981).
5 Chesnais (1993); OECD (1985); Salomon (1986).
6 Zahlen aus der Homepage des CNRS: http://www.auteuil.cnrs-dir.fr/ (April 1997).
7 Vgl. Caron (1979); Gilpin (1968); McDougall (1985).
8 Als instruktive Fallstudie vor allem Chanaron (1989); daneben besonders Sternberg (1995).
9 Vgl. hierzu auch die Übersicht von Vertragsforschungseinrichtungen in der Europäischen Gemeinschaft vom August 1988 (FhG, ZA 228).
10 Vgl hierzu auch die Fallbeispiele für Frankreich bei Duckworth (1991). Zum deutsch-französischen Vergleich auch Colletis (1990).
11 Als Überblick Chesnais (1993: 204); Reinhard/Schmalholz (1996: 182f.).
12 ANVAR (1994: 4).
13 Siehe unten S. 267.
14 Vgl. Reinhard/Schmalholz (1996: 192f.).
15 Zur Geschichte der TNO siehe den Kurzabriß von van de Schootbrugge (1996).
16 Vgl. allgemein Jones/Schröter (1993).
17 Reinhard/Schmalholz (1996: 195).
18 Hughes (1991); Hounshell (1984).
19 Geiger (1986); Hounshell/Smith (1988); Erker (1990); zuletzt: Hounshell (1996).
20 Mowery/Rosenberg (1991); Kahn (1986); Boehm/Groner (1986).
21 Siehe dazu exemplarisch van Keuren (1992) sowie meinen vergleichenden Überblick: Trischler (1996).
22 Aktuell zur Geschichte der OSRD und der Wissenschaftsorganisation der USA im Zweiten Weltkrieg: Zachary (1997), für die Nachkriegszeit besonders Kleinman (1995). Zum SRI vgl. Gibson (1980).
23 Aus einer wahren Flut von Literatur besonders Mowery/Rosenberg (1993); Galison/Hevly (1992); Leslie (1993). Zur Geschichte der Vertragsforschung in den USA vgl. Danhof (1968), Lieske (1999a).
24 Vgl. hierzu auch Tabelle 6 auf S. 269.
25 Siehe u.a. Guston/Keniston (1994); Schimank/Stucke (1994); Mittelstraß (1994). Zum deutsch-amerikanischen Vergleich siehe die instruktive Übersicht von Abramson/Encarnação /Reid/Schmoch (1997: 13).
26 Vgl. hierzu vor allem Sapolsky (1994: 169).
27 Zahlen nach Abramson/Encarnação/Reid/Schmoch (1997: 111). Vgl. ferner Cohen/Florida/Goe (1994).
28 Abramson/Encarnação/Reid/Schmoch (1997: 155, 158f.).
29 Abramson/Encarnação/Reid/Schmoch (1997: 34).

VIII. Die Internationalisierung der Fraunhofer-Gesellschaft

1 Vgl. Crozzens (1990); Crawford (1993). Siehe auch die jüngste Bestandsaufnahme der MPG (1997)
2 Vgl. dazu die Ausführungen im Ersten Teil.
3 Vgl. Fuchs (1997).

4 Positionspapier Warnecke zum „IPA do Brasil“, 1.7.1976 (FhG, ZA 378).
5 Vgl. aktuell Bührer (1997).
6 Vgl. Poser (1990).
7 Warnecke an Keller, 9.12.1975 (FhG, ZA 384).
8 Exposé des IPA: „Beitrag der FhG zur Gestaltung eines effizienten Technologietransfers in Entwicklungsländer“, Januar 1976 (FhG, ZA 384).
9 Exposé der Fraunhofer-Gesellschaft: „Leistungsangebot der FhG für einen effizienten Technologietransfer in Entwicklungsländer“, April 1976 (FhG, ZA 384).
10 Aktenvermerk von Imbusch, 9.7.1976 (FhG, ZA 384).
11 Aktenvermerk von Imbusch, 12.10.1977 (FhG, ZA 384); zum Folgenden auch dessen Vermerke, 25.10.1977 und 9.1.1978 (FhG, ZA 384).
12 Leussink an den iranischen Minister für Forschung und Erziehung, Abdul Hossein Samii, 22.1.1976 (FhG, ZA 378).
13 Vorschlagspapier von Warnecke, 1.9.1975; Imbusch an Keller, 13.1.1976 (FhG, ZA 378).
14 Vorstandsbericht und Protokoll der Senatssitzung, 5.11.1980 (FhG, ZA 33).
15 Interview mit Keller am 19.7.1996 und mit Schlephorst am 17.7.1996.
16 Vorstandsbericht zur Senatssitzung, 5.11.1980 (FhG, ZA 33).
17 Ergebnis der Umfragen des Internationalen Büros der Fraunhofer-Gesellschaft über Kooperationen mit den USA, Frankreich und Japan, 15.12.1980, 19.1.1981 und 9.12.1980 (FhG, intern).
18 Protokoll der Vorstandssitzung der Fraunhofer-Gesellschaft, 31.3.1971 (IfZ, ED 721/185).
19 Vgl. BMBF (1996: 345f.); Starbatty/Vetterlein (1990); Felder (1992); Reger/Kuhlmann (1995); Lieske (1999).
20 BMFT an die Präsidenten der Max-Planck-Gesellschaft, Deutschen Forschungsgemeinschaft und Fraunhofer-Gesellschaft, 19.8.1982 (FhG, ZA 226).
21 Keller an Lehr, 25.8.1982 (FhG, ZA 226).
22 Dieses Prinzip war im Grunde bereits seit den 60er Jahren europaweit Maxime des politischen Handelns; siehe u.a. Ridinger (1991).
23 Aktenvermerk von Imbusch über eine Besprechung im BMFT am 7.12.1987. Die Zahlenangaben nach Syrbe an Riesenhuber, 17.12.1987 (beide FhG, ZA 228).
24 „Auswirkungen der EG-Forschungspolitik auf die FhG“ als Anlage zum Vorstandsbericht vor dem Senat am 21.4.1993 (FhG, intern); Aktenvermerk von Buller „Subventionskodex der EG“, 27.10.1987 (FhG, ZA 227).
25 Vgl. hierzu Rusinek (1996: 563f.).
26 Arbeitsgruppe Contract Research Organisations, 19.4.1988; Aktenvermerk der Generaldirektion XIII der Europäischen Kommission über ein Treffen des EACRO-Programm-Komitees am 8.6.1989 (BMBF, Registratur, AZ 3630/10).
27 Zur FEICRO siehe Böttger (1993: 153f., 260f.).
28 Imbusch (1991), siehe auch Protokoll der WTR-Sitzung, 19.4.1989 (FhG, ZA 47).
29 Aktenvermerk von Imbusch, 2.3.1990, mit Randnotiz des zuständigen Referenten, 30.3.1990 (BMBF, Registratur, AZ 3630/10).
30 Zur Zieldefinition siehe das Strategiepapier „Europa- und internationale Politik“ als Anlage eines Rundschreibens von Buller an die Instituts- und Arbeitsgruppenleiter vom 23.3.1989 (FhG, ZA 30); vgl. Rembser (1991), Lieske (1999).
31 Materialien zur Senatssitzung, 21.4.1993 (FhG, intern).
32 Vgl. Nelson (1993).
33 Zu seiner eigenen Position vgl. Warnecke (1997).
34 Rix (IGD) an Jung (Zentralverwaltung), 30.3.1993 (FhG, ZA 30).
35 Fraunhofer-Gesellschaft (1993: 44). Empfehlung der HK des WTR zur Errichtung des Fraunhofer Centers for Research in Computer Graphics Inc. Zum „Leitbild 2000“ siehe oben S. 216–220.

36 Protokoll der HK-Sitzung des WTR, 22.3.1995 (FhG, intern); Protokoll der Senatssitzungen, 21.4.1993, 27.4.1994 und 24.4.1996 (FhG, intern); Fraunhofer-Gesellschaft (1996: 60f.).
37 Interview mit Treppe am 14.4.1997, mit Kuepper am 15.4.1997 und mit Schmitt am 11.4.1997. Zum Folgenden das Aktenkonvolut des zuständigen Institutsbetreuers der ZV (FhG, intern).
38 Prospectus Fraunhofer – USA Institute at the University of Michigan, 26.1.1994, mit handschriftlicher Notiz; Evaluierung des Prospectus, 21.2.1994 (FhG, intern).
39 „Wissenschaftliche Zusammenarbeit zwischen FhG und UoM", mit handschriftlicher Notiz vom 27.1.1994 (FhG, intern).
40 Zahlen nach Protokoll der Senatssitzung, 27.4.1994, und Geschäftsentwicklungsplan FRC Ann Arbor, 16.2.1994 (FhG, intern); Minutes of the Meeting with Carignan (UoM) and Fellman (Berater der Fraunhofer-Gesellschaft in den USA), 7.6.1994 (FhG, intern).
41 Kuepper an Polter mit Entwurf einer Vorstandsvorlage, 24.2.1995 (FhG, intern).
42 Leibinger an Warnecke, 30.8.1996 (FhG, intern).
43 Siehe dazu die Übersicht bei Felder (1992: 33).
44 Zitiert nach den Fraunhofer-internen Materialien zum Workshop „Profil", 1.3.1996. Warnecke und Imbusch hatten sich mit Rüttgers am 7.12.1995 in Bonn über dieses „politisch brisante Thema" abgestimmt; Sitzungsunterlagen zum Gespräch zwischen Fraunhofer-Gesellschaft und BMBF am 7.12.1995 (BMBF, Registratur, AZ 3630/11).
45 BMBF, Registratur, AZ 3630/11; vgl. Fuchs (1997: 18).
46 Fraunhofer-Gesellschaft (1996: 60f.).

IX. Strukturpolitik, Süd-Nord-Gefälle und Mittelstandsförderung: die Fraunhofer-Gesellschaft in regionaler Perspektive

1 Vgl. Pollard (1980; 1981); Kiesewetter (1996); Tenfelde (1982). Grundlegend jüngst Herrigel (1996).
2 Petzina (1994: 101); vgl. Erker (1991) und Deutinger (1998).
3 Neue Rhein-Zeitung vom 11.6.1988, zitiert nach Kilper (1989: 6); vgl. Landeszentrale für politische Bildung in Baden-Württemberg (1987).
4 Vorlage von Maier-Bode für Wissenschaftsminister Rau, 6.6.1974, zitiert nach Deutinger (1998: 4).
5 Tomann (1990); vgl. Bruder (1982).
6 Fleischmann (1977); vgl. allgemein Friedrichs/Häußermann/Siebel (1986).
7 Vgl. Weitkamp (1992); Voelzkow (1990); Buchholz (1989); Henn (1987); Schneider/Siebke (1987).
8 Vgl. Brautmeier (1983); Trischler (1992); Rusinek (1996: 121f.); Deutinger (1998).
9 Gesamthochschule Duisburg, Fachbereich Elektrotechnik, an den Minister für Wissenschaft und Forschung des Landes Nordrhein-Westfalen, 29.7.1979 (FhG, ZA 97). Zum Folgenden auch Gall (1999) und Rasch (1997).
10 Keller an Schwier, 28.10.1980 (FhG, ZA 527).
11 Interner Aktenvermerk des MWF, 31.10.1980 (HStA Düsseldorf, NW 431/63); MWF an Keller, 27.11.1980 (FhG, ZA 527).
12 Keller an Jochimsen, 13.1.1981 (FhG, ZA 527). Krings an Hauff, 16.9.1980, und Schluckebier an Hauff, 25.9.1980 (FhG, ZA 526); WAZ vom 23. und 27.12.1980.
13 Mitteilung des Pressereferats, 23.1.1981 (HStA Düsseldorf, NW 574/63); Notiz von Imbusch, 23.3.1981 (FhG, ZA 527); von Bülow an Schwier, 6.4.1981 (HStA Düsseldorf, NW 431/63)
14 Vermerk von Möckel, 24.6.1981 (HStA Düsseldorf, NW 431/63); vgl. dazu auch die Ausführungen von Engl (FhG, ZA 526).

15 Westfälische Rundschau vom 8. und 11. 8. 1981; Stadt Dortmund an Rau, 24. 9. 1981 (HStA Düsseldorf, NW 431/94); WAZ vom 10. 9. 1981; Pflug, MdL, an Keller, 22. 9. 1981, und dessen Antwortschreiben, 2. 10. 1981 (FhG, ZA 527).
16 Landtag NRW, Protokoll der 20. Sitzung des Ausschusses für Wissenschaft und Forschung, 2. 12. 1981, S. 5 (HStA Düsseldorf, NW 431/94).
17 Bericht des Vorstands auf der Senatssitzung, 21. 4. 1982 (FhG, ZA 34).
18 Weitkamp (1992: 329).
19 Vorschlag zum Aufbau einer „Gesellschaft für Mikroelektronik", Stuttgart 2. 2. 1983 (BWMWi, Forschung allg. Sonderband IMS, Stuttgart, III 8000, 1).
20 Aktenvermerk von Referat 33, 16. 2. 1983 (BWMWi, Sonderband IMS, 1).
21 Aktenvermerke des Regierungsbeauftragten für Technologietransfer für Ministerpräsident Späth, 16. und 26. 2. 1983; Aktenvermerk des Kanzlers der Universität Stuttgart, 9. 3. 1983 (BWMWi, Sonderband IMS, 1).
22 Ministerium für Wissenschaft und Kunst an das Staatsministerium, 16. 3. 1983; BWMWi an Lüder, 25. 3. 1983 (BWMWi, Sonderband IMS, 1).
23 Keller an Späth, 17. 3. 1983; Rau an Späth, 22. 3. 1983; Schwier an Engler, 11. 4. 1983; Lüder an Keller, 13. 4. 1983 (FhG, ZA 528).
24 Bericht des Vorstands auf der Senatssitzung, 20. 4. 1983 (FhG, ZA 35); Keller an Maier, 19.5., 14.6. und 29. 7. 1983 (FhG, ZA 528).
25 Protokoll der 2. Kuratoriumssitzung des IMS, 9. 3. 1988 (FhG, intern).
26 Vgl. Grabher (1989); Petzina (1990); Krummacher (1985).
27 Weitkamp (1992: 325, 333).
28 Herrigel (1996: 188); vgl. dazu Megerle (1982); Sabel (1989); Maier (1987); Semlinger (1993); Dienel (1995); Boelcke (1992).
29 Vgl. Deutinger (1998). Weitkamp (1992) und Kilper (1989) haben versucht, neben den konzeptionellen Parallelitäten Unterschiede im politischem Stil zwischen Baden-Württemberg und NRW herauszuarbeiten. Man mag konzedieren, daß die sozialdemokratische Landesregierung früher und konsequenter auch Technikfolgenforschung betrieb und damit eine sozialverträgliche Technologiepolitik anstrebte. In Zielsetzung, im Förderinstrumentarium wie auch in der Priorisierung der Fachgebiete ergibt sich jedoch eine frappante Ähnlichkeit der Konzepte.
30 Wolff (1994: 13).
31 Fraunhofer-Gesellschaft (1990: 34).
32 Fraunhofer-Gesellschaft (1996a: 10, 19).
33 Protokolle der Senatssitzungen, 17. 4. 1985, 21. 10. 1987 und 20. 4. 1988 (FhG, ZA 36–38); Fraunhofer-Gesellschaft an BMFT, 14. 10. 1987; Konzept der Fraunhofer-Gesellschaft, 16. 1. 1989, als Anlage zum Protokoll der Senatssitzung, 20. 4. 1989 (FhG, ZA 39).
34 Vortrag von O.P. Schön (Hydac) vor dem Wissenschaftlich-Technischen Rat der Fraunhofer-Gesellschaft am 25. 10. 1991 als Anlage zu seinem Schreiben an Syrbe vom 28. 11. 1991 (FhG, ZA 47).
35 Protokoll der Senatssitzung, 12. 4. 1984 (FhG, ZA 35).

X. Wirkungspfade der Fraunhofer-Gesellschaft im Innovationsprozeß

1 Fraunhofer-Gesellschaft (1996: 6f.).
2 Interview mit Keller am 19. 7. 1996.
3 Bericht des Vorstands vor dem Senat, 29. 4. 1987 (FhG, ZA 37).
4 Thesenpapier August 1984 (FhG, intern).
5 BMBF (1996: 31f.).
6 Nach Berechnungen der Fraunhofer-Gesellschaft. Vgl. Bericht des Vorstands, 17. 10. 1990 (FhG, intern).

7 Bericht des Vorstands, 26.10.1994 (FhG, intern).
8 Protokoll der Vorstandssitzung, 18.11.1959 (IfZ, ED 721/39).
9 Memorandum zur Vertragsforschung 1962 (IFZ, ED 721/211).
10 Protokoll der Senatssitzung, 29.6.1976 (FhG, ZA 31).
11 Vgl. Interview mit Warnecke am 23.5.1997.
12 „Durchführungsmaßnahmen zum Kabinettsbeschluß", Stand 15.2.1974 (IfZ, ED 721/207).
13 Siehe oben S. 214–216.
14 Interne Programme zur Förderung der Zusammenarbeit, 26.7.1996 (FhG, intern).
15 Interview mit Kern am 5.10.1996.
16 Vgl. etwa Hohn/Schimank (1990: 208).
17 Vgl. IPA (1992; 1994).
18 Vgl. Imbusch/Buller (1990: 383f.).
19 Vgl. Fraunhofer-Gesellschaft (1996: 44).
20 Zum Folgenden ebd., S. 6, 10f.
21 Fraunhofer-Gesellschaft (1996: 20).
22 Vgl. Lütz (1993: 52f., 206); Imbusch/Buller (1990: 382).
23 Fraunhofer-Gesellschaft (1993: 1).
24 Strategiepapier: „Privatwirtschaftliche Ergänzung des Fraunhofer Modells", 13.3.1996 (FhG, intern).
25 Vgl. Eger/Weise (1990); Heggen (1975).
26 Machlup (1962: 26).
27 Greipl/Träger (1982: 46); Bartenbach (1975).
28 BMBF (1996b).
29 Aktenvermerk über die Sitzung des DFG-Ausschusses zur Intensivierung von Patentanmeldungen, 23.11.1970; Protokoll einer Besprechung über die Patentstelle, 4.2.1955 (IfZ, ED 721/438); Bund-Länder-Kommission (1997: 36); Schmoch (1995: 119f.).
30 Verwaltungsbericht der Patentstelle 1955 (IfZ, ED 721/444); Zahlenangaben nach Hermann (1997: 94f.).
31 Hierzu und zum Folgenden Hermann (1997: 86f.).
32 Berichte über die Kuratoriumssitzungen der Patentstelle, 5.5.1969 und 30.3.1972 (IfZ, ED 721/445). Vgl. Eisenrith (1981: 142); Interview mit Schillalies am 21.2.1997.
33 Deutsches Patentamt (1997); Abramson/Schmoch/Encarnação (1997: 330f.).
34 Vgl. u.a. Schwitalla (1993); Gehrke/Grupp (1994); Grupp (1994); Archibugi/Michie (1997: 178).
35 Bericht über die Kuratoriumssitzung der Patentstelle, 18.3.1997 (FhG, intern); Interview mit Paulus am 5.3.1997.
36 Zitiert nach dem Artikel „Motivation für Geistesblitze" in der Süddeutschen Zeitung vom 28.10.1997.
37 Bezeichnenderweise findet das Thema Patente in der programmatischen Selbstdarstellung von Imbusch/Buller (1990) noch keine Erwähnung.
38 Reinhard/Schmalholz (1996: 128). Für die Autoren bleibt unklar, warum so viele Patente ungenutzt bleiben. Sie empfehlen, die auf Institutsebene ungenutzten Schutzrechte zur Verwertung an die Patentstelle weiterzuleiten.

XI. Fallbeispiele

1 Bähr (1995); Wiegand (1994: 59f.); Flamm (1990). Zur Förderungspraxis und Verteilung der Fördermittel bis zum Ende der 80er Jahre siehe Grande/Häusler (1994: 192f.).

2 Kim (1997: 100). Vgl. Dosi (1984); Roobeek (1990); Kaiser (1996).

3 Vgl. Kaiser (1992); de Solla Price (1961); Rescher (1985).

4 Dies ist die Hauptthese von Saxenian (1994: 20f.); mit stärkerer Betonung der Grenzen des Modells Silicon Valley: Leslie/Kargon (1994).

5 Sternberg (1995: 98). Vgl. Mowery/Rosenberg (1991).

6 Queisser (1987); Interview mit Ruge am 7.5.1997.

7 Siehe dazu die Akte IfZ, ED 721/469. Zum Kontext Eckert/Osietzki (1989).

8 Siehe dazu die Akte IfZ, ED 721/647; Protokoll der Kuratoriumssitzung des IAF, 17.9.1973 (IfZ, ED 721/470); Protokoll der Senatssitzung der Fraunhofer-Gesellschaft, 29.10.1973 (721/54). Zum Folgenden im Detail Gall (1999).

9 Von Braun (1994); vgl. Morris (1990: 69f.).

10 Ruge an Keller, 13.7.1979; Eurosil GmbH: Kurzdarstellung des Vorhabens „Aufbau und Betrieb eines Maskenzentrums in München", 14.8.1979 (beide FhG, ZA 90). Masken übertragen die Schaltungsstrukturen (das Layout) der späteren Mikrochips, vergleichbar einem Negativ in der Photographie, auf die als *Wafer* bezeichneten Siliziumscheiben.

11 Bauer (Siemens) an Keller, 3.7.1980; Heuberger: „Errichtung eines Mikroelektronikzentrums der FhG in München", 2.9.1980 (beide FhG, ZA 90). *Gate-Arrays* sind standardisierte Chips, bei denen die Verbindungen der letzten Lage nach den Anforderungen des jeweiligen Kunden vorgenommen werden.

12 Vgl. dazu oben S. 295–306.

13 Süddeutsche Zeitung vom 12.7.1983; Erweiterung der Überlegung zum Aufbau eines „Außeninstituts für integrierte Systeme und Schaltungen", 20.8.1983 (FhG, ZA 537).

14 Vermerk des BStMWV, 26.10.1983 (FhG, ZA 537); Wirtschaftsbeirat der Union, Ausschuß für Forschung und Entwicklung: Mikroelektronik in Bayern 1983. Notwendige Maßnahmen der Staatsregierung zur Sicherung der Zukunft der Mikroelektronik in Bayern, November 1983 (FhG, ZA 91).

15 BStMWV: Intensivierung der Mikroelektronik-Forschung und Entwicklung in Bayern, 25.11.1983 (FhG, ZA 537).

16 Jaumann an Syrbe, 20.12.1983 (FhG, ZA 537). *Briefing-paper* für den Besuch von Syrbe bei BMFT-Staatssekretär Haunschild am 13.3.1984 (BMBF, Registratur, AZ 3630/9). Zum Folgenden mit Einzelbelegen Gall (1999).

17 Tätigkeitsberichte für die Jahre 1984 und 1984/85 (FhG, ZA 537).

18 Vermerk von Lentrodt, 3.2.1988 (BStMWV, AZ 3622 – VIII/4–6349).

19 Imbusch an Lentrodt, 12.2.1988 (FhG, ZA 88).

20 Materialien für und Protokoll der Senatssitzung am 19.10.1988 (FhG, ZA 38).

21 Riesenhuber an Lang, 18.12.1989 (FhG, ZA 538); Protokolle der 40. und. 41. Sitzung des Ausschusses Fraunhofer-Gesellschaft, 24.10.1989 und 25.1.1990 (FhG, intern); vgl. IIS (1995).

22 ZVEI (1994: Anhang 22f.).

23 = (Very) Large Scale Integration, Integrierte Schaltungen mit einem Integrationsgrad zwischen 102 und 104 bzw. 105 und 106 Funktionselementen.

24 Siehe ausführlich Gall (1999). Bis zur Gründung von BESSY waren Elektronen-Speicherringe immer auf die Bedürfnisse der Elementarteilchenphysiker zugeschnitten, für die die Synchrotronstrahlung eher einen lästigen Nebeneffekt darstellt.

25 Telex von Heuberger an Hamacher (BMFT), 19.2.1981 (FhG, ZA 492); Heuberger: Errichtung einer selbständigen Arbeitsgruppe für Mikrostrukturtechnik (SAM) für Inte-

grierte Schaltkreise mit Strukturen im Sub-Mikrometer-Bereich am Berliner Elektronenspeicherring, 28.9.1981 (FhG, ZA 495); Kooperationsvereinbarungen zum Verbundprojekt Submikrontechnologie zwischen Eurosil, Fraunhofer-Gesellschaft, Siemens, Telefunken und Valvo/Philips, 3.10.1984 (FhG, ZA 493).

26 Heuberger: Analyse der gegenwärtigen Situation bei der Entwicklung von COSY aus der Sicht des IMT, 9.2.1987 (FhG, ZA 182).

27 Protokoll der 12. Sitzung des Konsortialkreises AMT, 14.8.1985; Heuberger an die Mitglieder des Konsortialkreises AMT, 15.8.1985; Imbusch an Dudenhausen, 13.9.1985 (alle FhG, ZA 495); Protokoll der Senatssitzung, 22.10.1985 (FhG, intern).

28 Heuberger: Vorschlag für ein Arbeitsprogramm des IMT für den Zeitraum 1988–1991, 15.9.1987 (FhG, ZA 530).

29 Dazu als Überblick Grande/Häusler (1994: 288f.); Felder (1993: 35f.); Dieterle (1991: 60f.).

30 Thomas (BMFT) an Franz, 29.1.1987; JESSI – Mikroelektronik 1995, Januar 1987 (FhG, ZA 189); Thomas an Friedrich (Siemens), 12.5.1987 (FhG, ZA 188); zum Zusammenhang mit dem MEGA-Projekt Grande/Häusler (1994: 294, 308).

31 Notiz von Imbusch über Stand des JESSI-Projekts, Gespräch mit Dudenhausen und Heuberger, 11.5.1988 (FhG, ZA 188); vgl. Trischler (1995) und Ritter (1992: 112f.).

32 Konzept vom 11.7.1988 (FhG, ZA 188).

33 IMT Planungsgruppe JESSI: JESSI Planungskonzept, 1.7.1988; Syrbe an Güntsch, Rembser (BMFT) und Thomas, 11.7.1988 (FhG, ZA 188); Ergebnisniederschrift über die Vorstandsklausur, 6./7.7.1988 (FhG, ZA 30).

34 Streibl an Kohl, 21.12.1988 (FhG, ZA 189); siehe auch Queisser: Für JESSI verrinnt viel Zeit, in: Handelsblatt vom 31.10.1989.

35 BMFT an die Fraunhofer-Gesellschaft, 9.12.1988; Syrbe an Güntsch, 20.2. und 5.4.1989; Überlegungen der Industrievertreter der Beratungsgruppen zum Bedarf an nichtindustrieller Forschung für die Si-Mikroelektronik in der Bundesrepublik mit einer Zielsetzung nach 1995, 4.4.1989 (alle FhG, ZA 188).

36 Notiz von Imbusch für ein Gespräch mit dem BMFT am 2.6.1989 (FhG, ZA 532).

37 Protokoll der Senatssitzungen, 18.10.1989 und 25.4.1990 (FhG, ZA 39); Interview mit Bergner am 17.9.1996; Lang an Riesenhuber und Syrbe, 11.9.1989 (FhG, ZA 532); Protokoll der 40. Sitzung des Ausschusses Fraunhofer-Gesellschaft, 24.10.1989 (FhG, intern).

38 Knorr (Siemens) an Syrbe, 24.1.1990; Vorläufige Ergebnisse zur Bewertung der Rolle der Röntgenlithographie, Oktober/November 1990; Heuberger: Positionsdarstellung zur Weiterführung des FuE-Programms Röntgenlithographie in Deutschland, 8.1.1991 (alle FhG, ZA 531).

39 Bericht des Vorstands vor dem Senat, 24.4.1991; Protokoll der Senatssitzungen, 24.4. und 5.7.1991 (FhG, intern).

40 Planungen zur Errichtung des ISIT, 8.10.1991 (FhG, intern).

41 Einkristallines Silizium auf einem Isolator (SOI = Silicon on Insulator) hat in der VLSI-Technologie wesentliche Vorteile gegenüber herkömmlichem Silizium.

42 Protokoll der HK-Sitzung des WTR, 8.3.1984 (FhG, ZA 52); Ryssell an Syrbe, 6.3.1989 (FhG, ZA 536).

43 Fraunhofer-Verbund Mikroelektronik (1996: 32f.).

44 ZVEI (1994: 25).

45 Fraunhofer-Verbund Mikroelektronik (1996: 51f.); Interviews mit Zimmer am 3.3.1997, mit Reichl am 2.4.1997 und mit Ruge am 7.5.1997. Siehe auch oben S. 221.

46 ZVEI (1994: 28); Hohn (1997: 380).

47 Carson (1990); Meadows (1972); Wey (1990); Ko (1994); Bramwell (1989: 64f., 82f.).

48 Vgl. Küppers/Lundgreen/Weingart (1979; 1978); Trepl (1994).

49 DFG (1971); vgl. auch Küppers/Lundgreen/Weingart (1979: 247).

50 Siehe dazu den Schriftwechsel in IfZ, ED 721/476.

51 Entwurf einer Planungsstudie zum Ausbau der Fraunhofer-Gesellschaft von Syrbe, 29.10.1970 (IfZ, ED 721/200). Vgl. oben S. 216f.

52 Mohr an Pestel, 22.7.1971. Zum Folgenden Rohentwurf einer Forschungs- und Ausbauplanung vom 11.2.1971 und Rahmenentwurf für einen Vorschlag zur Gründung einer Forschungsanstalt für Umweltschutz vom 22.5.1971 (IfZ, ED 721/200).

53 Hierzu und zum Folgenden Heymann (1995); Mener (1998). Zur Wirkung der Ölpreiskrise siehe Hohensee (1996).

54 BMFT (1977: 162).

55 Keller an Hans Kleinwächter, 28.7.1975 (FhG, ZA 35).

56 Goetzberger/Räuber: Solare Energiesysteme. Vorschlag zur Gründung eines neuen Fraunhofer-Instituts, Februar 1981 (FhG, ZA 521). Siehe auch Keller an Strathmann (BMVg), 3.9.1979 (FhG, ZA 24). Interview mit Goetzberger, 29.8.1995.

57 Bayerischer Staatsminister für Landesentwicklung und Umweltfragen Dick an MPG-Präsident Lüst, 28.9.1979, und dessen Antwortschreiben, 22.10.1979; MinDir. Bayer (BStMWV) an Keller, 20.12.1979, und Kellers Antwortschreiben, 29.1.1980 (FhG, ZA 521).

58 Interview mit Keller am 19.7.1996.

59 Interview mit Klein (ehemaliger Referatsleiter des BMFT) am 19.3.1996. Aktennotiz von Imbusch für Keller, 25.3.1981 (FhG, ZA 521); MinDir. Lehr sei verärgert darüber, daß die Fraunhofer-Gesellschaft den Dialog mit dem BMFT nicht fortgesetzt und die Institutsgründung „etwas störrisch“ betrieben habe.

60 Aktennotiz Friedrich (KFA), 23.1.1981, und Protokoll der 1. Sitzung des Beraterkreises „Solare Energiesysteme“, 17.10.1980 (FhG, ZA 521); Protokoll der HK-Sitzung des WTR, 22.2.1980 (FhG, ZA 50), und der Senatssitzung, 24.3.1980 (FhG, ZA 33).

61 Protokoll der Senatssitzung, 8.4.1981 (FhG, ZA 521). Zur Unterstützung Baden-Württembergs siehe das Schreiben von MinDir. Kistner (Ministerium für Wirtschaft, Mittelstand und Verkehr) an das Finanz- und Staatsministerium, 23.5.1979 (BWMWi EA 6/103, 8036/364).

62 Goetzberger/Räuber, Solare Energiesysteme. Vorschlag zur Gründung eines neuen Fraunhofer-Instituts, Februar 1981 (FhG, ZA 521), S. 16f., 34f. und 41f.

63 Protokoll der LEGIS-Besprechungen, 19.7., 29.11., 18.12.1984 und 5.3.1985 (ISE, Altaktenbestand Wittwer); Korrespondenz zwischen Goetzberger und Gertis 1983/84 (ISE, Altaktenbestand Verwaltung). Hierzu und zum Folgenden ausführlich Mener (1999).

64 Protokoll der 4. Kuratoriumssitzung des ISE, 19.1.1984 (ISE, Altaktenbestand Räuber). Siehe auch Wiese an Goetzberger, 8.8.1984 (FhG, ZA 522).

65 Bericht über ein Gespräch im BMFT am 16.1.1985 (FhG, ZA 522).

66 Goetzberger an OB Rolf Böhme, 19.12.1985 (FhG, ZA 522); Badische Zeitung vom 23.1.1986.

67 Protokolle der 6., 7. und 8. Kuratoriumssitzung des ISE, 4.6.1986, 2.6.1987 und 16.6.1988 (ISE, Altaktenbestand Verwaltung).

68 Syrbe an Goetzberger, 19.11.1987 (FhG, ZA 523). Interview mit Goetzberger am 29.8.1995.

69 Protokoll der Institutsleitungsausschuß-Sitzung, 6.7.1989 (ISE, Altaktenbestand Verwaltung). Siehe auch Protokoll des ILA, 30.8.1989 (ebd.); Schriftwechsel zwischen Syrbe und Goetzberger, 25.7.1989 – 30.5.1990 (FhG, ZA 523).

70 Zahlen nach Mener (1999).

71 Protokoll der 14. Kuratoriumssitzung des ISE, 23.6.1994 (FhG, intern).

72 Reiter an Mohr, 22.1.1973 (FhG, ZA 397). Siehe oben S. 118–120.

73 Reiter an Keller, 4.4.1979; Aktennotiz von Institutsbetreuer Schnabel, 22.6.1979; Keller an Reiter, 13.8.1979 (FhG, ZA 379).

74 Keller an die Kuratoren des IFU, 13.8.1979, und deren Antwortschreiben vom Oktober/November 1979; Zitat nach K.-H. König an Keller, 12.11.1979 (alle ebd.); Protokoll der Senatssitzung, 21.10.1981 (FhG, ZA 34).

75 Imbusch an Wahl (BMFT), 9.9.1985 (FhG, ZA 399).
76 Vgl. oben S. 295–297.
77 Protokoll der Besprechung der norddeutschen Wissenschaftsminister mit den Präsidenten der Max-Planck-Gesellschaft und der Fraunhofer-Gesellschaft, 25.1.1984 (FhG, ZA 78); Schriftwechsel zwischen dem Niedersächsischen Minister für Wissenschaft und Kunst, Johann-Tönjes Cassens, und Syrbe, März 1984 – September 1985 (FhG, ZA 93); Hamburger Wissenschaftssenator K.M. Meyer-Abich an Forschungsminister Riesenhuber, 29.11.1984 (FhG, ZA 23); Protokoll der Senatssitzung der Fraunhofer-Gesellschaft, 12.4.1984 (FhG, ZA 36); Rede von Späth auf der Fraunhofer-Jahresversammlung am 26.10.1984 laut Aktenvermerk vom 30.7.1985 (BWMWi EA 6/103, 8036/158,3); Herzog an Syrbe, 26.7.1985 (FhG, ZA 84); MinDirig. Jaspers (BStMWV) an Syrbe, 7.3.1988 (FhG, ZA 88).
78 Syrbe an MinDirig. Jaspers (BStMWV), 11.4.1988 (FhG, ZA 88). Zur restriktiven Haltung des BMFT siehe den internen Aktenvermerk von Referat 214 für Riesenhuber, 25.6.1984 (BA, B 196/96829) sowie oben S. 338.
79 Tätigkeitsbericht von UMSICHT 1996; Strategiepapier zur Aufnahme von UMSICHT in die Fraunhofer-Gesellschaft; Protokoll der Sitzung des Ausschusses Fraunhofer-Gesellschaft, 16.9.1997, und des Senats der Fraunhofer-Gesellschaft, 22.10.1997 (FhG, intern).
80 IBP (1996: 5). Siehe auch Protokolle der Kuratoriumssitzungen 1981–1996; Tätigkeitsberichte der Jahre 1981–1996; Sachakten Fraunhofer-Gesellschaft, ZA 363–364.
81 Vgl. Spur (1991: 313f.).
82 Shadwell (1908: 11).
83 Hierzu und zum Folgenden Kaiser (1992: 410f.).
84 Vermerke über IPA, 2.12., 14.12.1958 und 2.3.1959 (IfZ, ED 721/499).
85 Zahlenangaben gemäß den Kuratoriumssitzungen des IPA 1960–1970 (IfZ, ED 721/509).
86 Vgl. Dolezalek (1960; 1956).
87 Dolezalek an die Fraunhofer-Gesellschaft, 8.1.1963 (IfZ, ED 721/499).
88 Vgl. hierzu Boese (1964); Noble (1984).
89 Vgl. Hirsch-Kreinsen (1993); Albach (1994: 621f.).
90 Dolezalek an den Dekan der Fakultät für Maschinenwesen, 26.7.1968 (IfZ, ED 721/499).
91 Kuratoriumssitzung des IPA, 6.12.1962 (IfZ, ED 721/508).
92 Kuratoriumssitzungen des IPA, 6.12.1962, 8.5.1968 und 24.4.1969 (IfZ, ED 721/509).
93 Vgl. dazu auch Hirsch-Kreinsen (1990: 68f.).
94 Dolezalek auf der Kuratoriumsitzung, 8.5.1968 (IfZ, ED 721/509).
95 IPA (1974: 20).
96 Ergebnisprotokoll der 4. Sitzung der Expertengruppe Forschung und Entwicklung am 24.9.1975 im Hause der IHK Berlin (IfZ, ED 721/509).
97 Dolezalek auf der Kuratoriumsitzung, 8.5.1968 (IfZ, ED 721/509).
98 Zahlen aus: Statistisches Bundesamt (1997: 83).
99 Vermerk über die Ausgangssituation des IAO, ca. Februar 1980 (FhG, ZA 529).
100 Studie „Organisation im Bürobereich – Perspektiven für eine Forschungsplanung", erstellt am IPA im Juni 1979 (FhG, ZA 529).
101 Warnecke an die Zentralverwaltung im Februar 1980 (FhG, ZA 529).
102 Kuratoriumssitzung des IPA im Februar 1970 (IfZ, ED 721/509).
103 Vgl. Warnecke/Schraft (1990: 2, 4f.).
104 Jahresbericht des IPA 1972, S. 32.
105 IPA (1978: 73); Bericht über die Arbeiten am IPA 1985 (FhG, ZA 375).
106 Vgl. dazu die IAO-Studie von Winter-Hoss (1990).
107 Vgl. Interview mit Schraft am 4.11.1996.
108 Vgl. IPA (1994: 45f.).
109 Informationsmappe zur CIM-Demonstration am IPA am 14.4.1988 (FhG, intern).
110 Spur (1983: 25).
111 Vgl. IPK (1983: 54).

112 Syrbe: Kommunikation in der Produktion. Vortrag zur CIM-Demonstration „Fabrik 2000" am IPA am 14.4.1988 (FhG, intern).
113 Mitteilung von Warnecke (IPA) an Syrbe, 5.11.1985 (FhG, intern).
114 Vgl. die Erhebung des Münchner Instituts für Sozialforschung in Hirsch-Kreinsen (1990: 58f.).
115 Vgl. Weißbach (1994: 13–29, 155f.).
116 Vgl. Lüde (1996).
117 Vgl. Hirsch-Kreinsen (1995).
118 Vgl. Warnecke (1985).
119 Vgl. Womack (1991). Zum Begriff auch Lüde (1996: 94f.).
120 Vgl. Lüde (1996). Grundlegend Bravermann (1977).
121 Warnecke (1996: 12f.).
122 Interner Bericht zum Institutsgruppengespräch Produktionstechnik im September 1994 (FhG, intern).
123 Encarnação/Felger: Internationale Aktivitäten und Zukunftsperspektiven der Virtuellen Realität, Manuskript 1996, S. 3f. (FhG, intern).
124 Protokoll des Beraterkreises Fraunhofer-Demozentrum VR, 3.11.1994 (FhG, intern).
125 Vorstandvorlage vom 24.11.1995 zur Zustimmung der Förderung der zweiten Phase DZ-VR (FhG, intern).
126 Vgl. IGD (1994: 55f.).
127 Vgl. Flaig: Auslegung sicherheitstechnischer Einrichtungen mit VR, IPA-Studien 1995 (FhG, intern).
128 Niemeier (1995: 108).
129 Vgl. Bullinger: Dienstleistungen für das 21. Jahrhundert. Protokoll der Jahrestagung der Fraunhofer-Gesellschaft November 1996 (FhG, intern).
130 Vgl. Bullinger (1995).
131 Vgl. Statistisches Bundesamt (1997: 147f, 347f.).
132 Interview mit Jünemann am 4.6.1997.
133 Zu den unbeabsichtigten Folgewirkungen von Technologien vgl. besonders das anregende Buch von Tenner (1996).
134 Vgl. hierzu Bromberg (1991).
135 Aktennotiz aus der Zentralverwaltung, 9.3.1984 (FhG, intern).
136 Memorandum des „Förderkreises Lasertechnik" an den Forschungsminister, 31.7.1984 (FhG, ZA 533).
137 „Laser-Magazin" 2/1985, 3f.
138 Dies betonte bereits der erste Institutsbericht von 1987: ILT (1987: 2f.).
139 Die Bedeutung dieser Struktur für den Erfolg des Instituts haben beide Institutsleiter unabhängig voneinander in Interviews besonders hervorgehoben.
140 Vgl. die Angaben des Institutsberichtes 1989: ILT (1989).
141 Aktennotiz zum Gespräch zwischen Herziger und Jochimsen im Januar 1988 (FhG, ZA 534).
142 Vgl. hierzu BMFT (1994).
143 Vgl. Reinhard (1990: 8f.).
144 Vgl. zu diesen Entwicklungen „Laser Magazin" 2/1988, 3f.; 1/1989, 65f.
145 „Laser Magazin" 6/1990, 8f.
146 Nach Angaben der „AG Laser" im VDMA, 4.8.1997 (FhG, intern).
147 Diese grob skizzierende Aufteilung beruhte auf den Ergebnissen einer Studie des Prognos-Instituts. Vgl. „Laser Magazin" 5/1992, 4f. Aus innovationsökonomischer Perspektive bestätigte diese Skizze Grupp (1987: 183f.); vgl. zur ähnlichen Wahrnehmung von Kompetenzzentren durch das Bundesforschungsministerium BMFT (1994: 18f.).
148 Diese Motive für das USA-Engagement des Instituts betonte Herziger in einem Interview am 14.3.1997.

Schluß

1 Greffrath/Ernsting (1998: 98).
2 Siehe oben S. 210f.; Townsend/Gibson/Knausenberger (1987: 165); Hohn (1997). Vgl. auch Abramson u.a. (1997: 25–27); ZVEI (1994).
3 Vgl. Klodt (1995: 14–17).
4 Greffrath/Ernsting (1998: 98).
5 Hohn (1997; 1999).

Verzeichnis der Tabellen und Schaubilder

Bildnachweis

Für alle Abbildungen: © Fraunhofer-Gesellschaft.
Mit Ausnahme der folgenden Abbildungen:
nach S. 144: „Simulationstechnik für das Ärztetraining“: Markus Matzel, Das Fotoarchiv
nach S. 176: „Vermessung von transparenter Wärmedämmung“: Thomas Ernsting, Bilderberg
nach S. 240: „Ultraschallanalyse“: Thomas Ernsting, Bilderberg
nach S. 368: „Umwelttechnik“: Thomas Pflaum, Visum
„Zukunftstechnologien“ (Abbildung unten): IBM
„Neue Werkstoffe für den Automobilbau“: Karmann GmbH

Personenregister

Institutionenregister